Ingeborg Schumacher-Hummel

Socially Responsible Investments

GABLER EDITION WISSENSCHAFT

Ingeborg Schumacher-Hummel

Socially Responsible Investments

Pensionskassen als aktive Aktionäre

Deutscher Universitäts-Verlag

Bibliografische Information Der Deutschen Bibliothek
Die Deutsche Bibliothek verzeichnet diese Publikation in der Deutschen Nationalbibliografie; detaillierte bibliografische Daten sind im Internet über <http://dnb.ddb.de> abrufbar.

Dissertation Universität St. Gallen, 2005

1. Auflage August 2005

Lektorat: Ute Wrasmann

Der Deutsche Universitäts-Verlag ist ein Unternehmen von Springer Science+Business Media.
www.duv.de

Umschlaggestaltung: Regine Zimmer, Dipl.-Designerin, Frankfurt/Main
Druck und Buchbinder: Rosch-Buch, Scheßlitz
Gedruckt auf säurefreiem und chlorfrei gebleichtem Papier
Printed in Germany

ISBN 3-8350-0109-4

Für Johannes und Sophia

Vorwort

Auch ich habe die Erfahrung gemacht, dass eine Dissertation die psychischen und physischen Belastungsgrenzen überschreiten kann. Sie erfordert ein Management, das nicht nur Selbstdisziplin, sondern ein sorgfältiges Jonglieren mit der knappen Zeit, der Geduld und Flexibilität der wissenschaftlichen Betreuer, der Kollegen im Büro und der Lieben daheim umfasst. Am Ende bleibt der Stolz über das fertige Werk. Dankbar denke ich nun an alle, die dieses Werk ermöglicht bzw. seine Erstellung begleitet haben:

Mein Professor Thomas Dyllick für sein Interesse an diesem Spezialthema und sein kritisches Feedback. Mein Koreferent Professor Uwe Schneidewind für die guten Anregungen und seine tolle Motivation. Die UBS, die mir durch eine grosszügige Arbeitszeitregelung während der Dissertation entgegenkam. Meine Kollegen, die mir Kontakte zu den Pensionskassen vermittelten. Ohne den statistischen Beistand von Annett, Thomas und Urs Fazit hätte ich mich nie an SPSS gewagt. Meine Freunde mit der guten Rechtschreibbrille Ulrike und Thomas haben in beeindruckender Geschwindigkeit hoffentlich die meisten Fehler ausgemerzt. Die Grundlage für das Werk haben meine Eltern gelegt, die meine Diskussionsfreude und kritische Neugierde geweckt haben. Danken möchte ich vor allem meinem Mann, der nicht nur geduldig gewartet, sondern motiviert, beschleunigt, korrigiert und kuriert hat.

Unsere Tochter hat während ihrer ersten Lebensmonate mein Dasein am Laptop bereichert. Sie möge davon profitieren, wenn sich einige der Empfehlungen realisieren lassen und damit ihre Geduld nicht umsonst war.

Ingeborg Schumacher-Hummel

Inhaltsübersicht

Inhaltsverzeichnis

Abbildungsverzeichnis

Abkürzungsverzeichnis

AHV	Eidgenössische Alters- und Hinterlassenenversicherung
Art.	Artikel
Bio.	Billion
BVG	Bundesgesetz über die berufliche Alters- Hinterlassenen- und Invalidenvorsorge vom 25. Juni 1982
BVV1	Verordnung über die Beaufsichtigung und Registrierung der Vorsorgeeinrichtungen vom 29. Juni 1983
BVV2	Verordnung über die berufliche Alters-, Hinterlassenen- und Invalidenvorsorge vom 18. April 1984
BVV3	Verordnung über die steuerliche Abzugsberechtigung für Beiträge an anerkannte Vorsorgeformen vom 13. November 1985
bzw.	beziehungsweise
CEP	Council on Economic Priorities
CERES	Coalition for Environmentally Responsible Economies
CG	Corporate Governance
CSR	Corporate Social Responsibility
EIRIS	Ethical Investment Research Service
EUROSIF	European Sustainable and Responsible Investment Forum
GRI	Global Reporting Initiative
GV	Generalversammlung
i.d.R.	In der Regel
ICCR	Interfaith Center on Corporate Responsibility
IMUG	Institut für Markt, Umwelt und Gesellschaft, Hannover
IRRC	Investor Responsibility Research Center
IV	Eidgenössische Invalidenversicherung
KMU	Kleine und Mittlere Unternehmen
Mio.	Million
Mrd.	Milliarde
OR	Bundesgesetz über das Obligationenrecht vom 30. März 1911

PK	Pensionskasse
SRI	Socially Responsible Investments
UNEP	United Nations Environmental Program
usw.	und so weiter
VR	Verwaltungsrat
z.B.	zum Beispiel

1 Einleitung

1.1 Problemsituation: Kontext der Arbeit

"For years, „socially responsible" investors were derided by many Wall Streeters as muddle-headed leftists or hopeless do-gooders. But the tidal wave of disclosures about wrongdoing in Corporate America's executive suites and boardrooms has won this group important allies, including pension funds, unions and individual investors concerned about corporate governance. That's put a surprising amount of cash - and clout - in the socially responsible investment proponent's corner. Thank you, Enron, Sunbeam, Tyco, and, maybe, Martha Stewart."

(Blumenthal 2003)

Socially Responsible Investments (SRI)[1] stellen gegenwärtig auf den Finanzmärkten noch ein kleines, jedoch sehr dynamisches Segment dar. Die Anzahl privater wie auch institutioneller Investoren, die bei ihrer Investitionsentscheidung neben den traditionellen finanziellen Kriterien zunehmend ökologische und soziale Präferenzen umsetzen, wächst laufend. Unter den institutionellen Investoren waren kirchliche Gruppen die Pioniere. Sie begannen bereits Anfang des 20. Jahrhunderts Unternehmen, die nach ihrem Verständnis in "sündigen" Bereichen wie Glücksspiele, Alkohol, Tabak oder Waffengeschäft tätig waren, aus ihrem Anlageuniversum auszuschliessen. Ethisch motivierte Anlagemotive standen ebenfalls im Vordergrund, als während des Vietnamkrieges gemeinnützige Stiftungen und Pensionskassen gezielt Aktien von darin involvierten Firmen verkauften. Im Rahmen des Südafrika-Boykotts setzten Pensionskassen ihre Portfolios als politisches Mittel ein, um Unternehmen zu einem Rückzug aus dem Land des Apardheit-Regimes zu bewegen. Es gibt Schätzungen über den US-Markt, dass heute bereits ca. 13 Prozent aller professionell verwalteten Gelder nach sozial-ökologischen Kriterien gemanagt werden.[2] Im Vergleich zu dieser bereits beachtlichen Marktdurchdringung sind die Anteile für den institutionellen SRI-Markt in Europa wesentlich kleiner.[3] Gleichzeitig steht hier oft eine andere Motivation im Vordergrund: Neben dem primär ethisch motivierten Vorgehen und

---

[1] Auch sozial-ökologische oder nachhaltige bzw. Social oder Sustainable Investments genannt: alle Begriffe werden synonym verwendet.

[2] Vgl. Social Investment Forum (2001).

[3] „While Europe lagged behind the US by a long way in the number of institutional portfolios screened for SRI criteria ($28 bn, about 31 bn EUR) worth of assets in Europe compared to $1,336 bn in the US), the continent was beginning to "lead the way" in SRI, particularly in the area of sustainable development. Vgl. Cerulli (2002).

dem Ausschluss von kontroversen Positionen anhand von Negativkriterien wird gezielt in sozial und ökologisch besonders aktive Unternehmen bzw. Projekte investiert.[4] Dieser Anlagestrategie liegen durchaus auch finanzielle Ziele zugrunde: Sie soll nicht primär der Umsetzung der eigenen Wertvorstellungen dienen, sondern der Identifikation von attraktiven Anlagen und der Vermeidung von Investitionen in risikoreiche Branchen oder Unternehmen.

In den letzten Jahren werden Pensionskassen als eine mögliche – und unter den Institutionellen aussichtsreichste – treibende Kraft für SRI diskutiert. Aufgrund ihrer grossen Vermögen sind sie einer der stärksten Akteure auf den Aktienmärkten. Diese Position werden sie auch in Zukunft haben, da die absehbaren demographische Veränderungen den Bedarf an zusätzlichen betrieblichen und individuellen Versorgungssystemen erhöhen. Ihre gesellschaftspolitische Aufgabe wird nun um eine Komponente ausgeweitet, indem ihnen neben der Alterssicherung eine Rolle beim ökologischen Strukturwandel zugesprochen wird: Ihre Anlagemacht und die langfristige Anlageperspektive könnte durch SRI ein Treiber einer Nachhaltigen Entwicklung werden. Sie können ihre Rechte und Macht als grosser Aktionär nicht nur einsetzen, um die Governance-Strukturen von Unternehmen aus ihrem Portfolio zu beeinflussen, sondern auch deren Sozial- und Umweltleistung zu optimieren.

Die Legitimation zu dieser Perspektive wird durch Monks und Minow anschaulich dargelegt, indem sie Pensionskassen als die idealen Shareholder bezeichnen: „... their ownership, by virtue of their size and their time horizons, is as close to permanent as possible. And because on this near-permanent stake, their interest is far-sighted enough to incorporate the long-term interests of the corporation and (as an essential element of those interests) the interests of the employees, customers, suppliers, and the community. Leadership must also come from private plans, as they have the additional advantage of greater familiarity with business needs and the financial expertise of professionals whose qualifications price them out of the public plan market."[5] Monks erweitert diese Ausführungen, indem er die globale Perspektive und damit Verantwortung der Investoren aufgreift.[6] Er fasst seine Argumentation für Pensionskassen als Steuerungsinstanz von Unternehmen zusammen: "... Why substitute a new institution – pension funds – for an existing one, large corporations? The answer is simple: pension funds have more of a

[4] Beide Ansätze werden im 2. Kapitel im Abschnitt 1.3. erläutert.

[5] Monks, Minow (2001), p. 156.

[6] "The global Investor is likely to make good decisions for the long-term of society, because it can afford in most cases to take a long-term view, and a diversified view. An ordinary domestic investor may need to reap profits in the short term. As such, that domestic investor may choose to invest in a corporation that externalises the brunt of the harm it is doing. But importantly, nothing is external to a global shareowner. Institutions having investments in all countries have virtually no incentive to permit environmental and hiring practices in the poorest countries that can only have the impact of competing with their own investments elsewhere." Siehe Monks (2001), S. 105.

stake in the good of society and the world. The emerging Global Investors comprise the first institution that is genuinely global."[7] Autoren wie Peter Drucker stellten daher institutionelle Investoren bereits in den 70er Jahren als Hoffnungsträger der Corporate Governance dar.[8] Pensionskassen – und damit indirekt die Arbeitnehmer – können durch die Umsetzung ihrer Verantwortung als Anteilseigner aktiv in die Unternehmenssteuerung eingreifen. Im SRI-Kontext könnte sich daraus die Förderung einer nachhaltigen Firmenstrategie ergeben. Können Pensionskassen als kontrollierende Instanz der Unternehmen agieren? Werden Erwartungen wie die von Lowenstein erfüllt? „Shareholders are at best a watchdog of last resort, a final device that comes into play, when others have failed. The rules of corporate governance should define and protect the values, and the value, of the community, and not merely let the individual define its personal preferences."[9]

Ein Engagement von Pensionskassen im SRI bedeutet aus dieser auch normativ definierten Rolle, die langfristigen Interessen der Firma, der Mitarbeiter sowie der Gesellschaft wahrzunehmen. Es beabsichtigt, soziale und ökologische Risiken bei der Anlageentscheidung zu berücksichtigen und Unternehmen auf ihre soziale Verantwortung hinzuweisen.

Da der gezielten Förderung von sozial und ökologisch besonders verträglichen Unternehmen bzw. Projekten durch die Finanzmärkte heute eine volkswirtschaftliche und gesellschaftliche Bedeutung beigemessen wird, greift auch der Gesetzgeber zunehmend in dieses Segment ein. In einigen Ländern werden Pensionskassen heute schon gesetzlich dazu verpflichtet, die Bedeutung von sozialen, ethischen und ökologischen Kriterien in ihrem Anlageverhalten offenzulegen. Andere Länder haben eine Pflicht zur Ausübung von Stimmrechten eingeführt.[10] Damit werden die Manager von Vorsorgeeinrichtungen gezwungen, sich mit dem Thema SRI und der Wahrnehmung einer aktiven Aktionärsrolle auseinanderzusetzen.

Die Umsetzung dieser gesetzlichen Anreize erfolgt zögerlich, wie nachfolgend detailliert erläutert wird. Denn obwohl bekannt wird, dass eine steigende Anzahl von Pensionskassen deklariert, soziale Aspekte in ihre Anlagepolitik zu integrieren, wird in den meisten Fällen nur ein kleiner Anteil ihrer Portfolios nach dieser Strategie investiert. Diese Tatsache gibt nicht unbedingt einen Hinweis auf ein schwach ausgeprägtes soziales Bewusstsein, sondern repräsentiert die Probleme, die die Pensionskassen mit der Implementierung einer solchen Strategie unter den aktuellen Rahmenbedingungen haben. Trotz der Viel-

---

[7] Monks (2001), p. 180f. Im Anschluss gibt er eine Erklärung über Eniflussfaktoren: „Global values are in the process of being developed in word and deed –through the OECD, through the World Bank, and even through those with different perspectives on the streets of Seattle and Washington, DC, to name only a few anti-corporate hotspots."

[8] Vgl. Drucker (1976).

[9] Lowenstein (1989), p. 1069.

[10] USA, Schweiz

zahl an ermutigenden Argumenten, warum institutionelle Investoren eine aktive Rolle als Aktionär einnehmen sollten, gibt es auf der anderen Seite viele Punkte, die dagegen sprechen.

1.2 Fragestellung und Ziel der Arbeit

Diese Arbeit verfolgt das Ziel, die Einflussfaktoren für ein Engagement in SRI durch institutionelle Investoren am Beispiel von Pensionskassen näher zu beleuchten. Es sollen sowohl externe als auch interne Determinanten der Entscheidung für oder gegen ein Engagement im SRI herausgearbeitet und in ihrer Bedeutung analysiert werden.

Im Hinblick auf die externen Akteure ist festzuhalten, dass gegenwärtig mehrere dieser Akteure versuchen, potentielle Investoren wie z.B. Pensionskassen zu einem derartigen Engagement zu bewegen. So versucht die Politik in mehren Ländern Westeuropas, die Rahmenbedingungen entsprechend zu verändern. Die Motivation für ein derartiges Verhalten liegt in dem erwarteten positiven Einflusses von SRI auf Umwelt und Gesellschaft. In den letzten Jahren versuchen zudem z.B. die direkt involvierten Akteure wie Anbieter oder für SRI infrage kommende Unternehmen selbst, Einfluss auf potentielle Investoren zu nehmen. Gleichzeitig zeigen erste Erfahrungen aus der Praxis, dass auch die Struktur innerhalb der Vorsorgeeinrichtungen eine wichtige Rolle spielt, welche Interessen thematisiert und priorisiert werden.

Im Zentrum der Arbeit steht folgende Forschungsfrage:

> *Welche Faktoren motivieren bzw. hindern institutionelle Investoren wie Pensionskassen, sich im Bereich SRI zu engagieren?*

Diese Frage kann anhand verschiedener Unterfragen weiter konkretisiert werden:

- Welchen externen Faktoren wie der Einfluss des Gesetzgebers bzw. andere externe Anspruchsgruppen sind von Bedeutung?
- Welche internen Faktoren wie z.B. Entscheidungs- und Machtstrukturen sind von Bedeutung?
- Welche Zusammenhänge bestehen zwischen den anderen Parametern des Anlageverhaltens der Pensionskasse und ihrer Entscheidung hinsichtlich SRI?

Aufbauend auf den Ergebnissen dieser Forschung verfolgt die Dissertation das Ziel, Gestaltungshinweise zu erarbeiten, wie Vorsorgeeinrichtungen stärker dazu motiviert werden können, nachhaltige Kriterien im Anlageprozess zu berücksichtigen. Dabei sollen alle im Prozess beteiligten Akteure einbezogen werden. Abschliessend werden Massnahmen von staatlicher und privater Seite aufgeführt, wie das Engagement institutioneller Investoren in SRI gestärkt werden kann.

1.3 Konzeptionelle Grundlagen

Zur Bearbeitung der Forschungsfrage wird der Systemansatz gewählt, der im wesentlichen auf dem St. Galler Unternehmensmodell nach H. Ulrich sowie den weitergehenden Arbeiten Dyllicks beruht. Dieser stellt ursprünglich die Institution des Unternehmens in den Mittelpunkt der Betrachtungen. Der Ansatz kann in seinen Grundgedanken auch auf andere Institutionen wie im vorliegenden Fall die Institution der Pensionskassen übertragen werden, da auch diese in ihrer Anlageentscheidung nicht frei sind, sondern verschiedenen Einflussfaktoren unterliegen.

Die Arbeiten von Ulrich und Dyllick werden nachfolgend in ihrem Kern skizziert und zu dem dieser Arbeit zugrundeliegenden Modell weiterentwickelt. Da in dieser Perspektive v.a. externe Einflussfaktoren auf das Unternehmen (bzw. in diesem Fall die Pensionskasse) dargestellt werden, wird ergänzend ein weiteres Wirkungssystem entwickelt, das dic internen Zusammenhänge darstellt. Für den Gang der Untersuchung soll die Entscheidung für oder gegen SRI in den Kontext anderer Anlageentscheide bzw. der grundsätzlichen Ausübung von Aktionärsrechten gesetzt werden.

Als weitere Grundlage wird im zweiten Abschnitt dieses Kapitels die wissenschaftstheoretische Einordnung des zugrundeliegenden Forschungsverständnisses dargestellt. Der Forschungsprozess beruht auf der Auffassung von Betriebswirtschaftslehre als angewandter Wissenschaft. Das zugrundeliegende Praxisproblem mit der Frage, wie Pensionskassen motiviert werden können, ihr Engagement in SRI zu verstärken, stellt den Ausgangspunkt dieser Dissertation dar.

Die Dissertation beruht auf zwei grundsätzlichen Annahmen, die inzwischen aufgrund zahlreicher Untersuchungen als realistisch angesehen werden können. Die erste Annahme ist, dass SRI einen zumindest gleichwertigen oder sogar einen höheren Anlageerfolg als konventionelle Anlagen aufweisen.[11] Nur unter diesen Voraussetzungen haben Pensionskassen die Legitimation, sich überhaupt mit dem Thema SRI auseinanderzusetzen und ihre Vorsorgegelder zu investieren.

Die zweite Annahme ist, dass Socially Responsible Investments einen positiven Beitrag zur Reduzierung der ökologischen und gesellschaftlichen Probleme leisten können, indem

---

[11] Hier besteht folgender grundlegender Konflikt: Anhänger der Portfoliotheorie argumentieren, dass durch eine zusätzliche Restriktion des Anlageuniversums die Diversifikation eingeschränkt wird, wobei der Anleger keine Kompensation des höheren unsystematischen Risikos erwarten kann. Verfechter einer nachhaltigen Unternehmensstrategie und Vertreter entsprechender Anlageprodukte stellen dem gegenüber, dass durch die Berücksichtigung sozialer und ökologischer Faktoren eine wertvolle qualitative Komponente in die Unternehmensbewertung integriert wird, wodurch zukunftsorientierte Unternehmen mit gutem Management identifiziert werden können. Die Beantwortung der grundsätzlichen Frage nach der finanziellen Wertentwicklung ist angesichts der treuhänderischen Verwaltung der Rentengelder durch Pensionskassen entscheidend. Die Dissertation stellt zur Fundierung der getroffenen Annahme im Kapitel III beide Positionen dar und versucht durch einen Überblick empirischer Studien eine Aussage zur Performance von SRI zu treffen.

sie Unternehmen Anreize bieten, ihre ökologische und soziale Leistung zu verbessern. Ein verstärktes Engagement der Finanzinvestoren in diesen Bereich ist auch gesamtgesellschaftlich wünschenswert. Ein derartiger direkter Einfluss von SRI wurde bereits mehrfach empirisch nachgewiesen[12] und ist heute in mehreren europäischen Ländern bereits eine der Leitlinien für die Gestaltung der Rahmenbedingungen für institutionelle Investoren und insbesondere Pensionskassen. Aufgrund ihres Anspruchs und der Interessen verschiedener Akteure unterscheiden sich Socially Responsible Investments daher von anderen Formen von Investments, die diese volkswirtschaftliche Funktion nicht besitzen.

1.3.1 Systemperspektive als Ausgangspunkt

Wie oben erwähnt, wird die Fragestellung der Dissertation zu Einflussfaktoren eines Engagements von Pensionskassen im SRI unter Verwendung eines Systemansatzes bearbeitet, der im wesentlichen auf dem St. Galler Unternehmensmodell nach H. Ulrich sowie den weitergehenden Arbeiten Dyllicks beruht. Unternehmen sind demnach eingebettet in eine soziale und ökologische Umwelt und haben durch ihre Aktivitäten Einfluss auf diese. Beide Arbeiten werden nachfolgend in ihrem Kern skizziert und zu dem dieser Arbeit zugrundeliegenden Modell weiterentwickelt. Damit wird die Pensionskasse zum einen als Objekt der Analyse gesehen, dessen Entscheidung im Hinblick auf SRI sowohl von internen Stakeholdern sowie durch externe Lenkungssysteme gesteuert wird. Im nächsten Schritt werden Pensionskassen als Akteure betrachtet, die als Eigentümer durch eine aktive Wahrnehmung ihrer Aktionärsrechte Einfluss auf investierte Unternehmen nehmen können.

1.3.2 Grundlagen des St. Galler Unternehmensmodells

Die Grundlagen einer systemorientierten Managementlehre wurden an der Universität St. Gallen Anfang der 70er Jahre insbesondere von Hans Ulrich gelegt.[13] Der Systemansatz betrachtet das Unternehmen als "quasi-öffentliche Institution"[14] im Lichte seiner Anspruchsgruppen.[15] In der zusammen mit Krieg erstellten Schrift "St. Galler Management-Modell"[16] wird das diesem Ansatz zugrundeliegende Unternehmens-Verständnis wie folgt definiert:

---

[12] Vgl. u.a. Ostermann (2002)

[13] Vgl. Ulrich/ Krieg (1974).

[14] Vgl. Ulrich (1977), S. 15.

[15] Der systemtheoretische Ansatz bietet in der betriebswirtschaftlichen Forschung durch terminologische, heuristische und integrative Aspekte eine grössere Offenheit und wirkt monokausalem Denken entgegen. Vgl. Hill/ Fehlbaum./ Ulrich (1994), S. 18. Schwaninger weist jedoch darauf hin, dass es "den einen Systemansatz" nicht gibt, sondern verschiedene Systemansätze mit unterschiedlichen Orientierungen. Vgl. Schwaninger (1994), S. 4 und (1989).

[16] Vgl. Ulrich/ Krieg (1974).

"Eine Unternehmung kann nur bestehen, wenn sie sich immer wieder von neuem mit den sich ständig ändernden Umweltbedingungen befasst, diese in Beziehung setzt zu den eigenen Gegebenheiten, Mitteln und Möglichkeiten und daraus die Grundlagen ihres gegenwärtigen und zukünftigen Verhaltens ableitet. Die Umwelt einer Unternehmung ist zunächst einmal dadurch gekennzeichnet, dass sie aus einer Vielzahl verschiedener sozialer Systeme und Gruppierungen besteht. ... Betrachtet man diese sozialen Systeme und Gruppierungen auf einer höheren Abstraktionsebene, so lassen sich drei Umweltsphären unterscheiden, die übergreifende Sachverhalte darstellen, nämlich eine technologische, eine ökonomische und eine soziale Umweltsphäre." (Ulrich, H.; Krieg, W. (1974), S.18 und 19)

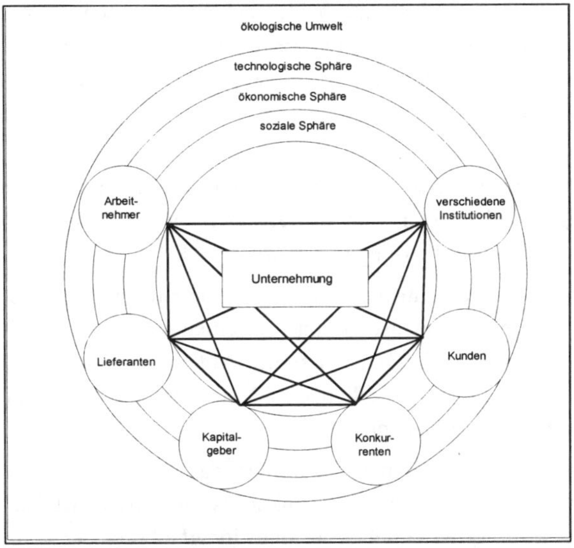

Abb. 1: Die Umwelt der Unternehmung

Quelle: Ulrich, H.; Krieg, W. (1974), S. 20

Nach der Erklärung dieser drei Umweltsphären wird in der gleichen Schrift auf das Verhältnis von Unternehmen und natürlicher Umwelt eingegangen:

"Diese drei Umweltsphären sind nun aber ihrerseits in die ökologische Umwelt, den Gesamthaushalt der Natur, einbezogen. Die damit verbundenen Probleme der Bevölkerungsentwicklung, der Nahrungsmittel- und Industriegüterproduktion, des Abbaus natürlicher Ressourcen sowie der Umweltverschmutzung rufen immer dringender nach Lösungen, die für die Gesamtwirtschaft wie für die einzelne Unternehmung zu grundlegend veränderten Bedingungskonstellationen technologischer, ökonomischer und sozialer Art führen können." (Ulrich, H./ Krieg, W. (1974), S.20)

Hans Ulrich weitet mit seinem systemorientierten Ansatz einer Managementlehre das Blickfeld weit über die in den traditionellen Wirtschaftswissenschaften im Vordergrund stehende Unternehmen-Markt-Beziehung aus. Seiner Ansicht nach ist das Unternehmen in ein Beziehungsnetz aus zahlreichen, untereinander vernetzten externen Gruppierungen, die aus verschiedenen Umweltsphären stammen, eingebettet und unterhält nicht nur marktliche Beziehungen zu seiner Umwelt.[17] Diese Perspektive ist für die vorliegende Arbeit in zweifacher Weise von zentraler Bedeutung. Zum einen weist sie darauf hin, dass das Unternehmen mit seinen Aktivitäten auch die natürliche und soziale Umwelt beeinflusst. Zum anderen zeigt sie auf, dass das Unternehmen selbst wiederum in ein Geflecht verschiedener Anspruchsgruppen eingebunden ist, die mehr oder weniger intensiv Einfluss auf die Unternehmensentscheide nehmen können. Diesen Einfluss der Anspruchsgruppen thematisiert insbesondere Dyllick, wenn er aus der systemtheoretischen und funktionalen Perspektive diesbezüglich von Lenkungssystemen spricht.[18] Dyllick unterscheidet mit Markt, Politik und Gesellschaft drei unterschiedliche Lenkungssysteme.[19]

Ohne späteren Ausführungen vorwegzugreifen, seien an dieser Stelle die Grundzüge des dieser Arbeit zugrundeliegenden Modells dargestellt, welches das Wirkungsgefüge von Pensionskassen und ihrer Einflussfaktoren illustriert.[20]

Im Rahmen dieser Arbeit wird insbesondere die Beziehung zwischen der Anspruchsgruppe der Finanzinvestoren (Kapitalgeber) und Unternehmen bzw. zwischen Unternehmen und Umwelt und Gesellschaft thematisiert. Im Mittelpunkt dieser Arbeit steht jedoch nicht das Unternehmen, sondern die Pensionskasse in ihrer Rolle als Finanzinvestor, die in das Unternehmen investieren kann.

Aus dieser Perspektive kann argumentiert werden, dass auch Pensionskassen den Einflüssen der drei von Dyllick beschriebenen Lenkungssystemen unterliegen. Deren Wirkung kann vereinfacht wie folgt beschrieben werden: Innerhalb der Pensionskasse sind insbesondere drei unterschiedliche Akteursgruppen an der Entscheidungsfindung beteiligt: Arbeitgebervertreter, Arbeitnehmervertreter und Stiftungsrat. Auf diese wirken wiederum mehrere externe Lenkungssysteme, welche die Pensionskasse aus ihren jeweiligen indivi-

---

[17] Der bei Ulrich verwendete Begriff der "Gruppierungen" wird später ersetzt durch den inhaltlich gleich belegten Begriff der "Anspruchsgruppen". Gesellschaftliche Anspruchsgruppen sind nach Achleitner Interessengruppen, die aus gesellschaftlichen Anliegen mehr oder weniger konkrete Erwartungen oder Ansprüche an die Unternehmung ableiten, und entweder selbst oder durch Dritte versuchen, auf die Unternehmungsziele oder die Art und Weise der Zielerreichung Einfluss zu nehmen. Vgl. Achleitner (1985), S. 76.

[18] Unter dem Begriff des „Lenkungssystems" wird bei Dyllick in einem kybernetischen Verständnis ein System verstanden, das das Unternehmen und ihr Handeln beeinflusst oder sogar beherrscht, unabhängig davon, ob solche Lenkungseinflüsse bewusst, gezielt oder geplant sind. Vgl. Dyllick (1989).

[19] Für das Lenkungssystem „Gesellschaft" wird in anderen Publikationen auch der Begriff „Moral" in Dyllick (1989) bzw. „Öffentlichkeit" in Dyllick (1994) verwendet.

[20] Siehe Kapitel IV.

duellen Motiven zu einem Engagement in SRI bewegen bzw. sie davon abhalten wollen. Innerhalb des Lenkungssystems Markt sind dies beispielsweise Consultants, Banken sowie Versicherte. Das Lenkungssystem Politik wird durch die Akteursgruppe der Gesetzgeber beherrscht. Als gesellschaftliche Gruppen sind unter anderem Medien und NGOs im Thema aktiv.

Die Entscheidung für oder gegen ein SRI unterliegt demnach einem komplexen Wirkungsgefüge, das vereinfacht in der folgenden Abbildung dargelegt wird:

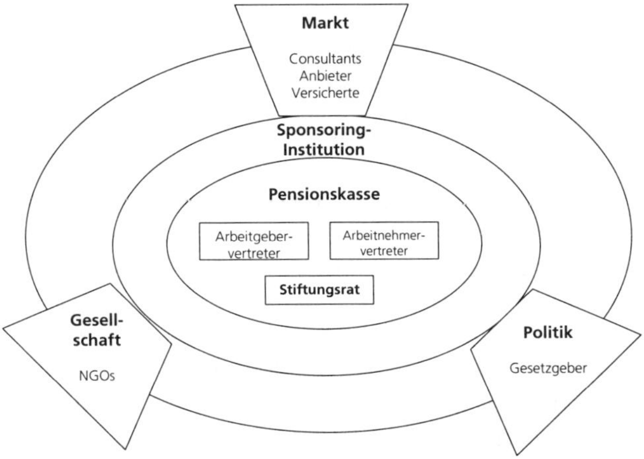

Abb. 2: Wirkungsgefüge Pensionskassen und Einflussfaktoren

Quelle: eigene Darstellung

Im Unterschied zum Modell „Die Umwelt der Unternehmung" in Abbildung 1 wird die soziale, ökonomische und technologische Sphäre durch den Begriff „Umwelt" ersetzt. Zusätzlich wird als weitere Instanz die Sponsoring-Institution eingefügt,[21] welche über die Trägerschaft der Pensionskasse eine enge wirtschaftliche Bildung zu ihr unterhält.

Die Pensionskasse kann hierbei selbst in zweifacher Weise als Lenkungssystem auf Unternehmen wirken: Zum einen kann sie als institutioneller Investor durch gezieltes Investment nachhaltig wirtschaftenden Unternehmen mehr Geld und damit Spielräume für Expansion und Investitionen zur Verfügung stellen. Sie belohnt damit sozial und ökologisch proaktiv handelnde Unternehmen. Zum anderen kann sie ab einem gewissen direkten Mindestinvestment auch direkt im Sinne der Corporate Governance Einfluss auf das investierte Unternehmen nehmen. Pensionskassen können deshalb als strukturpolitischer

[21] Das Unternehmen bzw. die öffentliche Körperschaft, deren Arbeitnehmer in der Pensionskasse versichert sind.

Akteur bezeichnet werden, mit Hilfe dessen über den Finanzmarkt der ökologische bzw. soziale Strukturwandel vorangetrieben werden kann.[22]

1.3.3 Wissenschaftstheoretische Einordnung

Das diese Arbeit prägende Forschungsverständnis beruht auf der Auffassung von Betriebswirtschaftslehre als angewandter Wissenschaft im Sinne von Ulrich.[23] Dieser unterscheidet die angewandten Wissenschaften von den Grundlagenwissenschaften und gibt damit ersteren einen eigenständigen Charakter. In seiner Schrift "Die Betriebswirtschaftslehre als anwendungsorientierte Sozialwissenschaft"[24] definiert er die angewandten Wissenschaften anhand mehrerer Merkmale und leitet daraus einen spezifischen Forschungsprozess ab, der auch dieser Arbeit zugrundegelegt werden soll.

Dieser Forschungsprozesses zeichnet sich nach Ulrich durch folgende Charakteristika aus: Er "beginnt in der Praxis, ist zur Hauptsache auf die Untersuchung des Anwendungszusammenhangs gerichtet und endet in der Praxis". So entstehen die wissenschaftliche Probleme der angewandten Wissenschaften "in der Praxis und beziehen sich auf diese".[25] Der Forscher in den angewandten Wissenschaften "wählt Probleme des praktisch handelnden Menschen aus, für deren Lösung kein befriedigendes Wissen zur Verfügung steht".[26] Die wissenschaftliche Problembearbeitung erfolgt zunächst eher theoriegeleitet, indem problemrelevante Theorien, Verfahren der Formalwissenschaften und relevante Anwendungszusammenhänge erfasst werden, um hieraus Gestaltungsregeln und -modelle abzuleiten. Die anschliessende Prüfung der entwickelten Gestaltungsregeln und -modelle im Anwendungszusammenhang ist Aufgabe der empirischen Forschung und erfolgt damit wieder in der Praxis. Ulrich betont, dass es hierbei "nicht um die Gültigkeit von Theorien geht, sondern um die praktische Anwendbarkeit des Modells, nicht um die Wahrheit von allgemeinen Aussagen, sondern um Nutzen und Schaden von potentiellen realen Gestaltungen".[27] Der Forschungsprozess endet wieder in der Praxis, indem die Ergebnisse der Forschung an diese zurückgespielt werden.[28]

---

[22] Diese Perspektive greift die Habilitation von Schneidewind auf. Er zeigt darin auf, dass Unternehmen durchaus auf ihr gesamtes Umfeld einwirken und dieses aktiv mitgestalten. Schneidewind (1998)

[23] Ulrich unterscheidet in seinem Forschungsverständnis Grundlagenwissenschaften und angewandte Wissenschaften und ordnet die Betriebswirtschaftslehre der letzteren Kategorie zu. Vgl. Ulrich (1981)

[24] Ulrich (1981).

[25] Ulrich (1981), S. 5. Ulrich bezieht sich in seiner Begründung des Entstehungszusammenhangs auf Popper und zitiert diesen mit dem oben erwähnten Zitat.

[26] Ulrich (1981), S. 5.

[27] Vgl. Ulrich (1981), S. 7. Ulrich bezieht sich hiermit wiederum auf Popper und dessen Aussage, dass Wahrheit nichts endgültiges, sondern Programm sei und der wissenschaftliche Erkenntnisprozess somit ein ständiger Prozess der Elimination von falschen Behauptungen darstelle.

[28] Das Zurückspielen der Ergebnisse in die Praxis bedeutet nach Ulrich jedoch nicht den Schlusspunkt des Forschungsprozesses im Sinne einer "Expertise", er muss vielmehr "im Sinne des iterativen Charakters des Gesamtprozesses als ständig wiederkehrende Phase angesehen werden". Ulrich (1981), S. 45.

Der Ausgangspunkt der vorliegenden Arbeit ist das oben skizzierte Praxisproblem: Wie können Pensionskassen zu einem stärkeren Engagement in SRI motiviert werden. Sie versucht, das Problem aus der Perspektive eines konzeptionellen Rahmens zu rekonstruieren, um daraus mögliche Wirkungszusammenhänge im Umfeld von Pensionskassen hinsichtlich eines Engagements in SRI abzuleiten. Diese werden durch eine empirische Untersuchung analysiert.

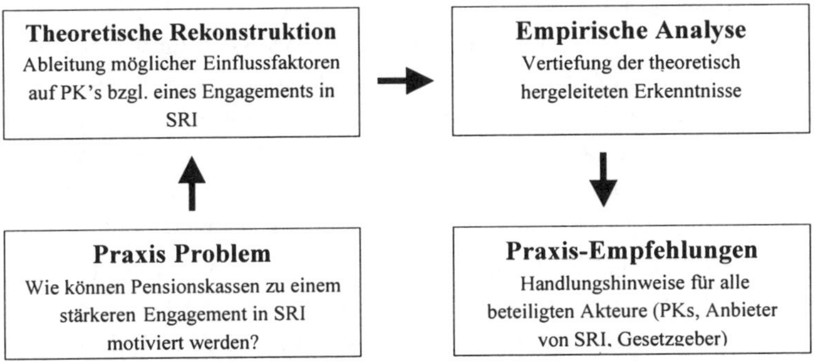

Abb. 3: Erklärungs-/Verstehensanspruch der vorliegenden Arbeit

Quelle: Eigene Darstellung

Dabei verfolgt diese Arbeit folgendes Anliegen: Sie will den betroffenen Akteuren einen Reflexionsrahmen zur Verfügung stellen, der es ihnen ermöglicht, ihr Handeln kritisch zu hinterfragen. Dies soll verbunden werden mit Handlungsempfehlungen, wie die Interaktionen zwischen den Akteuren optimiert und Blockaden zu einem stärkeren Engagement von Pensionskassen im SRI abgebaut werden können. Insofern schlägt diese Arbeit einen Bogen von der Praxis über die Theorie wieder zur Praxis.[29]

Die Forderung nach der „Anschlussfähigkeit[30]" ist gerade in einem praxisnahen Forschungsgebiet eine zentrale Herausforderung für den Wissenschaftler. Die Berücksichtigung dieses Kriteriums bedeutet nicht eine Änderung der grundlegenden Abfolge des Forschungsprozesses, wie er oben skizziert wurde. Jedoch ergibt sich hieraus eine Veränderung der hier implizit zum Ausdruck gebrachten „Einbahnstrasse" der Forschung. Der Forschungsprozess bedarf demnach bis zum Abschluss einer Folge von zahlreichen Rückkopplungen mit den betroffenen Akteuren aus der Praxis. Dies gilt umso mehr, wenn das Forschungsfeld, wie es bei dieser Arbeit der Fall ist, einer sehr hohen Dynamik unterliegt. Dieser Forderung soll durch einen regelmässigen Austausch mit Experten Rechnung getragen werden.

---

[29] Vgl. Ulrich (1984a), S. 143, der hier explizit Bezug nimmt auf Popper.

[30] Vgl. Schneidewind (1998), S. 23.

Aus den obigen Überlegungen wird deutlich, dass sich diese Arbeit als ein Beitrag zu einer anwendungsorientierten Sozialwissenschaft versteht, wie sie Hans Ulrich an der Universität St. Gallen entwickelt hat. Diese zeichnet sich seinen Ausführungen zufolge insbesondere durch fünf Aspekte aus:[31]

1. Die Probleme einer derartig verstandenen Wissenschaft entstehen nicht im Theorie-, sondern im Praxiszusammenhang. Praktische Probleme sind für die anwendungsorientierte Forschung konstitutiv. Nicht die Gültigkeit von Theorien, sondern die Anwendbarkeit von Modellen und Regeln sind der Massstab für wissenschaftsgeleitetes Verhalten. Dies impliziert, dass das entwickelte Modell dem Problem angemessen sein muss. Das dieser Dissertation zugrundeliegende Problem entstand in der Praxis. Die Anwendbarkeit zeigt sich auch in der empirischen Analyse. Im Rahmen der Forschungen wird grossen Wert auf die Anwendbarkeit der theoretisch erarbeiteten Lösungsansätze gelegt, die regelmässig mit Praktikern diskutiert werden.
2. Die Probleme handelnder Menschen sind a-disziplinär. Angewandte Forschung ist daher ihrem Wesen nach interdisziplinär. Obwohl sich diese Dissertation primär im betriebswirtschaftlichen Kontext abspielt, werden verschiedene Teilbereiche bearbeitet: Während das verwendete Modell der Systemtheorie und der Lenkungssysteme der allgemeinen BWL zuzuordnen ist, betreffen Socially Reponsible Investments sowohl finanzmarkttheoretische wie auch naturwissenschaftliche Aspekte. Die Einflussnahme institutioneller Investoren auf die Corporate Governance von Unternehmen wird bei den Rechtswissenschaften im Kontext der Unternehmensverfassung diskutiert.
3. Im Gegensatz zu einer empirischen Forschung, die eine bestehende Wirklichkeit beobachten und mit Hilfe von allgemeinen Theorien erklären will, zielt die angewandte Forschung auf den Entwurf einer neuen Wirklichkeit. Die vorliegende Arbeit ist überwiegend konzeptioneller Natur. Sie kann im Sinne von Ulrich interpretiert werden als der Versuch, auf der Basis bestehender Theorien eine neue Sichtweise auf Pensionskassen als treibende Kraft eines ökologischen Strukturwandels zu entwerfen.
4. Nicht die Wahrheit wissenschaftlicher Aussagen ist das Regulativ des Prozesses angewandter Forschung, sondern der Nutzen der zu schaffenden Entwürfe für die Praxis.[32] Fortschrittskriterien, an denen der Stand des Wissens gemessen wird, sind damit der Praxis entstammende Nutzenkriterien wie z.B. Leistungsgrad oder universelle Anwendbarkeit der gefundenen Problemlösungen. In diesem Sinne ist es für diese Arbeit von hoher Bedeutung, die gewonnenen Erkenntnisse immer wieder zur

[31] Vgl. Ulrich (1984b), S. 202 f. Er unterscheidet hier in angewandte Forschung und Grundlagenforschung.

[32] Diese Aussage wird insbesondere im radikalen Konstruktivismus vertreten. Die Vertreter dieser Richtung begründen ihre Ablehnung von Wahrheit als Regulativ der Forschung mit evolutionsbiologischen Erkenntnissen. Vgl. Schmidt (1988). Ulrich (1984b), S. 204 weist in diesem Zusammenhang darauf hin, dass dieser Nutzen auf gesamtgesellschaftlicher und nicht auf individueller Ebene zu definieren ist.

Diskussion zu stellen und ihren Nutzen zu überprüfen. Des weiteren ist es der Autorin ein Anliegen, übergreifende Lösungen zu entwickeln, die möglichst für alle Arten von Pensionskassen, auch im internationalen Kontext, gleichermassen anwendbar sind.

5. Das Wertfreiheitspostulat ist für angewandte Wissenschaft nicht haltbar.[33] Bereits die forschungsleitenden Nutzenkriterien stellen Werturteile dar, die der angewandte Forscher in dieser Funktion ständig anwendet. Die Autorin ist sich bewusst, dass ihre Forschung zwangsläufig auf der Basis von gewissen Wertvorstellungen entstand, die sich auch aus ihrer beruflichen Position ergeben. Diese Werte sind stets kritisch zu hinterfragen und in der Interaktion mit anderen Akteuren zur Diskussion zu stellen.

	Angewandte Wissenschaften	**Forschungsprojekt SRI/ PKs**
Entstehung der Probleme	• In der Praxis (Praxiszusammenhang) • Anwendbarkeit der Lösungsansätze	• Beginnendes, doch zögerliches Engagement von PKs im SRI • Überprüfung in der Praxis
Art der Probleme	A-Disziplinär	Aspekte aus verschiedenen Disziplinen
Forschungsziele	Entwerfen möglicher Wirklichkeiten (und Wege dorthin)	Darstellung einer Idealwelt, Identifikation von Treibern und Blockaden
Forschungsregulativ	Nützlichkeit	Nützlichkeit für Investoren, Anbieter und Gesellschaft
Angestrebte Aussagen	Normativ, wertend	Klärung der Zusammenhänge der Bedeutung einzelner Faktoren Handlungshinweise
	Angewandte Wissenschaften	**Forschungsprojekt SRI/ PKs**
Fortschrittskriterien	Praktische Problemlösungskraft von Modellen und Regeln	Analyse der Faktoren und Wirkungszusammenhänge. Erarbeitung möglicher Impulse durch bzw. auf die Akteure (Gesetzgeber, PK-Manager)

Abb. 4: Übertragung von Kriterien angewandter Wissenschaften auf das Dissertationsthema

Quelle: Eigene Darstellung

[33] Die Wertfreiheit der Ökonomie als Wissenschaft wird prominent u.a. von Max Weber gefordert. Vgl. Weber (1992), S. 26 ff.

1.4 Forschungsansatz: Auswahl und Anwendung der Forschungsmethoden und -instrumente

Die Methodik des gewählten Forschungsansatzes entscheidet über die Relevanz und Nützlichkeit einer Studie und sollte daher gut fundiert sein. Im Folgenden wird die Ausgangsbasis der Argumentation dokumentiert und der Forschungsansatz im Detail beschrieben.

1.4.1 Untersuchungsdesign

Das Untersuchungsdesign orientiert sich am Stand der Forschung in den angesprochenen Gebieten sowie dem Ziel der Untersuchung, wie es zu Beginn formuliert wurde. Der Stand der Forschung ist durch einen hohen Neuigkeitscharakter und bislang wenig gesicherte Erkenntnisse gekennzeichnet. Die untenstehende Graphik gibt eine grobe Übersicht über die unterschiedlichen Reifegrade der in der Arbeit angesprochenen Themengebiete.

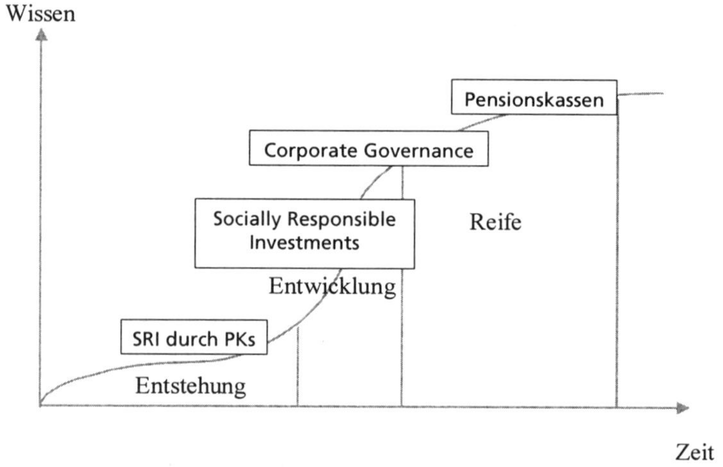

Abb. 5: Erkenntnisstand des Forschungsgebietes in den jeweiligen Teilaspekten

Quelle: eigene Abbildung (nach Dyllick (2001))

Für die dieser Arbeit zugrundeliegende Problemstellung liegen bislang noch keine umfassenden Konzeptionen vor. Erste theoretisch-analytische Vorarbeiten zu Einzelaspekten sind jedoch bereits vorhanden. Der Stand der Forschung lässt sich daher in verschiedene Reifestufen einteilen: Während Pensionskassen ein breit erforschtes Feld sind, befindet sich die wissenschaftliche Bearbeitung des Bereiches Socially Responsible Investments noch in einer Entwicklungsphase. Dies hängt mit der noch relativ jungen Geschichte, georaphischen Differenzierung und Dynamik in diesem Segment zusammen. Die Erforschung der Rolle von Pensionskassen im Socially Responsible Investments ist dagegen höchst aktuell, neben vereinzelter Literatur Anfang der 80er Jahre in den USA[34] ist das Thema erst in den letzten Jahren von Wissenschaftlern aufgenommen worden. Dabei stehen bisher, wie bereits erläutert, die Frage der Aktivitäten als solche und nicht die der Einflussfaktoren im Vordergrund.[35]

Angesichts der fehlenden wissenschaftlich fundierten Aussagen über mögliche Einflussfaktoren auf Pensionskassen in ihrer Rolle als institutionelle Investoren und deren Bedeutung bzw. die Wirkungszusammenhänge zwischen diesen Faktoren im Hinblick auf SRI strebt diese Arbeit an, diesbezüglich Strukturen und Zusammenhänge zu erkunden sowie die Bedeutung der verschiedenen Faktoren zu eruieren.

1.4.1.1 Grundlagen der Methodenwahl

Zur Festlegung des Forschungsdesigns wird im Folgenden auf die Unterscheidung von Fritz[36] zurückgegriffen. Dieser definiert anhand der Oberkriterien Aussagenart bzw. Untersuchungsziel insgesamt sechs in Frage kommende Forschungsdesigns. Diese sind in untenstehender Abbildung dargestellt. Explorative Forschungsdesigns dienen der Erkundung oder Entdeckung von Strukturen oder Zusammenhängen, während konfirmatorische Designs auf die Prüfung von Hypothesen über bestimmte Sachverhalte dienen.[37]

---

[34] Council on Economic Priorities (1980), Murrmann et al. (1984)

[35] Friends of the Earth (2001), Just Pensions (2002)

[36] Vgl. Fritz (1995), S. 60f.

[37] Vgl. Fritz (1995), S. 60 f., der hier insbesondere Bezug nimmt auf Green, Tull (1982), S. 61 f. und Nieschlag, Dichtl, Höschgen (1991), S. 627 f.

UNTERSU-CHUNGSZIEL/ AUSSAGENART/	Exploratorisch	Konfirmatorisch
Deskriptiv	ED-Design: z.B.: Ermittlung von Marktsegmenten mittels Clusteranalyse	KD-Design: z.B.: Überprüfung eines Einstellungsmodells mittels konfirmatorischer Faktorenanalyse
Explikativ	EE-Design: z.B. Systematische Modifikation von Kausalmodellen zur Entdeckung neuer erklärungsrelevanter Zusammenhänge	KE-Design: z.B. Überprüfung eines Kausalmodells zur Erklärung des Unternehmenserfolgs
Instrumentell	EI-Design: z.B. Entwicklung neuer Techniken der Unternehmensanalyse	KI-Design: z.B. Systematische Überprüfung der Leistungsfähigkeit von Techniken der Portfolioanalyse

Abb. 6: Sechs grundlegende empirische Forschungsdesings mit Forschungsbeispielen

Quelle: Fritz, W. (1995), S. 60

Im Hinblick auf das Untersuchungsziel ist festzuhalten, dass sich diese Arbeit in einem frühen Stand des Forschungsprozesses befindet. Sie hat daher grundlegend einen explorativen Charakter. Ein konfirmatorisches Forschungsdesign mit der vorhergehenden Bildung von Hypothesen erscheint angesichts des geringen vorhandenen Wissens in diesem Bereich nicht angebracht.[38]

Im Hinblick auf die Aussagenart ist festzuhalten, dass diese Arbeit eine explikative Absicht verfolgt. Es geht um die Explizierung von Einflussfaktoren auf Pensionskassen und die zwischen diesen bestehenden Wirkungszusammenhängen. Weil zur Erfüllung dieser Erklärungsaufgabe aber nicht unmittelbar auf vorhandene geeignete Modelle und Konzepte zurückgegriffen werden kann, sondern diese erst zu entwickeln sind, bedarf das explikative Forschungsdesign einer zugrundeliegenden deskriptiven Komponente. Die Entwicklung des Modells von Pensionskassen als institutioneller Investor erfolgt im Rahmen der vorliegenden Untersuchung auf der Basis der oben skizzierten theoretischen Überlegungen. Die deskriptive Entwicklung des Modells ist somit Vorbedingung für die Realisierung des explikativen Ansatzes.

Die Arbeit verbindet demzufolge theoretisch-analytische mit empirischen Elementen. Aufgrund der bereits erfolgten umfassenden Literaturanalyse ist zum gegenwärtigen

---

[38] Vgl. Fritz (1995), S. 61.

Stand der Forschung abzusehen, dass es zahlreiche Faktoren gibt, die Pensionskassen im Hinblick auf ein Engagement in SRI positiv oder negativ beeinflussen können. Ein positiv wirkender Faktor kann z.B. die zunehmende Bereitschaft von institutionellen Investoren sein, sich im Rahmen von Corporate Governance in den investierten Unternehmen aktiv zu engagieren. Ein negativ wirkender Faktor kann z.B. die mangelnde Transparenz im SRI-Markt und eine aufgrund uneinheitlicher Standards nur schwer erzielbare Vergleichbarkeit bzw. Bewertung verschiedener Anlagealternativen sein. Inwiefern ein Engagement in SRI zustande kommt, hängt folglich neben externen Faktoren auch von Pensionskassen-internen Faktoren wie z.B. der gewählten Anlagestrategie ab.

Die weitere Explizierung des aufgrund der theoretisch-analytischen Arbeiten gewonnenen Modells über Pensionskassen und die im Hinblick auf ihr Engagement im SRI wirkenden Faktoren soll, wie oben bereits erwähnt, im Rahmen einer empirischen Untersuchung stattfinden. Aufgrund des Literaturstudiums, der bereits vorhandenen umfangreichen Kenntnisse über Strukturen des Pensionskassensystems sowie der bestehenden Kontakte fokussiert sich die empirische Forschung auf die Schweiz. Der Markt bietet ein etabliertes System der beruflichen Vorsorge sowie einen hinreichenden Diskussionsstand zur Forschungsfrage. Verschiedene Pensionskassen sind bereits im SRI-Kontext engagiert, was auch auf das breite Angebot diverser Anbieter zurückzuführen ist. In den Medien und Fachgremien findet das Thema zunehmend Beachtung.[39] Die gesetzliche Verpflichtung hinsichtlich der Wahrnehmung ihrer Stimmrechte erhöht den Druck auf die Vorsorgeeinrichtungen, sich mit ihrer Verantwortung als Eigentümer von Unternehmen auseinanderzusetzen. Daher findet eine Diskussion zu nachhaltigen Anlagen auch ohne eine gesetzliche Berichtspflicht wie in UK oder Deutschland statt.

Für die Bearbeitung der vorliegenden Forschungsfrage wurde die Methode der Leitfaden- bzw. Experteninterviews gewählt. Im folgenden Abschnitt werden die Charakteristika dieser Forschungsmethodik erläutert, um die Eignung für den Kontext zu illustrieren.

1.4.1.2 Das Interview als Methode der empirischen Sozialforschung

Die Befragung, ob schriftlich oder mündlich, ist das am weitesten verbreitetste Verfahren in der Markt-, Meinungs-, oder Sozialforschung. Etwa 90 Prozent aller sozial- und verhaltenswissenschaftlichen Daten werden mit Hilfe der Befragung gewonnen. Grundsätzlich wird zwischen dem narrativen, dem Leitfaden-/ Experten- sowie standarisiertem Interview unterschieden, die sich in bezug auf den Strukturierungsgrad, Standardisierungsgrad sowie hinsichtlich der vorrangigen Verwendung voneinander abgrenzen lassen. Atteslander empfiehlt den Grad der Strukturiertheit dem Erkenntnisziel anzupassen: „Je

[39] Es wurden in den letzten Jahren z.B. an der ETH Zürich ein Roundtable zu Pensionskassen und Nachhaltigkeit organisiert, ausserdem organisierte die Prevista Anlagestiftung bereits zwei Foren zu Pensionskassen und Nachhaltigkeit. Die Frage nach der Bedeutung ethisch-ökologischer Anlagen wurde auch in die Erhebungen zu Pensionskassen sowohl von Robecco wie auch ASIP/ Swissca eingefügt.

geringer die Strukturiertheit, desto eher dienen sie dem Erfassen qualitativer Aspekte. Je stärker die Strukturierung fortschreitet, desto eher ermöglicht sie das Erfassen quantitativer Aspekte."[40]

	Narratives Interview	**Leitfaden-/ Experteninterview**	**Standardisiertes Interview**
Grad der Standardisierung	Offenes Gespräch ohne Leitfaden	Eher offenes Gespräch, Leitfaden als Orientierung, doch flexibel zu handhaben	Fragebogen mit vorwiegend geschlossenen Fragen
Vergleichbarkeit	Keine Vergleichbarkeit angestrebt	Teilweise Vergleichbarkeit möglich	Weitgehende Vergleichbarkeit möglich
Ziel	Explorative Erschliessung unbekannter Relevanzstrukturen bzw. Hypothesengenerierung	Exploration bzw. Hypothesengenerierung	Hypothesenüberprüfung

Abb. 7: Vergleich der Interviewformen

Quelle: eigene Darstellung

Das *narrative Interview* stellt die Extremform der offenen Befragung dar, es wird ohne Fragebogen oder Leitfaden erstellt.[41] Diese Form dient primär der explorativen Erschliessung unbekannter Relevanzstrukturen sowie der Hypothesengenerierung.

Das *Leitfadeninterview bzw. Expertengespräch* zeichnet sich auch durch eine eher offene Gesprächsführung aus, die einen Einblick in die Relevanzstrukturen und die Erfahrungen des Interviewten erlaubt. Der Experte zeichnet sich dabei über einen komplexen Wissensbestand zum Thema der Untersuchung aus.[42] Dem Leitfaden kommt eine starke Steuerungsfunktion zu, sowohl im Hinblick auf den Ausschluss unergiebiger Themen wie auch in bezug auf die Akzeptanz des Experten. Die in die Entwicklung eines Leitfadens eingehende Arbeit schliesst aus, dass sich der Forscher als inkompetenter Gesprächspartner darstellt.[43] „Mit Hilfe eines Leitfadens wird das zu erhebende Thema vorstrukturiert.

---

[40] Atteslander (2000), S. 156

[41] Die Vorgehensweise ohne Fragebogen verschafft dem Forscher einen hohen Freiheitsspielraum, da er die Anordnung oder Forumlierung seiner Fragen dem Befragten jeweils individuell anpassen kann.
Siehe Atteslander (2000), S. 141.

[42] Der Befragte interessiert dabei in seiner Eigenschaft als Experte für ein bestimmtes Handlungsfeld. Er wird auch nicht als Einzelfall, sondern als Repräsentant einer Gruppe in die Untersuchung einbezogen. Siehe Flick (2002), S. 127f.

[43] Mayer (2002), S. 36.

Der Leitfaden kann je nach Forschungszweck sehr grob- bis feinmaschig, sehr allgemein bis sehr konkret sein. Im allgemeinen wird auf standardisierte Fragen und vor allem auf standardisierte Antwortvorgaben verzichtet. Auch soll dem Leitfaden im allgemeinen nicht sklavisch gefolgt werden; er ist vielmehr in Abhängigkeit vom Interviewverlauf flexibel zu handhaben. Insbesondere darf der Leitfaden nicht zum Anlass genommen werden, der Reihe nach nur die verschiedenen Themen "abzuhaken", vielmehr geht es (auch) darum, offen zu sein für die Perspektive der befragten Person, für Neues, Ungereimtheiten, usw...“[44] Der Interviewleitfaden erlaubt trotzdem zumindest eine teilweise Vergleichbarkeit der Interviewergebnisse. Auch das Leitfadengespräch ist ein geeignetes Instrumentarium zur Exploration oder Hypothesengenerierung im Vorbereitungsstadium quantitativer empirischer Untersuchungen. Der Vorteil dieser Methode liegt darin, dass der konsequente Einsatz des Leitfadens die Vergleichbarkeit der Daten erhöht und dass sie durch die Fragen Struktur gewinnen.[45]

Das *standardisierte bzw. quantitative Interview* wird im Rahmen hypothesenprüfender Untersuchungen eingesetzt. Dabei greift der Forscher auf einen vorher konzipierten Fragebogen (mit vorwiegend geschlossenen Fragen) zurück, der für jeden Befragten sowohl in bezug auf die Frageformulierung als auch Fragenanordnung gleich ist. Dadurch soll eine grösstmögliche Vergleichbarkeit der Daten sichergestellt werden. Standardisierung und weitestgehende Neutralität des Interviewers sind somit die wesentlichen Unterschiede dieser Interviewform von den beiden vorher genannten.[46] Das Interview kann entweder persönlich (Face-to-face) oder auch telefonisch stattfinden. Je nach Grad der Standardisierung der Frageformulierung und -reihenfolge sowie der Antwortformulierung bzw. -kategorien wird zwischen *standardisierten und halbstandardisierten Interviews* unterschieden. In einem vollstandardisierten Interview ist alles verbindlich festgelegt. Das halbstandardisierte Interview dagegen ist ein Grenzfall zwischen quantitativem und qualitativem Interview, da hier offene Fragen mit freier Antwortmöglichkeit, also ohne Möglichkeit des Vergleichs und der zahlenmässigen Bewertung der Antworten, mit geschlossenen Fragen kombiniert werden. Je nach Grad der Standardisierung gehört das halbstandardisierte Interview also eher zu den quantitativen oder qualitativen Formen der Befragung. Die Befragung der Interviewpartner wird durch halbstandardisierte Interviews durchgeführt, wobei ihre Vorteile der Flexibilität und universellen Einsetzbarkeit zum Tragen kommen. Bei bekannten Aspekten werden geschlossene Fragen verwendet, um diese zu quantifizieren. Wenn dagegen neue Aspekte eines Themenbereichs entdeckt werden sollen, wird eher explorativ vorgegangen und offene Fragen verwendet.

---

[44] Definition nach ILMES: Internet-Lexikon der Methoden der empirischen Sozialforschung. Zugriff unter: http://www.lrz-muenchen.de/~wml/ein_voll.htm vom 28. 4. 2003

[45] Flick (2002), S. 144f.

[46] Atteslander (1991), S. 160ff und 177f.

Folgende Einsatzgebiete werden für das quantitative bzw. qualitative Interview empfohlen:

Quantitativ	Qualitativ
Für klar umgrenzte und gut definierte Themenbereiche, zu denen bereits hinreichende Vorkenntnisse vorhanden sind	Das qualitative Interview ist überall dort geeignet, wo es um differenzierte und ausführliche Beschreibungen individueller Meinungen und Eindrücke geht ➢ Beschreiben und Verstehen von Zusammenhängen ➢ Aufstellung von Klassifikationen oder Typologien ➢ Generierung von Hypothesen

Abb. 8: Einsatzgebiete quantitativer und qualitativer Interviews

Quelle: eigene Darstellung

Das Untersuchungsdesign stellt dabei einen Grenzfall zwischen qualitativer und quantitativer Forschung dar. Die Erhebungsform des Experteninterviews wird eher als qualitatives Design eingeordnet. Die Tatsache, dass halbstandardisierte Interviews verwendet werden und ca. 30 Interviews durchgeführt werden, ist eher einem quantitativen Design zuzuordnen. Details des Erhebungsrahmens werden in Kapitel 5 erläutert.

1.5 Aufbau der Arbeit

Der Aufbau der Arbeit orientiert sich am Forschungsprozess nach Ulrich. In der Einleitung wird die Forschungsfrage und ihre Relevanz für die Praxis erläutert. Darüber hinaus werden die konzeptionellen Grundlagen und der Forschungsansatz dargelegt, um eine wissenschaftliche Einordnung zu gewähren. Die inhaltlichen Grundlagen werden in zwei separaten Kapiteln geschaffen. Die Pensionskasse als Untersuchungsobjekt werden im zweiten Kapitel in ihrer Struktur detailliert dargestellt sowie ihre Unterschiede im internationalen Vergleich skizziert. In dieser Arbeit sind vor allem ihre Bedeutung als institutioneller Investor sowie Parameter zu ihrem Anlageverhalten von Interesse. Der Untersuchungskontext Socially Responsible Investments wird sowohl in den angebotenen Investmentkategorien sowie hinsichtlich seiner Marktentwicklung –auch im internationalen Vergleich – dargestellt. Zum besseren Verständnis der Hintergründe eines möglichen Engagements von Pensionskassen im SRI werden Motive von Investoren sowie der Nutzen dieses Anlagestils aufgeführt. Da ein stärkeres Engagement von Pensionskassen im SRI einen bedeutenden Beitrag zur Marktentwicklung leisten könnte, werden Szenarien der Marktentwicklung diskutiert.

Das vierte Kapitel stellt die Synthese der beiden vorangegangenen Theoriekapitel dar. Auf der Grundlage des St. Galler Modells des systemorientierten Managements wird der mögliche Einfluss von internen und externen Anspruchsgruppen aus dem Literaturstudium abgeleitet. Aufgrund der Parallelen zu einem Engagement auf die Corporate Governance von investierten Unternehmen wird die Rolle als Aktionär sowie Einflussfaktoren eines Shareholder Aktivismus herausgearbeitet. Eine detaillierte Erläuterung konkreter Initiativen von institutionellen Investoren bzw. einzelnen Pensionskassen im SRI-Kontext gibt eine weitere praktische Legitimation der Fragestellung.

Als Vorbereitung für die empirische Analyse werden im fünften Kapitel die abgeleiteten Einflussfaktoren in bezug auf die internen und externen Anspruchsgruppen sowie hinsichtlich der Anlagestrategie zu einem Untersuchungsmodell zusammengefasst. Den zweiten Teil des Kapitels bilden die empirischen Ergebnisse der Befragung. Im abschliessenden Kapitel wird ein Fazit gezogen, welches Antworten auf die Forschungsfrage und die Unterfragen der Arbeit enthält. Aus den gewonnenen Erkenntnissen werden Handlungsempfehlungen abgeleitet, die abschliessend Ansatzpunkte für eine weitere Entwicklung des Themas aufzeigen.

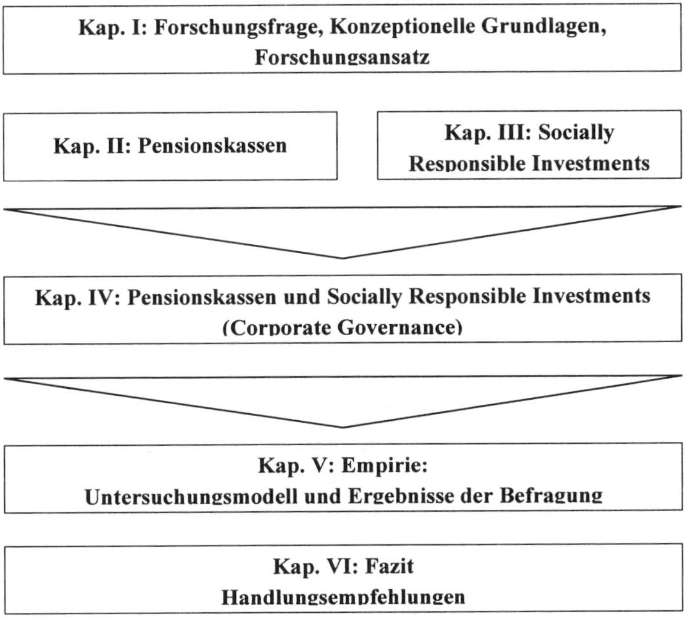

Abb. 9: Aufbau der Arbeit

Quelle: eigene Darstellung

2 Pensionskassen

2.1 Gesetzliche Rahmenbedingungen und Struktur der Altersvorsorge

Das Untersuchungsobjekt „Pensionskasse“ weist viele Facetten auf. Die Vorsorgeeinrichtungen nehmen mit der Rentenzahlung eine wichtige volkswirtschaftliche Aufgabe wahr. Daher sind sie einem engen regulatorischen Rahmen unterworfen, zumindest in Ländern wie der Schweiz, wo ein Obligatorium der beruflichen Vorsorge eingeführt wurde. Die folgenden Abschnitte erläutern das System der Altersvorsorge und nationale Unterschiede in deren Ausgestaltung. Dabei wird der Begriff der Pensionskasse für alle Träger der beruflichen Vorsorge synonym verwendet, auch wenn beispielsweise in Deutschland Unterschiede zwischen Pensionskassen und Pensionsfonds bestehen. Nach einer detaillierten Darstellung der beruflichen Vorsorge in einzelnen OECD-Ländern erfolgt im letzten Abschnitt eine Übersicht über die Bedeutung der Pensionskassen als Investor auf den Finanzmärkten. Da SRI eine Variante des Anlageverhaltens darstellt, werden die grundsätzlichen Determinanten des Anlageverhaltens beschrieben.

2.1.1 Ausgangslage

Trotz der enormen Summe sowie der stetigen Zunahme der verwalteten Vermögen stehen die historisch gewachsenen Alterssicherungssysteme vor gravierenden Problemen. Diese resultieren aus negativen demographische Entwicklungen, einer schwachen Beschäftigungslage mit hoher Arbeitslosigkeit sowie Frühpensionierungen. Sinkende Geburtenraten, eine längere Ausbildungsdauer und damit späterer Berufseinstieg sowie eine steigende Lebenserwartung führen dazu, dass immer weniger Beitragszahler immer mehr Rentner für längere Rentenbezugszeiten finanzieren müssen. Da die Einnahmen zur Rentenfinanzierung abnehmen, während gleichzeitig die Ausgaben zunehmen, sinkt vielfach das Vertrauen in die Sicherheit der eigenen Rente.[47]

Aktuelle Zahlen zeigen eine dramatische Entwicklung auf: momentan ist 16 Prozent der Bevölkerung Westeuropas über 65, im Jahre 2030 wird der Anteil auf 25 Prozent und 2050 auf 30 Prozent ansteigen.[48] Die Erhaltung des aktuellen Rentenniveaus (relativ zum Durchschnittseinkommen) wird unter diesen Umständen sehr schwierig, wenn nicht unmöglich. Nach Schätzungen von PriceWaterhouseCoopers wird die Break-Even Beitragsrate in Frankreich von 16 auf 28 Prozent des Einkommens innerhalb der nächsten 50 Jahre ansteigen, in Deutschland von 17 auf 28 Prozent und in Italien von 20 auf 46 Prozent.[49]

---

[47] OECD (2002).
[48] Siehe James (2002), Drury (2001), Zimmermann/Bubb (2002).
[49] Riley (2000)

Angesichts dieser Belastungen sind die Vorsorgesysteme einem Druck zur Professionalisierung ausgesetzt, um die steigenden Verpflichtungen bestmöglich abzuschätzen und zu erfüllen. Gleichzeitig gibt es verschiedene Aktivitäten, die Systeme durch zusätzliche Optionen zu ergänzen. Neben staatlichen Versicherungen werden berufliche und individuelle Sparlösungen forciert. Grundsätzlich herrscht Einigkeit darüber, dass eine ausgewogene Abstützung auf drei Säulen eine umfassende Absicherung der Rentenzahlungen ermöglicht.

2.1.2 Systeme: Allgemeine Darstellung des Drei-Säulen-Modells

Zur Sicherung des gewohnten Lebensstandards nach Ende des Erwerbslebens sind die nationalen Altersversorgungskonzepte in der Regel aus staatlichen, betrieblichen sowie privaten Beiträgen und Leistungen aufgebaut. Dieses Drei-Säulen Modell macht Staat, Arbeitgeber sowie eine Eigenvorsorge für die Rentenzahlung verantwortlich.[50] Für die Versicherten ist entscheidend, dass sie sowohl Transparenz über die künftigen Zahlungen erhalten, als auch deren Risiken abgesichert sind. Daher ist ein harmonisches Zusammenspiel aller am System beteiligten Versicherungsträger erforderlich. In Ländern mit einer weitgehend staatlichen Absicherung (wie bisher in Deutschland) gibt es wenig Anreize für eine individuelle oder betriebliche Versorgung. Die angelsächsischen Länder mit einer niedrigen kollektiven Grundabsicherung erfordern ein klares Engagement der anderen Akteure.

Die Schweiz wird vielfach als Vorbild für das Zusammenspiel der drei Akteure bezeichnet. Der Aufbau des Drei-Säulen Prinzips wird daher am Beispiel der Schweiz erläutert.

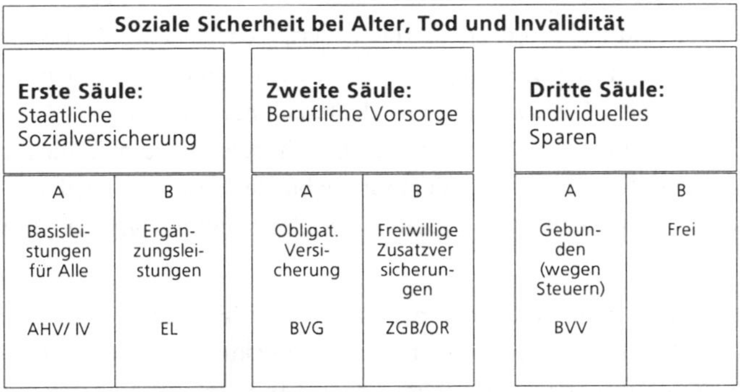

Abb. 10: Die Drei Säulen der Sozialen Sicherheit bei Alter, Tod und Invalidität in der Schweiz

Quelle: in Anlehnung an: Helbling (2000), S. 24.

[50] Schäfer (1997), S. 7.

2.1.2.1 Erste Säule: Staatliche Sozialversicherung

Die erste Säule basiert auf einer obligatorischen Versicherung, die meist von staatlichen Instanzen verwaltet wird. Sie dient der Existenzsicherung im Alter und wird in Form von gesetzlich festgelegten Minimal- und Maximalrenten ausgezahlt. Die Finanzierung erfolgt meist im sogenannten Umlageverfahren, das auf Einzahlungen der Arbeitgeber und der Versicherten beruht sowie durch Beiträge der öffentlichen Hand ergänzt wird. Während die aktive Bevölkerung mit ihren Beiträgen die laufenden Renten zahlen, kommt die nächste Generation für ihren Rentenanspruch auf. Durch die Festlegung von Mindestrenten, die den Existenzbedarf decken sollen, sowie von Höchstrenten, die einen bestimmten Prozentsatz der Mindestrenten nicht übersteigen dürfen, wird ein sozialer Ausgleich geschaffen.

Die eidgenössische Alters- und Hinterlassenenversicherung (AHV) wurde am 1. Januar 1948 in Kraft gesetzt. Damit wurden Mindest- und Höchstrenten festgelegt, die für Einzelpersonen min. CHF 40 und max. CHF 125 monatlich betrugen, für Ehepaare wurden zwischen CHF 64 und CHF 200 ausgezahlt. Durch diverse Revisionen wurden die Leistungen ausgebaut, um z.B. eine bedarfsgerechte Existenzsicherung zu ermöglichen oder eine automatische Anpassung der Renten an die Lohn- und Preisentwicklung zu realisieren (9. AHV Revision 1979).[51]

2.1.2.2 Zweite Säule: Berufliche Vorsorge

Die Rentenpläne der zweiten Säule sind durch einen direkten Bezug zu einer beruflichen Beschäftigung gekennzeichnet, sie werden als System der beruflichen Vorsorge definiert.[52] Die heutigen Pensionskassen basieren auf den gegen Ende des 19. Jahrhunderts von fortschrittlichen Arbeitgebern errichteten Krankenkassen und Sparkassen. Die gewährten Leistungen bei Alter, Krankheit und Unfall boten den Arbeitern eine soziale Absicherung. Die Unternehmer profitierten dabei von einer Bindung der Versicherten an ihre Betriebe. Durch eine Steuerbefreiung der Beiträge konnten die Arbeitgeber das für die Vorsorge gebundene Kapital wieder günstig in die eigenen Betriebe investieren, der Staat war gleichzeitig von der Vorsorgepflicht entbunden.

Derartige Betriebsrentensysteme sind national unterschiedlich reguliert. In einzelnen Ländern sind sie dem Prinzip nach eine freiwillige Leistung des Unternehmens, in anderen Ländern sind sie in unterschiedlichem Grade verpflichtend. Regelungen können für bestimmte Beschäftigtenkategorien, für Branchen oder für mehr oder minder alle

---

[51] Helbling (2000), S. 569.

[52] Döring stellt die Versorgung als "aufgeschobenen Lohnbestandteil" dar, wobei es neben ausschliesslich vom Unternehmen getragenen Systemen auch Versorgungspläne mit Arbeitnehmerbeteiligung gibt oder andere, die ausschliesslich von Arbeitnehmern alleine finanziert werden. Siehe Döring (2002), S. 64.

Beschäftigten bestehen. Sie können tarifvertraglichen Vereinbarungen oder gesetzlichen Bestimmungen entspringen.[53]

Die Vorteile für Arbeitgeber und Gesellschaft sorgten dafür, dass in der Schweiz auch vor der Einführung der obligatorischen Einführung von Pensionskassen nur jeder fünfte Arbeitnehmer über keine betriebliche Absicherung verfügte.[54]

Seit der Einführung des Obligatoriums der beruflichen Vorsorge für Arbeitnehmer werden deren Mindestleistungen im Bundesgesetz über die berufliche Alters-, Hinterlassenen- und Invalidenvorsorge (BVG) geregelt. Die Schweiz war damit weltweit das erste Land, das die Zweite Säule für obligatorisch erklärt und gesetzlich geregelt hat, um allen Arbeitnehmern eine angemessene Personalvorsorge zu sichern. Zusammen mit Schweden ist die Schweiz bei der Implementierung der beruflichen Vorsorge im internationalen Vergleich Spitzenreiter. 90 Prozent der Arbeitnehmer werden hier erreicht. Dagegen werden in Deutschland nur 42 Prozent oder in den USA nur 46 Prozent der Arbeitnehmer durch berufliche Versicherungen erfasst.

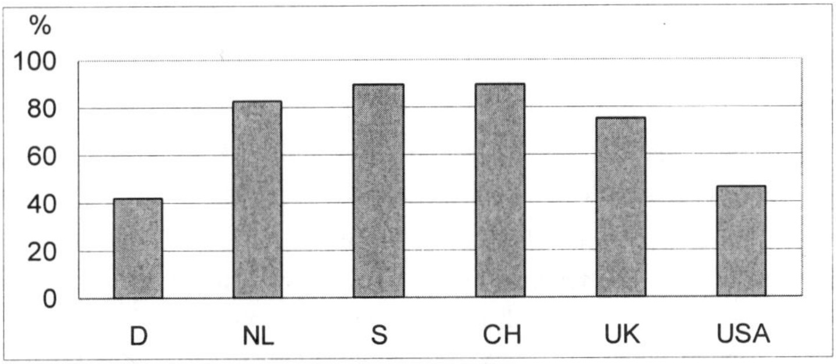

Abb. 11: Anteil der Versicherten, die durch Systeme der Betrieblichen Vorsorge abgedeckt werden

Quelle: www.reformmonitor.org (Zugriff 20.12.2000)

Die Wahl des Durchführungsweges und damit der *Organisation* hängt vom gesetzlichen Rahmen und dem dort vorgegebenen Gestaltungsspielraum ab. In der Schweiz und in den USA müssen die Unternehmen die Mittel für die betriebliche Altersversorge auf eine externe Rechtspersönlichkeit übertragen. Die Vorschrift einer eigenen Rechtsperson

[53] Siehe Döring (2002), S. 65., vgl. Abschnitt zwei in diesem Kapitel.

[54] Wechsler (1999), S. 5.

(ausserhalb des Unternehmens) basiert in der Schweiz auf der Berücksichtigung verschiedener Vorteile:[55]

- Es ist möglich, die Vermögensanlagen der Vorsorgeeinrichtung getrennt von jener für die Unternehmung zu bewirtschaften
- Die Unabhängigkeit erlaubt eine Mitbestimmung der Arbeitnehmer (im Stiftungsrat)
- Arbeitgeberreserven (Verwendung zeitlich noch nicht festgelegt) und freie Stiftungskapitalien können gebildet werden (aus steuerlichen Gründen in der Unternehmung kaum möglich)
- Die Sicherheit der Vorsorgeeinrichtung lässt sich besser beaufsichtigen (kantonale Aufsicht) und prüfen (Kontrollstelle)
- Es ist eher sichergestellt, dass steuerliche Begünstigungen der beruflichen Vorsorge nicht missbraucht werden.

Neben der Organisationsform der Pensionskassen als rechtlich unabhängige Einheit gibt es international auch andere Formen der beruflichen Vorsorge:[56]

- Die Einrichtung einer rechtlich selbständigen Unterstützungskasse
- Der Abschluss von Direktversicherungen zugunsten des Arbeitnehmers bei einer Lebensversicherungsgesellschaft
- Die Direktzusage des Unternehmens, die sich in einer Pensionsrückstellung in der Unternehmensbilanz ausdrückt.

Die Abdeckung durch die berufliche Vorsorge soll in der Schweiz gemeinsam mit der staatlichen Vorsorge ein Renteneinkommen von ca. 60 Prozent des letzten Gehaltes sicherstellen. Dieses Ziel wird jedoch nur bis zum rentenbildenden Maximaleinkommen der staatlichen Rentenversicherung erreicht. Darüber hinaus sind Beiträge der überobligatorischen beruflichen Vorsorge oder der eigenen, freiwilligen Sparleistungen erforderlich.

Die *Finanzierung* der Zweiten Säule erfolgt gemeinsam durch Arbeitnehmer und Arbeitgeber. Der Beitrag des Arbeitgebers muss mindestens dem des Arbeitnehmers entsprechen, kann aber durch freiwillige, über dem Reglement liegende Leistungen aufgestockt werden. In der Schweiz hat dieser obligatorische Teil eine hohe Bedeutung. Diese Beträge können in eine Arbeitgeberbeitragsreserve oder eine private Stiftung eingebracht werden. Durch eine flexible Anpassung am Geschäftsergebnis kann damit die Erfolgsrechnung des Unternehmens entlastet werden. Mit der Einführung des Freizügigkeitsgesetzes 1995 hat

---

[55] Helbling (2000), S. 75.
[56] Schäfer (1997), S. 32.

der Arbeitnehmer beim Ausscheiden aus einer Vorsorgeeinrichtung nicht nur Anspruch auf die eigenen, sondern auch auf die Arbeitgeberbeiträge. Nur wer in eine Pensionskasse mit besseren Leistungen wechselt, muss sich weiterhin einkaufen.[57]

Die *Zielsetzungen von Pensionskassen* lassen sich aus den staatlichen Aufgaben der beruflichen Vorsorge und dem Zielsystem der Unternehmung ableiten.[58] Die in der Schweiz vorgeschriebene paritätische Verwaltung soll die Interessen und das Kräfteverhältnis der Sozialpartner widerspiegeln, wobei zwischen den zentralen Versorgungszielen und den finanz- und personalpolitischen Nebenzielen einer Pensionskasse unterschieden wird. Die Ziele der Anlagestrategie haben sich an diesen übergeordneten Zielsetzungen zu orientieren. Die Arbeitnehmervertreter werden Interessen wie die Wohneigentumsförderung zugunsten der Versicherten, die Mietzinspolitik in Pensionskassen-Liegenschaften oder die Darlehensgewährung an Mitarbeiter in den Vordergrund stellen. Die Unternehmung kann ihre Pensionskasse als Instrument der Finanzpolitik benutzen, indem sie durch freiwillige Zuwendungen Steuern vermeidet und/ oder bei der Pensionskasse Kapital aufnimmt.[59]

2.1.2.3 Dritte Säule: Private Vorsorge

Zur vollständigen Deckung der Lücke zwischen dem Erwerbseinkommen und den Leistungen aus der kollektiven Alterssicherung werden individuelle Sparpläne abgeschlossen. Dies kann durch Lebensversicherungen, Bausparverträge und dem anschliessenden Erwerb von Wohneigentum oder mit wachsender Beliebtheit, durch Fonds- und Aktiensparen erfolgen. Die Selbstvorsorge erfolgt nach individuellen Prioritäten und Möglichkeiten und kann in der Schweiz unterteilt werden einen staatlichen Teil, der in anerkannten Vorsorgeformen festliegt (Säule 3a) sowie in einen freien Teil (3b). Einzelheiten der staatliche Förderung der Selbstvorsorge werden in der "Verordnung über die steuerliche Abzugsberechtigung für Beiträge an anerkannte Vorsorgeformen" (BVV3) geregelt. Sie bestimmt die anerkannten Gefässe sowie Ausnahmeregelungen für eine vorzeitige Auszahlung des Guthabens, wie z.B. beim Einkauf in eine anerkannte Personalvorsorgeeinrichtung, der Aufnahme einer selbständigen Erwerbstätigkeit sowie die Verwendung für selbstgenutztes Wohneigentum.[60]

2.1.3 Gewichtung der drei Säulen untereinander

Die Gewichtung der einzelnen Komponenten variiert im internationalen Vergleich sehr stark. Sie ist von der nationalen Bedeutung und Ausgestaltung der Sozialversicherungs-

57 Schäfer (1997), S. 24.
58 Amman (1990), S. 29.
59 Amman (1990); S. 34.
60 Artikel 1 in Verbindung mit Artikel 3 BVV.

systeme und damit häufig von politischen Vorgaben abhängig. Irland, Belgien und die Niederlande haben die stärksten Traditionen bei den kapitalgedeckten Systemen, doch Länder wie Deutschland, Italien und Frankreich folgen ihnen zunehmend. Das Schweizer Drei-Säulen Konzept ist so angelegt, dass jede der drei Säulen ungefähr gleich stark sein soll. Messbar ist dies auch an den Aufwendungen hierfür, die sich für das Jahr 1996 folgendermassen aufgeteilt haben: [61]

- Beiträge an die AHV/ IV/ EO ca. CHF 32 Mrd.
- Beiträge an die berufliche Vorsorge incl. Vermögenserträge ca. CHF 41 Mrd.
- Private Einzelversicherungen sowie Nettoersparnisse ca. CHF 50 Mrd.

Abbildung 12 zeigt, dass der Anteil der beruflichen Vorsorge von den staatlichen sowie tarifvertraglichen Regelungen beeinflusst wird, einzig in Grossbritannien wird trotz der Freiwilligkeit traditionell ein hoher Anteil der Renten durch die Zweite Säule getragen.

Land	Charakteristika	Reichweite bei Beschäftigten der Privatwirtschaft	Anteil der 2. Säule an den Renten insg.
D	Freiwillige, zum Teil auf Pensionsrückstellungen (rund 56 Prozent) oder auf dem Kapitaldeckungsverfahren (rund 44 Prozent) beruhende Pensions-, Unterstützungskassen und Grundversicherungen	25	5 %
F	Tarifvertraglich geregelte Quasipflichtversicherung, Umlageverfahren, dazu freiwilliges Altersversorgungssystem für leitende Angestellte nach dem Kapitaldeckungsverfahren	50	21%
NL	Ausschliesslich auf dem Kapitaldeckungsverfahren beruhende Betriebskassen und tarifvertraglich geregelte Branchenversicherungen	95	32%
CH	Obligatorium der beruflichen Vorsorge	90	32%
UK	Freiwillig, Kapitaldeckungsverfahren	50	30%

Abb. 12: Die zweite Säule in der EU

Quelle: eigene Darstellung auf Basis von Helbling (2000) S. 29 sowie Döring (2002), S. 89.

[61] Helbling (2000), S. 25.

Historisch gab es in Ländern mit grosszügiger staatlicher Versorgung wenig Bedarf für Ergänzungslösungen.[62] Das Vertrauen in die staatlichen Systeme ist jedoch zunehmend gefährdet, da die demographischen Entwicklungen eine klare Schere darstellen. Die aufgrund geringer Geburtenraten reduzierte Zahl der Beitragszahler müssen die wachsende Schar der Rentner finanzieren, wobei die Bezugsdauer aufgrund der besseren medizinischen Versorgung weiter ansteigt. Die heutige Generation der Berufseinsteiger sieht daher ihre eigene Rente auf wackligen Beinen. Diese Bedenken werden von Politikern verstärkt, die eine Einheitsrente oder Bürgerrente vorschlagen. Der Verlust an Glaubwürdigkeit und die gefährdete Dauerhaftigkeit der staatlichen Sicherungssysteme macht den meisten Beitragszahlern klar, dass zur Wahrung des gewohnten Lebensstandards im Alter eine zusätzliche Absicherung erforderlich ist.[63]

Die erwarteten Leistungslücken der kollektiven Systeme erfordern ein zusätzliches eigenes Engagement, sei es durch individuelles Ansparen, den Abschluss von Lebensversicherungen oder Fondspolicen. Solche langfristigen Pläne können allerdings durch sinkende Reallöhne, Arbeitslosigkeit sowie ein unsicheres wirtschaftliches Umfeld beeinträchtigt werden.

Eine betriebliche Altersversorgung schafft eine breitere Basis, ist jedoch von der wirtschaftlichen Situation der Unternehmen abhängig. Bei einem globalen Wettbewerbs- und Kostendruck wird die nationale Leistungsfähigkeit und Attraktivität als Industriestandort auch von den Lohn- sowie Lohnnebenkosten geprägt. Hohe, speziell freiwillige Sozialausgaben können im internationalen Vergleich Nachteile bringen. In Boomzeiten mit Vollbeschäftigung oder Mangel an qualifizierten Fachkräften kann dagegen eine überdurchschnittlich ausgestattete betriebliche Altersversorgung eine Möglichkeit darstellen, Mitarbeiter zu akquirieren und zu binden.

2.1.4 Leistungen der betrieblichen Altersversorgung

Angesichts der drohenden Finanzierungslücke aus sinkenden Einnahmen der Vorsorgeeinrichtungen sowie wachsenden Verpflichtungen aus den demographischen Veränderungen werden die Leistungen der betrieblichen Altersversorgung und ihre Finanzierung intensiv diskutiert.[64] Bei der Leistungsermittlung der Zahlungen unterscheidet man Versorgungspläne, deren Leistungen sich primär aus den geleisteten Beiträgen ableiten (Beitragsprimat) und solche, die als Berechnungsbasis ein als pensionsfähig definiertes

---

[62] Döring begründet die Entwicklung mit den Unterschieden der "in den Gesellschaften jeweils vorherrschenden Haltung zur individuellen Verantwortung einerseits und zu den Pflichten des Staates in der sozialen Sicherung andererseits." Ein paternalistisches Verständnis der staatlichen Rolle in Deutschland führte zu einem frühen Eingreifen, wohingegen eine stärker liberal geprägte Staatsauffasung in Grossbritannien zu einem vergleichsweise späten Vorgehen in der Alterssicherungsgesetzgebung führte. Siehe Döring (2002), S. 15.

[63] Wechsler (1999), S. 5.

[64] Schäfer (1997), S. 27f.

Gehalt (Leistungsprimat) heranziehen. Bei der Wahl des Versicherungsprimates geht es generell um die Frage, welche der am Vorsorgewerk beteiligten Parteien welche Risiken zu tragen hat.[65]

2.1.4.1 Beurteilung des Beitragsprimates

Im *Beitragsprimat* richtet sich die Höhe der späteren Rente nach den eingezahlten und verzinsten Beiträgen. Die Beiträge bleiben, ausgedrückt in Lohnprozenten, während der gesamten Beitragsdauer (durchschnittlicher Beitragssatz) bzw. Beitragsphase (altersabhängiger Beitragssatz) konstant.[66] Verteilt wird, was über die Jahre angespart wurde, unabhängig von Lohnschwankungen oder Beitragslücken. Dieses entspricht einem Sparplan, der nach Beendigung der Anspardauer in Raten ausgezahlt wird. Die angelsächsischen Contribution Plans stellen eine Art Reinform dieses Modells dar: Im Versorgungsfall werden die eingezahlten Beiträge und erzielten Vermögenserträge als Kapitalleistung ausgezahlt oder in eine Rente umgewandelt. In der Schweiz gibt es zusätzliche gesetzliche Vorschriften bzgl. Mindestverzinsung und einem Mindestumwandlungssatz.

Vorteile

- Einfach und übersichtlich
- Leistung richtet sich nach individuellen Beiträgen
- Geringes Risiko für Unternehmen, da kein Leistungsversprechen erfolgt
- Keine Prämienerhöhung für Arbeitnehmer, da keine definierte Endleistung
- Einfache Übertragbarkeit beim Stellenwechsel

Nachteile

- Risiko der Geldentwertung liegt beim Arbeitnehmer
- Keine Versicherung von Lohnerhöhungen, bei Lohnerhöhungen sinkt erwartete Altersrente anteilsmässig

Abb. 13: Vor- und Nachteile des Beitragsprimates

Quelle: eigene Darstellung

2.1.4.2 Beurteilung des Leistungsprimates

Das *Leistungsprimat* ermittelt die auszuzahlende Rente als einen Prozentsatz vom letzten Gehalt oder von einem definierten Durchschnittsgehalt, z.B. dem versicherten Lohn. Die Beiträge haben sich diesem Leistungsziel anzupassen. Das hat zur Folge, dass bei Lohnerhöhungen sogenannte Nachzahlungen fällig werden, um die fehlenden Beitrags-

[65] Bruhin (1997), S. 63.
[66] Amman (1990), S. 23.

jahre auf dem neu versicherten Lohnzuwachs einzukaufen. Die prozentuale Lohnbelastung steigt an.[67] Die Ausgestaltung entsprechender Pensionspläne kann in Form eines Gesamtversorgungsplans oder eines Endgehalts- bzw. Durchschnittsgehaltsplans erfolgen. *Gesamtversorgungspläne* (GVP) sind primär im öffentlichen Dienst zu finden, sie bieten eine Zusage in Höhe eines festen Prozentsatzes vom pensionsfähigen Gehalt. Die Leistungen des Arbeitgebers sind daher umso höher, je geringer die Leistungen aus der ersten Säule ausfallen. Der Arbeitnehmer profitiert von einer hohen Absicherung und der Risikoverlagerung. Bei den anderen Plänen orientieren sich die Leistungen am letzten Gehalt vor der Pensionierung, alternativ dazu am während der Dienstzeit erzielten durchschnittlichen Einkommen.

Vorteile

- Gehaltssteigerungen werden berücksichtigt
- Inflationsrisiko abgedeckt
- Fürsorgegedanke im Vordergrund

Nachteile

- Administrativer Aufwand insb. bei Stellenwechsel
- Risiko durch Differenz zwischen Zins- und Lohnentwicklung
- Bei paritätischer Finanzierung muss Arbeitnehmer Finanzierungsrisiken mittragen

Abb. 14: Vor- und Nachteile des Leistungsprimates

Quelle: eigene Darstellung

Nach aktuellen Forschungen der Beratungsfirma William Mercer[68] gibt es einen erkennbaren Wechsel innerhalb Europas vom Leistungsprimat, bei dem das definitive Pensionseinkommen anhand des Gehaltes und der Dauer der Dienstzeit festgelegt wird, hin zu Modellen nach Beitragsprimat. Diese Entwicklung wird teilweise durch Regierungen forciert, die damit versuchen, die Belastung der Pensionszahlung vom Staat auf die Arbeitgeber oder Einzelpersonen zu verschieben. Das Beitragsprimat wird als die dafür geeignete Methode eingeschätzt.

2.1.5 Finanzierung der betrieblichen Altersversorgung

Die Finanzierung der zugesagten Leistung kann durch Kapitalsammlung im voraus (Kapitaldeckungsverfahren) oder durch die Beiträge aktiver Mitarbeiter erfolgen, die dann den Leistungsempfängern derselben Periode zugute kommen (Umlageverfahren). Im

---

[67] Amman (1990), S. 23.

[68] Riley (2000)

Hinblick auf die Kosten stellen die beiden Systeme keine Unterschiede dar. In allen Fällen sind die Versicherungskosten zu bezahlen, lediglich die zeitliche Verteilung der Kosten (unter Einwirkung von Zins- und Zinseszins) ist verschieden. [69]

2.1.5.1 Kapitaldeckungsverfahren (auch Anwartschaftsverfahren)

In entsprechenden Systemen werden die Vorsorgeleistungen planmässig vorfinanziert. Man geht vom Grundsatz aus, dass jede Generation die Mittel für den eigenen Versicherungsschutz selbst anspart. Jeder Versicherte baut mit seinen Beiträgen das für die Finanzierung seiner Rente benötigte Deckungskapital auf, welches er später durch den Bezug von Rentenleistungen wieder abbaut. Die Finanzierung nach dem Kapitaldeckungsverfahren kann unternehmensintern durch die Bildung von Pensionsrückstellungen durchgeführt werden oder durch eine Übertragung der Mittel auf externe Träger erfolgen, wie sie in der Schweiz gesetzlich vorgeschrieben ist. Bei einer maximalen Beitragsdauer von 40 Jahren und einer anschliessenden Rentenzeit von durchschnittlich 15 Jahren sind diese Gelder ausgesprochen langfristig gebunden. Das angesparte Kapital und die anfallenden Zinsen führt bei den einzelnen Pensionskassen und innerhalb der gesamten Volkswirtschaft zu einer Kapitalakkumulation. Das Ausmass dieser Kapitalbildung ist abhängig vom Verhältnis der Beitrags- zu den Rentenzahlungen und vom Kapitalertrag.[70]

2.1.5.2 Umlageverfahren (auch Ausgabenumlageverfahren)

Beim Umlageverfahren wird das Äquivalenzprinzip der Einnahmen und Ausgaben, das als Voraussetzung für jede Versicherung gilt, über alle Generationen angewendet. Die Deckung der fälligen Versicherungsleistungen erfolgt im Extremfall voll durch die Beitragszahlungen in der gleichen Periode. Bei einem Umlageverfahren sammelt sich somit kein Deckungskapital an, da die Einnahmen genau den jeweiligen Ausgaben zu entsprechen haben. Somit bezahlen die Erwerbstätigen für die Rentner, die Jungen für die Alten. Jede Generation lebt auf Kosten der nächsten. Daraus folgt, dass eine Umlage nur bei einem über alle Generationen hinweg gesicherten Obligatorium und immer mindestens gleich viel Beitragspflichtigen durchführbar ist. Um die Differenzen zwischen Beiträgen und Auszahlungen in der Praxis aufzufangen, wird ein Ausgleichsfonds geschaffen. Durch diesen Fonds soll die Kontinuität der Leistungen auch in wirtschaftlich schwierigen Zeiten gewährleistet werden.

Bei beiden Verfahren gibt es Vor- und Nachteile: Das Umlageverfahren stellt eine Solidargemeinschaft zwischen Jung und Alt dar (Generationenvertrag), ausserdem ist eine monetäre Umverteilung zwischen Reich und Arm möglich. Durch die Abhängigkeit von

---

[69] Vgl. Schäfer (1997), S. 31ff; Helbling (2000), S. 372ff.

[70] Amman (1990), S. 19.

der Solidarität zwischen den Generationen reagiert es allerdings sehr sensibel auf demographische Strukturänderungen.

Das Kapitaldeckungsverfahren ist dagegen kaum abhängig von Veränderungen auf dem Arbeitsmarkt, da es einen individuellen Bezug zwischen Leistung und Beitrag der Versicherten darstellt. Problematisch wirken sich Unterbrechungen in der Erwerbstätigkeit der Versicherten aus, die als Lücken in der Versicherung resultieren. Daneben reagiert es empfindlicher auf Lohnerhöhungen als das Umlageverfahren, zumindest ist es dann gefährdet, wenn die Lohnerhöhungen den Kapitalertrag übersteigen.

2.1.6 Zusammenfassung

Die Altersvorsorge steht aufgrund der ungünstigen demographischen Entwicklung unter einem steigenden Druck. Daher wird der Aufteilung in verschiedene Säulen unter staatlicher, betrieblicher und privater Verantwortung als ausgewogene Lösung angesehen. Je nach nationalen, politischen Vorgaben variiert die Ausgestaltung der Sozialversicherungssysteme. Während in Deutschland die berufliche Vorsorge auf Freiwilligkeit beruht und v.a. durch Pensionsrückstellungen beruht, wurde in der Schweiz ein Obligatorium eingeführt, wobei Pensionskassen als eigenständige Rechtspersonen die Renten verwalten.

Die Höhe der Renten richtet sich entweder nach der Summe der eingezahlten und verzinsten Beiträge (Beitragsprimat) oder als Prozentsatz des letzten Gehaltes bzw. eines definierten Durchschnittsgehaltes (Leistungsprimat). Je nach Leistungszusage sind Risiken in bezug auf Inflation bzw. Lohnsteigerungen eher vom Versicherten oder vom Arbeitgeber zu tragen. Daher ist momentan eine zunehmende Verschiebung zugunsten des Beitragsprimats zu erkennen.

Hinsichtlich der Finanzierung der Rentenzahlungen beruhen die staatlichen Systeme auf einem Umlageverfahren, bei dem die aktive Bevölkerung mit ihren Beiträgen die laufenden Renten zahlt. Daher sind sie besonders anfällig für die Überalterung unserer Gesellschaft. Die betriebliche und private Altersvorsorge erfolgen nach dem Kapitaldeckungsverfahren, wobei jeder Beitragszahler das für seine Rente benötigte Deckungskapital aufbaut. Verschiedene Länder wie z.B. Deutschland haben daher Reformen eingeführt, die betriebliche und individuelle Rentenvorsorge zu stärken, um die staatlichen Kassen zu entlasten

2.2 Internationaler Vergleich ausgewählter Systeme der beruflichen Vorsorge

Die historische Entwicklung der Systeme der betrieblichen Altersversorgung hat im internationalen Vergleich zu unterschiedlichen Schwerpunkten bei der Ausgestaltung der drei Säulen geführt.

Als Vergleichsparameter werden u.a. die Entscheidungen über den einbezogenen Personenkreis, die Leistungsgestaltung, die Rentenanpassung sowie die Hauptfinanzierungsmethode herangezogen.[71]

	Erfasster Personenkreis		**Hauptfinanzierung**		
Land	**Universell**	**kategorial**	**Steuern**	**steuerähnliche Beiträge**	**Beiträge**
D		•A			•
GB		•E			•
F		•A			•
NL	•			•	
CH	•			•	

Abb. 15: Vergleich von fünf europäischen Systemen der Alterssicherung

A= im Kern Arbeitnehmerversicherung, E = Erwerbstätige erfasst

Quelle: nach Döring (2002), S. 39

Hinsichtlich des *einbezogenen Personenkreises* gehen bei diesem Vergleich die Systeme der Niederlande und der Schweiz am weitesten. Sie sind universell, d.h. dass alle erwachsenen Einwohner unabhängig von der Erwerbsrolle oder dem Familienstatus erfasst werden. Vorausgesetzt wird nur der dauerhafte Wohnsitz im Lande. Alle anderen betrachteten Systeme knüpfen in irgendeiner Form an Erwerbstätigkeit oder Arbeitnehmerstatus an, werden also im sozialpolitischen Kontext als „kategorial" bezeichnet.[72] Diese lassen sich aufteilen in eine weitergehende kategoriale Lösung, bei der alle Erwerbstätigen erfasst werden, egal ob abhängig oder selbständig tätig. Die gesetzliche Rentenversicherung in Deutschland grenzt den Bezug auf abhängig Beschäftigte ein. Die *Finanzierung der Systeme* der Schweiz und der Niederlande erfolgt durch steuerähnliche Beiträge. Dies bedeutet, dass nur eine relativ schwache, wenn auch nicht völlig durchbrochene Beziehung zwischen Beitragsleistung und Rentenanspruch besteht. Alle anderen

---

[71] Siehe Döring (2002), S. 39.

[72] Siehe Döring (2002), S. 38

hier dargestellten Systeme finanzieren sich vorrangig durch einkommensbezogene Beiträge.[73] In der Praxis kommen in vielen Systemen Staatszuschüsse unterschiedlicher Höhe hinzu. Im Strukturvergleich nehmen das deutsche Rentensystem auf der einen und die Niederlande auf der anderen Seite polare Positionen ein. Die deutsche Rentenversicherung gehört als Arbeitnehmerversicherung zu den Systemen mit eher schmalem personellen Zuschnitt. Zudem ist sie das einzige Kernsystem der fünf betrachteten Länder, das auf mindestsichernde Elemente verzichtet und diese Aufgabe ganz an die Sozialhilfe delegiert.[74]

In einem Forschungsprojekt der Hans Böckler-Stiftung werden die Alterssicherungssysteme in drei Typen eingeteilt:[75] „*Typ 1* (Beispiel Deutschland) ist die einkommensorientierte Rentenversicherung als staatliche Kernsicherung, die den Lebensstandard sichern und „Leistungs- und Beitragsgerechtigkeit" erreichen will. Die Versicherungspflicht ist auf Erwerbstätige beschränkt, allerdings gibt es Vorkehrungen für nicht-erwerbstätige Familienangehörige, in der Regel von den Versicherten abgeleitet. Beim *Typ 2* (Beispiele Schweiz, Frankreich) handelt es sich um ein „gemischtes Alterssicherungssystem", das gleichzeitig darauf gerichtet ist, den Lebensstandard zu sichern und ein Minimum zu gewährleisten. Es kann unterschiedlich ausgestaltet sein, etwa als Kombination einer einkommensbezogenen Rentenversicherung mit einem Mindestsicherungselement oder auf der Leistungsseite in Form von differenzierten einkommensbezogenen Anrechnungssätzen, die im unteren Einkommensbereich ein Minimum garantieren. Erfasst werden in der Regel Erwerbstätige, zumindest abhängig Beschäftigte. Typ 2 wird zumeist zweiteilig finanziert: über einkommensbezogene Beiträge und – soweit es das mindestsichernde Element betrifft – durch Steuern oder steuerartige Beiträge. Zu *Typ 3* (Beispiele Niederlande, Grossbritannien) gehören universelle Basissysteme, die ausschliesslich Armut vermeiden, ein „menschenwürdiges" Minimum und im Risikofall eine einheitliche Basisrente garantieren sollen. Einbezogen sind Erwerbstätige wie Nicht-Erwerbstätige. Was über eine Mindestabsicherung hinaus geht, wird ausschliesslich privaten Akteuren wie Tarifparteien, Unternehmen oder den Einzelpersonen überlassen."

Die Unterschiede der Systeme resultieren in einer unterschiedlichen Belastung der Volkswirtschaft durch Ausgaben zur Rentenversicherung. Während in Deutschland 11,1 Prozent des Bruttosozialproduktes an die staatliche Kasse fliessen, sind dies in Grossbritannien nur 4,5 Prozent sowie in den USA nur 4,1 Prozent. Alle drei Typen werden im Folgenden jeweils anhand eines Landes beispielhaft dargestellt. Die Schweiz wird dabei ausführlicher behandelt, da die spätere empirische Untersuchung in diesem Kontext statt-

[73] Siehe Döring (2002), S. 41.
[74] Siehe Döring (2002), S. 43.
[75] Siehe Hans Böckler-Stiftung (2003), S. 11.

findet.

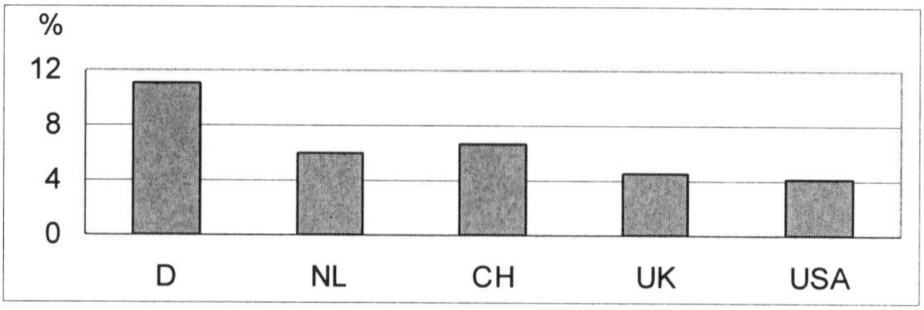

Abb. 16: Ausgaben für die staatliche Rentenversicherung im Ländervergleich

Quelle: www. reformmonitor.org (Zugriff am 20.12.2000)

2.2.1 Schweiz

Die Struktur der Schweizerischen Altersvorsorge beruht auf Anfängen zu Beginn des zwanzigsten Jahrhunderts. Ihre geschichtliche Entwicklung wurde durch verschiedene politische Entscheidungen geprägt, die teilweise in der Bundesverfassung verankert wurden:

Die staatliche Sozialversicherung legte die Basis und entwickelte sich vor und parallel zur beruflichen Vorsorge. Die wichtigsten Etappen der Sozialversicherung und der Personalvorsorge in der Schweiz aus rechtlicher Sicht lauten: [76]

1904	Erste kantonale AHV geschaffen für die ganze Bevölkerung im Kanton Glarus
1911	Kranken- und Unfallversicherungsgesetz
1925	AHV wird in die Bundesverfassung aufgenommen
1948	AHV wird in Kraft gesetzt
1972	Drei-Säulen-Konzept mit Obligatorium für die berufliche Vorsorge wird in der Verfassung verankert
1985	BVG wird in Kraft gesetzt
2000	Neue Bundesverfassung tritt in Kraft mit Regelung der drei Säulen: Art. 111: Der Bund trifft Massnahmen für eine ausreichende Alters-, Hinterlassenen- und Invalidenvorsorge. Diese beruht auf drei Säulen, nämlich der eidgenössischen Alters-, Hinterlassenen- und Invalidenversicherung, der beruflichen Vorsorge und der Selbstvorsorge. Art. 113: Die berufliche Vorsorge ermöglicht zusammen mit der Alters-,

[76] Helbling (2000), S. 32ff.

Hinterlassenen- und Invalidenversicherung die Fortsetzung der gewohnten Lebenshaltung in angemessener Weise.

2003 Verabschiedung der 1. BVG-Revision im Oktober, die u.a. Transparenzbestimmungen und Leistungsverbesserungen beinhaltet

Angesichts der bereits etablierten Strukturen ging es dem Parlament bei der Einführung des BVG nicht um eine Neuschaffung eines Vorsorgewerkes, sondern um die Verbesserung des Bestehenden, konkreter, um die Schliessung der Lücken innerhalb des damals bestehenden Werks der Altersvorsorge auf freiwilliger Basis.[77] Das Ziel der Zweiten Säule ist es, zusammen mit der AHV/ IV „die Fortsetzung der gewohnten Lebenshaltung in angemessener Form" zu ermöglichen. Dies wird durch Ersatzeinkommen des letzten Bruttoverdienstes konkretisiert. Dabei gilt für Alleinstehende ein Versorgungsziel von 60 Prozent und für Ehepaare ein Versorgungsziel von 80 Prozent. Diese vordefinierten Altersrentenleistungen gelten jedoch nur für untere und mittlere Einkommen. Dank der minimalen AHV-Rente werden die Leistungsziele bei unteren Einkommen tatsächlich erreicht und zum Teil übertroffen. Sobald der Geltungsbereich des BVG allerdings vom Einkommen überschritten wird, dann sinkt die Deckung durch die obligatorischen Leistungen rapide. Bei einem Einkommen von CHF 50'000 kann bei einem alleinstehenden Versicherten nur noch mit einem Deckungsgrad von rund 40 Prozent gerechnet werden. Von Bezügern höherer Saläre wird erwartet, dass etwaige darüber hinausgehende Versorgungsbedürfnisse individuell mittels privater Spartätigkeit abgedeckt werden.[78]

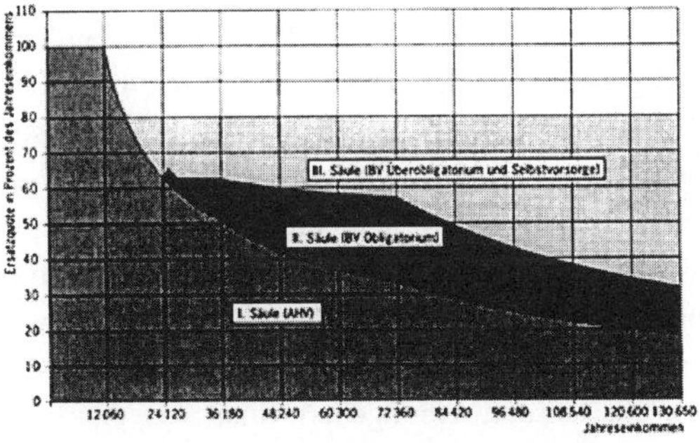

Abb. 17: Konzept der Gesamtabsicherung: Alterseinkommen aus I., II. und III. Säule (Höhe in Prozent des Referenzlohns)

Quelle: http://www.bvg.ch/Pages/Frame.html (Zugriff vom 10.1.2003)

[77] Bruhin (1997), S. 21.

[78] Scherer (1996), S. 20.

In der Praxis setzt sich die durchschnittliche Rente folgendermassen zusammen:

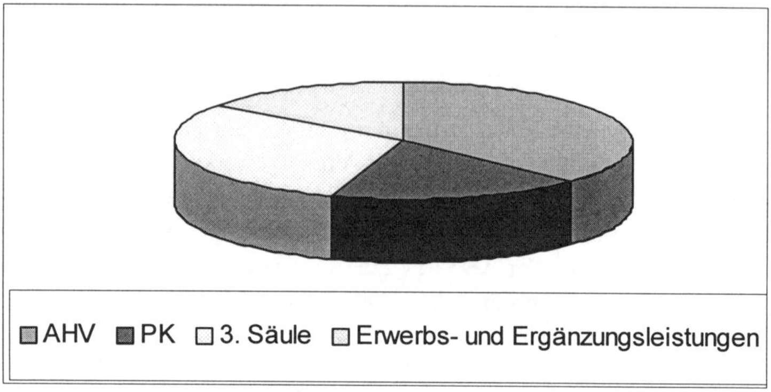

Abb. 18: Zusammensetzung des durchschnittlichen Renteneinkommens

Quelle: eigene Darstellung nach Wechsler (1999), S. 7.

Die Ausgaben für das System der Alterssicherung nehmen aufgrund der ausgebauten Leistungen und die Einführung des BVG kontinuierlich zu. Der Gesamtaufwand für die Sozialversicherung und die berufliche Vorsorge hat sich von 22 Prozent der AHV-Lohnsumme im Jahr 1960 auf 45 Prozent respektive CHF 113 Mrd. im Jahr 2000 erhöht. Damit gehört die Schweiz im Vorsorgesparen weltweit zu den führenden Nationen.[79]

2.2.1.1 Erste Säule

Die Alters- und Hinterlassenenversicherung (AHV) ist eine "Volksversicherung", d.h. sie verlangt Beiträge und gewährt Leistungen, wobei sie sämtliche Personen erfasst, welche in der Schweiz wohnen und/ oder arbeiten. Alle Erwerbstätigen sind obligatorisch versichert, unabhängig vom Alter, Geschlecht, Nationalität sowie beruflichem, rechtlichen oder steuerrechtlichen Status. Die Pflichtbeiträge der Versicherten und Arbeitgeber werden auf der Basis des Erwerbseinkommens zusammen mit den Beiträgen für die eidg. Invalidenversicherung (IV) und Erwerbszusatzordnung (EO) berechnet. Für Unselbständigerwerbende betragen sie seit 1988 10,1 Prozent des Gehaltes. Die AHV wird zu 80 Prozent von den Versicherten und Arbeitgebern finanziert, den Rest finanziert die öffentliche Hand. Die finanzielle Situation der 1. Säule hat sich in den vergangenen Jahren deutlich verschlechtert. Die AHV ist seit 1996 und die IV seit 1993 defizitär. Der AHV/ IV Ausgleichsfonds erreicht seit Ende 2000 nur noch 56 Prozent der jährlichen Ausgaben der 1. Säule. Für die Zukunft wird gemäss offizieller Prognosen mit einem deutlichen

[79] Leutwiler (2003)

Anstieg des Finanzierungsbedarfs für die 1. Säule gerechnet.[80] Seit 1999 wird daher ein Mehrwertsteuerprozent zur Finanzierung der AHV erhoben. Die Jahresrenten betrugen 2003 mindestens CHF 12'660 und maximal 25'320. Ehepaare erhalten 50 Prozent mehr ausbezahlt.[81] Die AHV zahlt heute an 1.5 Mio. Rentner Leistungen aus, rund 302'000 Ehepaare erhalten im Durchschnitt eine monatliche Rente von CHF 2768. Die Durchschnittsrente der 843'000 alleinstehenden Rentner beträgt CHF 1657.[82]

Angesichts der demographischen und sozioökonomischen Entwicklung in der Schweiz wurden mit der 11. AHV-Revision Massnahmen zur Konsolidierung eingeleitet. Neben der Anhebung des Beitragssatzes wurde das Rentenalter der Frauen auf 65 Jahre angehoben, gleichzeitig wurde die flexible Pensionierung zwischen 62 und 65 Jahre bzw. die Möglichkeit eines Teilbezugs der halben Rente ab 59 Jahren eingeräumt.[83]

2.2.1.2 Zweite Säule

Bereits vor der Einführung des Obligatoriums gab es in der Schweiz Pensionskassen, wie die folgende Tabelle aufzeigt:

Jahr	Anzahl Pensionskassen	Vermögen in Mrd. CHF
vor 1911	103	k.A.
1926	982	k.A.
1941	2956	1
1953	6'880	4
1970	15'581	33
1978	17'060	70
1984	18'000	120
1997	15'180	k.A.
1994	12'750	k.A.
1998	10'409	428
2000	9'000	490

Abb. 19: Die Entwicklung der beruflichen Vorsorge in der Schweiz

Quelle: Amman (1990), S. 14 sowie Bundesamt für Statistik (2002)

---

[80] Zimmermann/ Bubb (2002), S. 3.
[81] Helbling (2000), S. 569ff. bzw. www.bsv.admin.ch
[82] Wechsler (1999), S. 6.
[83] Bundesamt für Statistik (2001): S. 15.

Um bereits bestehende Vorsorgestiftungen nicht für ihre Vorreiterrolle zu bestrafen und auch nach Einführung der Minimalvorschriften Anreize für weitergehende Leistungen zu schaffen, wurde die berufliche Vorsorge in drei Teile unterteilt: Vorobligatorischer Bereich, obligatorischer Bereich und überobligatorischer Bereich. Während für den obligatorischen Bereich die Bestimmungen des BVG gelten, sind für die beiden anderen Teile (arbeitsvertragliche Zusatzvorsorge) die Vorschriften im Obligationenrecht (OR, Art. 331ff) und im Zivilgesetzbuch (ZGB, Art. 84ff) massgebend.[84]

Pensionskassen (incl. Wohlfahrtsfonds, Spareinrichtungen, Finanzierungsstiftungen, stillgelegte Stiftungen usw.) verwalteten gemäss Schätzungen der Bank Bär 1995 über CHF 300 Mrd. Ende 1999 betrug das Vermögen der beruflichen Vorsorge bereits rund CHF 500 Mrd.[85]

Die berufliche Vorsorge ist für alle Arbeitnehmer mit einem Mindesteinkommen von CHF 24'720 obligatorisch.[86] Die meisten Pensionskassen gehen über die gesetzlich vorgeschriebenen Mindestvorschriften hinaus. In der beruflichen Vorsorge waren 2000 rund 3,3 Mio. Personen versichert. Die 785'000 Altersrentner erhalten eine jährliche Durchschnittsrente von CHF 22'293[87]

Für die Durchführung der beruflichen Vorsorge wurde vom Gesetzgeber auch die Organisationsform vorgeschrieben. Die unterschiedlichen Rechtsformen stammen aus der Zeit vor dem BVG. Angesichts der bereits zahlreich existierenden Personalfürsorgeeinrichtungen sowie der bestehenden Rechtsgrundlagen im Obligationenrecht wurde im BVG auf die Errichtung einer neuen, speziell für die Durchführung der beruflichen Vorsorge ausgearbeiteten Rechtsform verzichtet. Zur Wahl des Rechtsträgers besteht laut Art. 331 Abs. 1 OR „die Pflicht, Zuwendungen des Arbeitgebers oder Beiträge der Arbeitnehmer für Zwecke der Personalvorsorge auf eine Stiftung, eine Genossenschaft oder eine Einrichtung des öffentlichen Rechts zu übertragen."

Insgesamt gibt es gemäss Pensionskassenstatistik 2002:[88]

Stiftungen (für Personalvorsorgezwecke)	8'914
Genossenschaften	35
öffentlich-rechtliche Einrichtungen	147

[84] Scherer (1996), S. 15.
[85] Helbling (2000), S. 34.
[86] Im April 2002 hat der Nationalrat die Senkung auf ein Jahreseinkommen von 18'540 CHF beschlossen.
[87] Bundesamt für Sozialversicherung (2003), S. 134ff.
[88] Bundesamt für Statistik (2002).

Die drei Organisationsformen werden nachfolgend kurz dargestellt. Offensichtlich hat die Rechtsform der Stiftung mit Abstand die höchste Attraktivität.

(1) Die Stiftung:

Die Stiftung ist unter den in der Schweiz zur Verfügung stehenden Rechtsformen der Vorsorgeeinrichtungen für Pensionskassen weitaus am besten geeignet.[89] Die dauernde, von der Stiftungsaufsicht überwachte Zweckbestimmung des Vermögens führt zur rechtlichen Verselbständigung. Die Stifterfirma kann ihren Willen für die Zukunft in einer von jeder Dritteinwirkung unbeeinflussbaren rechtlichen Form festlegen. Die Organisation der Stiftung ist zweistufig aufgebaut. Die Stiftungsurkunde enthält die Statuten, die in der Regel nur ganz wenige Artikel aufweisen. Der Vorsorgevertrag zwischen der Stiftung und den Arbeitnehmern ist im Reglement festgelegt. Aus diesem gehen die Rechte der Versicherten hervor: Recht auf Auskunftserteilung, klagbarer Anspruch auf Leistungen, Recht auf Beitragsparität und Beteiligung an der Stiftungsverwaltung.[90] Nach Art. 51 BVG gilt für alle registrierten Einrichtungen eine paritätische Verwaltung, also dieselbe Anzahl von Arbeitgeber- und Arbeitnehmervertretern im Stiftungsrat. Die Beteiligung der Destinatäre an der Verwaltung entspricht dem Gedanken der Betriebsgemeinschaft und entlastet auch die staatliche Aufsichtsbehörde von ihrer Verantwortung. Der Stiftungsrat ist das oberste und geschäftsführende Organ der Stiftung. Seine Befugnisse werden in der Stiftungsurkunde festgelegt. Er erlässt das Reglement für ihre Tätigkeit, fasst die zu treffenden Einzelbeschlüsse, verwaltet das Vermögen der Stiftung und vertritt diese nach aussen. Nach Art. 48 Abs. 1 muss sich eine firmeneigene Personalvorsorgestiftung, welche die obligatorische Vorsorge durchführt, in das Register für die berufliche Vorsorge eintragen lassen. Mit der Registrierung stellt die Aufsichtsbehörde fest, dass die Vorsorgeeinrichtung Leistungen nach BVG erbringt und gesetzeskonform organisiert, finanziert und verwaltet wird.

(2) Die Genossenschaft:

Eine Genossenschaft besteht aus einer Anzahl von Einzelpersonen, Personengemeinschaften oder juristischen Personen zur Förderung oder Sicherung bestimmter wirtschaftlicher Interessen ihrer Mitglieder in gemeinsamer Selbsthilfe.[91] Die Rechtsform der Genossenschaft ist ihrer Natur nach nur für Pensionskassen mit Rechtsanspruch auf normierte Leistungen geeignet. Im Gegensatz zu den Stiftungen, bei denen noch weitgehend das autokratische Prinzip vorherrscht, sind die Genossenschaften auf demokratischer Grundlage organisiert. Die Form der Genossenschaft führt zu einem starken Mitsprache-

---

[89] Helbling (2000), S. 76f.

[90] Bundesamt für Statistik (2001), S. 38.

[91] Art. 828 Abs. 1 OR

recht der Arbeitnehmer bei der Verwaltung der Personalvorsorgeeinrichtung. Die Statuten können von der Mehrheit der Genossenschaftler beliebig abgeändert werden. Sodann sind auch alle Vorstandsmitglieder frei durch die Generalversammlung der Genossenschaftler zu wählen. Für die Unternehmung besteht somit nur eine sehr beschränkte Möglichkeit, ein angemessenes Mitspracherecht auszuüben. In der Schweiz bestehen nur noch vereinzelt Genossenschaften als Rechtsträger von Vorsorgeeinrichtungen, davon aber einige grosse alte Kassen. Die Rechtsform der Genossenschaften soll für neue Vorsorgeeinrichtungen nicht mehr zugelassen werden. [92]

(3) Die öffentlich-rechtliche Einrichtung

Die öffentlich-rechtlichen Einrichtungen kommen nur für Arbeitnehmer von Bund, Kantonen, Gemeinden und anderen öffentlich-rechtlichen Arbeitgebern (wie Anstalten und Betrieben des Bundes) in Frage.[93] Vereinzelt können auch Angestellte gemeinnütziger und halbstaatlicher Institutionen Mitglied sein; andererseits übertragen einzelne Gemeinden ihre Personalvorsorge an Pensionskassen privaten Rechts.

(4) Anschluss an eine Sammel- oder Gemeinschaftsstiftung bzw. Verbandseinrichtung

Für jene Arbeitgeber, die keine eigene Vorsorgeeinrichtung einrichten oder für einzelne Mitarbeiterkategorien eine Zusatzvorsorge betreiben wollen, besteht die Möglichkeit des Anschlusses an eine Gemeinschafts- oder Sammelstiftung.[94] Solche Kollektivstiftungen wurden von Lebensversicherungsgesellschaften, Pensionskassenberatern, Banken und Treuhandgesellschaften errichtet, von denen sie auch verwaltet werden. Die Gemeinschaftsstiftung (im engeren Sinne des Wortes) weist eine starke Einheitlichkeit und Verbundenheit untereinander und keine vollständig getrennte Rechnung je angeschlossenen Arbeitgeber auf. Sie ist besonders für Verbandseinrichtungen geeignet. Die Sammelstiftung umfasst organisatorische und wirtschaftlich getrennte Vorsorgekassen verschiedener Arbeitgeber. Das Vermögen wird bei einzelnen Sammelstiftungen gemeinsam, bei anderen getrennt verwaltet. Jede angeschlossene Einrichtung hat ihr eigenes Reglement, das lediglich innerhalb von Rahmenbedingungen den anderen entspricht. Demgegenüber zeichnen sich Gemeinschaftsstiftungen dadurch aus, dass die einzelnen Abschlüsse rechnungsmässig nicht getrennt werden und über ein gemeinsames Reglement sowie ein gemeinsames Vorsorgevermögen verfügen.[95]

Ein typisches Merkmal der beruflichen Vorsorge ist die extrem ungleichmässige Grössenverteilung, sowohl hinsichtlich des Versichertenbestandes als auch der Bilanz-

---

[92] Helbling (2000), S. 79.
[93] Bundesamt für Statistik (2001), S. 39.
[94] Helbling (2000), S. 88.
[95] Helbling (2000), S. 89.

summe. Diese ist einerseits auf die kleinbetriebliche Struktur der schweizerischen Wirtschaft zurückzuführen (von 288'000 Unternehmen wiesen 1996 nur 826 über 250 und 5'894 über 50 Beschäftigte auf). Andererseits ist sie die Folge des Konzentrationsprozesses, der seit dem Inkrafttreten der zweiten Säule stattgefunden hat. Ständig steigende Anforderungen an die Führung einer Pensionskasse sowie die zunehmenden rechtlichen Bestimmungen führen dazu, dass kleinere neugegründete Unternehmen oft auf die Errichtung einer eigenen Pensionskasse verzichten und sich einer Sammel- oder Gemeinschaftsrichtung anschliessen.[96] Bereits Ende 1984 bei der Einführung des BVG wurde geschätzt, dass allein bei den Sammelstiftungen der Lebensversicherer über 50'000 individuelle Firmenvorsorgeeinrichtungen angeschlossen waren. Daneben waren noch über 10'000 Einrichtungen von 38 Verbänden bei der Gemeinschaftsstiftung des Gewerbes angeschlossen. Gemäss der Pensionskassenstatistik 1996 waren 139 Sammeleinrichtungen 173'093 Arbeitgeber und den 142 Gemeinschaftseinrichtungen 93'839 Arbeitgeber angeschlossen. Der Konzentrationstrend führte in den Jahren 1992-94 zu einem sieben prozentigen Rückgang der Anzahl Vorsorgeeinrichtungen von 13'689 auf 12'750.[97]

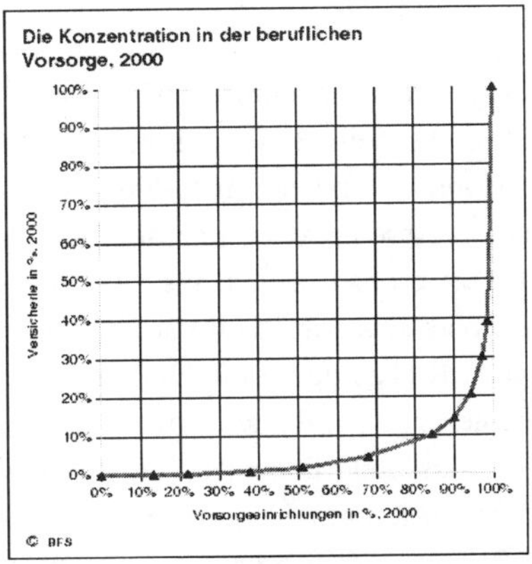

Abb. 20: Die Konzentration in der beruflichen Vorsorge

Quelle: Bundesamt für Statistik (2001)

2.2.1.3 Dritte Säule

Die Säule 3a wird durch die Abzugsmöglichkeit der geleisteten Beiträge vom steuerbaren Einkommen gefördert. Für Arbeitnehmer und Selbständige als Angehörige einer Personalvorsorgeeinrichtung nach BVG beträgt die Höchstgrenze 8% vom Grenzbetrag des koordinierten Lohnes, d.h. 6977 CHF für das Jahr 2003. Nichtmitglieder von BVG-

[96] Bundesamt für Statistik (2001), S. 45k.

[97] Aeberli (1999) S. 4.

Einrichtungen dürfen Beiträge bis 20% des Erwerbseinkommens, maximal jedoch 40% des koordinierten Lohnes, 2003 waren dies 30'384 CHF, in Abzug bringen. Die Zinserträge aus diesen Erträgen sind nicht steuerpflichtig, die Erträge müssen erst bei Erreichen des Pensionsalters besteuert werden.[98] Zusätzliche Sparbeiträge (freie Beiträge der Säule 3b) sind nicht abzugsfähig, sie unterliegen der ordentlichen Besteuerung.

Das Kapital der gebundenen Vorsorge wird zum grössten Teil bei Versicherungen in Form von Einzelkapitalversicherungen geführt, die 1999 ein Volumen von 72'693 Mio. CHF erreichten, während 229 Mio. in Einzelrentenversicherungen geführt wurde. Demgegenüber ist der Anteil der gebundenen Vorsorgegelder bei Banken mit 17'556 Mio. CHF relativ gering.[99]

Das durchschnittliche Rentnereinkommen setzt sich folgendermassen zusammen: [100]

AHV:	37%
PK:	18%
3.Säule	30%

Erwerbs- und Ergänzungsleistungen 15%

2.2.1.4 Aktuelle Entwicklungen in der beruflichen Vorsorge[101]

Kritiker monieren heute, dass die dem BVG zugrunde liegenden Prämissen vor allem wegen der Zunahme der Mobilität und der Individualisierung der Lebensverhältnisse nicht mehr zeitgemäss sind.[102] Arbeitnehmer wechseln häufig ihre Anstellung, werden zwischenzeitlich selbständig erwerbend, ziehen ins Ausland, wünschen eine Pensionierung vor dem 65. Lebensjahr oder sehen im Kauf von Wohneigentum einen zentralen Teil ihrer persönlichen Vorsorge. Gleichzeitig ist die Definition des zu versichernden Lohns vor dem Hintergrund komplexer Bonussysteme und Beteiligungsmodelle nicht mehr eindeutig. Darüber hinaus hat das Bedürfnis nach Selbstverantwortung und -bestimmung und das Know-How der Versicherten in Anlagefragen sowie das Angebot an transparenten Vorsorgeprodukten der Banken und Versicherungen stark zugenommen.

Auf diese Entwicklungen hin wurden die gesetzlichen Grundlagen der berufliche Vorsorge (BVG) durch verschiedene Anpassungen ergänzt, welche u.a. eine grössere Flexibilität für die Mitglieder gewähren:

---

[98] Schäfer (1997), S. 26.
[99] Bundesamt für Statistik (2001), S. 11.
[100] Wechsler (1999), S. 7.
[101] Brechbühl, Jürg (2000), S. 11 ff.
[102] Siehe Zimmermann/ Bubb (2002): S. 6.

- Am 1. Januar 1995 wurde die volle Freizügigkeit eingeführt (Freizügigkeitsgesetz), sodass ein Arbeitnehmer beim Ausscheiden aus einer Vorsorgeeinrichtung nicht nur Anspruch auf seine eigenen, sondern auch auf die Arbeitgeberbeiträge hat.
- Gleichzeitig trat eine Verordnung in Kraft, mit der die Mittel der beruflichen Vorsorge auch zum Erwerb von Wohnungseigentum eingesetzt werden können.
- 1997 wurde der Insolvenzschutz durch den Sicherheitsfonds in beschränktem Umfang auf den vor- und überobligatorischen Bereich ausgedehnt sowie
- eine Risikoversicherung für arbeitslose Personen eingeführt
- 1999 wurde eine Zentralstelle 2. Säule geschaffen

Bei der ersten BVG-Revision stand primär das Ziel der langfristigen Konsolidierung im Vordergrund, damit wurden vor allem Massnahmen zur Entlastung der Kassen initiiert wie die:[103]

- Anpassung des Umwandlungssatzes von bisher 7.2 auf 6.8% innerhalb der nächsten zehn Jahre, um der verlängerten Lebenserwartung zu entsprechen.
- Erhöhung des Rentenalters der Frauen auf 63 Jahre im Jahr 2001 und 64 Jahre im Jahr 2005, wobei ein flexibles Rentenalter eingeführt wird, das mit einer versicherungstechnischen Kürzung bzw. Zuschlägen verbunden ist.
- Beschränkung der überobligatorischen Vorsorge auf das fünffache des oberen Grenzbetrages des koordinierten Lohnes. Diese Massnahme reduziert die steuerliche Privilegierung für sehr gut verdienende Personen.

Die Einführung einer Witwerrente und einer Viertelsinvalidenrente sind einige der wenigen Ausbaumassnahmen der 1. BVG Revision, sie wurden auch in Anpassung an die AHV vollzogen. Ausserdem hat der Nationalrat im April 2002 beschlossen, die „Eintrittsschwelle“ zur beruflichen Vorsorge von einem Jahreseinkommen von 24’720 CHF auf 18'540 CHF zu senken, um Kleinverdiener und Teilverdiener besser abzusichern.[104]

Nach langen Debatten hat der Nationalrat am 3. Oktober 2002 zudem die Senkung des technischen Mindestfussatzes auf den 1. Januar 2003 von 4 auf 3,25% beschlossen. Die beratende BVG-Kommission hatte auf Grund eines neuen Berechnungsmodells, welche das Zinsniveau, die Börsenentwicklung und die Teuerung berücksichtigt, diese Änderung empfohlen.[105] Der Entscheid war im Vorfeld u.a. von Gewerkschaftsvertretern als „Rentenklau“ kritisiert worden. Auch bürgerliche Politiker bemängeln die fehlende Transparenz der Lebensversicherer über die Erträge der von ihnen verwalteten Vorsorge-

[103] www.bvg.ch (Zugriff vom 7. 1. 2003)
[104] Tagesanzeiger vom 16. April 2002.
[105] www.bvg.ch (Zugriff vom 7. 1. 2003)

geldern, nachdem der Zinssatz zuvor während 17 Jahren unverändert belassen wurde, also während der Hochzinsphase nie erhöht worden war. Angesichts verschiedener Studien und der hohen Verluste der Pensionskassen an den Aktienmärkten erschien der Schritt unvermeidbar: Die St. Galler Complementa Investment-Controlling AG beziffert den Anteil der Pensionskassen mit Unterdeckung[106] Ende 2001 auf 11 Prozent. Bis Mitte 2002 dürfte der Anteil auf 26, bis Ende September gar auf 49% gestiegen sein.[107] Ein weiteres Indiz für die negative Entwicklung bilden Insolvenzfälle, in denen der Sicherheitsfonds einspringen musste. Im Jahr 2001 musste der Fonds wegen zahlungsunfähigen Vorsorgeeinrichtungen Leistungen von insgesamt 28,5 Mio. CHF übernehmen. Bis Ende August 2002 waren es bereits 55,1 Mio. bis Ende 2002 wurde mit 130 Mio. CHF gerechnet. Neben Zahlungsausständen seitens der Arbeitgeber und der Häufung von Todes- und Invaliditätsfällen unter den Versicherten führte auch die Börsenbaisse zu Zahlungsunfähigkeit.[108]

Eine von Zimermann und Bubb im Auftrag von Avenir Suisse durchgeführte Studie sieht weitere, grundlegende Probleme: [109]Die sicherheitsorientierte Anlagestrategie mit einer Orientierung an kurzfristigen Renditezielen und Performancemessungen verhindert eine langfristige Strategie und die vollumfängliche Ausnutzung der Diversifikationsvorteile von Aktien, daher findet trotz der Liberalisierung der Anlagevorschriften bis heute keine Ausschöpfung der Anlagelimiten statt. Sie fordern mehr Wahlfreiheit und Wettbewerb innerhalb des Vorsorgesystems. Jedermann sollte aufgrund seiner Risikobereitschaft, seines Lebensstils (Konsum) und seinen anderen finanziellen Möglichkeiten selbst entscheiden können, welche Einkommens- und Konsumrisiken er im Lebenszyklus, also auch im Rentenalter, auf sich nehmen möchte. Zusammenfassend kritisieren sie das komplexe und hochgradig intransparente Pensionskassensystem in der Schweiz, welches nicht zuletzt durch eine starke staatliche Regulierung grosse Effizienzverluste aufweise.[110]

---

[106] Der Deckungsgrad ist das Verhältnis zwischen dem tatsächlich vorhandenen und dem versicherungstechnisch notwendigen Vermögen einer Vorsorgeeinrichtung. Er zeigt an, ob der Barwert der von den Versicherten pro rata erworbenen Leistungsansprüche und der den Rentnerinnen und Rentnern geschuldeten Leistungen durch das vorhandene Vermögen (nach Abzug von Schulden an Dritte) gedeckt ist. Ist das zur Verfügung stehende Vermögen höher, besteht ein Deckungsgrad von über 100 %.

[107] Brandenberger/ van der Meulen/ Hofstetter (2001), S. 2.

[108] Neue Zürcher Zeitung vom 19. 12. 2002.

[109] „Die reine versicherungstechnische Sichtweise die von einer laufenden Deckung eines im Hinblick auf mehrere Jahrzehnte akkumulierten Kapitalstocks ausgeht, ist unter dem Aspekt der volkswirtschaftlichen Risikoallokation ineffizient. Wenn die Deckung des technisch benötigten Kapitals bzw. die Erwirtschaftung einer bestimmten Mindestrendite ‚laufend' ausgewiesen werden muss, verkürzt dies die Länge des effektiven Anlagehorizontes und führt zu massiven Ertragsausfällen." Siehe Zimmermann, Bubb (2002), S. 14.

[110] Zimmermann, Bubb (2002), S. 25. (als staatliche Regulierungen werden Strukturen wie die Wahlfreiheit, Wettbewerb, Garantien wie die Mindestverzinsung, Anlagevorschriften sowie eigene Vorsorgeeinrichtungen genannt; als Effizienzverluste werden die Verwaltungskosten der Kassen, die Friktionen beim Kassenwechsel, die Unprofessionalität bei der Vermögensanlage aufgezählt)

2.2.2 Deutschland

Wie in Abbildung 16 ersichtlich, wird in Deutschland ein im internationalen Vergleich relativ hoher Anteil des Volkseinkommens für die Altersversorgung ausgegeben. Dabei hat bisher die staatliche Rentenversicherung die wichtigste Rolle gespielt. Mit dem Anfang 2002 in Kraft getretenen „Gesetz zur Reform der gesetzlichen Rentenversicherung und zur Förderung eines kapitalgedeckten Altersvorsorgevermögens" (Altersvermögensgesetz-AvmG) sollen zum einen die gesetzlichen Rentenkassen entlastet und gleichzeitig die betriebliche und private Altersvorsorge gefördert werden.[111]

2.2.2.1 Erste Säule

Die (bis auf wenige Ausnahmen) staatliche Rentenpflichtversicherung wird durch Beiträge von Arbeitgebern und Arbeitnehmer (9,75% des Bruttogehaltes) sowie mit Subventionen des Staates finanziert. Nach 45 Beitragsjahren wird eine Rente von 70 Prozent des durchschnittlichen Gehalts ausgezahlt, wobei das Rentenalter bei Männern 65 Jahre und das für Frauen 63 Jahre (wird 2004 auf 65 Jahre erhöht) beträgt. Da in den meisten Fällen kürzere Zahlungen geleistet werden, sind die Renten entsprechend niedriger.

2.2.2.2 Zweite Säule

Da die betriebliche Altersversorgung in Deutschland nicht obligatorisch ist[112], sind nur 42 Prozent der Arbeitnehmer durch zusätzliche berufliche Vorsorgesysteme abgedeckt.[113] Betriebsrenten stellen eine freiwillige Unternehmensleistung dar, der Einzelarbeitsverträge, Betriebsvereinbarungen oder Tarifverträge zugrunde liegen können.[114] Dabei haben sich verschiedene Gestaltungsformen ausgeprägt. Unternehmen können ihren Mitarbeitern eine betriebliche Ruhegeldzusage erteilen, ausserdem kann eine Absicherung über eine Unterstützungskasse, eine Direktversicherung oder eine Pensionskasse erfolgen. Eine Erhebung des Statistischen Bundesamtes in den alten Bundesländern hat 1990 folgende Aufteilung der Durchführungswege gezeigt: [115]

54,1% der Unternehmen gewähren eine betriebliche Ruhegeldzusage (Direktzusage)

18,9 % eine Pensionskasse

14,0 % eine Direktversicherung

13,0 % eine Unterstützungskasse

---

[111] Siehe Meyer (2002), S. 1.

[112] Trotz der freiwilligen Gewährung einer Betriebsrente hat das „Gesetz zur Verbesserung der betrieblichen Altersversorgung" von 1974 bestimmte Schutzregelungen für die Arbeitnehmer eingeführt wie die Fixierung der Ansprüche oder die Einrichtung eines Pensionssicherungsvereins Siehe Döring (2002), S. 66.

[113] www.reformmonitor.org (Studie der Bertelsmann Stiftung) (im Vergleich dazu: in der Schweiz und Schweden je 90%, den Niederlanden 83%, in UK 75%, den USA 46%)

[114] Döring (2002), S. 66.

[115] Schäfer (1997), S. 46.

Die *betriebliche Direktzusage* ist die älteste Form der betrieblichen Altersversorgung, sie wird aus Beiträgen der laufenden Erträge gespeist. Das Unternehmen gibt freiwillig eine Verpflichtung ab, seinen Arbeitnehmern oder deren Hinterbliebenen im Alter, bei vorzeitiger Invalidität oder nach ihrem Ableben betriebliche Mittel für die Vorsorge zur Verfügung zu stellen. Da das Unternehmen selbst Träger der Vorsorge ist, hat der Arbeitnehmer einen direkten Versorgungsanspruch gegenüber seinem Unternehmen. Die Beiträge durch das Unternehmen werden als Pensionsrückstellungen in der Bilanz passiviert, über die Mittel kann es frei verfügen.

Bei *Pensionskassen* wird das Vermögen wie in der Schweiz unabhängig vom Trägerunternehmen verwaltet, das Unternehmen und auf freiwilliger Basis auch die Arbeitnehmer zahlen regelmässig Beiträge ein. In Deutschland sind die Pensionskassen als Versicherungsverein auf Gegenseitigkeit (VvaG) organisiert und unterliegen der Versicherungsaufsicht durch das Bundesamt für das Versicherungswesen.

Eine *Direktversicherung* als betriebliche Altersvorsorge bezeichnet eine Lebensversicherung mit dem Arbeitnehmer als Versicherten, dem Arbeitgeber als Versicherungsnehmer und Beitragszahler sowie den Arbeitnehmer oder seine Hinterbliebenen als Bezugsberechtigten. Die Kapitallebensversicherung auf den Todes- und den Erlebensfall verkörpert die häufigste Form der Direktversicherung. Wie bei Pensionskassen können die Beiträge zwischen Arbeitnehmer und Arbeitgeber aufgeteilt werden.

Unterstützungskassen sind wie Pensionskassen rechtlich selbständige Versorgungseinrichtungen, deren Träger ein einzelnes oder mehrere Unternehmen sein können. Im Gegensatz zur Pensionskasse können die Beiträge für die Altersvorsorge nur alleine vom Trägerunternehmen erbracht werden, das gleichzeitig selbständig über die Zahlungstermine entscheidet und bei mangelnder Ertragslage die Zuwendungen verringern oder aussetzen darf. Ebenso besteht kein formaler Rechtsanspruch der Arbeitnehmer auf die Leistungen der Unterstützungskassen.

Infolge der prinzipiellen Freiwilligkeit der betrieblichen Altersversorgung in Deutschland ergibt sich ein sehr ungleiches Verteilungsmuster. Betriebsrentensysteme finden sich häufiger in Grossunternehmen als in kleineren Unternehmen. Grosse branchenbezogene tarifliche Lösungen bestehen beispielsweise seit längerem in der Bauwirtschaft, wo eine paritätisch verwaltete Pensionskasse aufgebaut wurde.[116]

2.2.2.3 Dritte Säule

Neben der gesetzlichen Rente und der betrieblichen Altersvorsorge bestand in der Vergangenheit die Möglichkeit, über staatlich geregelte und zum Teil geförderte Sparmodelle privates Vermögen zu bilden (etwa in Form von Lebensversicherungen oder Immobilien), das zur Erhaltung des Lebensstandards im Alter herangezogen werden konnte.

[116] Döring (2002), S. 67-68.

2001 betrug die Zahl der bestehenden Lebensversicherungsverträge in Deutschland 87,7 Millionen. Die gesamte Versicherungssumme lag im selben Jahr bei etwa EUR 1,9 Bio.[117]

2.2.2.4 Aktuelle Entwicklungen und Reformbestrebungen

Mit der "Rentenreform 2000" der Bundesregierung soll sowohl die private und betriebliche Altersvorsorge gefördert als auch die Beitragssätze zur gesetzlichen Rentenversicherung stabilisiert werden, da diese auf 20,3 Prozent der Bruttolöhne im Jahr 1998 angestiegen sind.[118] Um eine weitere Erhöhung der Beiträge zu vermeiden, trat per 1. 1. 2002 die sogenannte „Riester-Rentenreform" in Kraft. "Das Rentenniveau wird ab dem Jahr 2011 schrittweise von den derzeitigen 70 Prozent des letzten Nettoeinkommens auf zirka 67 Prozent im Jahr 2030 sinken. Dabei wird das Wachstum der Bruttoeinkommen nur noch zu 90 Prozent an die Rentner weitergegeben (...). Für die zukünftigen Rentner entsteht also eine Lücke in der Altersvorsorge. Diese Lücke soll die private Altersvorsorge schliessen."

Die Riester-Reform zielt darauf ab, Beitragszahlungen für private und betriebliche Altersvorsorge zu bezuschussen und steuerlich zu fördern. Damit können künftig bis zu 2100 EUR steuerlich abgesetzt werden. Geringverdienende und Familien sollen zusätzliche Zuschüsse erhalten.[119] Für den einzelnen Versicherten in Deutschland bedeutet vor allem die neugeschaffene private Altersvorsorge, dass er die Möglichkeit hat einen Teil seiner Rentengelder selbst zu beeinflussen. Jedoch versucht man in Deutschland, im Gegensatz zu anderen Ländern, diesen Teil der Vorsorge auf freiwilliger Basis zu erzielen.

Neu ist vor allem das Recht jedes Arbeitnehmers, im Rahmen von Entgeltumwandlung über den Arbeitgeber eine kapitalgedeckte Altersvorsorge aufzubauen. Wird vom Arbeitgeber diese Möglichkeit nicht angeboten, dann kann der Arbeitnehmer verlangen, dass eine Direktversicherung für ihn abgeschlossen wird. Angestrebt, wenngleich nicht grundsätzlich vorgeschrieben, werden jedoch von Seiten des Gesetzgebers kollektive Lösungen. Damit sollen die Transaktionskosten gering gehalten und möglichst hohe Rentenzahlungen für die Arbeitnehmer sichergestellt werden.[120]

Als neue Form der betrieblichen Altersvorsorge wurden ab dem 1. Januar 2002 *Pensionsfonds* zugelassen. Sie werden in Form einer Aktiengesellschaft oder eines Versicherungsvereins auf Gegenseitigkeit geführt.[121] Grundsätzlich ähnelt der Pensionsfonds einer Pensionskasse, ist aber freier in der Auswahl der Geldanlagen. Die Aussicht auf umfas-

---

[117] Siehe BMU (2003), S. 18.

[118] Die jährlichen Ausgaben zur Deckung der gesetzlichen Rentenansprüche erreichen zurzeit annähernd EUR 250 Mrd. Da die Rente nur zu gut 80 Prozent mit Beiträgen der Arbeitnehmer finanziert wird und der Rest durch Zuschüsse aus dem Staatshaushalt aufgebracht werden muss, ergibt sich ein dringender Handlungsbedarf des Gesetzgebers. Siehe Hauser (2002), S. 17.

[119] Bertelsmann Stiftung: Sozialmonitor 3; S. 21ff.

[120] BMU (2003), S. 25.

[121] www.aba-online.de/seiten/pensfmitte.html. Zugriff vom 24. 4. 2003

sende Gestaltungsmöglichkeiten bei der Kapitalanlage soll im Verhältnis zu den herkömmlichen, versicherungsorientierten Durchführungswegen zu höheren Erträgen führen.

Die *staatlich geförderte Eigenvorsorge* soll eine dauerhafte, ergänzende Alterssicherung bringen. Als Ausgleich für die Verringerung der gesetzlichen Rentenzahlungen (s.u.) können Arbeitnehmer sich zukünftig mit der sog.„Riester-Förderung" eine private kapitalgedeckte Altersvorsorge aufbauen. Durch die Kapitaldeckung wird die Alterssicherung weniger stark von den demografischen Rahmenbedingungen abhängen. Gleichzeitig wird mit der Kapitaldeckung eine Beteiligung der Arbeitnehmer an Kapitalgewinnen ermöglicht.[122]

Die gemäss Altersvermögensgesetz förderungsfähigen Produkte der privaten Altersvorsorge zeichnen sich vor allem durch ihren Rentencharakter aus. Anders als bei den in der Vergangenheit geförderten Vorsorgeformen wie der Kapitallebensversicherung werden bei der Riesterrente in jedem Fall regelmässige Auszahlungen erreicht. Förderfähig sind grundsätzlich drei Kategorien von Produkten: Banksparpläne, Fondssparpläne und Rentenversicherungen. [123] Als Voraussetzung für die Förderung muss eine Zertifizierung durch die Bundesanstalt für Finanzdienstleistungsaufsicht (BaFin) erfolgen. Mit dem Erwerb eines durch die BaFin zertifizierten Altersvorsorgevertrages erhält der Einzahler, sofern er zu dem förderungsfähigen Nutzerkreis zählt und die Mindesteinzahlungen leistet, einen Anspruch auf staatliche Zulagen. Diese Zuschüsse wachsen in vier Stufen bis 2008.[124]

Zeitraum	Alleinstehende	Ehepaare	Je Kind
2002-2003	38 Euro	76 Euro	46 Euro
2004-2005	76 Euro	152 Euro	92 Euro
2006-2007	114 Euro	228 Euro	138 Euro
Ab 2008	154 Euro	308 Euro	185 Euro

Abb. 21: Maximal jährliche Zulage bei der Riester-Rente

Quelle: BMU (Hrsg) (2002): S. 54.

2.2.3 Grossbritannien

Das System in Grossbritannien besteht ebenfalls aus staatlichen und privaten Komponenten, im Detail aus folgenden Elementen:

---

[122] Siehe BMU (2003), S. 20.

[123] Siehe Meyer (2002), S. 8.

[124] Alternativ zu den Zuschüssen gewährt der Staat steuerliche Abzugsmöglichkeiten. Diese Abzugsmöglichkeiten können je nach persönlichem Einkommen die gewährten Zuschüsse übertreffen. Siehe BMU (2003), S. 20.

- Einem zweigeteilten staatlichen Schema, das aus einer einkommensunabhängigen Grundrente auch für Nichterwerbstätige (Basic State Pension) und einer gehaltsabhängigen Zusatzrente aus dem State Earnings-Related Pension Scheme (SERPS) besteht.
- Berufsbezogenen Plänen von Arbeitgebern
- Individuellen privaten Massnahmen, die aus persönlichen Ersparnissen sowie zusätzlichen Beiträgen in freiwillige Ergänzungssysteme bestehen. (Personal Pensions)

Abbildung 22 zeigt, dass knapp die Hälfte der erworbenen Leistungen aus privat finanzierten Plänen stammt (beruflichen und persönlichen Renten):

	1995	**1997**
Basic State Pension	605	n/a
SERPS	150	n/a
Unfunded public sector schemes	195	n/a
Total, unfunded	***950***	***n/a***
Funded occupational schemes	585	755
Personal pensions	165	225
Total, funded	***750***	***980***
All UK pension rights	**1700**	**1930**

Abb. 22: Type of pension (estimated value of accrued rights, GBP billion)

Quelle: Report by the Pension Provision Group 1998

2.2.3.1 Erste Säule:

Die staatliche Rentenversicherung (Basic State Pension) ist für Angestellte und Selbständige verpflichtend, wobei die Grundrente auf ein sehr niedriges Niveau reduziert wurde: auf GBP 64,70 pro Woche für Einzelpersonen und GBP 103.40 für Ehepaare. Das State Earnings-Related- Pension Scheme (SERPS) stellt eine vom Staat organisierte einkommensbezogene Pflichtzusatzrentenversicherung dar.[125] Die Mitgliedschaft im SERPS ist für alle Arbeitnehmer mit einem Wochenlohn von mehr als GBP 64 verpflichtend (1998/99), solange sie nicht alternativ eine beruflich gebundene oder private Rentenversicherung abgeschlossen haben (sog. „contracting out"). Diese umlagefinanzierte Rente verfolgt das Ziel, bis zu 25 Prozent bzw. ab 1999 noch 20 Prozent des Gehaltes zwischen

[125] Döring (2002), S. 78.

der unteren und oberen Gehaltsbegrenzung auszuzahlen. SERPS hat 1997/98 an ca. 4 Mio. Rentner eine Summe von GBP 3 Mrd. jährlich ausgezahlt.[126]

2.2.3.2 Zweite Säule:

Da Berechnungen ergeben haben, dass SERPS die künftigen Rentenzahlungen im Umlageverfahren nicht mehr leisten kann, soll die Altersvorsorge vermehrt durch Eigeninitiative gesichert und die staatliche Versicherung entlastet werden. Daher können Arbeitnehmer seit 1988 aus der SERPS aussteigen und alternativ eine betriebliche Altersversorgung (occupational pension scheme) wählen, deren Leistungen mindestens dem Niveau der staatlichen Zusatzrente (guaranteed minimum pension) entsprechen müssen.[127] Als Anreiz zahlen Arbeitgeber und Arbeitnehmer niedrigere Sozialversicherungsbeiträge. Eine Firma kann verschiedene Rentenpläne anbieten, sowohl im Leistungs- wie im Beitragsprimat, als auch spezielle Angebote für Kader erstellen sowie die Mitgliedschaft an eine minimale Betriebszugehörigkeit koppeln. Eine betriebliche Altersversorgung kann als zusätzliche oder Ersatzleistung zu SERPS aufgelegt werden. Grundsätzlich besteht keine Versicherungspflicht, doch angesichts der niedrigen staatlichen Rente und der Steueranreize waren 1995/96 rund 11 Mio. Arbeitnehmer Mitglied in betrieblichen Kassen, davon waren 8,3 Mio. von SERPS befreit.[128]

Betriebliche Versorgungspläne werden von Pensionsfonds verwaltet, deren Anlagevermögen klar vom Unternehmen getrennt sein muss. Aufgrund vorausgegangener Skandale Ende der 90er Jahre wurden die Aufsicht reorganisiert, strengere Publizitätsvorschriften eingeführt sowie Ausgleichszahlungen für Mitglieder insolventer Fonds eingeführt.[129] Ähnlich wie in Deutschland werden Pensionsfonds vor allem von Grossunternehmen angeboten.

2.2.3.3 Dritte Säule

Private Rentenpläne sind relevant für Selbständige, für Arbeitnehmer, die nicht Mitglied in einer betrieblichen Kasse sind oder die davon ausgehen, dass eine private Versicherung ihnen besseren Schutz als durch SERPS bietet. Solche Personal Pension Schemes (PPS) sind nicht an eine Betriebszugehörigkeit gebunden und werden durch Versicherungen, Banken oder Investmentgesellschaften gemanagt. Seit der Einführung 1988 sind die PPS stark gewachsen, sodass 1996/ 97 5,7 Mio. Arbeitnehmer SERPS eine private Zusatzrente abgeschlossen haben. Ausserdem sind weitere 0,8 Mio. Arbeitnehmer neben ihrer

---

[126] OECD (2000), S. 10.
[127] Schäfer (1997), S. 52.
[128] OECD (2000), S. 11.
[129] Siehe Döring (2002), S. 80.

Mitgliedschaft in Pensionskassen sowie über eine Million Selbständige durch PPS versichert.

2.2.3.4 Aktuelle Entwicklungen und Reformbestrebungen

Der "Welfare Reform and Pension Act" von 1999 soll die Eigenverantwortung für die Altersvorsorge weiter stärken und die Altersarmut bekämpfen. Neben der staatlichen Grundrente (Guaranteed Minimum Income, GMI) soll die bisherige staatliche einkommensabhängige Zusatzrente SERPS durch eine staatliche Zweitrente (State Second Pension) ersetzt werden, um eine Rente für sozial Schwache zu sichern. Dadurch sollen v.a. Personen, die wegen Pflege oder Kindererziehung nicht erwerbstätig sein können bzw. Kranke und Invalide besser abgesichert werden.[130] Bezieher höherer Einkommen sollen aufgrund von staatlich finanzierten Versicherungsrabatten eine bestimmte private Rentenversicherung (Stakeholder Pension) wählen. Durch festgelegte Mindeststandards und staatliche Rahmenbedingungen wie z.B. maximalen Gebühren soll diese für jene attraktiv sein, die derzeit nicht in einer "privaten" berufsspezifischen Altersversorgung abgesichert sind.[131] Die Einführung der Stakeholder Pension soll Kritik an den hohen Gebühren der betrieblichen Altersversorgung sowie den individuellen Rentenplänen entgegenkommen.[132] Sie verfolgen das Ziel, die vergleichsweise geringen Kosten und die Sicherheit der betrieblichen Altersversorgung mit der Flexibilität individueller Pläne in bezug auf zusätzliche Sparmöglichkeiten zu verbinden. Arbeitgeber, die keine eigene betriebliche Altersversorgung eingerichtet haben, werden verpflichtet, den Beschäftigten Zugang zu einem „Stakeholder Plan" zu eröffnen.

2.2.4 USA

In den USA gibt es momentan das vergleichsweise breiteste und auch komplexeste System der privaten Vorsorge.[133] Die Rentenzahlungen bestehen aus drei Elementen: dem obligatorischen staatlichen Social Security System auf nationaler Ebene, privaten Pensionsplänen aus Arbeitsverhältnissen sowie Quellen individuellen Sparens ausserhalb von formalen Rentensparplänen, die teilweise auf steuerbegünstigten Individual Retirement Accounts (IRA) beruhen.

2.2.4.1 Erste Säule

Die Social Security stellt die grösste Einnahme (40 Prozent) für Personen über 65 Jahre dar, neben Einkünften aus Vermögen (18 Prozent) und privaten Renten mit zehn Prozent.

---

[130] Siehe Döring (2002), S. 81.

[131] Bertelsmann Stiftung: Sozialmonitor 2, S. 18f.

[132] Für betriebliche Altersversorgungen wurden durchschnittlich acht Prozent ermittelt, bei individuellen Rentenplänen sogar 18%. Siehe Döring (2002), S. 81.

[133] OECD (2000), S. 23.

Da noch 20 Prozent der Amerikaner nach dem Erreichen von 65 Jahren arbeiten müssen, stellen diese Einkünfte weitere 20 Prozent des Einkommens dieser Altersgruppe dar. Diese Aufteilung hat sich gegenüber 1958 signifikant verschoben: damals lagen die Zahlungen der Social Security bei 22 Prozent, der privaten Renten bei fünf Prozent, dagegen die Arbeitseinkünfte bei 37 Prozent. Die Bedeutung der Social Security zeigt klare Unterschiede: während der Anteil bei den beiden unteren Fünfteln der Einkommensbezieher ca. 80 Prozent beträgt, liegt er beim reichsten Fünftel bei 21 Prozent. Vermögenserträge bringen drei Prozent im untersten Fünftel, dagegen 25 Prozent im einkommenstärksten.[134] Die Social Security wird durch einen Anteil von 12,4 Prozent vom Lohn (bei einer Begrenzung von USD 72'000) in gleichen Anteilen vom Arbeitgeber und Arbeitnehmer finanziert. Grundsätzlich sind 10 Beitragsjahre zum Bezug der Leistungen erforderlich. Das Rentenalter liegt momentan bei 65 Jahren, soll aber auf 67 Jahre innerhalb der nächsten 28 Jahre erhöht werden. Das Ziel der Wahrung des Einkommens wird nur bei Personen mit niedrigen Einkommen erreicht: während ein Arbeiter mit Mindestlohn 70-80 Prozent seines letzten Lohns erhält, machen die Zahlungen bei den Höchstverdienern nur ca. 15 Prozent des Einkommens aus. Da aufgrund der ungünstigen demographischen Entwicklung im nächsten Jahrzehnt -ohne wesentliche Änderungen in der Finanzierungs- oder Leistungsstruktur- finanzielle Schwierigkeiten prognostiziert werden, gewinnen die Träger der beruflichen Vorsorge weiter an Bedeutung.[135]

	1970	**1980**	**1990**	**1993**
Sozialversicherungen	28,8	105,1	223	267
Berufliche Vorsorge	17,6	79,5	243,0	311,3
Total	**46,4**	**184,6**	**466,3**	**579,1**

Abb. 23: Leistungen der Sozialen Sicherheit in Mia. USD

Quelle: In Anlehnung an Nussbaum (1999), S. 72.

2.2.4.2 Zweite und Dritte Säule

Das System der beruflichen und privaten Vorsorge ist vollkommen freiwillig und dient als Ergänzung der Sozialversicherung. Es wird fast ausschliesslich im Rahmen von arbeitgebergeförderten Vereinbarungen durchgeführt. Dies resultiert aus der anfänglich wohltätigen Rolle von einzelnen Arbeitgebern oder Tarifverträgen. Zusätzlich spielen Steueranreize eine Rolle, da individuelle Verträge bei Versicherungen oder Individual Retirement Accounts wesentlich geringere Abzugsmöglichkeiten bieten als arbeitgeberbezogene. Die

[134] OECD (2000), S. 23f.
[135] Nussbaum (1999) S. 72.

Arbeitgeberpläne können entweder von einer einzelnen Firma oder einem Kollektiv, z.B. branchenbezogen organisiert werden, wovon v.a. kleinere Unternehmen Gebrauch machen. Von den momentan ca. sechs Mio. amerikanischen Firmen bieten etwa 1,8 Mio. Pensionsleistungen an. Die Zahl der versicherten Arbeitnehmer stieg in den letzten Jahrzehnten stark an: Während 1940 nur 15 Prozent abgedeckt waren, stieg der Anteil auf 43 Prozent im Jahr 1970 an, davon waren 90 Prozent in Versicherungen mit einem Leistungsprimat. Seitdem haben jedoch Pläne mit einem Beitragsprimat stark zugenommen. Mit einem Wechsel von einer Industrie- zu einer Dienstleistungsgesellschaft, der Zunahme von Familien mit zwei Einkommen, mehr Teilzeit und temporären Arbeitern und der hohen Mobilität der Arbeitnehmer in der Wirtschaft scheinen die Bedingungen eines Beitragsprimats besser auf die Bedürfnisse und Interessen sowohl von neuen Start-Up Firmen und Berufsanfängern zu passen. Somit haben entsprechende Systeme im Jahr 1990 auf einen Anteil von 77 Prozent der Beiträge und 49 Prozent der Leistungen zugenommen.[136] Dabei ist zu beachten, dass die Mehrzahl von Beitragsprimat-Plänen primär durch Arbeitnehmer-Beiträge gespeist wird, wohingegen die Leistungsprimat-Kassen fast immer durch Arbeitgeber-Beiträge finanziert wurden. Doch dieser Arbeitgeberanteil wird meist in Form von höheren Löhnen ausgeglichen. Problematisch ist dagegen der hohe Anteil an nichtversicherten Arbeitnehmern, die tendenziell jung sind, niedrige Einkommen haben, als Teilzeitkräfte arbeiten und häufig den Arbeitgeber wechseln.

2.2.5 Zusammenfassung

Die historische Entwicklung der betrieblichen Altersversorgung hat im internationalen Vergleich zu einer unterschiedlichen Bedeutung der Pensionskassen geführt. Als Parameter können der einbezogene Personenkreis, die Leistungsgestaltung oder die Hauptfinanzierungsmethode herangezogen werden. In der Schweiz ist die berufliche Vorsorge für Arbeitnehmer ab einem bestimmten Mindesteinkommen obligatorisch. Dabei sind Pensionskassen einem engen Regelwerk unterworfen, sowohl hinsichtlich der Anlagen wie auch einer gesetzlichen Mindestverzinsung der eingezahlten Beiträge. Die steigenden Anforderungen fördern einen Konzentrationsprozess, da viele kleine Unternehmen auf die Gründung einer eigenen Pensionskasse verzichten und sich Sammelstiftungen anschliessen. In Deutschland dagegen stehen die betrieblichen Versorgungssysteme eher am Anfang. Hier sind nur 42 Prozent der Arbeitnehmer durch eine betriebliche Versorgung abgedeckt, während in der Schweiz und Schweden je 90 Prozent der Arbeitnehmer sowie in den USA 45 Prozent über die Unternehmen versichert sind. Mit der Riester-Rentenreform sollen die Leistungen der staatlichen Rentenversorgung reduziert und die betriebliche und private Rente gefördert werden. In UK besteht die Möglichkeit, aus einem Bereich der staatlichen Rentenversicherung (SERPS) auszusteigen, sobald ein Nachweis

[136] OECD (2000), S. 29.

einer betrieblichen Altersversorgung vorliegt. Angesichts der niedrigen staatlichen Rente und Steueranreizen im Bereich der betrieblichen Vorsorge sind 75% der Arbeitnehmer betrieblich abgesichert. 1999 wurden als Teil der Reformen sogenannte „Stakeholder Pensions" eingeführt, die mit staatlich garantierten niedrigen Gebühren die Eigenvorsorge stärken sollen. In den USA beruht die berufliche Vorsorge ebenfalls auf Freiwilligkeit. Als Tendenzen sind die starke Zunahme des Beitragsprimats erkennbar, das besser auf eine hohe Fluktuation im Arbeitsmarkt eingehen kann. Die Freiwilligkeit wird allerdings bei den Versicherten zum Problem, die niedrige Einkünfte haben, als Teilzeitkräfte arbeiten und häufig den Arbeitgeber wechseln.

Insgesamt ist anzumerken, dass Pensionskassen gegenwärtig in den verschiedenen Typen von Alterssicherungssystemen jeweils einen unterschiedlichen Stellenwert einnehmen, der sehr stark von den individuellen gesetzlichen Rahmenbedingungen abhängt. Die nationalen Differenzen drücken sich in einer jeweils anderen Zusammensetzung des Alterseinkommens aus sowie in sozialen Problemen wie beispielsweise Altersarmut oder einem hohen Anteil von Senioren unter den Erwerbstätigen. Übergreifend ist jedoch eine klare Tendenz zur zunehmenden Bedeutung von Pensionskassen in der Altersvorsorge festzustellen.

2.3 Pensionskassen als Investor: Bedeutung auf den Finanzmärkten und Determinanten des Anlageverhaltens

Die oben skizzierten Rahmenbedingungen in den einzelnen Ländern determinieren die Freiheitsgrade der Pensionskassen als institutionelle Investoren und die verwalteten Vermögen. Beide Faktoren bestimmen massgeblich auch das Anlageverhalten der Pensionskassen, bei dem im internationalen Vergleich ebenfalls signifikante Unterschiede festzustellen sind. Diese Sachverhalte werden im Folgenden detailliert dargelegt.

2.3.1 Pensionskassen als institutionelle Investoren

Pensionskassen nehmen aufgrund ihrer grossen Beitragsvolumina und langfristigen Bindung der Kapitalströme eine wichtige Rolle auf den Finanzmärkten ein. Sie bilden eine wichtige Gruppe innerhalb der institutionellen Investoren, die gemäss OECD in Versicherungen, Pensionskassen, Investmentgesellschaften sowie andere Investoren eingeteilt werden. Grundsätzlich kann man sämtliche juristischen Personen, die eigene oder fremde Gelder verwalten, als institutionelle Anleger bezeichnen. Sie weisen i.d.R die folgenden Charakteristika auf:[137]

- ihr Zweck ist zum Teil gesetzlich festgelegt
- sie poolen und verwalten treuhänderisch Gelder Dritter

---

[137] Amman (1990), S. 10.

- sie haben einen periodischen Anlagebedarf
- ihr Anlagehorizont ist meistens langfristig
- ihre Anlagetätigkeit unterliegt behördlichen Vorschriften/ Kontrolle
- sie geniessen steuerliche Privilegien

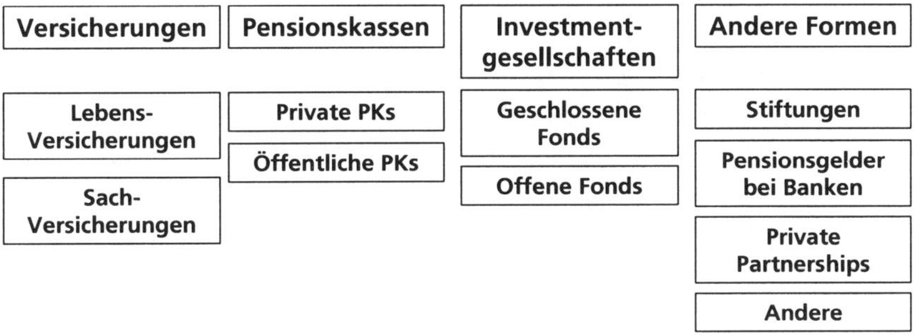

Abb. 24: Übersicht der institutionellen Investoren (nach OECD)

Quelle: OECD (1999), S. 333.

Die Akteure werden folgendermassen definiert:

- Die Hauptaufgabe von *Versicherungen* besteht darin, Versicherungsschutz bei Krankheit, Feuer, Unfällen oder als Lebensversicherung an Private oder Institutionelle zu gewähren.
- *Investmentgesellschaften* können als eine Art Finanzintermediär gesehen werden, der Geld von Investoren erhält und dieses zum Kauf von Anlageformen nutzt. Als Gegenwert erhält der Investor Anteile an der Investmentgesellschaft und besitzt damit indirekt einen Teil der Anlagen, die die Firma selber hält.
- *Pensionskassen* werden zum Zwecke der Leistungszahlung bei der Pensionierung von Arbeitnehmern gegründet. Sie haben ihre eigenen Anlagen und Verpflichtungen und führen finanzielle Transaktionen auf ihre eigene Rechnung aus. Diese Fonds werden von einzelnen Arbeitgebern und ihren Arbeitnehmern als gemeinsame Beitragszahler errichtet und gemanagt.

Die Übersicht der OECD über die Verteilung der jeweiligen institutionellen Investoren im internationalen Vergleich reflektiert erneut die unterschiedliche Ausgestaltung der nationalen Systeme der beruflichen Vorsorge:

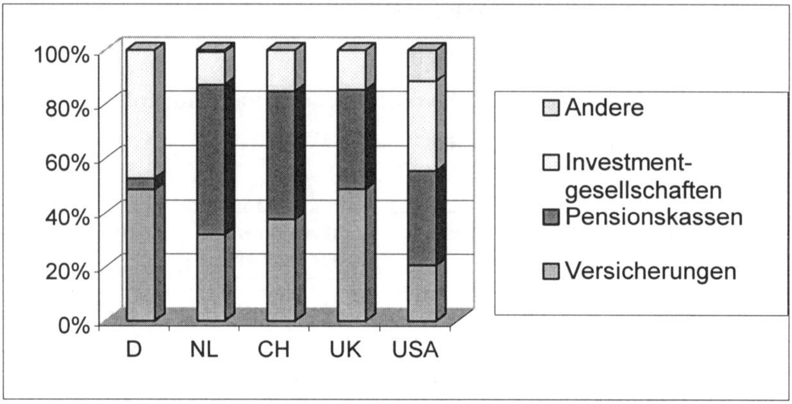

Abb. 25: Aufteilung des Finanzvermögens nach Investorengruppe (%)

Quelle: OECD (2001).

2.3.2 Unterschiedliche Bedeutung von Pensionskassen auf den nationalen Finanzmärkten

Diese wichtige Rolle lässt sich sowohl an der Summe der verwalteten Vermögen, der relativen Grösse im Vergleich zum nationalen Sozialprodukt wie auch an der Summe der pro Kopf gebundenen Vorsorgegelder ablesen.

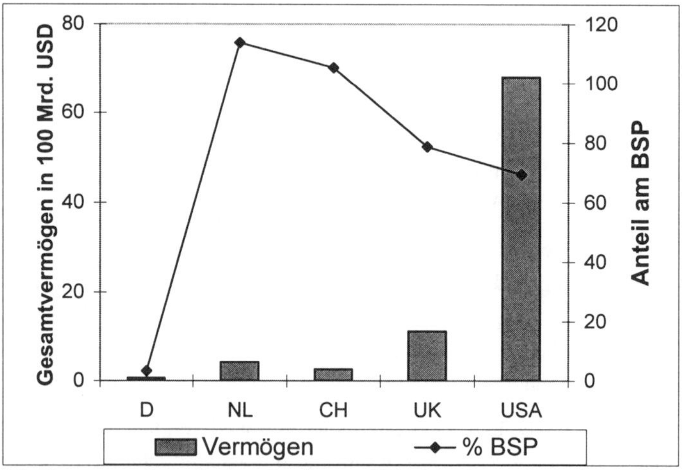

Abb. 26: Finanzvermögen der Pensionskassen 2000 (absolut und relativ zum BSP)

Quelle: OECD (2001).

Die unterschiedlichen Dimensionen basieren nicht nur aufgrund der Ländergrösse, sondern vor allem auf den jeweiligen nationalen Rahmenbedingungen, die für die Pensionskassen als Träger der beruflichen Vorsorge gelten.[138] In Deutschland spielen Pensionskassen nur eine untergeordnete Rolle auf den Finanzmärkten, in den Niederlanden sind sie die stärksten Akteure. In der Schweiz haben sie aufgrund des Obligatoriums der beruflichen Vorsorge ebenfalls eine grosse Bedeutung. Entsprechend der relativ hohen Anlagevolumina in Grossbritannien (USD 1'241 Mrd.) und den USA spielen Pensionskassen in den angelsächsischen Ländern eine sehr dominante Rolle. Es ist erkennbar, dass auch ein zunehmender Anteil der privaten Vorsorge über Anlagefonds bei Investmentgesellschaften getätigt wird. Damit wird angesichts der hohen Wachstumsraten dieser beiden Akteure der Anteil der für die Alterssicherung angesparten und investierten Gelder noch höher.

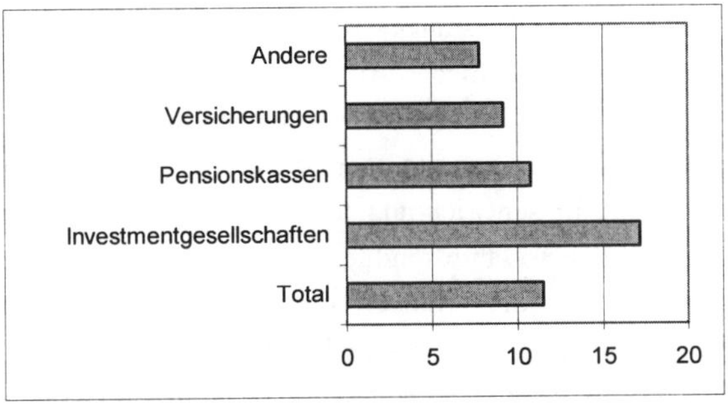

Abb. 27: Jährliche Zuwachsraten der Finanzanlagen (1990-1999)

Quelle: OECD (2001).

Allein in den USA betrug 1998 das Vermögen der Pensionskassen USD 4,4 Bio., im Vergleich zu USD 260 Mrd. im Jahre 1975 (bei einer Wachstumsrate von 13 Prozent).[139] Das Vermögen privatrechtlicher Einrichtungen ist mehr als doppelt so hoch wie das der öffentlich rechtlichen Einrichtungen. Bereits die zehn grössten privaten Vorsorgeeinrichtungen der USA wiesen 1993 mehr Vermögen auf als die gesamte zweite Säule der Schweiz.[140]

Bei diesen Dimensionen spielen sie eine grosse Rolle auf den Kapitalmärkten, da sie 20 Prozent aller gehandelten US-Aktien und ca. 17 Prozent der Firmen- Obligationen besas-

---

[138] Schäfer (1997), S. 33.
[139] OECD (2000), S. 32.
[140] Nussbaum (1999), S. 79.

sen.[141] Interessant ist der Unterschied im Anlageverhalten: während 1998 nur ein Prozent des Vermögens von Kassen mit Leistungsprimat in der eigenen Firma investiert waren, machte dieser Anteil bei Kassen mit Beitragsprimat ca. 24 Prozent aus.[142]

2.3.3 Anlageverhalten von Pensionskassen

2.3.3.1 Anlagestrategien im internationalen Vergleich

Durch eine Anlagestrategie erfolgt die systematische Aufteilung des Vermögens (Diversifikation) auf die zur Auswahl stehenden Anlagealternativen, wie Obligationen, Aktien, Immobilien, Hypotheken, Darlehen oder liquide Mittel. Wir bewegen uns damit auf der Ebene ganzer Anlagekategorien und nicht auf derjenigen einzelner Branchen, Schuldner oder Titel. [143] Die Anlagestrategie ist ein Instrument zur termin- und kostengerechten Erfüllung der versprochenen Leistungsverpflichtungen. Wie jeder Investor sind auch die Pensionskassen bei der Auswahl der Anlagestrategie mit dem Konflikt zwischen den beiden i.d. R. positiv korrelierten, konträren anlagepolitischen Zielsetzungen Rendite und Risiko konfrontiert.[144] Die Rendite entspricht der künftig im Jahresdurchschnitt erwarteten Wert- und Ertragsentwicklung der Anlagealternativen. Das Risiko wird anhand der Streuung der einzelnen Jahresrenditen um den Erwartungswert gemessen.[145] Bei Investitionsentscheiden hat der Anleger immer das für ihn optimale Verhältnis von Rendite und Risiko zu bestimmen. Diese Rendite/Risikopräferenz (Nutzenfunktion) ist von den Zielsetzungen und Rahmenbedingungen des Investors abhängig. Der „typische", d.h. risikoscheue und rational handelnde Investor wird sich jeweils für die Anlagealternative entscheiden, die bei gegebenem Risiko die grösste Rendite erwarten lässt bzw. bei gegebener Rendite das kleinste Risiko aufweist.[146]

Schwankungen der im langfristigen Durchschnitt erzielten Rendite haben infolge des Zinseszinseffektes erhebliche Auswirkungen auf das zu erwartende Alterskapital. Zimmermann/ Bubb stellen in ihrer Studie zur zweiten Säule ein eindrückliches Rechenbeispiel dar:[147]

---

[141] Der Anteil der Institutionellen am Aktienkapital der börsenkotierten Gesellschaften der USA hat zwischen 1950 und 1989 von 8% auf über 45% zugenommen. Siehe Schäfer (1997), S. 153.
[142] OECD (2000), S. 32.
[143] Amman (1990), S. 10.
[144] www.nachhaltiges.investment.org
[145] www.nachhaltiges.investment.org
[146] Amman (1990), S. 11.
[147] Zimmermann/ Bubb (2002), S. 11.

Wenn monatlich CHF 1000 zu einem durchschnittlichen Zins von 4 Prozent über eine Erwerbsdauer von 40 Jahren angelegt werden, dann beträgt das Alterskapital am Ende dieser Zeitdauer 1,16 Mio. CHF und setzt sich zu 41 Prozent aus den Beitragszahlungen und zu 59 Prozent aus den akkumulierten Zinsen zusammen. Geht man demgegenüber von einer durchschnittlichen Verzinsung von fünf Prozent aus, so beträgt der Anteil der Beitragszahlungen am Endkapital von CHF 1,48 Mio. lediglich 32 Prozent, derjenige der akkumulierten Zinsen dagegen 68 Prozent.

Zinssatz	**4%**	**5%**	**6%**	**7%**	**8%**
Alterskapital in Mio CHF	1,16	1,48	1,91	2,47	3,22
Anteil Zahlungen	41,3%	32,4%	25,2%	19,4%	14,9%
Anteil Verzinsung	58,7%	67,6%	74,8%	80,6%	85,1%

Abb. 28: Die Bedeutung der Kapitalerträge: Anteil Beiträge und Zinserträge

Quelle: Zimmermann/ Bubb (2002), S. 11.

Diese Berechnungen machen deutlich, welche Bedeutung ein professionelles Management von Pensionskassen hat. Von höheren Vermögenserträgen können nicht nur die Arbeitnehmer profitieren, sondern auch die Arbeitgeber. Wenn man davon ausgeht, dass die Sozialkosten etwa ein Drittel der Lohnkosten ausmachen, können Optimierungen klare Entlastungen oder höhere Rentenleistungen bringen.

Pensionskassen verfolgen traditionellerweise ein Engagement in Obligationen, Aktien, Geldmarkt sowie Immobilien und Hypotheken. In Kontinentaleuropa besteht offensichtlich ein grösseres Bedürfnis an Sicherheit. Dies drückt sich im Portfolio-Management durch eine höhere Quote von Obligationen im Vergleich zu Aktien aus. Die OECD hat Zahlen zur Portfolio-Zusammenstellung institutioneller Investoren im Jahre 1996 veröffentlicht, die zeigen, dass Deutschland mit einem Aktienanteil von 14 Prozent, die Niederlande mit 28 Prozent und die Schweiz mit 24 Prozent weit hinter dem Anteil der USA von 40 Prozent sowie Grossbritannien von 67 Prozent zurückliegen.

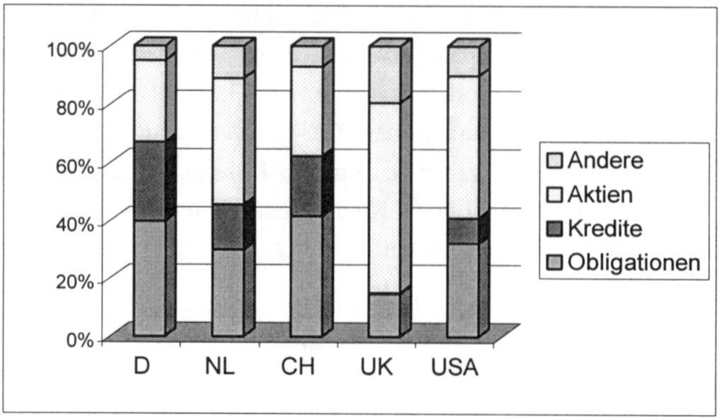

Abb. 29: Portfolio Zusammensetzung Institutioneller Investoren 2000

Quelle: OECD (2001).

Die Darstellung der Anlagestrategien von Pensionskassen von William M. Mercer[148] aus dem Jahre 1998 zeigt ein noch krasseres Bild: Deutsche Pensionskassen bilden mit neun Prozent Aktienanteil das Schlusslicht, wohingegen bei britischen Kassen der Aktienanteil mit über 70 Prozent noch über dem Durchschnitt der britischen Institutionellen liegt. Zusätzlich ist die klare Dominanz des Heimmarktes deutlich, die sich u.a. aufgrund der gesetzlichen Anlagerestriktionen ergibt. In Deutschland wurden nur sieben Prozent, in der Schweiz nur zwölf Prozent des Aktien- und Bond-Engagements im Ausland angelegt. Zumindest in der Schweiz als relativ kleinem Land kann dies zu Liquiditätsengpässen führen.

Land	Nationale Aktien	Nationale Oblig.	Internat. Aktien	Internat. Oblig.	Immo-bilien	Cash/ Andere
Deutschland	6	71	3	4	13	3
Niederlande	15	47	19	10	7	2
Schweden	20	64	8	-	8	-
Schweiz	10	25	5	7	16	37[149]
UK	53	9	22	6	2	8

Abb. 30: Anlagestrategien von Pensionskassen

Quelle: European Pension Fund Managers Guide, Volume 1 – the Marketplace, 1998; William M. Mercer

[148] European Pension Fund Managers Guide, Volume 1 – the Marketplace, 1998; William M. Mercer.

[149] Umfasst Kredite an den Arbeitgeber, Hypotheken und andere kurzfristigen Kredite.

Betrachtet man die aus diesem sehr defensiven Anlageverhalten resultierenden Renditen, ist eine eindeutige Korrelation festzustellen: Länder mit einem grösseren Aktienanteil können eine entsprechend höhere Rendite erwirtschaften.

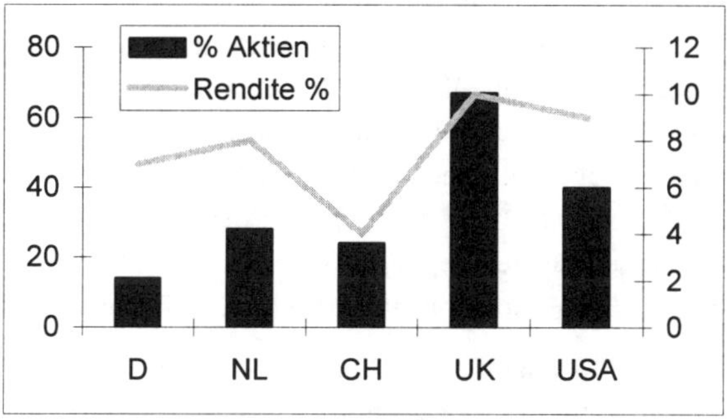

Abb. 31: Portfoliorendite im Vergleich zum Aktienanteil

Quelle: EFRP report, June 1996; Pragma Consulting; and OECD staff calculations

Dieses Ergebnis reflektiert die gute Aktienmarktentwicklung in den 90er Jahren, aufgrund der Börsenbaisse 2000-2002 ist diese Entwicklung nicht repräsentativ für die letzten Jahre. In dieser Phase sind gerade die amerikanischen Pensionskassen durch den hohen Aktienanteil in Not geraten. Es existieren Schätzungen, wonach 50 der grössten US-Unternehmen, unter ihnen General Motors, Ford, IBM, Boeing und American Airlines, zusammen im Jahr 2001 eine effektive Abwertung ihrer Pensionsvermögen im Ausmass von USD 34,8 Mrd. erfuhren.[150]

2.3.3.2 Gesetzliche Verankerung finanzieller Anlageziele

Das Anlageverhalten ist nicht nur auf kulturelle Unterschiede, sondern auch auf gesetzliche Grundlagen zurückzuführen. In der Schweiz gab es z.B. die Vorschrift, dass Pensionskassen einen maximalen Anteil in Aktien und in Fremdwährungen investieren durften. Ein Grund für diese Zurückhaltung liegt auch in einem obligatorischen "minimum funding requirement" (MFR), einem kurzfristigen Liquiditätstest, der z.B. von der britischen Regierung im Rahmen eines umfassenden Programms zur Regulierung der Pensionskassen eingeführt wurde, um auf den Maxwell-Skandal zu reagieren. Das MFR fordert von den PK-Managern eine Sicherheit, dass der Fonds über genügend Vermögen verfüge, um seine Verpflichtungen zu erfüllen. Daher fördert er eine sicherheitsorientierte Anlagepolitik, bei der Obligationen präferiert werden.[151]

---

[150] Cleis (2003)

[151] Angesichts der hohen Aktienquoten in UK (über 60%) wird die Regelung wohl relativ flexibel gehandhabt.

Die meisten Schweizer Pensionskassen haben trotz dem durch zahlreiche empirische Untersuchungen erhärteten Erfahrungswert, dass Aktien im historischen Vergleich mit anderen Anlagemedien eine langfristig überdurchschnittliche Renditeentwicklung aufweisen, die erlaubte Aktienquote bis heute bei weitem nicht ausgenutzt. [152] Die sehr defensive Anlagestrategie ist zwar aus Risikoüberlegungen und angesichts der gesetzlichen Vorschriften plausibel[153], sie hat allerdings ihren Preis: Experten schätzen, dass die Schweizer Pensionskassen aufgrund einer übervorsichtigen Anlagestrategie 1,5 Prozent Rendite verschenken. Bezogen auf die von der 2. Säule verwalteten CHF 315 Mrd. wären das pro Jahr gut CHF 4,5 Mrd.[154] Die Anlagepolitik der Pensionskassen ist bisher primär vom nominellen Sicherheitsdenken geprägt worden. In Zukunft müssen die Pensionskassenverantwortlichen der Ertragskomponente vermehrt Beachtung schenken, denn:

- dank des seit Mitte 1987 eingeführten gesamtschweizerischen Performancevergleiches für Pensionskassen wird die Transparenz bezüglich der erzielten Anlageresultate erhöht
- mit dem härter gewordenen Konkurrenzkampf zwischen Banken, Versicherungen, Anlagestiftungen und anderen Portfoliomanagern, die sich für die Verwaltung von Pensionskassengeldern empfehlen, gewinnt der Performanceausweis als Akquisitionsargument an Gewicht,
- zur Erhaltung der Kapitalsubstanz müssen vermehrt Portfoliotheorien angelegt werden, um sich dem Dilemma hoher Rendite versus hohes Risiko zu stellen,
- der Handlungsspielraum der Pensionskassen bei der Gestaltung der Leistungs-, Beitrags- und Anlagepolitik hängt wesentlich vom Ausmass der erzielten Anlagerendite ab.

Anlagerichtlinien sollten daher nicht unnötig die Anlagestrategie von Pensionskassen einschränken. Die Erfahrung hat gezeigt, dass zu restriktive Anlagerichtlinien die Erträge von Pensionskassen erheblich reduziert haben, ohne die Sicherheit zu erhöhen. Hinsichtlich des Aktienengagements haben diese Restriktionen zusätzlich noch die Kapazitäten zur Finanzierung des Privatsektor der Wirtschaft beschnitten. Der primäre Focus auf die

---

[152] Amman (1990), S. 3.

[153] Die Bewertungsasymetrie zwischen Obligationen (langfristige nominelle Optik) und Liegenschaften (keine Tageskurse ergo keine Schwankungen) einerseits und Aktien (Tageswertprinzip) andererseits, ist „ein wesentlicher Grund, weshalb viele institutionelle Anleger Aktien stiefmütterlich behandeln und ihre Realwertanlagen in Immobilien tätigen. Denn Pensionskassen mit einem hohen Aktienanteil laufen Gefahr, buchmässige Verluste auszuweisen, was sich bei ausgeprägten Kurseinbussen negativ auf das Nettovermögen auswirken kann. Siehe Amman (1990), S. 66.

[154] Aeberli (1999), S. 4. Andere Quellen nennen wesentlich höhere Zahlen: Bollier (2002) führt auf, dass bei einer Aufbauphase von 40 Jahren mit einer durchschnittlichen Verzinsung von 5% rund zwei Drittel der Alterspension aus

Heimmärkte hat auch die Öffnung und die Integration des Kapitalmarktes innerhalb der EU blockiert. Ein effizienter Kapitalmarkt mit liquiden und gut entwickelten Aktien- und Private Equity Instrumenten könnte hingegen einen Beitrag zum Wirtschaftswachstum und zur Schaffung von Arbeitsplätzen leisten und damit indirekt die Finanzierung des sozialen Wohlstandes in den kommenden Jahrzehnten fördern.[155]

Ein wichtiger Grund, weshalb die Vorsorgeeinrichtungen in der Schweiz wenig Aktien in ihren Portfolios aufweisen, liegt darin, dass die Vorsorgeeinrichtungen „jederzeit Sicherheit dafür bieten" müssen, dass „die übernommenen Verpflichtungen" erfüllt werden können (Art. 65 BVG). In Grossbritannien kann eine Pensionskasse während dreier Jahre, in den Niederlanden während eines Jahres eine Unterdeckung aufweisen, bevor sie ausgeglichen werden muss.[156] Angesichts der mitunter defensiven Anlagestrategie gibt es in der Schweiz die Tendenz, Restriktionen hinsichtlich des Engagements in Fremdwährungen und in Aktien abzubauen sowie Vorsichtsregeln (prudential rules) aufzustellen, um Handlungsspielraum und Sicherheit für die Destinatäre zu erhalten. Das Minimum Funding Requirement (MFR) sollte durch ein dynamisches MFR abgelöst werden, das eine langfristigere Perspektive einnimmt und individueller auf das Asset/ Liability Profil der Pensionskasse eingeht.[157]

(1) Anlageziele der Vermögensanlage

Die Vermögensbildung spielt bei den nach dem Kapitaldeckungsverfahren aufgebauten Personalvorsorgeeinrichtungen eine äusserst wichtige Rolle:[158] Entweder wird das angesammelte Kapital von der Vorsorgeeinrichtung selbst verwaltet wie bei autonomen Kassen und teilautonomen Einrichtungen (in der Regel Spareinrichtungen) oder eine Sammel- oder Gemeinschaftsstiftung bzw. eine Lebensversicherungsgesellschaft besorgt dies im Rahmen eines Kollektivversicherungsvertrages.[159]

Eine Vorsorge- und Versicherungseinrichtung hat grundsätzlich ihr Vermögen so anzulegen, dass daraus für die Versicherten und Begünstigten der grösste Nutzen entsteht. Art. 71 BVG definiert: „Die Vorsorgeeinrichtungen verwalten ihr Vermögen so, dass Sicherheit und genügender Ertrag der Anlagen, eine angemessene Verteilung der Risiken sowie die Deckung des voraussehbaren Bedarfs an flüssigen Mitteln gewährleistet sind." Mit diesen Anlagezielen sind die drei finanzpolitischen Ziele Sicherheit, Rendite und Liqui-

---

dem Vermögensertrag resultieren. Eine Erhöhung oder Senkung des Zinses um 1% verändere die Altersleistung um +/-30%.

[155] Commission of the European Communities (1999), S. 3.

[156] Helbling (2000), S. 503.

[157] European Commission (1999a), S. IIf.

[158] Dies im Gegensatz zu der auf dem Umlageverfahren beruhenden Sozialversicherung.

[159] Helbling (2000), S. 496.

dität[160] angesprochen worden. Neben der Berücksichtigung dieser finanziellen Ziele spielen bei der Anlage von Pensionskassen auch betriebliche Interessen eine Rolle. So können Teile der Firmenbeiträge dem Arbeitgeber weiterhin in Form von Kontokorrent- und Hypothekardarlehen für die Finanzierung des Betriebes überlassen werden, sofern die Bonität gegeben ist. Zugunsten der Arbeitnehmer werden von den Vorsorgeeinrichtungen vielfach Mehrfamilienhäuser erstellt und Wohnbaudarlehen gewährt. Im Anschluss werden die drei erwähnten primären Anlageziele erläutert.

(2) Sicherheit und Risikoverteilung[161]

Der Grundsatz der Sicherheit muss für Vorsorgeeinrichtungen an erster Stelle stehen. Die Anlagen sollen sicher sein; dazu gehört neben der Bonität der Schuldner und der langfristigen wertmässigen Qualität der Sachwertanlagen auch eine angemessene Risikoverteilung. Das Vorsichtsprinzip wird auch als Prudent Man Rule bezeichnet.[162] Diese verlangt eine Diversifikation der Vermögensanlagen und ein ausgewogenes Portfolio. Die Risikoverteilung kann dadurch erreicht werden, dass Investitionen in einzelne Anlagekategorien und Objekte oder Guthaben beim gleichen Schuldner begrenzt, Sicherheiten verlangt oder besonders risikobehaftete Investitionen überhaupt nicht getätigt werden. Die Begrenzung kann von Fall zu Fall durch Einzelentscheide oder planmässig in Prozenten des Gesamtvermögens oder in absoluten Beiträgen je Risikoeinheit festgelegt werden. Es können auch Limiten für Branchen, Länder, Währungen usw. gesetzt werden.

Sicherheit kann in eine nominelle, den Nominalwert betreffende, und in eine reale, den Realwert betreffende Sicherheit unterschieden werden. Sicherheit bei der Kapitalanlage von Pensionskassen „... wird im traditionellen Sinne nominalwertmässig verstanden. Sie ist bereits gegeben, wenn ein bestimmter angelegter Geldbetrag in derselben Höhe und gleichen Währungseinheit zurückerstattet werden kann.“[163] Dieser Sicherheitsbegriff herrscht beim Versicherungs- aber auch beim Banksparen vor. Die nominelle Sicherheit ist bei Anlagen mit geringem Risiko, d.h. relativ stabiler Rendite gegeben. Diesen Anforderungen entsprechen Staatspapiere, Pfandbriefe, Spareinlagen, Bank- und Kraftwerksanlagen. Der Begriff der Sicherheit verlangt bei der Kapitalanlage nicht nur eine Risikoverteilung in sachlicher und zeitlicher Hinsicht, sondern zwischen Nominal- und Sachwerten. Wenn die Lebensversicherungsgesellschaften und Vorsorgeeinrichtungen die angesammelten Versicherungsgelder nicht in einigermassen gleichwertigen Franken zurückzahlen können, so werden sie in den Augen vieler ihrer volkswirtschaftlichen

[160] Diese drei Parameter werden auch als das magisches Dreieck der Finanztheorie bezeichnet.

[161] Helbling (2000), S. 497f.

[162] Ein Investitionsstandard, das die Titelart oder bestimmte Wertpapiere vorschreibt, in die ein Treuhänder Geld investieren kann. Im Allgemeinen impliziert es, dass ein Treuhänder nur in ein Wertpapier investieren kann, wenn es eine ist, welche ein umsichtiger Mann von Ermessen und Intelligenz kaufen würde. (siehe www.corp-gov.org)

Aufgabe nicht voll gerecht. Damit müssen sie bei der Aufteilung auf verschiedene Regionen und Wirtschaftszweige auch dem Ziel der Substanzerhaltung angemessen Rechnung tragen.[164]

(3) Angemessener Ertrag

Die Rendite drückt den in einer bestimmten Periode (i.d.R. ein Jahr) erzielten Ertrag in Prozenten des durchschnittlich investierten Vermögens aus. Bei der Berechnung der Rendite sollte der gesamte Vermögensnettoertrag aus Zinsen (incl. Marchzinsen), Dividenden, Kursgewinnen, usw. im Verhältnis zum durchschnittlichen Gesamtvermögen in der betreffenden Rechnungsperiode mitberücksichtigt werden. Die Netto-Rendite ergibt sich nach Abzug von Transaktionskosten, Gebühren und Steuern. Unter einem „genügenden Ertrag", den die Pensionskassen gemäss BVG Art. 71 zu erzielen haben, fordert BVV 2 Art. 51 einen dem Geld-, Kapital- und Immobilienmarkt entsprechenden Ertrag. [165]

Der zentrale Orientierungspunkt für das Festlegen des Mindestrenditeziels von Pensionskassen ist der sogenannte technische Zinsfuss. Laut BVG Art. 15 Abs. 2 besitzt der Bundesrat die Kompetenz, aufgrund der Anlagemöglichkeiten einen Mindestzinssatz festzulegen. Der technische Zinsfuss, der der Prämien- bzw. Deckungskapitalberechnung zugrunde liegt, sollte ein vorsichtiger Mittelwert der wirklich erzielten effektiven Zinssätze sein bzw. sich später als das erweisen. Der technische Zinsfuss muss also mit der Rendite des Vermögens der Vorsorgeeinrichtung in Einklang stehen entsprechend dem Grundsatz der genügenden Rendite.[166] Ein tiefer technischer Zinssatz verteuert die Vorsorgelösung, indem mit gegebenen Beiträgen weniger Leistung versprochen werden kann, während umgekehrt bei vorgegebenen Leistungen mehr Beiträge fliessen müssen.[167] Liegt der effektiv erzielte Ertrag im langfristigen Durchschnitt über dem technisch notwendigen, kann die Pensionskasse Zinsgewinne realisieren und technische Reserven bilden. Dadurch vergrössert sich unter Umständen der Spielraum für Beitragssenkungen und/ oder Leistungsverbesserungen (Teuerungsausgleich).[168]

Wie bereits unter 2.1.4 erwähnt, wurde in Art. 12 der BVV2 festgelegte technische Zinssatz von vier Prozent, der sich allgemein als kalkulatorischer Satz bei Vorsorgeeinrichtungen durchgesetzt hatte, zum 1.1.2003 auf 3,25 Prozent gesenkt.

Das Anlageverhalten der Pensionskassen wird insbesondere von drei Anlageziele bestimmet. Diese werden nachfolgend kurz dargestellt.

---

[163] Amman (1990), S. 47, aufbauend auf Zitat von Furrer (1987).
[164] Amman (1990), S. 49.
[165] Amman (1990), S. 51f.
[166] Helbling (2000), S. 500.
[167] Bruhin (1997), S. 127.
[168] Amman (1990), S. 53.

(4) Genügende Liquidität

Liquidität ist die Fähigkeit, sämtliche finanziellen Zahlungsverpflichtungen jederzeit termingerecht erfüllen zu können. BVV2 Art. 52 definiert diesen Grundsatz der Vermögensanlage: „Die Vorsorgeeinrichtung muss darauf achten, dass sie die Versicherungs- und die Freizügigkeitsleistungen bei deren Fälligkeit erbringen kann. Sie sorgt für eine entsprechende Aufteilung ihres Vermögens in kurz-, mittel-, und langfristige Anlagen." Zum Grundsatz der genügenden Liquidität gehört die Forderung nach der Handelbarkeit der Anlagen, d.h. dass gegebenenfalls die Anlagen verkäuflich oder abtretbar sein sollten (z.B. also keine Hypotheken auf Fabrikliegenschaften des Arbeitgebers).[169]

Der Liquiditätsbedarf einer Pensionskasse wird grundsätzlich von der Versichertenstruktur beeinflusst. Pensionskassen mit einem hohen Rentneranteil und/oder einem schrumpfenden Aktivenbestand (Personalabbau) weisen einen hohen Liquiditätsbedarf auf. Grundsätzlich kann der notwendige Liquiditätsgrad für die wahrscheinlich eintreffenden Versicherungsereignisse berechnet werden, wobei die Ergebnisse mit grösserer Risikogemeinschaft und damit geringeren Zufallsschwankungen an Genauigkeit zunehmen.[170] Die Liquiditätsplanung hat dafür zu sorgen, dass bei Eintritt des Versicherungsfalls oder bei Austritt die liquiden Mittel vorhanden sind. Dank der Periodizität von Zinseinnahmen, Beiträgen und Renten sowie den angekündigten Fälligkeitsterminen für Anleihensrückzahlungen, Kapital- und Freizügigkeitsleistungen und den Instrumenten der Finanzplanung lässt sich die Liquidität relativ zuverlässig bestimmen.

Der Grundsatz der Liquidität tritt bei Vorsorgeeinrichtungen – im Gegensatz zu den meisten anderen Investoren – stark in den Hintergrund. Zum einen lassen sich die Einnahmen und Ausgaben gut planen. Ausserdem befinden sich die meisten Vorsorgeeinrichtungen noch in einer Aufbauphase. Solange die laufenden Beitrags- und Ertragseinnahmen grösser sind als die Zahlungsverpflichtungen, manifestiert sich das resultierende Vermögenswachstum in einem periodischen Anlagebedarf.[171]

(5) Anlagevorschriften

Mit der Einführung des BVG per 1.1. 1985 ist es zu einer Vereinheitlichung der behördlichen Anlagevorschriften von Pensionskassen gekommen. Die Grundlage für die Anlagevorschriften bildet BVG Art. 71, der das Ziel verfolgt, die Sicherheit des Vorsorgevermögens zu erhöhen. Da die eher liberalen Vorschriften des Kantons Zürich als Vorbild für die Ausarbeitung der BVG Anlagevorschriften gedient haben, hat das BVG somit im Bereich der gesetzlichen Anlagevorschriften von Pensionskassen im Vergleich zu den

[169] Helbling (2000), S. 500.
[170] Helbling (2000), S. 501.
[171] Amman (2000), S. 46.

meisten bestehenden kantonalen Bestimmungen eine Lockerung gebracht.[172] Im Rahmen der gesetzlichen Anlagevorschriften ist es jeder Pensionskasse freigestellt, zusätzliche interne Anlagerichtlinien zu erlassen. Dabei werden die gesetzlichen Bestimmungen oftmals enger gefasst.

Bei den Vermögensanlagen sind Basisanlagen und Derivate bzw. kombinierte Anlagen zu unterscheiden. Im Zuge der Liberalisierung der internationalen Kapitalmärkte und durch Finanzinnovationen hat sich die Palette der Anlageinstrumente stark erweitert:

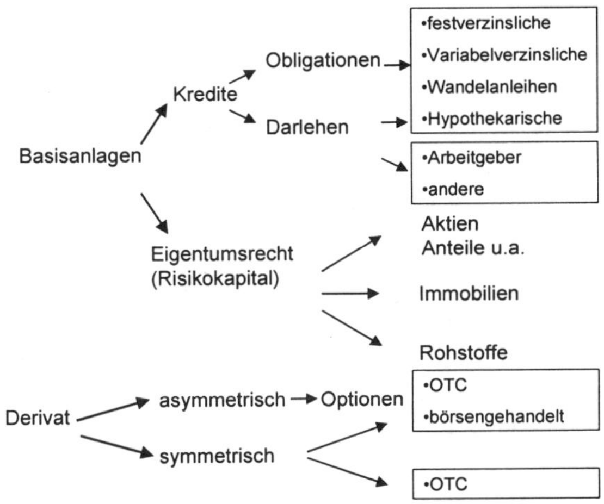

Abb. 32: Schematische Übersicht über Anlagekategorien und monetäre Märkte

Quelle: eigene Darstellung nach Bruhin (1997), S. 147.

BVV2 Art. 53 listet die zulässigen Anlagen auf. Neben Bargeld sind grundsätzlich sämtliche Formen von Nominalwertanlagen (= Forderungen, die auf einen festen Geldbetrag lauten) zugelassen, unabhängig davon ob sie wertpapiermässig verurkundet sind oder nicht. Bei den Sachwertanlagen sind direkte oder indirekte (Beteiligungen an Immobiliengesellschaften) Investitionen in alle Arten von Liegenschaften und Grundstücken in der Schweiz erlaubt. Aktien und andere Beteiligungsformen an in- und ausländischen Gesellschaften können ebenfalls erworben werden.[173]

[172] Amman (1990), S. 68. Die meisten kantonalen Aufsichtsbehörden haben detailliertere Bestimmungen über zulässige Auflagen und deren Höchstquoten angewendet.
[173] Amman (1990), S. 70.

BVV2 Art. 54 und 55 definieren konkrete Obergrenzen für einzelne Vermögenspositionen bzw. Kombinationen derselben, beispielsweise dürfen maximal zehn Prozent des Vermögens in ausländische Aktien investiert werden. Die Höchstquote sämtlicher Formen von Fremdwährungsanlagen (Aktien und Obligationen zusammen) beträgt 20 Prozent. Schweizer Aktien werden auf 30 Prozent des Vermögens begrenzt. Besondere Aufmerksamkeit gilt Anlagen beim Arbeitgeber, da diese Anlagen zu einer wirtschaftlichen Verflechtung zwischen Unternehmung und Pensionskasse führen, die der beabsichtigten Trennung zwischen Einkommens- und Vermögensrisiko entgegenwirkt. Reinvestitionen von Pensionskassenvermögen beim Arbeitgeber sind deshalb eine der umstrittensten Anlageformen der Zweiten Säule.[174] Damit die Pensionskasse nicht als Finanzierungsquelle der Unternehmung missbraucht wird, hat der Gesetzgeber die Anlagen beim Arbeitgeber mit verschiedenen Einschränkungen und Auflagen versehen. Gemäss BVG Art. 57 dürfen ungesicherte Anlagen beim Arbeitgeber 20 Prozent des Pensionskassenvermögens nicht überschreiten. Beteiligungen sind auf zehn Prozent beschränkt.

BVV2 erlaubt den Pensionskassen im Einzelfall von den Bestimmungen der Artikel 53-55 und 57 abzuweichen, wenn besondere Verhältnisse dies rechtfertigen und die Erfüllung des Versorgungszweckes nicht gefährdet ist. Seit April 2000 geraten die konkreten Oberziele weiter in den Hintergrund, da nunmehr die Sicherheit durch eine globale Analyse der finanziellen Situation der Vorsorgeeinrichtung beurteilt werden muss. Dabei ist die finanzielle Sicherstellung der Erfüllung der Vorsorgezwecke oberstes Ziel. Die Anlagen müssen daher sorgfältig ausgewählt, bewirtschaftet und überwacht werden. Grundsätze der angemessenen Risikoverteilung müssen eingehalten werden, die Mittel müssen insbesondere auf verschiedene Anlagekategorien, Regionen und Wirtschaftszweige verteilt werden. (BVV2 Art. 50). Eine Erweiterung der definierten Obergrenzen wird zugelassen, wenn ein Bericht mit einer Beurteilung der Sicherheit in Würdigung der gesamten Aktiven (assets) und Passiven (liabilities) erstellt wird, der schlüssig darlegt, dass die Vorsorgezwecke nicht in Gefahr sind.[175] Vorsorgegelder dürfen nunmehr ausdrücklich in Hedge Fonds oder Private Equity investieren, allerdings werden keine Abweichungen von den Vorschriften bei Anlagen beim Arbeitgeber mehr gestattet.[176]

(6) Risikofähigkeit und Asset Liability-Analyse

Bei der Evaluation eines geeigneten Anlage-Portfolios steht nicht die profitträchtigste Strategie an erster Stelle, sondern die Risikotragfähigkeit:[177] Das Eingehen höherer Risi-

---

[174] Amman (1990), S. 37.
[175] Leuber (2002). (Zugriff unter www.vorsorgeforum.ch vom 8. 1. 2003)
[176] Bundesamt für Statistik (2001), S. 52f.
[177] Bruhin (1999), S. 40.

ken setzt eine entsprechende Risikofähigkeit voraus, die vom Deckungsgrad[178] abhängt: Je höher dieser ist, umso mehr Risiko kann eingegangen werden. Der über 100 Prozent betragende Teil der Deckung dient dann als „Ausfallgarantie".[179] Bei einem geringen Deckungsgrad ist die Schwankungsreserve geringer, die zum Ausgleich buchmässiger Kursverluste herangezogen werden kann. Um keine Unterdeckung zu riskieren, muss die Schwankungsreserve umso grösser sein, je höher die angestrebte Rendite und damit das Risiko der Ausfallwahrscheinlichkeit (also je kleiner die Sicherheit, die angestrebte Rendite zu erreichen) und je kürzer der Anlagehorizont ist.[180]

Eine Asset-Liability-Analyse dient einer genauen Erfassung der aktuellen finanziellen Situation der Vorsorgeeinrichtung, sie bestimmt zu einem grossen Teil deren Risikofähigkeit.[181] Im Rahmen einer umfassenden Betrachtung, sowohl der Aktiv- wie auch der Passivseite der Bilanz, wird untersucht, mit welcher Anlagestruktur die Erträge erwartet werden können, welche nötig sind, um die reglementarischen Leistungen zu finanzieren. Zusätzlich muss vermieden werden, ein nicht tolerierbares Unterdeckungsrisiko einzugehen. Bei der Durchführung rechnet man mit Wahrscheinlichkeiten, was der Realität des Pensionskassenmanagements eher entspricht als der absolute Sicherheitsbegriff aus Gesetzen und anderen Rechtsgrundlagen.

Mit Hilfe eines Asset Liability Managements kann die Ausgewogenheit zwischen Aktiven und Passiven analysiert und gesteuert werden. Die Verpflichtungen der Pensionskassen sind von folgenden demographischen und wirtschaftlichen Entwicklungen abhängig:[182]

- Personalveränderung (Zuwachs oder Abnahme)
- Altersstruktur der Destinatäre
- Lohnentwicklung als Folge des Lohnniveaus und der Wirtschaftsentwicklung

---

[178] Das Deckungsverhältnis gibt die Relation von Aktiven (Barwert künftiger Beiträge plus Deckungskapital) zu Passiven (Barwert laufender und künftiger Leistungsverpflichtungen) der versicherungstechnischen Bilanz wieder. Leibowitz nennt dies „Surplus Function". Der Deckungsgrad entspricht dem Verhältnis der vorhandenen Vermögen (gemäss kaufmännischer Bilanz) zu notwendigem Deckungskapital (gemäss versicherungstechnischer Bilanz). Leibowitz bezeichnet diese Grösse als „Funding Ratio". Siehe Amman (1990), S. 58.

[179] Überhöhte Deckungsgrade (d.h. über 120% bei Leistungsprimatkassen lassen bei Vielen den Verdacht aufkommen, dass der heutigen Generation etwas vorenthalten würde. Spätestens bei einer Teilliquidation kann ein Streit darüber entstehen, wenn Austretende mehr gutgeschrieben erhalten als Verbleibende. Siehe Helbling (2000b), S. 399.

[180] Als Nettovermögen wird der Saldo zwischen dem technisch notwendigen Deckungskapital mit dem in der kaufmännischen Bilanz ausgewiesenen Vermögen bezeichnet. Ein positiver (negativer) Nettovermögenswert bzw. ein Deckungsverhältnis oder ein Deckungsgrad von grösser (kleiner) als eins, ist gleichbedeutend mit einem versicherungstechnischen Überschuss (Defizit). Wenn sich die Pensionskasse versicherungstechnisch im Gleichgewicht befindet, sind der Nettovermögenswert gleich Null und die Deckungszahlen gleich eins. Siehe Amman (1990), S. 58.

[181] Rätzer (2000), S. 555.

[182] Auckenthaler; Roth (1999), S. 35.

- Pensionierungsalter (gesetzlich bestimmt oder individuell angepasst)
- Durchschnittliche Lebenserwartung
- Rentenindexierung
- Inflation

Für die Finanzierung der künftigen Verpflichtungen sind neben den Beiträgen von Arbeitgebern und Arbeitnehmern die Vermögenserträge entscheidend. Daher müssen für die Feststellung der Risikofähigkeit alle Aktiven zu ihren Marktwerten bewertet werden. Die Asset & Liability Analyse testet unter der Verwendung von Annahmen über die erwarteten Renditen und Risiken der verschiedenen Anlageformen alternative Anlagestrukturen. Computersimulationen können die jeweiligen Strategien sowie Liability-Szenarien und resultierende Einnahmen und Ausgaben, das Vermögen, Deckungskapital, die versicherungstechnische Bilanz, den Deckungsgrad und die freien Mittel berechnen. Damit wird die optimale Anlagestrategie definiert, um das Ziel, eine höhere Rendite zu erzielen, ohne dabei die Sicherheit in Frage zu stellen, bestmöglich zu erreichen. Die Ergebnisse können eine Grundlage für Entscheide zur Leistungs- und Beitragspolitik bilden. Langfristig bieten sie zudem eine nachvollziehbare Grundlage für den Strategieentscheid des leitenden Organs und können auch bei Schuld- und Haftungsfragen eine wichtige Rolle spielen. Der Stiftungsrat erhält damit ein Hilfsmittel, welches ihm Überblick verschafft und damit erlaubt, seine Verantwortung wahrnehmen zu können.

(7) Bewusste Anlagepolitik und -planung

Ein weiterer Grundsatz für jede grössere Vermögensanlage ist es, eine vom Stiftungsrat beschlossene, also bewusste Anlagepolitik zu betreiben, bei der die vorgenannten Grundsätze der Vermögensanlage systematisch und ausgewogen angewandt werden. Diese Politik betrifft auch die Anlageplanung im Sinne einer Finanzplanung (Anlage- und Wiederanlage flüssiger Mittel). Vermögensanlagen sollten kurz-, mittel- und langfristig im Rahmen einer bewussten Politik geplant werden. Dazu ist zu empfehlen, dass der Stiftungsrat schriftliche Anlagerichtlinien erlässt. Gegebenenfalls kann auch aus dem Stiftungsrat unter evtl. Beizug eines Dritten ein Anlageausschuss gebildet werden. [183]

Für eine bewusste Planung spielt die Asset Allocation[184] eine zentrale Rolle, die in eine strategische und taktische Komponente unterschieden wird. Bei der Wahl der strategischen Asset Allocation ist zu bestimmen, wieviel Prozent des Vermögens in welche Anlagekategorie (Obligationen, Aktien, Immobilien, Edelmetall) und in welcher Währung

[183] Helbling (2000), S. 504

zu investieren ist. Die Bedeutung dieser Entscheidung im Portfoliomanagement zeigen Ergebnisse von Studien, dass bis zu 90% der erwirtschafteten Renditen durch die Asset Allocation bestimmt werden. [185] An dieser langfristig ausgerichtete Strategie wird der Benchmark als Mix von Indices der jeweiligen Anlagekategorien und Märkte abgeleitet, der die Basis der Performancemessung darstellt. Für eine taktische Anpassung an aktuelle Marktverhältnisse werden Bandbreiten definiert.

Asset Allocation		
Asset-Klasse	Strategisch optimal (in%)	Taktische Bandbreiten (in %)
Cash CHF	5	2-8
Geldmarkt CHF	5	2-8
Obligationen CHF	30	25-35
Obli Ausland CHF	8	3-14
Obli Ausland Fremdwährung	15	10-20
Aktien Schweiz	15	8-22
Aktien Ausland	10	3-17
Immbilien	7	4-10
Hypotheken	5	2-8

Abb. 33: Strategische und taktische Assset Allocation

Quelle: Auckenthaler; Roth (1999): S. 37.

Im Bereich der Zweiten Säule nehmen die Anforderungen bei der Vermögensverwaltung laufend zu. Neue Instrumente auf dem Kapitalmarkt verlangen Professionalität. Zur Nachprüfung der eigenen Erfolge drängen sich Vergleiche mit der Performance anderer Einrichtungen auf.[186] Die Leistungsbewertung des Portfoliomanagements erfolgt durch die Performance-Messung, die feststellt, ob das vorgegebene Anlageziel in Form von Rendite und Risiko erreicht wurde und welche Komponenten zum Erfolg oder Misserfolg beigetragen haben. Da die Durchführung dieses Anlageprozesses und ein umfassendes Asset & Liability Management neben der Überprüfung der Strategie und der Qualität der

[184] Die Asset Allocation bezeichnet die Verteilung der Anlagen auf die verschiedenen Anlageinstrumente (Geldmarktpapiere, Obligationen, Aktien und Immobilien), Branchen, Märkte und Währungen.

[185] Auckethaler, Roth (1999), S. 37.

[186] Helbling (2000), S. 505

Anlagen auch die der Kosten beinhaltet, wird häufig die Unterstützung von externen Consultants einbezogen.

2.3.3.3 Vermögensstruktur Schweizer Pensionskassen

Eine regelmässig durchgeführte Pensionskassenstatistik erfasst nicht nur die stetig steigende Bilanzsumme der Pensionskassen, sondern auch die Aufteilung des Vermögens. Als Trends sind eindeutig festzustellen ein Abbau von Anleihen, Hypotheken und Guthaben beim Arbeitgeber zugunsten einer Zunahme von Aktien und Anlagestiftungen. Die Auswirkung der im April 2000 erfolgten Lockerung der Höchstgrenzen des Art. 47ff BVV2 ist an dieser Statistik noch nicht abzulesen.

Bilanzposten (in %)	**1960**	**1970**	**1980**	**1990**	**1996**	**2000**
Anleihen/ Kassascheine	37,1	33,2	35,8	34,3	29,9	26.5
Liegenschaften	12,4	21,3	23,0	19,5	15,6	10.5
Hypotheken	14,2	15,3	8,7	7,7	4,7	4.8
Guthaben beim Arbeitgeber	14,2	15,3	8,7	3,8	3,3	6.2
Aktien	1,7	4,6	7,5	10,8	16,6	26.5
Anlagestiftungen, Fonds	-	-	-	10,1	15,1	15.2
Übrige	7,5	7,5	14,3	15,1	14,8	10.3
Totel	100	100	100	100	100	100
Total Mrd. CHF	7,7	21,8	57,5	147,2	240	

Abb. 34: Vermögensstruktur der privatwirtschaftlichen Vorsorgeeinrichtungen 1960-2000 in der Schweiz

Quelle: Pensionskassenstatistiken, zitiert in Helbling (2000), S. 501. Die 2000 Zahlen stammen von Zimmermann/Bubb, S. 15.

Neben den amtlichen Statistiken werden auch von privaten Institutionen regelmässige Erhebungen zur Situation und Anlagen von Pensionskassen in der Schweiz organisiert.

Der niederländische Vermögensverwalter Robeco hat in Kooperation mit der Zeitschrift Bilanz und der Zeitschrift Schweizer Personalvorsorge im Jahr 2000 bereits zum dritten Mal eine Umfrage über die Anlagen der schweizerischen Vorsorgeeinrichtungen durchgeführt. Die privaten Studien stellen zwar aufgrund der freiwilligen Teilnahme keine Vollerhebung dar, decken jedoch aufgrund der guten Teilnahme bei grossen Kassen einen bemerkenswerten Anteil der verwalteten Vermögen ab. Der Fragebogen 1998-2000 wurde von 259 Vorsorgeeinrichtungen ausgefüllt, womit sich die Höhe der verwalteten

Aktiven auf CHF 250 Mrd. belief. [187]An der Umfrage 2000/2002 haben insgesamt 164 Pensionskassen mit einem Gesamtvermögen von 201 Mrd. CHF teilgenommen, die damit ca. die Hälfte des Kapitals der schweizerischen Zweiten Säule repräsentieren.[188]

Im Rahmen der *Asset Allocation* gab es bemerkenswerte Verschiebungen: Während der Aktienanteil 1996 noch gesamthaft 25 Prozent betrug, stieg er 1998 auf 29 Prozent und erreichte gemäss Umfrage Ende 2000 bereits gute 38 Prozent. Darin spiegelt sich die Kursentwicklung, welche auch ohne Zukäufe den Anteil in die Höhe trieb. Die Steigerung mag auch durch die revidierten und flexibleren Anlagevorschriften, welche die vorher starre Regel abgelöst haben, beeinflusst worden sein. Ausserdem ist erkennbar, dass sich die alternativen Anlagen als fester Bestandteil in den Portfolios etablieren konnten. Auch wenn der aktuelle Anteil noch relativ gering ist, zeigen die Planungen ein steigendes Engagement.

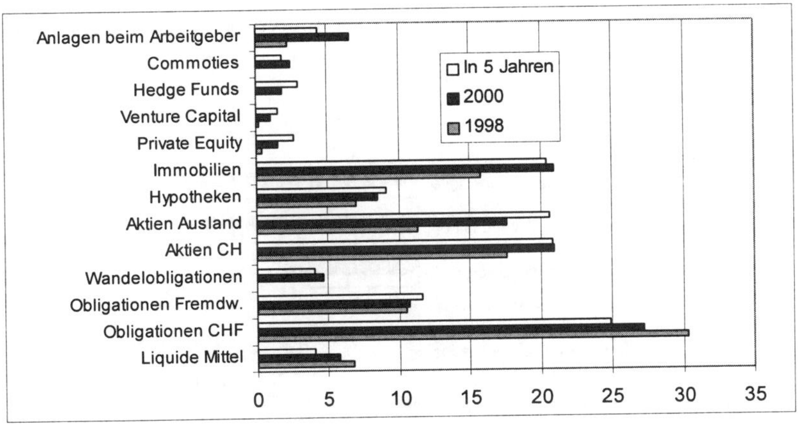

Abb. 35: Asset Allocation Schweizer Pensionskassen (aktuell und geplant)

Quelle: Eigene Darstellung aufbauend auf Lusenti (2002b), S. 5.

Die Robeco Studien zeigen auf, dass der Anteil der Kassen mit einem *Anlagereglement* in den letzten Jahren kontinuierlich gestiegen ist. Mit einem Anlagereglement werden die Zuständigkeiten und Verantwortlichkeiten im Ablauf der Anlageentscheide geregelt. Während 1996 erst 71 Prozent über ein solches Reglement verfügten, gaben vier Jahre später 86 Prozent der antwortenden Kassen an, über ein Anlagereglement zu verfügen. Drei Viertel der antwortenden Kassen verfügen zudem über eine Anlagekommission, die

[187] Luzenti (2000), S. 11.
[188] Luzenti (2002b), S. 3.

in der Regel zwischen drei und sechs Mitgliedern aufweist. Allerdings trifft nur bei 29 Prozent aller Kassen die Kommission die Anlageentscheide, bei 28 Prozent sind es aussenstehende Mandatäre, bei 25 Prozent der Stiftungsrat, bei elf Prozent der eigene Portfoliomanager und bei sieben Prozent die Finanzabteilung der Arbeitgeberfirma.[189]

Bei der *Bestimmung der Faktoren einer Anlagestrategie* lassen sich die meisten Pensionskassen von gesetzlichen Vorgaben leiten.[190] Die klassischen finanziellen Ziele wie die Maximierung der Performance steht bei den meisten Einrichtungen im Vordergrund (ca. 80 Prozent, relativ konstant gegenüber der Befragung von 1998), die Minimierung der Anlagerisiken folgt mit 70 Prozent (Mehrfachnennungen möglich) als zweite Priorität. Knapp die Hälfte der Kassen messen der jährlichen Mindestrendite eine hohe Bedeutung zu. Nicht zu vernachlässigen sind nicht-finanzielle Kriterien. Bereits 1998 haben zehn Prozent der Kassen diese weichen Faktoren als wichtige Aspekte definiert, bei einer detaillierten Aufsplittung bei der 2000er Erhebung werden ethische Kriterien mit elf Prozent gegenüber ökologischen Kriterien mit acht Prozent und sozialpolitischen Kriterien (5,5 Prozent) priorisiert.

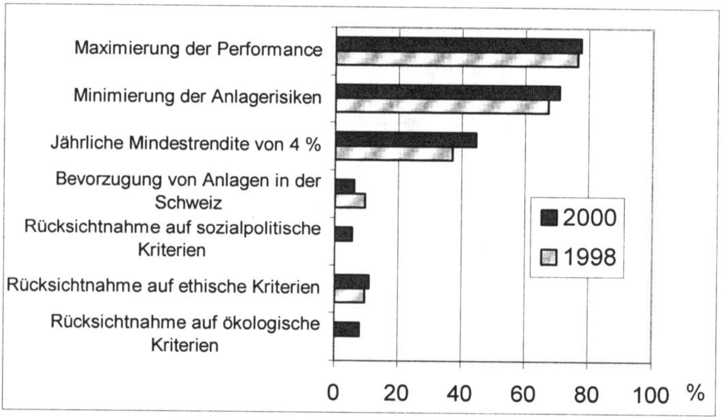

Abb. 36: Wichtige Aspekte zur Bestimmung der Anlagestrategie

Quelle: Eigene Darstellung aufbauend auf Lusenti (2002b), S. 11.

Externe Berater nehmen bei einer grossen Mehrheit der Pensionskassen eine wichtige Stellung ein, der Anteil von 86 Prozent der Kassen, die externe Berater im Bereich der Vermögensverwaltung einsetzen, ist gegenüber 1998 relativ konstant. Dabei ist die

189 Lusenti (2002): S. 10.

190 Art. 71 BVG fordert die Gewährleistung der Sicherheit und des genügenden Ertrags der Anlagen, eine angemessene Verteilung der Risiken sowie die Deckung des voraussichtlichen Bedarfes an flüssigen Mitteln.

Stellung der Banken nach wie vor sehr stark. Die Hauptaufgabe der Berater liegt in der Bestimmung der Asset Allocation, es folgen mit deutlichem Abstand das Asset Liability Matching, die Wahl der Portfoliomanager, das quantitative Controlling und die Beratung bei der Wahl von Fonds und Anlagestiftungen.

Der Beantwortungsgrad von 73.8 Prozent auf die Frage nach externen Mandaten kann dahingehend interpretiert werden, dass rund drei Viertel der Pensionskassen externe Mandate an Vermögensverwalter vergeben. In der vorhergehenden Umfrage waren es nur rund zwei Drittel. Neue Anlagestile und -themen, wo externes Spezialistenwissen notwendig ist, sind eine mögliche Erklärung für diese Entwicklung. Neben den traditionellen Anlagestilen wie z.B. Value/ Growth oder Large/ Small & Mid Caps gewinnen der Branchenansatz und Themen wie z.B. Nachhaltigkeit weiter an Bedeutung. Auch kollektive Anlageformen sind sehr beliebt, rund drei Viertel der Pensionskassen setzen Anlagestiftungen bzw. Schweizer Anlagefonds ein. Kollektive Anlagen eignen sich dort, wo der Betrag für die Vergabe eines segregierten Mandats zu klein ist oder wo gewisse Risikoüberlegungen eine Fondslösung in den Vordergrund stellen. Dabei stehen traditionelle Anlagekategorien im Vordergrund: 88 Prozent der Kassen verwenden diese Anlageinstrumente für Aktien, Obligationen, Geldmarkt, Immobilien und Hypotheken. Vergleichsweise gering ist die Verwendung im alternativen Anlagebereich (zwölf Prozent der antwortenden Kassen). Gründe dafür sind das limitierte Angebot und die, besonders in diesem Segment wichtigen, spezifischen Kundenanforderungen, weshalb Standardprodukte in diesem Anlagesegment speziell für mittlere und grosse Kassen weniger geeignet sind.[191]

Hinsichtlich des Einsatzes externer Vermögensverwalter zeichnet sich folgende Entwicklung ab: Internes Management verliert mit zunehmender Grösse und abnehmendem Alter der Kasse an Bedeutung und kommt bei privaten Kassen seltener zum Einsatz als bei öffentlich-rechtlichen Einrichtungen.[192] Dies kann dadurch erklärt werden, dass zwar mit steigendem Kassenvermögen internes Portfoliomanagement immer effizienter wird, gleichzeitig auch die grossen Kassen bei den externen Vermögensverwaltern aufgrund ihrer degressiv verlaufenden Gebührenstrukturen günstige Konditionen erzielen können, womit ein Outsourcing attraktiv wird.

Der Anteil passiver Anlagen in der Asset Allocation von Pensionskassen ist relativ konstant, z.B. beträgt der Anteil von 0-40 Prozent passiver Anlagen relativ kontinuierlich

[191] Lusenti (2002b), S. 13f.
[192] Lusenti (2002b), S. 15.

65 Prozent. Ein Viertel der Befragten hat zwischen 40 und 70 Prozent in passiven Anlagen, nur knapp zehn Prozent hat einen noch höheren Anteil passiv investiert. [193]

Die Robeco Studie zeigt, dass der Anteil der Vorsorgeeinrichtungen, die keine Asset Liability Studie durchführen, zwar mit 26 Prozent noch relativ hoch ist, doch gegenüber 1996 abgenommen hat (34 Prozent). Im gleichen Zeitraum ist der Anteil der Kassen, welche ihre Asset Allocation auf der Grundlage einer gründlichen Studie durchführen, von 27 Prozent auf 47 Prozent gestiegen.[194]

2.3.4 Zusammenfassung

Pensionskassen treten neben Versicherungen und Investmentgesellschaften als institutionelle Investoren auf den Kapitalmärkten auf. Dabei variiert ihre Bedeutung beträchtlich: Während in Deutschland nur ein geringer Anteil des institutionell verwalteten Vermögens in der Hand von Pensionskassen liegt, stellen sie in der Schweiz einen wichtigen Anteil am institutionellen Kapital dar. Die Unterschiede setzen sich auch bei der absoluten Höhe ihrer Vermögen und der relativen Grösse zum BSP fort. Das hohe Volumen amerikanischer Pensionskassen führt dazu, dass sie einen signifikanten Anteil aller US-Aktien und Obligationen besitzen. Angesichts des Trends, dass im Rahmen der privaten Altersvorsorge zunehmend auch bei Investmentgesellschaften angelegt wird, weisen beide Investorengruppen hohe Wachstumsraten auf.

---

[193] Lusenti (2002), S. 56.
[194] Lusenti (2002), S. 88.

3 Socially Responsible Investments

3.1 Definition und Formen

3.1.1 Definitionen

Es existiert keine übereinstimmende Definition von Socially Responsible Investments (SRI), da mit den verschiedenen Ansätzen in der Praxis auch unterschiedliche Ziele verfolgt werden. Das britische Social Investment Forum stellt dar: "Socially Responsible Investment (SRI) are investments that take into account environmental, social or ethical criteria in addition to financial considerations."[195] Marc Mansley umschreibt in seinem Führer für Pensionskassen SRI etwas ausführlicher als: "Investment where social, environmental or ethical considerations are taken into account in the selection, retention and realization of investment, and the responsible use of rights (such as voting rights) attaching to investments.[196]

Shapiro definiert SRI: „Socially responsible investing (SRI) is the practice of making investment decisions based on both financial and social performance. It is in the concept of investing in concert with your principles. The SRI strategy asserts that investing is not value neutral and that there are significant ethical and social, as well as economic, consequences in how we invest our money. It is a commitment, if you will, to achieving social good through investment."[197] Im deutschen Sprachraum gibt es neben den Bezeichnungen des nachhaltigen bzw. ethischen Investments (bzw. eine Kombination von Begriffen wie ethisch-ökologisches Investment) auch den Begriff des prinzipiengeleiteten Investments.[198] In diesem Kontext werden ethische Wertvorstellungen in den Vordergrund gestellt wie: „Gewinn ist nur gerechtfertigt, wenn er nicht auf Kosten der natürlichen Mitwelt, nicht zu Lasten der Gesellschaft und nicht um den Preis der Missachtung von kulturellen Werten erworben wird."[199] Die Kernidee besteht in diesem Fall darin, dass der Anleger einen Zusammenhang zwischen seinen ethischen Prinzipien und seiner Portfolio-Zusammensetzung erkennt und infolgedessen auch dementsprechend handelt.[200]

Im deutschen Sprachraum werden die Begriffe der ökologischen Geldanlage bzw. des Öko-Investments häufig auch dann verwendet, wenn ergänzend soziale oder ethische Kriterien einbezogen werden. Die Bezeichnungen werden oft eher unspezifisch als

---

[195] Siehe www.uksif.org

[196] Marc Mansley (2000), Socially Responsible Investment: A Guide for Pension Funds and Institutional Investors.

[197] Shapiro (1992), S. 10.

[198] Auf der Plattform: http://www.nachhaltiges-investment.org gibt es folgende Definition:
"Die Bezeichnungen sind vielfältig (prinzipiengeleitetes, ethisches, grünes, ökologisches oder nachhaltiges Investment), das Grundprinzip ist aber gleich: Bei der Geldanlage wird neben den klassischen Anlagekriterien Rendite, Risiko und Liquidität auch berücksichtigt, wie das Geld investiert wird."

[199] Hoffmann/ Scherhorn (2002), S. 7.

[200] Mächtel (1996), S. 62.

Sammelbezeichnung von Anlageformen mit Berücksichtigung von ökologischen, sozialen und ethischen Kriterien eingesetzt.[201]

Das ausschlaggebende Unterscheidungskriterium zu konventionellen Kapitalanlagen wird in erster Linie durch die ausdrückliche Zweckbestimmung definiert, mit der Gelder angelegt werden. Die Kapitalanlage soll nach ganz bestimmten Prinzipien im Wirtschaftsleben sozusagen „zielinvestiert“ [202] werden. Bei ökologischen Geldanlagen bedeutet dies, dass sie nicht nur eine bestimmte Rendite erwirtschaften, sondern auch einen Beitrag zum Schutz der Umwelt und der natürlichen Ressourcen leisten sollen. In diesem Zusammenhang wird der Unterschied zu konventionellen Geldanlagen darin gesehen, dass man sich mit der eigenen Geldanlage inhaltlich identifizieren kann. Jeder Anleger kann sein Geld so verwenden, dass zum Beispiel umweltfreundliche Technologien unterstützt werden oder Unternehmen ihr Umweltmanagement verbessern, was für ethisch motivierte Anleger einen Mehrwert der ökologischen gegenüber herkömmlichen Geldanlagen darstellen kann.[203]

Socially Responsible Investments können als „prinzipiengeleitetes Investments“ in Anlehnung an die von Cowton getroffene Gliederung in aktive und passive Ansätze unterteilt werden.[204]

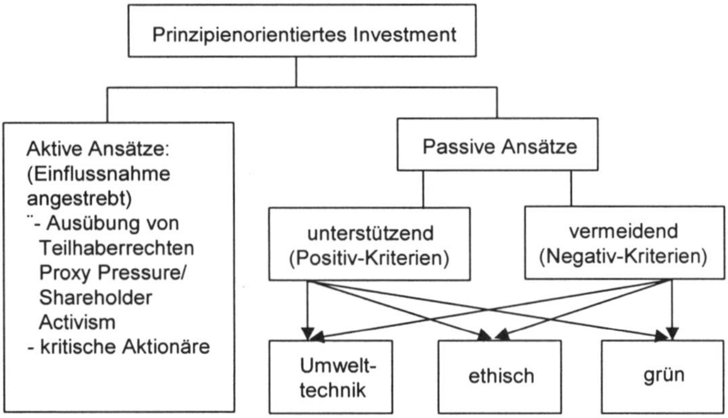

Abb. 37: Ansätze prinzipiengeleiteten Investments

Quelle: Cowton, zitiert in Mächtel (1996), S. 51.

---

[201] Ecoreporter.de (2000)
[202] Meyer (2002), S. 22.
[203] Umweltbundesamt (2001), S. 2.
[204] Cowton (1990), zitiert nach Mächtel (1996), S. 50ff.

Bei *aktiven* Ansätzen nützt der Investor seinen Aktienbesitz, insbesondere die damit verbundenen Teilhaberrechte, zur aktiven Einflussnahme auf das Unternehmensgeschehen. Dies kann sich in einem Dialog mit dem Management bezüglich einer Änderung der Geschäftspolitik, in kritischen Fragen bei der Hauptversammlung oder gar in einem Entzug des Vertrauens in den Vorstand und/ oder Aufsichtsrat ausdrücken. *Passive* Ansätze beschränken sich darauf, bestimmte Aktien zu kaufen und diese damit zu unterstützen oder in bestimmte Aktien nicht zu investieren.[205] Eine ethisch-ökologische Unternehmensbewertung kann durch die Anwendung von Negativkriterien (Ausschlusskriterien) und Positivkriterien (Qualitätskriterien) erfolgen.

Diese beiden Ansätze schliessen sich nicht aus. In der Praxis sind auch Kombinationen zu finden.[206] Welche Kriterien und Konzepte jeweils verwendet werden, hängt von der Zielsetzung der Anleger und des Anbieters ab. Diese können wiederum von den kulturellen, politischen, sozialen und ökologischen Gegebenheiten ihres jeweiligen Kulturkreises beeinflusst werden.[207]

3.1.2 Anlagekategorien

Bezüglich der Anlagekategorien lassen sich direkte und indirekte Anlageformen unterscheiden. Eine direkte Anlageform liegt vor, wenn der Anleger die Titelauswahl und das Portfoliomanagement selbst vornimmt oder doch zumindest weitgehend mitbeeinflussen kann.[208] Zu den direkten Formen zählen Direktanlagen sowie die Passiv- und Kreditgeschäfte. Beteiligungsgesellschaften, Vermögensverwaltung und Investmentclubs stellen eine Mischform dar, da sie dem Anleger nur einen gewissen Einfluss auf die Titelauswahl ermöglichen. Bei indirekten Formen räumen Fonds oder Versicherungen dem Anleger keine Mitsprache bei der Titelselektion und dem Portfoliomanagement ein. Die im Anschluss verwendete Aufteilung in Produktkategorien und die Volumina stammen von der 2000 durch Eco-Reporter.de verfassten Studie "Grünes Geld". bzw. der Neuauflage aus dem Jahre 2002.[209] Alle Zahlen beziehen sich auf den deutschsprachigen Raum. Bezüglich der Aussagekraft muss relativierend festgehalten werden, dass die folgende Aufstellung und die ausgewählten Beispiele durch die im deutschsprachigen Raum vorherrschende Sichtweise des Umweltthemas geprägt sind.

1. **Öko-Sparbücher/ Sparbriefe sowie Umwelt- und Wandelanleihen.** Diese Produkte stellen die klassischen ökologischen Anlageformen dar, die einem als förderungswürdig anerkannten Unternehmen bzw. Projekt günstigere Kredite einräumen. Diese Konditionen werden jedoch nur dadurch erreicht, dass die Anleger einen Zinsverzicht

---

[205] European Business School (2001), S. 73.
[206] Mächtel (1996), s. 51.
[207] Meyer (2002), S. 23.
[208] Mächtel (1996), S. 56.
[209] Ecoreporter.de (2001), S.6. bzw. Ecoreporter.de (2002).

gewähren. Der Zinsverzicht kann sich von wenigen Prozenten bis zu einem totalen Zinsverzicht bewegen, je nach Institut und Produkt. Diese Bedingung hat das Image ökologischer Geldanlagen lange Zeit geprägt und das Vorurteil bestärkt, dass entsprechende Investments gleichzeitig mit einem Renditeverzicht einhergehen. Da die Bereitschaft zum Zinsverzicht trotz gegenteiliger Umfrageergebnisse sehr gering ist, sind die insgesamt angelegten Summen bescheiden.[210] Die anbietenden Banken können allenfalls Nischenstrategien verfolgen, wobei sie sich durch das Angebot von Produkten für sensibilisierte Kunden positionieren und von einer längerfristigen Kundenbindung profitieren können.

2. **Direktbeteiligungen** werden im ökologischen Segment v.a. in Form von Windparks angeboten. Das platzierte Volumen erreichte im Jahr 2000 knapp EUR 894 Mio. und im Jahr 2001 EUR 987 Mio.[211] Ein Fördercharakter ergibt sich auch hier, da z.B. mit einer Eigenkapitalanlage von EUR 5'000 ein Kredit von EUR 10'000 erlangt werden kann. Die Beteiligung an Windparks spricht eher renditeorientierte Investoren an, die von den guten Erfolgsaussichten dieser Technologie profitieren möchten. Bis Ende 2000 konnten die Investoren in Deutschland gleichzeitig von Steuerabschreibungen profitieren. Durch die Organisation in Form von Personengesellschaften sind die Beteiligungen kaum handelbar und verlangen daher einen längerfristigen Anlagehorizont und grosses Vertrauen der Anleger.

3. **Anteile ausserbörslich gehandelter Aktien** sind auch primär im Bereich regenerativer Energien anzutreffen. Die Ecoreporter.de-Studie identifiziert 14 von 45 ausserbörslichen Umwelt-Aktiengesellschaften in Deutschland in diesem Thema. In den Jahren 1998-2000 sind EUR 120 Mio. in diese Unternehmen geflossen. Im Jahr 2001 waren bereits 55 Unternehmen vertreten, die einen Mittelzufluss von EUR 58 Mio. verzeichneten.[212] Dieser Mittelzufluss kann jungen, stark expandierenden Unternehmen die finanzielle Grundlage für ihr Wachstum bieten und damit eine Verbreitung ökologisch sinnvoller Technologien bzw. Produktkonzepte unterstützen. Da diese Anlagen häufig eine geringe Liquidität und intensive staatliche Überwachung aufweisen, verfügen sie oft über überdurchschnittliche Risiken. Dies gilt umso mehr, da die Abwicklung in aller Regel über Makler erfolgt, die aufgrund von Angebot und Nachfrage eigene Geld- und Briefkurse erstellen.

4. **Aktien** von Börsenunternehmen bieten dem Anleger durch die jederzeitige Handelbarkeit an Börsen eine grössere Sicherheit und Flexibilität bzgl. Ein- und Ausstieg. Durch einen Börsengang bzw. die Erhöhung des Börsenkapitals werden die Unternehmer für ihr Anfangs-Engagement entschädigt. Zusätzlich wird ihre Kapitaldecke aufgebaut

[210] Mächtel (1996), S. 60.
[211] Ecoreporter.de (2002), S. 92.
[212] Ecoreporter.de (2002), S. 24.

und die Unabhängigkeit gegenüber Banken vergrössert. Aktien nachhaltig orientierter Gesellschaften stellen kein spezifisches Anlagesegment dar, die an einer gesonderten Börse gehandelt werden. Der Sammelbegriff bezieht sich vielmehr auf Aktien verschiedener Kategorien von Unternehmen im Bereich Umwelttechnik oder mit Produkten, die umweltfreundliche Alternativen für existierende Produktionsverfahren oder Produkte entwickeln (auch Grüne Pioniere oder Öko-Innovatoren genannt).[213] Die Attraktivität solcher Unternehmen drückt sich durch die starke Zunahme im Mittelzufluss aus, der sich von 1999 mit EUR 118 Mio. auf EUR 282 Mio. im Jahr 2000 mehr als verdoppelt hat. Die überproportionale Zunahme der Börsenkapitalisierung von EUR 735 auf 2'765 Mio. im gleichen Zeitraum zeigt, dass diese Unternehmen überproportional vom Börsenboom profitieren konnten. Im Jahr 2001 führten die 18 Kapitalerhöhungen bzw. Börsengänge in diesem Segment zu einem Nettozufluss von rund EUR 553 Mio.[214] Statt Renditeverzicht stehen hier hohe Erwartungen an künftige Erträge im Vordergrund, welche natürlich Risiken beinhalten: Die Windparkprojektierer Energiekontor oder Umweltkontor konnten ihre Aktienkurse bis Ende 2000 um bis zu 300 Prozent steigern, wobei diese Kursgewinne später durch die allgemeine Börsenkrise oder spezifische Probleme wie die Schwäche ihres Marktsegments Neuer Markt wieder verloren wurden. Im Frühjahr 2002 notierten beide Aktien unter ihrem Ausgabekurs.[215]

5. **Umweltfonds** unterscheiden sich von konventionellen Fonds durch die ausdrückliche Zweckbestimmung, mit der die Gelder angelegt werden sollen. Auch sie haben in letzter Zeit einen hohen Mittelzufluss aufzuweisen. Während 1999 noch EUR 198 Mio. netto in diese Produkte investiert wurden, waren es 2000 bereits EUR 737 Mio. sowie 2001 etwa EUR 990 Mio.[216] In den letzten Jahren hat sich eine Differenzierung in folgende Untergruppen etabliert: Umwelttechnologiefonds ziehen als Auswahlkriterium die ökologische Wirkung der Produkte und Dienstleistungen heran. Ethische Fonds kaufen Aktien von Unternehmen, die positive Umweltbeiträge leisten, und "gleichzeitig auch keine Sünden begehen"[217]. Öko-Effizienzfonds verfolgen das Ziel, in Aktien von solchen Unternehmen anzulegen, die beispielsweise durch abfallvermeidende oder ressourcensparende Produktionsweisen eine ökologische Vorreiterrolle einnehmen. Vor allem in Österreich wurden in den letzten Jahren verschiedene ökologisch orientierte Dachfonds gegründet. Diese investieren nicht in einzelne Aktien oder Anleihen, sondern in andere Investmentfonds. Damit verfügen sie zwar über ein geringeres Risiko als ein enger Branchenfonds, gleichzeitig weisen sie höhere Gebüh-

---

[213] Meyer (2002), S. 25.

[214] Ecoreporter.de (2002), S. 15.

[215] Deml/ May (2002), S. 58.

[216] Ecoreporter.de (2002), S. 81.

[217] Schäfer, Henry (2000): Wo die grünen Kröten laichen. Studie zur Lage des ethisch-ökologischen Investments. In: Aktie Grün, Politische Ökologie 67-68/2000, S. 64.

ren auf. Ausserdem kann ein Dachfonds nur so strenge Kriterien haben wie der am wenigsten „grüne" darin enthaltene Dachfonds.[218]

6. **Öko-Versicherungen**[219]**, Immobilien und Aktienclubs** spielen als Anlageform bisher eine geringere Rolle. Daher werden sie in dieser Arbeit nicht näher betrachtet.

Angesichts der Anlagerestriktionen von Pensionskassen und des verfügbaren Angebotes am Markt werden bei den weiteren Diskussionen nur Aktienanlagen bzw. standardisierte Fonds betrachtet. Bei den vorherrschenden Kategorisierungen werden v.a. Fonds als Anlageform erwähnt. Diese besitzen für den Retailmarkt grösste Relevanz, wobei für institutionelle Investoren wie Pensionskassen aufgrund der Gebührenstruktur individuelle Mandate eine grössere Bedeutung aufweisen. Da in bezug auf die Konstruktion kein Unterschied zwischen standardisierten und individuellen Portfolios besteht, gilt die nachfolgende Aufstellung für beide Anlagen.

3.1.3 Passive Ansätze: Positives und Negatives Screening

Bei der Einteilung der Anlageformen können drei grundlegende Ansätze unterschieden werden: Nach dem Primat der Zielsetzung[220], der jeweiligen Anlageform oder nach den Motivationsarten[221], die mit einem Investment verbunden sind. In dieser Arbeit wird der Vorschlag von Schaltegger und Figge aufgegriffen, eine Gliederung nach der historischen Entwicklung dieser Anlageform in Ethikfonds, Umwelttechnologiefonds, Öko-Effizienzfonds und Sustainable Development-Fonds vorzunehmen.[222] Diese vier Arten werden nachfolgend jeweils kurz vorgestellt:[223]

3.1.3.1 Ethikfonds

Methodisch beruhen Ethikfonds auf der Anwendung von Negativlisten und Ausschlusskriterien. Damit werden Unternehmen mit Geschäften im Zusammenhang mit der Waffen-, Alkohol- und Tabakproduktion usw. als Anlageobjekte ausgeschlossen. Im Vordergrund stehen hierbei die ethischen Werthaltungen der Investoren. Mögliche finanzielle Chancen eines ethischen Verhaltens werden nicht thematisiert. Die ökologisch induzierten Finanzrisiken von Ethikfonds sind demnach recht gross, da die Umweltrisiken und andere ethisch bedingte Risiken in den nicht ausgeschlossenen Branchen und Unterneh-

---

[218] Deml/ May (2002), S. 132.

[219] Die häufigste Form ökologischer Lebensversicherungen sind fondsgebundene Lebensversicherungen. Es befinden sich jedoch auch grüne Kapitallebensversicherungen auf dem Markt. Bei vielen fondsgebundenen grünen Lebensversicherungen kann zwischen verschiedenen Öko-Fonds ausgewählt werden. Siehe BMU (2000), S. 33.

[220] Wolf (1995), S. 69ff.

[221] Mächtel (1996), S. 54.

[222] Schaltegger/ Figge (1999), S. 5f.

[223] Die Schwierigkeit einer exakten Marktabgenzung vervielfachen sich, wenn als Abgrenzungskriterium nicht nur die gewählte Positionierung des Anlageproduktes, sondern die vom Anleger wahrgenommenen Eigenschaften des Anlageproduktes betrachtet werden. Siehe Schönheit/ Hansen (2001), S. 4. Auf diese Problematik wird hier jedoch nicht eingegangen.

men nicht beachtet werden. Auch erhöht sich das generelle finanzielle Risiko von Ethikfonds durch die Einschränkung der Diversifikationsmöglichkeiten.[224]

Da die ethischen Vorstellungen der verantwortlichen, meist religiös geprägten Institutionen sehr unterschiedlich sind, variieren auch die angewendeten Kriterien der jeweiligen Fonds sehr stark. Bei islamischen Fonds werden z.B. im Einklang mit der Scharia Unternehmen, die mit Schweinefleisch oder Alkohol involviert sind, genauso gemieden wie Hotelketten, wenn dort Alkohol ausgeschenkt wird. Der Fonds für Orden und Ökumene dagegen, der von katholischen Organisationen initiiert wurde, schliesst z.B. Unternehmen aus, die sich mit der Produktion oder dem Vertrieb von Pornographie oder Verhütungsmitteln befassen.[225] Um die Komplexität von Kapitalverflechtungen zu entschärfen, werden häufig prozentuale Grenzen in Form von Umsatzanteilen einer kontroversen Tätigkeit formuliert.

Die Anwendung ethischer Kriterien kann je nach Wertvorstellungen bzw. bei gleichzeitiger Berücksichtigung ökologischer Ziele zu Widersprüchen bzw. schwierigen Abwägungsprozessen führen: Ist eine Firma, die Geothermie zur Stromerzeugung nutzt und damit primär die amerikanische Marine beliefert ein „erwünschtes Unternehmen" oder einfach ein Zulieferer im Rüstungsbereich? Handelt es sich bei der Herstellung von Atemmasken für Piloten von Kampfflugzeugen um medizinische Güter oder um ein traditionelles militärisches Gut?[226]

In einer aktuellen Untersuchung von Präferenzen privater Anleger wurde u.a. die Bedeutung unterschiedlicher Negativkriterien ermittelt. Dabei wurde festgestellt, dass insbesondere die Aspekte Kinderarbeit, Rüstungsproduktion, Tierversuche und Gentechnik in der genannten Reihenfolge besonders wichtig sind.[227] Diese Prioritäten decken sich nur teilweise mit den in der Realität der angewendeten Ausschlusskriterien.

Ausschlusskriterium	**Anzahl betroffener Fonds**
Rüstung	12
Kernenergie	8
Gentechnik in der Landwirtschaft	6
Tabak	6
Glücksspiel	4

[224] Schaltegger/ Figge (1999), S. 6.
[225] Paape (2000), S. 48.
[226] Mächtel (1996), S. 49.
[227] Schönheit/ Hansen (2001), S. 5.

Ausschlusskriterium	**Anzahl betroffener Fonds**
Herstellung Pestizide „Dirty Dozen"	3
Herstellung von herkömmlichen Automobilen	3
Kinderarbeit	3
Patente auf gentechnisch veränderte Tiere und Pflanzen	3
Pornographie	3

Abb. 38: Hitliste von Ausschlusskriterien bei SRI-Fonds im deutschsprachigen Raum:

Quelle: eigene Darstellung nach Übersicht in: European Business School (2001), S. 86.

Die Anwendung von Negativkriterien besitzt eine lange historische Tradition und stellt ein relativ einfaches Vorgehen dar. Heute wird v.a. die fehlende Lenkungswirkung des Ansatzes kritisiert: Die Wirkung dieses Ausschlussverfahrens auf die Unternehmen ist relativ gering, solange auf das Management der kontroversen Bereiche wenig Einfluss genommen wird. Wesentlich effektvoller sind dagegen die "Corporate Governance" Aktivitäten, die ein direktes Aktionärsengagement darstellen.[228] Auch der Anwendung von Positivkriterien wird eine bessere Wirkung konstatiert: „Positivkriterien besitzen gegenüber dem Vorgehen mit Ausschlusskriterien folgenden Vorteil: Den Unternehmen wird mit einem marktwirtschaftlichen Mittel, nämlich der Etablierung eines ethischen Wettbewerbs innerhalb der Branchen, die Möglichkeit gegeben, ihre Verantwortung gegenüber Mensch und Mitwelt im eigenen Land und in anderen Kulturen bewusst wahrzunehmen. In diesem Wettbewerb profilieren sich die als geeignete Anlagekandidaten, die sich im umfassenden Sinne an Kriterien der Nachhaltigkeit ausrichten, also in ihrem Unternehmen natur- sozial- und kulturverträglich wirtschaften."[229] Ausserdem stellt das Interesse des Finanzmarktes einen zusätzlichen Anreiz für Unternehmen dar, Umweltfaktoren in ihre Strategie zu integrieren. Daher ist auch die Auseinandersetzung mit ressourcenintensiven Branchen zu rechtfertigen. Die entsprechenden Unternehmen bieten grosse Entlastungspotenziale und müssen daher motiviert werden, diese auch zu nutzen.[230]

Selbst im angelsächsischen Raum findet daher eine Differenzierung statt: Die in UK angewendete Unterscheidung zwischen SRI und ethischem Investment deutet bereits auf

---

[228] Schumacher (2000), S. 1.
[229] Hoffmann/ Scherhorn (2002), S. 44.
[230] Siehe auch Abschnitt 5 zu Nutzen.

die Vorgehensweise hin: „Ethical means excluding specific companies; SRI means seeking out particular companies to invest in.“[231] Die Ansätze stellen auch eine historische Entwicklung dar: „Through the 1990s, the emphasis of ethical investment had moved away from avoidance towards supporting the positive aspects of a company's approach to business.“[232]

3.1.3.2 Umwelttechnologiefonds

Unter dem Eindruck der zunehmenden ökologischen Belastungen sind in Europa Anfang der 90er Jahre erstmals Überlegungen zu der Lancierung von Umwelttechnologiefonds angestellt worden. So lancierte die Schweizerische Kreditanstalt (heute Credit Suisse) mit dem Oeco-Protec einen solchen Fonds. Unter Umwelttechnologiefonds werden Fonds verstanden, die in Unternehmen investieren, die Güter und Dienstleistungen zur Behebung und Vermeidung von Umweltschäden herstellen, wie z.B. Filteranlagen und Recycling-Unternehmen.[233] Auswahlkriterium ist die Zugehörigkeit zur Umwelttechnologiebranche. Insofern unterscheidet sich diese Art von Fonds nicht von klassischen Branchenfonds. Soziale und wirtschaftliche Kriterien treten bei dieser Anlageform in den Hintergrund. Die Investmentstrategie beruht auf der Annahme, dass Unternehmen, welche „End-of pipe“-Produkte herstellen, infolge einer zukünftig strengeren Umweltgesetzgebung ein starkes Wachstumspotenzial aufweisen.[234] Die Hoffnung bestand im erwarteten Wachstum der Branche und ihrem Beitrag zur Entschärfung der Umweltproblematik.

Sie erfüllte sich jedoch nur teilweise, da die Fonds verschiedene Nachteile aufweisen: Die zunehmende Bedeutung integrierter Umweltschutztechnologien, die ökologische Aspekte schon bei der Konzeption von Anlagen und Systemen berücksichtigen, führte zu einem schwächeren Markt- und Gewinnwachstum spezialisierter Umwelttechnologieanbieter. Die Aktien dieser Firmen verhalten sich weitgehend prozyklisch, d.h. in wirtschaftlichen Flautephasen sind die Ertragschancen für Anleger unterdurchschnittlich. Der Anleger ist zudem überwiegend in einem Branchensegment investiert, wodurch ein derartiger Fonds ein höheres Risiko aufweist. Da die Titelauswahl für diesen Markt begrenzt ist, sind die Titel des weiteren häufig zu hoch bewertet. Zudem garantiert eine Investition in einen Umwelttechnologietitel noch keine saubere Anlage. Gerade der Bereich Abfallmanagement/ Recycling ist häufig aufgrund der Überschreitung von Umweltgesetzen in die Schlagzeilen gekommen.[235]

Zusätzlich sind diese Fonds durch die eingeschränkte Diversifikation höheren finanziellen Gefahren ausgesetzt. Die Fehleinschätzung des Wachstums der Umwelttechnologiebran-

---

231 Taylor (2000), S. 174. zitiert the Charity Times, September 1999.
232 Taylor (2000), S. 174, zitiert the Investement Advisor vom 22. November 1990.
233 Knörzer (1996), S. 11.
234 Schumacher (2000), S. 2.
235 Schumacher (2000), S. 2.

che schlug sich denn auch im bescheidenen Erfolg der Umwelttechnologiefonds nieder.[236] Die Kombination von Börsenbaisse und Rezession führte dazu, dass die Renditen solcher Fonds in der ersten Hälfte der neunziger Jahre hinter dem durchschnittlichen Wertzuwachs zurückblieb. Das gesunkene Anlegerinteresse führte dazu, dass vier der etwa ein Dutzend zwischen 1989 und 1992 aufgelegten Umweltfonds, darunter der ursprünglich sehr bedeutsame Hypo Umweltfonds (1990-1996) mangels Volumen wieder aufgegeben wurden.[237]

Mit der Boomphase der erneuerbaren Energien (auf Basis von Wasser- und Windkraft, Photovoltaik, Biomasse) Ende der 90er Jahre wurde eine zweite Welle von Fonds lanciert. Der Begriff der Umwelttechnologie schliesst gleichfalls Technologien ein, die innovative umweltfreundliche Problemlösungen ermöglichen.[238] Diese Fonds sind typische Branchenfonds, sei es im Bereich Wasser oder Energie. Weber hat für dieses Segment den Begriff New Energy Fonds geprägt.[239] Neben Wind- und Solarunternehmen sind in diesen Fonds bzw. Zertifikaten Aktien von Brennstoffzellenherstellern oder Erdgaslieferanten zu finden. Die fulminanten Kursgewinne der Aktien im Jahr 2000 bzw. die durch zahlreiche Börsengänge breite Auswahl an entsprechenden Titeln hat zu einer Lancierungswelle entsprechender Themenfonds geführt, Anfang 2003 gab es neun Fonds mit der Fokussierung auf Wasser- bzw. Energietitel sowie elf Zertifikate.[240] Durch ihre geringere Diversifikation verfügen sie allerdings über eine grössere Schwankungsanfälligkeit. Beispielsweise verlor das West LB Panmure New Energy Active Zertifikat im Jahr 2002 72 Prozent seines Wertes.

3.1.3.3 Öko-Effizienzfonds

Der Begriff der Öko-Effizienz wurde am Umweltgipfel in Rio 1992 geprägt und umfasst sowohl ökonomische als auch ökologische Effizienz.[241] Schaltegger/ Sturm definieren Öko-Effizienz als Quotient der verursachten Umweltbelastung pro erwirtschafteter Geldeinheit.[242] Nach Dyllick stellt sie die ökologische Messgrösse für die verursachte Umweltbelastung pro erstellter Leistung dar und ist keine monetäre Grösse, sondern bezieht sich auf physikalische, chemische und biologische Prozesse.[243]

---

[236] Schaltegger/ Figge (1999), S. 6.
[237] Weber (2001), S. 18.
[238] Paape (2000), S. 51.
[239] Weber (2001), S. 21.
[240] Öko-Invest Nr. 279/03 vom 10. Februar 2003, S. 7.
[241] Schmidheiny/ Zorraquin (1996): S. 49. Der in Rio gegründete World Business Council for Sustainable Development (WBCSD) definiert das Konzept der Öko-Effizienz wie folgt: „Eco efficiency is reached by the delivery of competitively priced goods and services that satisfy human needs and bring quality of life, while progressively reducing ecological impacts and resource intensity throughout the life cycle, to a level at least in line with the earth's estimated carrying capacity."
[242] Schaltegger/ Sturm (1995), S. 2.
[243] Dyllick et al. (1995): S. 26.

1994 kam die Bank Sarasin & Cie mit Oeko-Sar, dem weltweit ersten auf Öko-Effizienz ausgerichteten Fondsprodukt, auf den Markt. Diesem erfolgreichen Beispiel folgten andere Banken in der Folge durch ähnliche Produkte, beziehungsweise durch die Neuausrichtung bestehender Fonds oder der Gründung spezieller Investmentgesellschaften.

In dem Investmentauswahlprozess dieser Fonds wird im Vergleich zu den bisherigen bei der Auswahl der Anlageobjekte zuerst eine Finanzanalyse vorgenommen.[244] Die ökonomisch interessanten Investments werden danach einer ökologischen Analyse unterzogen. Nur Unternehmen, die in beiden Dimensionen der Öko-Effizienz, der ökonomischen und der ökologischen, überragend abschneiden, qualifizieren sich als Anlagekandidat für Öko-Effizienzfonds. Damit werden im Vergleich zu den Umwelttechnologiefonds ökologisch induzierte finanzielle Gefahren reduziert und entsprechende Chancen erhöht.[245]

Eine Bewertung der Öko-Effizienz und ein darauf aufbauender Vergleich der Unternehmen ist nur innerhalb derselben Branche sinnvoll. Nachdem zunächst alle Unternehmen der Branche untersucht sind, werden die besten Unternehmen gemäss der festgelegten Öko-Effizienz-Kriterien ermittelt. Grundsätzlich wird dabei kein Wirtschaftsbereich ausgeschlossen.[246]

(1) Kriterien zur Bewertung der Öko-Effizienz

Ökologische Branchenleader werden oft anhand von Umweltkennzahlen identifiziert.[247] Diese dienen vielfach dem Management des Unternehmens als Steuerungsinstrumente. Gleichzeitig ermöglichen sie den Analysten, im Branchenvergleich ökologisch aktive Unternehmen zu identifizieren. Nach ihrer Ausrichtung können sie eingeteilt werden in Umweltmanagement-, Umweltbelastungs- sowie Umweltqualitätskennzahlen. Umweltmanagementkennzahlen geben darüber Auskunft, inwiefern das Unternehmen gesetzliche Rahmenbedingungen eingehalten hat und wie weit die Entwicklung und Einführung eines Umweltmanagements und dessen Integration in den normalen Geschäftsbetrieb fortgeschritten sind. Die Umweltbelastungskennzahlen (Ressourcenverbrauch, produzierte Abfallmengen, Emissionen, Störfälle) lassen erkennen, inwieweit das Unternehmen zu Umweltbelastungen beiträgt. Umweltqualitätskennzahlen charakterisieren den Zustand der natürlichen Umwelt, etwa des Bodens oder die Konzentration unerwünschter Stoffe in der Luft. Diese Kennzahlen dienen dem Analysten zu erkennen, welche Umweltaspekte auf lokaler, regionaler oder globaler Ebene für die Unternehmen relevant sind. Anhand

---

244 In der aktuellen Praxis, dass die Finanzanalyse nicht zwangsläufig vorgelagert ist, sondern auch parallel abläuft bzw. nachgeschaltet ist. Wichtig ist, dass sie einen gleichberechtigten Stellenwert einnimmt.

245 Schaltegger/ Figge (1999), S. 6.

246 Paape (2000), S. 49.

247 Eine Umweltkennzahl stellt in konzentrierter und quantitativer Form Sachverhalte dar, welche direkt oder indirekt auf die natürliche Umwelt Einfluss nehmen.

der Wertkette von Porter lassen sich die Umweltkennzahlen den unterstützenden und primären Aktivitäten zuordnen:[248]

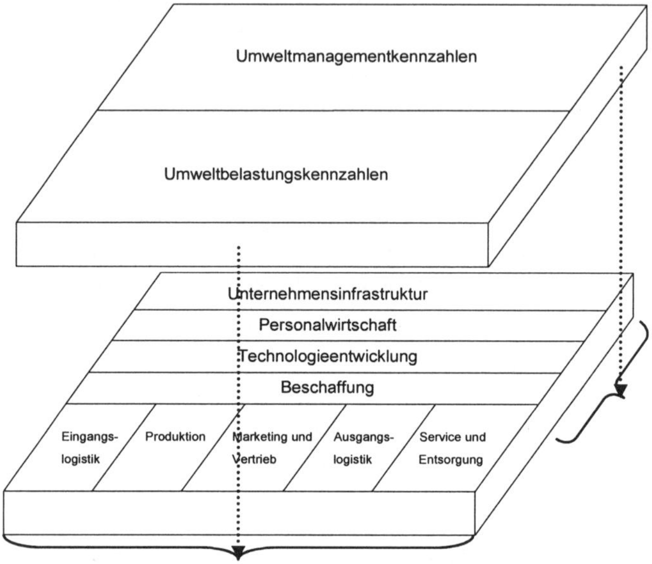

Abb. 39: Ökologisch orientierte Wertkette und Umweltmanagementkennzahlen

Quelle: Rauschenberger (2002), S. 133.

(2) Verfahren zur Bewertung der Öko-Effizienz

Die ökologische Bewertung erfolgt mitunter als Rating in Form eines standardisierten Verfahrens. Das Ziel eines Öko-Ratings besteht darin, basierend auf ökologischen Informationen eine vergleichende Bewertung von Unternehmen zu ermöglichen und auf einer Skala darzustellen.[249] Mit Hilfe einer mehrdimensionalen quantitativen und qualitativen Beurteilung sollen Anlageentscheide für oder gegen entsprechende Titel ermöglicht werden. [250] Als sehr aufwendig gestaltet sich die Informationsbeschaffung, die in Form von Primärresearch durch Fragebögen oder Unternehmensbesichtigungen sowie als Sekundärresearch durch die Recherche von Umwelt- Sozial- und Finanzberichte und einer externen Medienrecherche erfolgt. Die zur Bewertung benötigten Informationen werden von Ratingagenturen und Banken sowohl bei den Unternehmen als auch bei

[248] Rauschenberger (2002), S. 132.
[249] Figge (2000), S. 7.
[250] Mächtel (1996), S. 127.

unabhängigen Experten erhoben. Ökom stützt sich dabei beispielsweise auf ein mehrstufiges Verfahren mit folgenden Quellen:[251]

- Auswertung von Unternehmensinformationen (Geschäfts-, Sozial- und Umweltberichte)
- Internet- und Datenbankrecherche, Media-Screening
- Umfassende Unternehmensbefragung mittels Fragebögen und Interviews
- Ausführliche Recherche bei Experten aus der Wissenschaft und internationalen NGOs

Die praktischen Erfahrungen der letzten Jahre im Bereich ökologischer und sozialer Unternehmensbewertung haben gezeigt, dass die Informationsbeschaffung und damit die Herstellung einer Transparenz über die Unternehmen auf vielfältige Probleme stösst, die z. T. konzeptioneller, z. T. auch praktischer Natur sind. Einerseits geht es um die Erarbeitung eines Sets von Informationsformaten und Kennzahlen, die zuverlässig über die Nachhaltigkeitsleistung von Unternehmen informieren und es erlauben, diese bei Anlageentscheidungen in nachvollziehbarer Weise einfliessen zu lassen. Andererseits geht es um die praktische Frage, wie diese Informationen generiert und der Öffentlichkeit bereitgestellt werden können.[252]

Sowohl das Research der Fondsgesellschaften als auch die Ratingagenturen befinden sich in einem Zielkonflikt: Einerseits sehen sie Potenziale, durch Standardisierungen bei der Informationsbeschaffung Kosten zu senken, andererseits sehen sie in ihrer Unabhängigkeit einen wesentlichen Beitrag zu einer marktorientierten und sachlich gerechtfertigten Differenzierung ihrer Marktleistung.[253]

Die mangelnde Standardisierung der Umwelt- und Sozialberichterstattung spiegelt nicht nur die Vielschichtigkeit und Komplexität der Umweltprobleme wider, mit denen Unternehmen aus den verschiedensten Branchen konfrontiert sind. Sie resultiert auch aus dem Bedürfnis der Unternehmen, sich durch ihre Umweltberichterstattung von anderen Unternehmen zu differenzieren.[254] Diese individuelle Profilierung stellt für die Zielgruppe der Finanzanalysten ein Hindernis dar. Unternehmen müssen auf konsistentere Weise berichten, so dass Analysten in der Lage sind, diese Informationen in ihre Modelle zu integrieren. Sie haben keine Zeit, sich 70- seitige Umweltberichte anzuschauen. Sie benötigen vielmehr Umwelt-Leistungs-Indikatoren und Standards, damit sie die Unternehmen vergleichen können. Überzeugende Fallbeispiele mit der Darstellung einer Kosten-

---

[251] www.oekom-research.com
[252] Europen Business School (2001), S. 6f.
[253] European Business School (2001), S. 5.
[254] European Business School (2001), S. 64.

Nutzen Analyse können die Relevanz der Botschaft einfacher vermitteln. Für eine stärkere Berücksichtigung durch den Finanzmarkt muss der Informationsaustausch effizienter werden, was allerdings auch beinhaltet, dass der Finanzsektor aufgefordert ist, in einer standardisierteren Weise zu fragen.[255] Die bewerteten Unternehmen sind mit dem bisherigen Informationsaustausch zu den SRI-Analysten auch nicht zufrieden. Die aufwendige Bewertung der Unternehmen mittels Fragebögen stösst bei den Betroffenen zunehmend auf Kritik: „Bemängelt wird insbesondere die mangelnde Transparenz hinsichtlich der Kriterien und Methoden zur Bewertung der Nachhaltigkeitsperformance der Unternehmen.[256]

In den letzten Jahren sind eine Vielzahl von Initiativen zur Umwelt- und Nachhaltigkeitsberichterstattung von verschiedenen Institutionen mit dem Ziel ergriffen worden, die externe und interne Transparenz insbesondere von unternehmerischer Tätigkeit zu erhöhen. Zu den Initiativen gehören u.a. gesetzliche Berichtsvorschriften sowie freiwillige Unternehmens- und Brancheninitiativen.[257] Eine der momentan bedeutendsten Initiativen ist die Global Reporting Initiative (GRI)[258], die in Zusammenarbeit mit dem United Nations Environment Programme (UNEP) einen Entwurf für einen global anwendbaren Leitfaden für Nachhaltigkeitsberichte entwickelt, der Unternehmen sowohl das Berichtsformat als auch spezifische Kennzahlen und Masseinheiten vorgibt. Ausgehend von der „Coalition for Environmentally Responsible Economies“ (CERES) wurden in Zusammenarbeit mit verschiedenen Anspruchsgruppen Prinzipien und Inhalte einer Berichterstattung von Unternehmen über ihre ökonomischen, sozialen und ökologischen Leistungen erarbeitet. Nach der Kommentierung einer vorläufigen Fassung im März 1999 und der Durchführung von Pilotversuchen durch Unternehmen wurden 2002 die *Sustainability Reporting Guidelines* in sechs Sprachen publiziert.[259] Seit 2002 ist GRI ein offizielles Kooperationszentrum der UNEP und arbeitet mit der Global Compact Initiative des UN Generalsekretärs Kofi Annan zusammen.[260]

3.1.3.4 Sustainability- bzw. Nachhaltigkeitsfonds

Der ursprünglich aus dem Bereich der Forstwirtschaft stammende Begriff „Sustainability“ oder Nachhaltigkeit kam durch den 1987 veröffentlichten Bericht der World Commission on Environment and Development (WCED) mit dem Titel „Our common Future“in die Schlagzeilen. Die Kommission definiert Sustainable Development als „eine Entwicklung,

[255] Schumacher (2000), S. 7.
[256] Von Flotow/ Haessler (2003), S. 9.
[257] European Business School (2001), S. 48.
[258] www.globalreporting.org
[259] www.globalreporting.org/guidelines/2002.asp
[260] www.globalreporting.org/about/brief.asp

...welche die heutigen Bedürfnisse der Gesellschaft befriedigt, ohne diejenigen der zukünftigen Generationen zu gefährden."[261] Der Erdgipfel in Rio konkretisiert das Konzept der Nachhaltigkeit, das auf den drei Säulen Ökologie, Ökonomie und Sozialverträglichkeit ruht und auf Ausgleich bedacht ist. Der Begriff schliesst damit einerseits an die umweltpolitische Diskussion der 70er und 80er Jahre der Grenzen des Wachstums an, die Idee der Entkopplung von Wirtschaftswachstum und Umweltbelastung. Ausserdem wird die Frage der angemessenen Befriedigung der Bedürfnisse und die Möglichkeiten der zukünftigen Bedürfnisse thematisiert.[262] Seitdem ist der Begriff zu einer Art Modewort geworden, das allerdings aufgrund der verschiedenen Interessen der jeweiligen Akteure eine gewisse Beliebigkeit im jeweiligen eigenen Nutzen aufweist.[263] Entwicklungsorganisatoren interpretieren das soziale Postulat als Ausdruck der Nord-Süd Problematik und betrachten die Nachhaltigkeit als Antrieb für intensivierte Entwicklungshilfe. Ökonomen konzentrieren sich auf die Überwindung des Nullwachstumsdenkens.[264]

Der Begriff der Nachhaltigkeit schliesst neben der Öko-Effizienz auch die Sozialverträglichkeit unternehmerischen Handelns mit ein und ist folglich umfassender als der Begriff der Öko-Effizienz. Im Zusammenhang mit der Anlagepolitik von Investoren bedeutet Nachhaltigkeit, dass neben wirtschaftlichen und finanziellen Aspekten gleichberechtigt auch soziale und ökologische Anliegen in den Analyseprozess und damit in den Investitionsentscheid miteinbezogen und kommuniziert werden. Grundidee einer „nachhaltigen" Investition ist, dass nachhaltige Unternehmen erfolgreicher sind und deshalb der Anlageerfolg unter einer langfristigen Perspektive verbessert werden kann.[265]

Die nachhaltigen Fonds stellen eine Weiterentwicklung der öko-effizienten Fonds dar. Dabei werden innerhalb einer Branche diejenigen Unternehmen identifiziert, die neben einem herausragenden Umweltmanagement auch ein gutes Stakeholdermanagement betreiben. Wie bei öko-effizienten Fonds wird auch hier versucht, die nachhaltigen Unternehmen – die Sustainability-Leader – innerhalb einer Branche zu identifizieren.[266]

---

[261] WCED (1987)

[262] European Business School (2001), S. 18.

[263] Die European Business School kritisiert, dass der Begriff Nachhaltigkeit oder Nachhaltige Entwicklung in verschiedenen Kontexten so vielfältige Verwendung findet, dass er keine eindeutige Botschaft (mehr) enthält. Siehe European Business School (2001), S. 17.

[264] Rauschenberger (2002), S. 7.

[265] Müller (1999), S. 4.

[266] Rauschenberger (2002), S. 180.

Vergleicht man die angewendeten ***Kriterien der Nachhaltigkeitsfonds,*** gibt es bei der *Bewertung der Umweltleistung* von Unternehmen einige Kriterien, die von nahezu allen Fondsgesellschaft explizit abgeprüft werden.[267] Hierbei handelt es sich im Bereich der umweltbezogenen Unternehmenspolitik um das Vorhandensein eines Umweltleitbildes, im Bereich Umweltmanagement sind es das Vorhandensein von Umweltmanagementsystemen und die Durchführung regelmässiger Audits. Im Bereich der Produktion werden am häufigsten Reduktionsziele (klimarelevante Emissionen, Wasserverbrauch, Abfall und Ressourcen) sowie der Einsatz erneuerbarer Energieträger abgefragt. Im Bereich Produkte sind es ökologische Kriterien bei der Produktentwicklung und Umweltauswirkungen in der Nutzungsphase. Auch bei der Bewertung der Sozialperformance gibt es Kriterien, die nahezu für alle Fondsgesellschaften und Ratingagenturen relevant sind. Im Bereich der sozialen Unternehmenspolitik ist es das Vorhandensein einer Sozialpolitik und das Erstellen eines Sozialberichtes. Im Bereich der Beziehungen zu den Mitarbeitern werden mehrere Kriterien von fast allen Fondsgesellschaften und Ratingagenturen gefordert: Aus- und Weiterbildung, Entlohnung und Sozialleistungen, Gleichberechtigung, Verhinderung von Diskriminierungen, sozial verträgliche Arbeitsbedingungen sowie die Reduzierung von Gesundheits- und Sicherheitsrisiken am Arbeitsplatz. Vergleicht man die Kriterien der Umwelt- und Sozialperformance, so fällt auf, dass die Kriterien der Sozialperformance über die verschiedenen Fondsgesellschaften hinweg eine grössere Heterogenität aufweisen als die Kriterien der Umweltperformance. [268] Dies kann zum einen an der zeitlich späteren Entwicklung der Sozialanalyse bei den meisten Fondsgesellschaften liegen, gleichzeitig beruht es auf der wesentlich komplexeren Analyse des Beziehungsgeflechts zu den einzelnen Anspruchsgruppen.

Von der Schweizer Privatbank Sarasin wurde eine exemplarische Konzeptübersicht entwickelt, die bei nachhaltigen Kapitalanlagen grundsätzlich zwischen Ansätzen absoluter und relativer Nachhaltigkeit unterscheidet. Während sich die absolute Betrachtung auf nachhaltige Produkte konzentriert, fokussiert die relative Sichtweise eher auf das nachhaltige Management.[269] Finanzprodukte auf der Basis eines absoluten Ansatzes schliessen damit Branchen aufgrund von ethischen Kriterien aus bzw. investieren primär in Unternehmen mit ökologischen Produkten. Relative Ansätze investieren nach dem best-in-class-Prinzip in die ökologischen bzw. nachhaltigen Vorreiter jeder Branche.

---

[267] European Business School (2001), S. 4.
[268] European Business School (2001), S. 4.
[269] Wettlaufer (2001), S. 1.

	„Absolute“ Nachhaltigkeit (Nachhaltige Produkte)	**„Relative“ Nachhaltigkeit (Nachhaltiges Management)**
Ausschlusskriterien (z.B. Tabak, Alkohol)	Ethikfonds (Socially Responsible Investing)	
Umweltkriterien	Umwelttechnologiefonds	Öko-Effizienzfonds
Umwelt- und Sozialkriterien		Nachhaltigkeitsfonds (best-in-class-Ansatz)

Abb. 40: Konzepte nachhaltiger Kapitalanlagen

Quelle: eigene Darstellung nach Wettlaufer (2001)

3.1.4 Aktive Ansätze: Engagement

Im Zentrum der aktiven Ansätze steht das Engagement, welches gemäss dem Ethical Investment Research Service (EIRIS) definiert wird als "...a conscious process in which areas of improvement are identified for individual companies. The investor seeks to persuade the individual companies to commit to change and then monitors the implementation of any commitments. Engagement can be linked to corporate governance for major impact."[270] In einer vom UKSIF veröffentlichten Diplomarbeit von Maier werden auch die beabsichtigten Veränderungen in bezug auf Soziales, Umwelt und Ethik erwähnt.[271] Engagement kann als diskreter Dialog mit dem Verwaltungsrat oder dem Management von Firmen „behind closed doors“ durchgeführt werden. Alternativ kann es als *Shareholder Aktivismus* erfolgen, der Ausübung der Aktionärsmacht durch ein generelles Protest-Wahlverhalten an der Generalversammlung oder der Unterstützung von SRI-bezogenen Resolutionen.[272] Heute gibt es diverse Plattformen, mit denen "Socially Responsible Investors" ihre Aktivitäten koordinieren und damit bündeln können.[273] Grundsätzlich lässt sich erkennen, dass in den USA der öffentlich geführte Shareholder Aktivismus eine grössere Bedeutung besitzt, während in UK die diskrete Form des Engagements durchgeführt wird.[274] Das unterschiedliche Vorgehen basiert unter anderem auf kulturellen Differenzen. Gleichzeitig stellt sie die Reaktion auf unterschiedliche Restriktionen in bezug auf Aktionärsinformationen dar. In den USA wird streng darüber gewacht, dass einzelnen Aktionären keine zusätzliche Information gewährt wird, daher wird eher ein öffentlicher Dialog zwischen den Investoren und den Firmen geführt.

---

270 Cerulli (2001), S. 1.

271 Maier (2003) (Zugriff unter: www.uksif.org vom 24. 4. 2003)

272 An initial survey of 2002 shareholder SRI-related resolutions in the US indicated 251 resolutions have been submitted to companies (Interfaith Center on Corporate Social Responsibility)

273 www.sustainablebusiness.com (Zugriff 18. 12. 2000), http://www.irrc.com/cgs.html (Zugriff 13.3.2001)

274 Kilius, Oliver (2000): "Die Guten ins Töpfchen, die Schlechten..." In: Aktie Grün, S. 40-43.

Engagement sollte ein Prozess sein, mit dem Investoren versuchen, Firmen zu Veränderungen in bestimmten Themen mit identifiziertem Verbesserungspotenzial zu bewegen. Das Ziel besteht in der Verbesserung der schlechten Firmen anstelle der gezielten Auswahl der guten Firmen. Die ethisch-ökologische Wirkung entsteht durch die Veröffentlichung von kontroversen Themen im Rahmen einer Kampagne oder bei Abstimmungen an der Generalversammlung (GV). Häufig wird allerdings versucht, im Vorfeld einer GV eine einvernehmliche Regelung mit dem Management zu treffen. Damit lassen sich Shareholder Aktivismus und Engagement nicht eindeutig trennen, sondern sind mitunter als paralleler Prozess zu betrachten.

Regelmässig werden Diskussionen geführt, ob die Wirkung von Engagement stärker ist als ein Screening. Galbas und Ruenzi bezweifeln, dass aufgrund der geringen Volumina der SRI-Fonds ein merkbarer Einfluss einer Vermeidungs- und/ oder Auswahlstrategie auf die Geschäftspolitik der Firmen ausgeht.[275] „Die Anleger in Fonds, von denen eine Vermeidungs- oder Auswahlstrategie angewandt wird, können also nicht hoffen, mit ihrem Investment im ethischen Sinne ‚etwas zu bewegen'." Er sieht die Aktivismusstrategie als erfolgsversprechender, „... bei der ein Fonds wirklich konkret und massiv in besonders unethische Unternehmen investieren kann und so eher die Chance hat, auch Einfluss auf die Geschäftspolitik zu nehmen."

Engagement eignet sich auch für Investoren, die einen passiven Ansatz verfolgen, da keine Abweichung von der Benchmark resultiert. Es erlaubt Anlagehäusern, ihren Einfluss als grosser Investor über das gesamte Portfolio und nicht nur durch ein ethisches Fondssegment auszuüben, um Firmen zu motivieren, ihre SRI-Leistung zu verbessern.[276] In Kontinentaleuropa hat Ethos[277] eine Pionierrolle als aktiver Aktionär eingenommen. Bereits einer der Gründer (CIA Genf) hat sich als engagierter Investor einen Namen gemacht. Die Pensionskassenstiftung bietet ihren Mitgliedern an, die Stimmrechte kollektiv wahrzunehmen oder jeweils individuell ausüben zu lassen, unterstützt von ausführlichen Hintergrundinformationen.

Als wichtigste Kritik am Engagement wird der Mangel an Transparenz geäussert, wie in einer Studie von Deloitte & Touche im Jahr 2000 bestätigt wurde: Nur wenige Fondsmanager messen den Erfolg ihrer aktiven Engagement-Strategie.[278] Auch in der bereits erwähnten empirischen Studie von Maier werden die inhärenten Probleme bei der

---

[275] Galbas/ Ruenzi (2003), S. 6.

[276] Als prominente Beispiele werden häufig Henderson oder Friends Provident genannt, die auch Gelder von Pensionskassen konventionell verwalten.

[277] Ehos: www.ethosfund.com

[278] Burges; Osborn-Barker (2000), p. 4.

Messung der Leistung erwähnt.[279] Es scheint schwierig, eine Kausalität eines Eingriffes und den komplexen Einflussfaktoren der Unternehmensleistung herzustellen. McLaren kritisiert in seiner Arbeit die fehlende Standardisierung in bezug auf Inhalte, Praxis, Berichterstattung und Governance dar, mit der die Effektivität und Qualität gemessen werden könnte.[280]

Auch bestehen nach Aussagen der Interviewpartner grosse Unterschiede hinsichtlich der Qualität des Reporting. Einige Fondsmanager stellen nur den Kunden Informationen über Aktivitäten und deren Ergebnisse zur Verfügung, andere geben auch öffentliche Informationen heraus. Ein gutes Beispiel stellt der „Responsible Engagement Overlay- Quarterly reo Report" von ISIS dar.[281] Neben der Aufzählung der Engagement-Fälle erfolgt eine detaillierte Beschreibung der einzelnen Aktionen in den verschiedenen Bereichen Corporate Governance, Umwelt und Soziales. Ausserdem werden SRI-Lobbying-Aktivitäten aufgelistet.

Sehr erfolgreich wurde Engagement z.B. bei BP Amoco in bezug auf Ölbohrungen in der Arktis eingesetzt.[282] Im Jahre 2000 erhielt ein Beschluss mit der Forderung, alle Erdölbohrungen in der Arktis einzustellen und stattdessen in Solarenergie zu investieren, insgesamt 13 Prozent der Stimmen auf der Generalversammlung.[283] Im Frühjahr 2002 wurde unter Führung des WWF[284] ein Antrag eingebracht, der BP auffordert, periodisch darüber zu informieren, wie Risiken von Aktivitäten in umwelt- und kultursensitiven Gegenden eingeschätzt werden und welche Vorkehrungen getroffen werden, um Schaden von der Umwelt und den Aktionären abzuwenden. Bei der Generalversammlung vom 18. April 2002 in London wurde dieser Antrag von 10,3 Prozent der Stimmen unterstützt, was einem Börsenwert von ca. GBP acht Mrd. entsprach.

3.1.5 Zusammenfassung

Socially Responsible Investments besitzen keine übereinstimmende Definition. Je nach geographischen bzw. kulturellem Hintergrund werden andere Ziele verfolgt und entsprechende Kriterien angelegt. Eindeutig ist eine sogenannte Zweckbestimmung, dass neben finanziellen Kriterien auch ökologische, ethische und soziale Aspekte bei der Geldanlage berücksichtigt werden. Daher werden in dieser Arbeit verschiedene Begriffe wie ethisch-ökologische Geldanlage bzw. sozial-ökologische Kriterien bzw. prinzipiengeleitetes

---

279 Maier (2003) (Zugriff unter: www.uksif.org vom 24. 4. 2003)

280 McLaren (2003) (Zugriff unter: www.uksif.org vom 24. 4. 2003)

281 ISIS Asset Management (2003)

282 Müller (2002), S. 13.

283 WWF (2000). (Zugriff unter www.wwf.org.uk/News/n-0000000150.asp vom 9. 2. 2004.)

284 Unterstützt wurde dieser Antrag von mehr als 115 privaten Investoren in England sowie instiutionellen Investoren wie Trillium Asset Management, ethos Funds of Switzerland sowie members of the Interfaith Center on Corporate Responsibility.

Investment synomym angewendet. Allgemein akzeptiert ist weiterhin eine Unterteilung zwischen „aktiven Ansätzen“ in Form einer Ausübung von Aktionärsrechten sowie „passiven Ansätzen“ mit der Anwendung von Positiv- bzw. Negativkriterien bei der Zusammensetzung des Portfolios. Die Wahl der Ansätze wird auch von kulturellen Hintergründen geprägt. In den USA und UK begann die Entwicklung mit einem Negativscreening, was operativ sehr einfach umzusetzen ist. In Kontinentaleuropa sind Positivkriterien stärker verbreitet. Engagementstrategien werden bisher bis auf wenige Ausnahmen im angelsächsischen Raum angewendet. In den letzten Jahren ist allerdings eine Konvergenz zu erkennen. Ratingagenturen in den USA bieten auch Positivscreening an. Gleichzeitig kommen Kontinentaleuropa zunehmend Forderungen nach Engagement auf.

Trotz dieser Entwicklungen repräsentieren passive Ansätze in Kontinentaleuropa den wichtigsten Ansatz von SRI in der Praxis. Für Pensionskassen stellen sie aufgrund der zu investierenden Volumina die plausibelste Variante der Investition dar. Dabei kann die Titelauswahl sowohl durch eigene Experten, durch Ratingagenturen oder durch eine Delegation an spezialisierte Finanzinstitute erfolgen. Neben der Berücksichtigung von ökologischen Kriterien finden zunehmend soziale Kriterien Anwendung, womit alle drei Dimensionen der Nachhaltigkeit durch SRI abgedeckt werden.

3.2 SRI-Markt: Übersicht über Akteure und Produkte

Der folgende Abschnitt gibt einen Überblick über verschiedene Facetten des SRI-Marktes: Zuerst erfolgt ein kurzer, chronologischer Überblick über wichtige Produktansätze und entscheidende Entwicklungen in einzelnen Ländern. Im Anschluss werden Alternativbanken dargestellt, die an ihre gesamte Produktpalette strenge ökologische und soziale Anforderungen stellen: sowohl negative Ausschlusskriterien als auch positive Kriterien für die Bereiche, in die solche Banken mit Priorität investieren wollen.[285] Nach einem Portrait wichtiger Ratingagenturen aus den verschiedenen Kulturkreisen werden einige der wichtigsten SRI-Indices vorgestellt.

3.2.1 Chronologie

Die Wurzeln des prinzipiengeleiteten Investments lassen sich bis ins viktorianische Zeitalter zurückverfolgen und liegen in Amerika und England. Dort waren es vor allem Mitglieder der sittenstrengen Bewegung der Quäker, die schon vor der industriellen Revolution ihre Anlagephilosophien auf die Vermeidung von Investments in den Bereichen der Sklaverei und Waffenherstellung abstimmten.[286] Der Einzug in das Fondsinvestment erfolgte nach vorherrschender Auffassung im Jahre 1928 mit der Auflage des

[285] de Man,Reinier (2000): Am Scheideweg, Alternativbanken und Nachhaltigkeit: In: Aktie Grün, S. 24-25.
[286] European Business School (2001), S. 67.

Pioneer Fund in Boston.[287] Dieser war darauf ausgelegt, die Bedürfnisse streng religiöser Gruppen zu erfüllen. Daraus ist die enge Verknüpfung der Entwicklung des ethischen Investments mit kirchlichen Institutionen ersichtlich. Ein weiterer restriktiver Anlagefonds wurde 1960 durch die Methodisten aufgelegt, er schloss Sektoren wie Waffen, Alkohol, Glückspiel und Tabak aus dem Portfolio aus. Diese Kriterien stellen einen Weg dar, religiöse Werte in die Praxis umzusetzen und repräsentieren als praktischer Ansatz sowohl soziale Reform wie auch theologische Konzepte. Die Kriterien der Methodisten stellen die Anwendung der religiösen Überzeugung auf das tägliche Leben dar, wie es vor über 200 Jahren entwickelt wurde.[288]

In den 60er Jahren kam es vor dem Hintergrund des Vietnamkrieges und der damit verbundenen Friedensbewegung zu einem Aufschwung des ethischen Investments in den USA. Einer der Auslöser dazu war der Versuch von Aktionären, Einfluss auf die Geschäftspolitik des Chemieunternehmens Dow Chemicals auszuüben, das Giftgas für die Kriegsführung in Vietnam herstellte. Ende der siebziger und achtziger Jahre kam es in den USA zur Auflage einer Reihe ethischer Fonds, wie z.B. des Pax World Fund (Auflage 1970) oder des Dreyfuss Fund (Auflage 1972), die vom gestiegenen Problembewusstsein der Bevölkerung profitieren wollten.[289]

Die relativ schnelle und vor allem auch die friedliche Ablösung des Apartheidregimes in Südafrika ist auch ein Verdienst ethisch engagierter Investoren, die mit einem einzigen Kriterium viele Investoren zu einer weltweiten Bewegung werden liessen, nämlich: „Es wird nicht in Apartheid investiert!“ Auf diese Weise wurden das südafrikanische Apartheidregime und auch Unternehmen boykottiert, die mit dem Regime kooperierten.[290] Vor allem kirchliche Investoren zogen ihr Geld aus Südafrika ab und forderten amerikanische Banken auf, ein Gleiches zu tun. Die Ethical-Investment-Bewegung hat dazu beigetragen, dass sich zwischen 1984 und 1990 206 Firmen teilweise oder ganz aus Südafrika zurückzogen.[291] Auf diese Weise kam das dortige Apartheidregime mehr und mehr in Bedrängnis.

Seit ungefähr 20 Jahren weitet sich das ethische Investment auch auf den Bereich der Ökologie aus. Als Gründe dafür können Umweltkatastrophen wie Bhopal, Seveso, Tschernobyl oder Exxon Valdez, verbunden mit einem zunehmenden Bewusstsein für globale Umweltprobleme wie dem Treibhauseffekt, angenommen werden. Entgegen dem von einigen Analysten vorhergesagten Verschwinden ethischen Investments nach der

---

287 Friesenbichler (1996), S. 49.
288 Taylor (2001), s. 55.
289 Homolka (1990), S. 97ff.
290 Hoffmann/ Scherhorn (2002), S. 31.
291 Mächtel (1996), S. 64.

Beendigung der Apartheidpolitik in Südafrika im Jahre 1993, konnte es vielmehr an Marktanteilen gewinnen.[292]

Die ersten UK Fonds wurden Mitte bis Ende der 80er Jahre aufgelegt im Rahmen des ethischen Investment. Zwischen den Ansätzen in den USA und UK besteht ein offensichtlicher Unterschied: die Aufstellung von ethischen und sozialen Themen durch Aktionäre an den Generalversammlungen von Unternehmen. Taylor beschreibt diese wie folgt: „In the USA last year (i.e. 1998), more than 200 resolutions were filed at AGMs (Annual General Meetings) by shareholders concerned about the impact companies were having on the environment and society. In the UK, aggressive shareholder activism is virtually non-existent. Two resolutions have been filed at AGMs by shareholders in 10 years."[293] Anstelle der Konfrontation ist der diskretere Ansatz des Engagement stärker verankert. Der Erfolg, den WWF an der Generalversammlung von BP Amoco 2000 erreicht hat, hing von der Unterstützung von zwei grossen US-Fonds mit signifikanten Anteilen an der Firma ab.[294]

Der erste ethisch ausgerichtete Investmentfonds im deutschsprachigen Raum wurde 1989 von der Bank für Gemeinwirtschaft in Zusammenarbeit mit der BfG Invest aufgelegt, der Luxinvest Securarent (inzwischen umbenannt zu Luxinvest ÖkoRent).[295] Im Anschluss wurden eine Vielzahl von Fonds lanciert, wie bereits erwähnt als Umwelttechnologiefonds, Öko-Effizienzfonds bzw. als Nachhaltigkeitsfonds, die meistens als weltweite Aktienfonds aufgebaut sind.

Das SRI-Segment wächst weiter durch Produktdifferenzierungen. Neben globalen Aktienfonds werden Teilsegmente wie Small& Mid Cap Fonds bzw. exklusive Blue Chips Fonds[296] oder neue Anlageprodukte in weiteren Anlagekategorien wie Obligationen oder Private Equity lanciert. Daneben erfolgt eine Fokussierung auf ökologisch interessante und aussichtsreiche Branchen, sei es im Energie- oder Wassersektor. Es besteht auch die Tendenz, für Zielgruppen spezifische Fonds zu entwickeln, beispielsweise gibt es mittlerweile verschiedene Anlagegruppen, die auf die spezifischen Bedürfnisse von Pensionskassen eingehen. Die zunehmende Differenzierung der Angebotspalette und die auf Kundenwünsche massgeschneiderten Finanzprodukte zeigt die typische Entwicklung für wachsende und entwickelte Märkte.[297]

---

[292] European Business School (2001), S. 67.
[293] Taylor (2000), S. 174.
[294] Siehe auch Abschnitt Engagement.
[295] Paape (2000), S. 19.
[296] Small& Mid Cap Fonds investieren nur in Unternehmen mit kleiner oder mittlere Börsenkapitalisierung, Blue Chips Fonds legen in globalen Konzernen mit einer hohen Kapitalisierung an.
[297] Schaltegger/ Figge (1999), S. 7.

Ausserdem haben erste Banken begonnen, bestimmte Umweltaspekte zu einem integrativen Teil der generellen Anlagepolitik zu machen, mit dem Potenzial, Umwelt- und Sozialaspekte in den Massenmarkt des Anlagegeschäfts einzubringen. In den Richtlinien des Finanzresearch und Asset Management werden finanziell relevante Nachhaltigkeitsaspekte gezielt aufgenommen und so in allen – auch in den „normalen" nicht-ökologischen Anlageprodukten – berücksichtigt. Damit beginnt auch bei den innovativeren Finanzmarktakteuren der Wandel von einer separierten Betrachtung von Umweltfragen zu einer untrennbaren Integration von ökologischen Überlegungen in die herkömmlichen Entscheidungsabläufe. Öko-Investment beginnt sich als isolierter Bereich aufzulösen und fliesst ins Tagesgeschäft der Vermögensverwalter und Anleger ein.[298]

3.2.2 Alternativbanken

Auch wenn heute nahezu alle Grossbanken spezielle SRI-Aktivitäten aufweisen können, wurde die Pionierarbeit in diesem Segment massgeblich von Alternativbanken geprägt, die ihre gesamte Geschäftstätigkeit an ökologischen und sozialen Zielen orientieren. Nachfolgend werden einige der bedeutendsten Alternativbanken im deutschsprachigen Raum exemplarisch dargestellt:

Das im Jahre 1964 gegründete ***Steyler Missionswerk*** gilt als eine der Pioniere von Banken, die mit ihrer Geschäftstätigkeit eine Förderung ökologischer und sozialer Ziele verfolgen. Vom Namen ist bereits eine Orientierung an kirchlicher Missionierungs- und Entwicklungshilfe abzulesen. Die 1974 erfolgte Gründung der ***Gemeinschaftsbank Bochum*** beruht eher auf anthroposophischen Wurzeln. Die über 24'000 Kunden können frei wählen, in welchen Bereichen ihr Geld angelegt werden soll: in ökologische oder soziale Projekte, Kultur, Bildung und Pädagogik. Eine Übersicht zu allen Kreditnehmern und Portraits einzelner Projekte werden regelmässig in der Kundenzeitschrift „Bankspiegel" veröffentlicht.[299] Seit 1995 werden über die Tochtergesellschaft GLS Beteiligungs AG (BAG) auch geschlossene Fonds und Beteiligungen aufgelegt, deren Schwergewicht im Bereich Windkraft und erneuerbare Energien liegt.

Die ***Ökobank*** in Frankfurt ist ein Ergebnis aus der Studenten- und Friedensbewegung, die sich damit Ende der achtziger Jahre eine Finanzierungsplattform für ökologisch und sozial vorteilhafte Projekte schuf. Bei der Auswahl wurden folgende Grundsätze verfolgt: Keine Investition in Rüstung, Atomenergie und Staaten mit Rassendiskriminierung, Förderung von umweltfreundlichen Produkten und Produktionsprozessen, Förderung von Betrieben, die ihre gesellschaftliche Mitverantwortung wahrnehmen.[300] Diese wurden durch Anlage-

---

[298] Schaltegger/ Figge (1999), S. 7.
[299] www.gemeinschaftsbank.de
[300] Mächtel (1996), S. 76.

möglichkeiten wie Rentensparkonten, Sparkonten und Festgeldanlagen ermöglicht, bei denen der Anleger einen Renditeverzicht in Höhe von ca. 1-1,5 Prozentpunkten gegenüber konventionellen Anlageprodukten in Kauf nahmen.[301] Durch den Verlust von drei Grosskrediten 1999 führten wirtschaftliche Schwierigkeiten zum Konkurs der Bank, sodass die Bankaktiengesellschaft Hamm als Auffanggesellschaft der deutschen Genossenschaftsbanken das Geschäft abgewickelt und an die Gemeinschaftsbank Bochum übergeben hat.[302]

Eine der Vorstände der Öko-Bank, Popp initiierte 1997 eine Abspaltung, die ***Umweltbank***[303], die ihre ökologisch orientierte Geschäftsstrategie klar aus dem Nischengeschäft mit Fördercharakter hinaus in den Massenmarkt orientiert. Mit einem agressiven Marktauftritt stehen hier die ökonomischen Vorteile der Wachstumsmärkte im Bereich regenerativer Energien oder anderer "Öko-Boom Bereiche" im Vordergrund. Statt mit dem Apell an das gute Gewissen wirbt sie mit lukrativen Renditeaussichten. Durch die betonte Gewinnorientierung will sie eine Zwischenstellung zwischen traditionellen und alternativen Banken einnehmen. Anleger können zwischen Sparanlagen, die ausschliesslich in ökologische Projekte fliessen, sowie Windpark-Beteiligungen, Aktienfonds und Aktiendepots wählen, auch geschlossene Immobilienfonds werden geplant. Ausserdem hat die Umweltbank als Konsortionalbank bei Börsengängen der Windparkprojektierer Umweltkontor und Plambeck agiert.

Die 1990 in Olten gegründete ***Alternative Bank Schweiz AG*** (ABS) war 2002 mit einer Bilanzsumme von CHF 550 Mio. die grösste „grüne" Bank im deutschsprachigen Raum.[304] und fördert unterschiedliche Projekte in den Schwerpunktbereichen Ökologie, Gleichberechtigung, Entwicklungszusammenarbeit, Bildung und Kultur sowie Selbstverwaltung.[305] Ausgeschlossen sind dagegen Atomenergie, Gentechnik, Rüstung, harte Biotechnik, chemische Grossindustrie, Grossenergieanlagen sowie einseitige Schulmedizin. Eine Besonderheit stellt die Aufhebung des Bankgeheimnisses auf Seiten der Kreditnehmer dar. Im Geschäftsbericht wird eine vollständige Liste der Kreditnehmer abgebildet. Neben dem Angebot von Girokonten, Sparbriefen, der Vermittlung von Anleihen und Beteiligungen erfolgt seit Ende 2001 auch ein Verkauf von Anlagefonds. Im Grössenvergleich hat die ***Freie Gemeinschaftsbank Dornach***[306] (BCL = Banque coummunautaire libre) eine geringere geringere Bedeutung. Mit einer Bilanzsumme von CHF 152 Mio. (2002) ist sie primär im Spar- und Kreditgeschäft aktiv und finanziert Projekte im Bereich Pädadogik, Heilpädagogik, gemeinschaftliches Wohnen sowie ökologischer Landwirt-

---

[301] European Business School (2001), S. 68.
[302] Deml/ May (2002), S. 12.
[303] www.umweltbank.de
[304] Deml/ May (2002), S. 17.
[305] www.abs.ch
[306] www.gemeinschaftsbank.ch

schaft. Sie arbeitet nach dem Prinzip der Kostendeckung und verzichtet auf eine Verzinsung des Genossenschaftskapitals. Dabei stehen die Ideen Rudolf Steiners im Vordergrund: Geld soll nicht als Ware oder Spekulationsobjekt eingesetzt werden, sondern um die Entwicklung von Menschen zu fördern.[307]

3.2.3 Ratingagenturen/ Bewertungsansätze

Sowohl für aktive und passive Ansätze bedarf es umfangreicher Informationen über die ökologischen und sozialen Leistungen der für ein Investment infrage kommenden Unternehmen. Entsprechende Bewertungen erfordern ein hohes Spezialwissen. Sie werden zum Teil von eigenen Abteilungen innerhalb von Banken erstellt, die Ökofonds anbieten, jedoch auch von externen Ratingagenturen erarbeitet. Diese verkaufen die Ratings an Banken, Finanzdienstleister oder Versicherungen, aber auch an die gerateten Unternehmen. Im europäischen Ratingmarkt gab es 2001 14 grosse Ratingagenturen. Davon werden exemplarisch einige Akteure dargestellt. Da die ersten Ratingagenturen auf dem amerikanischen Markt tätig waren, nimmt die nachfolgende Übersicht auch einige dieser Pioniere auf.

Das 1969 gegründete ***Council on Economic Priorities*** (CEP) war die erste Ratingagentur im Themenfeld "Corporate Social Responsibility" Mit dem Einkaufsführer "Shopping for a better World" konnten sich Konsumenten vor dem Kauf eines Produktes vergewissern, welchem Konzern der Hersteller des Produktes angehört, ob der Konzern in Rüstungsproduktion und/ oder -handel involviert ist, ob seine Herstellungsverfahren naturverträglich sind, ob er weibliche oder nichtweisse Arbeitnehmer diskriminiert oder fördert, ob er Informationen zurückhält oder für Anfragen offen ist oder für die Belange der Kommunen Verständnis zeigt.[308]

Das ***Investor Responsibility Research Center*** [309](IRRC) wurde Ende 1972 unter Beteiligung der Ford- Carnegie- und Rockefellerstiftung gegründet und dient institutionellen Anlegern, Banken und Finanzberatern als Informationszentrum. Schwerpunkte der Institutsarbeit sind neben der Erfassung von Aktionärsresolutionen, die Forschung und Dokumentation zu Themen wie Energie und Umwelt, Rüstung und Militär, Globales Investment oder Nordirland. Über Publikationen bzw. online erhalten Kunden Unternehmensdaten zum Thema Corporate Governance sowie aktien- und firmenrechtliche Details. Ausserdem erfolgt ein ausführliches Monitoring zu Aktionärsvorschlägen, mit dem Resolutionen verfolgt werden. Mit den „Corporate Environmental Profiles“ werden 500

---

[307] Deml/ May (2002), S. 18.
[308] Hoffmann/ Scherhorn (2002), S. 29.
[309] www.irrc.org

US-Unternehmen hinsichtlich ihrer Leistungen und Verfehlungen gelistet und teilweise verglichen.[310]

Das ***Interfaith Center on Corporate Responsibility***[311] (ICCR) mit dem Sitz in New York gilt seit seiner Gründung als weltweit wohl wichtigstes Vorbild für eine praxisbezogene Umsetzung und Erarbeitung ethischer Kriterien kirchlich-institutioneller Anleger.[312] Bereits 1995 vertrat das ICCR rund 275 institutionelle Anleger mit einem Gesamtanlagevolumen von über USD 45 Mrd. und hat sich damit als einflussreiche Investorengemeinschaft etabliert. Der Weg, den das ICCR wählt, kann als ein den theologisch-ethischen Grundlagen verpflichteter Pragmatismus bezeichnet werden. Im Laufe der Jahre wurden folgende Arbeitsfelder und Strategien entwickelt:[313] Bei *Disvestmentstrategien* geht es um den Umgang mit Aktiengesellschaften, die von Investoren geforderte Mindestkriterien nicht erfüllen wie die bekannten „sinstocks" Alkohol, Tabak, Glückspiel, Pornographie oder Rüstung. Dabei geht es entweder um den Verkauf inkriminierter Anteile oder um die Androhung von Kapitalentzug als strategisches Mittel, moralische, soziale, politische oder ökologische Vorgaben in die Unternehmenspolitik zu integrieren. Im Rahmen der *Aktionärspolitik* unterstützt das ICCR angeschlossene Institutionen bei der Durchführung einer gezielten Aktionärspolitik. Wichtigstes Mittel dazu sind Anträge auf den Jahreshauptversammlungen der Aktionäre. Thematische Schwerpunkte waren dabei u. a. Alkohol oder Tabak, Unternehmensführung oder ein Einsatz für einen partiellen Schuldensersatz für Entwicklungsländer. Im Bereich des *alternativen Investment* agiert das ICCR als Clearingstelle und Finanzmarkt, indem es Angebot und Nachfrage zusammenbringt. Neben der Beratung der Investoren hat auch die Managementberatung an Bedeutung gewonnen, eine Konsequenz erfolgreicher Antragspolitik auf den Aktionärsversammlungen. Unter Führung des ICCR hat sich im Sommer 2003 eine globale Koalition von religiösen Gruppen und NGOs gebildet, um globale Benchmarks für das Verhalten von Unternehmen aufzustellen. Die Standards umfassen Anforderungen im Bereich Arbeitsbedingungen, Umweltschutz oder den Zugang zu Medikamenten in Entwicklungsländern. [314]

Der ***Ethical Investment Research Service*** (EIRIS)[315] wurde 1983 von einer Gruppe von Kirchen und Wohltätigkeitseinrichtungen auf Initiative von Quäkern als Stiftung mit Sitz in London gegründet. Auch diese Agentur zielt darauf ab, Investoren anhand von Positiv- und Negativkriterien eine Entscheidungshilfe zu bieten. EIRIS untersucht alle im FTSE-Gesamtindex enthaltenen Unternehmen nach bis zu 30 quantifizierbaren Kriterien (z.B.

---

[310] Deml/ May (2002), S. 240.

[311] www.iccr.org

[312] Hoffmann/ Scherhorn (2002), S. 32.

[313] Hoffmann/ Scherhorn (2002), S. 35.

[314] Press release by ICCR: Religious investors, advocacy Groups issue first global "Bench Marks" for Corporate Behaviour. Fri, Jun 13, 2003.

Rüstungsanteil am Gesamtumsatz), trifft aber keine moralischen Werturteile über deren Aktivitäten.[316] Daher produziert EIRIS keine Ratings im eigentlichen Sinne. Mit Hilfe eines Netzwerkes internationaler Partner bietet EIRIS seit Frühjahr 2000 per Internet den Ethical Portfolio Manager an, in dem rund 1500 Unternehmen nach 40 Kriterien analysiert werden.

Das 1990 mit Mitteln einer privaten Stiftung aufgebaute ***Centre Info***[317] ist die bekannteste Schweizer Ratingagentur. Sie bewertet das Verhalten und die ethisch-ökologische Performance von Unternehmen und Ländern.[318] Daneben wird Aktionären mit Hilfe des Corporate Governance-Dienstes die Möglichkeit gegeben, „eine aktive Rolle mittels zielgerichteter Ausübung ihrer Rechte wahrzunehmen." Dazu wurde auch der Institutsverband European Corporate Governance Service (ECGS) mitbegründet, der Stimmempfehlungen für Generalversammlungen und Analysen zu Corporate-Governance-Strukturen vor allem grosser europäischer Aktiengesellschaften erstellt.[319]

Seit 1994 wurden von ***Oekom***[320] (damals im Rahmen der oekom GmbH, seit 1999 durch die oekom research AG) Ratings erstellt. Nach einer Erweiterung des ökologischen Ratings im Kontext des Frankfurt-Hohenheimer Leitfadens[321] werden Unternehmen aller Branchen von oekom nach 200 Kriterien bewerten. Das Research-Universum teilt sich auf in ein sogenanntes „Leader-Research", mit Hilfe dessen die bedeutendsten Unternehmen weltweit nach den Kriterien des Corporate Responsibility Ratings (CRR) analysiert werden und dem „Pionier-Research", das klein bis mittelgross kapitalisierte Unternehmen weltweit erfasst, die von ihrer Geschäftsausrichtung einen engen Bezug zur Nachhaltigen Entwicklung aufweisen. 2001 wurde neben dem Unternehmens-Rating auch ein Länder-Rating aufgebaut, mit Hilfe dessen die weltweit gängigsten Staatsanleihen nach ökologischen und sozialen Kriterien bewertet werden können. Die Ratings werden an institutionelle Investoren, Finanzdienstleister, NGOs oder bewertete Unternehmen verkauft.

Angesichts der steigenden Positionen globaler Aktien in den Portfolios wurde die ***Sustainable Investment Research International***[322] (Siri) Group gegründet, um durch

---

[315] www.eiris.org
[316] Deml/ May (2002), S. 240.
[317] www.centreinfo.ch
[318] Deml/ May (2002), S. 236.
[319] www.ecgs.net
[320] www.oekom.de bzw. www.oekom-research.com
[321] Der Frankfurt-Hohenheimer Leitfaden entstand auf Anregung von Bankmanagern der Deutschen Bank, die der Ansicht waren, dass mit Hilfe einer differenzierten Kriteriologie ein ethisch-ökologisches Rating neben dem üblichen Finanzrating etabliert werden könnte. Daraufhin wurde 1993 die Projektgruppe Ethisch-Ökologisches Rating gegründet, die 1997 den Leitfaden als methodengestützte Kriteriologie und Bewertungssystematik veröffentlichte. Für die Beurteilung von ethischer Nachhaltigkeit wurden drei Bewertungsdimensionen zugrunde gelegt, nämlich Kulturverträglichkeit, Naturverträglichkeit und Sozialverträglichkeit. Zur Umsetzung der rund 850 Einzelkriterien wurde eine Pilotstudie mit der ökom research AG durchgeführt, die von verschiedenen Ordensgemeinschaften finanziert wurde. Siehe Hoffmann/Scherhorn (2002), S. 39.
[322] www.sirigroup.org

einen Informationsaustausch institutionellen Investoren einen internationalen und standardisierten Ansatz bieten zu können. Das Netzwerk der Sozial- und Umweltanalyse-Institute aus Europa und Nordamerika[323] verfügt über mehr als hundert Analysten und deckt weltweit mehr als 1700 Unternehmen ab. Siri-Profile enthalten u.a. Informationen zu den Bereichen Umwelt, Mitarbeiter, Kunden, Corporate Governance und Lieferanten sowie über Ausschlusskriterien wie Tabak, Rüstung oder Atomenergie.[324]

3.2.4 Indices

Analog zu anderen Anlagesegmenten existieren mittlerweile auch für SRI verschiedene Indices. Ein Index ist eine Mess- oder Kennziffer, mit deren Hilfe Veränderungen bestimmter Grössen, insbesondere im Zeitablauf, ausgedrückt werden können.[325] In 2002 gab es weltweit zwölf Indizes, die Nachhaltigkeit und soziales Engagement börsennotierter Firmen abbilden.[326] Die inzwischen hohe Publizität verschiedener Indices trug bedeutend dazu bei, die Bekanntheit und Akzeptanz von SRI signifikant zu steigern. Im Anschluss werden die wichtigsten Vertreter in den einzelnen Märkten vorgestellt:

Der ***Domini 400 Social Index***[327] wurde 1990 von Kinder, Lydenberg & Domini in den USA lanciert. Er basiert auf der Evaluation von ca. 650 Firmen, unter anderem aller Unternehmen des S&P 500. Er wurde entwickelt in der Absicht, einen Korb an grosskapitalisierten Aktien zu schaffen, die sozialen Kriterien standhalten und umfasst ca. 400 Titel. Der Index legt primäre und sekundäre Kriterien an.[328] Als primäre Kriterien dienen die klassischen Ausschlusskriterien, wobei ein Umsatzanteil von vier Prozent in diesen Bereichen nicht überschritten werden darf. Durch die sekundären Kriterien wie Umwelt, Konsumentenfreundlichkeit, Mitarbeiterbeziehungen wird eine differenziertere Betrachtung ermöglicht.

Der ***Natur Aktien Index*** (NAX)[329] wurde 1997 vom österreichischen Öko-Invest-Verlag zusammen mit der Zeitschrift „Natur“ aufgelegt. Auch wenn der NAX im deutschsprachigen Raum entstanden ist, enthält er 20 internationale Umweltaktien von ökologisch orientierten Unternehmen. Neben dem Positivkriterium Ökologie[330] gibt es Ausschlusskri-

---

[323] Mitglieder von Siri sind: Avanzi (Italien), CaringCompany (Skandinavien), Centre Info (Schweiz), Fundacion Ecologia Y Desarollo (Spanien, Portugal), PIRC (UK), Scoris (Deutschland), Ethibel (Belgien), KLD (USA), MJRA (Canada), SIRIS (Australien), Arese (Frankreich)

[324] Deml/ May (2002), S. 246.

[325] Der Berechnung von Indizes liegt eine Prozentrechnung zugrunde, wobei die Basiszahl eines bestimmten Zeitpunkts auf 100 gesetzt wird. Auf diese werden alle weiteren Vergleichszahlen bezogen.

[326] Ecoreporter.de (2002), S. 47.

[327] www.domini.com

[328] Mächtel (1996), S. 92.

[329] Infos unter: www.oeko-invest.de

[330] Von den folgenden Positiv-Kriterien müssen mindestens zwei erfüllt werden: Angebot von Produkten und Dienstleistungen, die einen wesentlichen Beitrag zur ökologisch und sozial nachhaltigen Lösung zentraler

terien: Aktiengesellschaften, die Menschenrechte verletzen oder in der Atom- oder Rüstungsindustrie tätig (oder durch Kapitalbeteiligungen mit diesen verflochten) sind, werden nicht in den NAX aufgenommen.[331] Mindestens drei Viertel der Werte müssen langjährig etablierte Firmen mit einem Jahresumsatz von mehr als EUR 100 Mio. sein. Die Gewichtung erfolgt im Gegensatz zu den meisten anderen Indices nicht nach der Marktkapitalisierung, sondern mit einer Gleichgewichtung von fünf Prozent zum Jahresanfang. Ausserdem werden keine Dividendenzahlungen berücksichtigt.[332] Die Auswahl der Titel erfolgt durch eine ökologische und ethische Bewertung durch das IMUG Institut sowie einen regelmässig tagenden NAX-Beirat. Hinsichtlich der Wertentwicklung konnte der NAX nach einer parallelen Wertentwicklung zum MSCI in den Jahren 1997-1999 in den Jahren 2000-2002 eine signifikante Outperformance erreichen.[333]

Der ***Dow Jones Sustainability Group Index*** (DJSGI)[334] wurde als Nachhaltigkeitsindex im Herbst 1999 von der Schweizer Vermögensverwaltungsgesellschaft SAM Sustainability Group (SAM) und der New Yorker Dow Jones Gruppe auf dem Markt gebracht. Die Index-Gruppe umfasst vier regionale Indizes (USA, Nordamerika, Europa, Asiatisch-pazifischer Raum) und einen weltweiten Index.[335] In den Index werden Unternehmen aufgenommen, die im Rahmen der Nachhaltigkeitsanalyse von SAM als „branchenbeste" abgeschnitten haben, d.h. sich unter den besten zehn Prozent seiner Branche befinden. Dazu werden aus den rund 2500 grössten börsennotierten Unternehmen der Welt mittels Fragebogenauswertung und anderen Research-Massnahmen jene ausgewählt, die im Vergleich mit ihren Branchenkonkurrenten in bezug auf Nachhaltigkeitschancen und -risiken das beste Ergebnis erzielen. Ökologische, soziale und finanzielle Aspekte werden jeweils mit rund einem Drittel gewichtet. Dazu ermittelt SAM die Branchen-Pioniere, also kleinere, junge Unternehmen, die noch nicht zu den Marktführern zählen, aber das Potenzial dazu haben. Anfangs enthielt der DSJGI gut 220 Unternehmen, inzwischen wurde die Anzahl auf rund 320 erhöht.[336] Rückgerechnet auf frühere Jahre hätte sich (durch einen Backtest)

Menschheitsprobleme leisten; Branchen-Vorreiter im Hinblick auf die Produktgestaltung oder auf die technische oder soziale Gestaltung des Produktions- und Absatzprozesses.

[331] Hoffmann/ Scherhorn (2002), S. 45.

[332] Deml/ May (2002), S. 136 ff.

[333] Der NAX wurde mittlerweile in NAI (Natur Aktien Index umbenannt und auf 25 Unternehmen erweitert. Da der NAX zu Beginn durch Bloomberg und mittlerweile durch den Finanzinformationsanbieter vwd Vereinigte Wirtschaftsdienste GmbH berechnet wird, ist kein Performance-Chart seit der Lancierung 1997 erhältlich. Siehe auch www.nai-index.de (Zugriff vom 25. 3. 2004)

[334] www.sustainability-indexes.com

[335] Grundsätzlich werden keine Ausschlusskriterien angewendet, jedoch spezifische Subindices angeboten, die bestimmte Branchen wie z.B. die Tabakindustrie ausschliessen. Rüstung kann in allen Index-Varianten vorkommen, sofern die betreffenden Unternehmen nicht mehr als 50 Prozent ihres Umsatzes in diesem Geschäftsfeld erwirtschaften.

[336] Deml/ May (2002), S. 140.

eine überdurchschnittliche Rendite ergeben. In den Jahren nach der Lancierung ergab sich aber eine leicht schwächere Performance im Vergleich zum konventionellen Aktienindex.

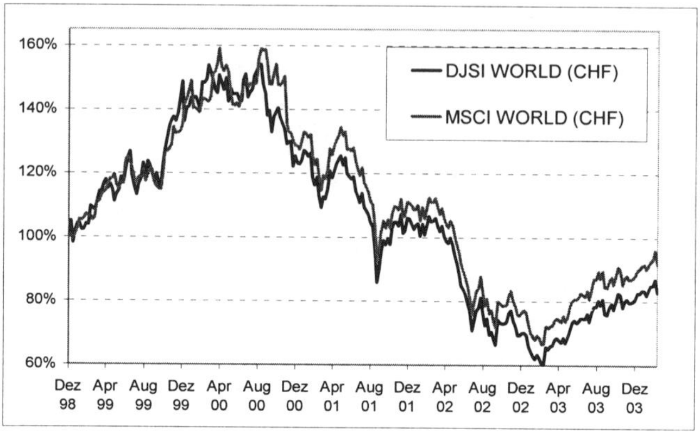

Abb. 41: Performancevergleich zwischen DJSGI und MSCI/ DJ

Quelle: Datastream oder Bloomberg

Der DJSGI hat vor allem bei institutionellen Investoren einen grossen Erfolg erzielt: Innerhalb von drei Jahren haben rund 40 Banken, Fondsgesellschaften und Versicherungen eine Lizenzvereinbarung geschlossen und entsprechende Produkte, vor allem Fonds und Zertifikate, auf den Markt gebracht.[337] Ein wichtiger Grund für die Beliebtheit bei institutionellen Investoren liegt darin, dass die Sustainability-Indices überwiegend grosse Blue Chips enthalten. Diese Aktien-Schwergewichte stehen für eine grössere relative Sicherheit und bessere Liquidität.

Der ***FTSE 4 Good Index***[338] wurde 2002 mit Unterstützung der unicef[339] lanciert mit dem Ziel, global die Interessen sozial verantwortlicher Investoren zu fördern, das Engagement von Investoren in den Unternehmen zu unterstützen und den Mainstream des sozial verantwortlichen Investments zu reflektieren.[340] Insgesamt wurden bisher sieben Indices in der FTSE4Good Serie lanciert, mit der Abdeckung des britischen, europäischen und globalen Aktienmarktes. Bei der Entwicklung von FTSE4Good und der Erarbeitung des Kriterienkatalogs arbeitet FTSE eng mit EIRIS zusammen. Anfangs wurden nur drei Branchen ausgeschlossen: Tabakproduzenten, Waffenproduzenten und Besitzer oder Betreiber von Kernkraftwerken. Der Ansatz erfuhr daher heftige Kritik vom Verband der

---

[337] Deml/ May (2002), S. 141.

[338] www.ftse4good.com

[339] Die Lizenzeinnahmen und andere Einnahmen spendet FTSE nach eigenen Angaben an UNICEF.

[340] Hoffmann/ Scherhorn (2002), S. 47.

Kritischen Aktionäre sowie von Menschenrechtsgruppen und Umweltschützern, die bemängelten, dass die Ausschlusskriterien zu unscharf seien.[341] Daraufhin wurde betont, dass die Kriterien einer Weiterentwicklung unterliegen und zunehmend strenger gestaltet werden.

Die Lancierung von neuen Aktienindices unter Einbezug von Nachhaltigkeitskriterien wie durch Dow Jones und FTSE sorgen dafür, dass Socially Responsible Investments auch von konventionellen Investoren mehr Aufmerksamkeit erhalten. Dies stellt eine wichtige Voraussetzung zu der bereits erwähnten Integration ökologisch-sozialer Kriterien in die klassische Finanzanalyse dar.

3.2.5 Zusammenfassung

Die Entwicklung von SRI nahm im angelsächsischen Raum ihren Ursprung. Verschiedene politische Missstände wie der Vietnamkrieg, das Apartheidregime in Südafrika sowie Umweltskandale haben zur Popularität des Ansatzes beigetragen und Anleger mobilisiert. Als wichtige Akteure sind die Kirchen zu nennen, die Wege suchten, ihre religiösen Werte in die Wirtschaft einfliessen zu lassen. Sie gaben mehrmals Anstoss zur Gründung entsprechender Fonds. Pionierarbeit leisteten auch die Alternativbanken, die ihre gesamte Geschäftstätigkeit an ökologischen und sozialen Zielen orientieren. Ihre Volumina sind im Vergleich zum Gesamtmarkt relativ gering, doch die Impulse auf den Finanzmarkt sind trotzdem nicht zu unterschätzen, v.a. da zunehmend mit attraktiven Renditeaussichten ethisch-ökologischer Anlagen geworben wird und ethische Aspekte damit in den Hintergrund rücken. Die Gründung von Ratingagenturen hat die Informationsbeschaffung für Investoren effizienter gestaltet, momentan sind in Europa über 20 Ratingagenturen auf dem Markt. Auffällig ist hier die Gründung von Netzwerken, um für verschiedene Länder durch nationale Institutionen Informationen aus einer Hand bereitstellen zu können. Ein weiteres Beispiel für die Professionalisierung des SRI-Marktes stellt die wachsende Anzahl spezieller Indices dar, die für verschiedene Märkte sowie Anlagekategorien wie der NAX für Small & mid-Caps erstellt werden. Durch ihre teilweise sehr gute Wertentwicklung haben sie die Akzeptanz nachhaltiger Anlagen entscheidend vorangetrieben.

3.3 Marktentwicklung im internationalen Vergleich

Objektive Aussagen über die Marktentwicklung sind aus verschiedenen Gründen schwierig zu erhalten. Wie Mächtel treffend feststellt, sind „...verlässliche Angaben über die Volumina der unterschiedlichen Anlageformen in den betrachteten Gebieten ... selten und häufig vom Wunschdenken des jeweiligen Autors gekennzeichnet. Vor allem der grösste

[341] Ecoreporter.de (2002), S. 54.

Teil, die Direktanlagen, lassen sich kaum erfassen, weshalb sich bezüglich der Volumina nur ein bruchstückhaftes Bild ergibt."[342]

Diese Kritik ist berechtigt. Marktstudien werden oft von Insidern erstellt. Im angelsächsischen Raum ist dies beispielsweise das Social Investment Forum, ein Zusammenschluss aller amerikanischer Akteure im SRI-Segment. Im deutschsprachigen Raum spielt diesbezüglich das Internetportal Ecoreporter.de[343] eine bedeutende Rolle. Auch der SIRI Group[344], einem internationalen Zusammenschluss von Öko- und Sozialratingagenturen, können mit einer gewissen Berechtigung durchaus eigennützige Interessen an einem möglichst dynamischen Wachstum des SRI-Marktes unterstellt werden.

Die unterschiedlichen Definitionen von SRI in den einzelnen Ländern erschweren ebenfalls einen repräsentativen Marktüberblick. Die Zahlen des Social Investment Forum für die USA umfassen beispielsweise auch Portfolios, die ihre Aktionärsrechte wahrnehmen. Ausserdem werden Portfolios mitgezählt, die nur mindestens ein Negativkriterien anwenden und nicht auf einem detaillierten Screening beruhen. Die von Cerulli im September 2001 herausgegebene Studie versucht, einen weitgehend einheitlichen Standard anzulegen und kommt zu dem Ergebnis, dass in SRI-Portfolios weltweit zwischen USD 1,4 und 1,5 Billionen investiert sind. Dabei ist ein relativ hoher Anteil in institutionellen US-Mandaten vertreten:

	September 2001			**Update Juni 2002**		
	Total	**Fonds**	**Institut.**	**Total**	**Fonds**	**Institut.**
USA	$ 1,350	$ 14	$1,336	$ 1,892	$ 15	$ 1,877
Kanada	33	6	27	32	6	26
Australien	0.5	0.5	0	1	1	3
Japan	1	1	N/A	1	1	N/A
Asien-ex Japan	1	1	N/A	1	1	N/A
Europa	38	10	28	41	16	25

Abb. 42: Grösse des SRI-Marktes (in Mrd. USD)

Quelle: Cerulli (2002), S.2[345]

[342] Mächtel (1996), S. 50.

[343] www.ecoreporter.de

[344] www.sirigroup.org

[345] Cerulli unterscheidet, wie im Markt üblich, zwischen Retailfonds (Mutual Funds), die primär an private Investoren vertrieben werden und individuell verwalteten Mandaten institutioneller Anleger.

Die berechneten USD 40 Mrd. in SRI-Fonds machen weit weniger als ein Prozent des globalen kollektiven Anlagevermögens aus. Das Fondssegment lässt sich geographisch folgendermassen unterteilen:

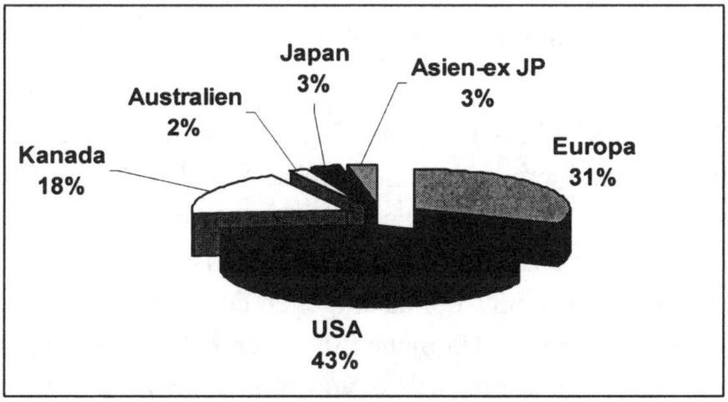

Abb. 43: SRI Retailfonds weltweit

Quelle: eigene Darstellung nach Cerulli (2001), S. 3

Grundsätzlich lässt sich der relativ hohe Anteil sozial- und umweltverträglich angelegter Gelder in den angelsächsischen Ländern im wesentlichen auf die dort vorhandene längere Tradition im ethisch-ökologischen Investment zurückführen.[346] Zudem unterliegt die Investitionsentscheidung hier oft anderen inhaltlichen Kriterien: "In the United States, concerns about economic justice and diversity motivate social investors, commitment to women, minorities and the economically disadvantaged share equal stage with the more European concern with environmental sustainability. An unjust world is as likely to come unhinged as one with an unstable environment."[347]

Neben der im Anschluss erläuterten Entwicklung in den USA und einigen europäischen Ländern hat das Thema auch in Asien Fuss gefasst. In *Japan* wurden in den Jahren 1999-2000 sieben Umwelt- bzw. Nachhaltigkeitsfonds lanciert, die ein hohes Interesse unter privaten[348] und institutionellen Investoren hervorgerufen haben. Neben den Banken haben diverse Research Agenturen eine starke Dynamik in den Markt gebracht.[349] Da die meisten Fonds primär im Heimmarkt investieren und sich der japanische Aktienmarkt seit Jahren in einer Krise befindet, ist diese Dynamik jedoch stark abgeflacht. Ende September 2002 umfasste der japanische Markt ca. USD 720 Mio., was gegenüber dem Vorjahr fast eine Halbierung darstellte.[350] Für eine stärkere Etablierung des Gedankens und entspre-

[346] Schumacher (2001), S. 23.
[347] Cerulli (2002), S. 3
[348] Dabei weisen japanische SRI-Retail-Investoren ein ähnliches Profil wie in den UK auf: Frauen, häufig Erstinvestoren, eher jung (zwischen 30 und 40 Jahre alt) Siehe Cerulli (2002), S. 3.
[349] Krutzke (2003), S. 1.
[350] Cerulli (2002), S. 15.

chenden Know-Hows in Asien wurde die Association for Sustainable & Responsible Investment in Asia (ASRIA) gegründet. ASRIA sieht es signifikantes Potenzial im asiatisch-pazifischen Raum für SRI.[351] Auch in Australien gewinnen Socially Responsible Investments an Bedeutung. Das öffentliche Interesse wird auch dadurch angekurbelt, dass seit März 2003 alle Anlageprodukte über die Anwendung von SRI-Kriterien Auskunft geben müssen.[352]

Das schwierige Börsenumfeld bis Frühjahr 2003 konnte dem bestehenden Trend zu nachhaltigen Kapitalanlagen keinem Abbruch tun. Die Nachfrage nach SRI-Fonds in Europa blieb ungebrochen hoch. Dies zeigen die weiterhin steigende Anzahl europaweit aufgelegter Fonds und die Mittelzuflüsse der Fondsgesellschaften. Nach einer Studie von Lipper/ Reuters verzeichneten SRI-Fonds entgegen dem Branchentrend (rund 9,5 Prozent des Volumens gingen im ersten Halbjahr 2002 durch Rückzahlungen an Fondsanleger verloren) per saldo einen Neumittelzufluss von rund 3 Prozent.[353] Cerulli berichtet ebenfalls, dass sich SRI trotz der Börsen-Baisse sehr gut behauptet. Die typischen ethischen Investoren sind treuer als die Investoren, die nur an finanziellen Gewinnen interessiert sind, sie reagieren gelassener auf schwierige Marktbedingungen. Dies schlägt sich darin nieder, dass sie weniger geneigt sind, von einem Fonds zum nächsten zu wechseln und stattdessen tendenziell eher in Fonds investiert bleiben. SRI böte ausserdem eine Gelegenheit, Erst-Investoren zu gewinnen, eine gesellschaftlich wichtige demographische Schicht, vor allem in Europa im Rahmen der Rentenreformen, die in verschiedenen Ländern individuelle Rentenpläne stärken.[354]

Im Folgenden werden die beiden grössten regionalen Märkte USA und Europa näher betrachtet. Innerhalb Europas werden die im Rahmen dieser Arbeit wichtigsten Einzelmärkte UK, Schweiz und Deutschland einzeln dargestellt. Dabei wird aufgrund der jeweiligen Besonderheiten stets eine Unterteilung in private und institutionelle Anleger vorgenommen. Die Analyse kann aufgrund der gegenwärtigen Datenlage nur bedingt einheitlich erfolgen.

3.3.1 USA

Der amerikanische Markt imponiert durch teilweise sehr hohe Volumina. Kritisch festzuhalten ist jedoch, dass die Qualität der vorhandenen Daten sehr unterschiedlich ist. Die

---

[351] www.asria.org. Dabei liegt folgende Mission zugrunde: „Auch wenn die Märkte sich noch in einem frühen Stadium befinden, besteht die einmalige Chance, ökologische Infrastrukturplanung zu etablieren und die Schäden zu vermeiden, die global bereits angerichtet wurden."

[352] Die im März 2003 in Kraft tretende „Financial Services Reform" verlangt von Investmentfirmen eine Aufklärung darüber, ob und in welcher Form SRI-Kriterien in Anlageentscheidungen Berücksichtigung finden. Das Ausmass der Berichtspflicht ist variabel: Je stärker ein Produkt für sich in Anspruch nimmt, SRI-Kriterien in Betracht zu ziehen, desto detaillierter muss die Offenlegung der Verfahrensweisen erfolgen. Siehe WestLB Panmure, 2003, S. 26, sowie Kapitel IV.

[353] WestLB Panmure (2003), S. 15.

[354] Cerulli (2002), S. 1.

nachfolgende Darstellung versucht dies zu berücksichtigen, indem, wo immer möglich, eine Bandbreite an vertretenen Meinungen dargestellt wird.

3.3.1.1 Private Anleger

Die Zahlen zum SRI-Fondsmarkt in den USA variieren sehr stark je nach Quelle. Cerulli gibt die niedrigsten Zahlen an, jedoch sind diese wie bereits erwähnt, anhand von strengeren Kriterien erhoben als Zahlen des Social Investment Forum. Der Vollständigkeit halber werden alle Studien aufgeführt:

Nach Cerulli repräsentiert selbst das (korrigierte) Volumen der SRI-Fonds in den USA mehr als die Hälfte des globalen Gesamtmarktes dar, auch wenn ihr Volumen von USD 14 Mrd. nur einen minimalen Anteil des mehr als USD 7 Billion grossen US-Retail-Fondsmarktes ausmacht.[355] Dabei stellt das SRI-Segment eine der Kategorien mit dem stärksten Wachstum im US-Fondsmarkt dar. Das verwaltete Vermögen hat sich seit Ende 1998 verdoppelt, etwa 40 neue SRI-Fonds wurden in den Jahren 2000-2001 lanciert. Trotz volatiler Märkte erfolgten auch in diesen Jahren hohe Zuflüsse an Neugeld. Neben etablierten SRI-Fondsmanagern wie Domini Social Investments oder Calvert, die einen grossen Marktanteil repräsentieren, kommen zunehmend „Mainstream"-Fondsmanager wie Citigroup, Allianz oder Mellon Financial mit spezifischen SRI-Angeboten auf den Markt. Ergänzend zu einer ethischen Orientierung[356] werden SRI-Fonds mittlerweile häufig mit dem Argument einer langfristig besseren Performance angeboten.

Zieht man eine andere Quelle zu Rate[357], gibt es rund 50 Ethik- und Umweltfonds in den USA, die in etwa mit den europäischen Fonds vergleichbar sind. Deren Gesamtvolumen beläuft sich auf zirka USD 22 Milliarden, was deutlich kleiner ist als das Volumen der gesamten SRI-Anlagen.

Das Social Investment Forum zählt hingegen rund 230 Anlagefonds in den USA[358], die im weiteren Sinn ethische Kriterien bei der Anlageauswahl berücksichtigen. Das Gesamtvolumen dieser Fonds betrug Ende 2001 USD 153 Milliarden und blieb trotz der starken Korrekturen am Aktienmarkt seit 1999 stabil. Die ethisch gescreenten Anlagefonds zogen die Investoren auch während der Marktkrise stärker an als die Fonds ohne diese Kriterien.

3.3.1.2 Institutionelle Anleger

Nach einer Studie des US Social Investment Forum (SIF) überstieg das Volumen der nach ethischen Kriterien angelegten Gelder in den USA 2001 erstmals die USD zwei Billionen-Schwelle und betrug USD 2,34 Billionen.[359] Dies entspricht einem geschätzten Anteil an

---

[355] Cerulli (2001), S. 12.

[356] z.B. durch die Gründer des Pax World-Fonds: keine Unterstützung des Vietnam-Krieges

[357] ÖKO-INVEST (2002).

[358] Eine Übersicht dieser Fonds erfolgt auf: http://www.socialinvest.org/areas/sriguide/mfpc.cfm

[359] Social Investment Forum (2001), S. 4.

der gesamten amerikanischen Geldvermögensbildung (assets under professional management) von ca. zwölf Prozent. Diese professionell gemanagten Vermögen stammen von Pensionskassen, Anlagefonds, Stiftungen, religiösen Organisationen und Finanzierungsorganisationen zur kommunalen Entwicklung.

Von diesem Betrag waren rund zwei Billionen nur nach dem Screening angelegt, 900 Mrd. nach dem Shareholder-Advocacy-[360] (und teilweise Screening-) sowie knapp acht Mrd. nach dem Commuity-Investmentverfahren.[361] Speziell zu erwähnen sind die rund USD 600 Mrd., die nach den beiden Verfahren Screening und Shareholder Advocacy verwaltet werden. Der Anteil dieser Vermögen blieb trotz dem schweren Marktumfeld ähnlich hoch wie 1999.[362]

Jahr	Gesamtvolumen in Mia. USD
1984	40
1986	275
1988	400
1990	500
1994	639
1997	1190
1999	2160

Abb. 44: Das Wachstum des socially responsible investment in den USA

Quelle: Mächtel (1996), S. 66,
ergänzt um aktuelle Daten des Social investment Forum (2001)

Einige Pensionskassen sind bereits seit langem in dem Segment investiert, da der Gesetzgeber eine Reihe von Regeln aufstellte, die öffentliche Pensionskassen daran hinderten, entweder repressive politische Regime (anfangs die Apartheid-Regierung in Südafrika, später andere) oder soziale Laster, die von Regierungsinitiativen aufgegriffen wurden wie Tabak, Alkohol oder Glückspiel finanziell zu unterstützen.[363] Diese Negativkriterien finden sich weiterhin in den meisten SRI-Portfolios: Tabak wird in 96 Prozent aller Fälle ausgeschlossen, Glückspiele, Alkohol und Waffen sind in über 80

---

360 Shareholder Advocacy entspricht als Shareholder Aktivismus der amerikanischen Form des Engagements.

361 Community Investment: describes investing that supports development initiatives in low-income communities both in the United States and in developing countries. Community Investment provides affordable housing, creates jobs, and helps responsible businesses get started.
Siehe http://www.socialinvest.org/Areas/SRIGuide/Community.htm (Zugriff vom 10.2.2004).

362 Social Investment Forum (2001), S. 4f.

363 Cerulli (2001), S. 13.

Prozent der Portfolios gebannt. Im Vergleich dazu haben Kriterien wie Menschenrechte oder Arbeitsrechte mit einem Anteil von um die 40 Prozent eine wesentlich geringere Bedeutung als Ausschlusskriterium.[364] Mittlerweile hat sich die Klientel verbreitert. Nach einer Calvert-Studie aus dem Jahre 1999 wiesen 35 Prozent der Investoren mit Beitragsprimat aus, dass ihr Versorgungsplan auch eine SRI-Option enthalte. Diese verfügen über ein Fondvolumen von geschätzt etwa USD 750 Mrd.[365] Drei Jahre zuvor betrug der Anteil erst 16 Prozent.[366]

Auch die US-amerikanischen Gewerkschaften unterstützten SRI-Aktionärsanträge. Allein bei der Firma General Electric wurden beispielsweise im Jahr 2000 mehr als 50 Anträge, u.a. für die Verbesserung der Arbeitsrechte, bei der Generalversammlung eingereicht. „Wie beim Bündnis gegen die Globalisierung bei der WTO gibt es eine natürliche Koalition von Gewerkschaften und verantwortungsbewussten Aktionären, welche Standards in der globalen Wirtschaft durchzusetzen versucht“ sagt dazu Richard Ferlauto, der die US-amerikanischen Gewerkschaften in Aktionärsfragen berät.[367]

3.3.2 Europa

Aufgrund der im Vergleich zu den USA noch jungen Entwicklung von SRI in Europa gibt es bislang wenige verlässliche aggregierte Daten für den gesamteuropäischen Raum im Hinblick auf das Engagement institutioneller Investoren in SRI. Die folgenden Ausführungen konzentrieren sich daher auf das Privatkundengeschäft. Auf der später dargestellten Ebene der einzelnen Länder können hingegen bereits Aussagen zu institutionellen Investoren getroffen werden.

Das Ratingagentur-Netzwerk Sustainable Investment Research International (SIRI) hat mehrmals eine Erhebung von SRI-Fonds in Europa durchgeführt, um Daten und Trends im Bereich grüner, sozialer und ethischer Fonds zu erfassen.[368]

---

[364] Cerulli (2001), S. 14.

[365] Swiss Funds Association SFA (Schweizerischer Anlagefondsverband: Jahresbericht 2001. Basel, Schweiz, 2002.

[366] Cerulli (2001), S. 14.

[367] http://www.socialfunds.com/news/article.cgi/article338.html (August 16, 2000)

[368] Siri-Group (2001), S. 4 sowie Siri Group (2003), S. 7. Die Ergebnisse wurden in einem Kurzbericht veröffentlicht sowie auf der Datenbank www.sricompass.org im Detail dokumentiert.

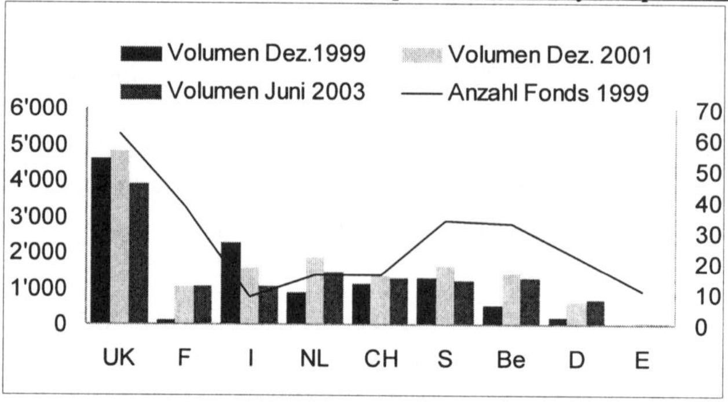

Abb. 45: Anzahl Fonds, Anlagevolumen pro Land (Mio. Euro) 1999/ 2001/ 2003 Quelle: eigene Darstellung nach SIRI Group, 2001

Die Anzahl an SRI-Retailfonds hat zwischen Januar 2000 und Ende Juni 2001 um 78 Prozent auf 280 Fonds zugenommen. Bis Ende Juni 2003 ist die Anzahl um weitere 12 Prozent auf 313 Fonds gestiegen. Dabei sind in den führenden Ländern wie UK, Frankreich, Schweden und Belgien mehr als 63 Prozent aller in Europa erhältlichen Fonds vertreten.[369] Die Dominanz des etabliertesten Marktes UK innerhalb des europäischen Marktes sank von 33 Prozent auf 21 Prozent, v.a. durch das starke Wachstum in Ländern wie Frankreich (+170 Prozent an Fonds) sowie Belgien und Deutschland, die 120 Prozent an neuen Fonds aufwiesen. In den letzten beiden Jahren erwies sich der italienische Retailmarkt als sehr dynamisch, gegenüber 10 Fonds Ende 2001 stieg die Anzahl auf 21 Produkte. Die unterschiedlichen Wachstumsraten hinsichtlich der Anzahl neuer Fonds kann auch durch die jeweils relative Marktsättigung erklärt werden. Im britischen Markt bieten mehr als 55 verschiedene Institutionen eine ethische Fondsvariante an. In Deutschland gab es 1999 nur zehn entsprechende Fonds, wobei gleichzeitig ein grosses Angebot ausländischer Fonds bestand.

Das Gesamtvolumen in europäischen SRI-Fonds stieg von EUR 11 Mrd. Ende 1999 um 30 Prozent auf EUR 14,4 Mrd. Ende 2001, wobei gegenüber dem Höhepunkt im Juni 2001 ein Rückgang um EUR 800 Mio. zu verzeichnen war, der v.a. auf Kursverluste an den Börsen zurückzuführen ist.[370] Auch bis Juni 2003 musste aufgrund der schlechten Börsenlage ein weiterer Rückgang der verwalteten Vermögen auf EUR 12,2 Milliarden registriert werden. Die durchschnittliche Fondsgrösse ist mit EUR 46 Mio. relativ klein, was v.a. durch das junge Alter der SRI-Fonds erklärt werden kann. Der Anteil von SRI-

[369] Siri Group (2003), S. 7. Eine Spezialsituation zeigt sich in Norwegen: Der staatliche Erdölfonds verwaltete die Erträge aus der Erdölwirtschaft zum Wohle der Bevölkerung. Der Fonds hat im letzten Jahr einen Umweltfonds gebildet, der „in Projekte von ökologischer Bedeutung investiert". Finanz und Wirtschaft, Ernst Herb: "Wir streben eine jährliche Rendite von 4 Prozent an". Interview. Oslo/Zürich, Norwegen/Schweiz. 14.2.2001. Zitiert in (Hauser (2002), S. 15.

[370] Siri-Group (2002), S. 8.

Fonds am Fondsmarkt ist mit 0,40 Prozent des Gesamtvermögens an europäischen Fonds relativ konstant.[371] Dies lässt sich dadurch erklären, dass gerade in der seit 2000 akuten Börsenbaisse Zuflüsse in Obligationen- und Geldmarktfonds zugenommen haben, in denen SRI-Optionen eindeutig unterrepräsentiert sind.

Für das Segment der institutionellen Anleger hat Eurosif (European Sustainable and Responsible Investment Forum) im Herbst 2003 eine Umfrage in verschiedenen europäischen Ländern durchgeführt. Die Erhebung ist allerdings auf die Länder beschränkt, in denen nationale Mitgliedsverbände zum Thema nachhaltige Geldanlagen organisiert sind: UK, die Niederlande, Deutschland, Österreich und die Schweiz, Frankreich, Italien sowie Spanien. Aufgrund der teilweise relativ niedrigen Rücklaufquote sind die Zahlen nicht unbedingt repräsentativ. Allerdings ist beabsichtigt, die Studie jährlich zu wiederholen, womit sich die Datenlage kontinuierlich verbessern wird. Im Rahmen der Erhebung wurde eine Kategorisierung von nachhaltigen Geldanlagen vorgenommen. Als „Kern-SRI" werden detaillierte Screening-Prozesse definiert, sowohl nach Positiv- wie auch nach Negativkriterien. Als zweite Stufe werden Gelder, die nach einfachen Ausschlussverfahren wie z.B. der Eliminierung von Tabak verwaltet werden, erfasst. Die dritte Gruppe des Engagements umfasst das Management von Geldern unter Anwendung von Engagement-Praktiken. Die untenstehende Tabelle zeigt, dass im Vergleich zu einer „strengen" Definition von SRI ein Vielfaches an Geldern nach einem einfachen Negativscreening verwaltet wird. Beispielsweise wenden fast alle niederländischen Pensionskassen Negativkriterien.

KERN-SRI	Kern-SRI ergänzt um NEGATIVKRITERIEN	Kern-SRI ergänzt um ENGAGEMENT
34	**218**	**336**

Abb. 46: Übersicht zum institutionellen SRI-Markt in Europa (in Mrd. EUR)

Quelle: Eurosif (2003b), S. 10.

Betrachtet man das Segment des „Kern-SRI" nach nationaler Verteilung, nimmt UK wie bereits im Retailmarkt die führende Stellung ein. Gut zwei Drittel aller institutionellen Gelder werden hier verwaltet. Dabei ist interessant, dass im Bereich des detaillierten Screenings vor allem die „Charities"[372] involviert sind, 82 Prozent des UK-Marktes wird

[371] Siri-Group (2002), S. 11. (Die Berechnung wurde anhand der UCITS-Fonds durchgeführt)

[372] Charities kann mit Wohlfahrtseinrichtung übersetzt werden, im Text wird weiterhin der englische Begriff verwendet.

durch sie abgedeckt. Als weitere Länder mit höheren Volumina sind die Niederlande, Deutschland und die Schweiz zu nennen.

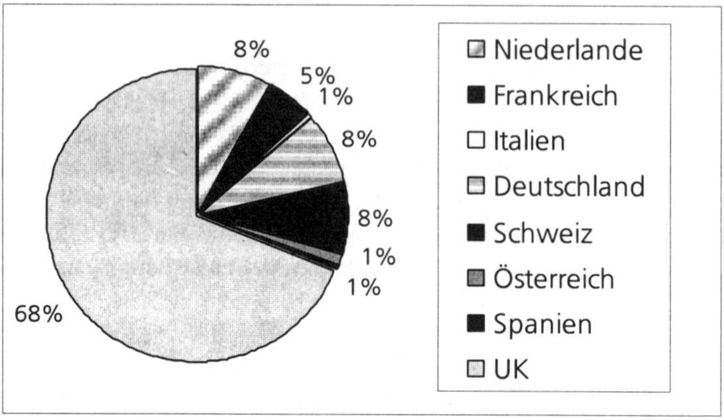

Abb. 47: Aufteilung des institutionellen SRI-Marktes nach Ländern

Quelle: Eurosif (2003b), S. 11.

Im Folgenden werden die im Rahmen dieser Arbeit relevantesten Einzelmärkte UK, Schweiz und Deutschland jeweils separat betrachtet.

3.3.3 UK

3.3.3.1 Private Anleger

Nach Erhebungen von EIRIS hatten die 55 ethischen Anlagefonds in UK Ende 2000 einen Wert von GBP 3,7 Mrd.[373]Nach der Analyse durch Eurosif ist deren Volumen bis zum August 2001 auf ca. GBP 4 Mrd.[374] sowie Ende 2003 auf GBP 4,2 Mrd. gestiegen. Anfang 2002 sollen nach Angaben von EIRIS mehr als 500'000 Briten Anteile von ethischen oder ökologischen Fonds besitzen. Ethisches Investment wurde zum dynamischsten Sektor des Fondsmarktes in UK, mehr als 20 Fonds wurden innerhalb der letzten drei Jahre lanciert. Morningstar[375] verfolgt 28 als ethisch eingestufte Fonds und drei weitere mit einer SRI-Strategie. Der Online-Finanzdienstleister TrustNet hat 40 ethische Fonds aufgelistet. Einige Investmenthäuser sind klar im Segment positioniert: Jupiter ist Experte in Umweltfonds, Friends Provident ist aufgrund seiner Quäker-Wurzeln im Markt vertre-

---

373 www.eiris.org (Zugriff am 12.10.2002)
374 www.eurosif.org (Zugriff vom 19.3.2003)
375 www.morningstar.co.uk

ten und der Versicherer Norwich Union bietet durch seine Tochter Morley Asset Management ein breites Spektrum an SRI-Produkten an.[376]

3.3.3.2 Institutionelle Anleger

Sparkes beschreibt das Volumen der Retail-SRI-Anlagen als Spitze eines Eisberges: „Man kann nur ca. 20 Prozent des Gesamten sehen, verglichen mit dem institutionellen Vermögen."[377] In UK wurden laut Sparkes im Jahr 2001 zusätzlich zu den GBP 3,5 Mrd. in Fonds GBP 38 Mrd. durch Kirchen und Stiftungen sowie GBP 80 Mrd. durch Pensionskassen nach sozial-ökologischen Kriterien verwaltet.[378] Gerade im Bereich der Pensionskassen und der Versicherungen hat sich gegen über 1999 eine signifikante Steigerung ergeben.

	1997	1999	2001
SRI-Fonds	2.2	3.1	3.5
Kirchen	12.5	14.0	13.0
Charities	8.0	10.0	25.0
Pensionskassen	0.0	25.0	80.0
Versicherungen	0.0	0.0	103.0
Gesamt	22.7	52.2	224.5

Abb. 48: Wachstum bei SRI-Vermögen in UK (in Mrd. GBP)

Quelle: Eurosif (2003b), S. 22

Eine Analyse durch die Londoner Beratungsfirma Control Risks Group demonstriert die zunehmend stärkere Verankerung von SRI-Kriterien im institutionellen Bereich: Sie führte im April 2000 eine Umfrage unter über 100 Investment-Analysten und Fondsmanagern der City hinsichtlich ihrer Einstellung zu SRI durch.[379] Die Studie ergab eine gesteigerte Wahrnehmung von sozialen und ethischen Themen innerhalb des Londoner Finanzzentrums. 71 Prozent der Befragten gaben an, dass diese weiche Faktoren eine höhere Bedeutung als vor fünf Jahren einnehmen und 77 Prozent der Interviewpartner glaubten, dass sie innerhalb der nächsten fünf Jahre weiter zunehmen werden. Fast zwei Drittel stimmten zu, dass die City ein stärkeres soziales und ethisches Bewusstsein aufweise. Als treibende Kräfte wurden die öffentliche Meinung, Presse und Medien-Aufmerksamkeit sowie Kundenanfragen genannt. Als wichtigster Faktor im Kontext von

---

[376] Cerulli (2002), S. 14f.

[377] Vgl. Sparkes, R.: A business outlook on SRI – Or seeing the wood for the trees. Speech at Triple Bottom Line Investing Conference in Rotterdam, 2. November 2000.

[378] Eurosif (2003b), S. 22.

[379] Hudson (2000), S. 52.

Anlageentscheiden wurde Umweltverschmutzung genannt, gefolgt von instabilen politischen Regimen, Korruption, Menschenrechte und fairem Handel. Trotz dieser intensiveren Wahrnehmung hat nur ein geringerer Anteil der vertretenen Institutionen einen Prozess implementiert, Kriterien der sozialen Verantwortung bei der Begutachtung von Investmententscheidung zu berücksichtigen.

Obwohl ein hoher Anteil von nach SRI-Kriterien gescreenten Portfolios von Charities verwaltet wird, hat eine Analyse von Just Pensions ergeben, dass deren strategische Verankerung noch klare Defizite aufweist.[380] Bei der Analyse der 100 grössten Charities und Stiftungen in UK wurde identifiziert, dass nur 40 Prozent der Charities eine SRI-Politik besitzen. In den meisten Fällen werden Screening-Verfahren angewendet, Engagement spielt bisher eine untergeordnete Rolle. Auch hinsichtlich der Transparenz scheint es Probleme zu geben: Fast zwei Drittel der Charities mit einer SRI-Politik berichten ihren Gönnern nicht über deren Implementierung.

3.3.4 Schweiz

Im Gegensatz zum angelsächsischen Raum ist das prinzipiengeleitete Investment im deutschsprachigen Raum relativ jung. Die Beachtung sozialer Kriterien bei der Anlage – wie sie etwa in den USA von den Quäkern angewandt wurden – stösst bei den Anlegern bisher auf geringeres Interesse. Hier stehen hingegen Aspekte des Umweltschutzes im Vordergrund, wobei in den letzten Jahren mit den Nachhaltigkeitsfonds auch die soziale Komponente an Bedeutung zugenommen hat.

Nach Schätzungen von Cerulli stieg das verwaltete Vermögen in SRI-Assets von CHF 5 Mrd. auf CHF 7.4 Mrd. Mitte 2001. Dabei sind nach Angaben von SAM ca. CHF 3,3 Mrd. von Retail-Investoren und CHF 4.1 Mrd. von institutionellen Investoren investiert.[381]

3.3.4.1 Private Anleger

Der Schweizer Fondsmarkt hat in den letzten Jahren einen wahren Boom von ökologischen Anlageprodukten erlebt. Bis 1990 gab es nur einen Fonds, den CS Oeco Protec, der im Sortiment der Credit Suisse eher ein Schattendasein führte. Der 1994 von der Bank Sarasin lancierte OekoSar war der erste nach dem Prinzip der Öko-Effizienz gemanagte Fonds. Auch er verfügte in den ersten Jahren über ein eher geringes Volumen und wurde kaum aktiv vermarktet. Im Jahre 1997 kam durch die Lancierung bzw. den Relaunch verschiedener Anlageprodukte der Markt in Bewegung. Im Juni lancierte UBS zwei auf dem Konzept der Öko-Effizienz gemanagte ökologische Anlagefonds, fast zeitgleich kündigte Credit Suisse die Umbenennung und Repositionierung des Oeko-Protec in den

---

380 Birch (2003).

381 Cerulli (2001), S. 6.

Eco Efficiency Fonds an. Kurz darauf startete die Sustainable Performance Group als ökologische Beteiligungsgesellschaft mit Unterstützung prominenter Partner. In den folgenden Jahren zogen neue Anbieter mit breitem Distributionsnetz und offensiven Strategien nach, sei es die Kantonalbanken und die Migros-Bank. Beide streben durch eine Kooperation mit NGO's und einer grösseren Anzahl an strengen Ausschlusskriterien eine hohe Glaubwürdigkeit bei ihren Zielgruppen an.[382] Damit wuchs zwischen 1997 und 2001 die Anzahl von nachhaltigen Anlagefonds in der Schweiz von zehn auf 40 Portfolios an (incl. institutioneller Fondsprodukte), wobei die Tendenz weiter steigend ist.[383]

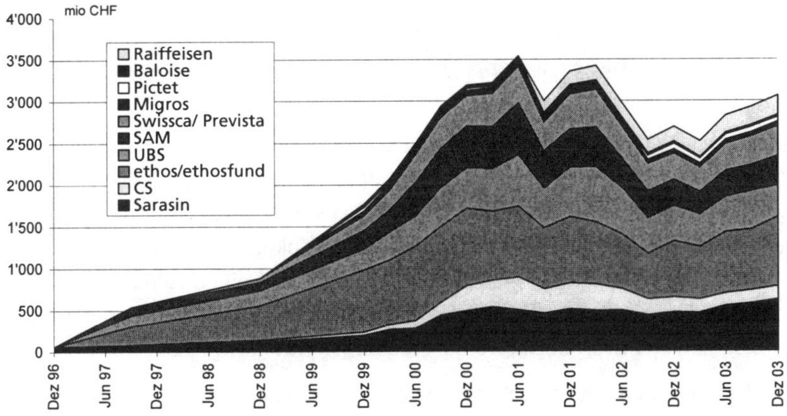

Abb. 49: Entwicklung von Schweizer Retailfonds

Quelle: UBS in Kooperation mit den Anbietern

3.3.4.2 Institutionelle Anleger

Laut Eurosif betrug das Vermögen in institutionellen SRI-Fonds Ende 2002 ca. EUR 1,23 Mrd., was fast zwei Prozent des institutionellen Marktes in der Schweiz entspricht.[384] Innerhalb des institutionellen Marktes sind v.a. Initiativen der Kirchen und NGOs bekannt.

Im Frühjahr 2001 starteten „Brot für alle", Fastenopfer und „Partner sein" eine Kampagne unter dem Motto: „Neue Noten braucht das Geld." Ziel war es, die öffentliche Meinung und die katholischen sowie reformierten Kirchgemeinden der Schweiz für die Probleme

[382] Swissca kooperiert mit dem WWF, die Migrosbank mit dem VCS. Beide Fonds schliessen neben den "klassischen" Negativkriterien wie Waffen, Tabak, Glücksspiel auch Automobilkonzerne, Fluggesellschaften sowie Chlor- und Agrochemie aus.

[383] Banco (2001), S. 9.

[384] Eurosif (2003b), S. 43.

im Zusammenhang mit der Globalisierung der Finanzwelt zu sensibilisieren.[385] Dabei wurden Themen wie ethische Geldanlagen, einkommensfördernde Geldanlagen, einkommensfördernde Projekte und die Regulation internationaler Finanzströme diskutiert.

Als Grundlage für die Kampagne führten Brot für alle und Fastenopfer bei den Westschweizer Kirchengemeinden eine Umfrage durch, die zu folgenden Schlüssen kam: [386] Die Kenntnisse in bezug auf ethisch-ökologische Anlagen sind noch bescheiden. Von den antwortenden Kirchgemeinden haben zwar 69 Prozent schon etwas davon gehört, aber nur die Hälfte davon kann auch ein Beispiel nennen.

Nur gerade neun Prozent der katholischen und reformierten Kirchengemeinden in der Westschweiz investieren in ethisch-ökologische Anlagen. Sicherheit und Rentabilität sind nach wie vor die wichtigsten Kriterien ihrer Anlagepolitik, die Gewohnheit, Unwissen und fehlendes Bewusstsein prägen.

Dank der verschiedenen Initiativen wie der ökumenischen Aktion „Der Preis des Geldes" von 1984 stehen die Kirchen den Investitionsmöglichkeiten, die den Kriterien nachhaltiger Entwicklung entsprechen, zunehmend offen gegenüber. Gemäss der Umfrage haben 45 Prozent der Gemeinden ihr Interesse bekundet, in Zukunft einen Teil ihres Geldes in ethische Fonds anzulegen. Dabei geht es den katholischen Gemeinden in erster Linie um Solidarität, den Teilungsgedanken und um gegenseitiges Helfen. Auf Seiten der Reformierten spielt die verantwortungsbewusste Finanzverwaltung eher eine Rolle.[387]

Trotz des Gesamtbildes einer eher zurückhaltenden Haltung gibt es Beispiele aktiver Kirchengemeinden. Die Basler Gemeinde St. Leonhard hat 1994 ein neues Reglement abgesegnet, das für die Finanzpolitik vier Grundsätze festlegt: Sicherheit, genügend flüssige Mittel, Kapitalerhalt durch marktkonforme Erträge sowie Ablehnung der Anonymität. Nicht erlaubt sind Investitionen in Waffen und Kriegsmaterial, Kernkraftwerke, Alkohol- und Tabakindustrie. Bis zu 30 Prozent des Vermögens sind für ethische Investitionen vorgesehen, welche „die Gerechtigkeit und den Frieden fördern und dem Erhalt der Schöpfung dienen"[388].

Zur Erfassung der Anlagepolitik bei Schweizer NGOs hat die Erklärung von Bern[389] 1997 eine Umfrage bei 12 grossen Organisationen für Umwelt und Entwicklung in der Schweiz

---

[385] Egger/ Ridoré (2001), S. 68.
[386] Egger/ Ridoré (2001), S. 68.
[387] Egger, Ridoré (2001), S. 69f.
[388] Egger, Ridoré (2001), S. 70.
[389] Die Erklärung von Bern (EvB) ist Verein für solidarische Entwicklung, der sich mit Nord-Südkonflikten sowie Kontroversen in den Bereichen Wirtschaft, Kultur, Ernährung, Ökologie und Fairtrade beschäftigt. Siehe www.evb.ch.

durchgeführt:[390] Dabei wurde erfasst, dass alle befragten NGOs interne Regelungen besassen, um fundamentale Widersprüche zwischen ihren Zielen und Anlagen zu vermeiden. Neben bescheidenen Anlagen bei der Alternativen Bank ABS oder der Ökumenischen Entwicklungsgenossenschaft (EDCS) investierten die meisten NGOs ihr Geld bei Kantonalbanken oder in Bundesobligationen. Ein stärkeres Engagement wie die Gründung ethischer Anlagefonds, Corporate Governance, die Mobilisierung der Pensionskassen oder verantwortliches Aktionärsverhalten erfolgt allerdings nur bei wenigen NGOs. Damit wird auf Seiten der Umsetzung ein klares Defizit festgestellt: „Die grosse Mehrheit managt ihre Investments nach wie vor auf traditionelle Art und Weise, ohne sie als Mittel zur Förderung von nachhaltiger Entwicklung zu betrachten."[391]

3.3.5 Deutschland

In einer Befragung des Instituts für Markt, Umwelt und Gesellschaft (IMUG) von Banken und Finanzdienstleistern wird hinsichtlich der Marktentwicklung im Privatanlegerbereich eine grössere Zurückhaltung vermutet, während bei den institutionellen Anlegern in Zukunft höhere Zuwachsraten erwartet werden.[392] Die nachfolgenden Zahlen spiegeln teilweise eine andere Realität wieder. Diese Differenzen lassen sich jedoch aus dem Problem begründen, dass die Datenlage aufgrund der nicht öffentlich zugänglichen Zahlen für Spezialmandate eher rudimentär ist.

3.3.5.1 Private Anleger

Trotz der starken politischen Kraft der Grünen in Deutschland ist der Marktanteil von ethisch-ökologischen Fonds am Gesamtmarkt eher gering bei 0,4 Prozent, verglichen mit 1,7 Prozent in Schweden.[393] Ein Grund mag darin liegen, dass das Bundesaufsichtsamt für Kreditwesen (BAKred) bisher keine ethischen Fonds zugelassen hat, da es keine griffige und überprüfbare Definition für den Begriff gebe. Daher werden bisher v.a. ausländische Fonds in Deutschland vermarktet.

Nach Angaben des Forum Nachhaltige Geldanlagen bewegte sich das Volumen von nachhaltig verwaltetem Vermögen im Jahr 2000 bei ca. EUR fünf Mrd., wobei Beteiligungsgesellschaften und Einzelaktien einbezogen sind. Ende 2000 waren 21 nachhaltige Fonds in Deutschland mit einem Gesamtvolumen von EUR. 1,5 Mrd. registriert.[394] Hinsichtlich der Neulancierung und des Anstiegs der Volumina kann man von einem Trend sprechen: Ende 2001 waren bereits 49 und im Mai 2002 sogar rund 65 Fonds in Deutschland zum Vertrieb zugelassen. Waren es 1998 noch EUR 306 Mio., wiesen die

---

390 Pellet (2001), S. 72f.
391 Pellet (2001), S. 73.
392 IMUG (2002), S. 11.
393 Cerulli (2001), S. 11.

Fonds 2001 schon ein Volumen von EUR 2,42 Mrd. auf. Ecoreporter.de kommentiert diese Entwicklung, dass „der nachhaltige Kapitalmarkt in Deutschland seit 1999 endgültig aus seiner Nische herausgewachsen und zu einem Wachstumsmarkt geworden ist."[395]

Fondsart	Volumen Ende 1999 / Mio EUR	Volumen Ende 2000/ Mio EUR	Mittelzufluss 2000/ Mio EUR	Volumen Ende 2001/ Mio EUR	Mittelzufluss 2001/ Mio EUR
Aktienfonds	522	1300	712	1805	754
Rentenfonds	39	51	8.4	189	134
Mischfonds	186	271	65	413	97
Dachfonds	0	5	6	6.5	2.6
Summe	747	1627	737	2414	988

Abb. 50: Volumina und Mittelzuflüsse von in Deutschland registrierten SRI-Fonds 2000 und 2001.[396]

Quelle: Ecoreporter.de (2002), S. 81.

3.3.5.2 Institutionelle Anleger

Laut Eurosif wird das Gesamtvolumen der Vermögen, die in institutionellen Fonds ethisch-ökologisch gemanagt werden, Ende 2002 EUR 1,37 Mrd. betrug, was ca. einem Prozent des deutschen institutionellen Marktes entspricht.[397] Das Potenzial bei einzelnen Zielgruppen liegt um ein Vielfaches höher, wie die folgenden Zahlen illustrieren:

Das Kapitalvermögen der Kirchen und kirchlichen Institutionen (bei kirchlichen Banken und Versicherungen) beträgt ca. EUR 100,2 Mrd., hinzu kommen EUR 53,4 Mrd. des Vermögens kirchlicher Stiftungen.[398] Im Vergleich dazu ist das Volumen der ethischen Fonds von Kirchenbanken und kooperierenden Finanzinstituten für diese Zielgruppe sehr gering, es betrug im Jahr 2002 knapp EUR 150 Mio.[399] Das Volumen der nicht veröffentlichten Spezialmandate dürfte allerdings um ein Vielfaches höher liegen.

---

[394] Cerulli (2001), S. 11.

[395] Ecoreporter.de (2002), S. 3. Im Vergleich zum Gesamtmarkt ist der Anteil ethisch-ökologischer Anlageprodukte jedoch noch immer gering, wenn man den Betrag zu der Gesamtsumme deutscher Fonds von EUR 924.8 Mrd in Relation setzt. Siehe imug (2003), S. 7. (Zahlen von April 2002)

[396] Eine Addition der Volumina und Mittelzuflüsse des Vorjahres zum Wert des nächsten Jahres ist nicht möglich, da zusätzliche Kursveränderungen einberechnet werden müssen.

[397] Eurosif (2003b), S. 43.

[398] IMUG (2002); s. 15.

[399] Folgende Fonds wurden berücksichtigt: KCD Union-RENTEN Plus Nachhaltig DJSG Index, KCD Union-Aktien Nachhaltig DJSG Index, DVG Stiftungsfonds, Invesco Fonds für Orden und Ökumene, KD Fonds Öko-Invest.

Das Stiftungsvermögen in Deutschland wird auf über EUR 32 Mrd. geschätzt, wobei zwei Drittel des Vermögens Finanzanlagen sind.[400] Bei einer Befragung von 400 Stiftungen durch die Universität Stuttgart wurde deutlich, dass deutsche Stiftungen ethischen, sozialen und ökologischen Kriterien bei der Anlage ihrer Vermögen nur eine geringe Bedeutung beimessen. Nur etwa vier Prozent der befragten Organisationen bezeichneten sich als ethische Anleger und knapp zwei Drittel beabsichtigten auch in Zukunft keine derartige Anlagegrundsätze zu beachten.[401]

Gewerkschaften stehen ethisch-ökologischen Geldanlagen bisher eher distanziert gegenüber, was sich auch aus der Tatsache ergibt, dass sie sich noch nicht grundsätzlich mit Aktienanlagen beschäftigt haben. IMUG fasst zusammen, „dass sich die Gewerkschaften in Deutschland am Anfang einer Policy-Debatte befinden, wie sie vor zehn Jahren in den Niederlanden begonnen hat. Dabei stehen einige der gewerkschaftlichen Grundwerte, beispielsweise der Gegensatz zwischen Kapital und Arbeit, auf dem Spiel. Gewerkschaften müssen zukünftig eine Position zu ihrer Rolle als Kapitalanleger entwickeln, wenn ein substantieller Teil der Marktkapitalisierung an amerikanischen und europäischen Börsen von Pensionsfonds gehalten wird, an deren Zustandekommen Arbeitnehmer und Arbeitgebervertreter beteiligt sind.“ [402]

Gewisse Impulse für nachhaltige Anlagen werden durch die am 11. Mai 2002 verabschiedete Rentenreform erwartet. Im Rahmen dieser Rentenreform werden Pensionsfonds auch dazu verpflichtet, zum Einbezug ethischer, sozialer oder ökologischer Aspekte in die Veranlagungsentscheidung Stellung zu nehmen. Die genaue Ausgestaltung und Reaktionen auf diese Regelung wird in Kapitel IV unter Abschnitt 2.2.1 ausführlich erläutert.

IMUG fasst die Situation ethisch-ökologischer Geldanlagen bei institutionellen Investoren in Deutschland folgendermassen zusammen: [403] „Es lässt sich feststellen, dass das Thema in den letzten Jahren enorm an Bedeutung gewonnen hat. Ein gewisses Marktpotenzial ist schon jetzt vorhanden. Insbesondere Kirchen zeigen sich dem Thema gegenüber aufgeschlossen. Auch einige wenige Stiftungen denken über ihre Anlagepolitik nach. Die Gewerkschaften stehen am Anfang eines Diskussionsprozesses über die Berücksichtigung von sozialen und/ oder ökologischen Kriterien bei der Altersvorsorge. Die im Zuge der Rentenreform eingeführte Berichtspflicht hat dagegen bisher noch nicht die entscheidenden Impulse gebracht.“

---

[400] IMUG (2002), S. 19.
[401] Universität Stuttgart (2003).
[402] IMUG (2002), S. 23.
[403] IMUG (2002), S. 24.

3.3.6 Zusammenfassung

Trotz der teilweise unzureichenden Datenlage, vor allem im Bereich institutioneller Investoren, ist das Wachstum von SRI unverkennbar. Hinsichtlich der prozentualen Anteile scheint die Penetration im amerikanischen Markt weiter zu sein, jedoch ist die unterschiedliche Vorgehensweise im Hinblick auf die Auswahl der Titel zwischen den USA und Europa zu beachten. Aufgrund der teilweise engeren Definition und komplexeren Auswahlverfahren werden in Europa geringere Marktanteile verzeichnet, doch findet hier eine dynamische Entwicklung statt. Die jeweiligen Einzelmärkte zeigen die historische Verankerung bzw. Akzeptanz des SRI-Konzeptes. Während in UK bereits eine längere SRI-Tradition zu höheren Volumina im Retail- wie im institutionellen Bereich geführt hat, stehen Italien und Spanien noch am Anfang. Je nach kulturellem Hintergrund werden dabei inhaltliche Schwerpunkte in bezug auf eher ökologische oder soziale bzw. ethische Kriterien gelegt. Im institutionellen Bereich haben die quasi „klassischen" Zielgruppen wie Kirchen und Stiftungen oft - wie beispielsweise in UK- ein beträchtliches Engagement aufzuweisen. In Ländern wie Deutschland oder der Schweiz weisen die bisher veröffentlichten Zahlen auf ein eher geringes Engagement dieser Institutionen hin. Trotz der Dynamik im Segment SRI ist es eindeutig, dass sich der Anteil am Gesamtmarkt sowohl bei privaten wie auch institutionellen Investoren weiterhin im unteren einstelligen Prozentbereich bewegt. Bisher ist eine breite Streuung im Markt nicht geglückt. Die Vermarktung beschränkt sich auf einzelne Anlegergruppen.

3.4 Anlagemotive (Überblick über diverse Marktstudien)

Der Klassifikationsansatz für prinzipienorientierte Kapitalanlagen nach Mächtel unterscheidet drei mögliche Motive von Anlegern, wobei sich die drei Arten in der Praxis nicht immer klar abgrenzen lassen. Diese Dreiteilung wird von den verschiedenen Marktstudien im Grundsatz bestätigt und trifft sowohl auf private wie auch institutionelle Anleger zu.:[404]

- Den *finanziell motivierten Anlagen* liegt neben der ökologischen Zielsetzung auch eine klare Gewinnorientierung zugrunde.
- *Trendmotivierte Anlagen* hingegen werden vom Anleger aus gesellschaftlichen Gründen heraus getätigt. Image oder Modeerscheinungen in Verbindung mit einem sich wandelnden gesellschaftlichen Wertsystem sind hierfür Veranlassung.
- Die *ethisch motivierten Anlagen* schliesslich leiten sich aus der Absicht des Investors her, seine persönlichen, ethischen Werte auch bei Anlageentscheidungen zu verfolgen.

[404] Mächtel (1996), S. 52.

Da private und institutionelle Anleger unterschiedliche Rahmenbedingungen hinsichtlich ihrer Präferenzen und Meinungsbildung sowie anderen Restriktionen unterliegen, erfolgt eine separate Betrachtung beider Gruppen.

3.4.1 Private Investoren

Ganz so optimistisch wie es Kaiser in seinen Ausführungen formuliert, sieht die Lage im Bereich von SRI nicht aus: „Genauso selbstverständlich wie heute kritische Konsumenten Eier von glücklichen Freilandhühnern kaufen, legen kritische Anlegerinnen und Anleger ihr Geld an: Sie entscheiden sich für Fonds, die das Geld nur in ökologisch und sozial fortschrittliche Firmen investieren.“[405]

Da Anbieter für die Entwicklung neuer Produkte eindeutigere Präferenzen benötigen bzw. Institute im Rahmen von Forschungsprojekten Anhaltspunkte zur Marktentwicklung suchen, wurde in den letzten Jahren durch verschiedene Marktstudien versucht, ein Profil ökologischer Anleger zu erstellen.

Bereits 1991 führte das EMNID-Institut im Auftrage der deutschen Zeitschrift FINANZ-test eine repräsentative Umfrage über ethisch-ökologische Geldanlagen durch. Dabei wurden folgende Erkenntnisse gewonnen:[406]

- Der Bekanntheitsgrad des ethisch-ökologischen Investments ist mit 28 Prozent der Stichprobe relativ gering.
- Zu einer Anlage bereit wären unter der Annahme eines Renditeverzichts 20 Prozent der Befragten, 50 Prozent sind dazu nicht bereit und 27 Prozent haben sich dazu noch keine Meinung gebildet.
- Auf die Frage, wie gross die Bereitschaft ist, auf Rendite zu verzichten, ergeben sich konkret folgende Antworten: 40 Prozent sind bereit, auf fünf Prozent der Rendite zu verzichten, 33 Prozent sind bereit, auf zehn Prozent zu verzichten und zehn Prozent sind bereit, auf 20 Prozent zu verzichten.

Gemäss dieser Umfrage verfügt der idealtypische Öko-Anleger über die folgenden Merkmale: Sie/ Er ist Angestellte(r) oder Beamte(r), kann monatlich EUR 100-150 sparen, hat mindestens einen mittleren Bildungsabschluss, ist zwischen 30 und 39 Jahren alt und verfügt über ein Monatseinkommen von mindestens DEM 4000. Dieser Studie liegt noch die Vorstellung zugrunde, dass eine Anlage nach ethischen oder Kriterien mit einem Renditeverzicht einher gehen muss.

Das Institut für Ökologische Wirtschaftsforschung hat 1999 eine Befragung ökologischer Anleger[407] durchgeführt. Leser des Börsenbriefes “öko-invest”, der Website www.oeko-

---

[405] Kaiser (2001), S. 1.

invest.de und der Zeitschrift "ökonomy" wurden zu ihren Erfahrungen mit ökologischen Geldanlagen befragt. Von der Stichprobe der 547 Antwortenden wurde versucht, Charakteristika ökologischer Anleger herauszuarbeiten. Diese Anleger sind entsprechend dieser Studie: (im Vergleich zu konventionellen Anlegern)

- hungrig nach Informationen (Printmedien und Internet),
- offener für Empfehlungen von Freunden,
- skeptischer gegenüber Banken,
- risikobereiter und
- bereit, einen grösseren Anteil ihres Vermögens zu investieren.

Hinsichtlich demographischer Merkmale ist ein überdurchschnittlich hoher Anteil von Freiberuflern, Unternehmern oder Selbständigen bzw. vermögenden Frauen in dieser Anlegergruppe vertreten.

Das IÖW hat aufgrund der jeweiligen Anlagemotive und der Renditeerwartungen eine Kategorisierung grüner Anlegerprofile durchgeführt, wobei drei Hauptgruppen unterschieden werden:[408] Die Gruppe der Umweltaktiven lässt sich am ehesten mit den *Idealisten* vergleichen, die 27,5 Prozent der Anleger ausmachen. Für sie ist entscheidend, dass ihr Geld nach ökologisch-ethischen Kriterien investiert ist. Ihre Renditeerwartung liegt unter den üblichen Marktkonditionen. Ihr primäres Bedürfnis liegt in einem hohen ökologischen Nutzen und der Glaubwürdigkeit ökologischer Geldanlagen. Hinsichtlich der Renditeerwartung besitzen die *Grünen Dagoberts* eine konträre Erwartungshaltung. Für sie stellen „grüne" Geldanlagen besondere ökonomische Möglichkeiten dar. Sie lassen sich durch die Performance-Argumente anziehen, die durch das Konzept der Öko-Effizienz oder Zukunfts-Technologien erzielt werden. Ihre Bedeutung war 1999 mit ca. sechs Prozent relativ gering, doch ist anzunehmen, dass die starken Volumenzuwächse verschiedener Umwelttechnologiefonds im Jahr 2000 auf einer starken Zunahme solcher renditefokussierter Investoren beruht. Die Gruppe der Umweltaktivierbaren ist am ehesten auf die *Hauptgruppe "Plus Grün"* zu übertragen, zu der mehr als die Hälfte der Befragten zuzuordnen ist. Sie entscheiden primär nach klassischen Kriterien, grüne Anlagen können ihnen allenfalls einen "added value" bieten.

Auch Belz benutzt eine ähnliche Einteilung von Konsumentengruppen für das Öko-Marketing:[409] 1. Umweltaktive, die ein hohes Umweltbewusstsein aufweisen und sich

---

[406] Siehe Mächtel (1996), S. 147f.
[407] IÖW, Öko-Zentrum Hamm (1999).
[408] Loew (2000).
[409] Belz (2000), S. 105f, aufbauend auf Meffert/ Kirchgeorg (1998), S. 121-122.

weitgehend danach verhalten, 2. Umweltaktivierbare, die zwar ein hohes Umweltbewusstsein aufweisen, sich aber nur bedingt danach verhalten, und 3. Nichtumweltbewusste/ Umweltpassive. Ein wichtiger Unterschied zwischen diesen Gruppen besteht in der Wahrnehmung und Gewichtung der einzelnen Nutzen- und Kostenkategorien. Da Ökologie den Umweltaktiven einen hohen Selbst- und Fremdachtungsnutzen bietet, sind sie auch bereit, eine Minderung des Gebrauchsnutzens zu akzeptieren (in diesem Fall einen Renditeverzicht). Bei Umweltaktivierbaren ist es möglich, ökologische Aspekte flankierend einzusetzen, sie als integrales Leistungsmerkmal wie Qualität oder Gesundheit darzustellen.

Diese Aufteilung in Anlegersegmente wird auch von Paape in seiner Arbeit zum Marketing ethischer Investmentfonds hinsichtlich der Bedeutung sozial-ökologischer Kriterien sowie der Rendite bei der Anlageauswahl benützt[410] Anhand dieser Faktoren lässt sich sowohl die Einteilung im Öko-Marketing von Belz wie die Anlegergruppierung durch Paape und das IÖW darstellen.

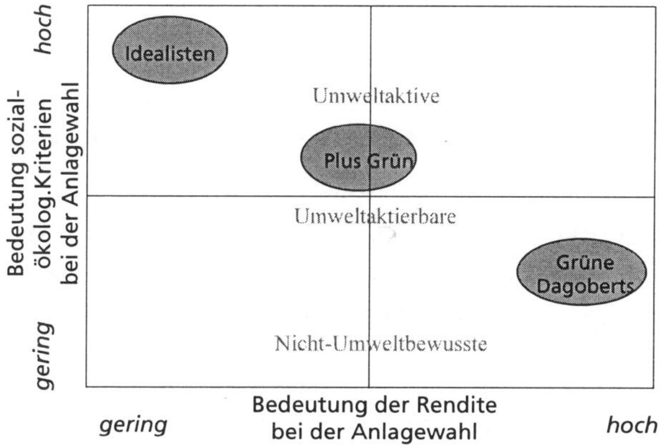

Abb. 51: Anlegersegmentierung

Quelle: eigene Darstellung in Anlehnung an Paape

Das Interesse an nachhaltigen Anlagen ist durchaus vorhanden. Eine Studie des Institutes für Markt - Umwelt - Gesellschaft (imug)[411] hat ergeben, dass ein Drittel der Befragten Kenntnis von sozial-ökologischen Geldanlagen hat und fast die Hälfte diese Anlagen attraktiv findet. Doch offenbar hapert es bei der Umsetzung in die eigenen Investitionen.

---

[410] Paape (2000), S. 42.

[411] Stremlau, Silke: Ethisches Investment in Deutschland – eine empirische Marktanalyse. Imug investment research, Hannover, Deutschland. In Dokumentation des Seminars "Ethisch orientierte Aktienanlage – Nische oder Wachstumsmarkt", 14.3.02. Deutsches Aktieninstitut, Frankfurt, Deutschland. 2002.

Zwei Fünftel fanden es schwierig, glaubwürdige Informationen zu finden. Noch erstaunlicher ist aber, dass mehr als ein Drittel nicht wusste, wo man die Fonds kaufen kann. Hier liegt also ein grosses Informations- und Kommunikationsproblem vor:

Hinderungsgründe für ethisch-ökologische Geldanlagen	**trifft zu**	**trifft nicht zu**
weil ich kein Geld gehabt habe, dass ich anlegen könnte	51,2	48,8
weil es schwierig ist, zuverlässsige Informationen zu solchen Fonds zu erhalten	42	58
weil mir unbekannt war, wo man solche Fonds bekommt	36,6	63,4
weil ich das Risiko solcher Fonds für zu gross halte	23,2	76,8
weil ich die Verzinsung solcher Fonds für zu gering halte	17,1	82,9
weil ich bezweifle, dass ich damit zur Verbesserung der Umwelt und der Gesellschaft beitragen kann	14,5	85,5
weil ich solche Fonds für unglaubwürdig halte	7,5	92,5

Abb. 52: Hinderungsgründe für ethisch-ökologische Geldanlagen

Quelle: imuk, muk 2001

Die Anbieter von sozial-ökologischen Fonds sollte dies aufhorchen lassen, vor allem wenn rund 85 Prozent der befragten Privatanleger den Fonds ein hohes Problemlösungspotenzial zuweisen. Als wichtige Elemente der Fonds wurden auch die Ausschluss- und die Positivkriterien untersucht. Bei den Ausschlusskriterien bestand ein deutlicher Konsens in bezug auf Kinderarbeit und Rüstungsunternehmen. Immer noch fast die Hälfte der Anleger wollte auch Unternehmen, die Tierversuche durchführen oder sich mit Gentechnik befassen, nicht in ihrem Portfolio haben. Das hohe Umweltbewusstsein in Deutschland zeigt sich bei den Positivkriterien: An erster Stelle rangierten die besonderen Leistungen im Umweltschutz, gefolgt von sozialen Leistungen für Mitarbeiter und einer umfangreichen Informationspolitik.

3.4.2 Institutionelle Investoren

Im folgenden Abschnitt werden mögliche und empirisch erfasste Motive institutioneller Investoren im Hinblick auf SRI dargestellt. Die Ausführungen konzentrieren sich auf Kirchen und Stiftungen als typische Vertreter dieser Zielgruppe. Die Motivation von Pensionskassen mag teilweise damit übereinstimmen und wird im Kapitel IV.2 ausführlich erörtert.

Kirchlichen Institutionen, kirchlichen Stiftungen und Hilfswerken kann unterstellt werden, dass sie ein besonderes Interesse an einer ethischen Verwaltung ihrer Geldanlagen haben. Immer mehr wächst bei ihnen die Erkenntnis, dass sie sich nicht damit zufrieden geben können, dass sie mit den Gewinnen aus Kapitalvermögen Gutes tun.[412] Auch wenn festzustellen ist, dass kirchliche Institutionen grosses Interesse an ethischen Geldanlagen äussern, lassen sich bei der Umsetzung drei Gruppen von Akteuren differenzieren:[413]

- Sicherheit und Rendite steht im Vordergrund. Um den Vorwurf zu vermeiden, nicht nach ethischen Gesichtspunkten zu handeln, sucht man nach der kostengünstigsten Möglichkeit.
- Eine zweite Gruppe will sich mittels ihrer ethisch-ökologischen Verwaltung der Gelder öffentlich erkennbar machen und wählt ein Anlagekonzept, mit dem sie diesem Ziel gerecht werden und gleichzeitig keine Einbussen in der Rendite hinnehmen muss. Ziele, die über die unmittelbare Anlage hinausgehen, sind nicht im Blick.
- Eine dritte Gruppe sieht ihre Investition nicht nur als Selbstdarstellung in der Öffentlichkeit, sondern auch als Möglichkeit, die gesamte Wirtschaft ethisch-ökologisch zu beeinflussen. Sie sucht daher nach dem Bewertungskonzept, das ein Höchstmass an Transparenz liefert. Sie ist an einer hinreichenden Rendite interessiert, zugleich aber offen dafür, mit einem Teil des Anlagevermögens in Anlagen mit geringerer Rendite zu gehen, wenn dadurch wichtige ökologische und soziale Innovationen gefördert oder neue Arbeitsplätze geschaffen werden können.

Die Befragung institutioneller Anleger durch Imug hat bei Kirchen folgende Beweggründe identifiziert, sich mit ethisch-ökologischen Anlagen auseinander zu setzen.[414] Ein häufig genannter Aspekt war die aktuelle weltpolitische Entwicklung, insbesondere mit Blick auf die Folgen der Globalisierung, die zur Zeit wieder stärker zur Diskussion stehen. Die Vertreter der Kirchen nannten auch ein vermehrtes Interesse der Gläubigen an der Art, wie die Kirche ihr Geld anlegt. „Fantasievoll und menschenfreundlich sollen die kirchlichen Investitionen sein.“[415] Ausschlaggebend aber scheint ein wirkliches Interesse desjenigen zu sein, der in der kirchlichen Institution für die Finanzverwaltung zuständig ist. Andere Untersuchungen zeigen auf, dass bei den kirchlichen Organisation ein hohes Potenzial vorhanden ist, was ethisch-ökologische Geldanlagen betrifft. Bei einer Befragung durch Schäfer gaben 70 Prozent der Befragten an, ihr Geld bereits nach ethischen

---

[412] Hoffmann/ Scherhorn (2002), S. 59.

[413] Hoffmann/ Scherhorn (2002), S. 60.

[414] IMUG (2002), S. 17.

[415] Die Frankfurter Rundschau zitiert in einem Artikel vom 25. 9. 2001 den Finanzreferenten der badischen evangelischen Landeskirche Beatus Fischer.

Kriterien anzulegen bzw. in Zukunft bei Anlageentscheidungen solche Kriterien berücksichtigen zu wollen.[416] Diese Zahlen scheinen aufgrund des aktuellen Volumens relativ ambitioniert. Hemmend für die Entwicklung ist die Tatsache, dass die Kirchen in Deutschland kein einheitliches Konzept bei der Kapitalanlage haben. Jede kirchliche Gemeinde, Landeskirche oder Diözese handelt nach eigenen Vorstellungen, bzw. der Verantwortliche entscheidet nach seinen Prinzipien.

Bei Stiftungen ergibt sich ein Potenzial aus der Tatsache, dass bei stärker im Blickpunkt der Öffentlichkeit stehenden Stiftungen (beispielsweise bei denen, die Spenden und Zustiftungen sammeln) die Berücksichtigung ökologischer und sozialer Kriterien bei der Anlagepolitik eine Positionierungschance im Wettbewerb um öffentliche Aufmerksamkeit und Spenden-/ Zustiftungsgelder bietet.[417] Auch inhaltliche Überschneidungen können als Motiv dienen: „der gemeinsame Grundgedanke des auf Ewigkeit und Gemeinwohl angelegten Stiftungsvermögens."[418]

Während Kirchen und Stiftungen als klassische Zielgruppen sich stärker mit dem Thema des prinzipiengeleiteten Investments auseinandergesetzt haben, sind andere institutionelle Investoren wie Fondsmanager bisher zurückhaltender. Doch eine aktuelle Studie aus UK zeigt, dass sich ihre Einstellung aufgrund des Marktdruckes wandelt: Die Befragung zu Einstellungen konventioneller Fondsmanager in UK zu SRI durch Deloitte & Touche im Jahre 2002 hat folgende Ergebnisse ergeben: Während der letzten 12 Monate haben mehr als 50 Prozent der befragten Fondsmanager ein steigendes Interesse bzgl. SRI von Pensionskassen und anderen institutionellen Investoren wahrgenommen. Trotz des grossen Interesses sieht die Mehrheit der Fondsmanager SRI weiterhin als Spezial- bzw. Nischensegment im Markt. Die Umfrage stellt klar dar, dass das Interesse der Fondsmanager primär durch Kundeninteresse beeinflusst wird, durch Druck des Gesetzgebers (wie die Veröffentlichung des Myners Reports) oder den Aktivitäten von Mitbewerbern.

3.4.3 Zusammenfassung

Verschiedene Studien von Mächtel, Paape sowie dem IÖW können die Motive ethisch-ökologischer Anleger in drei Kategorien einordnen: Idealisten bzw. primär ethisch motivierte Investoren stellen ihre persönlichen, ethischen Werte bei der Anlageentscheidung in den Vordergrund. Sie sind am ehesten zu einem Renditeverzicht bereit. Die sogenannten „Grünen Dagoberts" bzw. finanziell motivierte Anleger sehen in SRI eine Gelegen-

---

[416] Schäfer/Gülle/Schwarzer (2001), S 9. Die Studie brachte auch unterschiedliche inhaltliche Prioritäten bei den einzelnen Institutionellen zutage: „Die vergleichende Betrachtung der Ergebnisse für Nonprofit-Organisationen des Bereichs Religion in Gegenüberstellung zu solchen aus dem Bereich Umwelt-, Natur- und Tierschutz lässt erkennen, dass ethische und ökologische Aspekte in Abhängigkeit von den Tätigkeitsbereichen und damit für spezifische Gruppen von Nonprofit-Organisationen unterschiedliche Relevanz besitzen.(Vgl. S. 15)

[417] IMUG (2002), S. 21.

heit, besonders hohe Renditen zu erwirtschaften. Für die trendmotivierten Anleger bzw. dem Typ „Plus Grün“ stellen ethisch-ökologische Anlagen allenfalls einen Zusatznutzen dar, soweit die Rendite stimmt. Ihre Entscheidung zu SRI wird allenfalls durch Trends und Imageaspekte beeinflusst. Innerhalb der institutionellen Investoren sind die Motive der kirchlichen Anleger bisher am besten erforscht: Neben der Rechtfertigung gegenüber den Kirchenmitgliedern, auch nach ethischen und religiösen Parametern anzulegen, steht auch eine gezielte Förderung von sozialen und ökologischen Innovationen hinter den Anlageentscheiden für SRI.

3.5 Nutzen des SRI

Hinsichtlich des Nutzens von sozial-ökologischen Investments lassen sich verschiedene Betrachtungsebenen bzw. Zielgruppen unterscheiden. Für Investoren können (entsprechend den oben erwähnten Anlagemotiven) ideelle bzw. finanzielle Vorteile verbunden sein. Daher wird im Anschluss eine relativ ausführliche Diskussion um die Wertentwicklung von ethisch-ökologischen Geldanlagen dargestellt, sowohl auf theoretischer Ebene wie auch anhand empirischer Studien. Für Unternehmen können SRI durch einen Kapitalzufluss eine Förderung nachhaltiger Unternehmen bzw. die Unterstützung einer nachhaltigen Unternehmensstrategie bieten. Die Gesellschaft kann profitieren, indem ein Marktdruck auf Unternehmen zu sozialem Verhalten aufgebaut wird und damit externe Kosten internalisiert werden bzw. weniger Umweltbelastungen und soziale Konflikte entstehen.

3.5.1 Finanzieller Nutzen für Investoren

Das auf Börsengänge spezialisierte deutsche Anlegermagazin „Going Public“ führt in seiner Top-20-Liste für Emissionen am neuen Markt (Deutschland) per Mitte November 2000 die Titel von Umweltkontor und Energiekontor mit Wertzuwächsen von 529 und 248 Prozent auf den Rängen eins und vier.[419]

Das Kurswunder hielt nicht an, grüne Aktionäre verloren im Durchschnitt kräftig. Konnte das Jahr 2000 insgesamt noch als das Jahr der jungen Umwelt-Aktiengesellschaften gelten, die schnell wuchsen, musste für das Jahr 2001 gesagt werden, dass die grünen Aktiengesellschaften ihre Vorschusslorbeeren nicht rechtfertigen konnten. Die Überbewertung einiger neuer grüner Aktiengesellschaften im Bereich Solar- und Windenergie resultierte auch daher, dass es im Moment mehr Kapital im Markt gab, als in interessanten

---

[418] Milke (2001), S. 25.
[419] Rehsche (2000), S. 263.

und seriösen Unternehmen anzulegen wäre. Die Berg- und Talfahrt der Kurse zeigt, wie stark die spekulativen Elemente in diesem Bereich sind.[420]

Losgelöst von spekulativen Kursbewegungen einzelner Umwelttitel sollen die nächsten Abschnitte die grundsätzliche Frage klären, ob sich eine Selektion ökologisch und sozial führender Unternehmen für Investoren positiv oder negativ auswirkt. Dabei wird zuerst eine allgemeine Betrachtung zur Auswirkung auf den Unternehmenswert unternommen, bevor spezifisch auf empirische Studien eingegangen wird, die diese Korrelation untersucht haben.

3.5.1.1 Allgemeiner Zusammenhang zwischen Nachhaltigkeit und Unternehmenswert

Die Betrachtung des Zusammenhangs von Unternehmenswert und Nachhaltigkeit ist eine Zuspitzung der allgemeinen betriebswirtschaftlichen Frage, ob und inwiefern eine Orientierung auf Nachhaltigkeit unternehmerische Entscheidungen beeinflussen oder prägen soll.[421]

Bei der Übersicht über die eher theoretisch abgeleiteten Faktoren, die sich positiv für Investoren auswirken, kann zwischen einer Risiko- und Chancenperspektive unterschieden werden:

Ökologische Risiken können einen Einfluss auf das finanzielle Risiko eines Unternehmens haben. Für die Eigenkapitalgeber werden ökologische Risiken relevant, sobald sie einen Einfluss auf die finanzielle Performance eines Unternehmens haben, was sich in seinem monetären Mehrwert bzw. Minderwert ausdrückt.[422] Die folgende Abbildung zeigt, welche ökologischen Risiken zu ökonomischen Risiken werden können:

[420] Rotthaus (2001), S. 9.
[421] European Business School (2001), S. 23.
[422] Rauschenberger (2002), S. 103.

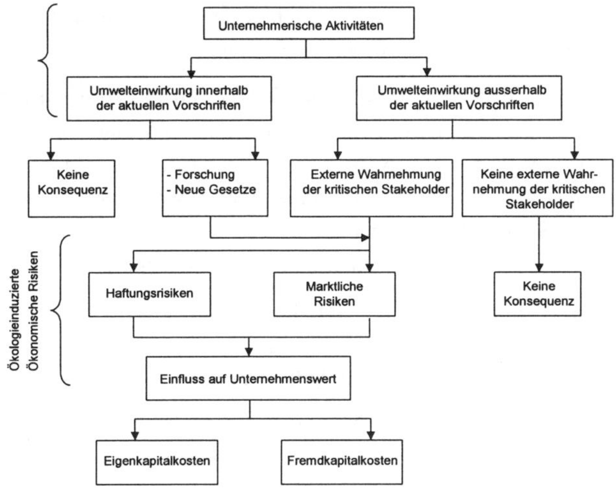

Abb. 53: Kausalkette von ökologischen zu ökonomischen Risiken

Quelle: Rauschenberger (2002), S. 104.

Sobald sich das Unternehmen ausserhalb der gegenwärtigen Vorschriften bewegt und eine negative Umweltwirkung verursacht, hängen die Folgen von der Wahrnehmung kritischer Stakeholder ab. Ein Einfluss auf den Unternehmenswert ist z.B. möglich, wenn marktliche Gruppen wie Kunden zu einem Boykott aufrufen oder auf die politisch-rechtlichen Stakeholder Einfluss nehmen, das Unternehmen entsprechend zurechtzuweisen. Im ersten Fall resultieren aus den Disziplinierungsmassnahmen marktliche Risiken. Das betroffene Unternehmen muss mit einer Nichtakzeptanz seiner Produkte rechnen, was zu einem Absatzrückgang und im Endeffekt zu Ertragseinbussen führt. Haftungsrisiken entstehen aus Massnahmen des Gesetzgebers, damit das Unternehmen gezwungen wird, die gesetzlichen Vorschriften einzuhalten oder Schadensersatzzahlungen zu leisten.[423]

Aus einer Chancenperspektive betrachtet, kann sich z.B. ein Umweltmanagementsystem intern prinzipiell auf alle Aktivitäten der Wertkette von Porter auswirken. Es scheint, dass sich die Investoren durch die Einführung eines Umweltmanagementsystems zukünftige Kostenersparnisse erhoffen, welche sich langfristig positiv auf den Unternehmenswert auswirken. Neben den Ersparnispotenzialen können die Investoren auch eine erhöhte Transparenz oder die Mitarbeitermotivation positiv beurteilen. Auf der marktlichen Seite können die Investoren ein besseres Unternehmensimage, eine höhere Kundenbindung

[423] Rauschenberger (2002), S. 105.

oder eine höhere Gewinnmarge bei den Produkten erwarten. Diese Punkte würden sich dann auch im Shareholder Value positiv niederschlagen.

Mit den Konzept des ***Environmental Shareholder Value*** wird untersucht, wie das Umweltmanagement von Unternehmen im Hinblick auf die Steigerung des Shareholder Values beurteilt werden kann. Die Aufgabe der Finanzanalysten ist es, zu untersuchen, welchen Einfluss das Umweltmanagement einer Firma auf die sogenannten Werttreiber (Value Drivers) des Shareholder Values hat. Aus folgenden Zielen eines Umweltmanagements kann z.B. eine Steigerung des Shareholder Value resultieren:[424]

- *Verringerung des Kapitaleinsatzes:* „intelligente" integrierte Umweltschutzmassnahmen, die mehr Soft- und weniger Hardware einsetzen. Ökologische Investitionen sollten vermehrt im Umlauf- anstatt im Anlagevermögen vorgenommen werden.
- *Erhöhung der Ressourceneffizienz:* Massnahmen zur Reduktion der Durchlaufmenge an Material, die Einkaufs-, Lager- und Abschreibungskosten verringern.
- *Steigerung des Umsatzes:* Öko-Produkte und Dienstleistungen, die mehr Nachfrage generieren.
- *Erhöhung der Marge:* Angebote, die bei den Nachfragern eine Nutzen- und Interessensteigerung bewirken (höhere Preise durch Nutzensteigerung) und die Kosten der Leistungserstellung senken (geringere Betriebskosten durch Steigerung der betrieblichen Effizienz).
- *Sicherung des Finanzflusses:* Massnahmen zur Stärkung des Vertrauens des Kapitalmarktes durch geringe und unsystematische Risiken sowie „grünem Bonus".
- *Langfristige Steigerung des Unternehmenswertes:* Antizipation zukünftiger Kosten- und Ertragspotenziale

Das langfristig ausgelegte Shareholder Value-Konzept steht im Einklang mit öko-effizienten Unternehmensstrategien, falls die bestehenden Regelungen im Umweltbereich und deren Konsequenzen durch das Unternehmen effektiv und effizient umgesetzt werden. Der Erfolg hängt dabei entscheidend von den Erwartungen und dem Druck seitens der Stakeholder ab.[425] Gerade die langfristige Perspektive bietet wichtige Vorteile, denn es ist anzunehmen, dass weder die ökologischen noch die sozialen Probleme verschwinden werden. „... Im Gegenteil ist realistischerweise davon auszugehen, dass die Auswirkungen ökologischer und sozialer Probleme vermehrt in Franken und Rappen in den Erfolgsrechnungen und Bilanzen der Unternehmungen auftauchen werden (Internalisierung der heute noch externalisierten Kosten), damit die Free Cash Flows der Unter-

[424] Schaltegger/ Figge (1999), S. 7.

nehmen beeinflussen und deshalb selbst der Aufmerksamkeit derjenigen Investoren nicht werden entgehen können, die heute die Nachhaltigkeitsfrage als irrelevant für ihr Anlageverhalten beurteilen.“[426]

Diese theoretische Argumentation wird durch eine empirische Analyse von Feldmann, Soyka und Ameer bestätigt: Sie untersuchen den Einfluss eines Umweltmanagementsystems und der Umweltperformance von Unternehmen auf den Unternehmenswert bzw. die Eigenkapitalkosten. Die Untersuchung basiert auf der folgenden Kausalkette:

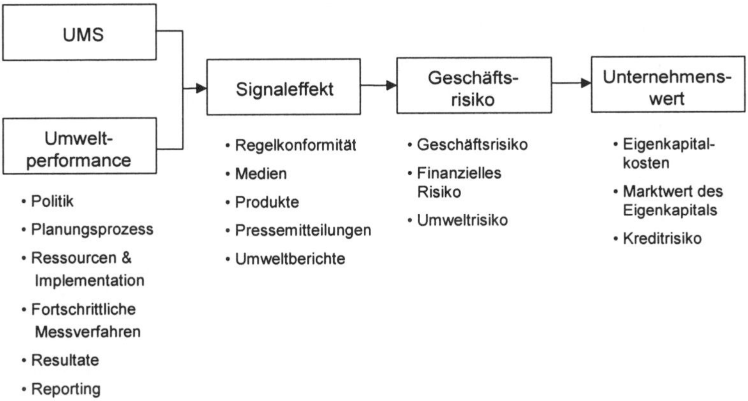

Abb. 54: Umweltmanagementsystem (UMS) und Umweltperformance sowie deren Einfluss auf die Eigenkapitalkosten (Rauschenberger S. 113)

Quelle: Feldmann et al. (1997), S. 89.

Das Modell hält fest, dass ein Umweltmanagementsystem oder eine höhere Umweltperformance zu einem höheren Unternehmenswert beiträgt. Ein wichtiger Faktor stellt dabei das „Environmental Signalling“ als externe Kommunikation mit den Stakeholdern dar, welche das Umweltmanagementsystem und die Umweltperformance zum Inhalt hat. Wichtig ist dabei die Kommunikation mit den Finanzanalysten und Investoren. Die Autoren setzen voraus, dass Unternehmen, welche die Investoren vollständig und aussagekräftig über ihr Umweltengagement informieren, niedrigere Kapitalkosten aufweisen. In ihrer Studie können sie aufzeigen, dass das Beta[427] eines Unternehmens durch ein gut organi-

[425] Rauschenberger (2002), S. 94.

[426] Müller (1999), S. 3.

[427] Der Betafaktor ist ein Mass für die Reagibilität eines Kurses auf Markttrends. Der Betafaktor tendiert zu Werten um 1. Eine Aktie mit einem Betafaktor von 1,5 lässt eine Kurssteigerung von ca. 15 Prozent erwarten, wenn der Marktindex um 10 Prozent steigt. Betafaktoren unter 1 halten sich damit in der Baisse besser, bringen aber in der Hausse weniger Gewinn (et vice versa) und werden in der Regel von eher konservativen Anlegern bevorzugt. (Siehe www.nachhaltiges-investment.org)

siertes Umweltmanagementsystem und durch eine höhere Umweltperformance sinkt. Sie kommen zu dem positiven Schluss: „...in short, improving corporate environmental performance pays."[428]

Zum Abschluss dieser theoretischen Betrachtungen werden nochmals einige Studien bzw. Argumente zu Vorteilen einer Corporate Social Responsibility aufgeführt, die primär weiche Faktoren betreffen: [429]

- Stärkung der Unternehmensmarke und Imagegewinn: Eine 1997 vom Boston College durchgeführte Studie zeigt, dass ein vorbildlicher Umgang mit Mitarbeitern und Kunden sowie soziales Engagement für die Wahl der angesehensten Unternehmen wichtiger waren als hohe Gewinne für die Aktionäre.
- Höhere Kundenloyalität und Mehrumsatz: Eine Befragung von 25'000 Personen in 23 Ländern ergab 1999, dass 60 Prozent der Befragten ein Unternehmen nach dessen sozialer Verantwortung beurteilen.
- Höhere Produktivität und Qualität: Die Einhaltung ökologischer Standards und die Verbesserung der Bedingungen am Arbeitsplatz wirken sich auf die Produktivität und die Qualität positiv aus.
- Bessere und treuere Mitarbeiter: Unternehmen mit hoher Corporate Social Responsibility haben es einfacher, qualifizierte Mitarbeiter zu gewinnen und zu halten.
- Höhere Toleranz der Aufsichtsbehörden: Unternehmen, die „good corporate citizenship" pflegen, werden gemäss Erfahrungen in den USA weniger stark überwacht und nach einem Schadenfall weniger hart gebüsst als andere.

Die amerikanische Forschungs- und Beratungsfirma Innovest Strategic Value Advisors sieht den von ihr definierten „Eco Value" als wichtigere und nachhaltigere Bewertungskomponente von Unternehmen als die traditionelle Finanzanalyse, die auf Bilanzkennzahlen beruht.[430] „Eco Value" besteht nach ihrer Auffassung aus verschiedenen immateriellen Vermögensgegenständen, wie Humankapital, Stakeholder-Kapital und nachhaltige Governance-Strukturen des Unternehmens. Angesichts der Bilanzmanipulationen der letzten Jahre erhält dieses Modell seine Berechtigung.

Die dargestellten Ansätze stellen einen positiven Einfluss eines nachhaltigen Managements auf den Unternehmenserfolg in den Mittelpunkt ihrer Betrachtung. Eine Auswahl entsprechender Unternehmen in SRI-Portfolios sollte sich damit auf die Wertentwicklung positiv auswirken. Im Folgenden wird untersucht, inwieweit dieser Zusammenhang auch empirisch nachgewiesen werden kann.

---

[428] Feldman (1997), S. 92ff.
[429] Steiner (2001)
[430] Cerulli (2002), S. 4.

3.5.1.2 Empirische Untersuchungen zu Nachhaltigkeit und Unternehmenswert

Neben den aufgeführten, grundsätzlich positiven Einflussfaktoren einer nachhaltigen Unternehmensstrategie auf den Unternehmenswert, gibt es auf Portfolioebene Bedenken seitens der Kapitalmarkttheorie, da für sie ein Portfolio aus ausschliesslich ethisch-ökologischen Unternehmen mit zusätzlichen Risiken verbunden ist: Ethisch strukturierte Portfolios unterliegen grundsätzlich einer Anlagepolitik auf der Grundlage einer aktiven Portfoliostratgie des „Ethical Stock Picking“. Dadurch unterscheiden sie sich zentral von gängigen Portfolios und Indizes. Im kapitalmarkttheoretischen Kontext stellen sie ineffiziente Portfolios dar, mit Kosten der Diversifikation und unvollständiger Kompensation für das unsystematische Risiko.[431] Damit stellt sich die Frage, ob diese Ineffizienz ethisch strukturierter Portfolios auch empirisch belegt werden kann, etwa durch Nachweis einer unterdurchschnittlichen Performance. Umgekehrt könnte der Untersuchungsansatz auch auf den Nachweis einer Outperformance gerichtet sein, etwa weil Kapitalmärkte wichtige Informationen, die in ethisch strukturierten Portfolios enthalten sein könnten, systematisch ignorieren. Zur Bearbeitung dieser Fragestellung werden vor dem Hintergrund gängiger Kapitalmarktmodelle Rendite- Risiko-Werte von ethisch strukturierten Portfolios mit einer unabhängigen Benchmark verglichen.[432] Dabei stellt die Benchmark eine Messlatte dar, die zur Bestimmung des Anlageerfolges innerhalb einer Periode herangezogen wird. Üblicherweise dient hierfür „der (Gesamt)-Markt“.[433]

Es gibt bereits eine Anzahl von ökonometrischen Studien, die sich mit dem Zusammenhang von ökologischer bzw. ethischer Leistung und Unternehmenswert bzw. Shareholder Value befassen.[434] Sie gehen der Frage nach, ob nach ethischen Aspekten strukturierte Portfolios einen über- oder unterdurchschnittlichen Wertzuwachs (Out- oder Underperformance) gegenüber Portfolios ohne vergleichbares Screening aufweisen.

Die mittlerweile zahlreichen Untersuchungen zu dieser Fragestellung, die primär im angelsächsischen Raum entstanden, wurden in den letzten Jahren durch verschiedene Forscher[435] aufgearbeitet. Vergleichende Studien ermöglichen einen effizienten Überblick über die Forschungsergebnisse und zeigen wichtige Tendenzen auf. Gleichzeitig wurde durch sie eine Systematik für die Unterteilung von Portfolios entwickelt, die für den

---

[431] Schäfer/ Stederoth (2001), S. 25. Mächtel erläutert den Konflikt so: Eine, im Vergleich zum Gesamtmarkt, reduzierte Titelauswahl kann aufgrund eingeschränkter Diversifikation allerdings nicht zur Erzielung eines effizienten Portfolios führen. Dies bedeutet, dass die selbe Rendite mit einem höheren Risiko erzielt werden muss, oder, bei gegebenem Risiko, eine geringere Rendite resultiert. Die Folge ist, dass in effizienten Märkten finanzielle Einbussen für prinzipienorientierte Anleger zu erwarten sind. (Mächtel (1996), S. 96)

[432] Schäfer/ Stederoth (2001), S. 4.

[433] Mächtel (1996), S. 90.

[434] European Business School (2001), S. 32.

[435] Schäfer/ Stederoth (2001), European Business School (2001) sowie Orlitzky/ Schmidt/ Rynes (2003)

nachfolgenden Überblick übernommen wird. Neben der Darstellung ihrer aggregierten Ergebnisse werden einzelne Studien exemplarisch aufgegriffen. Bei der Auswahl der Beispiele wurden aktuelle europäische Erhebungen bevorzugt, da hier der Bezug zu der eigenen Arbeit am unmittelbarsten ist. Auf eine Diskussion der bei den Überblickstudien verwendeten Methoden wird an dieser Stelle bewusst verzichtet, da diese aufgrund ihres aggregierten Niveaus lediglich Tendenzen aufzeigen können und nicht als Vergleichsmassstab für die eigene empirische Untersuchung dienen können.

Im ersten Abschnitt werden Event-Studien betrachtet, welche die Wirkung einer bestimmten Informationsveröffentlichung auf den Aktienkurs untersuchen. Im Anschluss werden Portfolios untersucht. Als Kriterium für die Einteilung der vorgestellten Studien dient die Art der Portfoliobildung. So ist im wesentlichen zwischen synthetischen Fonds, aufgrund von den jeweiligen Autoren selbst gewählter ethischer Kriterien, und am Markt vorfindbaren Portfolios bzw. Indices mit Ethik-Screening zu unterscheiden.

(1) Event-Studien

Die erste Gruppe empirischer Studien operiert methodisch mit dem Paradigma der Informationseffizienz von Kapitalmärkten unter besonderer Berücksichtigung von für die Beurteilung eines ethischen Unternehmensverhaltens wichtigen Informationen auf die Kursbildung börsennotierter Aktien. Entsprechende empirische Analysen bedienen sich überwiegend der Methodologie der Ereignis-Studien und wurden fast ausschliesslich mit Datenmaterial von US-Börsen durchgeführt.[436] Dabei wird der Zusammenhang zwischen Veröffentlichung einer Information durch ein Unternehmen und der folgenden Aktienmarktreaktion gemessen. Bei den untersuchten Ereignissen handelt es sich meist um negative Ereignisse wie Störfälle oder die öffentliche Bekanntgabe von Schadstoff-Emissionen.

Blacconiere/Patten wiesen beispielsweise nach, dass das US-Chemieunternehmen Union Carbide aufgrund eines Chemie-Unfalls in dessen indischem Werk in Bhopal im Jahr 1984 28 Prozent seiner Marktkapitalisierung unmittelbar nach dem Bekanntwerden des Unfalls einbüsste.[437] Ausserdem zeigte die Studie, dass, obwohl lediglich Union Carbide die Kosten für die Wiederherstellung der Umwelt bezahlen musste, die ganze Branche von möglichen zukünftigen Gesetzesänderungen betroffen war. Zusätzlich konnte dargelegt werden, dass Unternehmen, die einen hohen Anteil des Umsatzes mit chemischen Produkten generierten, eine stärkere negative Reaktion im Aktienkurs hinnehmen

[436] Schäfer/ Stederoth (2001), S. 24
[437] Blacconiere/ Patten (1994).

mussten. Dagegen verzeichneten Aktien von Unternehmen, welche das Umweltreporting offen und transparent gestalteten, den kleinsten Rückschlag.

Die Auswertung der European Business School fasst die Ergebnisse verschiedener Event-Studien zusammen: „Die Auswertung von Event-Studien ergibt eine extrem negative Reaktion des Marktes gleich nach der Veröffentlichung der Information sowie allgemein negativ abweichende Erträge mit hoher statistischer Signifikanz. Grundsätzlich gibt es relativ wenige Studien zur Reaktion des Aktienmarktes auf positive Informationen, wobei sich hier zeigt, dass der Aktienkurs nur schwach positiv auf die Bekanntgabe des positiven Umweltverhaltens reagiert.“[438]

(2) Querschnittsregressionen und Panelanalysen

Bei einer weiteren Kategorie von Studien werden mit Hilfe von Querschnittsregressionen und Panelanalysen[439] die Zusammenhänge zwischen Unternehmenserfolg und Umweltperformance untersucht. Dabei wird die durchschnittliche Aktienkursreaktion oder die Veränderung des Gewinns verschiedener Unternehmen bei Veränderung der Umweltperformance ermittelt.[440] Methodisch geschieht dies durch die Konstruktion synthetischer Aktienportfolios. Die Kriterien der Portfoliobildung werden dabei von den Autoren selbst fixiert und nicht den am Markt angebotenen Portfolios, etwa Fonds, übernommen.[441]

Zur Einteilung werden bei diesen Studien i.d.R. Parameter der Corporate Social Performance (CSP bzw. nachhaltige Performance) sowie Parameter der Corporate Financial Performance (CFP bzw. finanzielle Performance) verwendet. [442] Darüber hinaus werden aggregierte Bewertungen von Ratingagenturen wie Kinder, Lydenberg Domini oder dem Hamburger Umwelt Institut sowie von Banken wie z.B. der Bank Sarasin eingesetzt. Nachfolgend wird ein Überblick über wichtige Einzelstudien gegeben.

Cohen untersuchte als einer der ersten in der Studie „Environmental and Financial Performance – Are they related?” 1995 die Zusammenhänge zwischen dem Umweltverhalten und der finanziellen Performance der S&P 500-Unternehmungen.[443] Dabei wurden aus Branchen stark umweltbelastende (High Pollution) und schwach umweltbelastende (Low Pollution) Portfolios gebildet. Zur Messung der Umweltperformance wurden auf der

---

[438] European Business School (2001), S. 34.

[439] Mit einer Querschnittsanalyse erfolgt der Vergleich der Ausprägungen einzelner Variablen bei unterschiedlichen Untersuchungsobjekten zu einem bestimmten Zeitpunkt.

[440] European Business School (2001), S. 33.

[441] Schäfer/ Stederoth (2001), S. 7.

[442] Orlitzky/ Schmidt/ Rynes (2003), S. 1.

[443] Cohen (1995)

Datengrundlage des IRRC[444] Variablen wie „Superfund Sites, Toxic Releases, Volume and Number of Oil and Chemical Spills“ relativ zum Umsatz verwendet. Es wurde dabei festgestellt, dass in mehr als 80 Prozent der Fälle die Low-Pollution-Portfolios besser abschnitten als deren High-Pollution-Pendant. Bezogen auf die risikobereinigten Erträge waren es noch 75 Prozent. Somit kann festgehalten werden, dass Investoren, die in umweltfreundliche Portfolios investieren, keine Renditeeinbussen in Kauf nehmen müssen. Mit der steigenden Bedeutung von Umweltaspekten erwarten die Autoren eine weitere Verstärkung dieses Zusammenhanges.[445]

Butz/Plattner untersuchten in ihrer Studie mit Hilfe einer Querschnittsanalyse von Mai 1997 bis Mai 1999 die Performance von 65 europäischen Unternehmen in Abhängigkeit von Ethik-Kriterien. Als Fazit wurde eine positive Korrelation des Jensen's Alphas[446] und dem Umweltrating statistisch nachgewiesen. Für die Regression auf Sozialratings ergab sich dagegen kein statistisch signifikanter Zusammenhang.[447] In einer 2003 durchgeführten Anschlussstudie kommt Butz mit Hilfe einer detaillierten Faktoranalyse zum Ergebnis, dass nur die Sozialverträglichkeit der Unternehmen finanziell belohnt wurde, während für die Umweltperformance ein leicht negativer Effekt auf die Aktienpreisentwicklung der untersuchten Firmen gefunden wurde. Ausserdem hat er festgestellt, dass formale und prozedurale Kriterien wie etwa Umwelt- und Sozialpolitiken oder das entsprechende Berichtswesen „nicht nur keinen positiven Performance-Beitrag gehabt haben, sondern der finanziellen Rendite der Firmen geradewegs geschadet haben.“[448] Dagegen leisteten Performanceindikatoren einen positiven Beitrag an die Aktienkursperformance.

Das Schweizerische Beratungsunternehmen *Sustainable Asset Management (SAM)* untersuchte zusammen mit dem *Hamburger Umweltinstitut (HUI)* das Umweltverhalten der 50 weltweit grössten Chemie- und Pharmakonzerne. Portfolio-Aggregationen der Unternehmen hinsichtlich Informations- und Umweltverhalten und anschliessender Untersuchung der Aktienkursperformance für den Zeitraum von 1994 bis 1996 durch *SAM* ergaben, dass Unternehmen, die ökologischen Aspekten in ihrer Unternehmenspolitik einen hohen Stellenwert einräumten, gegenüber übrigen Unternehmen höher rentierten.[449]

---

[444] Investor Responsibility Research Center (IRRC)
[445] Mächtel (1996), S. 99.
[446] Mit dieser Kennziffer wird die risikoadjustierte Überrendite (Outperformance) in Bezug auf den Marktindex bzw. Referenzindex berechnet. Je grösser der Wert, desto besser.
[447] Butz/Plattner (1999) S. 6ff.
[448] Butz (2003), S. 21.
[449] Vgl. Sustainable Performance Group (1997), Hamburger Umweltinstitut (1999).

Die *Bank Sarasin* analysierte im Rahmen eines Forschungsprojektes in Kooperation mit der European Business School und dem Zentrum für Europäische Wirtschaftsforschung in einer sehr umfassenden Studie die Einflüsse der Umwelt- bzw. Sozialperformance auf die durchschnittliche Aktienrendite.[450] Durch die Überprüfung von mehr als 200 europäischen Unternehmen im Zeitraum 1996-2001 wurden folgende Ergebnisse erzielt: Eine gute Umwelt- und Sozialperformance hat keinen signifikant negativen Einfluss auf die durchschnittliche Aktienrendite, wobei auch kein signifikant positiver Einfluss einer hohen Nachhaltigkeit auf die Aktienrendite nachzuweisen ist. Positive Einflüsse wurden dagegen in Teilbereichen identifiziert: Unternehmen aus besonders umweltverträglichen Branchen haben einen signifikanten Renditevorteil. Da die Sozialbewertung der Branche einen eher negativen Effekt hat, ist der Einfluss der Nachhaltigkeit der Branche zwar teilweise insignifikant, aber meist positiv. Darüber hinaus wurde eine Korrelation zwischen Unternehmensrating und Marktrisiko der Aktien gefunden: Aktien von umwelt- und sozialverträglicheren Unternehmen haben im Vergleich zu anderen Unternehmen derselben Branche ein geringeres Risiko von Kursschwankungen relativ zum Gesamtmarkt.

Die Studie von *Waddock/Graves* stellt den Aspekt der Beeinflussung der Corporate Social Performance (CSP) auf die finanzielle Performance in den Mittelpunkt. Sie ist damit eine der wenigen Studien mit einem Sozialfokus. Die Autoren nahmen eine Quantifizierung der CSP von 469 Unternehmen des S&P 500 anhand von acht durch KLD[451] formulierten Kriterien vor. In einem ersten Schritt wurde festgestellt, dass neben deutlichen Unterschieden in der branchenspezifischen CSP die Kennziffern der finanziellen Performance wie vermutet untereinander signifikant korreliert waren: Ferner konnte ein negativer Einfluss des Unternehmensrisikos auf die CSP festgestellt werden. Die Autoren stellen im Ergebnis eine grundlegend positive Beziehung zwischen Unternehmenserfolg und Corporate Social Performance fest.[452]

Die nachfolgende Tabelle gibt einen Überblick über die dargestellten Studien im Hinblick auf den jeweils verwendeten Analyse-Ansatz sowie die Parameter für CSP und CFP.

---

[450] Sarasin (2002), S. 4f.

[451] Kinder Lydenberg Domini, amerikanische Umweltratingagentur.(www.kld.com)

[452] Waddock/Graves (1997).

Studie (Autor, Jahr)	**Analyse-Ansatz**	**Parameter / Messmethode der CSP**	**Parameter der CFP**
Cohen (1995)	Anzahl Unternehmen: 500 Zeitraum: 1987-1989 Rating der S&P 500 Index-Unternehmen anhand von 9 ökologischen Kriterien. Branchenspezifische Bildung von jeweils zwei synthetischen Portfolios und Vergleich der Performance	Anzahl registrierte Altlasten, toxische Emissionen, Umfang und Anzahl von Öl- und Chemie-Unfällen relativ zum Umsatz	Return on Equity, Return on Assets und Total Return to Shareholder
Butz/ Plattner (1999)	Anzahl Unternehmen: 65 Zeitraum: 1997 bis 1999 Multiple Regression zur Bestimmung der *Jensen's* Alphas unter Integration von Umwelt- und Sozialratings als Dummy-Variablen	Einstufung in das Sarasin Umwelt- und Sozialrating-Rating	Jensen's Alpha
Hamburger Umweltinstitut, Sustainable Asset Management (1999)	Anzahl Unternehmen: 50 Zeitraum: 1994-1996 Evaluation des Umwelt- und Informationsverhaltens der 50 umsatzstärksten Chemie- und Pharma-Unternehmen durch HUI, anschliessender Vergleich der Portfolios	Top 50-Chemie-Branchen-Bewertung durch das Hamburger Umweltinstitut	Aktienkursperformance
Sarasin in Kooperation mit dem Zentrum für Europäische Wirtschaftsforschung (2002)	Anzahl Unternehmen: 200 Zeitraum: 1996-2001 ökonometrische Analyse des Einflusses der Umwelt- und Sozialperformance auf den Shareholder Value	Einstufung in das Sarasin Umwelt- und Sozialrating-Rating	Aktienrendite sowie Marktrisiko
Waddock/ Graves (1997)	Anzahl Unternehmen: 469 Zeitraum: 1989-1991 Regression verschiedener Finanzkennzahlen auf das KLD-Rating von Unternehmen des S&P 500 Index sowie Umkehrregression	Corporate Social Performance anhand von KLD-Kriterien	Return on Equity, Return on Assets und Return on Sales

Abb. 55: Methodische Eckdaten von Querschnittsregressionen und Panelanalysen

Quelle: eigene Darstellung

Die eingangs erwähnten Übersichtsstudien ermöglichen eine Aggregation der Einzelbeobachtungen. Auf dieser Meta-Ebene sind insbesondere drei Studien erwähnenswert. *Schäfer und Stederoth* folgern in ihrer Ergebnisanalyse der empirischen Studien für synthetische Aktienportfolios, dass für US-Kapitalmärkte in den meisten Fällen keine Underperformance von ethisch strukturierten Portfolios gegenüber einer Benchmark nachgewiesen werden kann. Die wenigen empirischen Studien für den europäischen Raum bestätigen dieses Ergebnis tendenziell.[453] Die *European Business School* interpretiert im gleichen Jahr in einer ähnlichen Auswertung die Ergebnisse sogar etwas optimistischer. Sie stellt einen signifikant positiven Zusammenhang zwischen Umweltperformance und Unternehmenserfolg fest.[454] Offen bleibt hier jedoch insbesondere die Frage nach der Kausalität zwischen Unternehmenserfolg und Umweltperformance, da die Ergebnisse sich nur als Korrelationen interpretieren lassen.

Eine aktuellere und umfangreichere Meta-Analyse wurde 2003 durch *Orlitzky, Schmidt und Rynes* durchgeführt. Ihre Auswertung umfasste 52 Studien mit insgesamt 33'878 Beobachtungen. Diese wurden nach den Kriterien Relevanz und statistische Qualität ausgewertet. Hieraus resultierten 388 Korrelationen. Mit einer klaren Dokumentation ihrer Hypothesen sowie der differenzierten Vorgehensweise versuchten sie die Defizite vorheriger Studien zu umgehen. Sie unterschieden als Variablen zur Messung der CFP drei Gruppen: marktbasierte wie Aktienrendite, buchhalterische Variablen wie Bilanzkennzahlen (ROA, ROE) sowie Kriterien basierend auf Wahrnehmungsmustern (Kennzahlen aus Umfragen). Als Messvariablen der CSP wurden zwischen vier Gruppen unterschieden: Veröffentlichungen zu CSP (Jahresberichte, Nachhaltigkeitsberichte), Bewertung der CSP-Reputation (beispielsweise die Aufnahme in die Fortune Magazine Liste der besten Unternehmen), CSP-Sozialaudits bzw. CSP-Prozesse (unabhängige Analyse der Sozialperformance wie Zertifizierungen oder Ratings durch den CEP) sowie unternehmerische CSP Prinzipien und Werte.[455] Die Ergebnisse der Metaanalyse legen nahe, dass unternehmerische Werte in Form von Corporate Social Responsibility sowie - zu einem geringeren Ausmass – von Umweltverantwortung sich mit hoher Wahrscheinlichkeit auszahlen, wobei hier aber zu differenzieren ist. Beispielsweise korreliert CSP stärker mit buchhalterischen Kennzahlen der CFP als mit marktbasierten Faktoren. CSP-Reputationsindices wiederum korrelieren stärker mit CFP-Kennzahlen als CSP-Indices aus anderen Bereichen.[456]

(3) Performancevergleich von Umwelt- und Sozialfonds

Neben der Analyse synthetischer Aktienfonds mit Ethik-Screening widmete sich eine weitere Gruppe empirischer Studien der Analyse von an Finanzmärkten angebotenen Portfolios mit Ethik-Screening, wie sie üblicherweise in Form von Investmentfonds aufgelegt werden. Hierbei werden überwiegend Aktienfonds analysiert.

---

[453] Schäfer/ Stederoth (2001), S. 12.
[454] European Business School (2001), S. 35.
[455] Orlitzky/ Schmidt/ Rynes (2003), S. 407ff.
[456] Orlitzky/ Schmidt/ Rynes (2003), S. 1.

Die US-basierte Fonds-Ratingagentur Morningstar dokumentiert, dass ethische Fonds doppelt so häufig eine Bewertung mit fünf Sternen erhalten als normale Fonds, was einen Nachweis der Performance und Qualität darstellt.[457] Auch im Abwärtsmarkt haben sich SRI-Fonds behauptet: Fast zwei Drittel (65 Prozent) der insgesamt 51 Fonds, die vom SIF[458] beobachtet werden, verdienten sich 2002 eines der beiden oberen Ratings von Lipper und/ oder Morningstar. Von den 18 Fonds, die ein Volumen von über USD 100 Mio. aufweisen, gehörten 13 zu den beiden Top-Kategorien (72 Prozent).[459]

Zumindest eine unterdurchschnittliche Performance von US-Ethikfonds gegenüber konventionell strukturierten Fonds konnten *Goldreyer/Diltz* für den Untersuchungszeitraum von Januar 1990 bis Juni 1997 ausschliessen. Wesentlicher Unterschied zu den in früheren Studien durchgeführten Analysen war, dass die Wertpapierart, in die das Fondsmanagement investierte, explizit berücksichtigt wurde.[460]

In einer aktuellen Studie untersuchte *Statman* die Performance von 31 nach ethischen Kriterien strukturierten US-Investmentfonds (sog. „Socially Screened Mutual Funds“). Die Analyseperiode erstreckte sich von Mai 1990 bis September 1998. Als Performancemass wurde Jensen's Alpha zugrunde gelegt, die Benchmark bestand aus dem S&P 500 einerseits und dem DSI 400[461] andererseits. Das Ergebnis der Studie lässt sich wie folgt festhalten: „...it turns out that while the performance of socially responsible mutual funds is poor relative to that of the S&P 500 and the Domini Social Index, it is better than the performance of conventional mututal funds of similar size.“[462]

Bei der Analyse von Umwelttechnologiefonds wurde ein negativeres Ergebnis erzielt. Knörzer stellte fest, dass die von ihm analysierten Fonds weder die Benchmark (MSCI), noch die für die Anleger massgeblichen internen Benchmarks (lokale Aktienindices) schlagen konnten.[463] Dieses schlechte Abschneiden kann auf verschiedene Faktoren zurückgeführt werden, u.a. durch einen hohen Fremdwährungsanteil, v.a. in USD. Ausserdem beschränkte sich die Titelauswahl auf eine begrenzte Anzahl von geeigneten Unternehmen, sodass die geringe Marktliquidität zu starken Kursausschlägen bzw. „grünen Prämien“ führte.[464]

---

[457] Featherstone (2001), S. 2.
[458] Social Investment Forum
[459] WestLB Panmure (2003), S. 15.
[460] Schäfer/ Stederoth (2001), S. 14.
[461] S&P 500 (Standard & Poors 500, Standardaktienindex); DSI 400 (Domini Social Index)
[462] Statman (2000), S. 38.
[463] Knörzer (1996), S. 51.
[464] Mächtel (1996), S. 110.

In ihrer Studie "International Evidence on Ethical Mutual Fund Performance and Investment Style" analysierten die niederländische ABP Investments in Kooperation mit der Universität Maastricht mehr als 100 deutsche, britische und amerikanische Ethik-Fonds. Nach einer Anpassung in bezug auf den Anlagestil haben die Autoren für den Zeitraum von 1990-2001 keine signifikanten Unterschiede bei den risikoadjustierten Gewinnen zwischen ethischen und konventionellen Fonds identifizieren können. In bezug auf die Anlagestile kamen sie zum Ergebnis, dass alle ethischen Fonds im Vergleich zu konventionellen Fonds eher wachstumsorientiert als wertorientiert sind.[465]

Insgesamt können Schäfer und Stederoth bei der Analyse von empirischen Studien der am Markt angebotenen Fonds feststellen, dass keine einheitlichen Ergebnisse hinsichtlich einer systematischen Über- oder Unterperformance von Portfolios mit Ethik-Screening gegenüber einer Benchmark hervorgehen. Einige Erkenntnisse aus den Studien sprechen dafür, dass nach Ethikkriterien strukturierte Aktienfonds in den 90er Jahren gegenüber konventionellen Investmentfonds zumindest eine vergleichbare risikoadjustierte Rendite[466] erzielten.[467] Demnach scheint die gute ökonomische Performance eines Sozial/ Umweltfonds mehr von der Fähigkeit des Fonds-Managers abzuhängen, die richtigen Aktien auszuwählen, und weniger davon, ob die sozial- bzw. umweltbewussten Unternehmen eine gute Umweltperformance haben oder nicht.[468] Die identifizierten Probleme von Umwelttechnologiefonds[469] konnten durch die Ausweitung des Anlagespektrums bei Nachhaltigkeitsfonds aufgefangen werden.

Eine ähnliche Aussage treffen Guadamillas und Povel: Sie kommen zum Schluss, dass die Renditen von Ethik-Fonds nicht schlechter sind als die herkömmlicher Fonds. Zumindest nicht in jedem Fall. Genauso wie bei konventionellen Anlageformen gibt es auch bei ethischen Anlagen solche, die den Markt übertreffen und andere, die das nicht schaffen. Eine Aktienauswahl anhand ethisch-sozialer Massstäbe hat schlimmstenfalls keine, auch keine negative, bestenfalls aber eine positive Auswirkung auf das Anlage-Ergebnis. Auch bei Ethikfonds hängt der Anlageerfolg ab von der „guten Hand" des Fondsmanagers bei der Aktienauswahl oder von der Effektivität des Investmentprozesses, also von der Fähigkeit, potenzielle Outperformer herauszufiltern.[470]

---

465 ASRIA (2003).

466 Alpha ist ein Mass für die risikoadjustierte Rendite, und wird auch als Überschussrendite bezeichnet. Damit soll der Informationsvorsprung des Managers gegenüber dem Markt gemessen werden. Ist Alpha positiv und statistisch signifikant, so verfügt der Manager über einen Informationsvorsprung gegenüber dem Markt. Ein Indexfonds hat ein Alpha von 0.

467 Schäfer/ Stederoth (2001), S. 15.

468 European Business School (2001), S. 35.

469 Siehe Kapitel 1.3.2.

470 Guadamillas-Cortes/ Povel (2003).

Anstelle der Verwendung von Daten aus an Finanzmärkten angebotenen Fonds bzw. synthetischen Portfolios führte eine weitere Kategorie empirischer Arbeiten Performance-Vergleiche anhand der Selektion von Kapitalmarktindizes durch. Damit wird methodisch auf eine Anlagepolitik nach dem Prinzip der Indexnachbildung („Index Tracking“) rekurriert. In dieser Kategorie von Studien konnten überwiegend Outperformance-Ergebnisse für Portfolios auf Index-Basis gegenüber konventionell strukturierten Indizes nachgewiesen werden.[471] So kommt *Statman* in seiner Analyse der Entwicklung des DSI 400 gegenüber dem S&P 500 für den Zeitraum Mai 1990 bis September 1998 mittels des *Sharpe*-Masses[472] zum Ergebnis, dass die risikoadjustierte Rendite des DSI 400 gegenüber dem S&P 500 höher ausfiel.

(4) Zusammenfassung der Ergebnisse aus den empirischen Studien

Die empirische Forschung kann aufgrund der bisherigen Forschungsansätze für ethisch-ökologisch und ethisch-sozial gefilterte Portfolios insgesamt keine eindeutigen Aussagen treffen. Eine Underperformance kann nicht nachgewiesen werden. In zahlreichen Studien wurde eher die Tendenz einer Outperformance festgestellt. Insgesamt zeichnen sich die Studien durch eine hohe Heterogenität in den verwendeten Methoden aus. Gleichwohl basieren sie alle auf gängigen kapitalmarkttheoretischen Modellen. Ferner differenzieren sie häufig nicht nach anlagepolitischen Strategien vor allem des Timings. Modelltechnisch kritisch zu sehen ist, dass zum einen methodische Mängel in der empirischen Bestimmung der Performance-Messung auffielen, wie sie in der Betrachtung kleiner Grundgesamtheiten, kurze Betrachtungszeiträume, der Verwendung unterschiedlicher Approximationen für das Marktportfolio sowie der Verwendung von unzureichenden Performance-Massen ihren Ausdruck finden. Zudem ist vielfach festzustellen, dass den Studien eine einheitliche Beurteilung des qualitativen Charakters ethischer Selektionskriterien fehlt und daher eine objektivierte Beurteilung abschliessend kaum möglich ist.[473]

Verschiedene Studien kommen unabhängig von der Frage der grundsätzlichen Out- bzw. Underperformance zum Ergebnis, dass SRI-Investments gewisse Investment-Tilts[474] aufweisen, die sich aus den Selektionskriterien ergeben.[475] Diese bestehen u.a. in einer Beimischung von “small & mid caps” als Öko-Pioniere bzw. Innovatoren[476], einem Über-

---

[471] Schäfer/ Stederoth (2001), S. 17f.

[472] Die Sharpe-Ratio misst den realen Unterschied zwischen einer risikoreichen und einer risikolosen Anlage. Anders ausgedrückt gibt diese Kennzahl an, ob ein Fonds in der Lage ist, mindestens dieselbe (oder eine höhere) Performance zu erzielen als er Risiken eingeht. Nur wenn diese Ratio grösser als eins ist, gewinnt der Anleger mehr als bei einer risikolosen Anlage.

[473] Schäfer/ Stederoth (2001), S. 26.

[474] Investment-Tilt: entspricht einem Anlagestil, d.h. typischen Abweichungen gegenüber einem Standard-Portfolio, das indexnah investiert ist. Mögliche Tilts werden erwähnt: Beimischung von Titeln mit kleiner Börsenkapitalisierung oder Abweichungen in der Branchen- bzw. Länderallokation.

[475] Warburg (2001); Schäfer/ Stederoth (2001) sowie Global Consulting Group (2001).

[476] Städeli (2003a).

gewicht in Technologieaktien sowie einem Übergewicht in europäischen Ländern[477] im Vergleich zum Referenzindex. Daraus ergeben sich je nach Marktumfeld bereits „automatische" Performanceabweichungen. Nach Aussage von Catherine Hickey, SRI-Analystin bei Morningstar, war die schlechte Performance von SRI-Fonds auf die Übergewichtung in Technolgieaktien zurückzuführen, deren Kurse im Jahre 2000 stark gesunken sind. Da die meisten Fonds ausserdem Energie- und Ölaktien vermeiden, die im Jahr 2000 aufgrund der hohen Ölpreise einen Höhenflug erlebten, mussten sie weitere Einbussen erleiden.[478] Auch bei den SRI Indices wurden vergleichsweise hohe Risiken im Vergleich zu aktiv gemanagten institutionellen Portfolios identifiziert. So ist der erwartete Tracking Error eines passiven SRI-Index Fonds grösser als sich viele Institutionen wünschen. Dazu kommt eine weitere Erhöhung des Risikos durch ein aktives Fondsmanagement.[479] .

3.5.2 Gesellschaftlicher Nutzen

Bereits Schmidheiny räumt Mitte der 90er Jahre in seinem Buch: „Die Finanzierung des Kurswechsels" den Banken und Versicherungen eine herausragende Rolle ein: Als Lenker der globalen Kapitalströme sollen sie die Weichen der Wirtschaft umstellen.[480] Ökologisch-ethische Kapitalanlagen nehmen bei diesem Steuerungseffekt eine prominente Rolle ein, denn wie Gesang illustriert: „...werden dem Kapitalmarkt jährlich immense Milliardenbeträge von deutschen Anlegern zugeführt. Man könnte Geld aus diesem breiten Strom einsetzen, um Umweltschäden zu vermeiden."[481] Können SRI diesem Anspruch gerecht werden?

3.5.2.1 Nutzen von nachhaltigen Investitionen

Im Hinblick auf den Nutzen nachhaltiger Investitionen werden von verschiedenen Autoren unterschiedliche Aspekte betont. Kahlenborn unterscheidet beispielsweise in die drei Kategorien: Direkte Finanzierungseffekte, indirekte Effekte oder eine direkte Einflussnahme auf das Management grösserer Unternehmen.[482] Von Einem definiert vier Vorteile von Umweltaktienfonds: finanzielle Vorteile für Umweltprojekte bzw. Unternehmen, Wettbewerbsstärkung, Transparenz sowie Einfluss auf die Umweltpolitik.[483]

---

[477] Die Underperformance des DJSGI nach seiner Lancierung 1999 ist u.a. auf die ca. 20 Prozentige Untergewichtung des US-Marktes und auf das Übergewicht in EUR-Ländern im Vergleich zum Referenzindex zurückzuführen.

[478] Bayon (2001), S. 16.

[479] Dimtcheva/ Morrison/ Marsland (2002), S. 1.

[480] vgl. Weber (2001), S. 15.

[481] Gesang (2003).

[482] Kahlenborn (2001), S. 5.

[483] Von Einem (2002), S. 7.

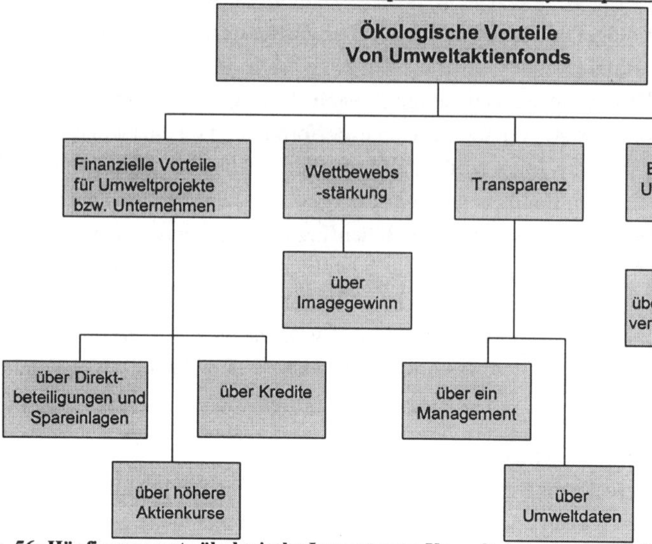

Abb. 56: Häufig genannte ökologische Impacts von Umweltaktienfonds auf Unternehmen

Quelle: von Einem (2002), S. 7.

Ohne Kapital haben ökologische und soziale Innovationen keine Chance, sich am Markt zu etablieren. Daher können Direktbeteiligungen als Anschubfinanzierung die allgemeinen Finanzierungsbedingungen für Projekte oder Unternehmen verbessern. Im Bereich der alternativen Energieerzeugung verdankt praktisch der gesamte Windkraftsektor in Deutschland seine Existenz den ökologischen Geldanlagen, vor allem durch Direktbeteiligungen an Unternehmen.[484] Die Gelder, die z.B. in die Windenergie flossen, haben zum Wachstum der Branche in Deutschland beigetragen: „Ihre etwa 50'000 Arbeitsplätze würde es ohne die Menschen nicht geben, die damals fünfhundert oder tausend DM in Bürgerwindparks steckten, die Windanlagenhersteller hätten sich nicht entwickeln können."[485] Das Ökozentrum NRW in Hamm hat die Beschäftigungseffekte bei Umweltaktien untersuchen lassen. Bei den untersuchten 18 Unternehmen in NRW konnte eine Verdopplung der Mitarbeiter auf 1735 erfasst werden, auf Bundesebene wurde eine Steigerung um 30 Prozent ermittelt.[486] Damit werden gleichzeitig die volkswirtschaftlichen Steuerungseffekte deutlich. Auch Venture Capital-Beteiligungen bieten eine direkte Kapitalspritze für junge, expandierende Unternehmen. Verschiedene Gesellschaften

---

[484] Umweltbundesamt (2001), S. 36. Der Fördercharakter wird dadurch verstärkt, da mit einer Eigenkapitalanlage von 5'000 Euro ein Kredit von 10'000 Euro erlangt werden kann.

[485] Ecoreporter.de (2002), S. 4.

[486] Die Studie "Wie viel Arbeit schaffen Grün-Anlagen?" erschien anlässlich der Internationalen Anleger-Messe, die im November 2002 in Düsseldorf stattfand.

bieten Investoren die Gelegenheit, sich durch Fonds oder Beteiligungsgesellschaften an nicht-börsenkotierten Unternehmen zu beteiligen. Daneben besteht die Möglichkeit, durch einen Zinsverzicht bei Sparguthaben, günstigere Kreditkonditionen für ökologische oder sozial ausgewählte Projekte zu finanzieren. Diese Angebote werden im deutschsprachigen Raum v.a. von alternativen Banken wie der Gemeinschaftsbank Bochum oder der Alternativen Bank Schweiz sowie auch der Zürcher Kantonalbank unterbreitet.

Hinsichtlich der Volumina spielen Aktien börsenkotierter oder ausserbörslich gehandelter Unternehmen sowie Nachhaltigkeitsfonds eine grössere Bedeutung. Skeptiker argumentieren, dass beim Kauf einer Aktie das Unternehmen nicht selber profitiert, sondern das Geld nur dem Verkäufer zufliesst. Markteffekte bewirken jedoch auch in diesem Fall einen positiven Nutzen: Eine höhere Nachfrage durch ethisch-ökologisch motivierte Käufer oder Fondsmanager kann eine Kurssteigerung der Aktien bewirken, von denen die Unternehmen profitieren, sei es zum Schutz vor feindlichen Übernahmen oder bei der nächsten Kapitalerhöhung. Eine gute Aktienkursentwicklung in der Vergangenheit erleichtert es einem Unternehmen, Fremdmittel, beispielsweise in Form von Krediten, zu erhalten. Durch die Neuausgabe von Aktien beschaffen sich viele Pionierunternehmen über die Börse laufend neues Eigenkapital, um zum Beispiel den Ausbau regenerativer Energien voranzutreiben. Da es sich um Eigenkapital handelt, das nicht wie ein Bankkredit zu verzinsen ist, kann das Unternehmen mit einer günstigen Finanzierung seine Marktposition ausbauen.[487] Die Höhe des Emissionskurses- und damit die Finanzierungsmöglichkeit für das Unternehmen- wird auch von der Nachfrage nach den „alten“ Aktien bestimmt.[488] Bei zahlreichen Neuemissionen im Umweltbereich waren auch Umwelt- oder Nachhaltigkeitsfonds engagiert, oft mit Millionenbeträgen.

Ein Blick auf die Zusammensetzung der meisten kontinentaleuropäischen Nachhaltigkeitsfonds zeigt, dass diese vor allem aus grosskapitalisierten Unternehmen bestehen bei denen auch Millionen nachhaltig orientierter Investoren kaum Kursbewegungen auslösen können. Hier sind primär indirekte Wirkungen entscheidend. Durch die Nachfrage des Finanzmarktes kann der Stellenwert ökologischer und sozialer Aktivitäten gestärkt werden. Durch das Loben des Umweltbesten einer Branche und die Darstellung als Vorbild für Mitbewerber steigt der Druck auf nicht nachhaltig operierende Unternehmen.[489] Im Rahmen einer Analyse wurde nach Abschluss eines Öko-Ratings der Öl- und Gasbranche herausgearbeitet, dass speziell auf den Branchenführer Impulse ausgehen. Um seine Vorreiterrolle zu behalten und innovativ zu bleiben, wertet er die Ergebnisse

---

[487] Weber (2001), S. 31.

[488] Rotthaus (2002), S. 9.

[489] Weber (2000): Der Nische entwachsen? Trends im ethisch-ökologischen Investment. In: Aktie Grün, S. 14.

von Ratings intensiv aus und verwendet sie als Innovationsimpuls.[490] Eine Umfrage der European Business School im Auftrag des Deutschen Aktieninstitutes kam zu ähnlichen Ergebnissen. Ein Drittel der befragten Unternehmen gab an, sich bei der Gestaltung der Massnahmen im Rahmen des Nachhaltigkeitsmanagements an den Kriterien der Nachhaltigkeitsfonds und -indices bzw. den entsprechenden Anfragen der Fondsgesellschaften und Agenturen zu orientieren.[491] Ausserdem kann wie im angelsächsischen Raum Einfluss direkt in Form von „Engagement" und „shareholder activism" ausgelöst werden. In Kontinentaleuropa spielen diese Ansätze, u.a. aus strukturellen und politischen Gründen bisher eine eher untergeordnete Rolle. Hier erfolgt allenfalls eine Einflussnahme des Fondsmanagements im Rahmen der ökologischen und sozialen Unternehmensanalyse.

Folgende indirekte Effekte sind weiterhin erkennbar: In den letzten Jahren ist eine Verbesserung der Umwelt- und Sozialberichterstattung feststellbar. Die regelmässigen Anfragen der Analysten können ein zusätzlicher Anstoss für aussagefähigere und umfangreichere Umweltdatensammlungen sein sowie die Bedeutung der Umweltabteilungen erhöhen.[492] Eine allseitige Informationsnachfrage dürfte zur allmählichen Verbesserung der Transparenz in diesem Bereich führen.[493] Die positiven Reaktionen von Unternehmen, die eine Top-Position in Nachhaltigkeitsfonds bzw. Indices erhalten, demonstriert ihr Interesse an der positiven Imagewirkung.[494] So hat der Dow Jones Sustainability-Group Index das Thema Umweltschutz auf Vorstandsebene zum Diskussionsthema gemacht. Als beispielsweise BMW von SAM zum besten Automobilhersteller gekürt wurde, schaltete der Konzern eine aufwendige Imagekampagne.[495] "...hinter vorgehaltener Hand bekundeten DaimlerChrysler-Manager, dass die eigene Führungsetage es gar nicht gerne sehe, dass BMW im wichtigen Bereich Umweltschutz vorne liege."[496] Auch in der Öffentlichkeit können Sensibilisierungseffekte auftreten: Eine gute Kursentwicklung von Umweltaktien stärkt das Interesse und die Wahrnehmung, dass Umweltschutz sich auch finanziell lohnt. Bei den Mitarbeitern kann sich die erhöhte Nachfrage von ökologisch motivierten Anlegern im Falle von Stock Options in einem steigenden Einkommen niederschlagen. Den Mitarbeitern wird gezeigt: Mehr Umweltleistung lohnt sich finanziell. Weitere

[490] Ostermann (2001), S. 4.
[491] Von Flotow/ Hässler (2003), S. 11.
[492] Umweltbundesamt (2001), S. 5.
[493] Mächtel (1996), S. 123.
[494] Durch den hohen Bekanntheitsgrad des DJSGI konnten die bekannt gegebenen, im Index enthaltenen Firmen von einem deutlichen Imagegewinn profitieren, andererseits empfanden es viele Unternehmen als nachteilig, nicht im Index vertreten zu sein. Daher waren verschiedene Unternehmen zunehmend bereit, ihre Leistungen ausführlich zu kommunizieren. Siehe Umweltbundesamt (2001), S. 5.
[495] Kaiser (2001), S. 2.
[496] Weber (2000a) S. 14f.

Folgen sind eine höhere Unternehmensidentifikation und das einfachere Anwerben neuer Mitarbeiter.[497] Auch die langfristige Perspektive wird geschätzt, wie der Leiter des Umweltmanagements bei der Geberit-Gruppe ausführt: „Das sind wertvolle Aktionäre, weil sie langfristig investieren und nicht kurzfristig spekulieren."[498]

Ein Forschungsprojekt im Auftrag des Umweltbundesamtes fasst die Umweltwirkungen von Ökofonds wie folgt zusammen: Nachhaltige Geldanlagen üben deutlich positive Auswirkungen aus, auch wenn sie diffus und nicht quantifizierbar sind. Ihre Wirkungsmechanismen sind vielfältig und komplex, eine Reduktion auf die Finanzierungswirkung ist nicht gerechtfertigt. Ausserdem ist der „ökologische Reinheitsgrad" nicht entscheidend über den Umweltnutzen. Gerade die Indices (DJSGI, FTSE4Good), in denen auch Unternehmen enthalten sind, die aus Umweltsicht durchaus auch kritisch betrachtet werden können, durch die hohe Publizität bei zahlreichen Unternehmen zu Umweltverbesserungen bei.[499] Weber sieht in SRI-Fonds zudem eine Chance zur Sensibilisierung des Finanzmarktes. Durch ein erhöhtes Volumen könnte seiner Meinung nach die Aufmerksamkeit unter den herkömmlichen Finanzdienstleistern gesteigert werden. Diese sähen sich gezwungen, vermehrt ökologische und soziale Kriterien in die Finanzanalyse einfliessen zu lassen.[500]

3.5.2.2 Nutzen durch eine stärkere Integration in etablierte Finanzmärkte

Diese eher integrative Sicht und stärkere Berücksichtigung durch die klassischen Finanzmärkte verfolgen auch Schaltegger und Figge.[501] Sie sehen die Potenziale in einer Beeinflussung der Kapitalkosten: Haben ökologische Faktoren einen Einfluss auf die Zukunftsaussichten der Unternehmen, sollen diese auch in die Preisbildung des Kapitals eingehen. Diese Zusammenhänge sind nicht auf die Finanzierung besonders „umweltfreundlicher" Unternehmen oder Investitionen beschränkt. Sie können sowohl in der Form tieferer Kapitalkosten als Bonus, als auch als Kapitalkostenzuschlag, also als Malus, auftreten. Das ökologische Steuerungspotenzial der Anleger und Vermögensverwaltungsbanken wird in diesem Zusammenhang vielfach unterschätzt. Anleger beeinflussen nicht nur die Finanzierung von Umwelttechnologien, sondern grundsätzlich die Berücksichtigung von Umweltanliegen bei der unternehmerischen Strategieentwicklung und bei allen betrieblichen Investitionsentscheidungen. Sowohl umweltschädliche wie auch umweltfreundliche Produktionsweisen und Leistungen müssen finanziert werden.

---

[497] Weber (2001), S. 32.
[498] Kaiser (2001), S. 3.
[499] Kahlenborn (2001), S. 5.
[500] Weber (2001), S. 33.
[501] Schaltegger/ Figge (1999).

Berücksichtigen Investoren vermehrt ökologische Aspekte bei der Steuerung von Finanzflüssen, können davon wesentliche Impulse für das betriebliche Umweltmanagement und den ökologischen Strukturwandel in Unternehmen ausgehen.[502]

Die Umweltrelevanz für Anleger und die Relevanz des Investorenverhaltens für die Umwelt hängen selbstverständlich zusammen. Je stärker Umweltaspekte einen Einfluss auf den wirtschaftlichen Erfolg von Industrie- und Dienstleistungsunternehmen haben, desto stärker hängt auch die Rendite eines Investments von Umweltfaktoren ab. In der Folge werden Umweltanliegen in der Finanzanalyse vermehrt berücksichtigt, wodurch die Anleger mehr Einfluss auf die umweltrelevanten Tätigkeiten von Unternehmen ausüben. Diese selbstverstärkenden Wirkungszusammenhänge beginnen sich in jüngster Zeit stark zu beschleunigen.[503]

3.5.2.3 Kritische Stimmen zum gesellschaftlichen Nutzen:

Genauso wie ein möglicher Kursanstieg durch eine verstärkte Nachfrage von SRI-Investoren positiv beurteilt wird, kann sich durch das Auftreten von Freeridern der oben beschriebene Effekt ins Negative drehen: „Stiege nämlich der Kurs gewisser Titel aufgrund der Nachfrage grüner Fonds, so könnten die anderen Anleger Gewinne realisieren und diese Titel durch andere derselben Branche mit vergleichbarem Risiko-Rendite-Profil substituieren, da für diese Investoren ökologische Kriterien nicht ausschlaggebend sind.“[504] Diese Kritik mag für illiquide Titel im Umwelttechnologiebereich berechtigt sein, bei der Auswahl von grosskapitalisierten Unternehmen nach dem Prinzip der Öko-Effizienz bzw. Nachhaltigkeit aber keine Gültigkeit aufweisen. Grundsätzlich besteht das Problem, dass der gesellschaftliche Nutzen von SRI von den Anbietern in der oben aufgeführten Weise dargestellt wird, dabei die nachhaltige Wirkung von Anlageprodukten nur durch wenige empirische Studien geklärt wird.[505] Diese Kritik kann angesichts der immer noch relativ geringen Volumina von SRI an den Kapitalmärkten relativiert werden. Interessant ist dagegen ein Vergleich des Einflusses von ethisch-ökologischen Fonds im Vergleich zu anderen Treibern innerhalb der Unternehmen.

Diesbezüglich analysiert von Einem die optimistischen, eher qualitativ abgeleiteten Wirkungen von Umweltfonds auf die Umweltleistung von Unternehmen empirisch und vergleicht sie in ihrer Relevanz mit anderen möglichen Einflussfaktoren.[506]

---

502 Schaltegger/ Figge (1999), S. 5.
503 Schaltegger/ Figge (1999), S. 5.
504 Mächtel (1996), S. 118.
505 Weber/ Köllner, Scholz (2003), S. 21.
506 von Einem(2002)

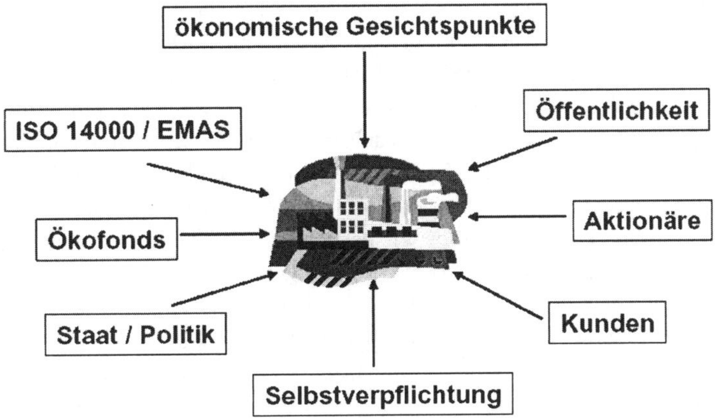

Abb. 57: Akteursnetz für ein betriebliches Umweltmanagementsystem

Quelle: von Einem (2002), S. 13.

Die Befragung von knapp achtzig Unternehmen kam zu folgendem Ergebnis: Als Hauptgrund für die Umsetzung eines Umweltmanagementsystems wurden Selbstverpflichtungen (ca. 25 Prozent) identifiziert, danach wurden ökonomische Gründe und eine Zertifizierung nach ISO 14001 oder EMAS genannt.[507] Die Ökofonds dagegen spielen eine vergleichsweise geringe Rolle bei der Umsetzung. Eine unterschiedliche Bedeutung wird Unternehmen eingeräumt, die in Fonds vertreten bzw. nicht kotiert sind. Innerhalb der Gruppe von Mitgliedern von Umweltfonds räumen 8,5 Prozent der Befragten den Fonds einen Einfluss auf ihr Umweltmanagementsystem ein. Bei nicht-notierten Firmen sehen nur 2 Prozent in Umweltfonds einen Einflussfaktor. Im zweiten Teil der Befragung wurde analysiert, ob Unternehmen in Umweltfonds eine höhere Umweltleistung aufweisen. Mit Hilfe einer Diskriminanzanalyse[508] wurde evaluiert, dass die Aufnahme in einen Umweltfonds keine eindeutig signifikante Verbesserung der Umweltleistung auslöst. Einzig für den Bereich Management ist ein signifikantes Ergebnis erzielt worden.[509] Im Vergleich zu anderen Faktoren ist bei einer Zertifizierung nach EMAS oder ISO 14001 ein eindeutiger Einfluss auf die erbrachte Umweltleistung nachzuweisen. Damit wurde gezeigt, dass es andere Faktoren gibt, die mehr Einfluss auf die Ausgestaltung eines Umweltmanagementsystems haben als die Umweltfonds.

Dieses Ergebnis muss die dargestellte Diskussion um den Nutzen von ethisch-ökologischen Fonds auf die Umwelt- bzw. Sozialleistung der Unternehmen nicht komplett revi-

[507] von Einem (2002), S. 20.

[508] Trennung mehrerer abhängiger Variablen und ihre Erklärung durch unabhängige Variablen. Die Analyse dient zur Bestimmung von signifikanten Unterschieden von Gruppen und deren Erklärung.

[509] von Einem (2002), S. 24.

dieren. Zu beachten ist, dass Umweltfonds im Erhebungsraum (Deutschland und Schweiz) erst in den letzten drei Jahren eine Bedeutung hinsichtlich der verwalteten Volumina und damit der Akzeptanz der SRI-Analysten gewonnen haben. Bis zu diesem Zeitpunkt haben andere Faktoren die Entscheidung für z.B. die Einführung eines Umweltmanagementsystems dominiert, wie an der Anzahl der zertifizierten Unternehmen abzulesen ist.[510] Der Dialog mit SRI-Analysten bzw. die öffentliche Wahrnehmung durch die Kotierung in einem Fonds kann ein bestehendes Engagement unterstützen, die Umweltmanager in ihrer internen Akzeptanz bestätigen. Für eine Initialzündung scheinen die Wirkungen bei grossen Unternehmen doch zu gering zu sein. Diese Relativierung bestätigt auch die Analyse von Ostermann: „Es wurde durch die Befragung aber auch deutlich, dass die Experten Ratings als einen von vielen Impulsgeber sehen, dessen Innovationswirkung noch weit hinter der des Managements, den Mitarbeitern und Zulieferern, sowie Nichtregierungsorganisationen steht.[511] Ein weiterer Grund des beschränkten Nutzens besteht auch in der Tatsache, dass Institutionen „grüner Geldanlagen" bislang von ihren Rechten als Aktionär und Anleger wenig aktiv Gebrauch machen. Daher resumiert Hild: „„... vielfach getroffene Annahmen und Hoffnungen, dass sich mit der blossen Existenz nachhaltigkeitsorientierter Investments quasi wie ein Deus ex machina eine Unternehmensführung und -kontrolle im Sinne der Nachhaltigkeit einstellen werde, sind dagegen zu voreilig." [512]Hinsichtlich des gesellschaftlichen Nutzens von SRI besteht demnach noch Optimierungspotenzial.

Kritik wird auch an „Öko-Bonds" geäussert. Durch die Börsenbaisse stieg das Interesse an festverzinslichen Wertpapieren und führte zur Lancierung verschiedener Bondfonds nach SRI-Kriterien. „Doch im Gegensatz zu Aktienanlagen werden „nachhaltige" Obligationenportefeuilles ihr Ziel, nämlich eine Verhaltensänderung hin zu mehr Verantwortung in Sozial- und Umweltfragen, verfehlen. ...diese sind aus Risikogründen zum grössten Teil mit Staatsobligationen bestückt. Schuldnern wie den USA ist es gelinde gesagt egal, wenn Obligationäre gegen die Todesstrafe oder den hohen CO2-Ausstoss opponieren."[513] Auf der Ebene von Staatsanleihen mag dieses Argument gelten, jedoch bestehen einige Fonds auch aus Papieren von Unternehmen bzw. überstaatlichen Finanzierungsorganisationen wie der Weltbank. Im Rahmen dieser Analysen können durchaus direkte Anstösse zur Verbesserung in den Institutionen gegeben werden.

---

[510] Weltweit führt Japan die Statistik per Ende 2003 an mit 13 819 ISO 14001-Zertifizierungen, Deutschland folgt mit 4150 Zertifikaten an vierter Stelle und die Schweiz liegt mit 1155 Zertifikaten auf Platz 14. Siehe http://www.ecology.or.jp/isoworld/english/analy14k.htm (Zugriff vom 8. 3. 2004)

[511] Ostermann (2001), S. 4.

[512] Hild (2003), S. 2.

[513] Staedeli (2003b).

3.5.3 Zusammenfassung

Hinsichtlich des Nutzens von SRI sind zwei Ebenen zu unterscheiden: ein finanzieller Nutzen für den Investor sowie ein gesellschaftlicher Nutzen für die Umwelt bzw. Sozialsysteme. Ein positiver finanzieller Effekt für Investoren kann sich aus einer Chancen- bzw. Risikoperspektive ergeben. Zum einen kann die Analyse Risiken erkennen, die sich negativ auf den Unternehmenswert auswirken und damit mögliche Verluste vermeiden. Auf der anderen Seite können Unternehmen identifiziert werden, die durch ökologische Massnahmen beispielsweise Kosten einsparen oder eine höhere Kundenbindung erreichen bzw. deren soziales Klima eine höhere Mitarbeitermotivation oder ein besseres Image bewirken. Verschiedene Modelle stellen mögliche Einflüsse eines Environmental Shareholder Values dar. Angesichts der zunehmenden Bedeutung immaterieller Bewertungsparameter von Unternehmen ist auch ein positiver Einfluss eines nachhaltigen Managements auf den Unternehmenserfolg plausibel. Die Überprüfung eines solchen Zusammenhangs wurde durch verschiedene Studien in Angriff genommen, durch Event-Studien, die Bildung von synthetischen Aktienportfolios sowie den Vergleich von Umwelt- und Sozialfonds mit konventionellen Portfolios. Obwohl aufgrund der eher kurzen Zeiträume der Studien keine eindeutige Aussage getroffen werden kann, lässt sich eine Underperformance ethisch-ökologischer Portfolios nicht nachweisen, tendenziell wurde eher eine Outperformance festgestellt. Bei der Analyse von SRI-Fonds wurden bestimmte Investment-Tilts nachgewiesen wie eine Beimischung von „small & mid-caps" oder ein Übergewicht in Technologieaktien oder europäischen Titeln, die je nach Marktumfeld zu „automatischen" Performanceabweichungen führen. Darüber hinaus wurde angemerkt, dass „eine gute ökonomische Performance eines Nachhaltigkeitsfonds eher von der Fähigkeit abhängt, die richtigen Aktien auszuwählen, und weniger davon, ob die sozial- bzw. umweltbewussten Unternehmen eine gute Umweltperformance haben oder nicht."[514]

Hinsichtlich eines gesellschaftlichen Nutzens lassen sich verschiedene Kategorien unterscheiden: Direkte Finanzierungseffekte sind bei kleinen Unternehmen in Form von Börsengängen oder Kapitalerhöhungen durch ein Investment ethisch motivierter Anleger möglich, jedoch bei grosskapitalisierten Unternehmen eher zu vernachlässigen. Hier dominieren indirekte Effekte wie eine Verbesserung der Umwelt- und Sozialberichterstattung die Einflussnahme auf das Management. Durch das öffentliche Loben der ökologischen und sozialen Vorreiter einer Branche steigt der Druck auf die Mitbewerber. Hierdurch kann ein positiver Wettbewerb zwischen den Unternehmen gefördert werden. Als weitere Konsequenz kann eine Beeinflussung auf die Kapitalkosten der Unternehmen erfolgen, jedoch sind dazu stärkere Lenkungswirkungen durch höhere Volumina erforderlich. Kritiker verweisen jedoch auf mögliche Gegeneffekte durch Freerider sowie eine

[514] European Business School (2001), S. 35.

Relativierung, dass SRI neben anderen Faktoren wie der Gesetzgebung oder Selbstverpflichtungen für die Umsetzung eines Umweltmanagementsystems nur eine untergeordnete Rolle spiele. Unterstützt wird diese Kritik von Vertretern des Engagement-Ansatzes, die im direkten Dialog mit schlechten Firmen einen grösseren Hebel sehen als in der Investition gut bewerteter grosskapitalisierter Unternehmen.

3.6 Mögliche Entwicklungsszenarien

Nun stellt sich die Frage, wie angesichts der oben dargestellten vielfältigen Nutzenpotenziale von SRI die zukünftige Entwicklung des Marktes gesehen werden kann.

Hinsichtlich der Entwicklungsmöglichkeiten für Socially Responsible Investments wird neben dem bereits erfolgten Überblick über die verschiedenen nationalen Märkte im Folgenden ein theoretischer Ansatz gewählt. Die modellhaften Überlegungen von Wüstenhagen werden auf das Thema ökologisch-ethischer Investments angewendet. Dabei wird deutlich, dass sowohl die Einteilung der Landkarte des ökologischen Massenmarktes wie auch das Entwicklungsmodell „Multiplying Davids, Greening Goliaths" vom ursprünglich zugrundeliegenden Gütermarkt auf den Finanzmarkt übertragen werden können. Die im Marketing geläufige Darstellung des (ökologischen) Branchenzyklus wird am Beispiel des Schweizer Finanzmarktes illustriert.

3.6.1 Die Landkarte des ökologischen Massenmarktes

Mit der "Landkarte des ökologischen Massenmarktes" stellt Wüstenhagen in seiner Dissertation ein Instrument dar, mit dem die Branche zwischen Öko-Nische und ökologischem Massenmarkt einzuordnen ist. Gleichzeitig werden Ansatzpunkte für eine Weiterentwicklung in Richtung ökologischer Massenmarkt aufgezeigt.[515] Die Darstellung als Landkarte setzt die ökologische Qualität in Bezug zu den Marktanteilen von Produkten. Damit erlaubt sie es, die von Produkten einer Branche induzierten Umweltbelastungen sowie den Ist-Zustand der Diffusion unterschiedlicher ökologischer Produktstandards einer Branche zu illustrieren.[516] Das Modell setzt voraus, dass die ökologische Qualität von Produkten eindeutig zu bestimmen ist, was eine grobe Vereinfachung der Wirklichkeit darstellt. Es scheint jedoch trotzdem möglich, das Konzept gewinnbringend auf den Anlagemarkt zu übertragen, dabei erfolgt eine Fokussierung auf das Fondssegment.

Die linke Säule stellt Produkte mit hoher ökologischer Qualität (niedriger spezifischer Umweltbelastung) dar, die erfahrungsgemäss keinen sehr hohen Marktanteil haben (Öko-Nische). Diese Struktur trifft sowohl auf Lebensmittel aus biologischem Anbau, auf

[515] Das Konzept der Landkarte des ökologischen Massenmarktes wurde von Rolf Wüstenhagen zusammen mit Arnt Meyer und Alex Villiger entwickelt. Wüstenhagen (2000), S. 58.

[516] Wüstenhagen (2000), S. 58. Die theoretischen Erläuterungen des Modells stammen aus gleicher Quelle.

Textilien aus Bio-Baumwolle wie auch auf ökologische Geldanlagen zu. Die relative Bedeutung dieses Segmentes ist trotz des starken eingetretenen Wachstums sowohl auf Ebene einzelner Aktien und Beteiligungen wie bei Fonds sehr gering. Auf der rechten Seite sind Produkte dargestellt, die eine niedrige ökologische Qualität (hohe spezifische Umweltbelastung), dafür einen relativ hohen Marktanteil aufweisen (Massenmarkt). Dieses Segment umfasst alle Produkte aus normaler Herstellung, sei es Lebensmittel aus konventionellem Anbau, Textilien aus konventionell angebauter Baumwolle oder Finanzanlagen, die ohne die Anwendung ökologischer Kriterien gemanagt werden. Als Extrembeispiel können die sogenannten "Sin Stocks" im Bereich von Tabak, Rüstung, Glücksspiel oder Atomkraft genannt werden, die von Managern ethischer Portfolios kategorisch ausgeschlossen werden. Zwischen diesen beiden Extremen liegt ein Kontinuum an Möglichkeiten. Zur Vereinfachung erfolgt eine Gruppierung als „Mittlere Qualität". Dies sind beispielsweise Lebensmittel aus Integrierter Produktion oder Textilien nach dem Öko-Tex Standard. Im Finanzbereich sind dieser Stufe Portfolios zuzuordnen, in denen auch Unternehmen enthalten sind, die nach der ökologischen und sozialen Analyse als eher unzureichend bewertet sind, allerdings zur Risikoneutralität gegenüber einem Index beigemischt werden.[517]

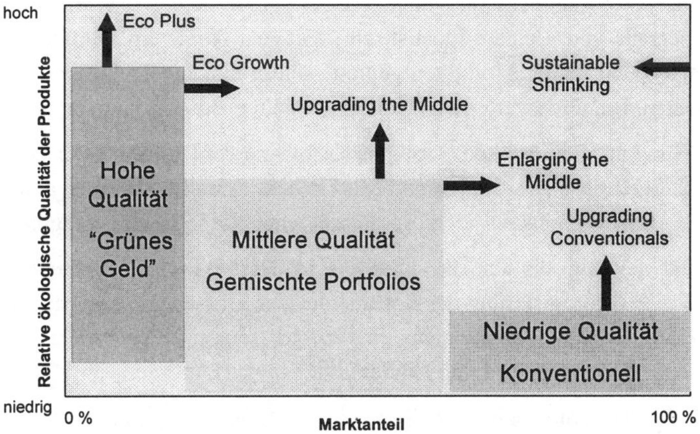

Abb. 58: Die Landkarte des ökologischen Massenmarktes

Quelle: eigene Darstellung nach Wüstenhagen, Meyer, Villiger 1999.

---

[517] Dies ist bei einigen Ethos-Fonds der Fall sowie beim KD Fonds Öko-Invest, der festgelegt hat, dass mindestens 66 Prozent des Anlagevermögens in Unternehmen investiert werden muss, die den ökologischen Anlagekriterien genügen.

Das Modell illustriert anhand der Pfeile auch alternative Wege zu einem "ökologischen Massenmarkt", die sich graphisch in einer Abnahme der blauen Fläche veranschaulichen lässt. Wenn Produkte mit hoher ökologischer Qualität einen Marktanteil von 100 Prozent haben, ist das Ziel des ökologischen Massenmarktes erreicht. Dabei stellt die Strategie Eco Plus eine weniger realistische Variante dar, da die Erreichung einer maximalen ökologischen Qualität meist mit hohen Kosten bzw. Renditeeinbussen verbunden ist. Erfolgreicher sind die Strategien zur Vergrösserung des Marktanteils der Produkte mit hoher und mittlerer Qualität auf Kosten der Produkte konventioneller Herstellungsweise. Hierzu eignen sich Aktivitäten des strategischen, operativen und transformatorischen Marketings.[518] Die Strategien zur Qualitätsoptimierung des mittleren und unteren Segmentes sind ebenfalls sinnvoll, sie können auch durch die Anhebung gesetzlicher Mindeststandards bzw. Rahmenbedingungen gefördert werden. Erfolgt eine weitere Erhöhung der Energiepreise durch Verknappung oder die Einführung von Öko-Steuern, werden auch "normale" Finanzanalysten ökologische Faktoren stärker berücksichtigen.

3.6.2 Multiplying Davids, Greening Goliaths

Das Konzept "Greening Goliaths vs. Multiplying Davids" wurde ebenfalls von Wüstenhagen aufgrund der Situation in der Lebensmittelbranche entwickelt und stellt verschiedene Pfade einer Entwicklung von der Öko-Nische zum Massenmarkt dar. [519] Diese wurde einerseits von kleinen, idealistisch geprägten Anbietern (Davids) mit ökologisch hochwertigen und teuren Produkten geprägt, die primär die Zielgruppe der Umweltaktiven bedienten. Bei Grossverteilern (Goliaths) spielten Bio-Produkte lange keine Rolle.

Die Einteilung in "Davids" und "Goliaths" erfolgt sowohl aufgrund der Grösse der Akteure, die sich durch ihre Ressourcen und Marktmacht darstellt, wie auch anhand ihrer Motivation, die primär ökologisch-ideologisch oder eher ökonomisch geprägt sein kann.

Für die Entwicklung aus der Öko-Nische sind damit *zwei idealtypische Wege* denkbar: Einerseits eine Ökologisierung des Sortimentes der grossen Akteure mit hohem Marktanteil (Greening Goliaths), andererseits eine Vergrösserung und Vermehrung der bestehenden Nischenanbieter (Multiplying Davids).[520]

Hinsichtlich der Potenziale der Strategie "*Greening of Goliaths*" sprechen einige Vorteile:[521] Aufgrund ihrer ausgedehnten Distributionsnetze sprechen sie ein breites Kundenpublikum an und können durch Economies of Scale in Produktion und Logistik

[518] Nach Belz zielt das transformative Öko-Marketing neben dem kundenorientierten Marketing auf eine Änderung der öffentlichen und politischen Rahmenbedingungen ab, um die Anreize für den Kauf und die Verwendung ökologischer Produkte und Leistungen zu erhöhen. Siehe Belz (2000), S. 73.

[519] Wüstenhagen (2000), S. 131f

[520] Wüstenhagen (2000), S. 131.

[521] Wüstenhagen (2000), S. 135.

ökologische Produkte zu günstigen Preisen realisieren. Ihre Marktmacht und finanzielle Potenz kann helfen, Engpässe bei Lieferanten und Verarbeitern zu überwinden und hohe Anfangskosten für die Markterschliessung neuer Produkte zu tragen. Grenzen ergeben sich durch einen mangelnden Willen zur Erschliessung des ökologischen Massenmarktes, vor allem, wenn die erfolgreiche Umsetzung einer ökologischen Wettbewerbsstrategie eine längerfristige Perspektive erforderlich ist.[522]

Die Markterschliessung durch Davids als eher kleine, vergleichbar machtlose Akteure mit primär ökologischer Zielsetzung[523] baut auf ihrer Rolle als Urheber der Öko-Nische auf. Ihre Stärke liegt in ihrer intrinsischen ökologischen Motivation, die in der Lage ist, mangelnde Ressourcen zu einem gewissen Grad zu substituieren. [524] Durch ihre Flexibilität und weniger starke Fokussierung auf nicht-ökonomische Ziele haben sie einen längeren Atem, diese Ziele auch bei Ausbleiben ökonomischen Erfolgs zu verfolgen.[525] Ausserdem bringen sie einige spezifische Kompetenzen ein, die für die Entwicklung von der Öko-Nische zum ökologischen Massenmarkt relevant sind:[526] Sie geniessen eine hohe Glaubwürdigkeit aufgrund der hohen ökologischen Produktqualität. Ihre Innovationskraft ist aufgrund geringerer Wahrnehmungsbarrieren und interner Widerstände oft höher als die von Goliaths. Ihre lokale Verankerung reduziert Transportwege und bietet gleichzeitig ein direktes Feedback zu Konsumenten. Die regionale Wertschöpfung bildet gleichzeitig einen Baustein zur sozialen Nachhaltigkeit.

Neben diesen Vorteilen sind sie mit folgenden Schwierigkeiten konfrontiert:[527] Der Mangel an Ressourcen stellt eine grosse Hürde zur Vermarktung ökologischer Produkte im Massenmarkt dar. Durch Defizite im Marketing -ob aus finanziellen oder ideologischen Gründen- sind sie nur begrenzt in der Lage, Kunden ausserhalb der ökologischen Nische anzusprechen. Eine unausgereifter Vertrieb kann zu Qualitätseinbussen führen und gleichzeitig Kosteneinsparungen im Rahmen der "Economies of Scale" verhindern. Für eine stärkere Marktdurchdringung stellen ausserdem der Verzicht auf Kompromisslösungen wie beispielsweise tiefgekühlte Convenience-Produkte aus Bioanbau oder mangelnde Managementfähigkeiten zu einer starken Expansionsstrategie weitere Barrieren dar.

---

522 Wüstenhagen (2000), S. 138.
523 Wüstenhagen (2000), S. 142.
524 Wüstenhagen (2000), S. 144.
525 Wüstenhagen (2000), S. 145, aufbauend auf Studien von: Hamel, Prabhalad, Rogers.
526 Aufzählung nach Wüstenhagen (2000), S. 146f.
527 Aufzählung nach Wüstenhagen (2000), S. 147ff.

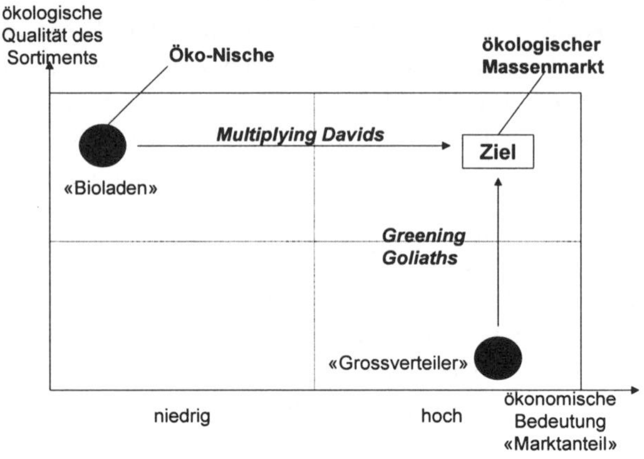

Abb. 59: Multiplying Davids und Greening Goliaths als alternative Pfade von der Öko-Nische zum ökologischen Massenmarkt

Quelle: Wüstenhagen (2000), S. 132.

Die Übertragung des David-Goliath Modells auf den Markt ökologischen Investments kann auf zwei Ebenen erfolgen: Auf Unternehmensebene beinhaltet es die Förderung von innovativen, kleinen Unternehmen sowie die Förderung des Engagements grosser Unternehmen zu einer Ökologisierung ihrer Prozesse und Produkte. Dies bedeutet beispielsweise im Fall der Solarenergie, dass Pionierunternehmen mit Solarprodukten bzw. Dienstleistungen genügend Kapital für ihre Expansionsstrategie erhalten. Gleichzeitig sollen grosse Öl- bzw. Elektronikkonzerne motiviert werden, ihre strategische Ausrichtung in die Solarbranche zu verstärken.[528]

Das Modell ist auch direkt auf den Finanzbereich umzusetzen: Die Entwicklung aus der Öko-Finanz-Nische ist durch eine Neuauflage und ein starkes Volumenwachstum von Umweltaktien bzw. ökologischen Fonds als innovative, ökologisch hochstehende Davids möglich. Auch die Entwicklung von weiteren Alternativbanken trägt zur Marktdurchdringung bei. Darüber hinaus sollten auch die Goliaths der "klassischen Finanzinstitute" ökologische Kriterien in ihre Entscheidungen zur Finanzierung von Unternehmen, sei es im Kredit- bzw. Anlagebereich sowie im Investment Banking verstärkt integrieren. Diese Perspektiven-Erweiterung dient neben der Erfassung von Umwelt-Risiken auch der Antizipation von veränderten legislativen oder ökonomischen Rahmenbedingungen. Auf dem deutschen Fondsmarkt ist hinsichtlich des Angebots nachhaltiger Fonds Bewegung seitens der Anbieter entstanden. Während in den letzten Jahren Fonds nur von Nischenanbietern

---

[528] BP Amoco ist Ende 1999 weltweit der gröste Hersteller von Photovoltaikzellen. Dresdner, Kleinwort, Wasserstein: Power Generation in the 21st century, S. 103.

bzw. ausländischen Fondsgesellschaften aufgelegt wurden, haben im Jahr 2002 auch die Grossbanken ihre Zurückhaltung aufgegeben und eigene Produkte lanciert.[529] Dies kann auf weitere Mitbewerber und auf Kunden eine klare Signalwirkung ausüben. Davon können auch die Davids wiederum profitieren, indem ihr Marketing aufgrund der gestiegenen Bekanntheit eine bessere Schlagkraft erzielt.

3.6.3 Ökologischer Branchenlebenszyklus

Bei der Darstellung des ökologischen Branchenlebenszyklusses wird der zeitliche Verlauf des Diffusionsgrades ökologischer Produkte auf der Anbieterseite dargestellt.[530] Während der Einführungsphase wird die Öko-Nische durch die charakterisierten Davids aufgebaut, die sich primär auf die Zielgruppe der umweltaktiven Konsumenten fokussieren. Die Überwindung der Nische erfolgt durch das Eintreten neuer Akteure als Pionier-Goliaths. Die Weiterentwicklung der frühen Wachstumsphase zu einer Take-Off-Phase mit sprunghaft steigendem Marktanteil wird nur durch die Erschliessung von Zielgruppen jenseits der Öko-Nische ermöglicht. Eine Aktivierung der Umweltaktivierbaren bzw. Umweltpassiven erfordert eine Erweiterung der Produktpalette, die Kompromisse hinsichtlich der ökologischen Qualität einschliesst. Der Erfolg in dieser Phase beruht auch auf einer Koevolution der beschriebenen Strategien von “Multiplying Davids” und “Greening Goliaths”.[531]

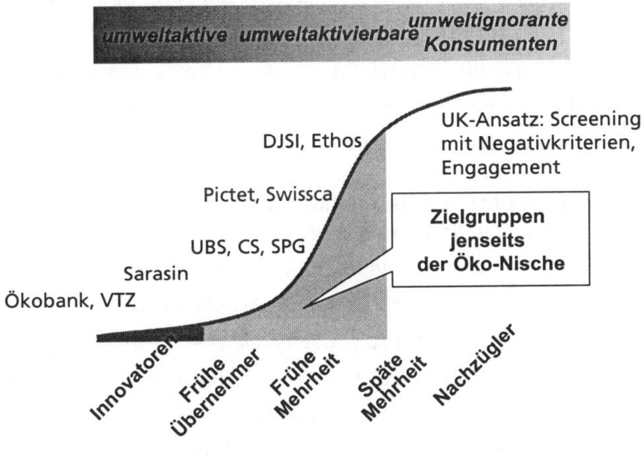

Abb. 60: Ökologischer Branchenlebenszyklus

Quelle: eigene Darstellung nach Wüstenhagen (2000), S. 194.

[529] Lancierung des DWS Sustainability Fonds und des Fonds der Dresdner Bank
[530] Wüstenhagen (2000), S. 193.
[531] Wüstenhagen (2000), S. 194.

Der Markt ökologischen Investments kann auch durch dieses Modell sehr gut abgebildet werden. Als Pionierunternehmen haben sich die Ökobank in Deutschland oder die alternativen Banken bzw. Vermögensverwalter in der Schweiz[532] nur in Fachkreisen einen Namen gemacht. Auch die Lancierung des ersten Öko-Effizienz-Fonds in der Schweiz durch die Bank Sarasin generierte anfangs nur geringe Volumina. Erst durch den Eintritt grosser Mitbewerber kam Dynamik in den Markt. Durch einen agressiven Marktauftritt mit starker Betonung der Rendite haben die Grossbanken CS und UBS sowie Sustainable Performance Group auch Anleger für sich gewinnen können, die nicht aus primär ideologischen Gründen in dieses Segment investieren. Sie sprechen eher die "Grünen Dagoberts"[533] an, für die ökologisches Investment aufgrund der innovativen Technologien und Effizienzpotenziale primär finanziell interessant ist.

Die Ansätze von Ethos und dem 1999 lancierten Dow Jones Sustainability Group Index[534] (DJSGI) stellen bereits Kompromisse hinsichtlich der ökologischen Qualität ihrer ausgewählten Unternehmen dar. Bei Ethos sind im Europa-Portfolio auch ökologisch und sozial schlecht beurteilte Konzerne zur Indexneutralität beigemischt.[535] Im Dow Jones Index haben mehrere Titel zu Diskussionen in Fachzeitschriften gesorgt[536], die ihre Nachhaltigkeitsstrategie nicht nachvollziehen konnten. Trotz dieser Kontroversen haben beide Produkte hohe Volumina generieren und breite Anlegerkreise ansprechen können. Die verschiedenen Ethos-Portfolios sind mit 925 Mio CHF Ende 2000 Schweizer Marktführer. Ihre indexnahe Struktur ermöglicht es auch Pensionskassen, ihre Risiko-Rendite Restriktionen erfüllen zu können. Gleichzeitig wird durch die aktive Wahrnehmung von Stimmrechten ein ökologischer Zusatznutzen erreicht.

3.6.4 Anknüpfungspunkt: Institutioneller Investoren wie z. B. Pensionskassen als Katalysator der Marktentwicklung

„... Im Schweizer Markt nachhaltiger Investments treiben insbesondere die Pensionskassengelder, die zur Jahrtausendwende rund CHF 500 Mrd. betragen haben, die Entwicklung voran. Dieses Geld muss unter einer langfristigen Optik im Interesse der Mitglieder der Pensionskassen angelegt werden. Dass sich hier das Interesse nicht nur an finanziellen Kriterien, sondern auch ökologischen und sozialen messen sollte, ist einleuchtend. Die Pensionskassengelder sind für unsere alten Tage bestimmt. Das heisst: Wir brauchen einen gesunden,

---

532 Alternative Bank, Gemeinschaftsbank Olten.
533 vgl. Abschnitt 4.1
534 http://www.sustainability-index.com
535 www.ethosfunds.com
536 Diverse Ausgaben von Öko-Invest, Aktie Grün.

langfristig gesicherten finanziellen Ertrag- ohne ihn geht es nicht. Aber wir brauchen auch ein soziales und ökologisches Umfeld, das es den Rentnern erlaubt, ihren wohlverdienten Ruhestand zu geniessen. Ebenso brauchen wir aber auch ein Umfeld, das den zukünftigen Generationen genügend Ressourcen überlässt, damit sie ihre Umwelt aktiv mitgestalten können."[537]

Diese Aussage von Müller greift die Perspektive der vorliegenden Arbeit auf: Pensionskassen sind aufgrund ihrer Grösse als institutioneller Investor ihrer langfristigen Anlageperspektive in der Lage bzw. aufgefordert, neben der finanziellen Performance ihrer Investments auch ihre ökologische und soziale Leistung zu berücksichtigen. Damit kann das Leben der versicherten Rentner und folgenden Generationen nachhaltig gesichert werden. Lässt sich diese Perspektive in der Praxis bereits erkennen?

Während bislang noch vorweg Pensionskassen von Kommunen, Kantonen, Kirchgemeinden oder Spitälern zu nachhaltigen Anlagen neigten, investieren heute immer öfter auch Pensionskassen grosser Unternehmen nach moralischen Kriterien. Anfang 2000 hat zum Beispiel die Novartis die Favorisierung nachhaltiger Anlagen im Reglement der Pensionskasse verankert. Die Complan, die zweite Säule der Swisscom, hat 2,7 Prozent ihrer 3,8 Milliarden Franken nachhaltig angelegt.[538] Für ein aussagekräftigeres Bild über die Bedeutung nachhaltiger Anlagen bei Schweizer Pensionskassen bedarf es jedoch einer breiteren empirischen Analyse über diese Einzelbeispiele hinaus.

3.6.5 Zusammenfassung:

Das an der Universität St. Gallen entwickelte Modell „Von der Öko-Nische in den ökologischen Massenmarkt kann sehr gut auf den Finanzmarkt und SRI übertragen werden. Auf der Landkarte des ökologischen Massenmarktes sind zum einen Finanzprodukte mit hoher ökologischer Qualität (sehr strengen ökologisch-sozialen Kriterien) zu finden, die einen eher kleinen Marktanteil einnehmen. Ausserdem werden Finanzprodukte angeboten, die eine tiefere ökologische Qualität aufweisen, dafür aber einen relativ hohen Anteil am Markt erobert haben. In dieses Segment sind zum Beispiel die Portfolios institutioneller Investoren einzuordnen, die nur ein oder mehrere Negativkriterien anwenden. Das Ziel eines ökologischen Massenmarktes im Finanzbereich kann auf zwei Wegen erreicht werden. Im einen Fall kommen bei bestehenden Portfolios strengere sozial-ökologische

---

[537] Müller (1999), S. 5.

[538] Im Reglement der Complan wird die Anlagekommission beauftragt, eine Quote für ökologisch und sozial verträgliche Anlagen festzulegen. Siehe Gerber (2000), S. 37.

Kriterien zur Anwendung. Daneben können auch die Marktanteile der bestehenden strengen SRI-Produkte erhöht werden. Für Pensionskassen kommt eher die erste Strategie in Frage, da Mandate mit einer sehr hohen Abweichung zur Benchmark Risiken aufweisen, die sie schwer kalkulieren und tragen können.

Das von Wüstenhagen entwickelte Konzept „Greening Goliaths vs. Multiplying Davids" stellt die Anbieter in den Vordergrund. Wie in Abschnitt 2.2. aufgeführt wurde, haben Alternativbanken das Segment nachhaltiger Geldanlagen seit Jahrzehnten aufgebaut. Angesichts ihrer relativ kleinen Bilanzsummen und der Fokussiserung auf den Retailmarkt scheinen sie für Pensionskassen nur eine untergeordnete Rolle zu spielen. Daher scheint die Strategie „Greening Goliaths" grösseren Erfolg zu versprechen. Etablierte Asset Manager bzw. grosse Pensionskassen können aufgrund ihrer Marktmacht und Ressourcen relativ rasch Know-How in SRI aufbauen und in ihren Mandaten implementieren.

Die Chronologie von SRI folgt dem typischen Verlauf eines ökologischen Branchenlebenszyklusses. Nach einer Pionierphase durch Ökobanken bzw. religiös motivierte Investoren treten mittlerweile auch klassische Privatbanken bzw. konventionelle Pensionskassen von grossen Unternehmen wie Novartis oder Sulzer in den Markt ein. Neben ideologischen Kriterien werden zunehmend finanzielle Argumente für SRI eingesetzt. Die zunehmende ökonomische Relevanz wird heute auch durch die Aufnahme des Themas durch sell-side Broker sowie eine steigende Anzahl von finanzstarken Kunden demonstriert, die von ihren Portfoliomanagern eine Berücksichtigung von SRI-Kriterien fordern.

4 Das Engagement von Pensionskassen in SRI

Das folgende Kapitel führt die beiden vorangehenden Theoriekapitel zusammen. Als Vorbereitung auf die empirische Analyse wird abgeleitet, warum sich Pensionskassen in SRI engagieren. Dabei gliedern sich die Ausführungen in drei Schritte: Im ersten Teil wird SRI als die aktive Wahrnehmung von Aktionärsrechten betrachtet. Daher wird der Frage nachgegangen, was Pensionskassen bewegt, sich als Aktionär zu engagieren. Dabei werden Analogien zu einem Engagement in bezug auf die Corporate Governance von Unternehmen gezogen. Im zweiten Abschnitt werden Einflussfaktoren dargestellt, die Pensionskassen zu einer Investition in SRI bewegen. Gesetzliche Bestimmungen spielen dabei eine Rolle. Der dritte Abschnitt bietet einen Einblick in die Praxis, inwieweit sich Pensionskassen bzw. andere institutionelle Investoren mit dem Thema auseinandersetzen.

4.1 Pensionskassen als aktive Aktionäre

Dieser Abschnitt stellt die Rolle von Pensionskassen in den Zusammenhang der Rechte und Pflichten als Aktionär von Unternehmen allgemein. Dabei wird einleitend die Rolle von Pensionskassen als aktive Aktionäre hinsichtlich ihrer Rechte grundsätzlich dargestellt. Im Anschluss erfolgt die Diskussion möglicher sowie der in der Realität ausgeübten Stufen von Aktionärs-Aktivismus. Die Wahrnehmung der Aktionärsrechte kann auf verschiedenen Motiven beruhen. Als externe Komponente sind vor allem gesetzliche Bestimmungen zu nennen, als inhaltliche Motivation können Vorteile einer besseren Performance genannt werden. Daher wird der rechtliche Rahmen dargestellt, der die Rolle von Pensionskassen als institutionelle Investoren im nationalen Kontext unterschiedlich prägt. Im Anschluss wird argumentiert, warum eine Einflussnahme als Investor sich positiv auf die Wertentwicklung der Unternehmen und damit ihrer eigenen Rendite auswirken kann. Dieser Fokus wird aufgrund der inhaltlichen Parallelen zum Engagement institutioneller Investoren in bezug auf Corporate Governance[539] zu SRI wird dieser aufgegriffen. Es wird erläutert, welche Studien eine Korrelation zwischen der Corporate Governance und der Wertentwicklung von Unternehmen darstellen. Abschliessend werden sowohl inhaltliche Grundlagen sowie geschichtliche Zusammenhänge zwischen Corporate Governance und SRI aufgeführt.

Jeder Aktionär besitzt zwei Arten von Rechten: Vermögens- und Mitgliedschaftsrechte. Zu den Vermögensrechten gehört der Bezug von Dividenden, falls eine solche ausgeschüttet wird. Die Mitgliedschaftsrechte ermöglichen es den Aktionären, an der Generalversammlung teilzunehmen, das Wort zu ergreifen, die Aufnahme eines weiteren Tagesordnungspunktes zu verlangen und darüber abzustimmen. Ein institutioneller Investor wie z.B. ein Anlagefonds oder eine Pensionskasse ist den Anteilseignern oder Versicherten

---

[539] Nach einer engen Definition umfasst Corporate Governance die Kontrolle des Managements von Corporations. Eine genaue Definition des Begriffes Corporate Governance erfolgt im Abschnitt 1.3.1.

gegenüber zu einer guten und treuhänderischen Verwaltung verpflichtet. In diesem Sinne ist die Ausübung von Rechten, die den Wert einer Investition steigern, eine Pflicht. Somit erscheint es gerechtfertigt, von einem institutionellen Anleger zu verlangen, dass er seine Aktionärsrechte einschliesslich des Stimmrechtes an der Generalversammlung in vollem Umfang wahrnimmt.[540]

Ein Stimm- oder Wahlrecht kann mit einer Call-Option verglichen werden. Eine Call-Option verkörpert ein Recht, nicht aber eine Pflicht, eine bestimmte Anzahl Aktien während einer bestimmten Frist zu einem bestimmten Preis zu beziehen. Analog dazu stellt ein Stimm- oder Wahlrecht ein Recht, nicht aber eine Pflicht dar, etwas während einer bestimmten Zeit zu tun.[541] Diese Option nicht ausüben zu wollen, ist nur dann zu rechtfertigen, wenn die mit der Ausübung verbundenen (Transaktions-) Kosten den erzielbaren Nutzen für die Versicherten übersteigen.[542]

Ein Beispiel für die Anerkennung dieser Werte gibt die Boston Foundation in ihrer "Civic Stewardship policy aus dem Jahr 1999: "... as an institutional investor and a public charity, The Boston Foundation knows that it bears greater responsibility for its ownership role, more so than day traders or fund arbitrageurs whose motivations are different. As an institutional investor, The Foundation now recognizes that proxy voting is subject to fiduciary standards similar to those affecting private pension plans, that voting rights have economic as well as oral value and therefore should be treated as assets, and that doing so means that proxies are voted in accordance with publicly stated policy and guidelines. It can and should do no less".[543] Die Stiftung betont damit den finanziellen Wert der Stimmrechte und ihre treuhänderische Verpflichtung, diese Wahrzunehmen.

4.1.1 Niveaus von Aktionärs-Aktivismus

Mit einem bewussten Engagement in SRI nehmen institutionelle Anleger wie Pensionskassen ihre oben benannten Rechte als Aktionäre aktiv wahr. Damit treten sie für das Unternehmen als Anspruchsgruppe gemäss dem in Abb. 1 im ersten Kapitel dargestellten Modell „Die Umwelt der Unternehmung" in Erscheinung. Da jedoch nicht jede Anspruchsgruppe über die gleichen Möglichkeiten einer Einflussnahme auf das Unternehmen verfügt, werden im Folgenden mögliche Faktoren eines Engagements und deren Ausprägung modellhaft dargestellt.

In der Literatur werden zur Identifikation kritischer und damit strategischer Stakeholder als zentrale Faktoren Legitimität, Ressourcen und Macht genannt.[544] Diese versetzen die Stakeholder in die Lage, Unternehmen mit Ressourcen- und Befähigungsverweigerung zu

---

540 Biedermann (2001), S. 19.
541 Garlant (2000), S. 42.
542 Fitze et al. (2000), S. 28.
543 Monks (2001), S. 100.
544 Schaltegger (1998), S. 8ff.

drohen. Ob hierdurch für ein Unternehmen eine wirkliche Bedrohung resultiert, hängt von ihrer Organisationsfähigkeit und ihrem Durchsetzungsvermögen ab. Institutionelle Anleger können gemäss dieser Kriterien aufgrund ihrer Allokation von Anlagekapital als strategische Stakeholder angesehen werden. Sie stehen damit im Gegensatz zu den atomisierten Anteilseignern eines Unternehmens mit einer stark gestreuten Eigenkapitalbasis.[545]

Grundsätzlich stehen Investoren zur politisch und ökonomisch motivierten Einflussnahme und Reaktion von Akteuren auf Probleme bei Organisationen zwei Handlungsoptionen zur Verfügung:[546] „Exit" (Abwanderung) und „Voice" (Widerspruch). Die Wahl der Alternative kommt je nach spezifischen situativen Handlungsbedingungen zum Zuge. Institutionelle Investoren können ebenfalls abwandern oder aktiv Einfluss nehmen, um kontrollierend auf Unternehmen zu wirken. Mit der Exit-Option erfolgt die Unternehmenskontrolle quasi indirekt über die Kapitalmärkte: Durch den Verkauf der Anteile erfolgt ein Ressourcenentzug, damit kann (bei einem konzentrierten Auftreten) ein Wertverlust des Unternehmens und eine potentielle Disziplinierung des Managements einhergehen. Sie stellt eher ein reaktives, passives Einflussverhalten dar. Mit der Voice-Option erfolgt die Kontrolle durch den Gebrauch von Einspruchs- und Widerspruchsrechten (z.B. Stimmrechtsausübung) und aktives Anlegerengagement. Dabei sind folgende Ausprägungen möglich: ein kritischer Dialog mit den Unternehmen, die Einforderung von Publizitätspflichten bzw. von Informationstransparenz sowie zur Bündelung der Aktionärsmacht die Bildung von Koalitionen zwischen Stakeholdern.[547]

Neben diesen beiden Extrema sind in der Praxis weitere Zwischenformen von Aktionärs-Verhalten zu beobachten. In der Systematik von Porter und Bushee lassen sich Investoren in folgende Typen klassifizieren: Transiente Investoren, quasi-indexnachbildende Investoren und fokussierte Investoren.[548] *Transiente Investoren* zeichnen sich durch hohen Portfolioumschlag und hohe Sensitivität bezüglich kurzfristiger Gewinnprognosen der Unternehmen aus. Die Strategie ist mit kurzfristigen Verwertungsinteressen verbunden. Performance und Benchmark, an der die Wertsteigerung eines Portfolios in kurzfristigen unterjährigen Zeitabständen (z.B. quartalsweise) gemessen wird, werden zu handlungsleitenden Parametern der Portfoliomanager. Eine Einflussnahme auf die Unternehmen erfolgt unter diesem Handlungsdruck passiv, oder besser gesagt, indirekt über den Markt durch den Verkauf von Anteilen der Unternehmen, die die kurzfristigen Ertragserwartungen nicht erfüllen, also über Exit. *Passives Einflussverhalten* ist tendenziell auch die Handlungsoption von quasi-indexnachbildenden Investoren. Mit der Nachbildung des Anlageportfolios in Anlehnung an einen Referenzindex zeichnen sich diese Investoren

---

545 Hild (2003), S. 4.
546 Hirschmann (1970)
547 Hild (2003), S. 4.
548 Zitiert in: Hild (2003), S. 5.

zwar durch eine hohe Diversifikation und niedrigen Umschlag ihrer Investments, aber auch durch passives Management und indirekte Unternehmenskontrolle über den Markt (Exit) aus. Indexzu- und -abgänge von Unternehmen erfordern lediglich eine reaktive Anpassung des Portfolios über Zu- oder Verkäufe der entsprechenden Unternehmenstitel.

Die Portfoliostrategie von *fokussierten Investoren* zeichnet sich durch spezialisierte, konzentrierte Unternehmensinvestments, niedrigen Umschlag und geringe Sensitivität gegenüber kurzfristigen Ertragsschwankungen der Unternehmen aus. Durch ihre fokussierten Investments unter anderem in Spezialwerte sind sie tendenziell Langfristanleger, deren Anlageziel über kurzfristige ökonomische Renditeerwartungen hinausgeht. Spezialtitel sind häufig mit „enger Marktliquidität" verbunden. Auf Qualitätsveränderungen von Unternehmen können fokussierte Investoren daher nicht mit dem kurzfristigen Abstossen grösserer Aktienpakete reagieren, ohne dass sie raschen Kursverfall und damit eine Selbstschädigung herbeiführen. Unter diesen Bedingungen wird die aktive Einflussnahme und der Gebrauch von Einspruchsrechten – die „Voice-Option" – zum Schlüssel der Qualitätssicherung für eine langfristige Anlage: das heisst die stetige Überprüfung der Einhaltung von Corporate-Governance-Standards, der Unternehmensziele und der Bewertungskriterien für nachhaltigkeitsorientiertes Investment.

Diese Unterteilung lässt sich gut in die folgende Einstufung von Brancanto der Investoren hinsichtlich ihrer Aktionärs-Partizipation übertragen. [549] Sie stellt dar, dass Investoren unterschiedliche Rollen wahrnehmen können. Beide Einteilungen lassen sich gut auf mögliche bzw. vorhandene Aktionsformen im SRI übertragen:

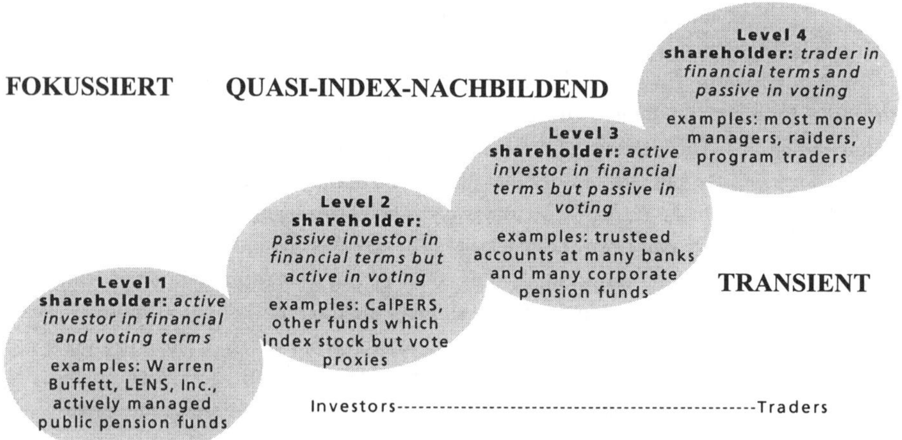

Abb. 61: Ebenen von Aktionärs-Aktivismus

Quelle: eigene Darstellung nach Brancanto (1997)

---

[549] vgl. Brancanto (1997), p. 18

Brancanto gibt Beispiele von aktiven Aktionären an (Level 1 Shareholder bzw. fokussierte Investoren), wie Warren Buffet oder Lens Inc. Diese Investoren suchen gezielt Unternehmen aus, in denen sie grössere Positionen erwerben und aufgrund ihres hohen Anteils einen direkten Einfluss auf das Management der Unternehmen ausüben. Calpers ist das typische Beispiel eines Level 2-Aktionärs (quasi-index-nachbildend). Die Pensionskasse hat einen Grossteil ihres Vermögens indexiert, nutzt jedoch ihre Macht durch die aktive Wahrnehmung der Stimmrechte. Viele Pensionskassen in UK, die SRI in Form von Engagement umsetzen, verhalten sich in dieser Weise: Sie investieren relativ indexnah, nehmen aber konkret Einfluss auf ökologische und soziale Missstände der investierten Unternehmen.

Die meisten institutionellen Investoren wie viele betriebliche Pensionskassen verhalten sich wie Level 3-Shareholder. Sie führen ein aktives Stock-Picking durch, nehmen jedoch ihre Rechte als Aktionär nicht wahr. Diesem Modell gemäss verhält sich auch der überwiegende Anteil der SRI-Fonds in Kontinentaleuropa. Auch die angebotenen SRI-Indices sind diesem Level zuzuordnen. Durch die ökologischen und sozialen Auswahlkriterien erfolgt – zumindest bei der Konzeption des jeweiligen Index – ein aktives Stock-Picking. Darüber hinaus wird kein Druck auf die Unternehmen ausgeübt. Den geringsten Einfluss als Eigner üben Trader (transiniente Investoren) aus, die ihre Positionen aufgrund kurzfristiger Gewinnperspektiven erwerben, jedoch kein Interesse an der langfristigen Perspektive des Unternehmens besitzen. Im SRI-Kontext konnte dieses Verhalten im Frühjahr 2000 beobachtet werden, als ein hohes Interesse von Investoren die Kurse verschiedener Brennstoffzellentitel innerhalb kürzester Zeit hochschnellen liess.[550]

4.1.2 Externe Motivation: Gesetzliche Vorgaben

Die Frage wie Aktionärsrechte wahrgenommen werden, ist nicht nur Ausdruck der individuellen Präferenzen der Pensionskasse, sondern ist auch von den rechtlichen Rahmenbedingungen abhängig. In diesem Kontext ist z.B. die Möglichkeit zum Einbringen von Aktionärsresolutionen stark reglementiert. Ihr primärer Zweck besteht darin, die Aufmerksamkeit des Managements zu erhalten und andere Aktionäre über den Sachverhalt zu informieren. Die formellen Anforderungen, die zur Einreichung eines Antrages berechtigen, unterscheiden sich von Land zu Land erheblich. In den USA genügt bereits ein Aktienanteil von USD 2000[551], während das Schweizer Obligationenrecht viel restriktiver ist und Aktien im Nennwert von einer Mio. Franken verlangt, was in der Regel einem Börsenwert von mehr als CHF 10 Mio. entspricht.[552]

---

[550] Ballard Power stieg im Jahr 2000 um 132% und Fuel Cell um 447%.

[551] Nach Regeln der SEC in den USA muss eine Resolution 3% der Stimmen im ersten Jahr, 6% im zweiten Jahr und 10% im dritten Jahr erhalten, um im nächsten Jahr wieder aufgenommen zu werden. (www.domini.com/whatisactivism.html)

[552] Biedermann (2001), S. 19.

Für institutionelle Anleger sind diese Hürden aufgrund der hohen Volumina ihrer verwalteten Vermögen weniger relevant. Andererseits sind sie stärker von Regelungen betroffen, die sie zu der Ausübung ihrer Rechte als Eigentümer verpflichten. Im Anschluss werden diese Regelungen beispielhaft für einige Länder dargestellt. Die USA und UK wurden als Beispiele ausgewählt, da dort traditionell eine hohe Aktionärs-Aktivität vorhanden ist. Die Darstellung der Schweizer Situation erfolgt vor dem Hintergrund der späteren empirischen Untersuchung. Nach der Skizzierung der gesetzlichen Vorgaben erfolgt für jedes Land eine kurze Beschreibung der Praxis, wie Pensionskassen ihre Stimmrechte jeweils wahrnehmen. Dabei werden auch Fallbeispiele besonders bekannter Akteure eingebracht.

4.1.2.1 USA

(1) RECHTLICHER RAHMEN ZUR AUSÜBUNG DER AKTIONÄRSRECHTE

Der Wechsel von einem ursprünglich abstinenten Verhalten der Pension Funds hinsichtlich einer Mitwirkung in den Unternehmen wurde durch das US-Departement of Labor (DOL) 1988 mit einer Richtlinie[553] über die Rolle der Pension Funds bezüglich ihrer Beteiligungen in Unternehmen ausgelöst. Dieser Vorgang macht den grossen Einfluss behördlicher Massnahmen und Stellungnahmen auf die Praxis der Vermögensanlage in den USA deutlich.[554] In diesem „Avon-letter" wies die Pension and Welfare Benefit Administration auf die gesetzlichen Rechte und Pflichten des Fiduciary (Treuhänders) gemäss ERISA[555] Anlagen hin: Alle dem ERISA unterstellten Personalvorsorgeeinrichtungen hätten ihre Stimmrechte auszuüben. Im Detail wurde vorgegeben: [556]

- Dass es Aufgabe der Verwalter von Vorsorgeeinrichtungen ist, das Vorsorgevermögen im alleinigen Interesse der Beteiligten und Begünstigten zu verwalten.
- Dass das Aktienstimmrecht Teil des Vermögens ist.
- Dass Pensionskassenverwalter sich mangelnder Sorgfalt schuldig machen, falls sie nicht abstimmen oder ihre Stimme abgeben, ohne sich über die Konsequenzen ihrer Stimmabgabe auf den langfristigen Wert des Vorsorgevermögens Gedanken zu machen.

Die Verantwortung zur Ausübung der Stimmrechte liegt daher exklusiv beim Treuhänder, solange dieser die Vollmacht nicht an beispielsweise einen Vermögensverwalter dele-

---

553 Es handelt sich um ein Interpretative Bulletin der PWBA in Sachen Avon. „In the Avon Letter, the Department of Labor asserted the fiduciary act of managing plan assets that are shares of corporate stock including voting proxies pertaining to those shares." (Brancanto (1997), S. 110.

554 Nussbaum (1997), S. 2.

555 ERISA = Employee Retirement Income Security Act

556 Arnold (1999), S. 681.

giert.[557] Die Erfüllung dieser Vorschrift erfordert eine genaue Dokumentation und ein Monitoring der Aktivitäten.[558] Detailliertere Ausführungsbestimmungen machten deutlich, dass das Stimmrecht mit der gleichen Sorgfalt auszuüben ist wie die Anlageentscheidung, mit Sachkenntnis, Umsicht und Gewissenhaftigkeit. Eine spätere Dokumentation des DOL fasst 1994 die Vorteile eines aktiven Aktionärstums zusammen: "Responsible shareholder activism by pension plan managers can improve the long-term company performance, increasing the return to plan participants and strengthening the competitive advantage of American business."[559]

Bisher waren nur Pensionskassen hinsichtlich der Ausübung ihrer Stimmrechte reguliert. Der Kreis wurde auf andere Institutionelle erweitert: Die amerikanische Börsenaufsicht (U.S. Securities and Exchange Commission SEC) hat im April 2003 einen Zusatzartikel beschlossen, der alle US-amerikanischen Fondsgesellschaften bzw. registrierten Investmentfirmen per 6. August 2003 dazu verpflichtet, ihre Stimmrechte auf der Basis von öffentlich zugänglichen Richtlinien wahrzunehmen und diese Abstimmungen den Aktionären zur Verfügung zu stellen.[560] „... the duty of care requires an advisor with proxy voting authority to monitor corporate events and vote the proxies." Die in Boston ansässige und auf SRI spezialisierte Firma Domini Social Investments glaubt beispielsweise, dass die neue Politik die Bedeutung dieses Kommunikationskanals stärken und zu einer gesteigerten Aufgeschlossenheit des Managements zu Aktionärsanfragen in diesem Themenbereich führen werde. Domini geht davon aus, dass einige Fondsfirmen über die Ausübung von Stimmrechten hinaus zu einem systematischeren Programm eines aktiven Engagements mit dem Management der Unternehmen übergehen mit einem Aktionärs-Dialog über soziale und ökologische Themen.[561] Die Implementierung der SEC-Regelung in der Praxis war bis zum Abschluss dieser Arbeit noch nicht abzusehen.

(2) KONSEQUENZEN FÜR DIE PRAXIS

Bei der Umsetzung von Corporate Governance Aktivitäten haben sich die amerikanischen Pensionskassen als Pioniere etabliert. Drei Faktoren trugen laut Arnold in den USA dazu bei: aktive Aktionäre, die wachsende Macht der institutionellen Aktionäre und die (bereits

---

[557] Dieser hat nur im Interesse der Versicherten zu handeln, unabhängig von seiner Beziehung zur Sponsoring-Institution der Pensionskasse.

[558] Brancanto (1997), S.110f.

[559] DOLs Interpretive Bulletin 94-2, issued on July 28, 1994, codifies all the Department of Labor's statements, letters, and prior rulings with regard to the duty of employee benefit plan fiduciaries to vote proxies. Siehe Brancanto (1997), S. 112.

[560] http://www.srimedia.com/artman/publish/article_361.shtml. Der entsprechende Bericht ist der SEC erstmals am 31. August 2004 einzureichen. Siehe Fischer (2004).

[561] Cerulli (2002), S. 4.

erläuterte) Haltung des amerikanischen Arbeitsministeriums in Sachen Abstimmung per Prokura.[562]

Folgende Zahlen illustrieren den Bedeutungszuwachs der institutionellen Anleger in den amerikanischen Unternehmen:[563] Während 1970 nur 15,8 Prozent der Anlagen von amerikanischen Unternehmen von institutionellen Anlegern gehalten wurden, betrug dieser Anteil 1990 bereits 53 Prozent. Unter den 1000 grössten amerikanischen Aktiengesellschaften betrug der Anteil der institutionellen Anleger im Jahre 1993 fast 56 Prozent. Im Jahre 1994 besassen zehn Prozent der grössten Pension Funds Amerikas 43 Prozent des Vermögens sämtlicher amerikanischer Unternehmen. Im Jahre 1993 waren 14 der zwanzig grössten Pension Funds öffentlicher, vier – darunter der TIAA-CREF, der eine Genossenschaft ist – privatrechtlicher Natur. Diese Einrichtungen hatten 1993 zusammen fast eine Billion USD investiert. Damit konnten die Pension Funds ihren Einfluss in diesen Unternehmen entsprechend verstärken, v.a. die öffentlich-rechtlichen Kassen wie CalPERS gestalten als Aktionäre seit den 80er Jahren immer mehr die Geschicke der Unternehmen mit.

CalPERS

CalPERS (California Public Employees' Retirement System[564] ist die grösste öffentliche und die zweitgrösste Pensionskasse in den USA (mit 1,4 Mio. Mitgliedern und einem Vermögen von knapp USD 154 Bio. im Oktober 2003)[565]. Sie wird allgemein als führender institutioneller Investor in bezug auf Shareholder Aktivismus gesehen. [566] Ihre Anlagemacht wird anhand des folgenden Vergleichs deutlich: „... CalPERS grows about USD 1 billion every two months, in a year that is more than four times the median market value of a Fortune 500 industrial company, in a year, enough to buy all the common stock of GM with enough left to buy five tankfuls of gasoline for each vehicle it makes."[567]

Ihre Pionierrolle wurde 1984 mit einer ersten Verpflichtung zu Corporate Governance initiiert. Seitdem wurde eine aktive Rolle der Unternehmenskontrolle umgesetzt. Ende der 80er Jahre wurden die entsprechenden Anlageziele und -Strategien bekannt gegeben, auch in bezug auf die treuhänderischen

[562] Arnold (1998), S. 679.
[563] Nussbaum (1997), S. 8.
[564] www.calpers.org
[565] www.calpers.org/about/factglan/investme/investme.pdf
[566] Smith (1996), S. 230.

Verpflichtungen. Der inhaltliche Schwerpunkt lag auf Governance-Themen Bald wurde der Shareholder Aktivismus jedoch um soziale und ökologische Themen erweitert. [568] Im Jahre 1994 kündigte CalPERS an, dass sie auch Arbeitsbedingungen, Personalführung und andere Mitarbeiterthemen in die Analyse der Unternehmensleistung und die Entscheidung in bezug auf die Ausübung von Stimmrechten einbeziehen würde.[569]

In ihrem Strategiepapier[570] zitiert Calpers Graham und Odd[571] als zentrales Argument für ihr Handeln: „... The choice of a common stock is a single act, its ownership is a continuing process. Certainly there is just as much reason to exercise care and judgment in being a shareholder as in becoming one. "

Mit diesem Zitat wird die Grundsatzhaltung von CalPERS deutlich, die nicht als Verwaltung des Bestehenden, sondern als Prozess zur Erzielung von Wachstum zu definieren ist. Obwohl Calpers nicht dem ERISA untersteht, werden die allgemein anerkannten Fiduciary Standards dieses Bundesgesetzes, also die Prudent Investor Rule beachtet. Aus der Treuepflicht gegenüber den Versicherten leitet sie ab, dass nur eine Maximierung der Rendite vertretbar ist. Soziale, politische und ökologische Ziele (um ihrer selbst willen) können die Verantwortlichen mit der Treuepflicht nicht vereinbaren. Dies entspricht einer klaren Absage an den Stakeholder-Ansatz. Die Sorgfaltspflicht interpretieren sie als die „Prudent Man Rule". Daraus ziehen sie die folgenden Schlüsse:[572]

1. Ein passives Indexieren ist mit dem Hinweis auf die theoretischen und empirischen Erkenntnisse hinsichtlich Kapitalmarkteffizienz zu bevorzugen.

2. Eine Weiterdelegation der Vermögensanlage an andere Treuhänder fällt ausser Betracht.

3. Die Rendite ist zu maximieren mit dem Ziel, die Beiträge des Staates und damit die Steuerbelastung tief zu halten (CalPERS ist ein Leistungsprimat).

4. Die Sicherheit der Leistungen ist jederzeit zu gewähren.

5. Die Investitionen sind zu überwachen („Duty to Monitor")

---

567 Monks/ Minow (2001, p. 111)
568 Lewis (2000), p. 216.
569 Brancanto (1997), p. 67.
570 CalPERS (1995). Why Corporate Governance Today?, California Public Employees' Retirement System.
571 Graham, B. a. D., D. (1934). Security Analysis, McGraw Hill.
572 Siehe Fitze et al. (2000) S. 22f.

CalPERS begründet ihre Corporate Governance-Anstrengungen also vor allem mit Ziel der Renditemaximierung und mit der Überwachungspflicht. CalPERS geht davon aus, dass eine aktive Überwachungsfunktion langfristig zu einer nachhaltigen Wertsteigerung der überwachten Gesellschaft führt. Daher sieht sich die Pensionskasse eher in der Rolle des Aktionärs als Eigentümer und nicht als Verwalter.

Inhaltlich betreibt CalPERS Corporate Governance auf folgenden Gebieten:[573]

- Wahl der Unternehmensleitung (Verwaltungsrat)
- Durchsetzung der Anliegen durch Kooperation mit einzelnen, besonders geeigneten Verwaltungsräten
- Überwindung der Interessenkonflikte zwischen Eigentümern und Managern
- Animation von anderen Aktionären zur Wahrnehmung der Stimmrechte bei strategischen Entscheidungen (Fusionen ect.).

Bekannt wurde CalPERS durch seinen gezielten Druck auf Unternehmen mit unbefriedigender Performance sowie Potential für Verbesserungen. Diese wurden Ende der 80er Jahre in eine „Target-List" aufgenommen und öffentlich bekannt gegeben. Mehrere empirische Studien haben die Wertschöpfung dieser Intervention belegt.[574] Als weitere Motivation dient CalPERS das Problem, dass einzelne Beteiligungen aufgrund des Volumens nur unter grossen Preisabschlägen verkauft werden können. Der Verkauf als einfachstes Mittel des Aktionärs, seine Unzufriedenheit zum Ausdruck zu bringen, erscheint der Kassenführung deshalb nicht als Alternative.

In jüngster Zeit provozierte CalPERS Diskussionen innerhalb der SRI-Gemeinschaft, als sie ankündigte, vier südasiatische Märkte (Thailand, Philippinen, Indonesien und Malaysia) aufgrund von ethischen Gesichtspunkten auf eine schwarze Liste zu setzen. Tessa Tennant als Repräsentantin des asiatischen Social Investment Forum (ASRIA) kritisierte den Boykott, da sie Engagement und die Unterstützung proaktiver Unternehmen innerhalb dieser Länder als die sinnvollere Vorgehensweise gegenüber der Verkaufsstrategie empfiehlt. [575]

---

573 Fitze et al. (2000), S. 22f.

574 Smith (1996); Nessbitt (1994)

575 DresdnerKleinwortWasserstein SRI News, 25 February 2002.

Die relativ hohe Zahl von Anliegen, die an GVs in den USA behandelt werden, kann auch dadurch erklärt werden, dass der Besitz von Aktien oder Fonds in den USA weiter verbreitet ist als in Europa. Dadurch ist auch das allgemeine Bewusstsein über die Einflussmöglichkeiten entsprechend höher. Ein weiterer Grund ist die bereits erwähnte relativ niedrige Schwelle, ein Traktandum auf die Liste zu setzen.[576] Die Unternehmen sind stärker sensibilisiert auf die Anliegen der Aktionäre und gehen oft auf diese ein, bevor sie sie formell als Traktanden an der GV aufführen lassen.[577] So entsteht häufig ein fruchtbarer Dialog zwischen dem Management und den Investoren, bei dem Probleme auf informelle Art und Weise angegangen werden.[578]

Nach Aussagen des Investor Responsibility Research Centers (IRRC) beziehen rund 4.5 Prozent der institutionellen Anleger SRI-Kriterien bei ihrer Stimmrechtsausübung mit ein. [579] Im Jahr 2001 wurden rund 260 Traktanden zu SRI-Themen durch Aktionäre auf die Traktandenliste der Generalversammlungen (Annual General Meeting, AGM) gesetzt, wobei häufig die Verbesserung von Arbeitsbedingungen im Vordergrund stand. Abgestimmt wurde über 156 dieser Traktanden, die im Durchschnitt 8.5 Prozent der Stimmen erhielten. Dies bedeutet sowohl hinsichtlich der Anzahl der abgestimmten Traktanden wie auch deren erzielte Stimmen eine Zunahme zum Vorjahr. Im Jahr 2002 erfolgte eine weitere Steigerung: von den 273 eingereichten Traktanden wurde über 147 abgestimmt. 2003 könnte ein Rekordjahr für „Shareholder Advocacy“-Aktivitäten werden. Per 1. Februar wurden nach Angaben des IRRC mindestens 862 Anträge von Aktionären börsennotierter US-Unternehmen eingereicht, davon betrafen 261 Anträge SRI-Themen.[580] Unter den am schnellsten wachsenden Themenbereichen findet sich die Besorgnis über exzessiv hohe Zahlungen an Manager und den Beitrag der Unternehmen zum Klimawandel. So wird berichtet, dass allein die Anzahl der Corporate Governance-Anträge bereits stark auf 625 angestiegen ist, im Vergleich zu nur 529 Anträgen im Gesamtjahr 2002.[581]

Eine prominente Pensionskasse, die neben Corporate Governance-Aktivitäten auch SRI in ihre Strategie integriert hat, ist TIAA CREF:

---

576 Eine weitere Erleichterung bestand auch in der SEC Reform von 1992, die die Kommunikation zwischen Aktionären im Vorfeld von Generalversammlungen erleichterte. Vor der Reform musste jeder Aktionär, der mit mehr als zehn Aktionären Informationen austauschen wollte, seine Kommentare von der SEC bewilligen lassen. Nach der Änderung wurde die Rolle der SEC als Zensurstelle aufgehoben, danach musste ihr nur eine Kopie der Unterlagen zugestellt werden. (siehe Monks/ Minow (2001), S. 143.

577 Die United Shareholders Association hat erfasst, dass 1993 29 von 50 Resolutionen nach erfolgreicher Verhandlung mit dem Management zurückgezogen wurden. (siehe Monks/ Minow (2001), S. 139.

578 Hauser (2002), S. 24.

579 www.irrc.org

580 WestLB Panmure (2003), S. 25.

581 www.irrc.org

TIAA CREF

Der Teachers Insurance Annuity Association-College Retirement Equities Fund (TIAA CREF) als der grösste amerikanische institutionelle Investor ist ebenfalls ein prominenter Vertreter der Corporate Governance Bewegung. John Biggs, CEO und Chairman bemerkt, dass auch punktuelle Governance einiges bewirken kann: „... The significance of shareholder activism is not the three or four laggards you catch – it's that you get the herd to run."

Im Gegensatz zu CalPERS hat TIAA CREF eine aktivere Rolle bei SRI eingenommen. Die Pensionskasse lancierte 1990 einen "Social Choice Fund", in dem Versicherte ihre Investments spezifisch anlagen können. Drei Jahre später gab TIAA CREF folgendes Statement hinsichtlich sozialer Verantwortung heraus: "TIAA believes building long-term shareholder value is consistent with directors giving careful consideration to social responsibility issues and the common ground on the community."[582] Der Aufsichtsrat wurde aufgefordert, eine Politik und entsprechende Praktiken zu Themen wie Lohngleichheit oder den ökologischen Einfluss von unternehmerischen Prozessen und Produkten auszuarbeiten. Auf Basis dieser Politik hat TIAA CREF verschiedene sozial motivierte Aktionärs-Resolutionen unterstützt. Der Fonds hat auch Anstrengungen unternommen, direkt mit dem Management über Themen zu sprechen, die es für besonders wichtig erachtet. Alleine die Grösse ihres Aktienportfolios und die Macht der Stimmrechte, die sie in einigen Unternehmen ausübt, gibt der Pensionskasse einen Einfluss, den die meisten institutionellen Investoren nicht erreichen können.

Ein interessantes Phänomen im Bereich der Aktionärsrechte ist der zunehmende Zusammenschluss grosser institutioneller Investoren im Council on Institutional Investors.[583] Es wurde 1985 von 20 Pensionskassen gegründet als Antwort auf die kontroversen Übernahmeaktivitäten, die die finanziellen Interessen ihrer Mitglieder gefährdeten. Heute hat das Council mehr als 130 Mitglieder, die mehr als USD 2 Bio. Gelder verwalten. Es wird als bedeutende Stimme für die Interessen institutioneller Investoren wahrgenommen. Hinsichtlich der Ausübung von Stimmrechten wurden Corporate Governance-Richtlinien vereinbart. Im Jahr 2001 wurden von Mitgliedern des ICCR mit Abstand die meisten Resolutionen eingebracht (130).[584]

---

[582] Brancanto (1997), p.126.
[583] www.cii.org
[584] SRI World Group (2002), S. 53.

4.1.2.2 Grossbritannien

(1) RECHTLICHER RAHMEN ZUR AUSÜBUNG DER AKTIONÄRSRECHTE

Innerhalb der europäischen Länder ist der Shareholder Aktivismus in UK am weitesten fortgeschritten. In UK gibt es für Pensionskassen bisher keine Verpflichtung, ihre Stimmrechte wahrzunehmen, jedoch verschiedene Initiativen, die das Umfeld im Kontext von Corporate Governance und Shareholder Aktivismus prägen:

Im März 1998 initiierte das Ministerium für Handel und Industrie eine langfristig angelegte, fundamentale Überarbeitung des Unternehmensrechts. Die Regierung beabsichtigt, empfohlene Gesetzesänderungen im Anschluss an die Skandale bei Enron und Worldcom zu implementieren.

In einer Richtlinie von Juli 2000 werden die Pensionskassen zur Offenlegung verpflichtet, inwieweit sie ethisch-ökologische Kriterien bei der Anlage berücksichtigen.[585] Darüber hinaus sind sie aufgefordert, in ihren Investment-Grundsätzen zu postulieren, wie sie gedenken die mit ihren Anlagen verbundenen Rechte (inklusive Stimmrechte) wahr zu nehmen.[586]

Im Rahmen des Haushaltsplans 2000 wurde Paul Myners vom britischen Finanzminister Gordon Brown mit einer Studie beauftragt. Der Vorsitzende von Gartmore Investment Management sollte mögliche Verzerrungen bei Entscheidungsprozessen institutioneller Investoren evaluieren. Nach einem intensiven Konsultationsprozess innerhalb der Finanzbranche[587] wurde im März 2001 der sogenannte Myners Report veröffentlicht. Er stellt als Reformpaket zu Themen wie Shareholder Aktivismus, Veröffentlichung von Transaktionskosten sowie Verbesserung von Entscheidungsprozessen durch Pensionskassenverwalter einen Wendepunkt für eine Reform der Finanzbranche dar.[588] Im Bericht erwähnt Myners, dass er speziell beunruhigt sei über die verlorenen Werte für institutionelle Investoren, die durch die Zurückhaltung der Fondsmanager entstehe, Veränderungen bei unterdurchschnittlichen Firmen zu fordern. Nach Aussagen von DresdnerKleinwortWasserstein wird die Regierung aufgrund des Berichtes beim Aktionärs-Aktivismus in schlecht rentierenden Firmen sowie bei der Ausbildung für Pensionsmanager Schwerpunkte setzen.[589]

In England wird in einem weiteren Schritt diskutiert, ob der Staat eine Verpflichtung zur Ausübung der Stimmrechte bei den institutionellen Investoren einführt. Dabei gilt es

---

585 Die Richtlinie wird im Abschnitt 2.2.1.1 vertieft behandelt.

586 Hauser (2002), S. 17.

587 Tassell (2002)

588 Tassell (2002)

589 DresdnerKleinwortWasserstein (2003), S. 2.

jedoch zu bedenken, dass ein Stimmzwang die oben beschriebenen Probleme der fehlenden ökonomischen Anreize nicht löst. Vielmehr besteht die Gefahr, dass die Stimmabgabe unreflektiert und schematisch erfolgt.[590]

Die Meinung, dass institutionelle Investoren die geeignete Instanz darstellen, das Management zur Geschäftsführung im Interesse der Anteilseigner anzuhalten, wird hier nicht nur vom Gesetzgeber, sondern auch von einigen Investoren selber unterstützt. Die Association of British Insurers hat mit folgenden Vorschlägen eine Neudefinition der Rolle als aktiver Anleger umrissen:[591]

1. "Institutional investors should encourage regular systematic contact at senior executive level for the purposes of an exchange of views and information on strategy, performance, board membership and quality of management.
2. Institutional investors should take a positive interest in the composition of board of directors
3. Institutional investors support the appointment of remuneration and audit committees."

(2) KONSEQUENZEN FÜR DIE PRAXIS

Die britische Agentur Manifest[592] sieht die niedrige Rate an Stimmausübung – v.a. innerhalb der britischen Treuhandgesellschaften – als Hauptantriebskraft hinter Regierungsinitiativen wie den Myners Report. Manifest verfügt über Zahlen aus dem Jahre 2001, dass nur 48 Prozent der britischen Aktionäre in 800 beobachteten Unternehmen (die mehr als 70 Prozent des FTSE 250-Index abdecken) ihre Stimmrechte wahrnehmen. Der Anteil der ausgeübten Stimmen ist zwar gegenüber 42 Prozent 1997 und 45 Prozent in 1998 kontinuierlich gestiegen. Die Forschungsergebnisse von Manifest zeigen jedoch auf, dass 92,5 Prozent aller bei den Generalversammlungen abgegebenen Stimmen zugunsten des Managements abgegeben wurden.[593] Diese Zahlen demonstrieren, dass in UK trotz der hohen Bedeutung von Engagement-Strategien ein grosser Nachholbedarf bei der gezielten Ausübung der Aktionärsrechte durch institutionelle Investoren besteht.

Trotz der mehrheitlich passiven Haltung britischer Aktionäre werden vereinzelt SRI-Themen an Generalversammlungen thematisiert. Die erste Resolution in dieser Richtung wurde 1997 Shell unterbreitet durch die Corporate Governance Experten "Pensions and Investment Research Consultants" und den kirchlich orientierten "Ecumenical Council for Corporate Responsibility." Die Initiative wurde von Aktionären mit 17 Prozent der

---

590 Kunz (2002).

591 Siehe Schäfer (1997), S. 153.

592 Ein britischer Anbieter von Stimmrechts- und ähnlichen Dienstleistungen an Banken. (www.manifest.co.uk)

593 Butler (2002)

Stimmrechte unterstützt. Im Jahre 2001 wurden Resolutionen an den Versammlungen von BP Amoco und Balfour Beatty eingebracht.[594]

Im November 2002 hat das Institutional Shareholders Committee[595] in Zusammenarbeit mit der National Association of Pension Funds Prinzipien hinsichtlich der Verantwortung von institutionellen Investoren und ihrer Vertreter veröffentlicht. Diese beschreiben deutlich die Rolle, die Pensionskassen spielen sollen. Dabei weisen sie explizit auf die Bedeutung hin, auch zum Thema Corporate Responsibility kritische Fragen zu stellen.[596] Als „Best Practice" der institutionellen Investoren werden folgende Massnahmen empfohlen: Die Entwicklung einer Politik, wie sie ihre Verantwortung wahrnehmen möchten, die Leistung der investierten Firmen zu beobachten und wenn notwendig, einen Dialog zu etablieren und soweit erforderlich zu intervenieren. Ausserdem sollen die Einflüsse der Aktivitäten evaluiert und den Kunden gegenüber offengelegt werden.[597]

4.1.2.3 Schweiz

(1) RECHTLICHER RAHMEN ZUR AUSÜBUNG DER AKTIONÄRSRECHTE

Eine Regulierung der Ausübung von Aktionärsrechten bei Vorsorgeeinrichtungen erfolgte in der Schweiz erst seit dem 1. Januar 2002. Mit der Einführung eines neuen Absatzes (Art. 49a, Abs. 2 BVV2) wird erstmals von Pensionskassen verlangt, Regeln aufzustellen, die sie bei der Ausübung ihrer Aktionärsrechte anwenden will.[598] Obwohl darin keine Vorschrift über die Art und Weise der Ausübung der Aktionärsrechte enthalten ist, hat diese bundesrätliche Anordnung das Bewusstsein der Pensionskassen über ihre Rechenschaftspflicht als Aktionäre wesentlich erhöht.[599]

Es wird erwartet, dass die Umsetzung dieses neuen Absatzes erst innerhalb der nächsten ein bis zwei Jahre erfolgt. Da die meisten Pensionskassen die 1. BVG-Revision abwarten, werden sie sich in der Zwischenzeit mit Stiftungsratsbeschlüssen, die später ins Anlagereglement übernommen werden, behelfen. Nach Auskunft des Präsidenten der Aufsichtsbehörden[600] gibt es jedoch verschiedene denkbare Lösungen für die Pensionskassen:

a.) Das Stimmrecht wird nicht ausgeübt.

---

[594] www.eurosif.org (Zugriff am 19. 3. 2003)

[595] Als Mitglieder waren die Association of British Insurers, the National Association of Pension Funds, die Association of Investment Trust Companies sowie die Investment Management Association beteiligt.

[596] www.insightinvestment.com (Zugriff vom 7. 5. 2003)

[597] Institutional Shareholder's Committee: The responsibilities of institutional shareholders and agents –Statement of Principles.

[598] Landolt (2002)

[599] Fischer/ Nussbaum (2003a), S. 2.

[600] Telefongespräch vom 14.10.02 zwischen Robert Hauser mit Herr Markus Lustenberger, Vorsteher Amt für berufliche Vorsorge Kanton Luzern und Präsident der Schweizerischen Konferenz der kantonalen BVG- und Stiftungsaufsichtsbehörden. Zitiert in: Hauser (2002), S. 10.

b.) Das Stimmrecht wird grundsätzlich analog zum Verwaltungsrat ausgeübt. Ausnahmen sind möglich.

c.) Es werden detaillierte Regelungen erstellt und die Stimmrechte differenziert wahrgenommen.

Für die Aufsichtsbehörden spielt es grundsätzlich keine Rolle, wie die Pensionskassen die Verordnung umsetzen. Dennoch würde die Aufsichtsbehörde wohl grössere Pensionskassen genauer befragen, die das Stimmrecht nicht ausüben wollen.

(2) KONSEQUENZEN FÜR DIE PRAXIS

Zur Einschätzung des Potentials von Pensionskassen als aktive Aktionäre erfolgt zunächst eine Betrachtung ihrer Grössenstruktur. Ein erster Blick auf die Statistik weist Ende 2000 mit 2599 registrierten Pensionskassen und 6497 nicht registrierten Pensionskassen[601] auf eine wesentlich breitere Streuung des Vermögens im Vergleich zu den USA hin. Das Vermögen konzentriert sich aber auf wenige grosse Einrichtungen. So kontrollieren nur 419 Kassen 81 Prozent des gesamten Vermögens. Diese Tatsache würde eine aktive Rolle von Pensionskassen begünstigen. Erschwerend wirkt dagegen, dass sich die Interessen der Versicherten bisher kaum über Verbände organisieren lassen. So kommen Fitze et al. In ihrer Untersuchung zum Ergebnis: „Die faktische Dominanz der Arbeitgebervertreter in den Stiftungsräten bedingt durch die anreiz- und teilweise ausbildungsbedingte Passivität der Arbeitnehmervertreter erschwert die Konsensfindung unter den Destinatären."[602] Daher ist in der Schweiz das Konzept kritischer Aktionäre bisher weniger verbreitet.

Wie bereits erwähnt, nehmen Schweizer Vorsorgeeinrichtungen ihre Stimmrechte nicht aktiv wahr. Nach den regelmässig von Robeco durchgeführten Erhebungen ist der Anteil Kassen, die systematisch und regelmässig an den Generalversammlungen teilnehmen, weiterhin sehr gering.[603] Bei dem relativ kleinen Anteil der wählenden Kassen ist nicht ersichtlich, ob sie grundsätzlich für die Anträge des Verwaltungsrates stimmen oder sich gezielt mit den Traktanden der Generalversammlung auseinandersetzen und eine eigene Position entwickeln.[604] Dieses Vorgehen ist zwar aufwendiger, entspricht am ehesten der Pflicht der Pensionskassen, ihre Rechte sorgfältig und verantwortungsbewusst wahrzunehmen.[605]

---

[601] Bundesamt für Statistik (2001).

[602] Fitze et al. (2000), S. 25.

[603] Siehe Lusenti (2002b), S. 11. (siehe auch Kapitel Empirie)

[604] Die durch ASIP, Swissca und Prevista 2002 durchgeführte Befragung gibt zumindest bei inländischen Aktien einen höheren Anteil aktiver Pensionskassen an: 58% der antwortenden Vorsorgeeinrichtungen nehmen ihre Aktionärsrechte regelmässig wahr, wobei sie an zwei Generalversammlungen pro Jahr teilnehmen und ihr Stimmrecht in 15 Fällen deligieren. Siehe Swissca Portfoliomanagement (2003), S. 27.

[605] Biedermann, Dominique (2000), in: Pensionskassenanlagen 1998-2000, Robeco Asset Management, S. 45.

Eine Befragung bei sechs bedeutenden Schweizer Vorsorgeeinrichtungen[606] hat die zurückhaltende Haltung bestätigt. Nur eine Pensionskasse nimmt gezielt ihre Stimmrechte wahr, die restlichen fünf betreiben keine aktive Corporate Governance-Politik. Die Passivität wird mit mangelnden Ressourcen bzw. Know-How, möglichen Interessenskonflikten, einem ungünstigen Kosten/ Nutzen-Verhältnis sowie dem fehlenden Auftrag begründet, eine bestimmte Weltanschauung zu vertreten.[607]

Ungeachtet von der eher passiven Grundhaltung bei den meisten Pensionskassen entstanden in den 80er Jahren Vereine kritischer Aktionärinnen und Aktionäre bei Nestlé und der Schweizerischen Bankgesellschaft. Selbst Vertreter von (öffentlichen) Pensionskassen wagten sich an Generalversammlungen Vorschläge aus der Sicht der Vorsorgeeinrichtungen zu unterbreiten. So beantragte beispielsweise im Jahre 1993 an der Aktionärsversammlung der Nestlé ein Pensionskassenvertreter die Reduzierung der Unternehmensschulden, eine Erhöhung der Dividenden und die Veräusserung von Unternehmensteilen, die kein Kerngebiet des Unternehmens darstellten. [608] Unter dem Motto „Von der Aktie zur Aktion" schlossen sich kritische Aktienbesitzende im Jahr 2000 zum Verein Actares zusammen.[609] Die Auseinandersetzung zwischen der ehemaligen Schweizerischen Bankgesellschaft (SBG) und Martin Ebners BK Vision hat die Rolle von Pensionskassen als aktive Grossaktionärinnen zum ersten Mal zu einem öffentlichen Thema gemacht. Damals haben beide Parteien versucht, Pensionskassen zum Einnehmen einer aktiven Rolle zu bewegen.[610] Monks bezeichnet Ebner als sogar „wahrscheinlich führenden Shareholder Aktivisten in der Welt", wobei er sich auf eine Aussage im Economist bezieht: Martin Ebner, the self-made Swiss billionaire, is probably the leading shareholder activist in the world. "Mr. Ebner's tried and tested strategy for improving the management of Swiss companies is to become a big (ideally the biggest) shareholder and uses this position to press for change. ...Mr. Ebner set up his BZ group from scratch, and made his name through financial innovation before starting his crusade for better Swiss corporate governance."[611] In den letzten Jahren hat sich zumindest der öffentliche

---

[606] Pensionskassen der BAV Gastrosuisse, Credit Suisse Group, Novartis, ABB, Versicherungskasse der Stadt Zürich, Pensionskasse des Kantons Genf.
[607] Fitze et al. (2000), S. 26f.
[608] Nussbaum (1997), S. 9.
[609] Erklärung von Bern, WWF Schweiz (2000), S. 12.
[610] Fitze et al (2000), S. 21.
[611] Siehe Monks (2001), S. 121. „Swiss Corporate Governance-Crusading Again." The Economist, November 4, 2000, S. 81.

Konfrontationskurs Ebners stark abgeschwächt, nicht zuletzt aufgrund der hohen wirtschaftliche Verluste der BZ-Gruppe.[612]

In den letzten Jahren wurden vereinzelt Initiativen zur Rolle der Schweizer Vorsorgeeinrichtungen als Aktionäre gestartet. Die Fachzeitschrift „Schweizer Personalvorsorge“ hat 1998 eine Schwerpunktausgabe mit Expertenartikeln und einer Diskussionsrunde herausgegeben.[613] Eine fundiertere Auseinandersetzung fand im März 1997 im Rahmen eines Seminars der „Innovation 2. Säule“[614] unter Beteiligung von Wissenschaftern, Pensionskassenvertretern und -experten statt, die im Anschluss folgende Thesen verabschiedeten:[615]

- „Die Pensionskasse kann aufgrund des schweizerischen Rechts und im Rahmen ihres Zwecks als Aktionärin in den Unternehmungen mitwirken.
- Erfahrungen in den USA zeigen, dass durch die Mitwirkung der Pensionskassen in den Unternehmen die Rendite des investierten Kapitals langfristig wesentlich erhöht werden kann.
- Es kann zweckmässig sein, dass Pensionskassen hinsichtlich ihrer Mitwirkung als Aktionäre in den Unternehmungen sich absprechen, um so ihrem Einfluss mehr Gewicht zu verleihen.
- Es kann aber nicht das Ziel einer Pensionskasse sein, als Aktionärin Unternehmungen massgeblich zu führen.“

Im Jahr 2002 wurde die Diskussion wiederbelebt. Im Anschluss an ein Forschungsprojekt unter Beteiligung von zwei Pensionskassen und der Fachhochschule Aarau zu möglichen Aktionsformen hinsichtlich SRI entstanden Pläne zur Gründung einer *Swiss Corporate Governance Agentur*. Diese gemeinschaftliche Einrichtung soll die Interessen der Pensionskassen gegenüber den Unternehmen, in welchen sie ihr Vermögen investiert haben, wahrnehmen.[616] Damit soll den Pensionskassen die Möglichkeit gegeben werden, den bundesrätlichen Auftrag nicht nur formal zu erfüllen, sondern diesen auch für ein aktives Engagement der Versicherten zu nutzen. Als Dienstleistung soll die Beratung institutioneller Investoren bei der Ausarbeitung bzw. Anwendung von Good Corporate Governance Standards bzw. bei der Festlegung von Strategien im Vordergrund stehen sowie ausserdem das Pooling unter den Pensionskassen organisiert werden. Neben der Ausübung der Stimmrechte wird auch der „Aufbau eines zweckorientierten Kommunikations-

---

[612] In den Jahren 2001 wurden grössere Aktienpakete bei Unternehmen wie Roche und Lonza verkauft, ausserdem wurden die zur BZ-Gruppe gehörigen Visionen 2002 an die Zürcher Kantonalbank verkauft. (siehe unter: http://www.bztrust.ch/gruppe/presse2002.htm)

[613] Siehe Biedermann (1998), Schneider (1998), Schnider (1998), Spielberger (1998)

[614] Siehe www.izs.ch

[615] Pension Funds and Corporate Governance. 2. Internationales Seminar vom 18. März 1997, Studienzentrum Gerzensee. Innovation zweite Säule.

[616] Fischer/ Nussbaum (2003a), S. 2.

netzes zwischen den institutionellen Investoren und den Verantwortlichen in den Geschäftsleitungen und Verwaltungsräten der Unternehmungen angeboten."[617] Die Agentur wurde als Non-profit-Unternehmung nach schweizerischem Recht gegründet und stellt die Unabhängigkeit von Produktanbietern im Asset Management klar in den Vordergrund.

Als weitere Organisation zur Wahrnehmung von Stimmrechten hat sich „Pro Aktionäre" gebildet. Sie bietet Pensionskassen und Aktionären an, sich als unabhängige Organisation für die Rechte der Aktionäre und deren Wahrnehmung bei Publikumsgesellschaften zu engagieren. In ihrem Selbstverständnis ist zu lesen: „Die Stiftung setzt sich im direkten Kontakt und Dialog mit den Gesellschaften für die Aufrechterhaltung und Umsetzung der Aktionärsrechte ein".[618]

4.1.3 Eigene Motivation: Verbesserung der Performance

Neben den unter 4.1.3 (1) aufgeführten gesetzlichen Bestimmungen können eigene Vorteile die Pensionskassen noch effizienter dazu anhalten, ihren Einfluss als Investor geltend zu machen. Wenn deutlich wird, dass die Einflussnahme auf die Unternehmen Mehrwert schafft, ist quasi ein Eingriff geboten. Bei der beispielhaften Erläuterung von Aktivitäten institutioneller Investoren, ihre Rechte als Aktionär aktiv wahrzunehmen, wurde mehrmals der Begriff Corporate Governance erwähnt. Die Einflussnahme auf die Kontrollstrukturen des Unternehmens steht häufig im Fokus des Shareholder Aktivismus. Dabei stehen nicht primär politische Gründe im Vordergrund, sondern die Annahme, dass durch eine gute Corporate Governance Unternehmen besser am Markt positioniert sind. Nach einer genauen Definition des Begriffes Corporate Governance werden anschliessend Studien zitiert, welche eine Korrelation zwischen Corporate Governance und Unternehmenswert herstellen.

4.1.3.1 Zum Begriff der Corporate Governance

Da eine einheitliche Übersetzung des Begriffs Corporate Governance (CG) fehlt, gibt es engere Deutungen, die nur auf die Kontrolle des Managements von *Corporations*, von grossen Kapitalgesellschaften durch die Aktionäre bzw. Aufsichtsräte zielen. Weiter gefasst, wird er als Oberbegriff für das gesamte System interner und externer Einfluss-, Kontroll- und Überwachungsmechanismen in einer Unternehmung verwendet, bei der auch eine grössere Vielfalt an Interessengruppen neben den Aktionären berücksichtigt wird.[619] Diese Stakeholder-Perspektive ergreift auch Müller, wenn er definiert: „Corporate Governance integriert alle in einem wirtschaftlichen und damit auch gesellschaftlichen Prozess involvierten Akteure. Diese Definition ist bewusst weiter

---

[617] Fischer/ Nussbaum (2003b), S. 45.
[618] Tschudin (2003), S. 39.
[619] Früh (1999), S. 12.

gefasst als die oft vertretene engere Betrachtungsweise, die nur auf die Aktionärsinteressen ausgerichteten Corporate Governance-Postulate berücksichtigt."[620]

Eine handlungsorientierte Beschreibung gibt O'Sullivan: Corporate Governance betrifft die Institutionen, die beeinflussen, wie Unternehmen ihre Ressourcen und ihren Gewinn einsetzen. Ein Corporate Governance System gestaltet, wer die Entscheidungen trifft, welche Art von Investitionen getätigt werden und wie deren Erträge verteilt werden.[621] Nach einer Definition der OECD gilt:„Corporate Governance is the system by which business corporations are directed and controlled. The corporate governance structure specifies the distribution of rights and responsibilities among different participants in the corporation…and spells out the rules and procedure for making decisions on corporate affairs. By doing this, it provides the structure through which the company objectives are set, and the means of attaining those objectives and monitoring performance."[622]

Alle genannten Definitionen beinhalten Einfluss- und Kontrollaspekte, wobei die OECD eher interne Instanzen aufführt, während Früh auch externe Gruppen einbezieht. Die Gestaltung der Corporate Governance ist den Unternehmen nicht individuell überlassen. Sie wird durch rechtliche Rahmenbedingungen sowie mittlerweile in zahlreichen, mehr oder minder freiwilligen nationalen und internationalen Standards geregelt. Die Codes of Best Practice stellen einen Versuch dar, anhand von Empfehlungen anstelle von neuen, oft unflexible Gesetze zu regulieren. Die grosse Zahl verschiedener Kodizes hängt einerseits damit zusammen, dass die Corporate Governance-Debatte sehr verschiedene Anspruchsgruppen mit einbezieht und andererseits, dass jede Anspruchsgruppe sich für einen Kodex einsetzt, der insbesondere ihren Anliegen Rechnung trägt.[623] Immerhin konstatiert Ackermann einen Erfolg dieser Prozesse: „Fest steht, dass die umfangreichen Reformen der letzten Jahre die Effizienz der Corporate Governance erhöht haben und weltweit eine begrüssenswerte Konvergenz der Corporate Governance-Systeme auf hohem Niveau zu beobachten ist."[624]

Die meisten Corporate Governance-Börsenrichtlinien basieren auf dem Comply-or-Explain-Prinzip: Wird eine geforderte Information nicht veröffentlicht, muss dies begründet werden. Je nach Urheber können die Kodizes in supranationale, nationale oder institutionelle Kodizes unterteilt werden:[625]

---

620 Müller (2002), S. 3.
621 O'Sullivan (1999), S. 2.
622 Corporate Governance in Europe, KPMG survey 2001/ 2002.
623 Müller (2002), S. 5.
624 Ackermann (2003).
625 Müller (2002); S. 5.

- Ausgewählte Beispiele supranationaler Kodizes sind: OECD, ICGN (International Corporate Governance Network, CACG (Commenwealth Association for Corporate Governance)
- Ausgewählte Beispiele nationaler Kodizes: Viénot-Bericht aus Frankreich, der Cadbury, Greenbury oder Hampel Report sowie der Combined Code aus England
- Ausgewählte institutionelle Kodizes: CalPERS, Hermes Investment Management, Amnesty International

Im Jahr 1998 hat die OECD Corporate Governance-Grundsätze veröffentlicht. Diese sollten den Mitgliedsländern einen Mindeststandard für die rechtliche, institutionelle und ordnungspolitische Unternehmensfassung zur Verfügung stellen, um Börsen, Kapitalgebern, Unternehmen sowie anderen Parteien, die bei der Entwicklung von „Best Practices" der Unternehmensführung eine Rolle spielen, Orientierungshilfe zu bieten und Vorschläge zu unterbreiten.[626] Die OECD-Prinzipien fassen Corporate Governance sehr breit und gehen beispielsweise auch auf einen aktiven Dialog mit Anspruchsgruppen und auf gesellschaftliche Verantwortung ein. Durch die Festlegung von Codes of Best Practice sollen die an der Börse kotierten Unternehmen dazu angehalten werden, die elementaren Grundsätze für eine demokratische Unternehmensstruktur einzuhalten, wie z.B. Transparenz gegenüber den Aktionären, die Unabhängigkeit des Verwaltungsrates und die Gleichstellung aller Aktionäre.[627]

Die Tabelle gibt eine Übersicht zu einigen Standards, neben den internationalen OECD-Prinzipien werden die Regelungen aus UK und der Schweiz skizziert.

	OECD-Prinzipien	**UK Combined Code**	**SWX-Richtlinie**
Verbindlichkeit	Empfehlung	Richtlinie: comply or explain	Richtlinie: comply or explain
Personalunion CEO/VR-Präsident	Verzicht empfohlen	Verzicht gefordert	Verzicht nicht gefordert
Offenlegung Entschädigung VR/ Management	Für VR empfohlen (individ. oder total)	Für VR individuell gefordert	Für VR total, individ. Maximum
Eine Stimme pro Aktie	Abweichung offenlegen	Nicht gefordert	Nicht gefordert

Abb. 62: Wichtige CG-Börsenstandards

Quelle: Nicolodi/ Döbeli (2002), S. 5.

---

[626] Peters (2002), S. 2.

[627] Biedermann (2001), S. 18.

Die Schaffung von Transparenz sowie die Bereitstellung von entsprechenden Informationen der Unternehmen kann eine Grundlage für einen gezielten Aktionärs-Aktivismus darstellen. Die bereits erwähnte Corporate Governance-Richtlinie (RLCG) der SWX trat im Juli 2002 in Kraft. Sie fordert von den an der SWX kotierten Unternehmen Informationen über bestimmte Corporate Governance-Aspekte. Die RLCG lässt den Unternehmen einen relativ grossen Handlungsspielraum bei ihrer Informationstätigkeit und stellt kaum explizite Anforderungen bezüglich der Corporate Governance-Praxis, sondern verlangt deren Offenlegung in bestimmten Bereichen.[628]

Ein Jahr nach Inkrafttreten der SWX Richtlinie zu Corporate Governance hat Ethos bei einer Analyse der 100 grössten kotierten Unternehmen in der Schweiz festgestellt, dass mehr als ein Drittel noch nicht den Anforderungen der Börse entsprechen. Obwohl sich bei den mangelhaften Firmen auch 6 aus dem SMI-Index befinden, wurde deutlich, dass die grossen, globalen Firmen über eine grössere Transparenz verfügen als die Unternehmen mit kleiner Marktkapitalisierung. Die ZKB hat im September 2003 26 SMI-Unternehmen untersucht, wobei ein anspruchsvollerer Kriterienkatalog als der RLCG angewendet wurde. Die Studie zeigte einen durchschnittlichen Erfüllungsgrad der SMI-Unternehmen von 57 Prozent, wobei zwischen dem tiefsten (34 Prozent) und dem höchsten Ergebnis (75 Prozent) eine relativ breite Streuung besteht.[629] Die Autoren konnten in diesem Fall keinen offensichtlichen Zusammenhang zwischen der Branchenzugehörigkeit oder der Kapitalisierung mit der Corporate Governance-Bewertung feststellen.

Sowohl Ethos wie auch die Zürcher Kantonalbank haben Corporate Governance-Kriterien in den Analyserastern ihrer SRI-Fonds integriert, damit werden die Resultate als Grundlage der Anlageentscheide einbezogen. Die Veröffentlichung der Ergebnisse hat darüber hinaus zusätzlichen öffentlichen Druck auf die Unternehmen geschaffen.

4.1.3.2 Potentiale zur Steigerung der Rendite

Analog zu den im Kapitel SRI erwähnten empirischen Analysen zur finanziellen Dimension ökologisch-ethischer Anlagekriterien werden in diesem Abschnitt Anhaltspunkte für für positive Effekte einer guten Corporate Governance aufgrund von empirischen Untersuchungen aufgeführt. Aufgrund der Aktualität des Themas wurde in den letzten Jahren sehr intensiv in dem Bereich geforscht. Die nachfolgend zitierten Studien sind nur eine Auswahl, die im Rahmen von Literaturrecherchen der Autorin im Frühjahr 2002 an der Universität Berkeley sowie anschliessend in der Schweiz im Hinblick auf ihre inhaltlichen Aussagen als relevant erkannt wurden. Inhaltlich kann eine Aufteilung in zwei Gruppen vorgenommen werden: Die meisten Studien vergleichen Unternehmen mit überdurchschnittlicher Corporate Governance mit einem Marktindex bzw. schlechter Corporate

[628] Zürcher Kantonalbank (2003), S. 3.
[629] Zürcher Kantonalbank (2003), S. 3.

Governance. Daneben gibt es eine zweite Gruppe von Analysen, die den finanziellen Einfluss von Aktionärs-Aktivismus auf die Corporate Governance der Unternehmen evaluieren. Da jeweils nur Ausschnitte aus den einzelnen Studien zitiert werden, wird im Folgenden auf eine detaillierte methodische Auseinandersetzung verzichtet. Die nachfolgende Auswahl erhebt keinen Anspruch auf Vollständigkeit, sondern illustriert vielmehr die Vielfalt der gegenwärtigen wissenschaftlichen Bemühungen in diesem Feld.

Entsprechend einer Befragung durch Credit Lyonnais Securities Asia (CLSA) Emerging Markets, "übertrafen asiatische Firmen mit einer Top-Bewertung ihrer Corporate Governance die Akienmarkt-Indices durchschnittlich um 14,4 Prozent."[630] Unternehmen mit überdurchschnittlicher Corporate Governance übertrafen die Markt-Benchmarks in neun von zehn Ländern. Über die letzten fünf Jahre hat dies einen Durchschnitt von 147 Prozent bedeutet, wobei Indien mit einer hervorragenden Performance von 615 Prozent das Feld anführte. Die zweijährige Studie analysiert 475 Unternehmen in 25 Märkten und bewertet sie in sieben Kategorien: Managementdisziplin, Transparenz, Unabhängigkeit, Korrektheit der Bewertung, Verantwortlichkeit, Gerechtigkeit und soziale Verantwortung.

Eine Studie von Drobetz, Schillhofer und Zimmermann untersuchte die Zusammenhänge zwischen einem Corporate Governance Rating von Unternehmen und der historischen Rendite von Aktien sowie verschiedenen Kennzahlen für das Bewertungsniveau von Unternehmen.[631] Die Autoren teilten die Stichprobe von insgesamt 253 Unternehmen in zwei Vergleichsportfolios ein: Das Prinzipal-Portfolio bestand aus Unternehmen mit hohem Corporate Governance-Rating, in das Agent-Portfolio wurden Unternehmen mit niedrigem Rating eingeordnet. Ein Vergleich der beiden Portfolios kam zu folgenden Ergebnissen: Unternehmen im Prinzipalportfolio wiesen einen deutlich höheren Marktwert, ein höheres Wachstum, eine höhere historische Aktienrendite und ein deutlich höheres Bewertungsniveau auf als die Unternehmen im Agent-Portfolio. Aus den Ergebnissen interpretiert die Financial Times Deutschland, dass eine gute Corporate Governance das Risiko eines Investments verringere, zudem weniger Ressourcen für die Überwachung des Investments aufgewendet werden müsse.[632]

In einer weiteren Studie der Universität Basel wurde untersucht, ob der Kapitalmarkt die ihm zugeschriebene, selbstregulierende Funktion übernimmt, indem eine bessere Corporate Governance durch eine höhere Börsenbewertung und damit geringere Kapitalkosten entschädigt wird. Die Analyse des Zusammenhangs zwischen einem selbsterstellten Corporate Governance-Index und der Firmenbewertung Schweizer Unternehmen zeigt einen statistisch signifikant positiven Zusammenhang. Allerdings wird das Ergebnis gleichzeitig relativiert: „Trotz diesem eindeutigen Ergebnis stellt Corporate Governance

---

[630] http://www.tiesweb.org/work/better_corporate_governance_pays_off.htm (Zugriff vom 21.5.2002)
[631] WestLB Panmure (2003), S. 5.
[632] www.ecoreporter.de (Zugriff vom 14. 3. 2003)

kein Patentrezept für Unternehmenserfolg dar und darf keinesfalls als unabhängiger Erfolgsfaktor oder als Substitut für ein schlechtes Geschäftsmodell verstanden werden. In Verbindung mit einem soliden und nachhaltigem Modell sollte sie als Chance und nicht als lästige Verpflichtung begriffen werden.“[633]

Forscher der Universität Harvard und der Wharton School haben einen weiteren Beweis geliefert, dass Corporate Governance den Börsenwert beeinflusse. Sie konstruierten einen „governance index“, mit dem das Niveau von Aktionärsrechten gemessen wurde. Bei einer Analyse von rund 1500 Unternehmen im Zeitraum zwischen September 1990 und Dezember 1999 haben sie festgestellt, dass die Firmen mit den besten Aktionärsrechten über 8.5 Prozent höhere Gewinne abwerfen als die mit den schlechtesten Aktionärsrechten.[634]

Wissenschaftlern der Georgia State University in Atlanta ist es ebenfalls gelungen, einen statistischen Zusammenhang zwischen Corporate Governance und Unternehmensleistung nachzuweisen. Im Auftrag des weltgrößten Aktionärsverbands Institutional Shareholder Services haben sie 5.640 Unternehmen analysiert. Zur Bewertung der Corporate Governance wurden folgende Qualitätsmerkmale herangezogen: Ethikgrundsätze, Übernahmepraktiken, Zusammensetzung des Vorstandes, Manager-Gehälter und Buchprüfungsergebnisse. Das Resultat wurde über einen branchenangepassten Corporate Governance-Quotienten ausgedrückt. Im Anschluss wurde dieser mit insgesamt 35 Variablen wie Aktienkursentwicklung, Eigenkapitalrendite, Volatilität oder Gewinnausschüttung ins Verhältnis gesetzt. Die Studie zeigt, dass Firmen mit einer starken Corporate Governance einen durchschnittlich höheren return on assets, return on investment und return on equity haben. So konnten die zehn verantwortungsvollsten Unternehmen im Fünf-Jahres-Vergleich 11,86 Prozent mehr Gewinn verbuchen als Firmen mit einer schwachen Corporate Governance. Auch das Risikoprofil der verantwortungsbewussten Unternehmen fiel zu ihren Gunsten aus: Ihre Aktienkurse waren um 11,8 Prozent weniger volatil und ihr Kurs-/ Buchwert-Verhältnis um 1,14 Prozent höher.[635]

Eine weltweite Befragung von 200 institutionellen Investoren durch Mc Kinsey aus dem Jahr 2002 hat gezeigt, dass Investoren bereit sind, signifikante Prämien für Firmen mit hoher Corporate Governance Qualität zu zahlen.[636] Die meisten Investoren stellen bei der Bewertung von Unternehmen Corporate Governance auf eine Stufe mit der finanziellen Performance. Mehr als 60 Prozent der Befragten gaben an, den Ausschluss von Firmen mit schlechter Corporate Governance Qualität in Betracht zu ziehen. 57 Prozent der befragten Investoren gaben an, dass sie sich vorstellen könnten, Unternehmensbeteiligun-

---

633 Beiner/ Schmid/Zimmermann (2003).

634 Blumenthal (2003).

635 Brown/ Caylor (2004).

636 www.mckinsey.de (Zugriff vom 12. 7. 2002) sowie WestLB Panmure (2003), S. 4.

gen je nach Güte der Unternehmensführung zu verringern oder zu erhöhen. Fast ein Drittel würde sogar bestimmte Länder meiden, falls diese für eine schlechte Unternehmensleitung und -überwachung bekannt seien.

Autor und Jahr der Studie	**Untersuchte Parameter und Ergebnisse**
Credit Lyonnais Securities Asia (2002)	Zusammenhang zwischen CG und Aktienperformance ⇒ Asiatische Firmen mit Top CG-Bewertung übertrafen Index um durchschnittlich 14,4%
Drobetz, Schillhofer, Zimmermann (2003)	Vergleich der Rendite von Firmen mit guter und schlechter CG anhand von zwei Portfolios ⇒ Portfolio mit Firmen mit guter CG hatte höheren Marktwert und besseres Wachstum
Universität Basel (2003)	Vergleich eines CG-Index mit anderen Indices ⇒ Signifikant positive Auswirkungen von CG auf die Wertentwicklung
Universität Harvard/ Wharton School (2003)	Konstruktion eines Governance-Index ⇒ Firmen mit bester CG werfen über 8,5% höhere Gewinne ab als Unternehmen mit schlechter CG
George State University (2004)	Konstruktion eines CG-Quotienten ⇒ 10 beste Unternehmen bieten 12% mehr Gewinn als Unternehmen mit schlechter CG (5 Jahre)
Mc Kinsey (2002)	Befragung bei 200 institutionellen Investoren ⇒ Nachweis der Relevanz von CG als Kriterium für Investitionsentscheidungen

Abb. 63: Übersicht zu empirischen Befragungen zum Einfluss von Corporate Governance (CG) auf den Unternehmenswert

Quelle: eigene Darstellung

Die Tatsache, dass Investoren gewillt sind, eine Prämie für Unternehmen mit hoher Corporate Governance Qualität zu zahlen sowie die empirischen Analysen bestätigen, dass Corporate Governance als systematischer Risikofaktor anzusehen ist, der im Rahmen von Asset Pricing-Modellen nicht vernachlässigt werden sollte. Die Ergebnisse deuten darauf hin, dass Unternehmen ihre Kapitalkosten signifikant verringern können, falls es ihnen gelingt, Corporate Governance-Defizite abzubauen. Hieraus ergibt sich auch ein Anhaltspunkt für „Shareholder Activism“ bzw. „Engagement“.[637]

Auf der Basis einer stärker verankerten Corporate-Governance Tradition in den USA wurden verschiedene Studien durchgeführt, die eine empirische Evidenz der Auswirkungen von Shareholder Aktivismus auf den Börsenkurs der Unternehmen bzw. der Gewinne für die Aktionäre suchen. CalPERS diente aufgrund seiner fokussierten Aktivitäten als beliebtes Untersuchungsobjekt. Smith[638] analysierte die Auswirkungen des Aktivismus auf die Governance Struktur und die operative Leistung der Zielfirma sowie den Nutzen für die Aktionäre bei 51 Firmen, die CalPERS während des Zeitraums zwischen 1987 und 93 bearbeitet hat. Bei der Analyse der Charakteristika, die zu einem Shareholder Aktivismus führten, wurde eine positive Korrelation zwischen der Unternehmensgrösse und dem Anteil institutioneller Beteiligung zur Wahrscheinlichkeit einer Intervention identifiziert. 72 Prozent der Firmen, die nach 1988 ins Visier genommen wurden, haben als Ergebnis von Verhandlungen mit CalPERS Änderungen eingeführt. Der Nutzen für die Aktionäre (gemessen am Aktienpreis) ist in den Fällen einer Verhandlungslösung gestiegen[639] und in Fällen einer abwehrenden Haltung durch das Unternehmen gesunken. Hinsichtlich der operativen Performance wurde keine statistische Veränderung festgestellt.

Romano hat sich in mehreren Publikationen mit dem Nutzen der Corporate Governance-Bewegung auseinandergesetzt.[640] In einem Aufsatz im Yale Journal on Regulation zur Frage, ob Aktivismus durch institutionelle Investoren als valables Mittel der Corporate Governance dient, kommt sie zu folgenden Schlüssen:[641] Ungeachtet der grundsätzlich positiven Bewertung und Kommentaren zu der Entwicklung von Shareholder Aktivismus kommen die empirischen Studien zum Ergebnis, dass er keinen signifikanten Effekt auf die Performance der Unternehmen im Fokus auslöse. Einige wenige Studien identifizieren Beweise für eine positive Auswirkung, andere finden stattdessen eine negative Wirkung auf den Aktienkurs. Romano macht verschiedene Gründe für diese Aussage verantwortlich: In einigen Fällen werde Shareholder Aktivismus aus einer politischen Motivation

---

637 WestLB Panmure (2003), S. 8.

638 Smith (1996).

639 Manche Studien haben berechnet, dass die Performance der entsprechenden Unternehmen fünf Jahre danach durchschnittlich 7,2% über dem Index lag. Siehe Schäfer (1997), S. 162.
Die Analyse durch Nessbitt ergab sogar, dass die Aktienwerte der betroffenen Gesellschaften in einer Fünfjahresperiode vor der Beteiligungs- bzw. Mitwirkungsperiode den Standard & Poor-Index nur zu 66% erreicht hatten und in der Fünfjahresperiode nach Aufnahme der unternehmerischen Mitwirkung um 52.5% übertrafen, ohne dass andere Faktoren als Erklärung dafür beigezogen werden können.
Siehe Nesbitt, S. L. (1994). "Long-Term Rewards From Shareholder Activism: A Study of the "CalPERS Effect"." Journal of Applied Corporate Finance (Winter 1994).
Nussbaum führt an, dass der unternehmerische Aktivismus von Calpers in den Jahren 1988 – 1991 nach diesen Untersuchungen einen jährlichen Wertzuwachs der betreffenden Aktienanlagen von USD137 Mio. eingebracht hat. Die verbesserten Erträge können allerdings nicht allein der Corporate Governance der Vorsorgeeinrichtung zugeschrieben werden. Siehe Nussbaum (1997), S. 3f.

640 Romano (1993a, 1993b)

heraus betrieben, z.B. durch öffentliche Pensionskassen. Ausserdem gäbe es keinen empirischen Beweis, dass der Wechsel von Governance-Strukturen wie die Einführung von unabhängigen Verwaltungsratsmitgliedern einen positiven Einfluss auf die Performance habe.

Autor und Jahr der Studie	Parameter und Ergebnisse
Smith (1996)	Auswirkung des Shareholder Aktivismus durch CalPERS auf die Governance Struktur, die operative Leistung und den Aktienpreis bei 51 Firmen zwischen 1987 und 1993 ⇒ Korrelation zwischen der Unternehmensgrösse sowie dem Anteil institutioneller Beteiligung und der Wahrscheinlichkeit einer Intervention ⇒ 72 Prozent aller Unternehmen, die angegangen wurden, haben Änderungen eingeführt ⇒ Aktienpreis stieg stärker in Fällen einer Verhandlungslösung ⇒ Keine Veränderung hinsichtlich der operativen Performance
Romano (2002)	Auswirkungen des Aktivismus durch institutionelle Investoren ⇒ Kein signifikanter Einfluss auf die Performance der Unternehmen, da Aktivismus u.a. aus politischen Gründen betrieben wurde und kein Beweis für die Auswirkung von veränderten Governance-Strukturen auf die Performance möglich

Abb. 64: Auswahl an empirischen Befragungen zum Einfluss von Shareholder Aktivismus auf den Börsenkurs von Unternehmen

Quelle: eigene Darstellung

Die Auswirkungen einer Aktienauswahl nach Nachhaltigkeitskriterien auf die Renditeentwicklung wurde bereits im Kapitel SRI erläutert. Grundsätzlich ist die Argumentation zu den Vorteilen einer besseren Social Responsibility und Governance-Struktur vergleichbar. In beiden Fällen wird argumentiert, dass eine bessere Performance und höhere Erträge für die Investoren resultieren. Die Analyse von weichen Faktoren und nicht-finanziellen Kriterien wie die Qualität des Managements gewinnen nicht erst an

---

641 Romano (2001).

Bedeutung, seitdem die Qualität und der Nutzen von Buchführungs-Kennzahlen angezweifelt werden. Analysen von Faktoren, die den langfristigen Shareholder Value beeinflussen umfassen neben Kunden- und Mitarbeiterzufriedenheit auch den Bereich der sozialen Verantwortung. Brancanto fasst die Ansätze folgendermassen zusammen: "These strategic performance measurements will greatly assist institutional investors who invest for the long term and can encourage investors to stay with a company, when sole reliance on financial measurements might suggest otherwise."[642]

Trotz der Aussagen eines möglichen positiven Einflusses guter Corporate Governance auf den Unternehmenswert müssen die Einschränkungen der Studien beachtet werden. Wird Shareholder Aktivismus bzw. ein Einfluss auf die Governance-Strukturen aus politischen Motiven betrieben, sind nach Romano keine finanziellen Vorteile abzuleiten. Auch die Anmerkungen der Basler Autoren sind zu beachten, dass Corporate Governance kein Patentrezept für Unternehmenserfolg darstelle und keinesfalls als unabhängiger Erfolgsfaktor oder als Substitut für ein schlechtes Geschäftsmodell verstanden werden darf. Wie bei der Argumentation zu SRI können Governance-Strukturen einen Hinweis auf gutes Management geben, wobei dieser nur als ein Faktor der Unternehmensbewertung dienen kann.

4.1.4 Parallelen zwischen Corporate Governance und SRI

Bereits bei den kurz skizzierten Pensionskassen CalPERS und TIAA-CREF wurde deutlich, dass ein Engagement im SRI auf Erfahrungen im CG-Kontext aufbaut. Neben diesen konkreten Fallbeispielen lassen sich inhaltliche Parallelen ziehen.

Im Rahmen dieser Arbeit wird der Begriff der Corporate Governance im breiter definierten Sinne nach Früh und Müller angewendet. Corporate Governance umfasst demzufolge alle in einem wirtschaftlichen und damit auch gesellschaftlichen Prozess involvierten Akteure. Damit sind auch weite Bereiche der Kriterien von Socially Responsible Investments hierdurch abgedeckt. Entsprechend gross ist die Schnittmenge zwischen beiden Bereichen. Dies ist insofern plausibel, da für beide Bereiche oft ähnliche Mechanismen anzutreffen sind. Sowohl für allgemeine Corporate Governance-Strukturen als auch für ökologische und soziale Kriterien sind Unternehmen in den meisten Ländern heute mehr oder weniger umfassend gesetzlichen Regelungen unterworfen. So unterstehen sie z.B. meist einer Umweltgesetzgebung oder müssen soziale Mindeststandards erfüllen, wofür sie jeweils geeignete Governance-Strukturen benötigen. Bei der Erfüllung dieser Auflagen bestehen allerdings grosse Schwankungsbreiten. Aktionäre können die Fundierung der Strukturen sowie die Qualität der ökologischen bzw. sozialen Leistung von Unternehmen als Analysekriterium anwenden, um durch die Auswahl von

---

642 Brancanto (1997): p. 41.

Aktien mit in dieser Hinsicht überdurchschnittlichen Unternehmen einen finanziellen Mehrwert zu erzielen. Beiden Themen ist ebenfalls gemeinsam, dass sie durch eher weiche Faktoren bestimmt werden, deren Analyse nur schwer anhand von quantitativen Parametern durchgeführt werden kann.

Der nächste Abschnitt stellt weitere Indizien für eine inhaltliche und geschichtliche Verbundenheit der beiden Themen dar, anhand derer ähnliche Motive für ein aktives Aktionärstum abgeleitet werden können.

4.1.4.1 Inhaltliche Verknüpfung zwischen SRI und Corporate Governance

Die Analyse von aktiven Pensionskassen zeigt in den meisten Fällen, dass ihr Engagement im SRI auf einem öffentlichen Shareholder Aktivismus oder einer direkten Einflussnahme auf die Corporate Governance ihrer Aktienpositionen basiert bzw. zumindest dadurch ergänzt wird. Die treibenden Faktoren zu diesem Engagement sind relativ ähnlich: neben politischen Erwägungen beabsichtigt die Verbesserung der Governance-Strukturen die finanzielle Leistung positiv zu beeinflussen. Vergleichbar ist auch die Struktur der Akteure: eine Mehrheit an öffentlichen Pensionskassen und die begrenzte Anzahl an Akteuren, zumindest derer, die in der Öffentlichkeit zitiert werden.[643]

Folgende Indizien sprechen für eine inhaltliche Verknüpfung:

- Nach Mary O'Sullivan, Associate Professor für Strategie und Management am INSEAD, sollte in Zeiten aufbrechender sozialer und ökologischer Anforderungen und im Hinblick auf die Corporate Governance-Krise neben der aktionärs-fokussierten Corporate Governance-Perspektive auch das Prinzip, dass das Unternehmen zum Wohlergehen von anderen Anspruchsgruppen geführt werden sollte, stärker berücksichtigt werden.[644] Dadurch würde das Unternehmen die langfristigen sozialen und ökologischen Faktoren einbeziehen, die von verschiedenen Gruppen wie Gewerkschaften, NGO's oder dem Gesetzgeber vertreten werden. Damit ist nicht nur die Vorstellung verbunden, dass es das Ziel eines Unternehmens sei, Wert oder Wohlstand für seine Anspruchsgruppen zu schaffen, sondern auch, dass Stakeholder Einfluss auf die Unternehmensziele und damit auf den Unternehmenswert haben. Kurz: Stakeholder sind somit Shareholder Value-relevant.[645]

---

[643] Diese Perspektive wird durch ein Zitat von Monks und Minow bestätigt: "There might be lots of noise and action, and there might be talk about all the new, awakened shareholders and institutional investors, but there's really not much more than a dozen public pension funds involved. And they call the tune. In fact if you took the CalPERS and the New York City pension fund and TIAA-CREF out of the equation along with our fund (New York State) and Wisconsin, Pennsylvania and to some extend Florida, you might have very little activism at all." Siehe Monks/ Minow (2001), S. 122.

[644] Whose bottom line is it anyway? Mary O' Sullivan, INSEAD Quarterly 2001-2.

[645] Hild (2003), S. 2. (Der Autor greift dabei inhaltlich auf Freeman und Speckbacher zurück.)

- SRI ist des weiteren eine kostengünstige Möglichkeit, das finanzielle Risiko und die Zerstörung von Shareholder Value zu verhindern, die mit einer schlechten Corporate Governance und Corporate Social Responsibility einhergeht. Aber es ist kein Wundermittel. Investoren wollen nicht in Details der Unternehmensführung eingreifen und können auch keine Konsumententrends beeinflussen.[646]
- Die Tatsache, dass die SEC alle Fonds dazu auffordert, die Stimmrechte auf der Basis von öffentlich zugänglichen Richtlinien auszuüben, kann zu einer verstärkten Zugänglichkeit von Portfoliomanagern zu Shareholder-Problemen führen.[647]
- Bei der Wiederherstellung von Vertrauen und Integrität in globale Unternehmen beginnen institutionelle Investoren aufgrund ihrer Grösse und ihres langfristigen Anlagehorizontes eine Schlüsselrolle zu spielen. Standard Life Investment, einer der grössten britischen Fondsmanager, der rund GBP 70 Mrd. verwaltet, hat kürzlich andere institutionelle Aktionäre aufgefordert, gemeinsame Aktivitäten hinsichtlich einer besseren Disziplin in den Verwaltungsräten zu organisieren. Warum? Weil sie zum einen glauben, dass eine schlecht gemanagte Firma schlechte Resultate bringt. Aussserdem glauben sie, dass ein Unternehmen, dass soziale und ökologische Faktoren berücksichtigt, sich langfristig besser als der Markt entwickelt. In diesem Kontext hat SRI das Potential zu einem kraftvollen Hebel zu werden, Corporate Governance-Praktiken zu verändern.[648]
- Für das starke Wachstum von SRI werden weiterhin ethisch (bzw. ökologisch oder religiös) motivierte Investoren verantwortlich sein. Darüber hinaus werden Investoren die Verwaltungsräte bzw. das Management auf verantwortungsvolle Governance-Praktiken untersuchen. Damit werden Fragen gestellt nach der Unabhängigkeit und der Diversität des Audit-Committees oder die Höhe des CEO-Lohns. Die Praxis in den USA und Grossbritannien zeigt, dass eine zunehmende Anzahl von Anträgen sowohl hinsichtlich Themen der Corporate Governance wie auch in Anliegen in den Bereichen Umwelt und Soziales eingebracht werden.[649]

Neben diesen Vorteilen bzw. der inhaltlichen Verknüpfung sprechen auch die historische Entwicklung der Corporate Governance und SRI-Bewegung durch institutionelle Investoren sowie eine ähnliche Argumentation hinsichtlich Performance-Vorteilen für eine Vergleichbarkeit der beiden Ansätze.

---

646 Moon/ Thamotheram (2000).
647 Cerulli (2002), S. 1.
648 Christensen/ Guyoton (2003), S. 4.
649 Biedermann (2001), S. 19.

4.1.4.2 Geschichtliche Verknüpfung: Parallelen in der Umsetzung

Die historische Entwicklung von Shareholder Aktivismus demonstriert, dass Aktivitäten zu SRI und Corporate Governance-Aktivitäten klare Parallelen aufweisen. Brancanto definiert die Stufen von Shareholder Activism folgendermassen:[650]

1. *Social Investment:* Druck auf Unternehmen, Resolutionen zu sozialen Themen umzusetzen. Anfangs konnten Einzelpersonen mit der Unterstützung von institutionellen Investoren wie Pensionskassenmanagern kirchlicher Gruppen durch Abstimmungen an Generalversammlungen mehr erreichen als durch die Aufmerksamkeit der Medien.

2. *Kampf gegen Übernahme-Blockaden*: Opposition gegen das Management, wenn Unternehmen bestimmte Übernahme-Blockaden einführen. Institutionen nutzten die Abstimmungsmechanismen (die in der Social Investment-Phase entwickelt wurden), um sich dem Management entgegenzustellen, Übernahmen abzublocken und ihr Recht zu schützen, im Fall einer Übernahme ihre Aktien an die bietende Firma für die üblicherweise angebotene Prämie entweder anzubieten oder abzutreten.

3. *Druck nach Veränderungen der Governance-Struktur innerhalb der Firma*: Drängen der Unternehmen, strukturelle Veränderungen in ihrem Verwaltungsrat oder Abstimmungs-Modalitäten durchzuführen. Institutionelle Investoren realisieren, dass die Wahrnehmung ihrer Stimmrechte einen ökonomischen Wert darstellte, nicht nur im Falle von Übernahmen, sondern um die Führung des Unternehmens zu beeinflussen. Bundes- und Staats-Regulierung unterstützten diese Anstrengungen durch die Forderung an die Verwalter, ihre Stimmrechte wahrzunehmen als eine Angelegenheit von treuhänderischer Verantwortung.

4. *Monitoring der Performance:* Analyse der Leistung von Firmen und ihrer Aufsichtsräte, um unterdurchschnittliche Firmen als Ziel von Shareholder-Initiativen zu identifizieren. Mitte der 90er Jahre haben Investoren ihren Schwerpunkt auf leistungsbezogene Themen verlagert wie die Messung und Bewertung der Performance des Aufsichtsrats, des CEO und der Firma.

5. *Einbezug von nicht-finanziellen Aspekten in Indikatoren der Unternehmensleistung:* Konzentration nicht nur auf finanzielle, sondern auch auf weiche Messgrössen der Unternehmensleistung wie Arbeitsplatz-Bedingungen oder Kundenzufriedenheit, um die Leistungsfähigkeit des Unternehmens nicht nur über einen historischen Zeitraum zu verstehen, sondern auch einen künftigen Zahlungsstrom zu gewinnen. Diese nicht-finanziellen Angelegenheiten werden nicht länger als „nett“ um der Gesellschaft willen angesehen, obwohl sie die Bottom Line schmälern können. Sie werden zuneh-

---

[650] Brancanto (1997), p.82ff.

mend als Wertetreiber der finanziellen Lebensfähigkeit der Unternehmen wahrgenommen. Der Chef von KLD Research Analytics nimmt die Veränderung wahr: "Where 10 or 12 years ago, institutional investors were very careful to say: We pay attention to corporate governance but not social investing now there's no distinction."[651]

Der Zusammenbruch von Enron und die milliardenschweren Krisen bei Worldcom und Tyco haben das Thema Corporate Governance weiter in den Vordergrund gerückt. Nach den schweren Verlusten, die private und institutionelle Investoren durch diese Firmen erlitten haben, haben auch die Pensionskassen erneut erkannt, dass sie eine aktivere Rolle als Aktionäre einnehmen müssen, um den Druck auf Firmen und den Regulator zu einer besseren Corporate Governance zu erhöhen: "The renewed push for better corporate governance may have picked up pace through a sense of financial community spirit, but US pension funds will ultimately have to answer to their stakeholders."[652] Im Gegensatz zu anderen Institutionellen wie Fondsmanagern, die normalerweise die Firmen mit fragwürdiger Rechnungslegung aus ihren Portfolios verkaufen, nutzen Pensionskassen ihre Macht, um einer der grössten Vertrauenskrisen an der Wall Street breitere Aufmerksamkeit zu verschaffen. CalPERS hat die Bundesregierung und die Börsenaufsicht aufgefordert, Schritte zu einer wirklich unabhängigen Auditierung zu unternehmen bzw. die Qualifikation der Mitglieder von Audit-Gremien zu heben und klarere, strengere Rechnungslegungsstandards zu schaffen.[653]

Bisher schien es einen unüberbrückbaren Gegensatz zu geben zwischen der stummen Mehrheit von institutionellen Investoren und der sonderbaren Koalition von lauten Aktivisten aus Gewerkschaften und Nonnen, die Stiftungen verwalten hin zu öffentlichen Pensionskassen wie CalPERS. Zu oft haben Aktionäre Defizite im Bereich Corporate Governance ignoriert, bis es zu spät war und Wert zerstört wurde. Auch Fidelity, die grösste US-Fondsgesellschaft hat kürzlich bestätigt, dass sie ihre Leitlinien verstärke. John Coffee von der Columbia Law School allerdings bezweifelt, wie weit sich Portfoliomanager gegen US-Firmen aussprechen werden. Er kommentiert, dass zwar seitens privater institutioneller Investoren eine Bereitschaft bestehe, für diese Reformen zu votieren, "but most prefer to hide behind the public activism of their public colleagues."[654] Für die Schweiz konstatiert Fischer ein ebenfalls passives Bild: „Die aktive Einflussnahme

[651] Blumenthal (2003), zitiert Peter Kinder, President of KLD Research Analytics.
[652] Earle (2002).
[653] Wine (2002).
[654] Hill/ Earle (2002).

institutioneller Anleger auf die Corporate Governance von Unternehmen ist bisher weitgehend Brachland.“[655]

Die Vertrauenskrise in den USA hat neben der Reaktion der Pensionskassen auch zu einer direkten Intervention des Gesetzgebers geführt. Die stärkste Reaktion seitens der Regierung kam von Präsident George W. Bush persönlich: Am 9. Juli 2002 rief er nach einer „neuen Ära an Integrität in der Unternehmenslandschaft Amerikas“ in der Folge von Missbräuchen und Exzessen, die durch die aktuellen Skandale von US-Unternehmen ans Licht kamen. Kurz darauf unterzeichnete Bush den Sarbanes-Oxley Act. Dieser trat Ende Juli 2002 in Kraft und gilt als eine sehr scharfe Regelung hinsichtlich Accounting, Transparenz und Corporate Governance.[656] Nach einer Umfrage von PWC hat sie bei 85 Prozent der multinationalen US-Unternehmen Veränderungen bewirkt, wobei in 53 Prozent der Fälle nur eine Formalisierung der bestehenden Praxis erfolgt ist.[657]

4.1.5 Zusammenfassung

Aktionäre wie Pensionskassen haben in bezug auf die Corporate Governance von Unternehmen wie auch hinsichtlich ihrer sozial-ökologischen Leistungen grundsätzlich zwei Handlungsansätze, wie auch Müller erläutert: „Der erste fokussiert auf die Analyse von bestehenden Corporate Governance-Strukturen. Der Vergleich verschiedener Unternehmen bezüglich „Good Corporate Governance“ beeinflusst den Anlageentscheid. Unternehmen mit schlechten Strukturen werden gemieden. Der zweite, wesentlich wirksamere Ansatz besteht im Auftreten als Aktionäre, die aktiv ihre Vermögens- und anderen Rechte ausüben.“[658] Damit bestehen die gleichen Optionen wie im SRI-Kontext, Screening oder Engagement. Bei beiden Themen werden zwar mitunter auch politische und ethische Hintergründe verfolgt, jedoch überwiegen ausserhalb der prinzipiengeleiteten Zielgruppen wie Kirchen ökonomische Motive. Die gezielte Selektion von Unternehmen mit guter Governance sowie der Einfluss auf eine Verbesserung ihrer Kontrollstrukturen soll sich in einem finanziellen Mehrwert niederschlagen. Zahlreiche empirische Studien haben diese Argumentation bestätigt. Beide Themen finden zunehmend in den Kriterienkatalog der Finanzanalysten bzw. Portfoliomanager Einfluss.

Trotz dieser positiven, eher theoretischen Überlegungen bzw. optimistischen Wahrnehmung des Marktes sind die institutionellen Investoren bisher kaum bereit bzw. dazu in der Lage, diese Performancepotentiale auszuschöpfen. Der Aufwand, Governance-Strukturen der Investments zu analysieren, daraufhin Anlageentscheide zu treffen bzw. als Aktionär

---

655 Fischer (2004).

656 Christensen/ Guyoton (2003), S. 33.

657 Quelle: PWC Management Barometer (www.barometersurveys.com) siehe auch: www.srimedia.com, Zugriff vom 8.5. 2003.

658 Müller (2002), S. 7.

Verbesserungen einzufordern, wird in vielen Fällen gescheut. Dies kann an der Komplexität bzw. bisher geringen Wertschätzung des Themas liegen. In den letzten Jahren haben Bilanzskandale wie bei Enron, Worldcom oder Parmelat die Aufmerksamkeit der Investoren auf Corporate Governance geschärft. Darüber hinaus kann der Druck auf die Pensionskassen, sich diesen eher weichen Themen zu widmen und eine aktive Ausübung ihrer Aktionärsrechte zu forcieren, von verschiedenen internen und externen Einflussfaktoren abhängen. Diese Analyse steht im Mittelpunkt der folgenden Kapitel. Als Vorbereitung für die empirische Analyse werden sowohl akteursbezogene wie interne Faktoren theoretisch illustriert bzw. in der Realität exemplarisch dargestellt.

4.2 Einflussfaktoren einer Entscheidung von Pensionskassen zu SRI

Aus der Perspektive des St. Galler Managementmodells werden Pensionskassen bei ihrer Entscheidung zu SRI durch Anspruchsgruppen beeinflusst, die in interne und externe Gruppen eingeteilt werden können. Im Anschluss werden diese Gruppen zuerst hinsichtlich ihrer möglichen Rolle skizziert und anhand von vorhandenen Fakten beispielhaft in ihrer tatsächlich eingenommenen Rolle illustriert. Als weitere Einflussfaktoren können aus der Corporate Governance-Literatur verschiedene Parameter der Anlagestrategie identifiziert werden. Im dritten Abschnitt werden diese Faktoren im Hinblick auf ihre Wirkung auf eine SRI-Strategie diskutiert.

4.2.1 Interne Stakeholder

Im Rahmen der vorliegenden Fragestellung ist es von Bedeutung, die innerhalb der Pensionskasse vorhandenen *internen Anspruchsgruppen* zu identifizieren, die Einfluss auf die Entscheidung für oder gegen ein Investment in SRI ausüben. Um Einblick in die internen Strukturen und Abläufe zu verschaffen, werden im folgenden Abschnitt die Organisation und Entscheidungsstrukturen einer Schweizer Pensionskasse dargestellt. Im zweiten Schritt erfolgt eine Abschätzung, welche Interessen und Einflussfaktoren diese Strukturen in bezug auf SRI haben.

Das Zusammenspiel und die Interaktionen der einzelnen Vorsorgebeteiligten lassen sich in ein Innen- und Aussenverhältnis aufteilen. Während die Beziehungen zwischen Pensionskassen, Kontrollstellen, Sicherheitsfonds, Pensionskassenexperten, Arbeitgebern und Arbeitnehmern das Aussenverhältnis charakterisieren, zeigt das Innenverhältnis die Beziehungen zwischen den einzelnen an den Organen beteiligten Personen (Stiftungsrat, Verwaltung und Anlagekommission). [659]

---

[659] Jaeger (1994), S. 11ff.

4.2.1.1 Das Innenverhältnis einzelner Vorsorgebeteiligten

Im Innenverhältnis bildet der ***Stiftungsrat*** das oberste geschäftsführende und haftende Organ.[660] Weitere Beteiligte innerhalb der Versorgungseinrichtung sind die Verwaltung und die Anlagekommission.

Zum Aufgabenbereich des Stiftungsrates gehören insbesondere die ordnungsgemässe Durchführung der Vorsorge, die Vertretung der Stiftung nach aussen und die Orientierung der Anspruchsberechtigten über ihre Rechten und Pflichten. Dabei konzentriert er sich auf die wesentlichen, d.h. über das Tagesgeschäft hinaus gehenden Probleme und Massnahmen.[661]

nach innen	***nach aussen***
– Geschäftsführung – Erlass des Vorsorgereglements – Finanzierung der Vorsorge – Verwaltung des Vermögens – Information	– Vertretung gegenüber Behörden – Aufsichtsbehörde – Steuerbehörde – Handelsreglement – Abschluss von Verträgen

Abb. 65: Die Aufgaben des Stiftungsrates

Quelle: Winterthur-Columna, S. 9.

Bei den registrierten Pensionskassen haben Arbeitnehmer und Arbeitgeber „das Recht, in die Organe der Vorsorgeeinrichtung, die über den Erlass der reglementarischen Bestimmungen, die Finanzierung und die Vermögensverwaltung entscheiden, die gleiche Zahl von Vertretern zu entsenden." (BVG Art. 51) Diese *paritätische Mitbestimmung*, die unabhängig von der Rechtsform und der Aufteilung der geleisteten Beiträge erfolgt, ist einer der Grundpfeiler des BVG.[662] Sie wurde vor allem zum Schutz der Arbeitnehmer eingeführt und darf zu deren Ungunsten nicht verändert werden. Das paritätische Organ kann einzelne Aufgaben, z.B. die Vermögensverwaltung, an Stellen delegieren, die nicht mehr paritätisch zusammengesetzt sein müssen.[663]

Arbeitnehmervertreter im Stiftungsrat können grundsätzlich nur die bei der Personalvorsorgestiftung versicherten Arbeitnehmer sein, welche mit dem dazugehörigen Unternehmen einen Arbeitsvertrag haben. Ist der Arbeitgeber eine juristische Person (z.B. eine

---

[660] bzw. der Verwaltungsrat bei einer Genossenschaft oder eine Verwaltungskommission bei einer öffentlich-rechtlichen Kasse. Siehe: Bruhin (1997), S. 11.

[661] Bruhin (1996), S. 11.

[662] Amman (1990), S. 18. Bei nicht registrierten Vorsorgestiftungen haben die Arbeitnehmer nach Art. 89bis Ab. 3 ZGB ein Recht auf Mitwirkung im Stiftungsrat, und zwar nach Massgabe ihrer Beiträge an die Stiftung.

[663] Helbling (2000), S. 125.

Aktiengesellschaft), kann die Unterscheidung zwischen Arbeitnehmer und Arbeitgeber heikel sein. Im Zweifel gilt als Arbeitnehmer im Sinne des Gesetzes, wer nicht als Gesellschaftsorgan Entscheidungsbefugnis in wesentlichen Angelegenheiten hat (Geschäftsleitungsmitglieder, Direktoren) und keine entsprechende Verantwortung trägt.[664] Die Wahl der Arbeitnehmervertreter sollte im Reglement festgelegt werden und kann als Versammlung der Arbeitnehmer durch offene oder geheime Abstimmung oder auch als Urnenwahl oder Briefwahl durch alle Arbeitnehmer erfolgen. Wahlberechtigt sind alle versicherten Arbeitnehmer, die in einem arbeitsrechtlichen Verhältnis stehen. Nach Auffassung der Aufsichtsbehörden können Aussenstehende (wie z.B. Pensionierte, Gewerkschaftssekretäre, Rechtsanwälte) grundsätzlich nicht als Arbeitnehmervertreter gewählt werden.[665] Angesichts der Verschiebung des Verhältnisses zwischen Rentnern und aktiv Erwerbstätigen könnte allerdings in den kommenden Jahren eine zukünftige stärkere Mitwirkung der Pensionierten eingefordert werden.[666] Die Arbeitgebervertreter werden durch den Arbeitgeber bestimmt.

Der Stiftungsrat konstituiert sich selbst. Er wählt aus seiner Mitte den Präsidenten und bestimmt die zeichnungsberechtigte Personen sowie die Art der Zeichnung (Einzel- oder Kollektivunterschrift. Der Stiftungsrat tritt je nach Bedarf zusammen, mindestens aber einmal jährlich oder wenn eine reglementarisch bestimmte Anzahl von Mitgliedern die Einberufung verlangt. Um unerwünschte Patt-Situationen bei Stimmengleichheit zu vermeiden, hat das Reglement ein entsprechendes Verfahren zu bestimmen, z.B. dass der Präsident den Stichentscheid gibt oder ein Schiedsverfahren eingeleitet wird.[667]

Der Stiftungsrat nimmt im Zusammenhang mit der Vermögensanlage folgende Pflichten wahr:[668]

- Formulierung der Anlagepolitik im Einklang mit gesetzlichen Bestimmungen und Festlegen der Anlagestrategie, vorzugsweise in Reglementen
- Erstellen von Richtlinien und Pflichtenheften für Personen, die mit der Vermögensanlage betraut sind
- Ständige Überwachung der Anlagen sowie Kontrolle des Risikos
- Bildung von Schwankungsreserven

---

[664] Winterthur-Columna, S. 7.

[665] In den Mitteilungen über die berufliche Vorsorge Nr. 48 (Ziff. 280) vom 21. Dezember wurde jedoch folgende Ausnahme gestattet: „Gemäss der Praxis des BSV können die Vorsorgeeinrichtungen in der Urkunde vorsehen, dass auch Rentner im paritätischen Organ vertreten sind. Sie können für Rentner sowohl das aktive wie das passive Wahlrecht vorsehen. Ein gesetzlicher Anspruch auf Vertretung im paritätischen Organ steht den Rentnern aber nicht zu; ebensowenig haben sie von Gesetzes wegen das aktive Wahlrecht. Wie eine allfällige Vertretung im konkreten Fall aussieht, muss die Vorsorgeeinrichtung selbst regeln (Urkunde oder Reglement)." Siehe Helbling (2000), S. 125f.

[666] Bruhin (1997), S. 75.

[667] Winterthur-Columna, S. 8.

[668] siehe ATAG Libera AG (2001), S. 4. und Helbling (2000), S. 136.

Der ***Geschäftsstelle bzw. Verwaltung***, die bei kleineren Vorsorgeeinrichtungen auch nebenamtlich erfolgen kann, obliegt die operative Führung der Pensionskasse. Sie regelt unter anderem die kaufmännische Buchführung, die Mitglieder-Administration wie die Führung der Alterskonti und die Administration der Renten- und Beitragszahlungen sowie die Realisierung der Anlagestrategie.

Falls eine ***Anlagekommission*** besteht, ist diese für die Erarbeitung der Anlagerichtlinien verantwortlich, wobei die Umsetzung dieser Leitlinien der Verwaltung übertragen wird.

Folgende Tätigkeiten werden üblicherweise durch eine Anlagekommission ausgeübt:

- Formuliert und realisiert Anlagepolitik gemäss Richtlinien
- Stellt für den Stiftungsrat Entscheidungsgrundlagen bereit
- Arbeitet mit dem Verwalter gemäss Pflichtenheft zusammen.

Im Rahmen der Aufbauorganisation sind u.a. folgende Entscheidungen zu treffen:[669] ***Anlageorganisation:*** In vielen Fällen delegiert der Stiftungsrat die Geldanlagen an die Anlagekommission. Während der Stiftungsrat eher strategische Entscheide trifft, übernehmen die Anlagekommission und der Portfoliomanager Anlageentscheide in taktischer und zeitbezogener Hinsicht. Hinsichtlich des ***Anlagestils*** wird unterschieden zwischen aktiven und passiven Stilen, die sich nach dem Freiheitsgrad orientiert, welcher einem Portfoliomanager eingeräumt wird. Der Spielraum für eine individuelle Zusammensetzung des Portfolios ist bei passiven Ansätzen eng, während er für aktive Ansätze grundsätzlich weiter ist. Die Bestimmung der ***Portfoliomanager*** ist abhängig vom Anlagestil, den verfügbaren Ressourcen und dem Anlagevolumen, welches zu bewirtschaften ist. Eine interne Lösung lohnt sich nur bei hohen Volumen, Portfoliomanager-Mandate sind besonders dann geeignet, wenn es um Anlagen in speziellen Anlagekategorien und vielfach speziellen geographischen Märkten geht, wo Spezialisten gefordert sind.

Seit der Revision der BVV2 Mitte 1996 sind die Vorsorgeeinrichtungen verpflichtet, die Ziele der Anlagestrategie, die Grundsätze, die Durchführung und die Überwachung nachvollziehbar, also schriftlich in einem Anlagereglement festzulegen. Unter Berücksichtigung der gesetzlichen Anlagevorschriften (insbesondere von Art. 53 und 54 BVV2 werden dabei vom Stiftungsrat, in der Regel unter ausdrücklicher Zustimmung durch die Arbeitgeberfirma, für den Geschäftsführer der Stiftung und für den Stiftungsrat selbst Anlagerichtlinien geschaffen. Darin werden die Aufgaben, Kompetenzen und Verantwortungen klar festgelegt. Es geht hauptsächlich um die Begrenzung des Risikos in den Vermögensanlagen. Innerhalb dieser Anlagerichtlinien (ähnlich dem Geschäftsreglement einer Aktiengesellschaft) kann der Geschäftsführer der Stiftung dann handeln.[670]

---

[669] Bruhin (1997), S. 165f.
[670] Helbling (2000), S. 516.

Das Anlage-Controlling ist wichtig, um festzustellen, ob und wie der Anlagestrategie nachgelebt wird. Dazu müssen messbare Anlageziele festgelegt werden. Sodann sollte ein klares Informationssystem mit einem Reporting an alle verantwortlichen Stellen aufgebaut sein. Das Controlling-Konzept muss vom Stiftungsrat erlassen werden und der Komplexität der Anlagepolitik entsprechen.[671]

4.2.1.2 Das Aussenverhältnis einzelner Vorsorgebeteiligten

Im Kern des Aussenverhältnisses der einzelnen Vorsorgeeinrichtungen steht die Beziehung zwischen Arbeitnehmer und Pensionskasse. Das Verhältnis wird hauptsächlich über den Vorsorgevertrag beschrieben und ist von der Existenz eines Arbeitsvertrages abhängig. Die Ausgestaltung dieses Vertrages erfolgt inhaltlich durch das Reglement der Vorsorgeeinrichtung.

Der ***Arbeitgeber,*** der obligatorisch zu versichernde Arbeitnehmer beschäftigt, muss eine in das Register für die berufliche Vorsorge eingetragene Vorsorgeeinrichtung errichten oder sich einer solchen anschliessen (Art. 11 Abs. 1 BVG). Dieses Verhältnis zwischen dem Arbeitgeber und der Vorsorgeeinrichtung wird über den Anschlussvertrag geregelt. Aus dieser Grundpflicht werden auch alle anderen Pflichten des Arbeitgebers abgeleitet, so die Beitragspflicht, die Pflicht zur Meldung von Mutationen und die übrigen im Reglement vorgesehenen Pflichten. Die periodische Berichterstattung an die kantonale Aufsichtsbehörde dient einerseits der Überwachung der Übereinstimmung des Reglements mit dem BVG und andererseits der Überprüfung der Geschäftstätigkeit und dem Treffen von Massnahmen zur Behebung von Mängeln.

BVG Art- 53 Abs. 1 fordert, dass die Vorsorgeeinrichtung „ eine ***Kontrollstelle*** für die jährliche Prüfung der Geschäftsführung des Rechnungswesens und der Vermögensanlage“ bestimmt. „Die Kontrollstelle hat dabei gemäss BVV2 Art. 35 Abs. 2 nur „die Rechtmässigkeit der Anlage des Vermögens“ zu prüfen und nicht deren Zweckmässigkeit. Der Stiftungsrat erhält einen Bericht über das Ergebnis der Prüfung, welcher zusammen mit dem jährlichen Rechnungsabschluss der Aufsichtsbehörde zuzustellen ist. Die Stellung der Kontrollstelle erfordert zwingend Unabhängigkeit. Einerseits gegenüber Personen, die für die Geschäftsführung oder Verwaltung der Personalvorsorgestiftung verantwortlich sind, andererseits gegenüber dem Arbeitgeber oder Stifter. Daher sind als Kontrollstelle v.a. Mitglieder von Treuhand- und Revisionskammern, Wirtschaftsprüfer sowie kantonale und eidgenössische Finanzkontrollstellen zugelassen.[672]

Ein ***anerkannte Experte*** für berufliche Vorsorge hat nach BVG Art. 53 Abs. 2 periodisch (i.d.R. alle drei Jahre) zu überprüfen, „a) ob die Vorsorgeeinrichtung jederzeit Sicherheit

[671] Helbling (2000), S. 517.

dafür bieten kann, dass sie ihre Verpflichtungen erfüllen kann" und „b) ob die reglementarischen versicherungstechnischen Bestimmungen über die Leistungen und die Finanzierung den gesetzlichen Vorschriften entsprechen". Wie die Kontrollstelle darf auch der Experte für die berufliche Vorsorge gegenüber verantwortlichen Personen der Pensionskasse nicht weisungsgebunden sein. Daher sind als Experten nur Inhaber eines eidgenössischen Diploms als Pensionsversicherungsexperte oder vom Bundesamt für Sozialversicherung anerkannte beruflich qualifizierte Personen wie Versicherungsmathematiker zugelassen.

Dem ***Sicherheitsfonds***, der im Auftrag des Bundesrates von den Spitzenverbänden der Arbeitnehmer und Arbeitgeber errichtet und von ihren Vertretern paritätisch verwaltet wird, übertrug man drei Aufgaben (Art. 56 BVG):

- Der Sicherheitsfonds richtet Zuschüsse an jene Versorgungseinrichtung aus, die eine ungünstige Altersstruktur aufweist.
- Der Sicherheitsfonds stellt die gesetzlichen Leistungen von zahlungsunfähigen Versorgungseinrichtungen sicher.
- Der Sicherheitsfonds übernimmt diejenigen Kosten, die der Auffangeinrichtung von Gesetzes wegen (Art. 72 und 12 BVG) erwachsen können und die nicht vom Arbeitgeber oder von Dritten übernommen werden können.

Die **Überprüfung der Vorsorgeeinrichtungen** ist auf verschiedene Instanzen aufgebaut.[673] Dabei definiert das BVG drei Ebenen: die eigenverantwortliche Überwachung (Controlling, Reporting), Kontrollinstanzen (Kontrollstelle bzw. Experte) sowie die hoheitliche Funktion der Aufsicht.[674] In erster Linie soll eine interne Kontrolle die rechtmässige Abwicklung aller Geschäfte sicherstellen. Dies sollte durch systematische Kontrollen, sinnvolle Arbeitsabläufe, klare Kompetenzregelungen, Funktionentrennung oder Einrichtung einer internen Revisionsstelle erfolgen. In einer zweiten Stufe muss eine externe unabhängige Kontrollstelle die Personalvorsorgeeinrichtung überwachen. Daneben agiert der von der Pensionskasse ernannte Experte für berufliche Vorsorge. Die oberste Ebene stellt die Aufsichtsbehörde (kantonale Behörde) dar. Diese stützt sich auf die Befunde der Kontrollstelle ab und macht selbst nur noch Stichproben.

---

[672] Winterhur-Columna, S. 14.
[673] Scherer (1996), S. 18f.
[674] Bruhin (1997), S. 173.

Abb. 66: Kontrollpyramide

Quelle: eigene Abbildung nach Scherer (1996), S. 19.

Das BVG äussert sich zu der vermögens- und der strafrechtlichen Verantwortlichkeit von Arbeitgeber, Stiftungsrat, Geschäftsführer, Kontrollstelle und Pensionskassenexperte. Falls diese Organe ihre Pflichten in grober Weise verletzten, entsteht eine strafrechtliche Verantwortlichkeit. Laut Art. 52 BVG sind alle mit der Verwaltung, Geschäftsführung oder Kontrolle der Vorsorgeeinrichtung betrauten Personen für den Schaden verantwortlich, den sie ihr absichtlich oder fahrlässig zufügen.[675] Ihre Pflichten ergeben sich aus Gesetz und Verordnungen (BVG und BVV2), aus der Stiftungsurkunde und den Reglementen, den Beschlüssen des Stiftungsrates sowie den Weisungen der Aufsichtsbehörde.[676]

4.2.1.3 Mögliche Einflussfaktoren interner Stakeholder

Wie in den vorherigen Abschnitten dargestellt, werden die Entscheidungs- und Kontrollstrukturen der Schweizer Pensionskassen primär durch gesetzliche Vorgaben bestimmt. Im Innenverhältnis ist der Stiftungsrat, der sich paritätisch aus Arbeitgeber- und Arbeitnehmervertretern zusammensetzt, das wichtigste Gremium. Ihm obliegt u.a. die Geschäftsführung sowie die Verwaltung des Vermögens. Falls eine Anlagekommission besteht, können einige Aufgaben der Vermögensverwaltung an diese übertragen werden. Grössere Vorsorgeeinrichtungen verfügen ausserdem über ein Anlagereglement. Ein Anlage-Controlling stellt die Einhaltung der Anlagestrategie sicher. Im Aussenverhältnis werden dem Arbeitgeber umfangreiche Pflichten übertragen. Die Überwachung der Pensionskassen ist auf verschiedene Instanzen aufgeteilt, anerkannte Experten, Kontrollstellen sowie kantonale Aufsichtsbehörden.

Die Entscheidung für oder gegen SRI wird von den drei internen Gruppen, den Vertretern des Arbeitgebers, der Arbeitnehmer sowie des Stiftungsrates bzw. einer Anlagekommis-

---

[675] Amman (1990), S. 76. (Die Strafbestimmungen werden in den Artikeln 75-79 geregelt)
[676] ATAG Libera AG (2001), S. 3.

sion getroffen, wobei sie sich an den Vorgaben der externen Kontrollinstanzen orientieren müssen. Die genannten internen Anspruchsgruppen verfügen i.d.R. über divergierende Interessen und können daher aus unterschiedlichen Motiven ein Engagement in SRI befürworten bzw. ablehnen. Unabhängig von ihrer Perspektive muss sich ihre Anlageentscheidung an den Vorgaben orientieren, mit dem vorhandenen Kapital eine möglichst hohe Rendite bei möglichst geringem Risiko zu erwirtschaften. Denn laut Gesetz hat eine Vorsorge- und Versicherungseinrichtung grundsätzlich ihr Vermögen so anzulegen, dass daraus für die Versicherten und Begünstigten der grösste Nutzen entsteht. Art. 71 BVG definiert: „Die Vorsorgeeinrichtungen verwalten ihr Vermögen so, dass Sicherheit und genügender Ertrag der Anlagen, eine angemessene Verteilung der Risiken sowie die Deckung des voraussehbaren Bedarfs an flüssigen Mitteln gewährleistet sind."

Die Entscheidungsträger werden folglich dann soziale und ökologische Anlagen auswählen, wenn sie zu der Überzeugung gelangen, hierdurch ihre Ziele besser erreichen zu können, als durch andere Anlageformen. Darüber hinaus liegt es nahe, dass die Vertreter der Arbeitnehmer und der Arbeitgeber sich für die spezifischen Anliegen ihrer Interessengruppe einsetzen. Die Position und mögliche Rolle von Mitarbeitern bzw. der Sponsoring-Institution werden im Kapitel der externen Anspruchsgruppen innerhalb des Lenkungssystems Markt behandelt.

Im Vergleich zu den externen Stakeholdern gibt es sehr wenig Literatur zur Rolle der internen Entscheidungsträger im Hinblick auf SRI. Die einzige verfügbare Quelle bezieht sich auf die Verwalter von Pensionskassen. Die britische Initiative Just Pensions und der Trades Union Congress (TUC)[677] haben im September 2002 eine Umfrage unter Pensionskassenverwaltern (MNTs) zum Thema der sozialen und ökologischen Leistung von Unternehmen durchgeführt.[678] Dabei wurden sowohl die Meinungen sowie die Verhaltensweisen ihrer Pensionskassen erfasst. Etwa 20 Prozent der Antwortenden denken, dass ein effektives Umweltmanagement langfristig einen substanziell positiven finanziellen Einfluss haben werde.[679] Bei der Auswertung war allerdings klar zu erkennen, dass Verwalter von grossen Pensionskassen (grösser als GBP 5 Mrd.) sowie Vertreter mit Anlageausbildung eher von einem stärkeren Einfluss überzeugt waren. Die Mehrheit glaubt, dass Aktivitäten durch Pensionskassen einen Beitrag leisten, in entscheidenden oder einigen Verbesserungen der Art und Weise der Unternehmen, ihre sozialen und ökologischen Belastung und Risiken zu managen. Momentan ist jedoch nur ein Zehntel der Verwalter davon überzeugt, dass Unternehmen genügend Transparenz über

---

[677] www.justpensions.org (Just Pensions ist eine Initiative des UK Social Investment Forum (UKSIF), die SRI durch Pensionskassen unterstützt und TUC ist ein Dachverband, der mehr als 70 Gewerkschaften mit knapp sieben Millionen britischen Arbeitnehmern vertritt.)

[678] Die Umfrage wurde unter 600 „member-nominated trustees" (Pensionskassenverwaltern, die von Mitgliedern gewählt wurden) durchgeführt, wobei 101 Antworten ausgewertet werden konnten. Just Pensions (2003), S. 7.

[679] Just Pensions (2003), S. 6.

die sozialen und ökologischen Themen bieten, um eine entsprechende Analyse während des Anlageprozesses durchzuführen.[680]

Inwieweit die Arbeitgeber- bzw. Arbeitnehmervertreter Stellung zum Thema beziehen, bzw. Entscheidungsprozesse im Stiftungsrat ablaufen, ist aus der Literatur nicht ersichtlich. Lediglich Oesch hat empirische Anhaltspunkte gewonnen: nach seiner Umfrage ist eine gut funktionierende paritätische Verwaltung eine wichtige Voraussetzung für die Berücksichtigung nachhaltiger Kriterien.[681] Daher wird die empirische Analyse einen wichtigen Beitrag zur Diskussion leisten können.

4.2.2 Die externen Lenkungssysteme der Pensionskassen

Die folgenden Ausführungen nehmen Bezug auf die drei externen Lenkungssysteme Markt, Politik und Gesellschaft, wie sie Dyllick eingeteilt hat. Die Politik wird primär durch gesetzgeberische Massnahmen geprägt. Wie nachher im Detail dargestellt, wurden in verschiedenen Ländern Regelungen hinsichtlich Pensionskassen und SRI eingeführt. Im Lenkungssystem Markt sind verschiedene Gruppen relevant: Anbieter von Geldanlagen (sowohl SRI wie auch konventionell), Consultants, die bei der Vermögensverwaltung von Pensionskassen sowie der Vergabe von Mandaten eine zunehmende Rolle spielen sowie Versicherte, die als Mitglieder bzw. Kunden der Pensionskassen relevant sind. Ausserdem übt die Sponsoring-Institution einen gewissen Einfluss auf die Pensionskasse hinsichtlich ihres Anlageverhaltens und öffentlichen Auftritts als Anleger aus. Mit dem Lenkungssystem Gesellschaft werden NGO's und Medien zusammengefasst, die durch Information bzw. Mobilisierung öffentlichen Drucks Pensionskassen in einer Entscheidung beeinflussen.

4.2.2.1 Lenkungssystem Politik

Die ***Politik bzw. der Gesetzgeber*** versucht in den letzten Jahren zunehmend, durch eine Veränderung der Rahmenbedingungen Druck auf die Pensionskassen auszuüben. Mit verschiedenen gesetzlichen Regelungen hinsichtlich der Pflicht zur Offenlegung ökologischer, sozialer und ethischer Kriterien wird eine konkrete Einflussnahme auf das Anlageverhalten von Pensionskassen angestrebt. Pensionskassen werden in dieser Hinsicht als strukturpolitischer Akteur gesehen, mit Hilfe dessen über den Finanzmarkt der ökologische Strukturwandel vorangetrieben werden kann. Ihr Machtpotential ist offensichtlich, da sie als institutionelle Investoren, nicht zuletzt aufgrund der gesetzlichen Regulierung, sehr grosse Geldsummen verwalten und daher einen der mächtigsten Akteure auf den Anlage-

---

[680] Die Erhebung umfasste auch Fragen zur Corporate Governance. Dabei zeigte sich, dass die Verwalter schon weitgehend davon überzeugt sind, dass es einen klaren finanziellen Beweis für gute Governance gebe. Über die Hälfte der MNTs glauben, dass eine gute Corporate Governance einen substanziell positiven Einfluss auf den Marktwert der FTSE 100 Unternehmen innerhalb der nächsten fünf bis zehn Jahre ausüben werde.

[681] Oesch (2000), S. 55.

märkten darstellen. Diese Anlagemacht kann sowohl durch die Anlageentscheidung als solche wie auch durch eine direkte Einflussnahme auf Unternehmen einen ökologischen und sozialen Strukturwandel fördern. Durch ihr Engagement in SRI könnten sie im Zeitalter der Globalisierung über die Kräfte des Finanzmarktes einen Beitrag dazu leisten, dass Unternehmen Anreize erhalten, ihre soziale und ökologische Leistung zu verbessern. Damit könnten existenzielle globale Probleme wie die Klimaveränderung sowie ein soziale Ungleichgewichte (sei es durch ausbeuterische Kinderarbeit, unfaire Mitarbeiter- oder Lieferantenbeziehungen) nicht durch Gesetzesauflagen, sondern durch Marktkräfte besser reguliert werden. [682]

Gesetzliche Regelungen orientieren sich an der Vorschrift für britische Pensionskassen, ihre ethischen Anlagekriterien offenzulegen. Andere, primär europäische Länder haben ähnliche Gesetze eingebracht, wie z.B. Belgien (2002), Frankreich und Deutschland (beide in 2001). Der Wortlaut ist fast identisch, wobei der Fokus und die Art der Veröffentlichung unterschiedlich ist: immer betrifft es die zweite Säule, in manchen Fällen auch die erste und die dritte Säule. Nachfolgend werden die wichtigsten politischen Vorgaben in den Ländern Westeuropas dargestellt.

(1) RECHTLICHER RAHMEN IN GROSSBRITANNIEN

Die Veröffenlichtungspflicht in UK wurde am 1. 7. 1999 vom britischen Parlament verabschiedet und trat am 3. Juli 2000 als *UK Pension SRI Disclosure Regulation* in Kraft. Sie verpflichtet die Verwalter von betrieblichen Pensionsfonds in ihrem „Statement of Investment Principles" folgende Angaben zu veröffentlichen:[683]

- the extent (if at all) to which social, environmental and ethical considerations are taken into account in their investment strategies
- the policy (if any) directing the exercise of the rights (including voting rights) attached to investments

Somit sind die PK-Verwalter verpflichtet, in jährlichen Berichten Auskunft über die Berücksichtigung ethischer und ökologischer Aspekte in der Anlagepolitik zu geben. Allerdings ist weder die Ausgestaltung der Stellungnahmen festgelegt[684], noch wird es zur Pflicht gemacht, überhaupt ethisch-ökologische Aspekte in der Anlagepolitik zu berücksichtigen.

---

[682] Vgl. Bals, Christoph; Milke, Klaus (2000): Schlafende Hunde wecken! Zukunftsfähige Innovationen mit der privaten Säule der Altersvorsorge. In: Aktie Grün (2000), S. 81ff.

[683] Die folgende Formulierung bezieht sich auf betriebliche Pensionsfonds und stellt eine Ergänzung zum 1995er Pensionsgesetz dar. Identische Anforderungen werden in der Neuregulierung auch für behördliche Pensionsfonds und Stakeholder Pensions aufgestellt. Siehe Loew/ Riemer (2002), S. 17.

[684] Vgl Kahlenborn/ Klumb (2000), S.273.

Das Ziel der britischen Regierung[685] bestand nicht in der Verpflichtung zur Integration von SRI-Kriterien, sondern in einer erhöhten Transparenz in diesem Bereich, indem ein sozialer bzw. ökonomischer Nutzen gesehen wird: „...we see social investment as so important for strengthening community life and revitalising local communities. ...Social Investment can build on our new platform of economic stability."[686] Diese Aussagen drücken die Hoffnung aus, dass mit Hilfe des Gesetzes eine eigenständige Dynamik hin zu SRI bewirkt wird. Wenn das Interesse von den Versicherten und Pensionsfonds angeregt werden kann, wird die Zahl der Fonds und der Druck seitens der Aktionäre wachsen, was den Druck auf Unternehmen erhöhen könnte, eine bessere soziale und ökologische Leistung zu erzielen. Aufgrund dieser Argumentation kann die Initiative als Teil der nationalen Umweltpolitik verstanden werden. Darüber hinaus kann durch ein stärkeres Bewusstsein der Bevölkerung für ethisch-ökologisches Investment öffentlicher Druck auf die Pensionsfonds ausgeübt werden, sodass sich eine ökologische Anlagepolitik als Wettbewerbsvorteil auszahlen könnte.[687]

Auf Basis der Pensionskassenregelung wird in UK diskutiert, eine ähnliche Regelung auch für Charities einzuführen. Der Vorschlag des UK Cabinet Office beinhaltet, Charities mit einem jährlichen Einkommen von mehr als einer Million britischer Pfund zu verpflichten, analog zu Pensionskassen ihre Haltung zu ethischen Anlagekriterien darzustellen.[688]

(2) RECHTLICHER RAHMEN IN DEUTSCHLAND

Mit der 2002 eingeführten Rentenreform in Deutschland wurden nicht nur finanzielle Anreize für betriebliche Pensionslösungen und individuelle Sparpläne (Riester-Rente) eingeführt, sondern auch eine ökologisch-ethische Berichtspflicht integriert. Der Aussage des Bundesumweltministers Trittin zufolge kann durch eine Integration der sogenannten „Nachhaltigkeits-Berichtspflicht" in das Altersvorsorgegesetz ein Impuls zu mehr Nachhaltigkeit und Transparenz bei der Anlage von Kapital, insbesondere bei der Verwendung

---

[685] "The private sector has a key role in making globalisation work better for poor people. In recent years, there has been growing public interest in corporate social responsibility. This has brought issues such as child labour, corruption, human rights, labour standards, environmental and conflict into trade, investment and supply chain relationships. By applying best practice in these areas, business can play an increased role in poverty reduction and sustainable development. Many companies have also realised important commercial benefits, in terms of reputation, risk management and enhanced productivity. Greater business engagement can be encouraged by improving understanding and raising awareness of the potential benefits for business from socially responsible behaviour. British Government Position on CSR", in: Making Globalisation work for the poor, White Paper, December 2000.

[686] Stephen Timms MP, Financial Secretary to the Treasury. UKSIF Millenium Annual Lecture, November 2000. Siehe www.uksif.org (Zugriff vom 15. 12. 2000)

[687] Vgl. u.a. Denham (1998): Building a better world, speech, in www.uksif.org

[688] Cerulli (2002), S. 12. (The Cabinet Office's suggestion, amongst others, is contained in *Private Action, Public Benefit: A Review of Charities and the Wider Not-For-Profit Sector*, a consultation paper for which responses are sought by December 31, 2002).

der eingezahlten Rentenbeiträge gesetzt werden: „Diese Regelung bietet die grosse Chance, ohne zusätzliche staatliche Eingriffe eine stärkere Ausrichtung der Wirtschaft auf nachhaltige Entwicklung und Modernisierung in allen Branchen voranzubringen. Es werden nicht nur der Umweltsektor, sondern auch alle die Unternehmen profitieren, die in ihrer Branche die beste Umweltperformance aufweisen. Zugleich wird damit den Wünschen der Bevölkerung nach mehr Transparenz entsprochen.“[689] Vielmehr noch bedeutet die ökologisch-ethische Berichtspflicht, dass neben anderen Wirtschaftszweigen, die sich schon seit längerem mit der Bewältigung ökologischer Probleme konfrontiert sehen, nun auch der Finanzdienstleistungssektor direkt betroffen ist. [690]

Die Regelungen der Riester-Rente sehen eine Nachhaltigkeits-Berichtspflicht sowohl für die private wie auch die betriebliche Altersvorsorge vor.[691] Gemäss Art. 7 § 1 Ziffer 9 Altersvorsorgeverträge-Zertifizierungsgesetzes (AltZertG) sind demnach Anbieter von privaten Altersvorsorgeprodukten dazu verpflichtet, den Vertragspartner jährlich schriftlich über die Verwendung der eingezahlten Altersvorsorgebeiträge zu informieren; der Anbieter muss auch darüber schriftlich informieren, ob und wie er ethische, soziale und ökologische Belange bei der Verwendung der eingezahlten Beträge berücksichtigt.[692] Ein ähnlicher Passus wurde auch dem Gesetz zur betrieblichen Altersvorsorge beigefügt.[693] Die gesetzlichen Formulierungen lassen einige Spielräume zu. So ist unverkennbar, dass es sich lediglich um eine Berichtspflicht und nicht um eine Handlungsanweisung handelt, nach der die Anbieter ausschliesslich nachhaltige Altersvorsorgeprodukte auflegen müssen. Zudem gehört die ökologisch-ethische Berichtspflicht nicht zu den vorvertraglichen Informationspflichten des Anbieters, die in Art. 7 §7 Satz 1 und 2 AltZertG geregelt sind.[694] Wie in Abschnitt 3.2.2 bei der Umsetzung der Regelung deutlich wird, ist die Berichtspflicht sehr vorsichtig formuliert: Anbieter können sich aus der Affäre ziehen, wenn sie zu Beginn ein einziges Mal berichten, dass sie nachhaltige Kriterien nicht

---

[689] Trittin (2001)

[690] Meyer (2002), S. 15f.

[691] Meyer (2002), S. 17f.

[692] AltZertG, Art 7§ 1 Ziffer 9.

[693] Gemäss Art. 9 AvmG (Änderung des Versicherungsaufsichtsgesetzes) wird §115 VAG wie folgt geändert bzw. folgendes wird angefügt: „(4) Der Pensionsfonds muss die Versorgungsberechtigten schriftlich darüber informieren, ob und wie er ethische, soziale und ökologische Belange bei der Verwendung der eingezahlten Beiträge berücksichtigt.“ (AvmG, Art. 9 und Art. 10 §115 Ziffer 4).
Die Regelung bezieht sich ausschliesslich auf Pensionsfonds als einen der Durchführungswege der betrieblichen Altersvorsorge. Angesichts der Tatsache, dass bis Ende März 2003 nur 21 Pensionsfonds zugelassen wurden, wird die eingeschränkte Wirkungsmöglichkeit dieser Regelung deutlich.
Allerdings führen Kahlenborn/Klumb an, dass bei fünf Pensionsfonds vorgesehen ist, soziale, ethische und/ oder ökologische Kriterien zu berücksichtigen. Siehe Kahlenborn/ Klumb (2003) S. 63.

[694] Bei den vorvertraglichen Informationspflichten handelt es sich z.B. um die Höhe und zeitliche Verteilung der vom Vertragspartner zu tragenden Abschluss- und Vertriebskosten, Verwaltungskosten, ect. Ein Verstoss gegen diese Informationspflichten ermöglicht dem Vertragspartner gem. Art. 7 §7 Satz 3 AltZertG die vorzeitige Kündigung des Vertrages.

berücksichtigen. Dies erfolgt im Gegensatz zu Grossbritannien, wo eine jährliche Berichterstattung gilt.[695] Damit ist abzusehen, dass sie als Mittel zur Verbrauchersensibilisierung ihre Schlagkraft stark einbüsst.

(3) RECHTLICHER RAHMEN IN DER SCHWEIZ

Bislang sind keine spezifischen Regelungen zu SRI in der Schweiz eingeführt worden, wobei erste Initiativen vorhanden sind. Im Rahmen der Diskussion über die Ausübung der Stimmrechte[696] wurde auch das Thema der Nachhaltigkeit bei der Vorsorge im politischen Rahmen diskutiert. Ein Minderheitsantrag der SP-Nationalrätin Christiane Goll wollte die Berichterstattung über soziale und ökologische Kriterien in die 1.-BVG-Revision einschliessen. Denkbar wären zum Beispiel:

- Angaben bei den Wertschriften zu ethischen Kriterien
- Vorzugskredite bei Hypotheken zu Vorzugskrediten für umweltverträglichere Bauten
- Ökologische Anforderungen beim Bau bzw. Erwerb von Liegenschaften.

Der Gesetzgeber sieht bisher solche Angaben nicht vor. Weder das Parlament noch der Bundesrat hat soziale oder ökologischen Kriterien für die Stimmausübung erlassen, da die damit verbundenen Schwierigkeiten als zu gross erachtet wurden. In der Schweiz wurde nicht einmal die Berichterstattung für nötig erachtet. [697]

(4) RECHTLICHER RAHMEN IN EUROPA

Auf europäischer Ebene gibt es bisher keine gesetzliche Regelung zu Socially Responsible Investments. Jedoch gibt es verschiedene Ansätze, diesen Bereich zu fördern:

Das Green Paper der EU[698] erklärt: „... die Kommission fordert betriebliche Pensionskassen und Retail-Fonds zu einer Aussage auf, ob und wie sie soziale, ökologische und ethische Faktoren in ihren Anlageentscheiden berücksichtigen. Die Deklarationspflicht in Grossbritannien für Pensionskassen hat ähnliche Regelungen in anderen Ländern Europas und Australien hervorgebracht. Daher werden institutionelle Investoren, v.a. Pensionskassen in nächster Zeit erkennen, dass soziale und ökologische Aspekte gleichzeitig Governance-Aspekte sind, die auf Beziehungen zu Stakeholdern (im weitesten Sinne der Gesellschaft) neben den Aktionären zutreffen und daher mit der selben Ernsthaftigkeit verfolgt werden sollten wie Themen, die die Aktionäre direkt betreffen."[699]

---

695 Hauser (2002), S. 18f.
696 Art 49 a, Abs. 2, BVV2 (siehe folgender Abschnitt)
697 Hauser (2002), S. 9f.
698 EU Greenpaper on promoting a European framework for SRI.
699 Cerulli (2002), S. 2f.

Auch die finanzielle Förderung des European Sustainable and Responsible Investment Forum (Eurosif)[700] zeigt eine Unterstützung für SRI. Eurosif ist ein Zusammenschluss von institutionellen Investoren sowie NGOs mit dem Ziel, soziale, ökologische und ethische Aspekte in europäische Finanzdienstleistungen zu integrieren und gleichzeitig ein Netzwerk von Stakeholdern zu bilden, um gute Ansätze im SRI-Kontext zu verbreiten. Das im Jahr 2001 gegründete Eurosif hat u.a. eine Initiative gestartet, eine Deklarationspflicht in den Entwurf der europäischen Pensionsrichtlinie[701] zu integrieren. Mit Unterstützung der EU hat Eurosif ausserdem die Aufgabe übernommen, europäische Transparenzrichtlinien für SRI-Retailfonds zu erarbeiten.

Wie bereits erwähnt, hat die in UK eingeführte Deklarationspflicht auch in anderen europäischen Ländern als Vorbild für ähnliche Regelungen gedient, wie im Anschluss kurz erläutert wird.

In ***Schweden*** wurde dem „AP-fonder“ [702], der einen Teil des obligatorischen, einkommensabhängigen Umlageverfahrens darstellt, die Pflicht auferlegt, nachhaltige und ökologische Aspekte zu integrieren, solange dies keine negativen Auswirkungen auf das Risiko oder die Rendite habe.[703]

In ***Belgien*** wurde 2002 das "Vandebroucke law" eingeführt, mit dem Pensionskassen in einem jährlichen Bericht darlegen müssen, ob und wie ethische, soziale und ökologische Kriterien in ihrer langfristigen Anlagepolitik berücksichtigt werden. Diese Berichte sollen für die jeweiligen Versicherten, die Mitarbeiter, ihre Gewerkschaften und den Arbeitgeber öffentlich zugänglich sein. Auch die öffentlichen Vorsorgeeinrichtungen sollen verstärkt Umwelt- und Sozialkriterien anwenden.[704]

In ***Frankreich*** wurden verschiedene Deklarationspflichten eingeführt, sowohl auf Unternehmens- wie auf Investorenebene. Aufbauend auf der Sozialberichterstattung werden französische Unternehmen künftig zu einer Umweltberichterstattung verpflichtet. Alle börsenkotierten Unternehmen müssen Angaben zu ihren ökologischen und sozialen Auswirkungen in ihrem Jahresbericht integrieren. Im Februar 2001 wurde durch das „Lois Epargne Salariale“ eine Verallgemeinerung des Rentensparplans der Mitarbeiter gefördert und gleichzeitig ein Zusatzartikel eingeführt: Portfoliomanager können soziale, ökologische und ethische Aspekte berücksichtigen. Zusätzlich stellt das Gesetz zum französischen Pension Reserve Fund klar, dass der Fonds jährlich seinem Treuhänder-Gremium

---

700 www.eurosif.org

701 Directive for Institutions for Occupational Retirement Provision (IORP Directive).

702 Die AP-Fonds dient als Puffer zwischen Einkünften aus Beiträgen und Rentenbeiträgen. Der Sjunde AP-Fonds (AP7) ist einer der Manager, der innerhalb des komplett angelegten Teil des Systems gewählt werden kann.

703 Cerulli (2002), S. 12f.

704 Doebeli (2003).

berichten muss, wie er soziale, ökologische und ethische Gesichtspunkte einbezogen hat. Die Neuregelungen beinhalten auch eine starke Einbeziehung von Gewerkschaften in den Prozess. Gewerkschaften bilden ein Komitee für Pensionskassen und Nachhaltigkeit. Dieses Komitee legt verbindliche Richtlinien für die Berücksichtigung von Umwelt- und Sozialkriterien fest.[705]

Während in Europa die Regulierung von Rentenprodukten vorherrscht, wurde in **Australien** eine weitergehende Regelung eingeführt. Ab März 2003 müssen aufgrund des „Financial Services Reform Act" alle Produkte von Finanzdienstleistern sogenannte „Product Disclosure Statements (PDSs) mit einer Beschreibung abgeben: „... of the extend, to which labour standards or environmental, social or ethical considerations are taken into account."[706]

(5) EXKURS: RECHTLICHE ZULÄSSIGKEIT VON SRI-KRITERIEN

Im Vorfeld der Einführung der gesetzlichen Regelungen zu SRI (Deklarationspflichten) wurde auch die Frage diskutiert, ob die Treuhänder überhaupt gesetzlich dazu befugt sind, auch nicht-finanzielle Kriterien zu berücksichtigen. Ihr gesetzlicher Rahmen beinhaltet strenge Regeln für die Verwalter, die Gelder nach Sorgfalt zu investieren und die Interessen der Versicherten zu berücksichtigen. Dies bedeutet grundsätzlich eine angemessene bzw. in manchen Fällen rechtlich vorgeschriebene Mindestrendite zu erwirtschaften.[707] In den USA wurde die Debatte teilweise kontrovers geführt unter dem Einfluss von unterdurchschnittlichen Renditen aus „Economically targeted investments (ETI)."[708] Private US-Pensionskassen werden durch das Gesetz ERISA[709] reguliert, die Vorsichtsregeln und die Priorität der ausschliesslichen Interessen der Versicherten in den Vordergund stellt. Einige Autoren[710] sehen einen Konflikt, dass sich die nichtfinanziellen Kriterien von SRI primär bzw. ausschliesslich auf persönliche Interessen einer ideologischen oder politischen Ebene beziehen, andere wie Leibig sehen keine Bedenken. Einige Bundesstaaten schreiben sogar eine SRI-Strategie vor: Kalifornien verfügt, dass die Pensionskasse „soweit wie angemessen möglich das Geschäftsklima innerhalb des Bundesstaates fördern

---

705 Siehe www.eurosif.org

706 Siehe: www.asic.gov.au/asic/asic.nsf (Zugriff vom 20. 3. 2003), siehe auch Kapitel SRI.

707 Sturm/ Badde (2001), p. 22.

708 Diese „volkswirtschaftlich sinnvollen Investitionen" können neben der Förderung des Wohneigentums auch Infrastukturaufgaben und die Schaffung von Arbeitsplätzen umfassen. Nussbaum zitiert Untersuchungen bei öffentlichen amerikanischen Vorsorgeeinrichtungen, dass solche mit ETI 2-5% weniger Erträge erwirtschaften als jene ohne ETI. Siehe Nussbaum (1999), S. 288.

709 Employee Retirement Income Security Act of 1974 by the U.S. Dept. of Labor

710 Vieira (1983), p. 69.

und ausbauen soll, solange dieses Ziel mit einer vernünftigen Anlagestrategie vereinbar sei.“[711]

Andere sehen die Gefahr, dass Pensionskassen durch den Engagement-Prozess in den Besitz von Insiderinformationen und damit in Interessenkonflikte geraten. Damit stellt sich die Frage, inwie weit sie diese Angaben für eigene Anlageentscheide überhaupt einsetzen dürfen.

Der britische Leitfaden “Just Pensions” für Treuhänder und Pensionskassenmanager fasst die Frage nach der Gesetzmässigkeit folgendermassen zusammen:[712] „Verwalter sind nicht befugt, ihre eigenen Werte über Handlungen im Interessen der Versicherten zu stellen. Ausserdem dürfen sie keine Anlagestrategien verfolgen, von denen sie wissen, dass sie einen finanziellen Nachteil für die Versicherten haben und diese keine Wahlmöglichkeit besitzen. Auf der anderen Seite dürfen sie SRI-Kriterien berücksichtigen, um die finanziellen Erträge zu erhöhen und nicht-finanzielle Ziele zu fördern.“ In dem Bericht wird Newbold zitiert, der eine Kommission der National Association of Pension Funds leitete, dass Treuhänder sogar Gefahr laufen, ein rechtliches Risiko einzugehen, wenn sie soziale Themen nicht berücksichtigen.[713] Die Einführung der Deklarationspflicht hinsichtlich SRI-Kriterien in Grossbritannien zeigt letztlich, dass deren Berücksichtigung keine grundsätzlichen rechtlichen Probleme aufweist.

4.2.2.2 Lenkungssystem Markt

Das Lenkungssystem Markt besteht aus Anspruchsgruppen mit einem direkten ökonomischen Interesse an der Pensionskasse, wobei sowohl interne wie auch externe Gruppen erfasst sind: Als externe Anspruchsgruppen sind Anlageberater und Anbieter von Geldanlagen von Bedeutung. Direkt betroffen von der Pensionskasse sind die Mitarbeiter als künftige Rentenbezieher und Beitragszahler sowie die Sponsoring-Institution als Quasi-Träger der Pensionskasse sowie als verantwortliche Beitragszahlerin.

(1) FINANZDIENSTLEISTER

Das Lenkungssystem Markt beinhaltet in erster Linie *Anlageberater und Anbieter von SRI*. Diese können zwar keinen direkten Einfluss auf die Investitionsentscheidung von Pensionskassen ausüben. Sie können mit ihrem Wissen und durch ihre Strukturationsleistung jedoch entscheidend dazu beitragen, dass der Markt und die Investitionsalternati-

---

[711] see Leibig (1980), p. 18.

[712] Green (2001), p. 7. (only part of arguments quoted)

[713] “The requirement to state in the SIP the extend to which social, environmental or ethical consideration are taken into account in investment decisions means that for all but the smallest trust funds a position of having no such policy would or could be called into question as being unsound in the climate of today’s heightened awareness of the influence of such issues on corporate reputation and value.” (Statement by Yve Newbold, April 2001)

ven von SRI für Pensionskassen transparenter werden und damit deren Entscheidungssicherheit zunimmt. Dabei können folgende eigenen Interessen verfolgt werden: *Anbieter nachhaltiger Geldanlagen* sehen in Pensionskassen einen potentiell sehr attraktiven Investor für derartige Produkte. Sie stellen daher die Vorteile eines ökologischen effizienten und sozial verantwortlichen Wirtschaftens in den Mittelpunkt ihrer Argumentation. Sie werben damit, dass entsprechend fortschrittliche Unternehmen einen Wettbewerbsvorteil am Markt erhalten, indem sie ihre Prozesse effizienter organisieren, attraktive Produkte anbieten sowie bereits auf Veränderungen der Gesetzgebung (durch eine Internalisierung externer Kosten) oder steigende Erwartungen in der Gesellschaft vorbereitet sind. Von diesen Vorteilen könnten Anleger profitieren, wobei besonders eine langfristige Anlageperspektive von Vorteil ist, um von der Zukunftsorientierung der Unternehmen zu profitieren. Daher wären besonders Pensionskassen sehr geeignet, sich diesen finanziellen Zusatznutzen zu erschliessen. Dies bringt Anbietern Vorteile, die als Spezialist ausschliesslich SRI anbieten oder höhere Gebühren durch entsprechende Dienstleistungen erzielen. Ein weiterer Vorteil besteht in einer intensiven Kundenbindung.

(2) CONSULTANTS

In diesem Kontext werden nicht allgemeine Strategieberater, sondern auf Pensionskassen spezialisierte Institute betrachtet. Diese bieten üblicherweise Dienstleistungen im Bereich Strategieberatung, Organisationsberatung und der Managerauswahl an.[714] Die Anlagestrategie wird im Hinblick auf die zu erreichenden Finanzierungsziele wie beispielsweise die Erfüllung des Vorsorgezweckes anhand der aktuellen Reservesituation und der Risikofähigkeit definiert. Im Rahmen der Organisationsberatung werden die Kunden beim Entwurf des Anlagereglements sowie bei der Gestaltung von Kompetenzregelungen und des Informationsflusses innerhalb der Institution unterstützt. Aufbauend auf den Entscheidungen hinsichtlich der Anlagestrategie und Organisation werden Anforderungen definiert, welche die zukünftigen Asset Manager zu erfüllen haben. Dabei werden sowohl qualitative Kriterien wie die Philosophie und der Management-Approach wie auch quantitative Kriterien wie die Performance des Managers zur Evaluation angewendet.

Im Hinblick auf die Entscheidung zu SRI kann der Consultant auf den verschiedenen Ebenen tätig werden. Auf strategischer Ebene kann definiert werden, ob neben den finanziellen Zielen wie Risiko und Rendite auch soziale und ökologische Kriterien beachtet werden. Bei der Erstellung des Anlagereglementes kann schriftlich fixiert werden, ob und in welcher Form solche Kriterien beachtet werden sollen. Für die Auswahl des Managers

[714] Die Ausführungen wurden auf der Grundlage der Selbstdarstellung von Complementa erarbeitet. (Zugriff unter: http://www.complementa.ch/dt/services/consulting.asp vom 8. 3. 2004)

können auch Fragen integriert werden, ob SRI-Kriterien bei der Finanzanalyse bzw. beim Portfoliomanagement berücksichtigt werden. Angesichts der hohen Bedeutung der Consultants für Pensionskassen können sie die Entscheidung zu SRI sowohl explizit wie auch unterschwellig sehr stark beeinflussen. In der Literatur ist zu ihrem Verhältnis zum Thema nichts zu finden. Daher kommt der empirischen Befragung eine besondere Rolle zu.

(3) SPONSORING-INSTITUTION

Je nach gesetzlichen Rahmenbedingungen kann die ***Sponsoring-Institution*** einen eher internen oder externen Charakter besitzen. Während Schweizer Pensionskassen eine rechtliche Unabhängigkeit von der Unternehmung oder öffentlichen Körperschaft besitzen[715], sind Pensionskassen in anderen Ländern stärker mit dem Vermögen des Unternehmens verbunden. Auch bei einer offiziellen Trennung bleibt eine gemeinsame Identität erhalten, sei es durch eine Besetzung der Entscheidungsgremien durch Arbeitnehmervertreter oder die externe Wahrnehmung. Die Pensionskasse eines grossen Unternehmens gerät in Interessenskonflikte, wenn sie öffentliche Kritik an einem Kunden des „Mutter-Unternehmens“ ausübt. Dies kann beispielsweise die Frage der aktiven Wahrnehmung von Stimmrechten beeinflussen.[716]

Einschränkungen bestehen sowohl für öffentliche wie auch private Pensionskassen, Fondsgesellschaften sowie Versicherungen. Grundsätzlich kann man „voice“ und aktives Einspruchsverhalten tendenziell nur von unabhängigen Investoren (z.B. Fondsgesellschaften) erwarten. Die folgenden Ausführungen illustrieren die Abhängigkeit der jeweiligen Investoren:

Private Pensionskassen sind trotz einer mitunter vorliegenden rechtlichen Unabhängigkeit zum Sponsoring-Unternehmen mit diesem finanziell verbunden, sei es über die Beitragszahlungen des Arbeitgebers oder die Wahrnehmung im Markt. “Private fund officials often talk about their accountability to the sponsoring corporation’s bottom line, or at least to the sponsor’s corporate notion of successful management.”[717] Ein öffentliches Auftreten der Pensionskasse mit einer Konfrontation gegenüber bestehenden oder potenziellen Kunden, Lieferanten oder Konkurrenten wird unweigerlich mit dem Unternehmen

---

[715] Zwar sind in der Schweiz die Pensionskassen juristisch eigenständige Gebilde, die nichts mit der Gesellschaft zu tun haben, doch sprechen die Erfahrungen der letzten Zeit, dass sie in ökonomischer Hinsicht nicht unabhängig sind. Bei finanziellen Engpässen müssen ihnen in erster Linie die Arbeitgeber unter die Arme greifen. So hat Swiss Re 2002 CHF 106 Mio. in die Kassen eingeschossen, während Roche sogar CHF 530 Mio. einbezahlt hat. Siehe Fassbind/ Schaffner (2003), S. 7.

[716] Diese Interessenkonflikte werden in der Corporate Governance-Literatur thematisiert, z.B. durch Stapledon (1996), S. 34; Short/ Keasey (1997), S. 28ff., Monks (2001a), S. 93.

[717] Zitat aus dem Buch von Barr und Conley: Fortune and Folly, in: Monks/ Minow (2001), S. 117.

direkt in Verbindung gebracht, was sich negativ für alle Betroffenen auswirken kann.[718] Dieser Effekt verstärkt sich in Ländern wie der Schweiz, die einen kleinen, gut integrierten Markt darstellt, wo sich die Akteure gut kennen und häufig durch gleiche Interessen verbunden sind und damit eine gewisse Zurückhaltung und Diskretion bevorzugen.

Öffentliche Pensionskassen sind von solchen kommerziellen Interessen in direkter Weise weniger betroffen. Daher werden sie auch als aktivere Aktionäre wahrgenommen. Dafür werden sie von anderen Prioritäten gesteuert: "public pension funds may be free of some of the particular types of conflicts which afflict private funds, but they are subject to many other, mostly political, which make activism on their part of dubious value."[719] Sie haben zwar weniger kommerzielle Ziele zu beachten, werden dafür von einer politischen Agenda geleitet. Sie müssen eine gefährliche Gradwanderung durchführen zwischen den Vertretern der Versicherten und den politisch Berufenen. Monks und Minow führen ein Beispiel für eine politische Beeinflussung von Shareholder Aktivismus: Als die Pensionskasse des Bundesstaates Winconsin eine Bezahlung von USD 742,8 Mio. an Ross Perot (CEO von General Motors) kritisieren wollte, wurde sie vom Gouverneur aufgehalten, der gerade versuchte, einige Fabriken in seinem Bundesstaat aufzubauen.[720]

Barr und Conley charakterisieren die kulturellen Differenzen zwischen privaten und öffentlichen Pensionskassen in der Form, dass die öffentlichen Pensionskassen an Stelle der kommerziellen Interessen sehr stark von der Presse und Wahlurne als Instrumente ihrer täglichen Rechenschaft sprechen. Ein feiner, jedoch sehr entscheidender Unterschied ist dass beides der Grund und das Resultat der unterschiedlichen Anreize (u.a. Gehalt) der beiden Systeme darstellt.[721]

Andere institutionelle Investoren wie *Investmentgesellschaften* sind aufgrund von Kapitalverflechtungen ebenfalls in ihrer Entscheidungsfreiheit beeinträchtigt. Sie zeichnen sich in Kontinentaleuropa überwiegend durch ein Verhalten ähnlich von privaten Anlegern aus.[722] Sie überlassen die Wahrnehmung ihrer Stimmrechte der Depotbank (Depotstimmrecht). Ein wesentlicher Grund dafür ist in den organisatorischen Rahmenbedingungen der Fondsgesellschaften zu vermuten, denn die Mehrzahl der Fonds sind „Töchter“ von Banken, das heisst abhängige Kapitalanlagegesellschaften.[723] Damit unterliegen die Fonds indirekt einer Interessensverquickung mit ihren Muttergesellschaften, die wiederum mit

---

[718] Die enge Verflechtung von Verwaltungsratsmitgliedern z.B. zwischen Schweizer Firmen führt zu weiteren Konflikten: die Pensionskasse von CS wird beispielsweise Mühe haben, ein kontroverses Sozialrating von Nestle zu erstellen, wenn deren CEP im eigenen Verwaltungsrat sitzt.

[719] Monks/ Minow (2001), S. 125.

[720] Monks/ Minow (2001), S. 125.

[721] Monks und Minow beziehen sich auf Barr und Conley. Siehe: Monks/ Minow (2001), S. 117.

[722] Hild (2003), S. 6.

[723] Bender (2002), 129ff.

den investierten Unternehmen weitergehende Geschäftsverbindungen unterhalten. Es besteht die Annahme, dass Investoren, die über die investive Beteiligung an Unternehmen hinaus weitere Geschäftsverbindungen unterhalten, „erpressbare" Investoren"[724] sind, die nicht unbefangen Einfluss und Druck gegen das Unternehmen ausüben können, ohne potenziell negative Folgen für die anderen Geschäfte in Kauf nehmen zu müssen[725].

Aus diesen Ausführungen lässt sich ableiten, dass Pensionskassen trotz allem weniger Restriktionen durch kommerzielle Interessenkonflikte unterliegen als andere institutionelle Investoren wie Banken, Versicherungen, Anlagefonds oder weitere Kategorien von institutionellen Investoren.[726] Dies führt vor allem bei öffentlichen Pensionskassen zu einer aktiveren Aktionärsrolle.

Im Hinblick auf SRI ist von Interesse, wie weit eine proaktive ökologisch-soziale Unternehmensstrategie in den Entscheidungsprozess der Pensionskassen einfliesst. Eine britische Studie dokumentiert die Erwartungshaltung der Versicherten: „Eine Umfrage durch NOP zeigte, dass 83 Prozent der Pensionskassenmitglieder zustimmten, dass eine Unternehmung, die als ethisch gelten will, auch dafür sorgen sollte, dass ihre Pensionskasse eine ethische Anlagepolitik betreibt."[727]

Die bereits erwähnte britische Initiative Just Pensions versucht, den Bezug einer nachhaltigen Unternehmenspolitik auf die eigene Pensionskasse stärker zu etablieren. Bisher scheint eine eindeutige Verbindung zu fehlen, wie der Autor des Just Pensions-Berichtes Duncan Green äussert: „The legality of linkage is a key issue. There is a real lack of legal clarity within companies about the degree to which they can link the SRI principles to the pension funds."[728] Für Jules Peck vom WWF Global Policy Team ist das Argument einer juristischen Trennung der Pensionskasse weniger überzeugend: "Many of the board of directors of a company also sit on the pension fund board. If they want to convince people

---

[724] Bei ihrer Untersuchung, inwieweit die Innovationsfähigkeit von Unternehmen durch institutionelle Investoren beeinflusst wird, stellen Kochhar und David einen positiven Zusammenhang zu „nicht erpressbaren" Investoren fest. Siehe Kochhar/David (1996), S. 82.

[725] Dies sollte eigentlich durch eine informationsundurchlässige Trennung (sogenannte Chinesische Mauern) zwischen Kredit-, Investment-, Vermögensverwaltungs- und Analystenabteilungen von Universalbanken verhindert sein. Dass diese „Chinesischen Mauern" selbst im amerikanischen Trennbankensystem porös sind, haben in jüngster Zeit einige Investment- und Analystenskandale in USA gezeigt, die zu erfolgreichen Schadensersatzklagen von Anlegern führten.

[726] An example of this conflict of interest is quoted by Monks/ Minow (2001), S. 123: *"We are very reticent to position ourselves as an activist shareholder in domestic or international securities. The problem for us is how we are perceived by our customer base. The risks are such that it probably does not make sense for us to take an aggressive position. I can imagine many of your partners do have a lot more freedom since they apparently have no other business interests with portfolio companies."*
(Frank V. Cahouet, Chairman, President and Chief Executive Officer of Mellon Bank Corporation)

[727] EIRIS (1999), S. 4.

[728] Mc Callin (2003), S. 1.

that they are committed to SRI, they have to integrate those principles into the pension fund. Pensions are key to SRI. They are investments for the future, for the future of the employees. The degree to which pension funds reflect company SRI principles is a key way of judging if the company is really committed to SRI."[729] Angesichts der verschiedenen Initiativen von NGOs könnte sich die Frage als Imagerisiko für die Firma herausstellen, wie Robert Barrington vom SRI Team bei ISIS erläutert: „I think this may well be an emerging area for pressure groups and an emerging risk for company reputation, especially if the pension fund has the same brand as the company."[730]

(4) MITARBEITER

Der durch Peter Drucker geprägte Ausdruck des "Pension Fund Socialism“ macht deutlich, dass die Mitarbeiter durch ihre Löhne und die Pensionskassen sehr eng am Erfolg der Unternehmen teilhaben. In den USA werden die Mitarbeiter durch ihre Pensionskassen zu Eigentümern, die Bereitsteller von Kapital und die kontrollierende Macht am Kapitalmarkt.[731] Wenn Sozialismus als „Eigentum an den Produktionsmitteln durch die Mitarbeiter definiert wird, dann sind die USA das sozialistischste Land in der Welt.[732] Diese amerikanische Art des Volkskapitalismus hat durch das wachsende Vermögen in den Händen der amerikanischen Pension Funds die Banken in der Rolle als Kapitalakkumulationsstellen weitgehend ersetzt.[733] „Shortly before the year 2000, there will be more workers in companies that are more than 15 percent employee held than in the entire US trade union movement. The property rights of workers will dwarf labor laws as a option for influence in corporations. For the first time since the 1930, America will see a new wave of employee activism – one more likely to be low key and business oriented than the early trade union movement. But this time unions will be joined by company-wide employee associations – ad hoc and coordinated- asking for a say because they are either the dominant shareholder or the second major shareholder in the firm."[734]

Die Frage stellt sich nun, inwieweit die Mitarbeiter ihre Interessen wahrnehmen, innerhalb der Pensionskassen eigene Vorstellungen einzubringen wie z.B. hinsichtlich der Sicherung bzw. Ausgestaltung von Arbeitsplätzen.[735] Eine starke Ausrichtung auf den Shareholder Value kann durch kurzfristige Renditeorientierung dazu führen, dass zwar die

[729] Mc Callin (2003), S. 1.
[730] Mc Callin (2003), S. 2.
[731] Drucker (1976).
[732] Langbein/ Bruce (1995).
[733] Malik (1999), S. 109.
[734] Monks/ Minow (2001), S. 114.
[735] "There are approximately one hundred million Americans who have interests in public and private pension systems. This means that 40 percent of the entire population has an interest in enjoying retirement years in a society that is clean, safe, internationally confident, and stable."Monks/ Minow (2001) S. 270.

Gewinne der Unternehmen und damit die künftigen Rentenzahlungen steigen, diese Vorteile jedoch durch einen intensiven Abbau von Arbeitsplätzen erkauft werden. Damit kann eine zu starke Fokussierung auf die Rendite der Pensionskassenbeiträge zu einem Ausschluss aus dem System und damit einer Gefährdung der Existenzgrundlage führen.[736]

Studien zeigen die Bedeutung des Einbezugs der Versicherten in den Entscheidungsprozess für oder gegen SRI: Oesch[737] führt auf, dass eine funktionierende Parität in vielen Fällen für eine Berücksichtigung nachhaltiger Kriterien notwendig ist. Dies setzt jedoch voraus, dass die Versicherten Interesse an nachhaltiger Entwicklung haben. Daher sehen die von Oesch befragten Experten die Politisierung der Versicherten als Schlüsselelement, wie z.B. in gewerkschaftlich geprägten Branchen oder NGOs oder Kirchen. Es wurde festgestellt, dass ein hoher Anteil an sozio-kulturellen Berufsgruppen (Gesundheit, Sozialdienste, Bildung, Kultur) zu einem verstärkten Interesse an SRI führt. Die britische Ratingagentur EIRIS hat in einer Befragung von Pensionskassenmitgliedern aufgezeigt, dass 77 Prozent der Versicherten glauben, dass ihre Kasse einen ethischen Auswahlprozess für die Anlagen verfolgen sollte, solange es keine Beeinträchtigung des finanziellen Ertrags gäbe.[738] Aufgrund dieser hohen Zustimmung stellt sich die Frage, wie weit diese überhaupt gegenüber den Entscheidungsträgern manifestiert bzw. von diesen wahrgenommen wird. Die Tatsache, dass bei einer Umfrage unter britischen Pensionskassenmanagern 87 Prozent angaben, die Mitglieder bei der Definition einer ethischen Anlagestrategie nicht zu konsultieren, weist auf ein Defizit hin.[739]

Die Kampagne *"Ethics 4 USS"* ist ein gutes Beispiel, wie Druck von Mitgliedern einer grossen Pensionskasse aufgebaut werden kann. Sie wurde 1998 lanciert, um USS[740] davon zu überzeugen, eine umfassende ethische und ökologische Anlagepolitik einzuführen. Die Kampagne wurde durch 3'500 individuelle Mitglieder sowie die Association of University Teachers unterstützt.[741] Sie beruhte auf einem Unbehagen der Mitglieder mit den Investments: „ Then, as the USS began to publish its dominant holdings we realised that, as individuals, our pension money wasn't where our mouths were."[742] Die Einführung einer

[736] Die Rolle der Pensionskassen wurde bei der Welle der feindlichen Übernahmen in den USA während der 80er Jahre kritisiert. Diese aggressiven Aktionen hätten ohne die direkte oder indirekte Hilfe der Pension Funds nicht realisiert werden können. Angesichts der Tatsache, dass die Takeovers einen hohen Arbeitsplatzabbau forderten, wird hinterfragt, ob die sozialen Kosten der erreichten Profite nicht zu hoch seien. Der Preis lag nicht nur in der Arbeitslosigkeit der Mitarbeiter, sondern ihrer Frustration über ihre Rolle als Spielball und daraus resultierende Bitterkeit, Zynismus und Lethargie. Siehe Malik (1999), S. 110.

[737] Oesch (2000), S. 55.

[738] EIRIS (2000), S. 1.

[739] Just Pensions (2003), S. 10.

[740] The Universities Superannuation Scheme (USS) Siehe http://www.usshq.co.uk.

[741] Sparkes (2000b), S.4.

[742] Rob Gray, einer der Initianten der Ethics 4 USS Kampagne, zitiert in EIRIS (2000), S. 3.

ethischen Anlagepolitik, die Einstellung qualifizierter Mitarbeiter sowie die Umsetzung durch Engagement zeigen den Erfolg der Initiative.

Verschiedene Institutionen versuchen Einfluss auf die Versicherten zu nehmen, um sie auf ethische und ökologische Inhalte der Anlagepolitik ihrer Pensionskasse zu sensibilisieren. Mit der Initiative „How responsible is your pension?" fordert die britische Ratingagentur EIRIS[743] Mitglieder von Pensionskassen auf, ihre Informationsrechte gegenüber der Pensionskasse wahrzunehmen und die Verwaltung in bezug auf die für sie getroffenen Entscheidungen zu befragen.[744] Für den Fall, dass die Pensionskasse keine ethischen Prinzipien in ihrer Anlagepolitik verankert hat, fordert EIRIS auf, diese Strategie zu kritisieren und konkrete Vorschläge zu einer Integration zu unterbreiten. Zur Schaffung einer besseren Markttransparenz hat EIRIS eine Umfrage bei den grössten britischen Pensionskassen durchgeführt, um die Umsetzung einer SRI-Strategie in der Praxis zu überprüfen.

4.2.2.3 Lenkungssystem Gesellschaft

Gruppen, die sich für eine stärkere gesellschaftliche Verantwortung der Unternehmen einsetzen, können nicht nur mit dem übergeordneten Interesse, sondern auch mit eigenen Vorteilen für die Pensionierten argumentieren: „However, if pension promises are to be honoured, we need a peaceful world, an environment that is revered and human dignity that is respected."[745] Rentner können demnach ihre Rente nur geniessen, wenn sie in einer gesunden Umgebung und einer stabilen Gesellschaft leben. Von einer volkswirtschaftlichen Perspektive sollten Pensionskassen auch den Nutzen für die Gesellschaft einbeziehen, der nicht nur als finanzieller Vorteil definiert werden kann: „The investment of such huge sums (£830 billion in pension funds) is bound to have an effect on the wider world. As such the nature of the investments made on their behalf shapes the world in which fund members live, work, and retire. In many ways, whether or not investors are aware of it, investment decision-making has an ethical dimension."[746]

(1) Non Governmental Organisations (NGOs)

NGOs wie Friends of the Earth in UK als Vertreter des Lenkungssystems Gesellschaft sehen in Pensionskassen eine Möglichkeit, die Finanzmärkte stärker zu instrumentalisieren, um Unternehmen auf ihre soziale und ökologische Verantwortung hinzuweisen. Sie weisen auch darauf hin, dass diese Verantwortung nicht nur aus einer ethischen Betrachtung wahrgenommen werden soll, sondern gleichzeitig einer genaueren Identifikation von ökologischen Risiken diene, die mit bestimmten Investments verbunden sind. Denn ange-

---

743 Ethical Investment Research Service (siehe www.eiris.org)

744 EIRIS (2003), S. 9

745 Alan Pickering, Chairman of National Association of Pension Funds. In: Green (2001), S.2.

746 John Denham (1998), quoted by Sparkes (2000b), S.5.

sichts der schwerwiegenden finanziellen Belastung durch den demographischen Wandel kann eine moralische Motivation zur Integration sozialer und ökologischer Kriterien nicht die einzige Begründung für SRI sein. NGOs versuchen daher auch durch die Veröffentlichung von Studien zur Umsetzung von SRI-Strategien im Hinblick auf die gesetzliche Regelung Druck auf Pensionskassen auszuüben.[747] Zusätzlich wird auch interner Druck angestrebt: „Our aim is to get pension fund holders to pressure the fund trustees and their employers to adopt SRI in the pension fund.“[748]

Gleichwohl arbeiten andere NGOs wie die deutsche Germanwatch stärker mit einer ethischen Argumentation, sie stellt Fragen an die Rentenversicherungen auf wie:[749]

- „Eine sichere Rente dank Kinderarbeit und Folter? Selbst das Geschäftsgebahren von weltweit operierenden Aktiengesellschaften kann den ruhigen Lebensabend unruhig machen, wenn man feststellt, dass die Rente durch die Knochenarbeit von Kindern oder unter erbärmlichsten Arbeitsbedingungen erwirtschaftet wurde (zum Beispiel Kinderarbeit bei der Fussball- oder bei Teppichproduktion).
- Wohlstand im Alter auf dem Rücken der Menschenrechte? Denken wir an Rentenpapiere auf der Basis von Staatsanleihen von Ländern, wo noch immer die Todesstrafe angewandt wird. Lässt uns das an eine genüssliche Rente denken?“

Diese moralische Fragen sind aufgrund ihrer Werturteile eher an private Investoren gerichtet als an die Manager von Pensionskassengeldern. Angesichts der finanziellen Probleme bezüglich Unterdeckung bei vielen Pensionskassen stehen diese Fragen momentan nicht im Mittelpunkt der Diskussion. Stattdessen wird der ökonomische Nutzen von SRI bei einer stärkeren Berücksichtigung weicher Faktoren bzw. Corporate Governance-Aspekten stärker in die Debatte eingebracht.

(2) GEWERKSCHAFTEN UND GEWERKSCHAFTSNAHE ORGANISATIONEN

SRI können auch Mitarbeiterorganisationen wie Gewerkschaften oder z.B. der International Labour Organisation (ILO) einen Marktmechanismus bieten, die Werte der Organisation zu fördern. Es kann zu einer Allianz zwischen Investoren, Gewerkschaften und anderen Gruppen führen, die aufzeigen, dass Gewinne und soziale Anliegen Hand in Hand

---

[747] Die britische Organisation War on Want initiierte Ende 2001 die Kampagne: "Invest in freedom", in der sie ausführten: "Many of the companies that abuse workers' rights are multinationals that enjoy huge levels of investment from multi-billion pound pension schemes. Twenty million Britons own £ 800bn in pension assets...but few people know where their hard-earned cash is being invested. In:Wheelen (2001). Als andere NGOs werden Faire Share (www.fair-share.org.uk) sowie Amnesty International (www.amnesty.org.uk/business/campaigns/sri.shtml) genannt, die Kampagnen organisieren. Siehe: EIRIS (2003), S. 9.

[748] Mc Callin (2003), S. 2.

[749] Milke (2001), S. 24.

gehen.[750] Erste Ansätze zu einer Auseinandersetzung sind vorhanden. Die ILO hat 2001 eine Studie zu „Socially Responsible Investments by Pension Funds" in Auftrag gegeben. Gewerkschaften sind ebenfalls in die Diskussion eingestiegen, wobei die Intensität sich international sehr unterscheidet. In Deutschland hat erst die Rentenreform und die darin enthaltene Berichtspflicht erste Initiativen hervorgebracht, in den USA verfügen Pensionskassen schon über eine langjährige Erfahrung. [751]

Gewerkschaftlich mitbestimmte Pensionsfonds haben sich dort beispielsweise an "volkswirtschaftlich sinnvollen Investitionen", Economically Targeted Investments (ETI) beteiligt. Diese können neben der Förderung des Wohneigentums auch Infrastrukturaufgaben und die Schaffung von Arbeitsplätzen umfassen.[752] Das Interesse der Gewerkschaften rührt auch daher, weil ihre Mitglieder vom Erhalt von Arbeitsplätzen profitieren können und die Gewerkschaftsbewegung gestärkt wird. Dies kann dazu führen, dass ein Fonds nur in gewerkschaftlich organisierten Betrieben investiert oder Firmen mit Massenentlassungen und Streiks ausschliessen.[753] Einige Fonds vermeiden Unternehmen, die auf der AFL/CIO-Boykottliste stehen.[754]

In Grossbritannien erfährt das gewerkschaftliche Engagement sogar offiziellen Beistand: Die Zeitschrift Investment & Pensions Europe meldet[755], dass die britische Regierung die Ausweitung der Aktionärsaktivitäten (über Pensionsfonds) durch die Gewerkschaften und damit auch ihre Bemühungen zur Durchsetzung breiterer sozialer Ziele unterstützt. Die Bemerkungen der Regierung waren eine Reaktion auf die Aussage eines gewerkschaftlichen Spitzenfunktionärs, der darauf hingewiesen hatte, dass die Gewerkschaften über Pensionsfonds einen enormen Einfluss auf die Unternehmen ausüben könnten. Die Regierungsvertreterin Ruth Kelly (Treasury) wies auf einer Konferenz ausdrücklich darauf hin, dass „Shareholder Activism" für die Regierung über den Bereich Corporate Governance im engeren Sinne hinausgeht und „auch dazu geeignet ist, die weiteren sozialen Ziele der Investoren zu verfolgen. Über Pensionsfonds könnten die Gewerkschaften Unternehmen belohnen, die die langfristige Wertschöpfung gegenüber kurzfristigen Profitdenken

---

[750] Sturm/ Badde (2001), S. 6.

[751] Der Gewerkschaftsdachverband AFL-CIO –das amerikanische Gegenstück zum deutschen DGB- brachte im Jahr 2001 fast den Börsengang des chinesischen Ölkonzerns Petrochina zu Fall. Der Verband hatte die Fondsgesellschaften, welche die Pensionen seiner 13 Millionen Mitglieder verwalten, mit einer massiven Infokampagne davon abgehalten, Petrochina-Aktien zu zeichnen. Die Begründung: Der Konzern verletze Menschenrechte. In einem weiteren Beispiel führte eine grosse, von 33 amerikanischen Kirchen betriebene Kampagne zu Anträgen, die auf die Einführung eines Moratoriums in Bezug auf die Verwendung von gentechnisch veränderten Organismen im Nahrungsmittelbereich abzielten. Siehe Peters (2002), S. 6.

[752] Hug (1999), S. 71.

[753] Ein Beispiel geben Monks/ Minow (2001), S. 125: The New York State United Teachers Funds sold its investment in the Tribune Company when employees of the Tribune's New York Daily News went on strike in 1991. The fund stated that, "our policy is not to invest in any project, corporation, or stock that is anti-union."

[754] Engberding (2001), S. 16.

[755] Zitiert in: WestLB Panmure (2003), S. 24.

bevorzugen, die Arbeitnehmerrechte in besonderer Weise würdigen oder auf einen engeren Dialog zwischen Belegschaft und Management Wert legen.“

Der Trade Union Congress stellt in der Broschüre “Working Capital, institutional investment strategy” verschiedene Schritte von gewerkschaftlicher Seite dar, wie sie ihre Ziele durch Aktivitäten im Bereich des institutionellen Investments verfolgen könne. Dabei wird ein Blick in die Vergangenheit geworfen: „Unfortunately, despite the fact that it is workers who provide the capital that is being managed, institutional investment has not been a friend of the trade union movement in the past.“[756] Allerdings haben in den USA und Kanada Gewerkschaften bereits Erfolge als Aktionäre erzielt, die Interessen der Mitarbeiter zu verfolgen. Ausserdem hat die „International Confederation of Free Trade Unions (ICFTU) eine Struktur zum Informationsaustausch und zur Koordination in diesem Bereich etabliert. Das Ziel des gewerkschaftlichen Einflusses sollte darin bestehen, ein gutes Verhalten der Unternehmen zu fördern. „In discharging their fiduciary duty to be active shareholders, it is appropriate for fund managers to consider issues such as company training, workplace practices or business processes more generally – to the extend that they are judged to affect company financial performance, and providing that the intervention has the objective of maximising long-run financial performance while safeguarding the assets of the pension fund.“[757] Als konkrete Aktivitäten werden Massnahmen sowohl in bezug auf die Mitglieder der Pensionskassen, die Consultants oder die Sponsoring-Firma vorgeschlagen. Grosse Bedeutung wird auch der Ausbildung von Pensionskassenmanagern beigemessen. Beispiele von erfolgreichen Resolutionen von Aktionären oder der grundsätzlichen Unterstützung der UK-Regierung für Shareholder Aktivismus werden als weitere Argumente eingebracht. Ausserdem wird die Zusammenarbeit mit SRI-Fondsmanagern bei Engagement-Kampagnen angekündigt.[758]

(3) MEDIEN

Medien können zur Intensivierung der öffentlichen Diskussion über die soziale Verantwortung der Pensionskassen bzw. finanzielle Erfolge einer SRI-Strategie beitragen. Gemessen am relativ geringen Marktanteil von SRI ist in der Wirtschaftspresse eine überdurchschnittlich gute Abdeckung des Themas festzustellen. In Europa stehen dabei vorwiegend Fonds im Vordergrund. Ausführlich erfolgt eine kritische Betrachtung der Wertentwicklung von ethisch-ökologischen Anlagen[759] sowie eine Beurteilung der jeweiligen Kriterienraster.[760] In UK wird die Umsetzung der Deklarationspflicht durch

---

[756] Trade Union Congress (2003), S. 3.
[757] Trade Union Congress (2003), S. 10.
[758] Trade Union Congress (2003), S. 20.
[759] Rehsche (2000), Hornung (2002), Rehsche (2002)
[760] Kaiser (2001).

Pensionskassen regelmässig kommentiert, häufig dienen dabei die empirischen Studien als Anlass. Im deutschsprachigen Raum wird der Bezug zwischen institutionellen Anlegern und SRI seltener dargestellt. Es finden sich lediglich einzelne Artikel zur Umsetzung der Berichtspflicht im Rahmen der deutschen Rentenreform[761] sowie wenige Beiträge zur Situation in der Schweiz.[762] Eine Ausnahme bildet die Schweizer Personalvorsorge, die in der ersten Ausgabe 2003 SRI als Schwerpunktthema dargestellt hat. Angesichts der bei Umfragen erfassten Informationsdefizite hinsichtlich ethisch-ökologischer Geldanlagen[763] besteht weiterer Bedarf an Berichten und Öffentlichkeitsarbeit.

4.2.2.4 Erkenntnisse zur Bedeutung der verschiedenen Lenkungssysteme

Die Literaturrecherche zu Einflussfaktoren einer Entscheidung von Pensionskassen für oder gegen ein Engagement in SRI gibt verschiedene Anhaltspunkte zu dieser Frage. „... to date, we have seen an increase in the number of clients wanting to discuss CG or SRI... Increased press coverage given to these issues, growing pressure from lobby groups, interest from members, and regional legislation mandating consideration of these issues, have all driven these discussions.[764] Lassen sich erste Schlüsse ziehen, welche Einflüsse für die Pensionskassen relevant sind? Der rechtliche Rahmen scheint eine grosse Rolle für eine stärkere Auseinandersetzung bei Pensionskassen darzustellen. Allerdings zeigen Studien nach Einführung von Deklarationspflichten auf, dass zwar positive Absichtserklärungen verfasst werden, diese aber nur durch wenige konkrete Massnahmen praktisch umgesetzt werden. Eine stärkere Verankerung von SRI kann daher v.a. durch das Interesse der Marktteilnehmer gefördert werden, sei es durch Anbieter oder die Mitarbeiter. Gesellschaftliche Gruppen können diesen Prozess durch eine verstärkte Bewusstseinsbildung innerhalb der Versicherten bzw. öffentlichen Druck auf die Pensionskassen bzw. die Sponsoring-Institution verstärken. Eine detaillierte Analyse zur Bedeutung der jeweiligen Einflussfaktoren soll im Mittelpunkt der empirischen Untersuchung stehen.

Neben akteursbezogenen Einflussfaktoren stehen auch verschiedene sachbezogene Spezifika der Anlagestrategie in Wechselwirkung zur SRI-Entscheidung von Pensionskassen.

---

761 von der Hagen (2001), Pfeiffer (2002)

762 Conradi (2002).

763 Das Institut für Markt, Umwelt und Gesellschaft (IMUG) hat mehrmals Befragungen von Anlegern durchgeführt, um die Bekanntheit von sozial-ökologischen Geldanlagen zu überprüfen: Dabei äusserten 42% der Befragten, dass schwierig sei, Informationen zu bekommen, ausserdem war 36% der Befragten unbekannt, woher man diese Fonds bekommt.. Siehe IMUG, muk (2001).

764 Jane Ambachtsheer, Global Marketing Communications Manager, Mercer Investment Consulting, zitiert in: Just Pensions (2003), S. 15.

4.2.3 Einflüsse der Anlagestrategie auf SRI

Da die Entscheidung durch Pensionskassen zu SRI in Wechselwirkung zu anderen Parametern der Anlagestrategie steht, wird sie nun im Anschluss in Beziehung diesen Parametern bzw. zur Ausübung von Aktionärsrechten gesetzt. Im Kontext dieser Arbeit sind insbesondere folgende vier Parameter von Interesse: Risikofähigkeit, Anlagestil, Management der Finanzanlage sowie Wahrnehmung von Aktionärsrechten.

4.2.3.1 Risikofähigkeit

Die bereits erwähnte „fiduciary duty“[765], die treuhänderische Verpflichtung bei der Verwaltung der Vorsorgegelder verursacht Bedenken, dass die Implementierung einer SRI-Anlagestrategie durch positives oder negatives Screening zu Performance-Einbussen führt, da eine Ausschlussstrategie höhere Transaktionskosten bedeutet und ein Screening mit einer geringeren Diversifikation einhergeht. Die im Kapitel III unter Abschnitt 5.1.2 aufgeführten empirischen Analysen sowie Erfahrungen mit SRI-Fonds und Indices, die durch ein positives Screening erstellt werden, widerlegen die Befürchtung einer systematisch schlechteren Rendite. Gleichzeitig zeigen empirische Analysen häufig ein höheres Risiko der Fonds und Indices, das sich durch eine Abweichung in der Länder- (z.B. Untergewicht in USA) und Branchenallokation (z.B. Übergewichtung von Technologieaktien) der Portfolios ergibt.[766] Dies kann ein Problem für Pensionskassen-Manager darstellen, die das Risiko eines Fehlbetrages reduzieren müssen, um zu jeder Zeit in der Lage zu sein, ihre Verpflichtungen zu erfüllen. Die Umsetzung dieser Vorgaben in eine Anlagestrategie erfolgt meist durch eine Anpassung des Tracking Errors im Vergleich zu einer definierten Benchmark. Nur Pensionskassen mit einer günstigen Asset-Liability Situation können mehr Risiko eingehen, z.B. durch einen höheren Anteil von Aktien oder der Abweichung von einer Benchmark. Daher wird Kritik geäussert, dass sich nur Pensionskassen in SRI engagieren können, die einen sehr hohen Deckungsgrad aufweisen, um dieses höhere Risiko eingehen zu können.[767]

Risikovorgaben können bei der Ausgestaltung der Anlagestrategie auch die Diversifikation der Assets beeinflussen. Eine starke Konzentration der Assets auf wenige Positionen – z.B. aufgrund eines SRI-Screenings – kann durch das höhere Risiko problematisch sein. Die Grösse von Pensionskassen und eine Fokussierung der Investitionen ermöglicht durch

---

[765] BVG Richtlinien, ERISA in USA. Diese Regelungen werden mitunter auch als Verpflichtung zur Gewinnmaximierung interpretiert.

[766] Sturm und Badde erläutern die Probleme von SRI-Indices für Pensionskassen: „Sie decken nur Aktien ab, bis auf den DJSG beinhalten sie nur Aktien oder bieten keine Subindices für Sektoren oder Industriegruppen. Ihr Hauptproblem besteht darin, dass sie auf speziellen Informationen wie dem sozialen Screening beruhen und daher kein „optimales“ Portfolio repräsentieren, was sie als Benchmark für eine Pensionskassen Strategie unbrauchbar macht.“ Siehe Sturm/ Badde (2001), S. 17.

[767] Vgl. Stum/ Badde (2001), S. 19.

höhere Anteile an Unternehmen eine stärkere Machtposition, kann jedoch auch zum Problem werden: Angesichts der grösseren Summe, die in Aktien investiert wird, wird der Verkauf einer unterdurchschnittlich rentierenden bzw. im Kontext von SRI ökologisch und sozial schlechten Firma schwierig. Wenn grössere Anteile auf dem Markt kommen, riskieren die Kassen ihre Rendite. Werden dagegen die Anteile in den einzelnen Unternehmen zu klein, lohnt sich ein Engagement als aktiver Aktionär nicht mehr. Dies kann bei stark gesplitteter Aktionärsstruktur zu einem Freerider-Problem führen und damit ein Interesse an einer aktiven Aktionärsrolle schwächen.

4.2.3.2 Anlagestil

Als weiterer Analyseparameter ist der Anlagestil von Interesse. Hier kann unterschieden werden zwischen einem passiven und einem aktiven Anlagestil. Im ersten Fall wird in einen Index investiert, der z.B. die wichtigsten Unternehmen einer Branche und/oder einer Region gemäss ihrer relativen Bedeutung wie z.B. hinsichtlich der Marktkapitalisierung umfasst. Im zweiten Fall werden hingegen aktiv im Sinne des „stock picking" Unternehmen innerhalb einer Branche und/oder einer Region ausgewählt, in die direkt investiert wird. Mit dieser Strategie werden im Vergleich zu einer Indexierung meist grössere Aktienpositionen gehalten.

Der Einfluss von Risikovorgaben und des Anlagestils wird in der Corporate Governance-Literatur nicht eindeutig für oder gegen eine aktive Aktionärsrolle gedeutet. Dabei werden werden folgende Argumente vorgebracht, die für ein Engagement sprechen:

Die Argumentation bezieht sich einerseits auf den *Anlagehorizont*: Während viele Investoren einen eher kurzfristigen Horizont verfolgen, sind Pensionskassen an der langfristigen Wertsteigerung interessiert. Anderseits macht der Trend zur Indexierung die Pensionskassen zu universellen und permanenten Aktionären: „If you can't sell, you must care.[768]" Durch eine passive Verwaltung nach einem Index sind die Investoren zu einer Replizierung der wichtigsten Marktpositionen verpflichtet, um ihr Risiko im Vergleich zu einer Benchmark zu begrenzen, anstatt eine aktive Titelwahl durchzuführen.[769] Wie die Argumente für Corporate Governance und SRI aufzeigen, kann Shareholder Aktivismus in diesem Kontext die Gewinne der Unternehmen erhöhen und damit die Erträge für die beteiligten Investoren verbessern. Durch die langfristige Anlageperspektive können Pensionskassen von den nachhaltigen Vorteilen solcher Initiativen profitieren.

Ein weiterer Vorteil für Pensionskassen besteht in ihrer *Grösse*: Durch die Grösse und Anlagekompetenz sind institutionelle Investoren besser informiert und besitzen so eher die Kenntnis, wann sie aktiv werden müssen. Sie erreichen durch Skaleneffekte günsti-

---

[768] Auckenthaler/ Senn (2000).

gere Kostenstrukturen als kleine Investoren. Die Positionen von Pensionskassen sind gross genug, um die Kosten einer detaillierten Analyse und entsprechenden Intervention zu tragen. Bei Retailinvestoren besteht eher ein Freerider Problem, das ein aktives Aktionärstum ökonomisch unattraktiv macht.[770]

Das Freerider-Problem kann durch höhere Anlagesummen bei institutionellen Investoren etwas entschärft werden, wobei es nicht aufgehoben wird. Die "rationale Apathie", welche Aktionäre regelmässig vor dem Besuch der Generalversammlung erfasst, ist ein anerkanntes und viel zitiertes Phänomen: Weil der Aktionär die gesamten Kosten seines Bemühens alleine trägt, die von ihm errungenen Vorteile aber mit den anderen, auch den ruhig gebliebenen Aktionären teilen muss, ist es aus ökonomischer Sichtweise vernünftig, passiv zu bleiben. Der Aufwand ist nicht zu unterschätzen: Untersuchungen aus den USA veranschlagen die Kosten eines sogenannten Proxy Fight je nach Gesellschaft auf bis zu USD 15 Mio. Neben der Organisation und der Koordination des Vorgehens an der Generalversammlung schlagen vor allem die Anwaltskosten gehörig zu Buche.[771]

Trotz der hohen Anlagevolumina führen die Risikovorgaben der Diversifikation zu eher geringen Anreizen, als Aktionär aktiv Einfluss auf Unternehmen auszuüben:

Monks und Minow sehen dabei die *gesplitterte Eigentumsstruktur*[772] als wichtigen Einflussfaktor. Auf quantitativer Ebene beinhaltet dies die Vielzahl der Eigentümern, von denen keiner ein Interesse besitzt, über Unternehmensdetails informiert zu sein und sich zu engagieren. Aus einer rechtlichen Perspektive gibt es Konflikte hinsichtlich der Trennung zwischen dem legalen Halter der Wertpapiere (Vermögensverwalter) und dem rechtlichen Eigentümer (dem Fondsbesitzer wie Rentenversicherten oder Fondssparer). Diese Konstellation bezeichnet Fouse von Mellon Capital Management: „… pension fund management is like monkeys trading bananas. The money managers end up with a lot of the bananas."[773] Darüber hinaus bestehen funktionale Defizite, da dem Halter einer Aktie zwar Rechte, jedoch keine Verantwortung übertragen ist.

Auf der quantitativen Ebene kann sich der bereits erwähnte „Pension Fund Socialism" durch eine *Aufteilung auf viele Eigentümer* negativ auf das Engagement einzelner Akteure auswirken, wie Brandeis erläutert: "From the standpoint of the community, the welfare of the community and the welfare of the workers in the company, what is called a democratisation in the ownership through the distribution of the stock dissipates altogether the responsibility of stockholders, particularly of those with five shares, ten shares or fifty

---

[769] Monks/ Minow (2001), S. 120.
[770] Monks/ Minow (2001), S. 120.
[771] Kunz (2002)
[772] Monks/ Minow (2001) S. 93.
[773] Fouse zitiert in: Monks/ Minow (2001), S. 100.

shares."[774] Die Aufsplittung kann sich auch auf grosse institutionelle Investoren mit einem hohen Vermögen beziehen. Pensionskassen sind aufgrund von Risikovorgaben dazu verpflichtet, ihre Anlagen zu diversifizieren. Ausserdem investieren sie aufgrund von Liquiditätsüberlegungen vornehmlich in grosskapitalisierte Unternehmen, bei denen sie nur einen kleinen Anteil am Kapital erwerben. Für eine Vielzahl von kleinen Anteilen in Pionieren mit eher kleiner Bösenkapitalisierung sinken die Anreize für eine aktive Einflussnahme, da sich die Kosten für solche Positionen kaum auszahlen.

Diese Problematik wird durch den Trend der Indexierung noch verstärkt. Der quasi automatisierte Auswahlprozess auf der Basis einer vorgegebenen Formel (dem Index) ist für viele Fonds eine attraktive Anlageform, vor allem im Kostenvergleich mit eher aktiven Investments aufgrund von einem sorgfältigen Selektionsverfahren. Die Gebühren für Indexmandate stellen nur einen Bruchteil von denen eines aktiven Managements dar, daher wird es von vielen Pensionskassen wie CalPERS angewendet. Es stellt auch eine Absicherung gegen jeglichen Vorwurf dar, sich zu stark mit Mitbewerbern, Lieferanten oder Kunden einzulassen. Die Tatsache, dass es mit einer Globalisierung der Anlagen immer schwieriger wird, auch im Ausland einen Überblick zu behalten und eine gezielte Auswahl zu treffen, wird zur stärkeren Verbreitung von Indexierung führen.[775] Diese Strategie erfolgt auch aus Risikoüberlegungen, um nicht wegen falscher Anlageentscheide rechtlich haftbar gemacht zu werden.

Die Konkurrenzsituation unter institutionellen Anlegern und eine drohende Abwanderung von Kunden an Vermögensverwalter mit besserer Performance führt zu einem weiteren Dilemma: Ein Investor, der aufgrund einer negativen Einschätzung in einer Gesellschaft nur „untergewichtet" vertreten ist, hat mitunter ein geringes Interesse daran, seinen „übergewichteten" Berufskollegen in einer Aktionärs-Intervention zu unterstützen. Dieser würde bei einem Erfolg in stärkerem Masse profitieren als er. Im Bestreben um eine bessere Performance ist deshalb jeder institutionelle Investor grundsätzlich geneigt, seine informationell überlegene Position auf dem Markt, wenn möglich als Erster, zu realisieren. Daher verkauft er lieber seine Anteile, anstatt mit seiner Stimme seine Unzufriedenheit an der Generalversammlung auszudrücken. Ferner fürchten sich institutionelle Investoren auch vor den Signalen, die sie bei der Kontaktaufnahme mit anderen institutionellen Kunden aussenden. Nicht selten nehmen nämlich die Investoren, mit denen Verbindung aufgenommen wurde, an, dass der rebellische Investor über nachteilige Informationen verfügt, und liquidieren ihre Anteile auf dem Markt. „You have to face a race for the exit in which you will be last by staying to challenge management."[776] Der

---

[774] Zitat von Supreme Court Justice Louis D. Brandeis, in: Monks/ Minow (2001) S. 103.
[775] Monks (2001), S. 182.
[776] Kunz (2002)

öffentlicher Druck auf Unternehmen kann durch die negative Wahrnehmung im Markt damit die Kurse der eigenen Aktien zu Fall bringen.

Wie bereits erwähnt, schafft die Kombination dieser Faktoren ein Hindernis zu einer Strategie, institutionelle Investoren als dominante Treiber einer Corporate Governance einzusetzen. Monks und Minows resümieren: "... there might be lots of noise and action, and there might be talk about all the new, awakened shareholders and institutional investors, but there's really not much more than a dozen pension funds involved."[777] Sie machen nicht unbedingt legale Probleme dafür verantwortlich, dass institutionelle Investoren als informierte und aktive Aktionäre auftreten. Die aktuellen Gesetze sind ihrer Meinung nach in der Theorie ausreichend, jedoch wurden sie in der Praxis nicht konsequent genug umgesetzt.[778]

Wie erläutert, ist der Einfluss einer Indexierung auf die Wahrnehmung einer aktiven Aktionärsrolle nicht eindeutig zu bestimmen, da er sowohl fördernde wie auch einschränkende Auswirkungen beinhaltet. Hinsichtlich der Auswirkung auf SRI sind ebenfalls wenige Aussagen zu einer Wechselwirkung vorhanden. Es kann lediglich abgeleitet werden, dass ein eher indexnahes Investment im Falle einer SRI-Strategie eine Engagement-Strategie begünstigt, da keine Einschränkung des Anlageuniversums vorgenommen wird. Ein passives oder aktives Screening nach SRI-Kriterien stellt dagegen eine aktive Titelauswahl dar. Gleichzeitig besitzt die Pensionskasse die Möglichkeit, beide Anlagestile zu mischen, z.B. im Rahmen traditioneller Anlagen zu indexieren und für ihre SRI-Investments Stock-Picking zu betreiben. Die empirische Analyse kann Aussagen zur Relevanz des Anlagestils im Hinblick auf eine SRI-Entscheidung bringen.

4.2.3.3 Management der Finanzanlage

In dieser Hinsicht muss die Entscheidung getroffen werden, ob die Verwaltung intern oder extern durchgeführt werden soll. Das eigene Management der Finanzanlage bedarf des Aufbaus eigener entsprechender Managementkapazitäten. Dafür ist eine Unabhängigkeit und die ausreichende Berücksichtigung der eigenen Interessen gewährleistet. Das externe Management ermöglicht eventuell den Zugriff auf grössere Managementressourcen, die selbst nicht bereit gestellt werden könnten. Auf der anderen Seite resultiert hieraus eine Abhängigkeit gegenüber dem Vermögensverwalter. Mangelnde eigene Kompetenz kann hier zum Problem führen, wie die Wahrung der eigenen Interessen sichergestellt werden kann.

Dies betrifft speziell die Wahrnehmung der Stimmrechte durch externe Vermögensverwalter bzw. Banken. In den meisten Fällen wird mit der Vergabe von Mandaten auch das

---

[777] Monks/ Minow (2001), S.122.

Stimmrecht an die externen Manager übergeben, welches durch die Banken als Depotstimmrecht gepoolt wird. In dieser Konstellation ist es nicht möglich, eigene Präferenzen bei der Abstimmung zu berücksichtigen. In den meisten Fällen wird in Übereinstimmung mit dem Verwaltungsrat gestimmt. Eine kritische Ausübung der Stimmrechte gegenüber den Unternehmen durch die Banken wird durch die Interessenkonflikte[779] mit ihren Geschäftspartnern erschwert. Stapledon führt dies als Grund für die passive Rolle von Pensionskassen auf, zumindest für den britischen Markt. Er identifizierte, dass im Jahr 1993 über drei Viertel der direkt investierenden britischen betrieblichen (occupational) Pensionskassen ausschliesslich externe Fondsmanager nutzen, während nur 14 Prozent ihre Anlagen komplett selber managen.[780] Er stellt dar, dass die Delegation an externe Manager eine Restriktion für die aktive Wahrnehmung der Eigentumsrechte darstellt.

Die Frage des internen bzw. externen Managements betrifft neben der Wahrnehmung der Stimmrechte auch die *Umsetzung einer SRI-Strategie*. Die zusätzliche Berücksichtigung von sozialen und ethischen Kriterien im Anlageprozess bedeutet in jedem Fall einen Zusatzaufwand, der angesichts der finanziellen Restriktionen der Pensionskassen schwierig zu leisten ist.

Der Forschungsbericht „Just Pensions" fasst die Passivität von britischen Pensionskassen so zusammen: „Für viele institutionelle Investoren besteht der primäre Hinderungsgrund zu SRI nicht in einem Widerstand zu der Idee, die sich wirtschaftlich noch auszahlen kann, sondern in der offensichtlichen Problematik, sie mit den begrenzten, verfügbaren Ressourcen umzusetzen."[781]

Stum und Badde schlagen grundsätzlich zwei Strategien vor, eine SRI-Strategie zu implementieren. Ausgangspunkt ihrer Überlegungen ist die klassische make-or-buy" Entscheidung:[782] Die erste Variante umfasst die Entwicklung eigener Qualifikationen und eines Know-Hows, um Aktien und Obligationen nach entsprechenden Kriterien zu screenen. Alternativ dazu können Pensionskassen in SRI-Fonds investieren, ohne interne Kapazitäten zu SRI aufzubauen. Der Aufbau eines eigenen Screenings ist allerdings mit dem Problem konfrontiert, dass SRI eine noch relativ junge Entwicklung aufweist. Da bisher nur eine begrenzte Menge an externen und standardisierten Informationen über Firmen verfügbar ist und soziale wie ökologische Sachverhalte meist sehr komplex sind, haben nur wenige Pensionskassen die Möglichkeiten, diese Themen adäquat zu bearbeiten. Daher kann die Implementierung einer SRI-Strategie aufgrund des Wettbewerb-

[778] Monks/ Minow (2001), S. 186.
[779] Wie im Abschnitt 2.2.2.3 erläutert.
[780] Stapledon (1996), S. 34.
[781] Green (2001), S. 2
[782] Sturm/ Badde (2001), S. 21.

drucks, schwacher Aktienmärkte und evtl. zusätzlicher Research-Kosten eine schwierige Aufgabe für Pensionskassen darstellen.

4.2.3.4 Wahrnehmung von Aktionärsrechten

Führt die aktive Auseinandersetzung mit der eigenen Rolle als Aktionär zu einer verstärkten Neigung zur Definition einer SRI-Strategie? Im Falle von institutionellen Investoren kann die Rolle durch eine gezielte Ausübung der Stimmrechte ausgefüllt werden, ausserdem durch die Initiierung von Shareholder-Resolutionen oder als Gespräche mit dem Management.

Angesichts der verschiedenen nationalen Regelungen, institutionelle Investoren zu einer aktiveren Rolle als Eigentümer zu motivieren, wird die Möglichkeit der externen Unternehmenssteuerung durch institutionelle Anteilseigner intensiver diskutiert. Im Abschnitt 1.2.1.2 wurde die steigende Anzahl an eingebrachten Resolutionen mit SRI-Bezug erwähnt. Verschiedene Institute, die Pensionskassen hinsichtlich ihrer Corporate Governance-Strategie beraten, nehmen zunehmend SRI-Kriterien in ihre Angebotspalette auf.[783]

Da bisher keine Studie identifiziert werden konnte, die eine Wechselwirkung zwischen diesen beiden Faktoren klärt, soll die empirische Analyse dazu mehr Klarheit bringen.

4.2.4 Zusammenfassung

Die Entscheidung für oder gegen SRI wird von den Pensionskassen aufgrund vielfältiger Wechselwirkungen mit internen und externen Interessengruppen gefällt. Der Gesetzgeber hat in verschiedenen Ländern die Initiative ergriffen, eine Offenlegung ethischer Anlagekriterien zu fordern. Diese Regulierung beruht jedoch auf einer inhaltlichen Freiheit bezüglich der Umsetzung. In keinem Fall wird vorgeschrieben, dass solche Kriterien berücksichtigt werden müssen. Eine aktive Auseinandersetzung mit dem Thema werden Pensionskassen am ehesten verfolgen, wenn sie von Interessengruppen dazu gezwungen bzw. motiviert werden. Dabei kommen sowohl marktliche Gruppen wie Anbieter von SRI-Produkten, Consultants, die Sponsoring-Institution oder die Versicherten in Frage. Verschiedene Beispiele zeigen, wie Akteure ihren Einfluss geltend machen bzw. von anderen Gruppen dazu motiviert werden. Speziell NGOs und Medien nutzen ihren Einfluss durch öffentlichen Druck oder durch Sensibilisierung von Versicherten Pensionskassen zu mobilisieren. In den USA und UK haben auch Gewerkschaften erkannt, dass sie Pensionskassen dazu instrumentalisieren können, ihre Werte wie gerechte Arbeitsbedingungen über die Investitionen ihrer Mitglieder zu unterstützen.

In der amerikanischen Literatur sind verschiedene Anhaltspunkte zu finden, wie bestimmte Parameter in der Anlagestrategie die Rolle von institutionellen Investoren als

[783] PIRC, IRRC, NAPF

Aktionär beeinflussen können. Als Grundlage für die empirische Analyse wurde die Argumentation für bzw. gegen eine aktive Rolle auf SRI übertragen. Angesichts der vorherrschenden Datenlage ist nicht eindeutig zu klären, ob und wieweit sich die Risikofähigkeit, die Indexierung, die Entscheidung, ob das Vermögen intern oder extern gemanagt wird bzw. sich die Ausübung der Stimmrechte auf ein Engagement im SRI auswirkt.

4.3 Blick in die Praxis: Das Engagement von Pensionskassen im SRI

Im vorangegangenen Kapitel wurden mögliche Einflussfaktoren auf eine SRI-Strategie illustriert. Wie wirken sich diese Rahmenbedingungen in der Praxis aus? Haben sich Pensionskassen aufgrund des Gesetzgebers oder anderer Anspruchsgruppen aktiv mit SRI auseinandergesetzt? Exemplarisch werden Länder ausgewählt, in denen eine Regulierung eingeführt wurde. Unabhängig von nationalen Bestimmungen sind verschiedene Initiativen institutioneller Investoren ins Leben gerufen worden, einzelne Themen innerhalb von SRI aufzugreifen. Besondere Bedeutung besitzt „Climate Change", mit dem sich nicht nur Versicherer als direkt Betroffene auseinandersetzen, sondern auch eine Gruppe von weiteren Institutionellen wie Banken, Investmentfonds und Lebensversicherungen. Sie üben Druck auf Unternehmen aus, ihren Beitrag zum Klimawandel offenzulegen, um damit die Chance zu erhalten, diese Informationen in ihre Anlageentscheidung einzubeziehen.

4.3.1 Initiativen institutioneller Anleger im Segment SRI

Institutionelle Investoren setzen sich zunehmend mit dem Thema Climate Change auseinander, da es für sie eine hohe Relevanz besitzt. Speziell die Versicherer haben unter den Folgen der Klimaerwärmung zu leiden: Nach Angaben des amerikanischen Department of Energy haben Versicherungsschäden durch Naturkatastrophen seit 1960, inflationsbereinigt, um das 15-fache zugenommen. Während der 60er Jahre fanden durchschnittlich 16 grosse wetterbedingte Naturkatastrophen pro Jahr statt. Mittlerweile sind es im Durchschnitt 72. Die gesamten versicherten Schäden sind inflationsbereinigt von USD 7 Mrd. auf mehr als USD 90 Mrd. gestiegen.[784] Aufgrund der grossen Anlagesummen und langen Laufzeiten der Investitionen von Versicherungen steckt ein hohes Potential in einer verstärkten Berücksichtigung von Klimas- und Kohlenstoffrisiken bei ihren Investitionsentscheiden: Die Herausforderung stellt sich nicht nur bei den direkten Klimaschäden, sondern durch die Tatsache, dass sie aufgrund ihrer Grösse üblicherweise über die gesamte Volkswirtschaft investieren. Wenn eine Klimaveränderung die konjunkturelle Entwicklung bedroht, wird es daher auch möglich sein, dass die Konsequenzen die Fähigkeit der Institutionellen beeinträchtigt, ihre Ziele zu erfüllen. Damit ist es in ihrem Inte-

[784] www.enn.com (Zugriff vom 2.9.2002)

resse, dass die mit einem Klimawandel verbundenen Risiken verringert werden[785]. Da diese Verantwortung alle Akteure betrifft, sind institutionelle Investoren besonders dazu geeignet, bestimmte Aktionen auszuführen.[786] „Wenn der Ball wirklich ins Rollen kommt, kann das die Welt verändern," erklärt Dr. Gerhard Berz von der Münchner Rück.[787]

Aus der Risikoperspektive sollte ein Ansatz zu Climate Change gewählt werden, der jetzt bedeutende Aktivitäten zur Risikoreduktion ergreift, solange dies nicht überproportionale ökonomische Kosten verursacht. In einer Studie für die britische Pensionskasse USS führen Mansley und Dlugolecki eine Vielzahl an Optionen für Emissionsverminderung zu negativen Kosten auf, die Kosten einsparen oder überdurchschnittliche Erträge erwirtschaften wie beispielsweise Energieeffizienzmassnahmen.[788] Konkrete Massnahmen zum besseren Management der Klimarisiken und Chancen sind beispielsweise eine Analyse der direkten Immobilieninvestitionen im Portfolio auf Klimarisiken und eine Identifikation von Massnahmen zur Verringerung der Risikoexponierung wie kosteneffiziente Strategien zur Energieeinsparung. Mansley und Dlugolecki empfehlen ausserdem, die Zusammenstellung der Wertschriftenportfolios zu untersuchen, um zu erkennen, ob ein signifikantes Übergewicht an Aktien mit einer hohen Climate Change Risiko-Exponierung besteht. Daraufhin sollten „Win-win"-Situationen genutzt werden, um spezielle klimafreundliche Investitionschancen zu nutzen, die gleichzeitig Anlagezielen entsprechen und einer Verringerung des Klimarisikos dienen. Institutionelle Investoren verfügen darüber hinaus über die Möglichkeit, mit investierten Unternehmen in einen kritischen Dialog zu der Exponierung und dem Management mit klimarelevanten Risiken einzusteigen. Zwei dieser Aktionen werden im Anschluss als Beispiel illustriert:

4.3.1.1 British Insurer

Im Oktober 2001 wurden durch den britischen Corporate Social Responsibility Minister, Douglas Alexander, die neuen Richtlinien der Association of Britisch Insurers (ABI) lanciert, die Unternehmen auffordern, über ihre sozialen und ökologischen Risiken zu berichten.[789] Die Leitlinien wurden verfasst, um die Transparenz britischer Unternehmen hinsichtlich Corporate Social Responsibility zu verbessern und sollen einen Anreiz zu „Best Practice" bieten. Die ABI Leitlinien fordern von Unternehmen eine Bestätigung in ihrem Jahresbericht, dass sie diese Risiken erfasst haben und in einer Weise handhaben, die den Wert ihrer Tätigkeit erhält oder sogar erhöht. Die Veröffentlichung dieser Informationen soll Investoren Vertrauen schenken, dass eine Firma die relevanten Risiken

---

[785] Das IPPC hat empfohlen, in entwickelten Ländern CO2-Emissionen um 60% oder mehr zu senken, um das Risiko einer grösseren Klimaveränderung zu reduzieren. Siehe Mansley/ Dlugolecki.

[786] Mansley/ Dlugolecki (2001), p. 3.

[787] Germanwatch (2002), S. 1.

[788] Mansley/ Dlugolecki (2001)

versteht und sich in der richtigen Art dazu positioniert.[790] Der Leiter des Anlagegeschäfts der ABI kommentierte bei der Lancierung: „These guidelines bring concerns about social responsibility into the mainstream of investment thinking.“[791] Knapp zwei Jahre nach der Veröffentlichung der Richtlinien hat ABI die Umsetzung der Leitlinien mit zufriedenstellendem Ergebnis überprüft: Zwei Drittel der FTSE 100 Unternehmen haben entweder adäquate oder komplette Informationen geliefert. Nach Aussage von Mary Francis, dem Generaldirektor von ABI sind die Versicherer mit diesem Ergebnis zufrieden: „It shows that companies do recognise the business risks associated with environmental, ethical and social issues. Proper management of these risks will not only make business more secure for their employees as well as for shareholders; it will also need for prescriptive legislation.“[792]

Diese Aussage bestätigt die These, dass institutionelle Investoren sich nicht primär aus ethischen oder religiösen Motiven mit SRI auseinandersetzen, sondern aus einer eigennützigen, finanziellen Perspektive: „Our focus is on enhancing value in companies through effective response to risk.“[793] Als weitere Initiative mit ähnlicher Motivation wurde das Carbon Disclosure Projekt gestartet.

4.3.1.2 Carbon Disclosure Project

Das Thema Climate Change steht im Mittelpunkt des Carbon Disclosure Projektes, wie Peter Moon von USS erläutert: “It is hard to think of a bigger issue to address than climate change and whilst there may be different opinions about the ethics and some of the science of this issue, few would disagree with the statement that climate change has the potential to be a source of significant opportunity and risk for the corporate sector.”[794]

Das "Carbon Disclosure Project" - eine Initiative von 35 institutionellen Investoren wie Investmentfonds, Banken und Lebensversicherungen mit ca. USD 4,5 Bio. Assets under Management – hat Mitte Februar 2003 die ersten Ergebnisse seiner Umfrage unter den 500 weltgrössten Unternehmen veröffentlicht.[795] Die Untersuchung wurde vor dem Hintergrund durchgeführt, dass Unternehmen (insbesondere Versicherungen) immer stärker durch die Folgen des Klimawandels betroffen sind. Im Mittelpunkt des Interesses stehen direkte Risiken wie Hochwasser, Dürren oder Stürme. Zunehmend werden auch die regulativen Risiken wie Gesetzesänderungen, veränderte Grenzwerte und Vorschriften

---

[789] www.eurosif.org (Zugriff am 19. 3. 2003)
[790] www.abi.org.uk (Zugriff vom 3. 4. 2003)
[791] ABI News Release, 23 October 2001.
[792] News Release 3 February 2003.
[793] Peter, Montagnon, ABI Head of Investment Affairs, October 23, 2001. ABI News Release.
[794] Peter Moon, Chief Investment Officer, USS Ltf. Zitiert in: WestLB Panmure (2003), S. 10.
[795] www.cdproject.net (Zugriff vom 5. 3. 2003)

aufgrund des Klimawandels insbesondere bei treibhausgasintensiven Unternehmen betrachtet.

Im Rahmen des Projektes wurden die Unternehmen hinsichtlich ihrer jährlichen Treibhausgasemissionen sowie ihrer Programme zur Emissionsminderung befragt. Der Bericht, der durch die amerikanische Ratingagentur Innovest verfasst wurde, ist ernüchternd: Der Klimawandel wird nicht nur emissionsintensive Branchen, sondern u.a. auch Land- und Forstwirtschaft, Transport, Immobilien sowie die Finanzbranche treffen. 80 Prozent der antwortenden Konzerne sehen den Klimawandel zwar als wichtigen Faktor für den Unternehmenserfolg, sind aber häufig völlig unzureichend auf seine Risiken sowie potenzielle gesetzliche Forderungen vorbereitet. Erst ein Viertel der Befragten hat die Gefahren des Klimawandels in die Unternehmensstrategie einbezogen, 44 Prozent der Unternehmen haben die CDP-Umfrage gar nicht beantwortet.[796] Die fehlende Informationsbereitschaft der Unternehmen gegenüber ihren Aktionären über unternehmensbezogene Treibhausgasrisiken ist gravierend. Angesichts des steigenden Interesses seitens institutioneller Anleger und des Gesetzgebers wird der Druck auf diese passiven Unternehmen -genauso wie diejenigen, die keine Strategie zum Umgang mit Treibhausgasrisiken haben- zukünftig steigen, im Extemfall drohen sogar Klagen.[797]

Eine ähnliche Initiative wurde von der „Coalition for Environmentally Responsible Economies (CERES)[798] gestartet. Im Juli 2003 wurde ein Bericht veröffentlicht, der die Berücksichtigung von Corporate Governance-Mechanismen in bezug auf Klimarisiken und -chancen bei 20 globalen Unternehmen analysiert.[799] Die Checkliste umfasste Bereiche wie Überwachung durch den Verwaltungsrat, eine erfolgsabhängige Entlohnung sowie Berichterstattung über Emissionen und signifikante Risiken. Bei der Analyse wurden eindeutige Defizite und grosse Unterschiede identifiziert, speziell bei den 15 amerikanischen Unternehmen. „Our primary finding is that many major carbon-emitting companies are pursuing business strategies that appear to discount the global warming threat. Such strategies leave them – and their shareholders – especially vulnerable to increased financial risks and missed market opportunites posed by climate change." Werden beide Berichte als Grundlage von Investorenentscheidungen umgesetzt, kann sich die Bedeutung von Klimarisiken rasch als kursrelevant für die entsprechenden Unternehmen darstellen und damit klare Signale für den Finanzmarkt aussenden.

---

[796] WestLB Panmure (2003), S. 11.

[797] www.germanwatch.org (Zugriff vom 5. 3. 2003)

[798] www.ceres.org

[799] Baue (2003).

4.3.2 Situationsanalyse in verschiedenen Ländern

Nachdem bereits erläutert wurde, dass in Grossbritannien und Deutschland gesetzliche Regeln aufgestellt wurden, die die Berücksichtigung von SRI-Kriterien durch Pensionskassen offenzulegen, wird im folgenden Abschnitt illustriert, wie diese Regulierung in der Praxis umgesetzt wird. Diese Beispiele ermöglichen Vergleiche zur Situation im Untersuchungsraum Schweiz. In Vorbereitung auf die empirische Untersuchung werden Studien zur Lage in der Schweiz zitiert, die bereits ein Stimmungsbild geben können, wieweit SRI von Pensionskassen berücksichtigt werden.

4.3.2.1 SRI durch Pensionskassen in UK

Trotz der relativ frühen Gesetzesinitiative weist die Umsetzung der Deklarationspflicht noch klare Defizite auf. Cerulli kommentiert zweieinhalb Jahre später: „So far, the legislation's impact in the United Kingdom has been largely symbolic (window dressing) rather than practical—the issue is addressed in the statements of investment principles, although the impact on investments has been less tangible."[800]

Eine Befragung des britischen Forums Nachhaltige Geldanlagen UKSIF kurz nach ihrer Einführung[801] hat ergeben, dass von den 500 grössten Pensionskassen 59 Prozent Nachhaltigkeitskriterien in ihren Anlageprozess integriert hatten.[802] Die Aktivitäten in diesem Bereich gehen von der schlichten Erstellung von Richtlinien bis hin zum Engagement der Kassen oder der Fondsmanager. 48 Prozent der Pensionskassen haben ihre Verwalter dazu aufgefordert, die finanziellen Konsequenzen von ökologischen, sozialen und ethischen Aspekten bei der Anlage zu berücksichtigen. Nur 14 Prozent der Pensionskassen haben klar geäussert, dass sie keine ökologischen, sozialen und ethischen Kriterien berücksichtigen werden.

Diese Umfrage durch UKSIF scheint vielversprechend und legt die Vermutung nahe, dass eine stärkere Transparenz das Engagement von Pensionskassen positiv beeinflussen können. Andere Studien kommen zu einer pessimistischeren Schlussfolgerung, v.a. hinsichtlich der Implementierung des Commitment zu SRI in den Statement of Investment Principles (SIP).

Eine Umfrage durch Friends of the Earth[803] bei den grössten 100 Pensionskassen deckt auf, dass viele Kassen Lippenbekenntnisse abgegeben haben.[804] Die meisten Pensionskas-

---

[800] Cerulli (2002), S. 12.

[801] Mathieu (2000).

[802] Die Tatsache, dass diese Kassen ca. 78% der in der Stichprobe vertretenen Vermögen verwalten, legt nahe, dass sich v.a. grosse Kassen mit dem Thema proaktiv auseinandersetzen.

[803] Friends of the Earth (2001), Siehe auch: www.foe.co.uk.

[804] Für die Analyse ihrer ethischen, sozialen und ökologischen Haltung wurden die Manager der Kassen gebeten, ihre SIPs einzuschicken. Von den 100 kontaktierten Kassen, die ca. 47% des Pensionskassenvermögens verwalten) haben

sen behandeln SRI in irgendeiner Form in ihrem SIP. 90 Prozent der Antwortenden erwähnen Ethik oder Corporate Social Responsibility in ihren Anlagerichtlinien. Friends of the Earth identifiziert jedoch das Problem, dass viele nur wenige oder keine nachweisbaren Kontrollmechanismen eingerichtet haben, um zu garantieren, dass die Fondsmanager SRI-Überlegungen in Betracht ziehen (z.B. keine unabhängige Verifizierung durch Anspruchsgruppen). Rund 50 Prozent üben eine Art von Engagement aus (z.B. eine Corporate Governance-Politik) und verfügen über begleitende Monitoring-Mechanismen. Im Abschnitt „Monitoring" ihrer Umfrage kann FOE weniger als ein Drittel der Fonds identifizieren, die in der Lage sind, ethische, soziale und ökologische Themen zu überwachen und darüber zu berichten. Auf der aktiven Seite wird deutlich, dass die SIP von öffentlichen Körperschaften das stärkste Engagement aufweist, z.B. wendet der Nottinghamshire County Council's auf alle Investments SRI-Prinzipien an. Sehr aktiv ist ausserdem USS:

USS

Die Pensionskasse *Universities Superannuation Scheme (USS)*[805] bildet die betriebliche Altersvorsorge für die aktiven und ehemaligen Beschäftigten des britischen Hochschulsystems. USS ist eine der grössten Pensionskassen in UK, mit einem Vermögen von GPB 22 Mrd. Aufbauend auf einer SRI-Strategie seiner akademischen Mitglieder vom November 2000 wurden drei Personen für deren Implementierung eingestellt..[806] USS hat einen grossen Teil seiner Aktiva, etwa 80 Prozent, in Aktien investiert, zum überwiegenden Anteil in inländische Wertpapiere. Die SRI-Strategie wird primär durch aktives Engagement umgesetzt. Damit soll eine möglichst grosse Nachhaltigkeitswirkung erreicht werden, ohne die satzungsmässige Festlegung auf einen maximalen finanziellen Erfolg des Pensionsfonds zu gefährden.[807]

Um wissenschaftliche Hintergrundinformationen und strategische Beratung für ihre Anlagestrategie zu erhalten, initiierte USS eine Serie von Diskussionspapieren, um die Beziehung zwischen der Performance von Unternehmen in bezug auf soziale, ökologische, ethische und Governance-Themen und ihre

68 Kassen geantwortet, 13 haben sich explizit geweigert, ihre SIPs zu schicken und 19 antworteten überhaupt nicht. Die schlechte Beteiligung mag auch dadurch beeinflusst worden sein, dass die National Association of Pension Funds allen Mitgliedern geraten hat, die FOE-Befragung zu ignorieren. Siehe Cerulli (2002), S. 14.

[805] www.usshq.co.uk

[806] USS has defined the following SIP: "The trustee pays regard to social, ethical and environmental considerations in the selection, retention and realisation of fund investments to the extent, that it is consistent with its legal duties to do so. To this end, having consulted with the participating employers, it has adopted a policy of active engagement with those companies in which the fund is invested concerning the ethical, environmental and social policies pursued by those companies..." Green (2001), S.9.

[807] Kahlenborn/Klumb (2003), S. 70.

Auswirkungen auf langfristig denkende Investoren zu untersuchen. Der erste Bericht: "Climate Change – A Risk Management Challenge for Institutional Investors" [808] weist auf Konsequenzen für die Anlagen hin, da institutionelle Anleger in der prominenten Lage sind, Massnahmen zu ergreifen.

Neben USS werden von Marktstudien andere britische Pensionskassen wie die von BBC, Nottinghamshire County Council, Lancashire County Council or BT als fortschrittlicher bezeichnet.[809]

Guptara präsentierte 2001 an der Jahresversammlung der National Association of Pension Fund die Resultate seiner Studie zum Einfluss der Transparenzrichtlinie. [810] Auf die Frage, ob mehr Gelder nach SRI-Kriterien verwaltet werden, erhielt er enttäuschende Antworten: Obwohl einige der Befragten den Eindruck hatten, dass mehr Geld in SRI-basierte Portfolios fliessen müsse, wusste keiner von einer konkreten Entscheidung in diese Richtung, v.a. als Resultat von der Gesetzesinitiative. Eine andere Frage versuchte zu eruieren, ob sich Rekrutierungs- bzw. Performance-Kriterien für Verantwortliche im Bereich Vermögensverwaltung verändert hätten. Auch in diesem Fall hatten nur wenige Gesprächspartner den Eindruck, wobei keiner genaue Angaben machen konnte und die Mehrheit keine Veränderung wahrgenommen hatte. Die Frage nach der konkreten Handhabung konnte auch keine konkreten Antworten bringen: Einige Firmen haben speziell ausgebildete Mitarbeiter eingestellt, andere haben ihre Teams erweitert. Die meisten haben ihre interne Struktur aufgrund der Regulierung nicht geändert, ausserdem scheint insgesamt die Ausweitung an Know-How-Trägern limitiert zu sein.

Auch gemäss einer Studie von Just Pensions[811], einem Konsortium, das die Implementierung der Pension Disclosure Regulation verfolgt, bestehen zwei Jahre später noch bedenkliche Lücken bezüglich der Berichterstattung und der eigentlichen Umsetzung: „Poor practice in relation to socially responsible investment is the norm."[812] Verschiedene Pensionskassen gaben zu, dass ihre Fondsmanager Nachhaltigkeitskriterien nicht beachten würden. Just Pensions weist auf die Risiken hin, die eine Exponierung durch ein fortschrittliches SIP ohne die entsprechende Umsetzung aufweist. Die Zurückhaltung der Pensionskassen, die Aktivitäten ihrer Vermögensverwaltung hinsichtlich der Beachtung

[808] http://www.usshq.co.uk/INVMENT/climch/framclim.htm
[809] Ellipson (2001), Ethical Performance 2001
[810] Guptara (2001)
[811] Just Pensions (2002): Die Umfrage von 14 Pensionskassen mit einem Vermögen von GPB 170 Milliarden wurde im Rahmen eines zweijährigen Projektes durchgeführt, das vom Community Fund finanziert und durch die NGOs Traidcraft Exchange und War on Want umgesetzt wurde.
[812] Just Pensions (2002), S. 1.

sozialer, ökologischer und ethischer Anlagethemen zu überwachen, stellt ein bereits erwähntes Defizit in anderen Studien dar. Diese Haltung ist auch ein Schlüsselfaktor für die Erklärung, warum Fondsmanager nicht mehr Ressourcen im SRI-Bereich einbringen. Die Autoren der Studie weisen auf die Gefahr hin, dass ohne dringende Schritte der Pensionskassen, die Implementierung von SRI-Anlagestrategien zu verbessern, der Gesetzgeber umso eher weitere Schritte einer verschärften Regulierung unternimmt. Nach den Erhebungen von Just Pensions kommen die meisten positiven Beispiele von einer Handvoll an Pensionskassen, wie das häufig zitierte GBP 15 Milliarden Universities Superannuation Scheme (USS)[813], welches im Jahr 2000 eine detaillierte „socially responsible and sustainable" Strategie (SRSI) erarbeitet hat. Diese wird durch ein dreiköpfiges SRI-Team umgesetzt. Die Umfrage durch Just Pensions zeichnete auch das Statement of Investment Principle von Hermes Investment Management aus, der Verwalter von verschiedenen betrieblichen Pensionskassen wie BT und des Post Office. Im Jahr 2001 hat Hermes ein Statement hinsichtlich sozialer, ökologischer und ethischer Kriterien in seine Corporate Governance- und Stimmrechtspolitik integriert.[814]

Eurosif hat in seiner Marktstudie 2003 die Aufteilung der SRI in UK erhoben. Dabei ist erkennbar, dass gegenüber den Screening-Verfahren nach Positiv- oder Negativkriterien ein Vielfaches an Geldern durch einen Engagement-Ansatz verwaltet wird.

SRI-Ansatz (UK-Aktien)	**GBP Mrd.**
Nur Negativscreening	0.2
Positiv- und Negativscreening	1.4
Nur Positivscreening	0.2
Engagement	84.2

Abb. 67: SRI-Pensionskassenvermögen in UK

Quelle: Eurosif (2003b), S. 23

Angesichts der identifizierten Mängel im Bereich Monitoring- und Reporting der Engagement-Strategien ist ein Handlungsbedarf erkennbar, um eine effiziente Umsetzung der SRI-Strategien zu erreichen.

[813] Die Pensionskasse der akademischen bzw. höheren Verwaltungsangestellten an Universitäten Universitäten und anderen höheren Bildungs- und Forschungseinrichtungen.

[814] Hermes ist bereits seit langem führend in Themen wie Corporate Governance und Aktionärs-Aktivismus. Daher wurde 1998 Hermes Lens Asset Management (HLAM) gegründet, ursprünglich ein 75:25 Joint Venture mit LENS Investments. LENS zog sich 2000 aus dem Verwaltungsgeschäft zurück, um andere Governance und Aktivismus-Tätigkeiten weiterzuführen, danach hat Hermes den 25%igen Anteil in HLAM übernommen. Siehe Cerulli (2002), S. 14.

Ausserhalb von betrieblichen Pensionskassen können interessierte Investoren auch durch individuelle Rentenpläne oder Stakeholder Pensions investieren, die eher kostengünstigen Rentenpläne darstellen. Mittlerweile bieten verschiedene Lebensversicherer wie Friends Provident, Standard Life, Scottish Equitable (Aegon Gruppe), Norwich Union (Aviva), NPI and Scottish Widows (Lloyds TSB) Stakeholder Pensions nach SRI-Kriterien an.[815]

Die genannten Befragungen zeigen auf, dass hinsichtlich der Implementierung der ethischen Aussagen in den SIPs eine grosse Lücke besteht, sowohl hinsichtlich der Rekrutierung von Spezialisten wie auch der Einführung von Kontrollmechanismen. Die Vernachlässigung von Monitoring-Aktivitäten scheint auch aufgrund des fehlenden Interesses von Mitarbeitern und der Öffentlichkeit zu beruhen.

4.3.2.2 SRI durch Pensionskassen in Deutschland

Angesichts der Einführung der Deklarationspflicht für private Rentenprodukte sowie betriebliche Pensionskassen bestehen Hoffnungen für einen stärkeren Impuls auf den Markt. So meint Kirein Frank, der Leiter des Arbeitsbereiches ethisches Investment beim Institut für Markt, Umwelt und Gesellschaft (imug) in Hannover: „Das Thema ökologische Geldanlage wird durch die ökologische Berichtspflicht auch auf die Tagesordnung der grossen Finanzanbieter kommen. Sie werden prüfen, inwieweit sie ethisch-ökologische Kriterien bei der Gestaltung ihrer Produkte anwenden können."[816] Werden diese Erwartungen erfüllt? Erste Zahlen lassen ähnliche Bedenken aufkommen wie in UK: In Deutschland waren Anfang Juni 2002 neun Pensionsfonds zugelassen und 18 weitere beantragt (laut Auskunft der Finanzdienstleistungsaufsicht). Lediglich von einem dieser Pensionsfonds – der Metallrente- ist bekannt, dass ethisch-ökologische Kriterien berücksichtigt werden.[817]

Die Gewerkschaft IG Metall hat die Berichtspflicht in ihren Vorschlag für ein betriebliches Vorsorgewerk aufgenommen. Die IG Metall will, dass alle 3,5 Mio. Beschäftigte in der Branche im Versorgungswerk "Altersversorgung Metall und Elektro" eine betrieblich geförderte Betriebsrente erhalten. Sie gab bei der Errichtung dieses Versorgungswerkes das Versprechen ab, ethische Belange, soziale Verantwortung und ökologische Nachhaltigkeit berücksichtigen zu wollen.[818] Von diesem Versprechen der IG Metall blieb in der Realisierung der Metallrente zum Schluss nur ein Sozialkriterium: die ILO[819]-Kernkriterien. Die Nachhaltigkeit wurde zwar als Option geprüft, dann aber mit der Begründung

---

[815] Cerulli (2002), S. 15.

[816] Weber (2001), S. 16.

[817] IMUG (2002), S. 8. Ausserdem steckt die Pensionskasse der WestLB (WestPK) einen Teil der Kundenbeiträge in einen Fonds, der sich am Dow Jones Stoxx Sustainability Index für Europa orientiert. Siehe Hesse (2003), S. 10.

[818] IG Metall/Gesamtmetall: Verhandlungsergebnis "Altersversorgung Metall und Elektro – eine gemeinsame Einrichtung von Gesamtmetall und IG Metall". Köln, Deutschland. 4.9.2001.

verworfen, dass dieser Aspekt neben der allgemeinen Einführung der Riester-Rente zu einer zu hohen Komplexität führen würde.[820] Leider vergeben damit die deutschen Gewerkschaften die grosse Chance, die Riester-Rente von Anfang an ganzheitlich anzugehen, so wie dies andere europäische Gewerkschaftskollegen schon tun.

Auch bei der Riester-Rente für private Anleger macht sich hinsichtlich Nachhaltigkeit Ernüchterung breit: „Die Riester-Rente hat der grünen Geldbranche im ersten Jahr nicht den erhofften Schub gebracht. Nur rund ein Dutzend von 3500 Vorsorgeprodukten für Private berücksichtigen bei der Verwendung der Prämien ökologische, ethische oder soziale Kriterien. Nach Schätzungen des Instituts für Markt Umwelt Gesellschaft (IMUG) beläuft sich der Anteil der nachhaltigen Verträge auf 0.25 Prozent."[821] Ein Grund für diese Zurückhaltung liegt in der Umsetzung der Berichtspflicht für die private Altersvorsorge, bei der es Unstimmigkeiten zwischen der Zertifizierungsstelle für die Riesterprodukte und den Befürwortern sozial-ökologischer Anlagepolitik gibt.[822] Sollte es bei der beschriebenen Praxis der Zertifizierung und Berichterstattung bleiben, wird voraussichtlich der Anteil ethischer Riesterprodukte am Gesamtangebot aufgrund fehlender Anreizsysteme marginal bleiben.[823]

Positiv hat sich die Gesetzesregelung allenfalls für Anbieter ausgewirkt, die auf ökologische Anlagen spezialisiert sind. Für Nischenanbieter ergeben sich Zusatzvorteile durch eine enge Kundenbindung, die sich auch daher ergibt, dass man den Versicherten einmal pro Jahr nachweist, in welche ökologischen Unternehmen ihre Beiträge investiert werden. Das Angebot nachhaltiger Riester-Produkte variiert dabei sehr stark. Lediglich die Mannheimer Lebensversicherung – in Kooperation mit der GLS und Öko-Renta – sowie Oeko Capital bieten klassische Rentenversicherungen an, bei denen das investierte Geld zu 70 bis 100 Prozent gemäss Nachhaltigkeitskriterien investiert wird.[824] Andere Anbieter wie Versiko, Gerling mit Partnern, Delta Lloyd, Cosmos Direct, Condor und DBV Winterthur bieten fondsgebundene „grüne Renten" an.

---

819 ILO: International Labour Organisation

820 Engberding, Antonius, Vorstand IG Metall: Rendite und/oder Ethik? Integration sozialer und ökologischer Aspekte bei überbetrieblichen Pensionsfonds. Abstract. IG Metall, Deutschland. 2002.

821 Hesse (2003), S. 9.

822 Denn anstatt das Nicht-Beachten sozial-ökologischer Kriterien bei der jährlichen Information der Versorgungsberechtigten schriftlich zu dokumentieren, beschränken sich die meisten Anbieter der Riesterprodukte darauf, bereits im Antrag auf Zertifizierung die Berücksichtigung ethischer, sozialer und ökologischer Belange bei der Mittelanlage auszuschliessen. Die Zertifizierungsstelle sieht damit die Pflicht zur Berichterstattung als erledigt an, da das Thema schliesslich von vorne herein ausgeschlossen wurde. Eine Berichtslegung findet somit de facto nicht statt. Diese Art des Umgangs mit der Berichtspflicht wirkt sich sicherlich nicht positiv auf die Anzahl sozial-ökologischer Riesterprodukte aus- ein Effekt, der ursprünglich Intention des Gesetzgebers war.

823 IMUG (2002), S. 8f.

824 Hesse (2003), S. 9.

Angesichts der geringen Marktdurchdringung nachhaltiger Produkte ist die positive Einschätzung der Organisation Germanwatch zu hinterfragen: Sie kommentiert, dass mit der Nachhaltigkeitsberichtspflicht „die Tür zu mehr Transparenz und Zukunftsfähigkeit bei Finanzprodukten aufgestossen wurde". Germanwatch stellt fest, „dass trotz der schleppenden Umsetzung der Rentenreform in bezug auf Nachhaltigkeit in der Branche hinsichtlich kommender Finanzprodukte mit ethischen, sozialen und ökologischen Anlagekriterien Optimismus spürbar ist."[825]

Verschiedene Studien haben die Umsetzung der Riester-Reform im Bereich der betrieblichen Altersvorsorge untersucht. Im April 2003 hat Terasa eine Umfrage bei 75 Pensionskassen durchgeführt, von denen 12 Antworten ausgewertet werden konnten.[826] Zwar bezeichnet die Hälfte der Kassen ihr Know-How als gut oder sehr gut, jedoch bezeichnen 70 Prozent Nachhaltigkeitskonzepte in der Anlagepolitik zurzeit als „weniger wichtig" oder „unwichtig".[827] Immerhin sehen drei Viertel der Befragten keinen systematischen Renditenachteil bei nachhaltigen Investments. Trotz dieser vorurteilsfreien Einschätzung haben nur zwei Pensionskassen momentan in nachhaltige Anlagen investiert.[828] Als Hauptproblem des Ansatzes wird von 90 Prozent der Interviewpartner die Unbestimmtheit des Nachhaltigkeitskonzeptes genannt. Insgesamt wird ein moderates Wachstum vorausgesagt, wobei die „zunehmende Akzeptanz des Marktes und der Marktteilnehmer" sowie der „Druck der öffentlichen Meinung" als Treiber gesehen werden.[829]

4.3.2.3 SRI durch Pensionskassen in der Schweiz

Trotz der fehlenden gesetzlichen Anreize haben einige Pensionskassen oder Sammelstiftungen Bestimmungen hinsichtlich SRI freiwillig in ihre Anlagerichtlinien aufgenommen. Garlant ermittelte durch eine Befragung ein „aktuelles Bild von der Schweizerischen Vorsorgelandschaft" hinsichtlich der Bedeutung nachhaltiger Anlagen und Corporate Governance.[830] Bei der Umfrage von 16 Vorsorgeeinrichtungen stellte er fest, dass verschiedene Pensionskassen die Berücksichtigung nachhaltiger Anlagen in ihrem Reglement verankert haben.[831] Andere haben einen (meist sehr geringen) Anteil ihres Portfolios in nachhaltige Kapitalanlagen investiert.[832] Damit hat sich genau die Hälfte

[825] Germanwatch (2002), S. 2.

[826] Terasa (2003), S. 14. Diese Pensionskassen decken allerdings 39% des Deckungskapitals Deutscher Pensionskassen ab.

[827] Terasa (2003), S. 19.

[828] Terasa (2003), S. 19.

[829] Terasa (2003), S. 22. (Zunehmende Akzeptanz wurde von 92% genannt, Druck der öffentlichen Meinung von 42% als Faktor angegeben.)

[830] Garlant (2000), S. 46ff.

[831] Pensionskasse der Lista AG, Erlen; Novartis AG, Pensionskasse Complan

[832] Pensionskassen der Sulzer AG, Basellandschaftliche Pensionskasse, Luzerner Pensionskasse, Staatliche Versicherungskasse Uri, Pensionskasse des Kanton Genf (CIA)

aller befragten Pensionskassen zu nachhaltigen Anlagen bekannt, ein Eindruck, der kaum repräsentativ für die Schweiz ist. Die restlichen Pensionskassen begründen ihre passive Haltung im Bereich SRI oder Corporate Governance durch Interessenkonflikte, mangelnde personelle Ressourcen oder die komplizierte Informationsbeschaffung.

Breit angelegte, repräsentative Studien zur Erfassung des Anlageverhaltens von Pensionskassen haben bereits mehrmals das Thema nachhaltiges Investment in ihren Fragekatalog integriert. Die Erhebungen durch Robeco ermöglichen einen Zeitvergleich zwischen den Jahren 1998 und 2000. Sie gaben bei der Frage nach wichtigen Aspekten zur Bestimmung der Anlagestrategie auch die Rücksichtnahme auf ethische oder sozialpolitische Kriterien vor. Auch die 2002 von Swissca/ ASIP durchgeführte Umfrage enthielt die Frage, ob Anlagen nach SRI-Kriterien erfolgen. Die Ergebnisse beider Studien werden im empirischen Kapitel zitiert und mit den Antworten der Interviewpartner der eigenen Untersuchung verglichen.[833]

Neben dem Angebot von einzelnen nachhaltigen Anlagegruppen durch konventionelle Anlagestiftungen (wie Prevista und UBS) gibt es Stiftungen, die ihr gesamtes Anlagespektrum nach sozialen und ökologischen Kriterien ausgerichtet haben. Dieses fundamentale Vorgehen ist vergleichbar mit dem der Alternativbanken:[834]

Die Stiftung Abendrot wurde 1984 in Basel gegründet und verwaltete Ende 2000 ein Vermögen von ca. 600 KMUs in Höhe von CHF 150 Mio.[835] Die Sammelstiftung bietet alle Leistungen einer Pensionskasse und erstellt unterschiedliche Versicherungspläne gemäss den Bedürfnissen eines Betriebes. Bis 1992/93 wurde das Vermögen in Liegenschaften und Hypotheken angelegt, wobei Kriterien wie günstiger Wohnraum sowie alternative Energie berücksichtigt wurden. Ab 1993 wurde die Diversifikation via Aktien und Obligationen forciert. Bei Aktien wird die Nachhaltigkeit der Titel bewertet, bei Obligationen die Beanspruchung der natürlichen und sozialen Ressourcen.

Die NEST-Sammelstiftung[836] wurde 1983 gegründet und erfasste Ende 2000 rund 5000 Versicherte in 900 KMUs. Die Sammelstiftung umfasst alle Leistungen einer Pensionskasse und betreibt seit ihrer Gründung eine konsequente nachhaltige Anlagestrategie, wie gegenüber den Mitstiftern kommuniziert wird.[837] Die Anlagerichtlinien von NEST halten fest, „...dass die Erwirtschaftung eines angemessenen Ertrages unter Berücksichtigung von ökologisch und ethisch vertretbaren Anlagen erfolgt. Damit soll heutiger Wohlstand

---

[833] Siehe Kapitel V (Empirie).
[834] Eine Übersicht gibt:: Erklärung von Bern, WWF Schweiz (2000).
[835] www.abendrot.ch
[836] www.nest-info.ch
[837] Garlant (2000), S. 32.

gesichert, aber eine lebenswerte Welt auch für künftige Generationen erhalten werden."[838] Eine besondere Bedeutung nimmt bei NEST die starke Mitbestimmung der angeschlossenen Betriebe ein. Voraussetzung für diese Stiftungsdemokratie ist Transparenz, insbesondere auch bei den Anlagen. Bis heute ist die Delegiertenversammlung als oberstes Organ zuständig für die Wahl des Stiftungsrates sowie den Erlass und die Änderung der Geschäftsordnung und allgemeinen Anlagerichtlinien.[839]

Die Gemeinschaftsstiftung „Pensionskasse für Unternehmen, Künstler und Freischaffende" (PUK) wurde im September 1984 gegründet und investiert die einbezahlten BVG-Beträge in Betriebe und Institutionen, „die sich am notwendigen Forschritt der kulturellen, sozialen und wirtschaftlichen Verhältnisse orientieren, wie er sich aus einem zeitgemässsen Erfassen eines das Geistige in Mensch und Natur umfassenden Weltbildes ergibt."[840]

Ethos (Fondation d'investissement pour un développement durable) [841] wurde 1997 durch zwei Genfer Pensionskassen gegründet und zählte Anfang 2004 88 Pensionskassen aus der ganzen Schweiz als Mitglieder. Die Stiftung zielt darauf ab, ihre Mittel unter Berücksichtigung einer nachhaltigen Entwicklung zu investieren, die verantwortungsbewusste Ausübung der Aktionärsstimmrechte zu ermöglichen und den konstruktiven Dialog mit den Unternehmen zu fördern. Die Stiftung verpflichtet sich einer auf Umweltkriterien und soziale Kriterien bezogenen Finanzanalyse, deren Ergebnisse sie publiziert. Schwachpunkte einzelner Unternehmungen werden mittels Governance zu verbessern versucht.[842] Dieses Vorgehen reflektiert nicht nur ideologische Werte, sondern auch das Ziel, die ökonomische mit der sozio-ökologischen Effizienz zu kombinieren, um den langfristigen Wert eines Unternehmens zu steigern. In sieben Anlagesegmenten in Aktien und Obligationen verwaltet die Anlagestiftung im Auftrag ihrer Mitglieder Anfang 2004 rund CHF 815 Mio. nach finanziellen, ökologischen und sozialen Kriterien der nachhaltigen

---

[838] www.nest-info.ch

[839] Zusammen mit der Zürcher Beratungsfirma INFRAS werden die für Kapitalanlagen in Frage kommenden Gesellschaften einer Analyse unterzogen. In Abweichung zu anderen Analyseansätzen wird nicht nach Branche, sondern nach Service-Sektor analysiert. Mit der Gründung von Inrate, einer Tochtergesellschaft von INFRAS und NEST, wurde das Verfahren in eine Kooperation eingebracht und Inrating genannt. Auf der Basis von Inrating und in Kooperation mit dem Schweizer Verband der Raiffeisenbanken wurden 2001 die Raiffeisen Futura Fonds lanciert, die auch für private Investoren erhältlich sind. Ökologische und soziale Kriterien werden nicht nur in diesen Aktien- und Obligationenportfolios angelegt, sondern auch im Bereich der Hypotheken und Immobilien. Investiert wird u.a. in eine Wohnliegenschaft in Zürich mit dem Konzept eines Single-Hauses für 14 Einpersonenhaushalte, die um eine Gemeinschaftsküche und Gästezimmer ergänzt wird. Bei einer anderen Liegenschaft stehen baubiologische Materialien, konsequente Wärmedämmung oder Sonnenkollektoren von einer hohen ökologischen Qualität. Hypothekarkredite werden schwerpunktmässig an Wohnbaugenossenschaften sowie Institutionen im Kurs- und Kulturbereich vergeben. Siehe Ramisberger/ Pfeifer (2003), S. 39f.

[840] Infos unter: www.sozialfinanz.ch/ueber_uns

[841] In May 2002 Ethos has 92 pension fund members and total assets of 750 Mio CHF. www.ethosfund.ch (24.5.2002)

[842] Fitze et al. (2000): S. 27.

Entwicklung. Über die Gesellschaft ethos services werden darüber hinaus verschiedene Dienstleistungen sowohl bei der Beratung für die Vermögensverwaltung nach Kriterien der nachhaltigen Entwicklung als auch im Bereich Corporate Governance angeboten. Ausserdem wurde der Anlagefonds ethosfund nach schweizerischem Recht eröffnet. Dieser Anlagefonds wird nach demselben Konzept wie die Segmente der Stiftung verwaltet und steht allen Anlegerkategorien offen. Eine der beiden zur Gründung verantwortlichen Pensionskassen war CIA.

CIA

Die Vorsorgekasse CIA[843] versichert hauptsächlich Verwaltungsangestellte und Lehrpersonen der öffentlichen Schulen des Kantons Genf. Für die ca. 32'000 aktiven und pensionierten Mitglieder werden Kapitalanlagen im Wert von über 4.5 Milliarden Franken verwaltet. Erste Überlegungen über nachhaltige Anlagen wurden Anfang der Neunzigerjahre angestellt. Die Diskussionen wurden durch die Frage eines steigenden Aktienanteils in der strategischen Asset Allocation initiiert: „Aktien? Ja, aber nur, wenn auf die Art, wie das durch Zwangssparen angehäufte Kapital der Versicherten verwendet wird, Einfluss genommen werden kann.“ [844] Mit dieser Prämisse wurde der Einschluss von Aktien in das Portfolio der Kasse akzeptiert. Angesichts der Bedeutung und des Wertes der Mitgliedsrechte wurde beschlossen, die Stimmrechte für Schweizer und ausländische Aktien systematisch auszuüben.

Heute werden sämtliche Wertpapierportfolios nicht nur nach traditionellen, sondern auch nach ökologischen und sozialen Gesichtspunkten verwaltet.[845] Inhaltlich wurden nicht nur Negativkriterien definiert, sondern der Grundsatz, dass die Anlagen hauptsächlich in Unternehmen getätigt werden, die der Vorgabe einer nachhaltigen Entwicklung am ehesten entsprechen.

Die Pensionskasse des Kantons Genf ist in der Schweiz eine der wenigen Vorsorgeeinrichtungen, die über Erfahrungen mit Corporate Governance verfügt. Seit 1994 hat sie an Generalversammlungen von Unternehmungen wie UBS, Sandoz, CibaGeigy, Swissair, Novartis und Algroup interveniert. Die Argumentation folgt dem Beispiel der bereits erwähnten amerikanischen Pensionskassen: Die Kasse drückte mit den Interventionen ihre Besorgnis aus,

[843] Caisse de prevoyance du personell enseignant de l'instruction publique et de fonctionnaires de l'administration du canton Geneve www.cia.ch
[844] Morard (2003), S. 48.
[845] Morard (2003), S. 48.

dass die Fusionswelle nicht dem langfristigen Gedeihen der Unternehmungen dienlich sein könnte und kritisierte häufige Strategieänderungen. Als generelle Begründung für ihre Einflussnahme auf Unternehmungen führt die Kasse den ökonomischen Wert des Stimmrechts auf sowie das Ziel, eine nachhaltige Entwicklung in finanzieller, sozialer, ökologischer und volkswirtschaftlicher Hinsicht zu fördern. Es wurden Kriterien zur Unternehmensführung definiert, anhand derer notwendige Interventionen ausgelöst werden. Die Kasse wird nicht nur an Generalversammlungen aktiv, sondern sucht auch direkt den Dialog mit der Unternehmensleitung.

Hinsichtlich der Wirkung ihres Engagements ist CIA bisher zufrieden mit dem Verhältnis von Nutzen zu Kosten und hofft, dass die Beispiele, in denen sie etwas bewegen konnten, andere Pensionskassen oder Investoren zu einer aktiveren Rolle als Eigentümer animieren können.[846] Über ihre eigene Aktivität hinaus hat CIA durch die Lancierung von „ethos“, der bereits erwähnten Anlagestiftung für Pensionskassen, für Aufsehen gesorgt.

4.3.3 Zusammenfassung

In den verschiedenen Ländern beschäftigen sich Pensionskassen mit SRI im Rahmen ihrer Vermögensverwaltung. Es stellt sich jedoch die Frage, wie fundiert diese Auseinandersetzung ist. Verglichen mit anderen europäischen Ländern scheinen die Pensionskassen in UK eine Vorreiterrolle zu spielen. Diese Entwicklung lässt sich aufgrund der längeren Geschichte von SRI ableiten, die sich in vergleichsweise hohen Volumina im Retail- und institutionellen Markt widerspiegelt. Zusätzlich hat die britische Regierung eine Pionierrolle eingenommen, indem sie ihre Pensionskassen aufforderte, öffentlich darzulegen, inwieweit ethische Kriterien bei der Anlage zum Einsatz kommen. Diese Regelung hat ein hohes Interesse in der Fachwelt geweckt, die Implementierung scheint jedoch nicht die gewünschte Dynamik auszulösen. Verschiedene Studien, die von Wissenschaftlern und NGOs erstellt wurden, konnten zwar viele Statements zu SRI registrieren, deren Umsetzung bei näherem Hinsehen sehr lückenhaft ist. Es fehlen Monitoring- und Reportingstrukturen, die v.a. bei der Strategie des Engagement eine öffentliche Kontrolle ermöglichen. Neben einigen Pionieren scheint die Mehrzahl der Pensionskassen das Thema als lästige Pflichtübung mit möglichst geringem Aufwand abhaken zu wollen. Die Auseinandersetzung deutscher Pensionskassen bzw. Pensionsfonds scheint noch schwächer ausgeprägt zu sein, was allerdings mit der Rentenreform zusammenhängt. Die Reform scheint

---

846 Morard (2003), S. 49.

im Rahmen der betrieblichen Altersversorgung sehr langsam akzeptiert zu werden, die private „Riesterrente" ist aufgrund mangelnder finanzieller Anreize nur schlecht am Markt zu platzieren. Zusätzliche Aspekte sind aufgrund der bereits bestehenden Komplexität den Kunden nur schwer zu vermitteln. In der Schweiz haben sich auch ohne eine gesetzliche Förderung verschiedene Pensionskassen aktiv zum Thema positioniert, v.a. die Pensionskasse CIA und Ethos haben das Thema sehr offensiv in die Öffentlichkeit getragen. Sie sind die bisher prominentesten Vertreter im kontinentaleuropäischen Raum, die SRI im Rahmen einer Engagement-Strategie umsetzen und Missstände bei Unternehmen im Rahmen der Generalversammlungen anprangern. Weitere Anlagestiftungen bieten neben klassischen Anlagegruppen auch eine SRI-Option an. Zusätzlich agieren verschiedene Nischenanbieter am Markt, die besonders sensible Zielgruppen mit ihren ethisch-ökologischen Produkten adressieren.

Der Länderüberblick illustriert auch, dass SRI für die Mehrheit der Kassen kein wichtiges Thema darstellt. Mögliche Vorteile werden nicht in der Form wahrgenommen, als dass sie den Zusatzaufwand der Suche nach einem geeigneten SRI-Ansatz rechtfertigen. Die empirische Analyse kann zur Klärung der vorhandenen Defizite dienen.

Neben den Pensionskassen haben sich andere institutionelle Investoren wie Versicherungen aktiv mit Teilaspekten von SRI auseinandergesetzt. Dabei wurden sowohl auf nationaler Ebene wie im Fall der British Insurers oder im Rahmen des internationalen Carbon Disclosure Projektes Initiativen gestartet. Das Ziel bestand in beiden Fällen darin, durch den Druck der institutionellen Investoren eine bessere Informationslage über soziale und ökologische Risiken wie beispielsweise der Beitrag zum Klimawandel zu schaffen. Die Ergebnisse zeigen, dass die Unternehmen zögerlich reagieren. Teilweise werden erschreckende Defizite aufgedeckt, diese Risiken managen zu können. Sobald die Investoren beginnen sollten, die enthaltenen Informationen bei ihren Investmententscheidungen zu berücksichtigen, sollte sich diese Situation ändern. Aufgrund der direkten Betroffenheit der Versicherer könnten diese wesentlich schneller gewillt sein, Druck auf die Unternehmen auszuüben, ihre sozialen und ökologische Leistung zu optimieren und damit ihre eigenen Anlagerisiken zu reduzieren.

4.4 Zusammenfassung des Kapitels Pensionskassen und SRI

Da das vorangegangene Kapitel die Zusammenführung der Theoriekapitel Pensionskassen und SRI darstellt und die Argumentation darlegt, warum Pensionskassen in SRI investieren sollten, werden nochmals die wichtigsten Punkte aufgeführt:

Pensionskassen sind aufgrund ihrer Grösse in der Lage, ihre Rolle als Aktionär aktiv wahrzunehmen und Signale an das Management auszusenden. In verschiedenen Ländern sind damit nicht nur Rechte verbunden, Einfluss auf investierte Unternehmen ausüben zu können. In den USA sind beispielsweise die dem ERISA unterstellten Pensionskassen zur Ausübung ihrer Stimmrechte verpflichtet. In Grossbritannien wurden verschiedene Initiativen (seitens der British Insurer oder durch den Myners Report oder das Institutional Shareholder Committee) ins Leben gerufen mit der Aufforderung, ihre Rolle als Aktionär auszufüllen und ihre Verantwortung wahrzunehmen. In der Schweiz müssen Pensionskassen seit Anfang 2002 offen legen, wie sie ihre Stimmrechte wahrnehmen.

Inhaltlich werden von den institutionellen Investoren wie Pensionskassen häufig Aspekte der Corporate Governance der Unternehmen thematisiert. Das Ziel der Bemühungen besteht darin, durch eine Verbesserung der Einfluss-, Kontroll- und Überwachungsmechanismen der Unternehmen deren wirtschaftliche Entwicklung zu optimieren und damit eine höhere Rendite erwirtschaften zu können. Dabei erweitert sich der Fokus der Aktionäre zunehmend. Neben rein monetären Aspekten werden heute verstärkt auch andere Faktoren berücksichtigt. Im Zuge dieser Entwicklung versuchen die Investoren, Risiken aus einer schlechten Corporate Governance wie einer mangelnden Corporate Social Responsibility auszuschalten. Die Geschichte des Shareholder Aktivismus in den USA demonstriert, dass SRI und Corporate Govnernance-Aktivitäten eng verbunden sind. Zunehmend werden neben Corporate Governance-Anträgen auch Traktanden zu SRI bei den Generalversammlungen diskutiert. Die Aktivitäten der Pensionskassen wie CalPERS oder TIAA-CREF zeigen, dass beide Themen parallel verfolgt werden.

Die Auseinandersetzung von Pensionskassen mit SRI hängt einerseits mit der finanziellen Motivation zusammen, durch die Selektion von Unternehmen bzw. einem Engagement zu besserem ökologisch-sozialen Verhalten der Unternehmen einen Mehrwert generieren zu können. Gleichzeitig stellt sie eine Reaktion auf den Druck interner und externer Anspruchsgruppen dar. Diese wirken jedoch unterschiedlich stark. Aus der Literatur lassen sich zum gegenwärtigen Zeitpunkt wenig Anhaltspunkte für eine Einflussnahme interner Anspruchsgruppen im Hinblick auf SRI identifizieren. Bezüglich der externen Lenkungssysteme hat sich in der letzten Zeit insbesondere der Gesetzgeber engagiert. Die anderen beiden Lenkungssysteme Markt und Gesellschaft bzw. die darunter subsummierten Akteure haben einen vergleichsweise geringen Einfluss auf das Anlageverhalten der Pensionskassen in Richtung SRI.

Wie gezeigt wurde, sind die rechtlichen Rahmenbedingungen in verschiedenen Ländern entscheidend verändert worden. Im Vordergrund steht in der Regel die Einführung einer Deklarationspflicht für Pensionskassen, inwieweit ethisch-ökologische Kriterien verwendet werden. Hierdurch soll eine stärkere Transparenz erreicht werden. Bisher ist jedoch eine intensive öffentliche Diskussion in den Ländern mit einer Transparenz-Richtlinie ausgeblieben, auch wenn einige NGOs das Thema aufgegriffen haben und vereinzelte Initiativen von Versicherten gestartet wurden. Insgesamt blieb bislang der Einfluss derartiger Stakeholder verhalten und die Implementierung von SRI-Kriterien eher oberflächlich.

Der Überblick zur Situation in verschiedenen Ländern hat illustriert, dass neben einigen Pionieren die Mehrheit der Pensionskassen das Thema bisher nicht aktiv wahrnimmt. Dabei ist unverkennbar, dass eine gewisse Dynamik entstanden ist. Die verwalteten Vermögen steigen, mehr Pensionskassen beginnen – wenn auch zögerlich – das Thema aufzugreifen. Das Beispiel der Metall-Rente in Deutschland zeigt, dass man mit Kompromisslösungen beginnt, um den Aufwand und ein mögliches Risiko auf die Investments zu minimieren. Mehrfach wird jedoch angedeutet, dass v.a. im gesetzlichen Rahmen Anpassungen angedacht werden. Sowohl in UK wie in Deutschland werden Reformen diskutiert. Sollen Pensionskassen nicht nur wie bisher von einigen eher ethisch orientierten Foundations im SRI-Kontext Rückendeckung erhalten, sondern auch von Versicherungen und anderen rein finanziell orientierten Investoren, könnte das Thema weiteren Auftrieb erhalten. Dazu ist auch eine bessere Informationsgrundlage der Unternehmen und eine stärkere Sensibilisierung der Finanzanalysten erforderlich. Initiativen wie das Carbon Disclosure Projekt haben durch die breite Unterstützung durch institutionelle Investoren eine Signalwirkung ausgelöst.

5 Empirische Untersuchung

5.1 Herleitung des Untersuchungsmodells

Wie aufgezeigt wurde, ist das Modell von Ulrich auch auf andere Institutionen als Unternehmen anwendbar. Im vorliegenden Kontext wird es auf Pensionskassen adaptiert, wobei interne und externe Anspruchsgruppen unterschieden werden können. Intern sind die Entscheidungsgremien wie der Stiftungsrat bzw. die Anlagekommission relevant. Für die Einteilung der externen Anspruchsgruppen wird die Gliederung von Dyllick in die Lenkungssysteme Markt, Politik und Gesellschaft genutzt. Die vorangegangene Literaturrecherche hat illustriert, dass sich die vorliegenden Modelle sehr gut auf die Fragestellung SRI durch Pensionskassen übertragen lassen. Es wird deutlich, dass die meisten Akteuren durchaus eine beeinflussende Rolle im diskutierten Kontext haben können, sei es mit positiver oder negativer Auswirkung auf eine SRI-Strategie auswirken. Lediglich die internen Gruppen sind aufgrund bisheriger Forschungsergebnisse schwierig zu skizzieren. Als Grundlage für die nachfolgend durchgeführte Befragung werden nochmals alle Einflussfaktoren hinsichtlich interner Stakeholder und externer Lenkungssysteme, die sich aus dem Literaturstudium ableiten lassen, kurz zusammengefasst. Ergänzend zu den internen und externen Anspruchsgruppen in Anlehnung an das Modell der Systemtheorie gibt es eindeutige Hinweise, dass eine Entscheidung zu SRI von verschiedenen Faktoren der Anlagestrategie abhängt. Um ihre Bedeutung adäquat erfassen zu können, werden sie ebenfalls diskutiert und in das Untersuchungsmodell integriert.

5.1.1 Interne Stakeholder

Hinsichtlich der Bedeutung der internen Stakeholder in bezug auf SRI bietet die Literatur wenig Anhaltspunkte. Bei der Einschätzung ihrer Rolle sind zwei Ebenen zu unterscheiden: die individuelle Motivationslage sowie die Beeinflussung durch externe Lenkungssysteme. Die persönliche Haltung ist schwierig anhand von externen Quellen darzustellen. Es gibt lediglich einen Hinweis: Anscheinend führt die dominierende Sozialisierung der Finanzexperten zu einer zurückhaltenden Mentalität gegenüber einem normativen Verhalten, sei es ökologischer oder sozialer Natur. Dies führt zu einer Überzeugung, dass sich die Pensionskassen nicht zu einer moralischen Instanz der Märkte aufspielen sollen. [847] Die Interviews sollen daher Klarheit schaffen, ob eine inhaltlich eher positive oder kontroverse Beziehung zum Thema besteht, bzw. welche Anlässe zu der Umsetzung einer SRI-Strategie geführt haben.

Hinsichtlich des Einflusses der Lenkungssysteme ist für die stark regulierte Institution Pensionskasse der Gesetzgeber höchst relevant. In bezug auf das Thema SRI gibt es allerdings keine gesetzliche oder praktische Verpflichtung für die Treuhänder, zu Themen von besonderem Interesse für Mitarbeiter oder die Gesellschaft Stellung zu beziehen. Daher sind andere Faktoren entscheidender. Im Rahmen der paritätischen Verwaltung ist der Stiftungsrat der Pensionskasse aus Vertretern der Arbeitgeber und Arbeitnehmer zusammengesetzt. Angesichts der unterschiedlichen Interessen der vertretenen Parteien ist anzunehmen, dass auch hinsichtlich einer ökologischen-ethischen Anlagestrategie Differenzen bestehen können. Lassen sich bestimmte Handlungsmuster erkennen? Kommt die Initiative zu einer SRI-Strategie eher von den Arbeitnehmer- oder Arbeitgebervertretern? Folgende Bezüge sind denkbar: Vertreter aus dem Management eines sozial und ökologisch engagierten Unternehmens sind evtl. stärker an einer aktiven Anlagestrategie der eigenen Pensionskasse interessiert, um das positive Image der eigenen Firma glaubwürdig zu unterstreichen. Aufgrund ihrer Motive kann davon ausgegangen werden, dass sich die Mitarbeitervertreter evtl. grundsätzlich stärker für eine soziale Beurteilung der investierten Unternehmen einsetzen. Wie sieht die Positionierung innerhalb des Stiftungsrates und das Abstimmungsverhalten aus?

5.1.2 Externe Stakeholder

Im Lenkungssystem **Markt** spielen *Vermögensverwalter* bei der Anlage der Pensionskassengelder eine zunehmende Rolle.[848] In der Schweiz sind mittlerweile verschiedene Grossbanken, Privatbanken, die Kantonalbanken sowie spezialisierte Anbieter und Anlagestiftungen in der Lage, SRI an Pensionskassen zu vermitteln. Angesichts der relativ kleinen Marktvolumina ist unklar, wie offensiv die Vermögensverwalter SRI handhaben. Werden aus eigenem Antrieb Initiativangebote zu SRI unterbreitet? Wie können Verwalter auf konkrete Anfragen mit SRI-Fokus reagieren? Werden in den Beratungsgesprächen SRI-Anlagen eher empfohlen oder abgelehnt?

Auch *Consultants* nehmen bei der Beratung der Pensionskassen hinsichtlich ihrer Anlagestrategie sowie der Vergabe von externen Mandaten eine Schlüsselposition ein.[849] Ihr Rat beeinflusst die Entscheidungsträger, ob explizit geäussert oder unterschwellig in die Diskussion eingebracht. Ist erkennbar, wie Consultants zu der Einführung einer SRI-Strategie stehen? Sind sie aktiv und kompetent, einen solchen Schritt zu unterstützen oder versuchen sie ihn eher zu verhindern? Welche Argumente werden eingebracht, die Pensionskasse zu beeinflussen?

---

847 Oesch (2000), S. 32.

848 Nach der ASIP-/ Swissca Studien haben 25,5% der Pensionskassen in Anlagestiftungen investiert, 27,5% Mandate in Einzelkategorien vergeben. Siehe ASIP (2002), S. 24.

849 Laut ASIP-/ Swissca-Studie setzen 63% der Pensionskasse unabhängige Berater ein, schwerpunktmässig zur Erstellung des Anlagekonzeptes und der Strategie. Siehe ASIP (2002), S. 27.

Die *Versicherten* als finanziell direkt Betroffene können einen Druck auf die Pensionskassenverwalter ausüben, ökologische bzw. ethische Kriterien zu berücksichtigen, einzelne durchgeführte Kampagnen wurden dargestellt.[850] Die vorhandenen Beispiele spiegeln die Erfahrung wieder, dass Kassen in sozio-kulturellen Berufen (Gesundheit, Sozialdienste, Bildung, Kultur) eine höhere Wahrscheinlichkeit besitzen, nichtfinanzielle Kriterien zu berücksichtigen. Lassen sich bestimmte Berufsgruppen bzw. Branchen identifizieren, die sich überdurchschnittlich häufig für eine SRI-Strategie entscheiden?

In der Praxis werden auch Stimmen laut, dass sich Mitglieder von Pensionskassen grundsätzlich wenig mit der Anlage ihrer Vorsorgegelder auseinandersetzen und damit kein Interesse an die Verantwortlichen artikulieren.[851] Andere Aussagen nennen eher die Bedenken seitens der Destinatäre, dass zusätzliche weiche Anlagekriterien den Anlageerfolg zu sehr beschränken und sie daher eine Berücksichtigung von SRI ablehnen. Wie stark artikulieren die Versicherten ihre Präferenzen hinsichtlich der Anlagestrategie? Gibt es auch in der Schweiz konkrete Initiativen, die Anlagestrategie zu beeinflussen, hinsichtlich einer SRI-Strategie oder anderer Inhalte? Wird aktiv versucht, die Meinung der Mitglieder einzuholen? Werden Umfragen durchgeführt, sei es zu allgemeinen Fragen der Anlagestrategie oder des Managements bzw. zu SRI-Kriterien?

Die empirischen Analysen zur Wahrnehmung von Corporate Governance-Interessen geben zudem eindeutige Hinweise auf einen Einfluss der *Sponsoring-Institution*. Öffentlichen Pensionskassen wird eine stärkere Initiative zugesprochen als Pensionskassen privater Unternehmen oder Investmentgesellschaften, die durch kommerzielle Interessenkonflikte in ihrem Verhalten eingeschränkt sein können. Lässt sich die Erfahrung aus dem Ausland auch in der Schweiz bestätigen? Die Ergebnisse der ASIP-Umfrage geben erste Anhaltspunkte.[852] Stehen bei den Verantwortlichen privater Kassen systematisch andere Gründe hinter der Entscheidung als bei denen öffentlicher Kassen? Welche Rolle spielen Interessenkonflikte und wie weit werden sie explizit artikuliert?

Auch innerhalb der privaten Pensionskassen mag es Differenzen geben. Lässt sich der Einfluss einer ökologisch-sozialen Unternehmensstrategie auf den Entscheidungsprozess der Pensionskassen nachweisen? Verfolgen Pensionskassen, deren „Mutterunternehmen“ eine Zertifizierung ihres Umweltmanagementsystems aufweisen oder in ökologischen bzw. nachhaltigen Unternehmensverbänden zusammengeschlossen sind, häufiger eine SRI-Anlagestrategie als Pensionskassen mit ökologisch passiven „Mutterunternehmen“?

---

850 Als Pensionskassen mit Initiativen seitens der Versicherten wurden USS sowie CIA erwähnt.

851 Garlant (2000)

852 Laut der ASIP-/ Swissca-Befragung haben 57% der öffentlichen Pensionskassen Anlagen nach ethisch-ökologischen Kriterien getätigt, dagegen nur 15% der privaten Pensionskassen. Siehe ASIP (2002), S. 28.

Das Lenkungssystem **Politik** ist im europäischen Ausland als gegenwärtig stark treibende Kraft einer Debatte um Pensionskassen und SRI zu identifizieren. Der Gesetzgeber versucht die mögliche Hebelwirkung, die Pensionskassen auf die Finanzmärkte bzw. die Wirtschaft in Richtung eines ökologischen Strukturwandels ausüben können, zu unterstützen. Diese gesetzliche Vorschriften werden zusätzlich zu der bereits umfangreichen Reglementierung in bezug auf ihre Anlagen erlassen. In der Schweiz sind Pensionskassen bisher keiner gesetzlichen Regelung zu ethischen und ökologischen Anlagekriterien unterworfen. Sehen die Akteure eine mögliche Einführung einer Deklarationspflicht als gravierenden Einflussfaktor an? Wie wird sich die bestehende Bestimmung hinsichtlich der Ausübung der Stimmrechte auswirken? Führt sie zu einer stärkeren Auseinandersetzung mit den Aktionärsrechten, werden diese bewusster wahrgenommen?

Das Lenkungssystem **Gesellschaft** hat – zumindest soweit aufgrund des Literaturstudiums ersichtlich – bisher nicht allzu offensiv zum Thema Pensionskassen und SRI Stellung bezogen. Von der Erklärung von Bern[853] wurde 2000 in Kooperation mit dem WWF eine Marktübersicht zu ethisch-ökologischen Geldanlagen veröffentlicht, die allerdings eher an private Investoren als an Pensionskassen gerichtet war. Die verfassten Studien zum Thema SRI und Pensionskassen sind eher als wissenschaftliche Arbeiten einzuordnen.[854] Es scheint, dass weder die NGO's, noch die Medien das Thema SRI und Pensionskassen stark in der Öffentlichkeit thematisieren. Dieses Verhalten steht im Kontrast zu UK, wo verschiedene NGOs[855] Umfragen bei Pensionskassen durchgeführt und in kritischen Studien veröffentlicht haben.

Stimmt diese Einschätzung der fehlenden öffentlichen Auseinandersetzung von NGOs und Medien in dem untersuchten Kontext mit der Realität überein? Wurden Pensionskassenvertreter bereits von Umwelt- bzw. Verbraucherorganisationen in bezug auf eine SRI-Strategie kontaktiert?

Auch die *Gewerkschaften* spielen eine zunehmend aktive Rolle bei der Verwaltung von Pensionskassengeldern in überbetrieblichen Vorsorgewerken. Nutzen sie die Chance, Arbeitnehmerinteressen im Kontext ihrer Anlageentscheide zu vertreten? Die Literaturrecherche gibt dazu eindeutige Hinweise aus den USA und Deutschland.[856] In der Schweiz gibt es allerdings keine überbetrieblichen Pensionskassen auf Branchenebene, an denen Gewerkschaften beteiligt sind. Aufgrund dieser Struktur kann die Frage in der empirischen Analyse nicht beantwortet werden.

---

[853] www.evb.ch

[854] Garlant (2000); Kasemir et al. (2001); Sturm/ Badde (2001)

[855] Friends of the Earth, Just Pensions

[856] Engberding (2001); Engberding (2002)

5.1.3 Anlagestrategie

5.1.3.1 Risikofähigkeit

Nachhaltige Anlagen für Pensionskassen werden bisher vor allem im Bereich von Aktien angeboten. Zwar umfassen Socially Responsible Investments auch Öko-Sparbücher, Direktbeteiligungen oder ausserbörslich gehandelte Aktien, diese sind aufgrund ihrer Liquidität bzw. vereinbarter Renditeeinbussen i.d.R. nicht für Pensionskassen geeignet. Im Bereich Immobilien sind erst wenige Angebote auf dem Markt, sei es als frei gehandelte Immobilienfonds[857], sei es als ökologisch optimierte Wohneinheiten wie im Fall von NEST. Erst in den letzten Jahren wurden auch im Segment der Obligationen bzw. darauf aufbauend gemischten Mandaten soziale und ökologische Kriterien integriert. In der Schweiz sind mittlerweile speziell auf die Bedürfnisse von Pensionskassen zugeschnittene BVG-Anlagen erhältlich.

Angesichts des überwiegenden Angebotes an SRI-Anlagen im Aktiensegment ist ein entsprechendes Engagement primär für Pensionskassen geeignet, die damit ihre Aktienquote in der Asset Allocation abdecken möchten, entweder um bestehende Engagements zu ersetzen oder die Aktienquote zu erhöhen. Diese Situation setzt allerdings eine gewisse Risikofähigkeit in der Anlagestrategie voraus. Diese kann durch einen niedrigen Deckungsgrad oder durch ein relativ ungünstiges Verhältnis von Rentnern zu Versicherten beeinträchtigt sein. Da SRI-Anlagen tendenziell höhere Risiken als konventionelle Aktienanlagen aufweisen[858] sowie grössere Abweichungen zu klassischen Benchmarks aufweisen[859], ist die Annahme gerechtfertigt, dass sich nur Pensionskassen in SRI engagieren können, die einen sehr hohen Deckungsgrad aufweisen, um dieses höhere Risiko eingehen zu können. Stimmt diese in der Literatur geäusserte Kritik? Sind nur die Pensionskassen in SRI investiert, die eine hohe Risikofähigkeit aufweisen? Wird das höhere Risiko von SRI-Anlagen als Hinderungsgrund gegen SRI genannt? Stellt das eingeschränkte Spektrum an Anlageklassen einen Faktor in der Diskussion dar?

5.1.3.2 Anteil indexierter Anlagen

Pensionskassen setzen indexierte Anlagen speziell aus Kostengründen ein, da die Gebühren für ein aktives Management wesentlich höher sind und die Erträge den Zusatzaufwand nur in wenigen Fällen kompensieren können. Die Corporate-Governance-Literatur gibt keine eindeutige Aussage, ob Pensionskassen mit indexierten Anlagen stärker ihre Aktionärsrolle wahrnehmen als Investoren mit einer fokussierten Anlagestrategie. Im Falle

---

[857] Der Freiburger Architekt Rolf Disch hat beispielsweise geschlossene Solar-Immobilienfonds aufgelegt, mit dem Anteile der Plusenergiehäuser der Freiburger Solarsiedlung erworben werden. Ende 2003 wurde der zweite Solarfonds platziert. Siehe http://www.rolfdisch.de/news_archiv.asp?sid=1045337326&id=430&type=3 (Zugriff vom 10. 3. 2004).

[858] Siehe Warburg (2001); Schäfer/ Stederoth (2001) sowie Global Consulting Group (2001)

[859] Vgl. Stum/ Badde (2001), S. 19.

einer Indexierung sinken aufgrund der relativ kleinen Positionen die Anreize für eine gezielte (und kostenintensive) Auseinandersetzung mit den Unternehmen. Gleichzeitig besteht für grosse Pensionskassen ein Problem, dass sie auch Unternehmen mit schlechtem Management halten müssen, um nicht grössere Abweichungen gegenüber dem Index zu riskieren. Dieses Dilemma fördert hingegen einen Einfluss auf das Unternehmen. Gibt es hinsichtlich des Investmentstils eine Korrelation zu SRI? Werden nachhaltige Anlagen (als aktiver Anlagestil) primär von aktiven Managern ausgewählt? Gleichzeitig ist geplant, die Anhaltspunkte aus der Literatur in der Praxis der Schweizer Pensionskassen zu überprüfen: Gibt es eine Korrelation zwischen einer Indexierung der Anlagen und der aktiven bzw. selektiven Ausübung der Aktionärsrechte?

5.1.3.3 Anteil extern verwalteter Vermögensanteile

In der Corporate Governance-Literatur wird die Vergabe von Mandaten an externe Manager als Restriktion für eine aktive Wahrnehmung von Stimmrechten gesehen. Durch das Pooling von Stimmrechten bzw. Interessenkonflikte der betroffenen Banken werden die Stimmrechte in den seltensten Fällen gezielt ausgeübt. Bei der Umsetzung einer SRI-Strategie kann sich die Vergabe an externe Verwalter dagegen positiv auswirken. Aufgrund des hohen Rechercheaufwandes verfügen Spezialanbieter über Vorteile, die Kosten über ein breites Spektrum an Kunden und Assets zu verteilen. Welchen Weg wählen die betroffenen Pensionskassen? Erfolgt die Umsetzung einer SRI-Strategie primär durch externe oder durch interne Ressourcen? Lassen sich Korrelationen erkennen, dass Pensionskassen mit einem primär externen Management ihrer Anlagen eher eine SRI-Strategie ergreifen als Pensionskassen mit vorherrschender interner Vermögensverwaltung?

5.1.3.4 Wahrnehmung von Aktionärsrechten

Da in der Literatur eine Korrelation zwischen der Vergabe der Vermögensverwaltung an externe Manager sowie eine Auswirkung einer Indexierung auf die aktive Wahrnehmung von Aktionärsrechten dargestellt wird, soll in der Befragung als nächster Schritt analysiert werden, ob eine Rolle als aktiver Aktionär auch die Berücksichtigung von sozialen und ökologischen Kriterien in der Anlagestrategie begünstigt oder nicht. Angesichts der erläuterten geschichtlichen sowie inhaltlichen Parallelen in bezug auf Performancepotentiale scheint eine Beeinflussung der Faktoren plausibel.

Bisher konnte keine Studie identifiziert werden, die systematische Aussagen darüber erlaubt, ob Pensionskassen mit aktiver, selektiver Ausübung der Stimmrechte eher geneigt sind, SRI-Kriterien in der Anlagestrategie zu berücksichtigen. Die zitierten Beispiele von Pensionskassen erlauben allerdings die These, dass Pensionskassen, die als aktiver Aktionär gezielten Einfluss auf die Unternehmen ausüben, auch eine höhere Affinität zu ethischen und ökologischen Kriterien in ihrer Anlagestrategie besitzen. Lässt sich diese Aussage in der Praxis bestätigen?

5.1.4 Das Untersuchungsmodell

Die im letzten Abschnitt erläuterten Fragen dienen als Gerüst des empirischen Teils der Arbeit. Die einzelnen Themenblöcke lassen sich graphisch zu einem Modell zusammenfassen, das die Einflussfaktoren von Pensionskassen für bzw. gegen eine SRI-Strategie in seiner Kausalität darstellt. Es ist anzunehmen, dass zwischen den einzelnen Faktoren Interdependenzen bestehen: Plausibel scheint, dass sich der Einfluss externer Stakeholder direkt auf interne Anspruchsgruppen und damit Entscheidungsträger niederschlägt. Auch die einzelnen Komponenten der Anlagestrategie sind nicht losgelöst vom Umfeld zu sehen. Die Entscheidung zur Wahrnehmung der Stimmrechte stellt nicht nur eine strukturelle Gegebenheit der Pensionskasse dar, sondern wird durch Anspruchsgruppen der verschiedenen Lenkungssysteme beeinflusst. Ziel der Untersuchung soll es daher auch sein, die Wechselwirkungen der einzelnen Komponenten darzustellen.

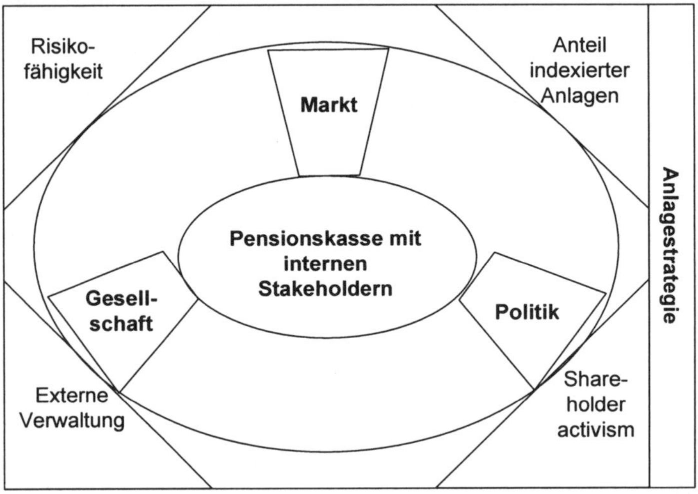

Abb. 68: Das Untersuchungsmodell

Quelle: eigene Darstellung

Die Entscheidungsträger innerhalb der Pensionskasse sind bei ihrer Frage für oder gegen SRI demnach sowohl externen akteursbezogenen wie auch internen, sich aus der Anlagestrategie ergebenden Einflussfaktoren ausgesetzt. Die externen Einflussfaktoren lassen sich im Rahmen der systemorientierten Managementlehre den von Dyllick definierten drei Lenkungssystemen, wie sie eingangs beschrieben wurden, zuordnen. Gleichzeitig wird aus der Literatur ein möglicher Einfluss der jeweiligen Anlagestrategie mit den vier zentralen Faktoren Risikofähigkeit, Anteil indexierter Anlagen, Grad des Shareholder-Aktivismus und der externen Verwaltung, abgeleitet. Die Ebene der internen und externen Einflussfaktoren wird in der nachfolgenden empirischen Untersuchung unabhängig voneinander betrachtet. In Einzelfällen mögen jedoch durchaus Interdependenzen bestehen. So ist beispielsweise zu vermuten, dass Anforderungen aus der Gesellschaft sich auch in der Anlagestrategie niederschlagen können, z.B. in Form eines erhöhten Shareholder Aktivismus. Die Untersuchung wird nicht in der Lage sein, diese Interdependenzen zu erfassen. Im Vordergrund steht das Ziel, die direkten Einfüsse auf die Entscheidungsträger in ihrer Ausprägung zu identifizieren.

5.1.5 Das Forschungsdesign

Wie im einleitenden Kapitel dargestellt, besteht der empirische Teil der Arbeit aus Interviews. Das Forschungsdesign stellt dabei einen Grenzfall zwischen einer qualitativen und quantitativen Analyse dar. Eine Erhebung durch Interviews stellt eher ein qualitatives Design dar, die halbstandardisierte Form sowie die Grösse des Samples ist als quantitativer Forschungsansatz einzuordnen. Im Mittelpunkt stehen Experteninterviews mit Pensionskassenvertretern, wobei eine Gruppe von ca. 30 Pensionskassen eine hinreichende Aussagekraft verspricht.[860] Bei der Auswahl ist (aufgrund der Literaturrecherche) bereits absehbar, dass einige Pensionskassen nachhaltig investiert haben. Damit können Einflussfaktoren bzw. Treiber einer solchen Entscheidung nachvollzogen werden. Aufgrund der Marktsituation ist anzunehmen, dass sich andere zögerlich verhalten bzw. auch die bereits aktiven Vorsorgeeinrichtungen Bedenken gegenüber einem stärkeren Engagement aufweisen. Als Interviewpartner werden die Entscheidungsträger, die für die Bestimmung der Anlagestrategie verantwortlich sind bzw. sich bereits mit SRI-Kriterien auseinandergesetzt haben, ausgewählt. Dies sind im Einzelfall die Geschäftsführer, die Leiter der Anlagekommission oder des Stiftungsrates.[861] Mit Hilfe von offenen Fragen sollen die Einstellungen der Befragten zum Thema sowie ihre Erfahrungen und Erwartungen eruiert werden. Die Interviews werden je nach Präferenz und Verfügbarkeit der Gesprächsteil-

---

[860] Meyer argumentiert zur Anzahl der Interviewpartner: "In vielen Fällen gilt es, eine überschaubare Fallzahl (ca. 20-30) nicht zu überschreiten. Es treten daher bald ökonomische Beschränkungen ein...Bei der Entscheidung ist neben den vorhandenen Ressourcen auch immer das Ziel der Untersuchung zu berücksichtigen." Mayer (2002), S. 40.

[861] Meyer definiert Experten folgendermassen: "Als Experte wird angesprochen, wer in irgendeiner Weise Verantwortung trägt für den Entwurf, die Implementierung oder die Kontrolle einer Problemlösung oder wer über einen previligierten Zugang zu Informationen über Personengruppen oder Entscheidungsprozesse verfügt. Siehe Mayer (2002), S. 40.

nehmer entweder persönlich oder telefonisch durchgeführt. Angesichts der kritischen Finanzlage einzelner Pensionskassen und dadurch verursachten zeitlichen Engpässen wird damit die Bereitschaft möglicher Interviewpartner zur Teilnahme erhöht. Zu beachten ist allerdings die geringere Aussagekraft und Informationstiefe der telefonischen Interviews.[862]

Um die Relation zwischen einzelnen Parametern der Anlagestrategie bzw. statistischen Voraussetzungen der Pensionskasse (z.B. Deckungsgrad, Abhängigkeit zur Sponsoring-Institution) zu analysieren, werden die Gesprächspartner im Vorfeld der Gespräche gebeten, einen standardisierten Fragebogen auszufüllen, der diese eher statischen Angaben erfasst und im Anschluss eine bessere Einordnung der Ergebnisse ermöglicht. Dieser Fragebogen wurde in Anlehnung an die Swissca/ ASIP Umfrage[863] konzipiert, um den Pensionskassen eine Übernahme der Daten zu erleichtern und damit die Akzeptanz zu erhöhen. Neben den eher offen gehaltenen Fragen des Leitfadens werden die Gesprächsteilnehmer auch gebeten, eine Einschätzung der Bedeutung der einzelnen Einflussfaktoren im direkten (quantitativen) Vergleich abzugeben. Grundsätzlich wurde Wert darauf gelegt, die Anzahl der Fragen und die notwendige Interviewzeit auf einen vertretbaren Rahmen zu begrenzen.[864] Der Interviewleitfaden wurde im Vorfeld mit einer Gruppe von Experten mit methodischem Fachwissen sowohl inhaltlichem Bezug zum Thema diskutiert, um die Präzision der Fragen sicherzustellen.

Zur genaueren Erfassung der Situation auf dem Schweizer Markt werden neben den Pensionskassenvertretern weitere Experten aus den verschiedenen Anspruchsgruppen befragt. Dabei werden Consultants, Fachexperten, NGOs sowie Gewerkschaften sowie Vertreter der Regulierungsbehörde zum Thema konsultiert. Aufgrund der geringen Fallzahl erheben diese Interviews keinen Anspruch auf Repräsentativität, sondern dienen primär zur vertieften Illustrierung des Bildes, das durch die Pensionskassenvertreter gezeichnet wird.

Mit diesem Forschungsdesign wird im Rahmen der Anwendungsorientierung gleichzeitig eine hohe Relevanz der Arbeit für die Praxis angestrebt. Die gewonnenen Erkenntnisse sollen dazu dienen, für die verschiedenen beteiligten Akteure Gestaltungsvorschläge abzuleiten, wie diese jeweils ein Engagement von Pensionskassen in SRI fördern können. Ein explizites separates instrumentelles Forschungsdesign beinhaltet diese Arbeit gleich-

---

[862] Die Vorteile von Telefoninterviews bestehen nach Atteslander in einer höheren Erreichbarkeit, einer raschen Verarbeitungsmöglichkeit der erhaltenen Daten sowie einem raschen Ersatz für Ausfälle. Als Nachteile nennt er v.a. die erschwerte Situation des Interviews.

[863] Die Umfrage unter Schweizerischen Vorsorgeeinrichtungen: Leistung, Finanzierung, Aktuelle Herausforderungen wurde im Herbst 2002 in Zusammenarbeit zwischen Swissca Portfolio Management, der Prevista Anlagestiftung und dem Schweizerischen Pensionskassenverband ASIP durchgeführt, an der über 200 Pensionskassen teilnahmen.

[864] Ein zu langer Leitfaden führt ... zu einer unbewältigbaren Fülle von Datenmaterial. Eine seriöse Auswertung ist dann nur mit hohem zeitlichen und finanziellen Aufwand möglich. Siehe Mayer (2002), S. 44.

wohl nicht. Die Vorschläge basieren alleine auf den im Rahmen des explikativen Forschungsdesigns gewonnen Aussagen. Sie sollen im Sinne des von Hans Ulrich entwickelten Paradigmas der anwendungsorientierten Forschung dazu dienen, den Bogen zurück in die Praxis zu schlagen.[865]

5.1.6 Der Fragebogen

Der Fragebogen orientiert sich am Untersuchungsmodell, wie es in Abb. 1 „Die Umwelt der Unternehmung“ dargestellt wurde.[866] Im statistischen Teil werden Angaben zur Anlagestrategie erhoben. Dabei stehen folgende Kernfragen im Mittelpunkt:

Anlagestrategie

Risikofähigkeit

- Besteht ein Zusammenhang zwischen der Risikofähigkeit der Pensionskassen und einer SRI-Strategie?
- Wird das höhere Risiko von SRI-Anlagen als Hinderungsgrund gegen SRI genannt?
- Stellt das eingeschränkte Spektrum an Anlageklassen einen Faktor in der Diskussion dar?

Anteil extern verwalteter Vermögensanteile

- Erfolgt die Umsetzung einer SRI-Strategie primär durch externe oder durch interne Ressourcen?
- Lassen sich Korrelationen erkennen, dass Pensionskassen mit einem primär externen Management ihrer Anlagen eher eine SRI-Strategie ergreifen als Pensionskassen mit primär interner Vermögensverwaltung?

Anteil indexierter Anlagen

- Gibt es hinsichtlich des Investmentstils eine Korrelation zu SRI? Werden nachhaltige Anlagen (als aktiver Anlagestil) primär von aktiven Managern ausgewählt?
- Gibt es eine Korrelation zwischen einer Indexierung der Anlagen und der aktiven bzw. selektiven Ausübung der Aktionärsrechte

Ausübung der Stimmrechte

- Besteht eine Wechselwirkung zwischen der selektiven Wahrnehmung von Stimmrechten und einer Entscheidung zu SRI?

Die Interviews mit den Pensionskassenvertretern und ausgewählten externen Anspruchsgruppen dienen zur Erfassung des Einflusses der internen und externen Faktoren:

[865] Vgl. Ulrich (1981), S. 5 f.

<table>
<tr>
<td>
<ul>
<li>Kommt die Initiative zu einer SRI-Strategie eher von den Arbeitnehmer- oder Arbeitgebervertretern?</li>
<li>Wie sieht die Positionierung innerhalb des Stiftungsrates und das Abstimmungsverhalten aus?</li>
</ul>
</td>
<td>Interne Stake-holder</td>
</tr>
<tr>
<td>
<u>Lenkungssystem Markt</u>
<ul>
<li>Unterbreiten Vermögensverwalter aus eigenem Antrieb Initiativangebote zu SRI? Wie sind die Verwalter in der Lage, auf konkrete Anfragen mit SRI-Fokus zu reagieren? Werden in den Beratungsgesprächen SRI-Anlagen eher empfohlen oder abgelehnt?</li>
<li>Ist erkennbar, wie Consultants zu der Einführung einer SRI-Strategie stehen? Sind sie aktiv und kompetent, einen solchen Schritt zu unterstützen oder versuchen sie ihn eher zu verhindern? Welche Argumente werden eingebracht, die Pensionskasse zu beeinflussen?</li>
<li>Gibt es auch in der Schweiz konkrete Initiativen der Versicherten, die Anlagestrategie zu beeinflussen, hinsichtlich einer SRI-Strategie oder anderer Inhalte? Wird aktiv versucht, die Meinung der Mitglieder einzuholen? Werden Umfragen durchgeführt, sei es zu allgemeinen Fragen der Anlagestrategie oder des Managements bzw. zu SRI-Kriterien?</li>
<li>Haben öffentliche Pensionskassen häufiger eine SRI-Strategie implementiert als private Kassen? Stehen bei den Verantwortlichen privater Kassen systematisch andere Gründe hinter der Entscheidung als bei denen öffentlicher Kassen? Welche Rolle spielen Interessenkonflikte und wie weit werden sie explizit artikuliert? Gibt es eine Wechselwirkung zwischen einem ökologischen/ sozialen Unternehmensleitbild auf die Berücksichtigung ökologisch-sozialer Anlagekriterien durch die Pensionskasse?</li>
</ul>
<u>Lenkungssysteme Politik und Gesellschaft</u>
<ul>
<li>Sehen die Pensionskassen eine mögliche Einführung einer Deklarationspflicht als gravierenden Einflussfaktor an? Wie wird sich die bestehende Bestimmung hinsichtlich der Ausübung der Stimmrechte auswirken? Führt sie zu einer stärkeren Auseinandersetzung mit den Aktionärsrechten, werden diese bewusster wahrgenommen? Wurden Pensionskassenvertreter bereits von Umwelt- bzw. Verbraucherorganisationen in bezug auf eine SRI-Strategie kontaktiert?</li>
</ul>
</td>
<td>Externe Stakeholder</td>
</tr>
</table>

[866] Damit wird der Forderung von Meyer Rechnung getragen: "Bei der Erstellung der Themenkomplexe für den Leitfaden sollte immer wieder die der Untersuchung zu Grunde liegende Problemstellung Berücksichtigung finden." Siehe Mayer (2002), S. 44.

5.2 Rahmen der empirischen Befragung

5.2.1 Vorgehen bei der Befragung

Die Befragung der Pensionskassen wurde im Sommer 2003 durchgeführt. Befragt wurden insgesamt 43 Personen mit Hilfe teilstandardisierter Interviews. 36 dieser Personen waren bzw. sind Geschäftsführer bzw. Leiter der Vorsorgeeinrichtungen oder Chefs der Anlagekommission bzw. Leiter des Treasury der Konzerne oder Kantone. Des weiteren wurden vier Personen befragt, die als Experten intensive Erfahrungen mit dem Thema Nachhaltigkeit bei Pensionskassen besitzen. Dazu gehören ehemalige bzw. aktuelle Anbieter von Produkten, ein Experte zum Thema Corporate Governance und Pensionskassen sowie mehrere Berater von Pensionskassen, die allerdings nicht dem klassischen Pensionskassen-Consulting zuzuordnen sind. Da aus früheren Studien[867] abzusehen war, dass Consultants im Anlageprozess der Pensionskassen eine wichtige Rolle spielen, wurde auch das Gespräch mit ihnen gesucht, drei Vertreter konnten für ein Interview gewonnen werden. Je nach Verfügbarkeit der Verantwortlichen wurden die Gespräche telefonisch oder persönlich durchgeführt. Mit den Pensionskassen-Vertretern wurden 25 Interviews vor Ort und elf telefonisch geführt. Die Experten und Consultants konnten alle persönlich befragt werden. Die Dauer der Interviews variierte in den meisten Fällen zwischen jeweils einer und zwei Stunden.

	Persönlich	Telefonisch	Gesamt
Pensionskassen	25	11	36
Experten	4		4
Consultants	3		3

Abb. 69: Zusammensetzung des befragten Samples

Quelle: eigene Darstellung

Dieser zusätzliche Einbezug externer Akteure in die Befragung dient der kritischen Reflexion der Aussagen der Pensionskassenvertreter, die hier im Mittelpunkt der Befragung stehen. Die Antworten der sieben Experten bzw. Consultants werden daher jeweils am Ende der jeweiligen Abschnitte den Antworten der Pensionskassen gegenübergestellt, soweit divergierende Aussagen bzw. ergänzende Inhalte enthalten sind. Die Antworten werden zu einer Gruppe aggregiert, um durch die höhere Fallzahl eine aussagekräftige Tendenz abzuschätzen und sie mit den Aussagen der Pensionskassen zu vergleichen.

---

[867] Siehe Lusenti (2002), S. 12: „Nur gerade 16 Prozent der antwortenden Vorsorgeeinrichtungen geben an, deren (Berater) Dienste nicht zu beanspruchen.

Die Selektion der Pensionskassen erfolgte primär nach der Grösse. Da keine gesamtschweizerische Liste von Vorsorgeeinrichtungen erhältlich ist, wurde mit Hilfe von verschiedenen Erhebungen wie der Swissca-/ ASIP-Studie bzw. Webseiten[868] eine Liste mit den grössten Pensionskassen der Schweiz zusammengestellt. Bei der Kontaktaufnahme konnte die Autorin auf das Beziehungsnetz von UBS Global Asset Management zurückgreifen. Da bei der Anfrage durch Kundenberater, ob die Pensionskassen zur einer Umfrage über SRI bereit sind, einige potentielle Gesprächspartner die Teilnahme verweigerten, liegt ein Bias von eher SRI-sensibilisierten Pensionskassen vor. Dieser Bias verstärkt sich weiter, indem von Kundenberatern weitere Vorsorgeeinrichtungen vorgeschlagen wurden, die das Thema bereits gemeinsam diskutiert hatten, sich allerdings nicht unter den grössten Pensionskassen befinden. Diese Auswahl senkt zwar die Repräsentativität des Samples, erhöht jedoch gleichzeitig die Kompetenz der Interviewpartner. Eine Liste der befragten Pensionskassenvertreter sowie Experten und Consultants findet sich im Anhang.

5.2.2 Beschreibung des Samples im Vergleich zu bestehenden Studien

Die Erfassung der statistischen Daten umfasst einige Kerndaten bzgl. der Organisationsform der Pensionskassen, ihren Deckungsgrad sowie die wichtigsten Parameter der Anlagestrategie und Entscheidungsstrukturen. Ausserdem werden erste inhaltliche Aussagen zu den Kernthemen der Befragung, der Ausübung von Stimmrechten und einer nachhaltigen Anlagestrategie erfasst. Die Struktur der Befragung richtet sich nach dem Fragebogen der Swissca-/ ASIP-Studie.[869] Diese Umfrage wurde im Herbst 2002 bereits zum dritten Mal in Kooperation zwischen Swissca, der Prevista Vorsorgestiftung und dem Schweizerischen Pensionskassenverband ASIP durchgeführt. Im Gegensatz zu den früheren Durchgängen wurden neben öffentlichen Pensionskassen auch alle autonomen und halbautonomen Kassen erfasst. Über 200 Kassen haben an der schriftlichen Befragung teilgenommen. Die Anlehnung an diesen Fragebogen erlaubt einen Vergleich der Ergebnisse beider Studien. Damit kann die Repräsentativität der Befragung besser abgeschätzt und erste Trends abgeleitet werden.

Neben der Umfrage durch Swissca Asset Management kann eine weitere Studie zum Vergleich herangezogen wurden, die im Auftrag von Robeco Ende 2002 durch Lusenti Partners durchgeführt wurde. Auch diese Umfrage wurde zum wiederholten Male mit Hilfe eines schriftlichen Fragebogens durchgeführt. Beide Studien bieten einen repräsen-

---

868 www.asip.ch; www.vorsorgeforum.ch; www.bsv.admin.ch

869 Swissca Portfoliomanagement führte im Herbst 2002 in Kooperation mit der Prevista Anlagestiftung und dem Schweizerischen Pensionskassenverband ASIP eine Umfrage bei autonomen und halbautonomen Kassen in der Schweiz durch. Über 200 Vorsorgeeinrichtungen haben an der Studie teilgenommen und den Fragebogen ausgefüllt.

tativen Querschnitt von Schweizerischen Pensionskassen. An der Swissca-/ ASIP-Studie haben 211, bei Robeco 164 Vorsorgeeinrichtungen teilgenommen. Die unten stehende Abbildung stellt die wichtigsten Parameter der eigenen Befragung im Vergleich zu den oben zitierten Studien dar.

	Eigene Befragung	**Swissca/ ASIP (2002)**	**Robeco (2000)**
Umfang	36 PKs	211 PKs	164 PKs
Status PKs	70% private PKs 25 % öffentliche PKs 5% Sammelstiftungen	81% private PKs 19% öffentliche PKs	Keine Aussage
Durchschnittliche Grösse der PKs	14'000 Versicherte 25%: > 20'000 V.	Keine Aussage	Keine Aussage
Durchschnittliches Vermögen	4,5 Mrd. CHF 14%: > 10 Mrd. CHF	2% > 10 Mrd. CHF	1,3 Mrd. CHF
Deckungsgrad	97,2% (Ende 2002) private PKs: 100,1% öffentl. PKs: 86,4%	101% (Ende 2002) private PKs: 104% öffentl. PKs: 93%	99% (Ende 2002) 108% (Ende 2000)
Anlagestrategie	40% Obligationen 27% Aktien	38% Obligationen 28% Aktien	38% Obligationen 38 Aktien
Externe Verwaltung	55%	79%	75% der PKs vergeben extern
Externe Beratung	80%	83%	75%
Ausübung der Aktionärsrechte	89% der PKs 65% mit VR 56% nie an GV 34% stimmen im Ausland, dabei 75% mit dem VR	58% der PKs	46%: keine Ausübung 32%: fallweise A. 5%: A in der CH 2% CH/ Ausland 7% generelle A.
Nachhaltige Anlagen	40% insgesamt 78% öffentliche 28% private	24% insgesamt 57% öffentliche 15% private	Max 10% für ethische, ökologische, sozialpolitische Kriterien

Abb. 70: Vergleich der Pensionskassen-Studien

Quelle: eigene Abbildung

Die verschiedenen Parameter werden im Anschluss miteinander verglichen. Dabei sind Parallelen erkennbar. Unterschiede lassen sich einmal mit den spezifischen Merkmalen der Samples sowie mit zeitlichen Veränderungen zwischen den Erhebungen erklären. Grundsätzlich soll dieser Vergleich primär dazu dienen, das Sample im Gesamtkontext zu erklären. Ein Vergleich kann jedoch nur bzgl. der verwendeten Samples erfolgen, da weder die Swissca-/ASIP-Studie noch die Befragung von Robecco weitergehende Fragen zum Thema SRI enthalten, wie sie im zweiten, qualitativen Befragungsteil der Dissertation im Vordergrund stehen. Daher wird auf eine detaillierte methodische Beschreibung der externen Studien verzichtet. Ihre Aufgabe besteht vor allem darin, die Auswahl der Pensionskassen für die vorliegende Befragung zu illustrieren.

5.2.3 Organisationsform, Grösse und Deckungsgrad

70 Prozent der Befragten repräsentieren private Pensionskassen (davon 21 Prozent Chemie/ Pharma, 17 Prozent Finanzen, je 12,5 Prozent aus Transport, Maschinenbau, Elektronik sowie acht Prozent Detailhandel), 25 Prozent sind für öffentliche Pensionskassen und fünf Prozent für Sammelstiftungen verantwortlich.[870]

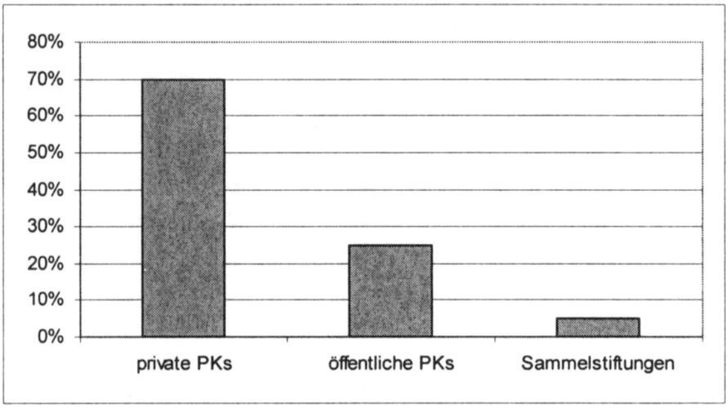

Abb. 71: Rechtlicher Status der befragten Pensionskassen

Quelle: eigene Befragung (n = 36)

Die Befragung hat Pensionskassen erfasst, die im Durchschnitt 14'000 Versicherte abdecken, dabei weisen über 50 Prozent der Pensionskassen weniger als 10'000 Versicherte und 25 Prozent mehr als 20'000 Versicherte auf. Die Zahl der Rentner ist wesentlich geringer, über 75 Prozent der Pensionskassen leisten Zahlungen an weniger als 10'000 Rentner. Das durchschnittliche Gesamtvermögen der Pensionskassen im Sample beträgt knapp 4,5 Mrd.

870 In der Swissca/ ASIP-Studie waren 81 Prozent private und 19 Prozent öffentlich-rechtliche Pensionskassen vertreten. Siehe Swissca Portfolio Management (2003), S. 16.

CHF.[871] Dabei verwaltet die Hälfte der Befragten ein Vermögen von unter zwei Mrd. CHF und nur 14 Prozent ein Vermögen, dass grösser als zehn Mrd. CHF ist.

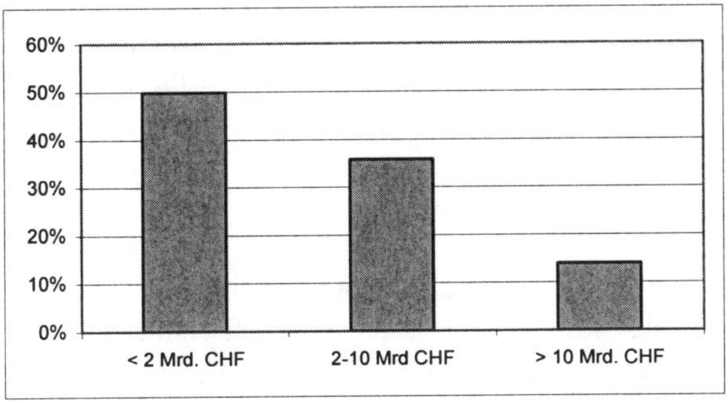

Abb. 72: Höhe des verwalteten Vermögens

Quelle: eigene Befragung (n = 36)

Zur Erfassung der finanziellen „Gesundheit" der Vorsorgeeinrichtungen wurde der Deckungsgrad[872] erfasst. Er gibt Aufschluss über die finanzielle Verfassung und ihre Risikofähigkeit bezüglich der Anlagestrategie. Als Zielgrösse für den Deckungsgrad gilt gemeinhin die Spanne zwischen 110 und 120 Prozent.[873] Während der Deckungsgrad der Pensionskassen, die an der umfassenden und repräsentativen Robeco-Studie teilnahmen, per Ende 2000 noch 108 Prozent betrug, rutschte er per Ende 2002 beim erfassten Sample unter 100 Prozent auf durchschnittlich 97.2 Prozent.[874] Dieser Wert basiert teilweise auf Differenzen zwischen den beiden Analysegruppen. Primär verantwortlich ist jedoch die Börsenlage, die in den Jahren 2001 und 2002 starke Verluste verursachte.[875] Vor allem der Anteil von 50 Prozent an Pensionskassen mit Unterdeckung stimmt alarmierend, 25 Prozent weisen eine Unterdeckung von mehr als zehn Prozent auf.[876] Nur sechs Prozent

---

[871] Dieser Wert liegt weit über dem gesamtschweizerischen Durchschnitt. Bereits die Robeco-Studie erfasste mit einer durchschnittlichen Bilanzgrösse von 1,3 Mrd CHF eher das Segment der mittleren und der grossen autonomen Vorsorgeeinrichtungen. Siehe Lusenti (2002), S. 3.

[872] Ein Deckungsgrad von 100 Prozent liegt dann vor, wenn das notwendige Vorsorgekapital durch das dafür verfügbare Vorsorgevermögen gedeckt ist. Eine Unterdeckung besteht, wenn der Deckungsgrad nach Auflösung der Wertschwankungsreserven unterhalb der Marke von 100 Prozent liegt. Eine Unterdeckung von unter 90 Prozent gilt als besonders kritisch. Siehe Fassbind/ Schaffner (2003), S. 7.

[873] Lusenti (2002), S. 8.

[874] In der Swissca/ ASIP-Studie beträgt der durchschnittliche ausgewiesene Deckungsgrad per Ende 2002 101 Prozent. Siehe: Swissca Portfolio Management (2003), S. 23. In der aktuellen Credit Suisse/ Robeco-Studie wurde per Ende 2002 ein Deckungsgrad von durchschnittlich 99 Prozent ermittelt.

[875] Die Weltaktienmärkte verloren im Jahr 2001 14,5 Prozent sowie im Jahr 2002 33 Prozent (gemessen am MSCI World/ CHF)

[876] Dieser Wert ist als kritisch zu betrachten, da die Aufsichtsbehörden auf harten Sanierungsmassnahmen bestehen, wenn der Deckungsgrad unter neunzig Prozent gefallen ist. Zwar müssten schon ab einem Deckungsgrad von unter hundert Prozent Korrekturmassnahmen eingeleitet werden, doch wird angesichts der starken Baisse relativ eine Toleranzgrenze gewährt. Siehe Solenthaler (2003), S. 17.

besitzen mit einer Überdeckung komfortable Polster. Besonders offensichtlich ist der Unterschied zwischen privaten und öffentlichen Pensionskassen: während der durchschnittliche Deckungsgrad der privaten Pensionskassen 100,1 Prozent beträgt, weisen die öffentlich-rechtlichen Vorsorgeeinrichtungen eine durchschnittliche Deckung von 86,4 Prozent auf.[877] Ein Grund für diese Differenz ist die unterschiedliche rechtliche Behandlung der Pensionskassen. Seit Inkraftsetzen des Bundesgesetzes über die berufliche Vorsorge (BVG) wird toleriert, dass die Kassen der öffentlichen Hand keine hundertprozentige Deckung aufweisen müssen.[878]

5.2.4 Anlagestrategie und Einbezug externer Beratung

Die untersuchten Pensionskassen investieren im Durchschnitt 40 Prozent in Obligationen und 27 Prozent in Aktien, wobei die maximale Aktienquote 40 Prozent beträgt. Im Vergleich zur Robeco-Studie ist v.a. die Reduktion des Aktienanteils offensichtlich: Ende 2000 waren die Pensionskassen im Robeco-Sample noch zu 38 Prozent in Aktien und zu 38 Prozent in Obligationen investiert. Auch in diesem Fall machen sich die Verluste an den Aktienmärkten bemerkbar. Ausserdem haben einige Pensionskassen aktiv ihre Aktienquote reduziert. Dagegen passen die Angaben sehr gut zu den Ergebnissen der Swissca/ ASIP-Studie, die eine durchschnittliche Aktienquote von 28 Prozent und eine durchschnittliche Obligationenquote von 38 Prozent wiedergibt.[879]

Im Durchschnitt aller befragten Pensionskassen werden 55 Prozent des Vermögens extern verwaltet.[880] Die Anlageentscheide auf Titelebene werden bei 46 Prozent der Pensionskassen durch Externe getroffen, bei 31 Prozent der Fälle durch die eigene Anlagekommission und ansonsten durch die Geschäftsführer oder die Finanzabteilung des Kantons bzw. Unternehmens. Im Aktienbereich werden durchschnittlich 27 Prozent der Mandate in indexiert angelegt, bei Obligationen beträgt der Anteil des indexierten Vermögens hingegen nur 17 Prozent.

---

877 In der Swissca/ ASIP-Studie weisen die öffentlich-rechtlichen Pensionskassen einen Deckungsgrad von 93 Prozent auf, während die privaten Pensionskassen einen Deckungsgrad von durchschnittlich 104 Prozent aufweisen. Siehe Swissca Portfolio Management (2003), S. 23.

878 Siehe Valda/ Zimmermann (2003) bzw. Fitze (2003), S. 120.

879 Siehe Swissca Portfolio Management (2003), S. 23.

880 In der Robeco-Studie gaben drei Viertel der Pensionskassen an, externe Mandate zu vergeben. Siehe Lusenti (2002), S. 13.

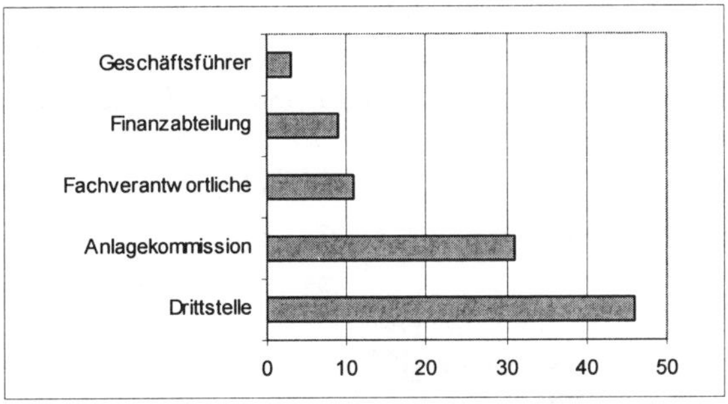

Abb. 73: Verantwortung für die Anlageentscheide (in %)

Quelle: eigene Befragung (n = 35)

Externe Beratung spielt bei den befragten Pensionskassen eine wichtige Rolle: 80 Prozent der analysierten Pensionskassen nimmt diese Hilfe in Anspruch. In 31 Prozent der Fälle werden umfangreiche Beratungsdienstleistungen eingekauft, sowohl bei der Erstellung des Anlagekonzeptes und der Anlagestrategie, für deren Umsetzung sowie zur Managerselektion. Dabei geniessen unabhängige Berater grösstes Vertrauen, in den meisten Fällen greifen Pensionskassen auf ihre Dienste zurück, Banken spielen in dieser Funktion keine relevante Rolle. Ähnliche Werte erzielt die Swissca/ ASIP-Studie: Externe Beratung wird demnach von 83 Prozent der Pensionskassen beansprucht, wobei 63 Prozent unabhängige Berater und 48 Prozent Banken nutzen. [881]

5.2.5 Ausübung der Aktionärsrechte

89 Prozent der befragten Pensionskassen üben ihre Aktionärsrechte im Inland aus, wobei 64 Prozent grundsätzlich mit dem Verwaltungsrat stimmen. 56 Prozent der Pensionskassen nehmen nie an einer Generalversammlung teil, 78 Prozent an maximal zwei GVs. Im Ausland werden Stimmrechte deutlich weniger häufig wahrgenommen. Nur 34 Prozent der befragten Pensionskassen sind diesbezüglich aktiv. Von den im Ausland abstimmenden Kassen richten sich 75 Prozent nach dem Verwaltungsrat.

Diese Angaben stellen eine klare Differenz zu Ergebnissen anderer Studien dar. In der Robeco-Studie äusserten knapp die Hälfte der Vorsorgeeinrichtungen, auf eine Ausübung ihrer Stimmrechte zu verzichten. 32 Prozent gaben an, ihr Stimmrecht nur von Fall zu Fall und wohl im allgemeinen eher selten auszuüben.[882] Weniger als ein Zehntel gaben an, die Stimmrechte auch im Ausland oder generell auszuüben. Obwohl auch bei den Robeco-Studien erkennbar ist, dass die Rolle als Eigentümer von den Vorsorgeeinrichtungen

[881] Siehe Swissca Portfolio Management (2003), S. 27.

[882] Lusenti (2002): S. 11.

zwischen 1998 und 2000 stärker wahrgenommen wird, ist die Steigerung nicht eindeutig zu erklären: Als Ursachen können die eingeführte Regelung, nach der Schweizer Pensionskassen ihr Abstimmungsverhalten offen legen müssen[883], oder auch das Phänomen der sozialen Erwünschtheit herangezogen werden. Auch der Wert der Swissca/ ASIP-Studie mit 58 Prozent der Pensionskassen, die Stimmrechte im Inland wahrnehmen, liegt noch unter dem Ergebnis der Befragung.[884]

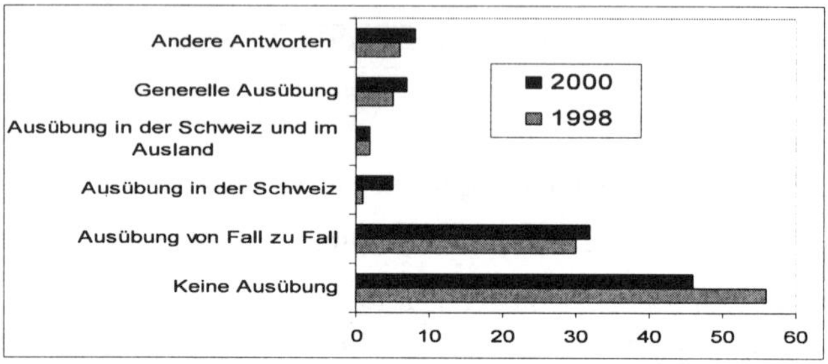

Abb. 74: Ausübung der Stimmrechte durch Pensionskassen (Robeco-Studie)

Quelle: nach Lusenti (2002), S. 11.

Bei mehr als der Hälfte der Kassen ist das paritätische Organ für das Abstimmungsverhalten zuständig, in 40 Prozent der Fälle der Anlageausschuss. Zur inhaltlichen Vorbereitung der Abstimmungen an den Generalversammlungen nutzen 18 Prozent der Kassen externe Informationsdienste.

5.2.6 Nachhaltige Anlagestrategie

40 Prozent der befragten Pensionskassen legen ihr Vermögen u.a. auch nach SRI-Kriterien an. Verglichen mit den anderen Studien ist dieser Anteil sehr hoch. In der Robeco-Studie gaben jeweils unter zehn Prozent der Vorsorgeeinrichtungen an, auch sozialpolitische, ethische oder ökologische Kriterien zu berücksichtigen. Klare Priorität besitzen die klassischen Kriterien Performance, Risiko und Rendite.

---

883 Art. 491 A, BVV2.

884 Siehe Swissca Portfolio Management (2003), S. 27.

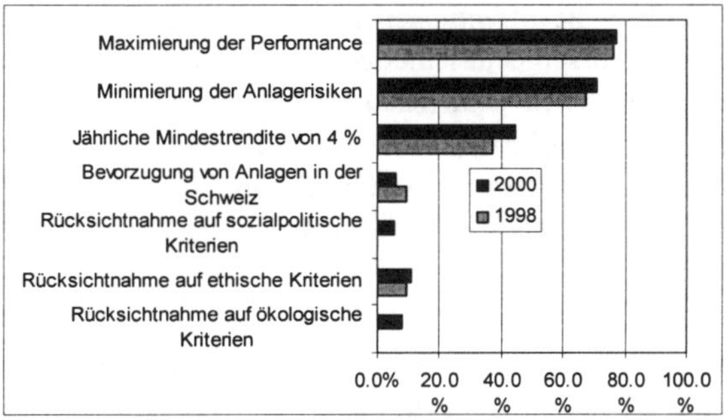

Abb. 75: Wichtige Aspekte zur Bestimmung der Anlagestrategie (Robeco-Studie)

Quelle: nach Lusenti (2002), S. 11.

In der Erhebung durch Swissca/ ASIP liegt der Anteil der Pensionskassen, deren Anlagen auch nach SRI-Kriterien verwaltet werden, bereits höher, bei über 20 Prozent.[885] Die Studie erfasst ein Phänomen, was auch in der vorliegenden Umfrage bestätigt wird: Der Anteil von öffentlichen Kassen, die auch nach nachhaltigen Kriterien investieren, ist wesentlich höher als privaten Vorsorgeeinrichtungen. In beiden Fällen investieren etwa dreimal so viele öffentliche Kassen wie private Kassen in SRI.

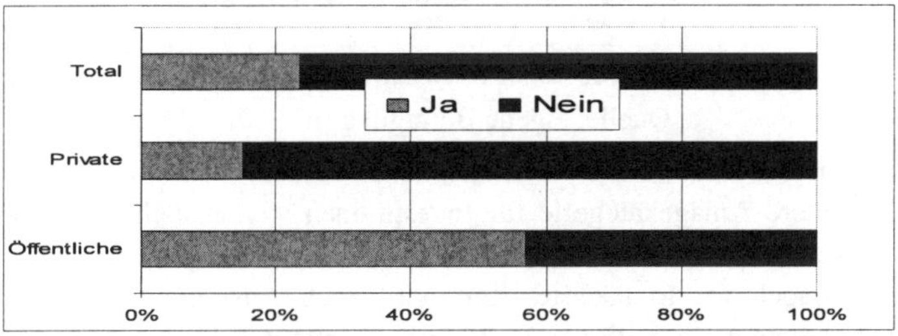

Abb. 76: Erfolgen Anlagen auch nach SRI-Kriterien?

Quelle: nach Swissca Portfolio Management (2003), S. 28.

Aufgrund der durchgeführten Interviews wird deutlich, dass von den 25 privaten Pensionskassen nur 28 Prozent nach SRI-Kriterien, von den neun öffentlichen PKs hingegen 78 Prozent u.a. auch nach SRI-Kriterien investieren. Bei dem Vergleich ist jedoch die unterschiedliche Grösse der PKs in der Stichprobe zu beachten: Die Gruppe der öffentlichen Pensionskassen umfasst einerseits eine deutlich kleinere Anzahl an Kassen. Gleichzeitig sind hier, bezogen auf den Durchschnitt, nahezu ausschliesslich grosse Institutionen vertreten: Während die befragten privaten Kassen durchschnittlich 10'550 aktive

[885] Siehe Swissca Portfolio Management (2003), S. 28.

Mitglieder haben, decken die öffentlichen Pensionskassen 23'800 Versicherte ab. Die Erfahrung, dass grosse Vorsorgeeinrichtungen aufgrund ihres professionellen Managements alternativen Anlagestilen tendenziell offener gegenüber stehen und daher eher bereit sind, auf der Basis nachhaltiger Kriterien zu investieren, bestätigt sich in der Befragung: Von den Pensionskassen, die überdurchschnittlich viele Versicherte haben (>14'000), investieren 60 Prozent in SRI, wohingegen der Durchschnitt bei allen Kassen nur 40 Prozent beträgt.

In bezug auf die Anlagekategorien wird für an Kriterien der Nachhaltigkeit orientierte Investments der Bereich der internationalen Aktien favorisiert. Fünf der befragten Pensionskassen investieren bis zu drei Prozent dieser Anlageklasse nach SRI-Kriterien, zwei haben die Hälfte nachhaltig investiert und drei wenden SRI-Kriterien für alle internationalen Aktieninvestitionen an.

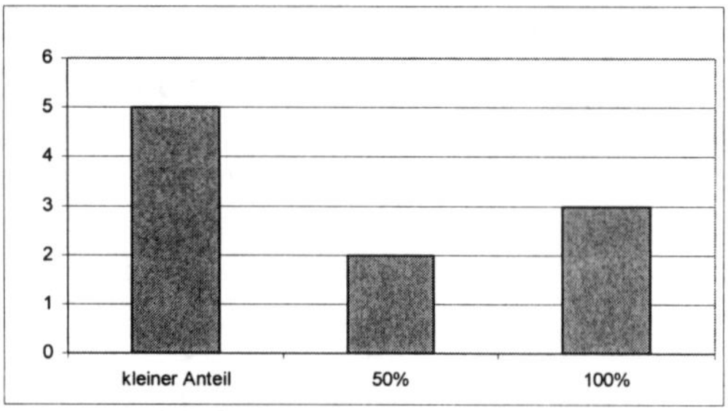

Abb. 77: Anteil von SRI-Investments an der Kategorie Aktien International

Quelle: eigene Befragung (n = 10)

Das Engagement bei Schweizer Aktien ist relativ ähnlich, wenn auch auf niedrigerem Niveau. Als weitere Anlagekategorie für Investitionen werden Schweizer Obligationen genannt, in welche zwei Pensionskassen investieren. Anlagen erfolgen mit einen langfristigen Perspektive. In nächster Zeit wird nach Aussagen der Befragten keine grössere Veränderung der investierten Volumina angestrebt.

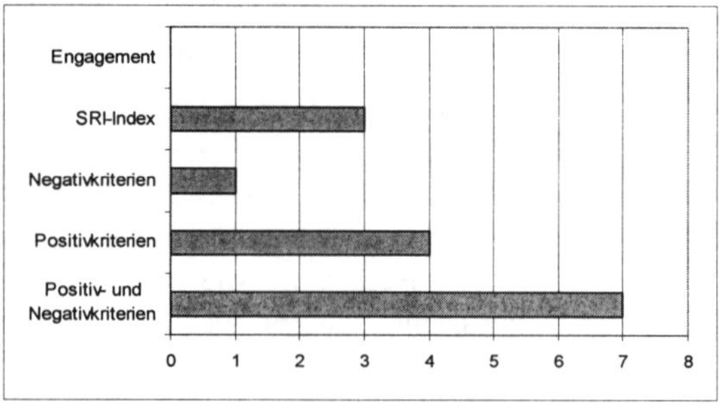

Abb. 78: Gewählte SRI-Strategien von CH-Pensionskassen

Quelle: eigene Befragung (n = 15)

Die Umsetzung der SRI-Strategie erfolgt in den meisten Fällen durch ein Screening der Portfolios. Bei sieben Kassen geschieht dies sowohl nach Positiv- wie auch nach Negativkriterien. In vier Fällen nur nach Positivkriterien und einmal nur nach Negativkriterien. Drei Pensionskassen investieren indexiert nach dem Dow Jones Sustainability Group Index. Keine der Pensionskassen wendet bisher eine explizite Engagement-Strategie an. Die Verwaltung der nachhaltigen Anlagen erfolgt in zwei Dritteln der Fälle extern.

5.2.7 Zusammenfassung

Die Auswahl der befragten 36 Pensionskassen umfasst zu über zwei Drittel private Pensionskassen, knapp ein Drittel öffentliche Pensionskassen sowie einige Sammelstiftungen. Dabei wurden im Vergleich zu repräsentativeren Studien eher grosse Vorsorgeeinrichtungen befragt. Mit einem durchschnittlichen Gesamtvermögen von knapp CHF 4,5 Mrd. liegt die Stichprobe weit über dem Durchschnitt von CHF 1,3 Mrd. der Robeco-Studie. In bezug auf den Deckungsgrad wurde ähnlich wie in anderen Studien erfasst, dass die privaten Kassen mit 100,1 Prozent eine wesentlich höhere Deckung aufweisen als die öffentlichen Kassen. Aufgrund mehrerer schlechter Börsenjahre liegt der Deckungsgrad der Kassen mit durchschnittlich 97,2 Prozent Ende 2002 deutlich tiefer als Ende 2001 mit 108 Prozent laut der Robeco-Studie. Diese Verluste wirken sich zum einen in einer tieferen Risikofähigkeit sowie in einer sehr defensiven Stimmung der Pensionskassen aus, wie in den folgenden Interviews eindeutig festzustellen ist. Ausserdem resultiert eine tiefere Aktienquote von durchschnittlich 27 Prozent. Über die Hälfte des Vermögens wird extern verwaltet, auch Indexierung spielt speziell bei Aktien eine nennenswerte Rolle. Damit können die Untersuchungsparameter der Anlagestrategie sinnvoll überprüft werden. Hinsichtlich der Ausübung der Stimmrechte wird im Vergleich zu anderen Studien ein aktiveres Verhalten deutlich. Während in der Robeco-Studie noch über die Hälfte der Vorsorgeeinrichtungen antworteten, auf die Ausübung der Stimmrechte zu verzichten, geben 89 Prozent der befragten Pensionskassenvertreter an, ihre Aktionärsrechte im Inland auszuüben. Die Tatsache, dass 77 Prozent der Pensionskassen grundsätzlich mit dem Verwaltungsrat stimmen und nur 18 Prozent externe Informationsdienste zur Vorbereitung an der Generalversammlung nutzen, deutet jedoch auf eine weniger intensive Auseinandersetzung mit den jeweiligen Inhalten der Abstimmungen hin. Auch bei der Anwendung ethisch-ökologischer Kriterien lassen sich Differenzen zu anderen Studien erkennen: Während im befragten Sample 40 Prozent der Institutionen auch nach SRI-Kriterien anlegen, äusserten sich in der Robeco-Studie nur zehn Prozent bzw. in der Swissca/ ASIP-Studie über 20 Prozent in diese Richtung. Bestätigt wird dagegen die Tatsache, dass öffentliche Kassen wesentlich stärker nachhaltig investieren, hier beträgt der Anteil 78 Prozent.

5.3 Einflussfaktoren einer nachhaltigen Anlagestrategie

Der zweite Abschnitt der Befragung dient der explorativen Überprüfung des aufgestellten Untersuchungsmodells, wie es im Abschnitt 1.4 entwickelt wurde. Im Mittelpunkt steht hier die Frage, welche Faktoren die Pensionskassen dazu bewegen, eine nachhaltige Anlagestrategie zu wählen. Diesbezüglich werden sowohl die akteursbezogenen Faktoren wie auch die Wechselwirkung zur Anlagestrategie der Pensionskasse erfasst.

5.3.1 Einflussfaktoren Akteure

Die Befragten erhielten zunächst die Möglichkeit, die Wirkung der verschiedenen Anspruchsgruppen auf die Entscheidung ihrer Pensionskasse in bezug auf nachhaltige Anlagen in einer fünfstufigen Skala von „sehr negativ bis sehr positiv" einzustufen. Neben zehn vorgegebenen Gruppen wurde die Möglichkeit eröffnet, weitere relevante Gruppen einzubringen und zu bewerten.

5.3.1.1 Allgemeine Einschätzung

Grundsätzlich lässt sich an den Antworten der Pensionskassenvertreter erkennen, dass bisher kein nennenswerter Einfluss von internen und externen Stakeholdern erfolgt. Bei der Einstufung ihrer Bedeutung erhalten alle Gruppen eine im Durchschnitt neutrale Kategorie. Aussagen wie „es betrifft uns ja nicht" oder „bisher keine Einflüsse" sowie die Häufigkeit einer neutralen Einschätzung (mindestens 21 mal neutral bei jeder Anspruchsgruppe) bilden ein gutes Stimmungsbild. Dabei wird NGOs (mit 3,42) und Arbeitnehmervertretern (mit 3,39) die am stärksten positive Bewertung zugesprochen. Den negativsten Einfluss üben nach Aussagen der Interviewpartner Consultants aus (2,94). Ein Vertreter unterscheidet diesbezüglich detailliert: Das Centre Info liefert einen positiven Einfluss, während die klassischen Pensionskassenberater Watson Wyatt oder PPC Metrics neutral bis negativ gesehen werden. Die Versicherten werden in den meisten Fällen (30 mal) neutral gesehen. Gleichzeitig werden sie als einzige Gruppe nie mit einem negativen Einfluss eingestuft. Wie in der Literatur bereits erwähnt[886], sind bestimmte Berufsgruppen stärker an der Frage sozial-ökologischer Kriterien interessiert. Genannt werden insbesondere Lehrer oder Vertreter der Caritas. Politik und Medien scheinen eher wellenweise Interesse am Thema zu besitzen, wobei ein klarer Bezug zu Corporate Governance gezogen wird. Skandale wie Enron oder Swissair scheinen demnach die Entwicklung zu beschleunigen.

---

[886] Siehe Kapitel IV unter Abschnitt 2.2.2.4

Einfluss	Arbeit-nehmer	NGO's	Wissen-schaft	Banken	Medien
Mittelwert	3.4	3.4	3.4	3.3	3.3
	Versi-cherte	**Politik**	**Unter-nehmen**	**Arbeit-geber**	**Consul-tants**
Mittelwert	3.2	3.1	3.1	3.0	2.9

Abb. 79: Einschätzung des Einflusses von Anspruchsgruppen auf eine nachhaltige Anlagestrategie durch Pensionskassen

1 = sehr negativ; 2 = eher negativ; 3 = neutral; 4 = eher positiv; 5 = sehr positiv

Quelle: eigene Befragung (n = 36)

Von zwei Vertretern wird ein aktives Verhalten im SRI-Kontext zur Vorbeugung gegen unbequeme Anfragen interpretiert. In einem Fall wird die Position als Alibiübung bezeichnet, die zweite (öffentliche) Pensionskasse sieht den Erfolg eines aktiven Vorgehens in den Anlagerichtlinien darin, dass auf diese Weise kein Einfluss artikuliert werde.

Einfluss	NGO's	Medien	Arbeit-nehmer	Versi-cherte	Politik
Mittelwert	4.3	4.2	3.9	3.8	3.7
	Wissen-schaft	**Banken**	**Unter-nehmen**	**Arbeit-geber**	**Consul-tants**
Mittelwert	3.3	2.9	2.7	2.6	2.4

Abb. 80: Einschätzung des Einflusses von Anspruchsgruppen auf eine nachhaltige Anlagestrategie durch Experten/ Consultants

1 = sehr negativ; 2 = eher negativ; 3 = neutral; 4 = eher positiv; 5 = sehr positiv

Quelle: eigene Befragung (n = 7)

Die Bewertung der Anspruchsgruppen durch die Experten und Consultants weist stärkere Extreme auf. Während die Pensionskassen eine durchschnittliche Bewertung von 2.9 bis 3.4 vergaben, schwanken die Urteile der Experten zwischen 2.4 und 4.3. Dies kann jedoch auch mit dem kleineren Sample zusammenhängen, das bei den Durchschnittswerten eine stärkere Akzentuierung ermöglicht. Die intensivere Auseinandersetzung mit dem Thema führt ebenfalls zu einer Polarisierung. Im Pensionskassensample wurde relativ häufig das Urteil „neutral" abgegeben. Die negativste Bewertung erhalten Arbeitgeber, Unternehmen und Consultants - ein Bild, das sich mit der Einschätzung der Pensionskassen deckt. Auch bei den Gruppen mit positivem Einfluss zeigt sich Übereinstimmung: Arbeitnehmern,

NGOs und Medien wird ein aktiver Einfluss zugesprochen. Wesentlich positiver schätzt die Expertengruppe die Politik ein, die von den Pensionskassenvertretern eher neutral eingestuft wurde. Die Experten weisen explizit auf den Einfluss der Politik anhand der verschiedenen Vorstösse im Parlament sowie den Rahmenbedingungen in UK und der Schweiz in bezug auf Corporate Governance hin. Diese aktive Einschätzung der Politik wird allerdings nicht von allen geteilt: ein Gesprächspartner meint, dass die Politik zwar viel rede, jedoch nichts mache. Die Banken werden ebenfalls differenziert betrachtet: nur die Spezialanbieter würden Engagement zeigen. Die anderen verhielten sich hingegen eher negativ. Den Consultants wird (von den Experten) vorgeworfen, dass von ihnen nicht viel komme, sie seien eher prämiengetrieben. In konkreten Fällen haben sie sich ablehnend geäussert aufgrund von Problemen bei der Implementierung bzw. dem höheren Risiko.

5.3.1.2 Konkrete Erfahrungen mit einzelnen Anspruchsgruppen

Im Interviewleitfaden sind neben der allgemeinen Einschätzung der verschiedenen Gruppen auch spezifische Fragen zu Versicherten, Consultants, Banken sowie der Sponsoring-Institution und NGOs enthalten, um ihren möglichen konkreten Einfluss auf die Pensionskassen zu erfassen.

Können bzw. wollen *Versicherte* Einfluss auf die Anlagestrategie ihrer Pensionskasse nehmen? In den Gesprächen wurde deutlich, dass nur wenige Versicherte Interesse an der Anlagestrategie äussern. Bei knapp 40 Prozent der Pensionskassen wurde kein Interesse der Versicherten deutlich. In der Mehrzahl der anderen Fälle wurden Themen wie Rendite oder Asset Allocation angeschnitten. In der Börsenbaisse wurden Fragen nach dem Deckungsgrad sowie der Höhe des Aktienengagements laut. Auf der anderen Seite wird nicht offensiv versucht, die Interessen der Versicherten zu eruieren. Nur drei Pensionskassen haben bisher Umfragen durchgeführt, die sich primär auf die Zufriedenheit bezogen haben. In anderen Fällen wird durch ein Delegiertensystem versucht, den Kontakt zur „Basis" herzustellen. Das Thema Nachhaltigkeit wird nur bei drei Pensionskassen aufgegriffen. Die eher positiv eingeschätzte Einstellung der Versicherten wird daher in der Realität offensichtlich wenig artikuliert.

Trotz der hohen Bedeutung von *Consultants* bei der Strategiebildung und im Anlageprozess der Pensionskassen haben 80 Prozent der befragten Pensionskassen bisher keine Erfahrungen mit diesen in bezug auf SRI gemacht. Nur in einem Fall haben Consultants die Initiative zu einer SRI-Strategie geliefert, in sechs Fällen wurde eine bestehende Initiative der Pensionskassen umgesetzt. Die Einschätzung der Consultants zu SRI ist –analog zu ihrer Beurteilung im Zusammenhang der Anspruchsgruppen– im Durchschnitt leicht negativ. Drei positiven Aussagen stehen vier negative Urteile gegenüber. Mehrmals wurde in den Interviews eine klare negative Einschätzung bei der Diskussionen um nachhaltige Anlagen deutlich. SRI wurde als Nischenprodukt bezeichnet, die Performance wurde unterdurchschnittlich eingeschätzt. Ausserdem wurde es als Problem dargestellt, dass es nicht in die bestehenden Kategorien passe. Von verschiedenen Gesprächsteilnehmern wurde moniert, dass keine Initiative seitens der Consultants komme. Auch bei Anfragen zu neuen Anlagekategorien sei es diesbezüglich zu keinen Vorschlägen gekommen. Nur wenn die Kunden explizit Interesse an SRI bekunden, sind sie bereit, dies in die Ausschreibungskriterien für Mandate zu übernehmen. Vielfach wird argumentiert, dass Finanzanalysten eh solche Kriterien beachten bzw. eine Indexierung effizienter und kostengünstiger sei. Ein PK-Vertreter bezeichnet die Situation als „self fulfilling prophecy“: Die Consultants beschäftigen sich nicht mit nachhaltigen Anlagen, haben zu wenig Kompetenzen. Es fehle ihnen auch ein Konzept zur Einbettung. Damit werde das Thema stiefmütterlich behandelt und eine Umsetzung erfolge nur nach Bedarf. Das Know How der Consultants dagegen wird als positiv bis ausreichend eingeschätzt. Als konkrete Aktivitäten hat ein Consultant auf Anfrage eine SRI-Präsentation durch einen Anbieter organisiert oder SRI in Diskussionen im Kontext von alternativen Anlagen eingebracht. In einem anderen Fall ist ein Consultant für das Selektionscontrolling bei einem Aktienmandat zuständig, das mit eigenen Ressourcen nach SRI-Kriterien gescreent wird. Die Experten beurteilen die Rolle der Consultants im Durchschnitt als neutral. Auffallend sind hier jedoch die grossen Schwankungen in den Aussagen, die von „sehr positiv“ bis „sehr negativ“ reichen. Entscheidend ist hier offensichtlich die jeweilige Grundeinstellung der Consultants. Teilweise wird diesbezüglich kritisiert, dass sie aufgrund ihrer Macht den Prozess blockieren können, da sie primär quantitativ fokussiert sind und qualitative Aspekte zu wenig relevant seien.

Die *Banken* scheinen im SRI-Kontext wesentlich aktiver auf die Pensionskassen zuzugehen. 24 der befragten 36 Pensionskassen haben bereits Initiativ-Angebote von Banken erhalten. Diese kamen jedoch primär von Spezialanbietern, wobei die Bank Sarasin und Sustainable Asset Management explizit genannt wurden. In sechs Fällen haben Banken eine Anfrage der Pensionskassen bearbeitet, nur sechs Pensionskassen haben bisher keine Erfahrungen mit Banken zu dem Thema gemacht.

Die Einstellung der Banken zu SRI wird wesentlich positiver beurteilt als die der Consultants. Während elf Pensionskassen eine positive Einschätzung abgeben, konstatiert nur eine Pensionskasse eine negative Einschätzung. Das Know-How wird ebenfalls von elf Befragten als „gut“, von fünf weiteren Vertretern immer noch als „ausreichend“ bezeichnet. Damit wird auch ihr Wissen besser als das der Consultants beurteilt. Bei der Beurteilung der Banken werden die Spezialanbieter deutlich anders wahrgenommen als die

Grossbanken. Spezialanbieter haben in den meisten Fällen initiativ Offerten unterbreitet, sie werden als engagiert und kompetent bezeichnet. In diesem Bereich wird die Schweiz als relativ weit vorne gesehen und es wird gewünscht, dass dieser Vorsprung erhalten bleiben solle. Bei den Grossbanken bzw. klassischen Asset Managern wird wenig Engagement konstatiert. Ihnen wird auch ein Engagement im Kontext von Corporate Governance nicht unbedingt zugeschrieben, da es hier lange Zeit nicht aktiv thematisiert wurde. Die Banken werden auch dahingehend kritisiert, dass sie eine mögliche Integration in bestehende Mandate nicht aktiv vorschlagen würden. Des weiteren enthielten auch die Angebote zu wenig Details bzw. es entstand die Wahrnehmung, dass das Thema als Marketing für Mandate missbraucht wurde.

Sponsoring-Institution

Fast drei Viertel der befragten Pensionskassen sind bei einer Institution angehängt, die über ein oder mehrere Sozial- bzw. Umweltleitbilder verfügen. Immerhin wurde ein Drittel der Befragten in diesem Zusammenhang auf ethisch-ökologische Kriterien in der Anlagestrategie angesprochen. Dies erfolgte beispielsweise durch den Umweltbeauftragten, der darauf hinwies, dass mit einer ökologisch fortschrittlichen Positionierung des Unternehmens auch in dem Segment investiert werden solle. In einem anderen Fall wurde aufgrund einer konkreten Offerte die Umsetzung des Kyoto-Protokolls durch den Umweltbeauftragten thematisiert. In anderen Fällen meldeten sich die Ökologiegruppe oder der Umweltbeauftragte, jedoch nicht mit einem konkreten Anliegen. Weitere Anfragen kamen aus dem Gesundheitsdepartement, von der Delegiertenversammlung oder dem Stiftungsrat bzw. dem Anlageausschuss. In einer Firma im Saatgutbereich wurde das Thema aufgebracht, da diese selbst aufgrund der Anwendung von Gentechnik aus einem entsprechenden SRI-Fonds ausgeschlossen wurde.

Auf der anderen Seite wurde von den Vertretern der Pensionskassen mehrmals betont, dass eine strikte Trennung zwischen dem Unternehmen und der Pensionskasse herrsche. Die Initiative müsse entsprechend nicht vom Unternehmen, sondern von den Versicherten über ihre Vertreter kommen.

NGOs haben Pensionskassen als Instrumente zu einer intensiveren Umwelt- und Sozialpolitik offensichtlich bisher nicht entdeckt. Nur in einem Fall wurde eine Pensionskasse von NGOs in dieser Frage kontaktiert. Diese Passivität in dem untersuchten schweizerischen Sample steht im Gegensatz zu der Situation in UK. Dort veröffentlichen verschiedene NGOs wie z.B. Friends of the Earth oder Just Pensions regelmässige Umfragen zum ethischen Anlageverhalten unter Pensionskassen, die Diskussionen unter den Versicherten und der Bevölkerung auslösen sollen.[887] In der Schweiz wurde eine entsprechende Veranstaltung von der Erklärung von Bern und dem WWF zum Thema Nachhaltige Anlagen durchgeführt. Die Zielgruppe der Pensionskassen wurde bislang jedoch nicht direkt mit dem Thema konfrontiert.

5.3.1.3 Selbsteinschätzung der Consultants

Der Interviewleitfaden für die Consultants umfasst auch Fragen zur ihrer Rolle bei der Beratung von Pensionskassen im SRI-Kontext. Die zentrale Frage war hier: „Erfolgt eine aktive Empfehlung zur Einführung einer SRI-Strategie?“ Die Beratungsfirma Watson Wyatt hat in UK ein fünfköpfiges SRI-Team, das unter anderem eine ausführliche Broschüre zum Thema herausgegeben hat. Primär werden die Pensionskassen angesprochen, wenn ein gewisses Potenzial abgeschätzt wird. Zielgruppenspezifisch geht auch ein anderer Berater vor: man gehe bei Kirchen und Stiftungen auf die bereits stärker vorhandenen Präferenzen ein, ansonsten nehme man eine neutrale Position ein. Das schweizerische Beratungsunternehmen Ecofin hat bei der Selektion von Managern Standardfragen zu SRI integriert. Diese sollten Teil jeder seriösen Selektion sein, auch bei Mandaten, die nicht spezifisch vergeben werden. Trotz dieser prinzipiell positiven Haltung zeigen sich in der Befragung auch interne Bedenken gegenüber einer derartigen Vorgehensweise: Grundsätzlich wird die eigene Rolle dem Prinzip der Neutralität verschrieben. Zudem wird auf das Freerider-Problem hingewiesen: Warum solle eine Empfehlung erfolgen, worin liege der Incentive für den Consultant, wenn SRI bei jedem Akteur mehr Arbeit und Zeit verursache?

Kommt es zu einer Mitarbeit der Consultants an der SRI-Strategie, sind sie i.d.R. damit beauftragt, die Manager bzw. Fonds zu identifizieren. Daneben werden ihre Dienste in Anspruch genommen, um die Anlagestrategie zu optimieren. Dies kann geschehen durch eine Überprüfung der Ansätze im Hinblick auf deren Authentizität oder durch gezielte Anpassungen. Im Rahmen derartiger Analysen wurde mehrmals empfohlen, von einem Schweizer Aktienmandat nach SRI-Kriterien zu einem globalen Aktienmandat zu wechseln. In einem anderen Fall wurde aufgrund der Resultate der Überprüfung ein SRI-Mandat gekündigt. Hinsichtlich der Nachfrage kommt keine eindeutige Aussage zustande. Auf der einen Seite wird häufig dargelegt, dass aufgrund der aktuellen Probleme der Pensionskassen SRI kein Thema mehr sei. Von anderer Seite wird hingegen konstatiert, dass eine zunehmende Nachfrage nach SRI bestehe und aufgrund neuer Ansätze sowie einer zunehmenden globalen Ausrichtung das Thema an Dynamik gewinne.

---

[887] Siehe Kapitel IV unter Abschnitt 2.2.3.1.

5.3.2 Einflussfaktoren Anlagestrategie

Aufbauend auf der Analyse amerikanischer Literatur zu Einflussfaktoren eines Corporate Governance-Engagements von Pensionskassen wurden die Gesprächspartner gebeten, eine Aussage darüber abzugeben, welche Wirkung die Ausprägung ihrer Anlagestrategie auf die Entscheidung für oder gegen eine nachhaltige Anlagestrategie ausübt. Wenn beispielsweise primär indexiert investiert wird, kann dies die Implementierung eher erleichtern? Oder kommen nur Pensionskassen mit einer guten Risikostruktur für eine Investition nach ethisch-ökologischen Kriterien in Frage?

Bei einer rein quantitativen Auswertung wird die Wirkung indexierter Anlagen auf die Anlagenentscheidung bezüglich SRI tendenziell eher negativ gesehen, während die Ausübung von Stimmrechten eher positiv eingeschätzt wird. Diese Aussagen werden durch die Kommentare einzelner Interviewpartner gut illustriert:

	Wirkung indexierter Anlagen	Wirkung der externen Vergabe von Mandaten	Wirkung der Ausübung von Stimmrechten	Wirkung der Risikostruktur
Mittelwert	2.6	3.0	3.1	3.00

Abb. 81: Einflussfaktoren einer nachhaltigen Anlagestrategie (PKs)

1 = sehr negativ; 2 = eher negativ; 3 = neutral; 4 = eher positiv; 5 = sehr positiv

Quelle: eigene Befragung (n = 36)

Die Experten und Consultants geben hingegen eine leicht unterschiedliche Einschätzung ab. Sie sehen keinen negativen Einfluss einer Indexierung, sondern eher Probleme bei der Risikostruktur. Es scheint die Wahrnehmung im Markt zu bestehen, dass nachhaltige Anlagen mit einem höheren Risiko verbunden sind. Die Möglichkeit von SRI-Mandaten scheint gegeben, wird von einem Consultant jedoch auch als Feigenblatt eingestuft: „... man muss nicht daran glauben, jedoch kann man mit tiefen Kosten ein SRI-Engagement nach aussen vorweisen." Die Wirkung einer aktiven Wahrnehmung von Stimmrechten wird wesentlich stärker als durch die Pensionskassen selber eingestuft.

	Wirkung indexierter Anlagen	Wirkung der externen Vergabe von Mandaten	Wirkung der Ausübung von Stimmrechten	Wirkung der Risikostruktur
Mittelwert	3.0	3.2	4.4	2.3

Abb. 82: Einflussfaktoren einer nachhaltigen Anlagestrategie (Experten)

1 = sehr negativ; 2 = eher negativ; 3 = neutral; 4 = eher positiv; 5 = sehr positiv

Quelle: Eigene Befragung (n = 7)

5.3.2.1 Indexierung

Die Diskussion um die Auswirkung indexierter Anlagen bringt ein zentrales Problem der Integration nachhaltiger Kriterien in die Anlagestrategie zutage. Verschiedene PK-Vertreter sehen Umsetzungsprobleme bei indexierten Investments. Indexierte Mandate werden nach klassischen Benchmarks vergeben, die keine Vorgabe bei der Titelselektion aufweisen, kein aktives „Stock Picking" betreiben.[888] In dieses Muster passen nachhaltige Anlagen nicht. Demnach ist dieser Anlagestil nicht kompatibel. Die Option, spezielle Mandate nach SRI-Kriterien zu vergeben, ist in den meisten Fällen nicht vorgesehen. Auch die bereits etablierten SRI-Indices werden nicht als Lösung angesehen, da meist die Standard-Indices angewendet werden und SRI-Indices demgegenüber Abweichungen aufweisen. Eine Engagement-Strategie kann in diesem Kontext eine Lösung darstellen, da die definierte Anlagestrategie nicht verändert wird.

Auf der anderen Seite wird geäussert, dass durch Indexierung das Thema SRI akut werde, da man Unternehmen im Portfolio halte, über die man sich Gedanken machen müsse.

5.3.2.2 Externe Verwaltung

Auch bei der Analyse eines möglichen Einflusses der externen Verwaltung kommt kein eindeutiges Bild zustande. Ein Interviewpartner erachtet bei SRI eine externe Mandatsvergabe als nötig, zumal heute auch genügend Spezialisten bzw. Kompetenzen zur Verfügung stünden. Ein anderer weist auf das Dilemma hin, das auftreten kann, wenn der Anbieter mit der besten finanziellen Performance SRI nicht im Programm hat. Ausserdem wird ein Problem aufgeworfen, das oft in der Corporate Governance-Literatur thematisiert wird: Je weiter die Verwaltung delegiert wird, desto weniger ist Corporate Governance oder SRI ein Thema. Von Expertenseite wird zudem ein fehlendes, kosteneffizientes und pensionskassenspezifisches Angebot externer Verwalter kritisiert.

5.3.2.3 Stimmrechte

Obwohl in den Interviews gelegentlich die Meinung geäussert wird, dass die Diskussion um Corporate Governance von der Frage der SRI-Kriterien losgelöst erfolge, ergibt sich diesbezüglich eine leicht positive Aussage zu der Wirkung von Stimmrechten. In einem Fall wird vom SRI-Manager explizit erwartet, die Stimmrechte wahrzunehmen. Vor allem für die Zukunft scheint eine Auswirkung erwartet zu werden. Die Experten sehen einen eher positiven Zusammenhang, dass ein gewisses Engagement auch in bezug auf Nachhaltigkeit ausgeübt wird. Die Ausübung der Stimmrechte wird als Indikator für eine offene, fortschrittliche Haltung der Pensionskasse gesehen.

---

[888] Wie bereits im statistischen Teil erwähnt, haben die befragten Pensionskassen im Durchschnitt 27 Prozent ihrer Aktien indexiert, während 17 Prozent ihrer Obligationen nach Indices verwaltet werden.

5.3.2.4 Risikograd

Hinsichtlich des Risikogrades kann man aufgrund der vorliegenden empirischen Studien darauf schliessen, dass nachhaltige Anlagen aufgrund des Ausschlusses verschiedener Branchen bzw. Unternehmen ein leicht höheres Risiko bedeuten. Wird diese Annahme von den Befragten geteilt bzw. können sich demnach nur Pensionskassen mit einem höheren Deckungsgrad solche Investitionen „leisten"?

Bei der Einschätzung des Risikos von nachhaltigen Anlagen ergibt sich kein eindeutiges Meinungsbild. Skeptiker entnehmen der Wissenschaft unterschiedliche Aussagen oder vermissen ausreichende historische Daten zur Einschätzung des Risikos. Von einigen Interviewpartnern wird das Risiko geringer eingeschätzt. SRI gelten demnach als weniger volatil oder reduzieren Haftungsrisiken. Diese Einschätzung geht soweit, dass nicht-nachhaltige Anlagen teilweise als Risikofaktor bezeichnet werden. Gegenstimmen stufen sie aufgrund des höheren titelspezifischen Risikos als heikel ein oder sehen die Beziehung des Risikos zur Rendite nicht im Zielkorridor. Auch von den Experten und Consultants werden mehrmals Bedenken geäussert, dass nachhaltige Anlagen mit einem höheren Risiko verbunden werden. Dies stellt die Grundlage zu der Aussage dar, dass eine gute Deckung die SRI-Integration erleichtere.

Vergleicht man den Deckungsgrad der Pensionskassen, die in SRI investieren, mit dem der Kassen, die nicht in SRI investieren, erhält man ein gegensätzliches Bild: Der Durchschnitt der investierten Kassen liegt mit 92,8 Prozent unter dem Durchschnitt aller Kassen (mit 97 Prozent), während die nicht investierten Kassen mit 100,3 Prozent eine bessere Deckung aufweisen. Dieses Bild resultiert allerdings vor allem durch den hohen Anteil der öffentlichen Kassen in der Gruppe der SRI-Investoren. Ihr Deckungsgrad beträgt 86,4 Prozent, während die privaten Pensionskassen eine Volldeckung mit 100,1 Prozent aufweisen.

Die Referenz zum Deckungsgrad bei den betrachteten Pensionskassen ist weniger relevant, da in den meisten Fällen nur ein geringer Anteil gemäss nachhaltigen Kriterien investiert und damit die Risikostruktur der Anlagestrategie insgesamt kaum beeinflusst wird. Bei zwei Pensionskassen, die ihre Aktieninvestments komplett nach SRI-Kriterien ausrichten, wurde auch geäussert, dass kaum Aktien verkauft werden mussten und sich dadurch die Risikostruktur nicht signifikant verändert habe.

5.3.3 Zusammenfassung

Bei der Beurteilung eines Einflusses interner und externer Anspruchsgruppen wurde sowohl bei den Pensionskassenvertretern wie auch bei Experten und Consultants ein eindeutiges Ergebnis erzielt: Momentan erfolgt kein nennenswerter Einfluss. Für jede Gruppe wurden vorwiegend neutrale Einschätzungen abgegeben, was in vielen Fällen mit keinem Einfluss bzw. Interesse gleichzusetzen ist. Tendenziell wird Arbeitnehmern, NGOs und den Medien ein positiver Einfluss zugesprochen. Die negativsten Bewertungen erhalten Arbeitgeber, Unternehmen und Consultants. Bei näherer Betrachtung scheinen die Versicherten insgesamt nur ein geringes Interesse an ihrer Pensionskasse zu besitzen. Nur selten kommen Anfragen zur Anlagestrategie. Auf der anderen Seite scheinen die Pensionskassen auch keinen aktiven Dialog zu suchen, nur in drei Fällen wurden bisher Umfragen bei den Versicherten durchgeführt. Die Consultants, denen sowohl von den Pensionskassenvertretern wie auch den Experten die negativste Einstellung zugesprochen wird, nehmen im Thema eine sehr passive Haltung ein. Sie positionieren sich selber als neutral. Mehrfach wurde jedoch ihre negative Einschätzung zu SRI bei Diskussionen erwähnt. Nur auf explizite Anfrage bzw. bei speziellen Zielgruppen wird SRI aufgegriffen. Innerhalb der Banken wird eine Aufteilung deutlich: Während die klassischen Banken das Thema ebenfalls defensiv bearbeiten, erfolgt von Spezialanbietern wie Sarasin oder Sustainable Asset Management eine eindeutige, offensive Positionierung mit aktiven Offerten. Im Gegensatz zu UK haben sich NGOs bisher nicht in die Anlagestrategie von Pensionskassen eingemischt. Zwar wurde ein Drittel der Pensionskassen im Hinblick auf das Umwelt- oder Sozialleitbild auf die Berücksichtigung von nachhaltigen Kriterien angesprochen, jedoch scheinen auch diese Anfragen eher aus persönlichem Interesse der Umweltbeauftragten oder aktueller Offerten zu beruhen anstatt auf einer strategischen Positionierung des Unternehmens. Momentan scheint eine nachhaltige Anlagestrategie der Pensionskasse nicht unbedingt Bestandteil eines glaubwürdigen Umwelt- bzw. Sozialengagements der Unternehmen bzw. öffentlichen Institutionen zu sein.

Die Wechselwirkung zu verschiedenen Faktoren der Anlagestrategie wird zwar von Experten und Pensionskassenvertretern nicht einstimmig beurteilt, scheint aber aufgrund der primär neutralen Einstufung keine grosse Rolle zu spielen. Von den Pensionskassenvertretern wird vor allem die Indexierung von Mandaten als problematisch für die Einführung einer nachhaltigen Anlagestrategie gesehen. Nachhaltige Anlagen sind nur schwer in die bestehenden Kategorien zu integrieren bzw. mit den klassischen Benchmarks zu messen, SRI-Indices werden nicht als plausible Alternative anerkannt. Von Expertenseite wird die Risikostruktur als Einflussfaktor eingestuft, da Bedenken vorherrschen, dass nachhaltige Anlagen mit einem höheren Risiko verbunden sind. Vergleicht man den Deckungsgrad der SRI-Pensionskassen, stellt man allerdings fest, dass speziell Kassen mit einer tiefen Deckung nachhaltig investiert haben. Die Wahrnehmung von Stimmrechten scheint dagegen v.a. nach Meinung der Experten einen positiven Effekt auszuüben.

5.4 Einschätzungen zu und Erfahrungen mit SRI

Auf der Basis von vorliegenden Studien und eigenen Erfahrungen der Autorin wurde die Meinung der Interviewpartner zu verschiedenen Aspekten eingeholt, um ein klareres Bild zur Wahrnehmung der Pensionskassen von nachhaltigen Anlagen im Markt zu erhalten. Im folgenden Abschnitt wird untersucht, wie die Implementierung einer nachhaltigen

Anlagestrategie erfolgt. Wird sie von einer strategischen Aussage begleitet? Wer ist für die Einführung verantwortlich? Welche Erfahrungen werden in der Praxis erzielt? Können damit eher positive oder negative Entwicklungen für die Zukunft abgeleitet werden?

5.4.1 Einschätzung von Vor- und Nachteilen

Die Befragten wurden gebeten, die einzelnen Themen zu bewerten und ihr Urteil zu kommentieren. Wird die Wertentwicklung nachhaltiger Anlagen eher besser oder schlechter als die konventioneller Anlagen beurteilt? Bieten die zur Verfügung stehenden Anlagekategorien mit dem Schwerpunkt auf Aktien eine ausreichende Grundlage zur Implementierung einer nachhaltigen Anlagestrategie? Sind ausreichende Informationen vorhanden bzw. sind diese mit vertretbarem Aufwand zu erheben? Stellt die Vielzahl der unterschiedlichen Ansätze und Kriterien eine attraktive Wahlmöglichkeit dar oder wirkt sie eher verwirrend? Werden ökologische und soziale Kriterien aus einer ethischen Überzeugung eingesetzt oder wird die „Werthaltigkeit" der Kriterien eher negativ wahrgenommen?

Die Aussagen der Pensionskassenvertreter zu möglichen Vor- und Nachteilen ergeben folgende Durchschnittswerte:

	Performance	Anlagekategorien	Informationsbeschaffung	Vielzahl der vorhandenen Konzepte	Ethische Komponente
Mittelwert	2.8	2.6	2.8	2.6	3.1

Abb. 83: Einschätzung spezifischer Vor- und Nachteile nachhaltiger Anlagen (PKs)
1 = sehr negativ; 2 = eher negativ; 3 = neutral; 4 = eher positiv; 5 = sehr positiv
Quelle: Eigene Befragung (n = 36)

Im Durchschnitt werden die zur Verfügung stehenden Anlagekategorien am schlechtesten bewertet, einzig die ethische Komponente erhält ein neutral bis leicht positives Urteil. Da wiederum der Anteil der neutralen Meinungen relativ hoch ist, werden im Folgenden insbesondere die positiven und negativen Antworten erläutert.

Während 12 Befragte eine sehr negative bis eher negative Einschätzung zur *Wertentwicklung* angeben, äussern sich nur fünf eher positiv. Noch schlechter werden die *Anlagekategorien* beurteilt: Hier stehen 16 negativen Urteilen nur vier positive Urteile entgegen. Die Aussagen zur *Vielzahl der vorhandenen Konzepte* sind stärker polarisiert. 18 Negativmeinungen (davon fünf sehr negativ) stehen acht eher positive Meinungen gegenüber. Immerhin ein Drittel der Befragten kann die Tatsache, dass bei sozial-ökologischen Anlagen auch eine ethische Komponente mitschwingt, auch positiv bewerten. Nur für neun

Vertreter ist diese „Werthaltigkeit“ mit Problemen verbunden.

	Performance	Anlagekategorien	Informationsbeschaffung	Vielzahl der vorhandenen Konzepte	Ethische Komponente
Mittelwert	2.7	2.3	3.0	3.0	2.1

Abb. 84: Einschätzung spezifischer Vor- und Nachteile nachhaltiger Anlagen (Consultants)

1 = sehr negativ; 2 = eher negativ; 3 = neutral; 4 = eher positiv; 5 = sehr positiv

Quelle: Eigene Befragung (n = 7)

Die Einschätzung der Vor- und Nachteile bringt grössere Differenzen zwischen den beiden Interview-Gruppen zutage. Während die ethische Komponente von den Pensionskassen als einziges Merkmal im Durchschnitt tendenziell eher positiv bewertet wurde, wird sie von den Experten und Consultants als negativster Aspekt eingestuft. Dagegen wird die Vielzahl der vorhandenen Konzepte und die Informationsbeschaffung mit „neutral“ besser als von den Pensionskassenvertretern eingestuft.

Neben dieser quantitativen Auswertung der Einschätzungen erfolgt im Anschluss eine Erläuterung der Kommentare zu den jeweiligen Punkten, um die Hintergründe zu den Bewertungen besser darzustellen.

5.4.1.1 Kommentar zu Performance

Vertreter einer positiven Performance bringen vor, dass mit dem Ansatz „Best in Class“ ein Fokus auf eine hohe Wertschöpfung gelegt werde. Dies sei der Fall, da ethisch geführte, vorausschauende Unternehmen durch eine positive Wahrnehmung der Stakeholder und geringere Risiken eine langfristig bessere Performance haben. Die Investition in Blue Chips wird genauso begrüsst wie die Entwicklung von fundamentalen Ansätzen unter Einbeziehung von Corporate Governance und Öko-Effizienz. Sowohl ein schonender Umgang mit Ressourcen sowie die langfristige Positionierung zahle sich aus. Vor allem längerfristig wird ein positiver Einfluss gesehen. Skeptiker vernehmen zwar die euphorischen Aussagen im Marketing der SRI-Anbieter. Sie zweifeln jedoch an einer eindeutigen Wirkung. Diese müsse sich bei einer ganzheitlichen Analyse der Unternehmen im Cash-Flow niederschlagen, ansonsten bleibe es ein Strohfeuer.

Negative Aussagen zur Performance basieren teilweise auf konkreten Erfahrungen, sei es z.B. mit einer unterdurchschnittlichen Performance von Ethos, der Beteiligungsgesellschaft Prime New Energy oder dem Totalverlust von Bomin Solar. Die Investition in kleine Firmen, die sogenannten Innovatoren, erscheine zu risikoreich, eine mangelnde Diversifikation aufgrund von Ausschlusskriterien erhöhe ebenfalls das Risiko. Die finanztheoretischen Bedenken aufgrund der Einschränkung des Universums wirken sich jedoch weniger dramatisch aus, solange nur 10 Prozent des Portfolios wegfallen. Häufig überwiegen noch Vorurteile, wie z.B. dass die Beweislast bei den Anbietern liege und daher prinzipiell keine schlechtere Performance erzielt werde. Kritik wird zudem dahingehend geäussert, dass die Gebühren im SRI-Bereich meist höher seien und die Angebote selten Angaben über die Performance enthalten. Die Verwendung von Bezeichnungen wie „Nischenmarkt" oder „Modeerscheinung" zeigen, dass noch Überzeugungsarbeit geleistet werden muss.

Mehrmals wird von den Experten und Consultants die Berücksichtigung von nachhaltigen Kriterien mit der Frage der Markteffizienz in Verbindung gebracht. So sei im Energiesektor unter den aktuellen Rahmenbedingungen ein Marktversagen möglich, daher könne sich die Berücksichtigung von SRI-Kriterien hier auszahlen. Ein Consultant nimmt an, dass in 90 Prozent der Fälle, in der SRI eine finanzielle Bedeutung habe, derartige Kriterien auch berücksichtigt werden. Dies zeige, dass man auch durch traditionelle Mandate von SRI profitieren könne.

5.4.1.2 Kommentar zu Anlagekategorien

Bei einer Analyse des Angebots im Bereich nachhaltiger Anlagen fällt der Schwerpunkt auf Aktieninvestitionen auf. Immobilienanlagen, die noch immer einen wichtigen Teil der Pensionskassenanlagen ausmachen, fehlen zumeist völlig. Angebote mit Obligationen kommen zwar auf, sind vom Ansatz allerdings weniger überzeugend hinsichtlich eines Zusatznutzens. Für einige Befragten und Experten stellt diese Fokussierung kein Problem dar, da die Priorität eh auf Aktien gelegt wird. Auch wenn die Auswahl für Aktien überzeugend sei, fehlten Obligationen oder Hedge-Fonds. Allenfalls mit einem Engagement-Ansatz liessen sich beispielsweise Investitionen in speziellen Segmenten wie Emerging Markets abdecken. Bei anderen Kategorien wie Private Equity seien die Volumina für eine Investition der Pensionskassen zu gering. Des weiteren bestehe das Problem, dass die erhältlichen Anlagekategorien nicht in die PK-Kategorien passen. Es wird anerkannt, dass die Palette zwar zugenommen habe. Doch noch immer sei das Angebot zu begrenzt. Plausibel scheint, dass bei einer stärkeren Nachfrage auch das Angebot breiter werde.

5.4.1.3 Kommentar zur Informationsbeschaffung

Der Einbezug zusätzlicher Kriterien stellt einen höheren Informationsbedarf und Aufwand dar. Dies stellt für einige der Befragten ein Problem dar, den SRI-Ansatz in der Praxis umzusetzen. Anscheinend ist es schwer, an die benötigten Informationen heranzukommen. Für die meisten Unternehmen sind diese nur separat in Form von Umwelt- und Sozialberichten erhältlich. Da keine internationalen Normen oder ein einheitliches Rating bestehen, sind die bestehenden Ansätze nicht repräsentativ. Weiterhin muss Überzeugungsarbeit für neue Produkte geleistet werden. Vielfach fällt es den Anlegern zudem schwer, die Bewertung der einzelnen Anbieter nachzuvollziehen.

Kein Problem bereitet die Informationsbeschaffung hingegen beim Negativansatz, bei dem man relativ leicht Firmen ausschliessen kann. Mehrmals wird der gute Service der Anbieter gelobt, die enorme Anstrengungen unternehmen. Auch die Consultants oder Broker böten gute Infos. Ethos wird positiv erwähnt z.B. im Hinblick auf den Service zu Traktanden an Generalversammlungen. Grundsätzlich muss man sich vielfältig informieren, wobei die Unternehmen transparenter werden und man viel über die Firmen lernt. Damit steht mehr als nur eine Wahrheit in Form der Finanzanalyse zur Verfügung. Wenig Aufwand bereitet hingegen ein pragmatisches Verfahren. Bei diesem wird anstelle der Primäranalyse nur verglichen, ob ein Titel im Portfolio eines SRI-Fonds bzw. in entsprechenden Indices vorhanden ist. Auf dieser Basis erfolgt dann die Zulassung für das eigene Portfolio.

Die Gruppe der Experten und Consultants äussert sich mehrheitlich positiv zur Informationsbeschaffung. Die benötigten Informationen seien vorhanden und der Markt zeichne sich durch eine hohe Transparenz aus.

5.4.1.4 Kommentar zur Konzeptvielfalt

Wie im Kapitel III im Abschnitt 1 illustriert, werden unter dem Begriff der Nachhaltige Geldanlagen verschiedene Ansätze in der Praxis umgesetzt. Selbst bei der Anwendung von Negativkriterien bestehen grosse Unterschiede zwischen eher pragmatischen Vorgehensweisen mit wenigen Ausschlusskriterien bzw. sehr umfangreichen Katalogen, die einen grossen Teil des Standard-Portfolios eliminieren. Für einige Befragten bietet der Markt damit eine gute Auswahl. Sie begrüssen die Wahlmöglichkeiten und vergleichen sie mit anderen Anlageklassen mit aktivem Management. Der Markt biete auch genügend Transparenz. Andere PK-Vertreter sehen bereits eine Homogenisierung der Ansätze, die sich primär noch im Tracking Error und der Performance unterscheiden würden. Auch von Expertenseite wird die grössere Auswahl begrüsst. Es wird ebenfalls anerkannt, dass der Markt vor vier bis fünf Jahren im Vergleich zur heutigen Situation eine grössere Heterogenität aufgewiesen habe. Allerdings wird kritisiert, dass Konzentration auf drei oder vier grosse Anbieter eher eine untere Grenze darstelle.

Kritikern dagegen fehlt ein einheitliches Konzept und eine Definition. Ihnen erscheint das Konzept eher schwammig und die Vielzahl der Ansätze wirkt auf sie eher verwirrend. Was ist nachhaltig? Warum ist eine Firma wie Swiss Re in solchen Fonds vertreten? Die unterschiedlichen Auswahlkriterien erschweren für sie nur einen Vergleich der Produkte. Die Marketingmassnahmen der Anbieter stellen jeweils das eigene Produkt in den Vordergrund. Es falle schwer, objektiv zu sein. Beim Best-in-Class wirken die Kriterien eher subjektiv. Ein Interviewpartner nimmt die Entwicklung eher als Modetrend wahr: die Kriterien entsprechen dem Zeitgeist, in dem das Produkt aufgelegt wurde. Solange der Ansatz nicht stärker publik gemacht werde, bleibe er in der Nische.

5.4.1.5 Kommentar zur ethischen Komponente

Auch wenn die Ratingverfahren standardisiert mit quantitativen Kriterien und fest vorgegebenem Verfahren die Bewertung von Unternehmen vornehmen, lassen sich subjektive Werturteile nicht vermeiden. Die Beurteilung dieser ethischen Komponente spaltet die Befragten. Für eine Gruppe stellen diese Werte den Grund für solche Anlagen dar, v.a. seitens der Versicherten. Diese Bewusstseinsbildung geht auch in die Richtung, bei grossen Firmen durch die Pensionskassen Druck zu ethischem Verhalten auszuüben, wobei ein derartiges Verhalten dann mit sozialer und ökologischer Verantwortung gleichgesetzt wird. Obwohl diese erwartet wird, ist es gleichzeitig fraglich, wer darüber entscheiden soll. Einigen Pensionskassenverwaltern fehlt als Treuhänder die Legitimation, bei der Zwangsverwaltung auch ideologische und politische Ziele zu verfolgen. Das Problem bestehe ihrer Aussage nach auch darin, dass in den Pensionskassen Versicherte mit unterschiedlichen politischen Ansichten vertreten sind. Soll man die Meinung der Versicherten einholen? Damit sei es schwierig, den ethischen Standard auf ein Level zu bringen und genaue Kriterien zu definieren. Auch scheint die Umsetzung des Wertesystems Ethik im globalen Kontext schwierig, da zu viele kulturelle Differenzen bestehen. Wie bereits erwähnt, werden fehlende klare Standards bzw. Messgrössen kritisiert, wie sie z.B. im Kontext der Corporate Governance vorhanden sind, um endlose Diskussionen zu vermeiden. Wird nur ein Teil des Portfolios nach ethischen Kriterien investiert, bestehe gleichzeitig die Gefahr, dass der Rest des Portfolios unethisch ist.

Wie bereits bei der quantitativen Bewertung deutlich wurde, stösst die ethische Komponente bei den Experten und Consultants auf Kritik. Sie weisen darauf hin, dass ethische Aspekte in der Finanzbranche eher abgelehnt werden und eine weiche Komponente einen negativen Touch bringe. Sie beobachten, dass die Pensionskassen sich in dem Kontext ungern exponieren. Gleichzeitig sehen sie auch das Problem, dass eine ethische Beurteilung auf kollektiver Ebene nicht zu lösen sei.

5.4.2 Einführung und Implementierung einer nachhaltigen Anlagestrategie

Im nächsten Abschnitt wird zusammengefasst, in welcher Form die Einführung einer Strategie, die soziale und ökologische Kriterien für einen Teil oder alle Investitionen berücksichtigt, erfolgt. Ist die Entscheidung mit einem strategischen Commitment verbunden? Wird das Anlagereglement angepasst, um eine langfristige Perspektive zu gewähren? Wer ist für die Initiative verantwortlich, neben den klassischen Anlageparametern Nachhaltigkeit einzubeziehen und damit den zusätzlichen Aufwand bei der Selektion der Asset Manager und der Investition der Titel zu initiieren? Wie laufen die Entscheidungsprozesse ab? Lassen sich politisch bzw. aus Rollenbildern motivierte Muster bei den Befürwortern bzw. den Gegnern identifizieren? Welche Erfahrungen werden bei der Implementierung erzielt?

Für die Pensionskassen ist der wirtschaftliche Erfolg sehr entscheidend, da sie aufgrund ihrer gesetzlich festgelegten Zahlungsverpflichtungen an die Rentner keinen Renditeverzicht eingehen können. Neben der finanziellen Seite geht es auch um die Frage, wie weit die Erwartungen, die zur Einführung eine Rolle gespielt haben, auch erfüllt werden können. In den meisten Fällen werden externe Manager beauftragt, die eigene Kriterienraster erstellt haben. Sind die Pensionskassen mit der Umsetzung ihrer Kriterien bzw. ethischen Präferenzen zufrieden? Die Strategie kann nur nachhaltig im Sinne von langfristig überleben, wenn nicht nur die Entscheidungsträger überzeugt sind, sondern auch die Versicherten bzw. externe Gruppen ein positives Feedback abgeben. Welche Reaktionen von internen und externen Anspruchsgruppen wurden erzielt?

Bei einer Mehrheit der Pensionskassen wurde die Investition in nachhaltige Anlagen auch im Anlagereglement fixiert. Dabei werden möglichst allgemein gehaltene Formulierungen bevorzugt wie z.B. die Aussage „...grundsätzlich sollen nachhaltig-ethische Anlagen gefördert werden“ oder die „Berücksichtigung von nachhaltigen Kriterien soll so gut wie möglich erfolgen“. Eine der befragten Kassen hat festgehalten, dass ein bestimmter Teil in Unternehmen mit besonders nachhaltiger und sozialer Ausrichtung investiert werden bzw. nicht sozial- und umweltgerechte Institutionen gemieden werden sollen. Doch gelten ansonsten gleiche Grundsätze wie für andere Anlagen. In den meisten Fällen wird bewusst keine Quote in der Allokation festgelegt, um relativ flexibel disponieren zu können. In einem Fall wurde allerdings eine Negativliste mit Branchen verankert, die nicht im Interesse der nachhaltigen Entwicklung (Atom, Rüstung, Spielcasinos) stehen. Von Seiten der Consultants würde eine Aussage im Anlagereglement empfohlen, allerdings primär bei einer eigenen Initiative der Pensionskasse. Andere Experten sehen eine derartige Implementierung häufig als Versuch und weniger als Bestandteil einer Strategie, in diesem Fall würde es nicht gross thematisiert.

Als Initiant lässt sich keine Gruppe prioritär ausmachen: Arbeitnehmervertreter, der Anlageausschuss, die Verwaltung bzw. der Verwaltungsrat werden mit gleicher Häufigkeit (viermal) genannt, in je einem Fall war ein Gewerkschaftsvertreter und die Geschäftsleitung direkt verantwortlich. Ein Experte erwähnt auch die Geschäftsführung von Unternehmen mit einer Sustainability-Strategie. Mitunter wurde ihr Interesse durch ein Sustainability-Rating direkt ausgelöst. In einem anderen Fall wurden nachhaltige Anlagen nach einer Entscheidung zur stärkeren Kundenorientierung der Pensionskasse durch flexible Angebote ausgewählt.

Die Einführung der nachhaltigen Anlagestrategie erfolgte in den meisten Fällen einstimmig. Dafür waren unterschiedliche Gründe verantwortlich: in mehreren Fällen entstand kein Widerstand, da der Anteil im Portfolio sehr klein war oder nur eine allgemeine Formulierung eingeführt wurde. Bei einer anderen Pensionskasse kam es nicht zu

Kontroversen, da die Titel sehr ähnlich wie in einem normalen Mandat waren. Nur in einem Fall wurden die festgelegten Negativkriterien intensiv diskutiert, wobei sich der Chef als Raucher dafür eingesetzt hat, dass Tabakfirmen nicht ausgeschlossen wurden. Mehrmals wurde jedoch betont, dass durch die Entscheidung kein Performancenachteil entstehen dürfe. Die Experten sehen eine schmerzlose Entscheidung der Pensionskassen, solange sich das Volumen im aktuellen Rahmen und eher als Versuchsballon befinde. Erst bei einer strategischen Entscheidung kämen echte Diskussion auf. In einigen Fällen seien dann Kontroversen nicht vermeidbar, v.a. in bezug auf Performance und Kosten.

Die Entscheidung hat auch keine Grabenkämpfe zwischen Arbeitgeber- und Arbeitnehmervertretern hervorgerufen. Es wurde erwähnt, dass im Anlageausschuss seltener Rollenkonflikte zwischen Arbeitnehmern und Arbeitgebern auftreten. Stattdessen kämen in dieser Frage eher persönliche Präferenzen zum Tragen. Des weiteren fiel die Aussage, dass mitunter eine Person mit einer starken Motivation und entsprechendem Einsatz für die Einführung verantwortlich gewesen sei. Solange durch geschicktes Taktieren keine Opposition hervorgerufen wird, lassen sich so die persönlichen Präferenzen gut unterbringen. Die Experten und Consultants sehen eine stärkere Polarisierung: Arbeitgeber werden eher als zögerlich bezeichnet, sie warnen vor Experimenten. Mitunter sehen sie sich Interessenkonflikten ausgesetzt, da Pensionskassen als Instrument der Firmenpolitik eingesetzt werden. Die Arbeitnehmer, v.a. durch Unterstützung von Gewerkschaftsvertretern, sehen das Thema eher positiv.

Institutionelle Investoren verfolgen mitunter eine „Core-/ Satelite-Strategie". Als Kerninvestition werden für die klassischen Anlagekategorien häufig indexierte Portfolios eingesetzt, die relativ kostengünstig und ohne grosses Risiko gemanagt werden. Zusätzlich werden alternative Anlagen ausgewählt, die bewusst höhere Risiken eingehen, um entsprechend höhere Renditen zu erzielen. Diese rechtfertigen wiederum die aufgrund des aktiven Anlagestils notwendige höheren Gebühren.

Zu der Frage, ob SRI-Investments eine Core- oder eher eine Satelite-Anlage darstellen, besteht Gleichstand. Als Core-Investment scheint insbesondere ein indexiertes SRI-Mandat möglich. Andererseits entspricht es nicht dem Bild eines klassischen Core-Investments bzgl. dessen Benchmark und Grösse. Als Satelite-Anlage sei es theoretisch denkbar. Mitunter wird es auch im Segment mit alternativen Anlagen eingeteilt. Die Tatsache, dass in einem solchen Falle nur sechs Mio. von zwölf Mrd. investiert wurde, weist jedoch darauf hin, dass dieses Investment eher der Aussendarstellung diente, gemäss der Devise: "Wir haben auch etwas gemacht".

5.4.3 Erfahrungen mit SRI

Wie bereits bei der Beurteilung der Performance in einer früheren Frage deutlich wurde, ist die konkrete Erfahrung der bereits nachhaltig investierten Pensionskassen mit SRI tendenziell negativ. Bei zwei eher positiven Beurteilungen wurden acht eher negative Erfahrungen registriert. In einem Fall erreichte ein SRI-Manager bei der Selektion eines Schweizer Aktienmandates den zweiten Platz. Bei der Anwendung von SRI-Kriterien auf den kompletten Aktienbestand ergaben sich in einem anderen Fall keine Konsequenzen, da meist nur in Blue Chips investiert wurde und wenige Titel ausgetauscht werden mussten. Auch ein Engagement-Overlay[889] kostet keine Performance, sondern kann durch die Intervention bei schlecht gemanagten Firmen deren Risiko reduzieren.

Für die negativen Erfahrungen war in mehreren Fällen ein Nicht-Erreichen der Benchmark verantwortlich. Dabei wurde insbesondere ein Schweizer-Aktienmandat mehrmals explizit genannt. Als Konsequenz ist für eine Pensionskasse klar: nach den starken Verlusten soll der Restbestand bei einer Erholung der Märkte abgebaut werden. In anderen Fällen wurden die SRI-Mandate bereits verkauft. Von einem Consultant wurde angemerkt, dass nicht beachtet wurde, dass einige SRI-Fonds technologielastig waren und damit in den letzten Jahren eine relativ schlechte Performance erzielten.

Hinsichtlich der Umsetzung der Kriterien wurden bessere Erfahrungen erzielt. Obwohl sieben Vertreter sich neutral äussern, können sechs von eher positiven und nur eine Pensionskasse von eher negativen Erfahrungen berichten. In mehreren Fällen wurden keine eigenen Kriterien aufgestellt, sondern die Anbieter aufgrund der Kriterien ausgewählt. Eine Pensionskasse hat selbst bei Immobilien Kriterien aufgestellt: Sie verkauft die Liegenschaft grundsätzlich nicht an Spekulanten, um die Mieter zu schützen. Trotz diverser Ansätze kommentiert ein Vertreter, dass mehr getan werden könnte. Die Experten und Consultants berichten von vielfältigen, tendenziell eher positiven Erfahrungen. Erwähnt wurde eine kritische Nachfrage in bezug auf einzelne Titel.

Die Reaktion interner und externer Gruppen dagegen stellt sich wieder verhaltener dar. In sechs Fällen wird die Reaktion neutral beurteilt (bzw. als nicht existent). Darüber hinaus halten sich positive und negative Erfahrungen die Waage. Primär wurden bei den Versicherten interne Reaktionen registriert, wobei diese auch eher zufällig ankamen. In einem Fall wurde eine aktive Kommunikation bei Versammlungen ergriffen, ein Engagement wird auch als Selbstschutz bei Anfragen eingesetzt.

Zu den Konsequenzen aus diesen konkreten Erfahrungen wollte sich keiner der Befragten explizit äussern. Ein künftiges Engagement im SRI-Bereich konnten sich immerhin sechs Pensionskassen vorstellen. Für andere müssen gewisse Voraussetzungen erfüllt werden,

[889] Siehe Kapitel III unter Abschnitt 1.4.

wie z.B. überzeugendere Konzepte oder ein eindeutigerer Erfolgsausweis, längerfristiger Track Record bzw. positives Rendite- und Risiko-Verhältnis. Gleichzeitig sollte sich der Druck von aussen, z.B. durch Konsumentenschutzverbände oder eigene Versicherten erhöhen. Da in mehreren Fällen eine jährliche Diskussion bzw. eine laufende Selektion und Controlling erfolgt, ist mittelfristig ein stärkeres Engagement möglich.

5.4.4 Zusammenfassung

Die Pensionskassenvertreter beurteilen die vorgegebenen Charakteristika nachhaltiger Geldanlagen vorwiegend negativ. Die Vielzahl der Konzepte scheint Verwirrung auszulösen, der Wunsch nach Standards wird laut. Zur Abdeckung der wichtigsten Anlagekategorien fehlen neben Aktien und Obligationen auch Angebote z.B. im Bereich Immobilien oder Private Equity in ausreichender Liquidität. Die Wertentwicklung von SRI wird ebenfalls negativ eingeschätzt, was einen wichtigen Hinderungsgrund für eine stärkere Integration bei Pensionskassen darstellt. Einzig die Tatsache, dass ethisch-ökologische Anlagen auch Werturteile beinhalten, stösst auf Resonanz, v.a. bei den Versicherten. Gerade dieser Bereich wird von den Experten abgelehnt, die das Problem aufwerfen, in welcher Form die Pensionskassenvertreter für solche Entscheide legitimiert sind. Im Gegensatz zu den Pensionskassen schätzen Experten und Consultants die Informationsbasis als ausreichend und die Vielzahl der Konzepte als positiv ein.

Die Einführung einer nachhaltigen Anlagestrategie wird bei der Mehrheit der Pensionskassen durch einen meist relativ allgemein gehaltenen Passus im Anlagereglement fixiert, was eine gewisse strategische Bedeutung nahe legt. Die Initiative erfolgt durch verschiedene Gruppen, wobei keine grossen Diskussionen hervorgerufen werden, teilweise aufgrund der geringen Bedeutung für das Portfolio. Auch zwischen Arbeitnehmern und Arbeitgebern gibt es in den meisten Fällen keine nennenswerten Konflikte.

Was bereits bei der Einschätzung zur Performance deutlich wurde, bestätigt sich durch konkrete Erfahrungen bei bestehenden Portfolios. Die Interviewpartner geben an, dass ihre nachhaltigen Anlagen eine tendenziell negative Wertentwicklung im Vergleich zur Benchmark aufgewiesen haben. Dabei wurden bestimmte Anbieter oder Anlagekategorien wie Energie-Aktien bzw. die Technologielastigkeit der Portfolios als konkrete Beispiele genannt. Hinsichtlich der Umsetzung der Kriterien wurde überwiegend positive Resonanz festgestellt. Wie sich bei der Analyse der Anspruchsgruppen mit einem überwiegend neutralen bzw. nicht existierendem Einfluss absehen liess, stellt sich auch die konkrete Reaktion interner und externer Gruppen sehr verhalten dar. Allerdings wurde zu diesem Thema kein aktives Feedback eingeholt. Aufbauend auf diesen Erfahrungen scheint ein künftiges SRI-Engagement zwar in einigen Fällen möglich, jedoch nicht als dringende Entscheidung anzustehen. Nur in einem Fall wurde während des Erhebungszeitraumes eine mögliche Investition diskutiert.

5.5 Auswirkung gesetzlicher Massnahmen

Pensionskassen unterliegen einem engen regulatorischen Rahmen sowohl hinsichtlich der zulässigen Anlagekategorien als auch der Zahlungsverpflichtungen. Auch in ihrer Rolle als Aktionär werden sie vom Gesetzgeber beeinflusst. Wie im Kapitel IV unter Abschnitt 2.2.1 erwähnt, wurden in verschiedenen Ländern Bestimmungen zur Ausübung der Stimmrechte getroffen. In der Schweiz wurden die Pensionskassen angehalten, die Regelungen zur Ausübung ihrer Stimmrechte offenzulegen. Hinsichtlich ethischer und ökologischer Anlagen wurden Pensionskassen bereits in verschiedenen Ländern ebenso zu einer öffentlichen Darstellung ihrer Haltung und Praxis verpflichtet. Das Ziel dieser Regelungen besteht darin, durch eine öffentliche Diskussion Druck auf die Pensionskassen auszuüben, sich mit diesen Themen auseinander zu setzen. Welche Wirkung erzielen diese Massnahmen? Hat die Einführung der Schweizer Corporate Governance-Regeln die Vorsorgeeinrichtungen zu einer aktiveren Wahrnehmung ihrer Aktionärsrolle motiviert? Könnte eine Transparenz hinsichtlich SRI-Kriterien eine dynamischere Debatte und Anlagepraxis auch in der Schweiz entfachen? Angesichts der Pläne für unabhängige Agenturen zur Informationsbeschaffung zu Unternehmen bzw. einem Stimmenpooling wurde auch die Reaktion auf solche Instanzen erfasst. Da bereits bei früheren Fragen relativ grosse Unterschiede zwischen privaten und öffentlichen Kassen offensichtlich wurden, erfolgt auch in diesem Kapitel eine separate Auswertung der beiden Gruppen.

5.5.1 Schweizer Stimmrechts-Regelung

Ob die Schweizer Transparenz-Regel als Erfolg gewertet werden kann, mag individuell unterschiedlich gesehen werden. In den meisten Fällen (47 Prozent) führte sie zu einer schriftlichen Fixierung des Status Quo, also zu keiner Veränderung in der Praxis. Bei 25 Prozent der Pensionskassen resultierte hieraus kein Einfluss. Dies u.a. auch bei Pensionskassen, bei denen bereits vorher eine Aktivität bestand bzw. eine Regelung im Anlagereglement fixiert war.

	Häufigkeit	**Anteil (in %)**
stärkere Auseinandersetzung	10	27.8
schriftliche Fixierung des Status Quo	17	47.2
keine Veränderung	9	25.0
Total	36	100.0

Abb. 85: Auswirkung der CH-Regelung zur Ausübung der Stimmrechte

Quelle: eigene Befragung (n = 36)

Lediglich bei 28 Prozent der Befragten erfolgte dadurch eine stärkere Auseinandersetzung mit dem Thema. Dabei begrüssen einzelne Vertreter die Regelung und spüren einen höheren Aktivitätsgrad bzw. „Power für Veränderung". Zumindest wurde das Thema nochmals diskutiert. Eine stärkere Thematisierung findet v.a. „bei besonderen Situationen" bzw. kontroversen Punkten statt. Ob dies in einem aktiveren Stimmrechtsverhalten resultiert, bleibt dabei offen. Speziell bei Stimmrechten im Ausland bestehen Probleme bei der Umsetzung. Dies gilt auch für die Informationsbeschaffung und die Überwachung. Ausserdem wird der eigene Einfluss als zu gering eingeschätzt, so dass sich der Aufwand kaum lohne.

Die Experten und Consultants sehen eine stärkere Wirkung. Zwei Drittel haben eine stärkere Auseinandersetzung der Pensionskassen mit dem Thema wahrgenommen. Ein Drittel kennt die schriftliche Fixierung des Status Quo. Alle Experten sehen hierdurch eine Veränderung des Marktes. Sie spüren das Thema Corporate Governance im Aufwind und nehmen diesbezüglich ein stärkeres Interesse wahr. Grundsätzlich sei das Bewusstsein der Pensionskassen zur Rechenschaftspflicht gestiegen. Zudem werde beobachtet, dass verstärkt eine Trennung erfolge: Die Suche nach einer optimalen Finanzanlage und einem Corporate Governance Overlay-Mandat erfolge unabhängig voneinander. Skepsis wurde zudem geäussert, wie nachhaltig das Interesse in dieser Richtung sei. Bleibt es auch bestehen, wenn die Diskussionen um die Bilanzierungsskandale vorbei sind? Die Experten äussern zudem Zweifel, dass fehlendes Wissen und mangelnde Ressourcen ein zu offensives Verhalten bewirken. Interessenkonflikte und eine Risikoaversion führe zu Absprachen auf dem kleinsten gemeinsamen Nenner und verhindere ein Vorpreschen.

Der überwiegende Teil der Befragten (77 Prozent) sieht keinen Einfluss dieser Regelung auf die eigene SRI-Strategie, lediglich fünf Pensionskassen haben positive Auswirkungen auf die SRI-Strategien registriert, in drei Fällen erfolgte ein negativer Einfluss. Von unabhängiger Seite wird demgegenüber konstatiert, dass die Erkenntnis über die Macht als Eigentümer Sensibilität schaffe. Nachhaltiges Investment würde der Einflussnahme als Investor entsprechen.

Diese Ergebnisse scheinen auf den ersten Blick konträr zu den Aussagen zur positiven Wechselwirkung zwischen der Ausübung von Stimmrechten und der SRI-Strategie zu stehen. Dies muss im Einzelnen jedoch nicht der Fall sein. Ein Eindruck bei den Interviews war, dass die Pensionskassen, die sich aktiv mit dem Thema auseinandersetzen, eine eindeutige Beziehung zwischen beiden Themen sehen. Die gesetzliche Regelung scheint hingegen für die Mehrheit nur eine Pflichtübung zu sein, um mit einer Aussage dem Gesetz genüge zu tun. Angesichts der verschiedenen operativen Probleme zur Stimmrechtsausübung ist keine Mobilisierung von bisher uninteressierten Pensionskassen erfolgt.

5.5.2 Berichtspflicht hinsichtlich sozial-ökologischer Kriterien analog D/UK

Auch eine gesetzliche Regelung zu Aussagen hinsichtlich einer nachhaltigen Anlagepolitik würde keine tiefgreifenden Veränderungen bewirken. Die Mehrheit von zwanzig Pensionskassen sieht keinen Anlass zu einer Veränderung ihrer Anlagestrategie. Hier überwiegen die bereits thematisierten Bedenken. Man ist nicht vom Mehrwert überzeugt oder es bestehen momentan andere Prioritäten wie aktuell der zu geringe Deckungsgrad. Kurzfristig wird eine solche Regelung auch als „Gummiparagraph" bezeichnet, bei der zwar eine Bemerkung in diese Richtung gemacht würde, jedoch keine Abweichung von aktuellen Prinzipien erfolge.

	Häufigkeit	Anteil (%)
stärkere Berücksichtigung	16	44.4
keine Veränderung hinsichtlich SRI-Kriterien	20	55.6
Total	36	100.0

Abb. 86: Veränderung durch SRI-Berichtspflicht

Quelle: eigene Befragung (n = 36)

Bei 16 Pensionskassenvertretern steht eine stärkere Berücksichtigung solcher Kriterien zur Diskussion. Erwartet wird, dass durch einen höheren Druck seitens der Öffentlichkeit oder der Versicherten das Thema stärker diskutiert wird, v.a. in bezug auf öffentlich-rechtliche Kassen. Auch bei Kassen von Unternehmen mit Umweltstrategie oder in speziell umweltsensiblen Branchen wird mehr Aufmerksamkeit u.a. auch von den Medien erwartet.

Durch eine stärkere Exponierung erfolge damit evtl. eine stärkere Auseinandersetzung, wobei dann aufgrund der Grösse und des Gewichts der Pensionskassen ein stärkeres Engagement gefordert würde. Diese Politisierung der Anlagen wird nicht unbedingt begrüsst. Diese Einmischung der Öffentlichkeit wird als nicht effizient eingeschätzt, wenn sie auf eine kurzfristige Anlagestrategie hinauslaufe.

Die Experten und Consultants schliessen sich auch in dieser Frage nicht der Mehrheit der Pensionskassenvertreter an. Aufgrund der positiven Reaktion der Schweizer Pensionskassen auf Richtlinien würde eine Veränderung eintreten, da die Glaubwürdigkeit des Themas steigen würde. Eine stärkere Auseinandersetzung könnte durch steigenden Druck der Versicherten oder mehr Mut der Entscheidungsträger erfolgen. Auch die Arbeitgeber könnten dadurch stärker motiviert werden mit Blick auf ein „reputation risk management". Diese Regelung wird allerdings nur als ein Schritt bzw. ein Katalysator der Entwicklung gesehen. Zusätzlich sind andere Massnahmen wie die Ausbildung der Stiftungsräte bzw. eine grundsätzliche Sensibilisierung erforderlich. Wichtig sei, dass SRI auch von der Öffentlichkeit als vorteilhaft beurteilt werde. Solange eine kritische Einstellung herrsche, reiche politischer Druck alleine nicht.

5.5.3 Agentur mit unabhängigen Anlageempfehlungen

Angesichts der häufig genannten Probleme zur Informationsbeschaffung wurde die Frage gestellt, ob die Gründung einer Agentur, die unabhängige Anlageempfehlungen erarbeitet, eine stärkere Verankerung nachhaltiger Anlagekriterien bringen könnte. Dies wird von einer noch grösseren Anzahl von Pensionskassen verneint. Über sechzig Prozent der Befragten sehen dadurch keine Veränderung ihrer Anlagestrategie. Lediglich 14 Pensionskassen können sich eine stärkere Berücksichtigung von SRI-Kriterien vorstellen.

5.5.4 Unterschiede zwischen privaten und öffentlichen Pensionskassen

Bereits bei der Frage, ob nach nachhaltigen Kriterien investiert wird, kam ein klarer Unterschied zutage: Während 78 Prozent der öffentlichen Kassen SRI-Investments besitzen, gilt dies nur für 28 Prozent der privaten Pensionskassen. Obwohl beim vorliegenden Sample zu beachten ist, dass die Gruppe der öffentlichen Vorsorgeeinrichtungen wesentlich kleiner ist und aus tendenziell grösseren Institutionen besteht, lassen sich auch bei anderen Punkten Differenzen feststellen.

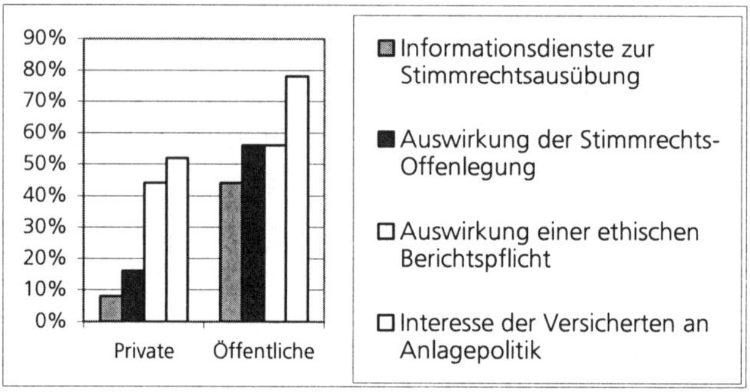

Abb. 87: Unterscheidung zwischen privaten und öffentlichen Pensionskassen

Quelle: eigene Befragung (n = 36)

Öffentliche Pensionskassen nehmen wesentlich häufiger (in 44 Prozent der Fälle anstatt von acht Prozent) Informationsdienste als Grundlage der Ausübung ihrer Stimmrechte in Anspruch. Dies weist darauf hin, dass sie sich eher überdurchschnittlich aktiv mit ihrer Rolle als Aktionär auseinandersetzen und entsprechend bemüht sind, sich ein fundierteres

Meinungsbild zu verschaffen. Ein stärkeres Engagement kann auch aus dem höheren Interesse der Versicherten an der Anlagepolitik resultieren. Während bei den privaten nur die Hälfte der Versicherten Interesse an der Anlagepolitik angemeldet haben, sind dies bei den öffentlichen Kassen über drei Viertel der Mitglieder. Diese tendenziell höhere Sensibilisierung sowie die stärkere Exponierung in der Öffentlichkeit kann auch zu einer intensiveren Wirkung der gesetzlichen Transparenz-Regelung in bezug auf die Stimmrechte geführt haben. Nur 16 Prozent der privaten Pensionskassen haben sich aufgrund der BVV2-Regelung stärker mit ihren Stimmrechten auseinandergesetzt. Dagegen hat die Änderung über die Hälfte der öffentlichen Kassen zu einer Auseinandersetzung bewegt. Die Auswirkungen einer ethischen Berichtspflicht scheinen dagegen relativ ausgewogen zu sein. Bei beiden Gruppen kann sich etwa die Hälfte der Befragten eine Auswirkung auf ihre Kasse vorstellen.

5.5.5 Zusammenfassung

Die Schweizer Corporate Governance-Regelung für Pensionskassen hat, den Interviews zufolge, einen gewissen Erfolg bei der grundsätzlichen Sensibilisierung zum Thema und der schriftlichen Fixierung entsprechender Ablaufregelungen erzielt. Eine differenzierte operative Umsetzung in Form einer aktiven Rolle der Vorsorgeeinrichtungen als Eigentümer ist bisher nur in wenigen Fällen erreicht worden. Eine positive Wechselwirkung auf eine nachhaltige Anlagestrategie scheint nur bei den Kassen gegeben, die sich aktiv mit beiden Themen auseinandersetzen. Die Einführung einer Berichtspflicht im Hinblick auf die Verwendung ökologischer und sozialer Kriterien bei der Vermögensverwaltung analog zu Deutschland oder UK würde nach Aussagen der Interviewpartner bei über der Hälfte der Pensionskassen zu keiner Veränderung zu führen, da Bedenken gegenüber dem Anlagestil einem möglichen öffentlichen Druck überwiegen. Von Expertenseite wird dagegen eine Dynamisierung des Themas erwartet, sei es durch steigendes Interesse der Versicherten oder ein mögliches Imagerisiko der Arbeitgeber. Eine in den Interviews mehrmals geforderte unabhängige Ratingagentur scheint als Katalysator ebenfalls nicht ausreichend.

Die bereits deutlich gewordenen Unterschiede zwischen privaten und öffentlichen Kassen werden durch verschiedene Vergleiche in bezug auf die Wahrnehmung ihrer Stimmrechte sowie der Anlagepolitik deutlich: Während 44 Prozent der öffentlichen Kassen Informationsdienste zur Stimmrechtsausübung in Anspruch nehmen, trifft dies nur auf acht Prozent der privaten Kassen zu. Festzustellen ist ebenfalls ein wesentlich höheres Interesse der Versicherten an der Anlagepolitik. Die öffentliche Exponierung der staatlichen Kassen hat auch dazu geführt, dass die gesetzliche Transparenz-Regelung zu einer intensiveren Auseinandersetzung mit den Stimmrechten geführt hat. Kein Unterschied wird hingegen bei der Einführung einer ethischen Berichtspflicht erwartet, was allerdings u.a. auf das bereits bestehende hohe Engagement der öffentlichen Kassen zurückzuführen ist.

5.6 Welche Faktoren sprechen gegen ein SRI-Engagement?

Diese Frage wurde auch den Pensionskassen gestellt, die bereits in SRI investiert sind, jedoch nur einen geringen Teil ihres Vermögens entsprechend anlegen. Die Antworten lassen sich nach verschiedenen Themenbereichen gliedern, die an anderer Stelle der Befragung bereits aufgetaucht sind. Erwähnt wurden Probleme mit der Performance, den erhältlichen Anlagekategorien, dem erforderlichen Zusatzaufwand in bezug auf Kosten, oder Zeit oder eine Einschränkung der Entscheidungsfreiheit. Als hinderlich wurden auch die erschwerte Informationsbeschaffung sowie ein mangelhaftes Angebot und Unklarheiten auf Konzept- und Werteebene gesehen. Im Anschluss werden einzelne Antworten erläutert:

5.6.1 Performance

Zum Thema Performance stehen sowohl schlechte Erfahrungen als auch grundsätzliche Bedenken einem Engagement entgegen. Die „Katastrophe" mit der VTZ[890] hat einige Kunden negativ geprägt. Auch wurde während der Baisse-Phase der letzten beiden Jahre von vielen SRI-Anbietern keine adäquate Wertentwicklung geboten. Probleme bereiten auch die mangelnde Liquidität der Öko-Titel im Small & Mid Cap-Bereich. Dies gilt insbesondere für grosse Kassen. Zudem wird auch befürchtet, dass durch die beschränkte Titelauswahl finanzielles Potential verloren geht. Vor allem kurzfristig wird durch den Zusatzaufwand eine schlechtere Performance erwartet. Der Mehrwert scheint sich erst langfristig auszuzahlen. Hingegen glaubt man vor allem bei risikoreichen Branchen wie Asbest und Tabak, dass hier die Anwendung von SRI-Kriterien bei der Titelselektion durchaus einen positiven Einfluss auf die Rendite ausüben könne. Bestünde die Sicherheit, den Index zu schlagen, gebe es keinen Grund dagegen. Doch ist es angesichts des bestehenden „Track-Records" schwer, „einen Case zu machen", d.h. zu beweisen, dass es wirklich funktioniere. Von den Experten werden zudem technische Parameter wie ein höheres Risiko und zu geringe Volumina im Markt als Hinderungsgrund gesehen.

5.6.2 Integration in bestehende Anlagekategorien

Mehrere Befragte betonen die Probleme bei der Integration einer nachhaltigen Anlagestrategie in die bestehenden Anlagekategorien. Die Kategorienmandate sind häufig an einem Index ausgerichtet. Andere Pensionskassen investieren nur nach Regionen und nicht nach Themen oder Stilen. Für ethische Anlagen müsse der ganze Prozess umgestellt werden. Nur einen Teil ethisch anzulegen, wird als Alibi und Augenwischerei bezeichnet. Die Titelselektion sei Aufgabe des Asset Managers, diese Managerfreiheit solle nicht

---

[890] Die Versicherungs Treuhand Zürich (VTZ) ((Slogan „Green Money for the Blue Planet"), die sich als Schweizer Pionierin des ethisch-ökologischen Investments bezeichnete, musste Juni 2000 aufgrund bilanzieller Überschuldung Konkurs anmelden.

durch zusätzliche Kriterien eingeschränkt werden. Schwierig scheint auch die Anwendung des Core-/ Satelite-Ansatzes zu sein. Für ein Satelite-Investment sind nachhaltige Anlagen nicht alternativ genug, da häufig in gleiche Titel wie bei Standardinvestments investiert werde. Kurzum: SRI wird abgelehnt, da die Integration von Nachhaltigkeit den Anlageprozess zu komplex mache. Darüber hinaus wird die Angebotspalette kritisiert, es gäbe keine attraktiven Angebote zu vernünftigen Preisen. Noch sei die Auswahl der Produktpalette zu klein. Aus Sicht eines Consultants fehlen effiziente Lösungen und Produkte bzw. deren Wahrnehmung im Markt. Interessanterweise wird die Problematik der Integration in die Anlagestrategie weder von den Experten noch den Consultants thematisiert. Allerdings fordert ein Experte, dass SRI als Standard-Anlagekategorie etabliert werden müsste, um den Vorurteilen eines Marketinggags oder „faulen Zaubers" zu entrinnen.

5.6.3 Zusatzaufwand

Die zusätzliche Informationsbeschaffung über die Unternehmen ist zeitaufwendig. Dieser Aufwand in Form von Zeit bzw. höheren Kosten der Anbieter ist für einige Pensionskassen schlicht nicht tragbar. Ein PK-Vertreter bezeichnet das Konzept als „alten Wein in neuen Schläuchen". Die Asset Manager würden nur versuchen, durch ein neues Konzept höhere Gebühren zu rechtfertigen. Oft fehlen eigene Ressourcen bzw. das Know-How für ein stärkeres Engagement. Einigen PKs verfügen schlicht nicht über die zeitlichen Ressourcen, um sich mit dem Thema auseinanderzusetzen. Bei dem Aufbau einer Versorgungseinrichtung bestünden andere Prioritäten. Für die Ausarbeitung einer fundierten Lösung reiche die Zeit nicht. Diese werde insbesondere in einer gemeinsamen Lösung mit Corporate Governance gesehen. Von den Consultants erfolge in dieser Hinsicht keine Hilfestellung oder Empfehlung. Um in nachhaltige Anlagen zu investieren, müsse Überzeugungsarbeit geleistet werden. Mehrere Experten berichten von der Unsicherheit der Pensionskassen in bezug auf diesen neuen, anspruchsvollen Investmentstil. Da Erfahrungen und Know-How fehlen, werden nachhaltige Anlagen aufgrund von Unsicherheit und Unkenntnis gemieden.

5.6.4 Definition des Konzeptes und der Werte

Wie bereits diskutiert, ist einigen Interviewpartnern die Definition des Konzeptes und der Kriterien nicht eindeutig. Dieser Ermessenspielraum schafft Unsicherheit, da eine Überprüfung schlecht möglich ist. Die ökologische Qualität der Produkte scheint fragwürdig. Wenn in nachhaltigen Fonds auch Erdölfirmen enthalten sind, wird damit kein Zusatznutzen erkennbar. Wie sollen beispielsweise Massenentlassungen bewertet werden? Angesichts der Werthaltigkeit der Anlagen scheint eine Positionierung der Pensionskassen schwierig. Vor allem die Anlagestiftungen haben ein Problem aufgrund der stark divergierenden Vorstellungen der Pensionskassen. Auch stellt die politische Einstellung der

Führungscrew mit einer fehlenden Identifikation und damit vermutete Widerstände zum Thema einen Hinderungsgrund dar, das Thema im Anlageausschuss oder im Stiftungsrat zu diskutieren. Für Unternehmen, die sich aufgrund von Negativkriterien wie Gentechnik nicht für nachhaltige Anlagen qualifizieren, besteht ein noch geringerer Anreiz zur Auseinandersetzung. Auch von den Experten und Consultants werden Bedenken angemeldet, dass es nicht Aufgabe einer Pensionskasse sei, Ethik zu definieren. Momentan fehle eine Stosskraft, die „fiduciary duty" umzusetzen und sich für ein Engagement abzusichern. Solange die Entscheidungsträger nicht legitimiert werden, ihren Einfluss als Eigentümer wahrzunehmen, herrsche eine Pattsituation.

5.6.5 Zusammenfassung

Trotz des mit 40 Prozent relativ hohen Anteils von Pensionskassen, die ihr Vermögen auch nach ethisch-ökologischen Kriterien anlegen, haben nur sehr wenige eine umfassende Anlagestrategie über alle Kategorien und den jeweils gesamten Anteil. Auch bei den bereits investierten Kassen bestehen anscheinend Bedenken, sich stärker in dem Bereich zu engagieren. Sehr häufig werden schlechte Erfahrungen bzw. Bedenken hinsichtlich der Performance geäussert. Trotz der theoretischen Vorteile im Hinblick auf eine Risikominimierung durch die Eliminierung schlecht geführter Unternehmen glauben nur wenige Vertreter an eine Überlegenheit im Vergleich zu klassischen Investments. Stattdessen wird die Integration einer nachhaltigen Anlagestrategie in die vorgegebenen Anlagekategorien als problematisch gesehen. Dieser Aufwand wird genauso gescheut wie die zusätzliche Informationsbeschaffung über die Unternehmen sowie die Definition der eigenen Kriterien. Angesichts einer fehlenden allgemein akzeptierten Definition lassen sich politisch bzw. ethisch gefärbte Entscheidungen nicht vermeiden. Mehrmals wird angezweifelt, welche Legitimation (bzw. auch Motivation) die Entscheidungsträger besitzen, sich über die rein finanziell definierte „fiduciary duty" zu exponieren.

5.7 Offene Kommentare zu Pensionskassen und SRI

5.7.1 Zukunft von SRI

Die wichtigste Voraussetzung für eine stärkere Verbreitung von nachhaltigen Anlagen ist eine gute Performance: Für die Versicherten stehen mit Risiko-Rendite-Fragen klare Prioritäten im Vordergrund. Die Renten sicherzustellen, ist damit das oberste Ziel für die PK-Manager. Solange kein Mehrwert nachhaltiger Anlagen erkennbar ist, wird es schwierig, eine entsprechende Anlagestrategie zu entwickeln und durchzusetzen. Für einige Pensionskassen ist aufgrund der negativen Erfahrungen mit einzelnen Produkten bzw. Anbietern das Thema momentan gestorben. Die Versicherten sind sehr heterogen. Je nach Ausbildungsstand und politischer Orientierung werden andere Schwerpunkte gesetzt. Bei Berufsgruppen, die stärker politisch engagiert sind bzw. bei religiös orientierten Versicherten stehen nachhaltige Anlagen höher im Kurs als bei Bankern, die primär performanceorientiert sind. Eine wichtige Voraussetzung für eine Entscheidung ist auch die persönliche Einstellung der Verantwortlichen: In verschiedenen Kassen beruht die Investition auf einer individuellen Initiative. Bei Managern, die das Thema als wichtig einschätzen und etwas tun möchten, sind erste Schritte im Gange. Unverbindlicher sind Aussagen wie „man ist grundsätzlich nicht dagegen und bei einer vernünftigen Strategie nicht abgeneigt", wobei die anschliessende Liste mit Bedenken lang ist. Es wird angemerkt, dass es keinen ökonomischen Nachweis gebe, dass der Einbezug von Nachhaltigkeit bessere finanzielle Resultate biete. Ethik per se gilt nicht als Mehrwert. Ein ideologisch gefärbtes Asset Management wird abgelehnt. Nur wenn Nachhaltigkeit einen „Added Value" bietet und die wirtschaftlichen Konsequenzen z.B. durch eine Verringerung von Risiken oder langfristige Erfolgsaussichten klar werden, wird das Thema aufgegriffen.

Welche Zukunft hat SRI? Verschiedene Interviewpartner stellen fest, dass viel über das Thema geschrieben wird. Die Diskussion um die Umweltproblematik und Corporate Governance bestätige die Entwicklung, dass SRI wichtiger werde. Dabei wird angemerkt, dass es eher ein Thema in den Zeitungen darstelle und kein Thema sei, das die Märkte verändere.

Das Thema wird generell als interessant eingestuft. Es wird jedoch angezweifelt, ob es sich durchsetzen wird. Die Anerkennung werde wohl noch einige Zeit dauern. Die Zukunft hängt wohl auch davon ab, welche Anspruchsgruppen stärker Druck ausüben werden. Bisher finde die Diskussion eher auf akademischer Seite statt und weniger in der Praxis. Damit bleibt offen, ob SRI ein eigenes Segment bleibt oder sich als allgemeiner Standard entwickeln kann.

Ein PK-Vertreter bezeichnet das grösste Problem darin, dass zwar jeder SRI positiv beurteile, der Weg dahin jedoch sehr steinig sei. Aufgrund der fehlenden Standards muss sich jeder das Wertesystem selber definieren. Diesen schwierigen Prozess und Aufwand meidet man lieber. Ähnlich klingt die Aussage: „etwas was man gerne machen würde, doch nicht genau weiss wie."

Von Expertenseite wird die geschichtliche Entwicklung als Ausgangspunkt genommen: Nach einer Pionier- und „Fundi"-Phase und vorwiegendem Druck durch Gewerkschaften sei mit dem Best-in-Class-Ansatz heute ein pragmatischeres Vorgehen etabliert worden. Durch die Corporate-Governance-Konflikte sei eine zweite Welle losgetreten worden. Der Markt zeichne sich momentan durch stärkere Dynamik aus. Vielleicht sei nun eine weitere Bereinigung notwendig, sodass nur seriöse Anbieter am Markt bestehen bleiben. Der Schweiz wird eine hohe Professionalität in dem Bereich zugesprochen, die ein höheres Wachstumspotential ermögliche. Einzelereignisse wie ein „Fall Enron im Ökologiebereich“ könnten zudem die Entwicklung beschleunigen. Die Probleme der Unternehmen seien eine Art Nährboden, das Bewusstsein des Investors zu erhöhen. Daher müsse noch mehr passieren, damit das Problembewusstsein wachse.

5.7.2 Interessenkonflikte

Die aktuelle Finanzkrise der Vorsorgeeinrichtungen, die sich im niedrigen Deckungsgrad vieler Pensionskassen manifestiert, scheint das Thema Nachhaltigkeit in der Anlagestrategie momentan in den Hintergrund zu schieben. Bei der Diskussion um die Mindestverzinsung und Unterdeckung kommen eher Haftungsfragen auf. Aufgrund der aktuellen Probleme wird der Fokus auf Kosteneinsparungen gelegt. Damit fällt die Kategorie „nice to have“ aus der Prioritätenliste heraus. Solange Engpässe bei der Asset Allocation bestehen, scheint das Thema reiner Luxus. Die Wirtschaftskrise fördere ein kurzfristiges Denken. Ausserdem schaffe die kurzfristige Gewinnmessung ein Problem, Nachhaltigkeit umzusetzen. Gleichzeitig kann die Krise positive Impulse bringen: Erst angesichts der finanziellen Probleme der Pensionskasse würden sich die Leute ihrer Pensionskasse bewusst.

Ein Experte nennt einen weiteren Grund als zentrales Problem für das „blinde Verhalten“ der Pensionskassen: Die Reporting- und Accounting-Verpflichtungen führen zu einer kurzfristigen Fixierung der Pensionskassen. Dies stehe ihrem langfristigen Ziel entgegen und bedinge damit ein risikoaverses Verhalten, wodurch wiederum ein Quasi-Zwang zur vermehrten Indexierung entstehe. Damit gerieten alternative Anlagestrategien in den Hintergrund.

Eine aktive Corporate Governance wurde in der Schweiz bisher durch Interessenkonflikte unterbunden. Durch die diversen Cross-Holdings konnte nur eine limitierte Ausübung von Eigentümerinteressen erfolgen. Langsam entstehe ein Bewusstsein, dass durch eine Einflussnahme als Shareholder von Schweizer Unternehmen auch volkswirtschaftliche Probleme angegangen werden könnten. Diese Wahrnehmung müsste mehr gefördert werden.

5.7.3 Lösungsansätze

Für eine stärkere Berücksichtigung scheint die öffentliche Meinung in Form von Medien und Wissenschaft eine wichtige Rolle zu spielen. Diese werden aufgefordert, möglichst objektive Wertesysteme aufzustellen, damit SRI bei den Kassen zu einem stärkeren Thema wird. Von verschiedenen Pensionskassen wird ebenfalls eine stärkere Standardisierung von nachhaltigen Anlagen angestrebt. Dies kann z.B. durch die Etablierung einer internationalen Ratingagentur geschehen, die auf der Basis weltweiter Kriterien Empfehlungen erarbeitet. Vorgeschlagen wird des weiteren ein Prozess zur Konsensbildung bzw. eine stärkere Organisation unter den Pensionskassen. Mit Hilfe einer Vereinigung von

Pensionskassen[891] könnte die Umsetzung von SRI oder die Ausübung der Stimmrechte effizienter gestaltet werden. Wichtig wäre es auch, Sanktionen auszuüben: Warum übernimmt nicht die Börsenaufsicht die Funktion eines Kontrollorgans und lässt nur noch die Kotierung von ethisch-nachhaltigen Papieren zu?

Die Experten setzen eine grosse Hoffnung in die Politik: Der Gesetzgeber habe eine wichtige Verantwortung. Vor allem im schwierigen Umfeld ist der politische Druck entscheidend. Diese Rahmenbedingungen entscheiden auch, ob es in der Wirtschaft eine Bewegung Richtung Zentralisierung oder einer stärkeren Demokratisierung gebe. Solange die Versicherten wie im Schweizer System keine Wahlmöglichkeiten haben, solle der Gesetzgeber einen Anspruch auf nachhaltige Anlagen ermöglichen. Oder würde ein Wettbewerb der zweiten Säule ein besseres Anreizsystem darstellen?

Mehrere Experten mahnen, dass man die Aufklärung zu nachhaltigen Anlagen verbessern müsse. Vorträge und Wissensvermittlung führen zu einem veränderten Verstehen und verstärken das Bedürfnis, auch ökologische oder Corporate Governance-Kriterien einzubeziehen. Durch die Kommunikation positiver Beispiele oder einen prominenten Vergleich der verschiedenen Anbieter könne Transparenz und Vertrauen geschaffen werden. Wenn in einem Vergleich klar würde, dass CIA eine bessere Performance als andere Kassen hätte, liessen sich viele Kassen einfach überzeugen. Ein verstärkter Dialog zwischen Unternehmen und aktiven und kritisch aufgeklärten Investoren könne ebenfalls die Möglichkeit bieten, die Verantwortung als Eigentümer besser wahrzunehmen.

Die Organisation der paritätischen Verwaltung bietet ebenfalls Handlungsansätze. Momentan treffen die Vertreter der Pensionskassen Entscheide für eine grosse Gruppe. Die Gremien bestehen v.a. aus Laien, die schlecht bezahlt und nicht bereit sind, Risiken einzugehen oder sich der Verantwortung und Kritik aussetzen möchten. Die Stiftungsräte sollten daher einen grösseren Freiraum erhalten. Ausserdem sollte man den Versicherten ermöglichen, direkten Einfluss auszuüben. Dabei könne man auch stärker elektronische Medien einsetzen.

5.7.4 Zusammenfassung

Angesichts der zum Zeitpunkt der Befragung finanziell angespannten Lage der Pensionskassen ist die Betonung einer attraktiven Performance für eine künftige breitere Verankerung ethisch-ökologischer Anlagekriterien verständlich und unabdingbar. Die Spielräume für Experimente bzw. Portfolios, bei denen ein Renditeverzicht eingeräumt wird, sind massiv geschrumpft. Da häufig persönliche Motive für Initiativen verantwortlich waren, müssen stärkere Argumente kommen: Dabei kann die Diskussion um die gesellschaftliche

[891] Wie zum Beispiel ETHOS oder die SCGA (Swiss Corporate Governance Agency)

Verantwortung von Pensionskassen durch ihre Anlagestrategie eine Rolle spielen, relevanter sind die finanziellen Vorteile für die Beteiligten. Das Interesse der Medien und der Wissenschaft muss sich in konkreten Druck durch die Versicherten und die Öffentlichkeit umwandeln. Die Aktualität des Themas Corporate Governance kann eine Wahrnehmung beschleunigen, dass auch immaterielle Kriterien bei der Firmenbewertung eine wichtige Rolle spielen. Dabei muss die operative Umsetzbarkeit beachtet werden. Viele Interviewpartner wünschen sich einheitliche Standards. Die Unterdeckung und kurzfristige Accountingverpflichtungen der Vorsorgeeinrichtungen erschweren eine Integration ethisch-ökologischer Kriterien, die eher langfristige Vorteile bieten. Umweltskandale wie im Bereich Corporate Governance könnte die Bedeutung nachhaltiger Wirtschaftsweise wieder erhöhen.

Als Lösungsansätze werden Konsensprozesse im Hinblick auf die Definition der Kriterien bzw. der zugrundeliegenden Wertesysteme sowie deren operative Umsetzung vorgeschlagen. Ausserdem wird ein stärkerer Druck seitens der Börsenaufsicht bzw. der Politik gefordert. Eine bessere Ausbildung der Entscheidungsträger zu nachhaltigen Anlagen bzw. grössere Freiräume werden ebenso wichtig beurteilt wie eine stärkere Einbindung der Versicherten. Die kurz skizzierten Vorschläge werden im abschliessenden Kapitel der Handlungsansätze weiter ausgeführt.

6 Fazit

6.1 Reflexion des Forschungsansatzes

Die vorliegende Arbeit beruht auf der Tatsache, dass Pensionskassen als institutionelle Investoren in ihrer Anlageentscheidung nicht frei sind, sondern verschiedenen Einflussfaktoren unterliegen. Um diese Faktoren abzubilden, wurde auf die theoretischen Grundlagen des St. Galler Managementmodells zurückgegriffen. Das Modell, welches ursprünglich Unternehmen in den Mittelpunkt von Lenkungssystemen betrachtet, wurde auf Pensionskassen übertragen. Im Wirkungsgefüge können sowohl interne wie auch externe Akteursgruppen identifiziert werden, die sich laut der Literaturanalyse bereits mit dem Thema SRI auseinandersetzen. Das Modell eignet sich daher sehr gut für eine Anwendung im Untersuchungskontext. Als interne Gruppen können Arbeitgeber- bzw. Arbeitnehmervertreter sowie der Stiftungsrat identifiziert werden. Dem Lenkungssystem Markt werden Anbieter, Consultants und Versicherte zugeordnet, der Gesellschaft Medien und NGOs. Dem Gesetzgeber fällt aufgrund der Regulierung in den verschiedenen Ländern eine wichtige Rolle zu. Das Modell von Ulrich eignet sich daher sehr gut dazu, den Kontext von Pensionskassen aufzuarbeiten. Die Übertragung von „der Unternehmung als quasi-öffentlicher Institution im Lichte seiner Anspruchsgruppen, das eingebettet ist in eine soziale und ökologische Umwelt" auf Pensionskassen erwies sich als geeignet und sinnvoll, um den Untersuchungskontext abzubilden. Wie die Ergebnisse dieser Arbeit zeigen, werden Pensionskassen in ihrer Entscheidung zu SRI von verschiedenen Akteursgruppen beeinflusst.

Die Arbeit verfolgt einen Forschungsansatz im Verständnis der „*Betriebswirtschaft als anwendungsorientierter Sozialwissenschaft*" im Sinne von Ulrich. Ausgangspunkt der Betrachtungen ist die Bewegung der letzten Jahre, dass sich Pensionskassen zunehmend mit SRI beschäftigen und vor allem der Gesetzgeber versucht, diese Entwicklung zu fördern. Der Gesetzgeber versteht Pensionskassen in diesem Sinne als strukturpolitischen Akteur, mit Hilfe dessen über den Finanzmarkt der ökologische Strukturwandel vorangetrieben werden kann. Ausgehend von verschiedenen Studien, dass die Regulierung nur einen mässigen Erfolg erzielt, soll eruiert werden, welche Faktoren verantwortlich sind bzw. beeinflusst werden müssten, um Pensionskassen zu einem stärkeren Engagement zu motivieren. Zur systematischen Erfassung der Einflussfaktoren werden die Lenkungssysteme herangezogen und zusätzlich aus der Literatur weitere, eher interne Aspekte herausgearbeitet. Die empirische Analyse steht im Mittelpunkt des Erkenntnisgewinns. Dabei werden sowohl Akteure als auch unabhängige Experten befragt, die einen Überblick zur Marktsituation einbringen können. Die Arbeit schliesst mit Handlungsempfehlungen ab, die sowohl aus dem Literaturstudium wie auch den Ergebnissen der Befragung abgeleitet werden.

Mit diesem Bogen aus der Praxis und wieder zurück in die Praxis soll den betroffenen Akteuren ein Reflexionsrahmen zur Verfügung gestellt werden, um ihr Handeln kritisch zu hinterfragen. Dabei werden als Akteure nicht nur die Pensionskassen selber angesprochen, sondern auch, wie bereits erwähnt, der Gesetzgeber oder NGOs und die Mitglieder der Pensionskassen.

Die vorliegende Arbeit steht im Paradigma der angewandten Forschung, wie es insbesondere von Hans Ulrich von der Universität St. Gallen entwickelt wurde. Seine Kriterien der Praxisnähe, der A-Disziplinarität, des Anspruchs des Entwurfes einer neuen Wirklichkeit, des Nutzens für die Praxis und einer nicht möglichen Wertfreiheit stellten die Grundlagen dieser Arbeit dar. Die Praxisnähe wurde auch in der Form gesucht, dass nach der Auswertung erster Ergebnisse verschiedene Fachgremien konsultiert bzw. an Konferenzen diskutiert wurden.[892] Mit der Interdisziplinarität der bearbeiteten Materie wird ein weiteres Kriterium der angewandten Forschung erfüllt. Neben finanzmarkttheoretischen werden auch naturwissenschaftliche oder rechtliche Aspekte

---

[892] Im Oktober 2003 wurden die Ergebnisse an der Jahresversammlung des Forums Nachhaltige Geldanlagen in Frankfurt sowie an der Tagung des The Sustainability Forum Zürich in Auszügen präsentiert und diskutiert.

bearbeitet. Mit Hilfe der Fussnoten bzw. des Glossars wird versucht, auch fachfremden Lesern eine möglichst reibungslose Lektüre zu ermöglichen. Die Autorin muss darüber hinaus betonen, dass die Arbeit – wie im Kontext der angewandten Wissenschaft üblich – nicht wertfrei sein kann. Bereits die Forschungsfrage stellt ein Werturteil dar, welches impliziert, dass ein verstärktes Engagement von Pensionskassen in SRI gesellschaftlich vorteilhaft wäre. Bei der Auswertung der Literatur sowie der Konzeption des Interviewleitfadens können subjektive Einschätzungen nicht vollständig ausgeschaltet werden. Jedoch wurde darauf geachtet, dass auch eher kritische Studien in die Analyse einbezogen wurden und gegenüber den Interviewpartnern eine möglichst neutrale Haltung eingenommen wurde.[893]

Angesichts des Forschungsstandes im vorliegenden Thema wurde das explikativ-exploratorische Forschungsdesign gewählt. Zwar liegen zu einzelnen Unterthemen bereits theoretische und/ oder empirische Arbeiten vor, jedoch wurde die Forschungsfrage als solche bisher in der entsprechenden Tiefe nicht behandelt. Am weitesten gehen Studien aus UK und Deutschland, die die Umsetzung der Deklarationspflichten in die Praxis analysieren. Diese gehen jedoch nicht fundiert auf Faktoren ihres Verhaltens ein. Die explikative Absicht beinhaltet das Ziel, Einflussfaktoren auf Pensionskassen zu eruieren. Aufgrund des frühen Forschungsstandes besitzt die Arbeit einen explorativen Charakter. Ein konfirmatorisches Forschungsdesign auf der Basis von Hypothesen scheint im behandelten Themenbereich nicht angebracht. Als Forschungsmethode wurden teilstandardisierte Interviews gewählt, die als Grenzfall zwischen qualitativer und quantitativer Forschung einzuordnen sind. Den Interviews liegt ein Leitfaden zugrunde, der eine bessere Struktur der Gespräche ermöglicht hat und die Auswertung effizienter gestaltete. Seitens der Interviewpartner wurde eine Vorbereitung auf das Interview und ein zeitlich begrenzter Rahmen geschätzt. Ein Teil der Fragen zielte auf eine Kategorisierung ab, mit der die Antworten quantitativ verglichen werden konnten. Daher wurde bei der Auswertung auch ein Statistikprogramm (SPSS) eingesetzt, um statistische Werte berechnen zu können. Um die konkreten Erfahrungen und Einschätzungen zum Thema zu erfassen, wurden jedoch eine Vielzahl an offenen Fragen gestellt, die als Kommentare ausgewertet wurden.

6.2 Antwort auf die Forschungsfragen

Der Arbeit lag eine übergeordnete Fragestellung zugrunde:

1. Welche Faktoren motivieren bzw. hindern institutionelle Investoren wie Pensionskassen, sich im Bereich SRI zu engagieren?

---

[893] Auf jeden Fall wurde vermieden, im Rahmen der Interviews einen direkten Bezug zur beruflichen Position der Autorin zu schaffen.

Diese Frage wurde anhand verschiedener Unterfragen weiter konkretisiert:

- Welchen externen Faktoren wie der Einfluss des Gesetzgebers bzw. andere externe Anspruchsgruppen sind von Bedeutung?
- Welche internen Faktoren wie z.B. Entscheidungs- und Machtstrukturen sind von Bedeutung?
- Welche Zusammenhänge bestehen zwischen den anderen Parametern des Anlageverhaltens der Pensionskasse und ihrer Entscheidung hinsichtlich SRI?

Die Forschungsfrage wird anhand des detaillierten Fragekataloges beantwortet, der im Untersuchungsmodell aufgestellt wurde. Die Detailfragen werden den in der Einleitung aufgeführten Unterfragen zugeordnet. Im Hinblick auf das Verständnis der Arbeit im Sinne der BWL als anwendungsorientierter Sozialwirtschaft werden die Faktoren im Anschluss reflektiert, um darauf hin Gestaltungshinweise abzuleiten. Daher werden im zweiten Abschnitt Massnahmen vorgeschlagen, wie das Engagement institutioneller Investoren in SRI gestärkt werden kann.

6.2.1 Welche Faktoren motivieren bzw. hindern institutionelle Investoren wie Pensionskassen, sich im Bereich SRI zu engagieren?

Diese forschungsleitende Fragestellung wird in drei Unterfragen behandelt. Zu Beginn werden interne Faktoren bzw. Entscheidungs- und Machtstrukturen innerhalb der Pensionskassen eruiert. Im Anschluss wird die Bedeutung externer Faktoren überprüft. Abschliessend werden Zusammenhängen zwischen einzelnen Parametern des Anlageverhaltens der Pensionskassen und ihrer Entscheidung in bezug auf SRI dargestellt.

6.2.1.1 Welche internen Faktoren wie z.B. Entscheidungs- und Machtstrukturen sind von Bedeutung?

Bei den meisten Pensionskassen hat kein konkretes Ereignis zur Einführung einer SRI-Strategie geführt. In einem Fall war ein Sustainability-Rating Auslöser der Entscheidung, bei einer anderen Kasse wurde bei der Einführung flexibler Produkte für die Versicherten eine SRI-Option offeriert. Mehrmals wurde erwähnt, dass die Initiative eines der Entscheidungsträger mit einer durchaus persönlichen Motivation verantwortlich dafür war, die Prozesse ins Rollen zu bringen. Im Rahmen des vorliegenden Samples lässt sich die Aussage, dass primär Arbeitnehmervertreter für die Entscheidung verantwortlich sind, nicht bestätigen. Allerdings ist die Anzahl der Interviews relativ klein und bei der im Anschluss durchgeführten Beurteilung der Anspruchsgruppen wird den Arbeitnehmern durchaus ein eher positiver Einfluss zugesprochen. Anscheinend ruft die Entscheidung zu SRI nur selten kontroverse Diskussionen hervor. Dies mag überraschen, doch hängt es gleichzeitig mit den eher geringen Investments in diesem Segment zusammen. Die vergebenen Mandate stellen in den meisten Fällen nur einen geringen Anteil des verwalteten

Vermögens der Pensionskassen dar. Bei den Pensionskassen, deren kompletter Aktienanteil nach SRI-Kriterien gemanagt wird, sind kaum Veränderungen in den Portfolios erforderlich gewesen. Damit war es möglich, dem Thema Rechnung zu tragen, ohne grosse Risiken einzugehen. Laut Aussagen der Interviewpartner gab es ebenfalls keine gravierenden Konflikte zwischen Arbeitgeber- und Arbeitnehmervertretern. Bei den Entscheidungen scheint die Herkunft keine dominierende Rolle zu spielen, persönliche Präferenzen zu den Sachfragen stehen im Vordergrund. Von den Experten wird diese Harmonie etwas angezweifelt. Sie haben durchaus Konflikte zwischen den beiden Gruppen erlebt. Dabei stehen die Arbeitgeber eher in der Pflicht der Firmenpolitik, wogegen die Arbeitnehmer, u.a. durch die Unterstützung von Gewerkschaftsvertretern gegenteilige Positionen einnehmen, in dem Fall von SRI eher positiv eingestellt sind. Diese unterschiedliche Wahrnehmung des Abstimmungsverhaltens kann nach den Interviews nicht stärker eruiert werden. Gleichzeitig muss sie keinen Widerspruch darstellen. Solange sich SRI in den bisher tiefen Volumina bewegt, sind keine heftigen Diskussionen erforderlich, da gegenüber Arbeitnehmern und der Öffentlichkeit ein Engagement vorgewiesen werden kann. Ein Interviewpartner hat die Alibifunktion des Investments zugegeben. Erst bei einer strategischen Entscheidung kommen Konflikte stärker zum Tragen, wobei ethische Ansprüche bei den Arbeitnehmern auf eher finanzielle Interessen der Arbeitgeber treffen.

6.2.1.2 Welchen externen Faktoren wie der Einfluss des Gesetzgebers bzw. andere externe Anspruchsgruppen sind von Bedeutung?

Die externen Anspruchsgruppen werden nachfolgend in den jeweiligen Lenkungssystemen Markt, Politik und Gesellschaft beschrieben. Grundsätzlich ist festzuhalten, dass bisher kein nennenswerter Einfluss der Anspruchsgruppen von den Pensionskassenvertretern wahrgenommen wird. Bei der Einstufung ihrer Bedeutung erhielten die meisten Gruppen im Durchschnitt eine neutrale Kategorie. Die Häufigkeit der neutralen Einschätzung lässt sich auch damit interpretieren, dass kein Einfluss von den Pensionskassen registriert wird. Im Vergleich der einzelnen Gruppen wird den NGOs und Arbeitnehmervertretern die am stärksten positive Bewertung zugesprochen. Einen eher negativen Einfluss üben dagegen Consultants aus.

Im **Lenkungssystem Markt** spielen die *Vermögensverwalter* häufig eine aktive Rolle, indem sie Pensionskassen Initiativangebote zu SRI unterbreiten. Zwei Drittel der Pensionskassen haben bereits Angebote erhalten. Dabei sind vor allem Spezialanbieter im Markt vertreten. In den meisten Fällen wird deren Einschätzung zum Thema eher als positiv bezeichnet, auch das Know-How scheint gut zu sein. Die klassischen Asset Manager und Grossbanken haben sich dem Thema bisher nicht gewidmet, von ihnen erfolgen keine Vorschläge. Ihre über lange Zeit passive Haltung im Bereich Corporate Governance lässt eine Glaubwürdigkeit für diese Bereiche vermissen. Die *Consultants* dagegen werden von den meisten Pensionskassen zum Thema SRI nicht involviert: 80 Prozent haben keine Erfahrungen mit ihnen, nur in einem Fall erfolgte eine Initiative von ihrer Seite. Mehrheitlich wird ihre negative Einschätzung zu SRI erwähnt, sei es als Kritik an der Performance, ihren Problemen, SRI in bestehende Kategorien zu integrieren oder der Einstufung als Nischenprodukt. Nur aufgrund expliziter Nachfrage werden entsprechende Kriterien in die Ausschreibung für Mandate übernommen. Die Experten äussern die Kritik, dass die Fokussierung der Consultants auf quantitative Kriterien ein Grund ihrer Blockade im Prozess sei. Die Consultants äussern selber, dass sie sich dem Prinzip der Neutralität unterwerfen. Nur bei spezifischen Zielgruppen wie Stiftungen und Kirchen geht man auf eine mögliche Affinität zum Thema ein. Auch bei Watson Wyatt, die eine spezielle Broschüre zu SRI verfasst haben, werden nur ausgewählte Kunden zum Thema angesprochen. Eine aktive Rolle wird abgelehnt, weil weder für den Consultant noch für die Pensionskasse eine ausreichende Motivation vorhanden ist, den notwendigen Mehraufwand in Form von Arbeit und Zeit in Kauf zu nehmen. Wenn Consultants im Prozess zu SRI involviert werden, fällt ihnen entweder die Rolle der Managerselektion oder eine Optimierung der Mandate v.a. im Hinblick auf Performance zu.

Von verschiedenen Interviewpartnern wurde erwähnt, dass es durchaus Berufsgruppen gibt, die stärker an der Berücksichtigung ökologisch-sozialer Kriterien interessiert sind. Genannt wurden explizit die Lehrer oder ein Vertreter der Caritas. Trotz dieser vereinzelten Artikulation haben die meisten *Versicherten* keinerlei Interesse an der Anlagestrategie ihrer Rentengelder geäussert. Angesichts der in der Öffentlichkeit intensiv diskutierten finanziellen Probleme der Pensionskassen erfolgen vereinzelt Anfragen zum Aktienanteil oder zum Deckungsgrad. Diese Stimmen haben jedoch in keinem Fall zu weiteren Aktionen oder Kampagnen geführt. Da man von Seiten der Pensionskassen auch nicht darum bemüht ist, ein Meinungsbild unter den Mitgliedern einzuholen bzw. die bestehenden Systeme der paritätischen Mitverwaltung zu erweitern, entsteht sich der Eindruck, dass die Manager dankbar sind, sich nicht an einer weiteren Position orientieren zu müssen. Sie stören sich nicht an der Passivität ihrer Mitglieder. Die Vermutung liegt nahe, dass die Versicherten kein Interesse an einer der grössten Positionen ihres Sparvermögens besitzen. Die obligatorische Anbindung an die zweite Säule scheint bei den Versicherten keinen weiteren Handlungsbedarf hervorzurufen.

Das Ergebnis früherer Studien, dass öffentlich-rechtliche Pensionskassen sich wesentlich häufiger mit SRI auseinandersetzen als private Pensionskassen, wird durch die vorliegende Untersuchung bestätigt. Während 25 Prozent der privaten Kassen über SRI verfügen, haben 78 Prozent der öffentlichen Kassen das Thema aufgegriffen. Ausserdem wurde deutlich, dass tendenziell grössere Kassen im Kontext vertreten sind. Welche Interessenkonflikte hinter der Entscheidung stehen, wurde aus den Interviews nicht deutlich. Allerdings hat sich eine Pensionskasse, deren *Sponsoring-Unternehmen* sich aufgrund von Gentechnik in seiner Produktion nicht für SRI-Fonds qualifiziert, explizit gegen ein eigenes Investment in SRI entschieden. Ein Zusammenhang mit der Umwelt- bzw. Sozialorientierung der verantwortlichen Institution ergibt sich daher, dass in einigen Fällen der Umweltbeauftragte oder die Ökologiegruppe das Thema bei der Pensionskasse platziert hat. Mehrmals wurde allerdings betont, dass die Pensionskasse unabhängig vom Unternehmen sei und nicht die Firmenvertreter, sondern die Versicherten eine Initiative ergreifen müssten.

Neben der Unterscheidung zwischen öffentlichen und privaten Kassen wurde auch der Einfluss einer aktiven ökologisch-sozialen Unternehmensstrategie auf den Entscheidungsprozess der Pensionskassen überprüft. Es ist anzunehmen, dass Pensionskassen, deren Sponsoring-Institution über ein Umwelt- oder Sozialleitbild verfügen, eher geneigt sind, in SRI zu investieren, um dieser Unternehmenspolitik Rechnung zu tragen. Kann diese Annahme mit der Untersuchung bestätigt werden? Das Gegenteil scheint der Fall zu sein. Während die Hälfte der Kassen ohne eine explizite Nachhaltigkeitsstrategie nach SRI-Kriterien investiert, trifft dies nur auf ein Drittel bzw. 35 Prozent der Kassen mit einer Umweltpolitik oder mehreren Leitbildern zu. Dies mag überraschen. Dies zeigt zum einen, dass die Pensionskassen relativ losgelöst von ihren Institutionen agieren. Gleichzeitig kann das Ergebnis mit dem hohen Anteil von öffentlichen Kassen mit SRI-Strategie interpretiert werden. Sie verfolgen eher selten ein explizites Umwelt- bzw. Sozialleitbild, als dies bei Unternehmen der Fall ist.[894]

Inwieweit Massnahmen seitens des Gesetzgebers im **Lenkungssystem Politik** einen starken Einfluss auf die operative Umsetzung bei den Pensionskassen bringen können, ist eher fragwürdig. Zwar hat die Verpflichtung zur Offenlegung der Stimmrechtsausübung zu einer gewissen Sensibilisierung bei den Pensionskassen geführt, zumindest wurden die Reglemente in bezug auf das Thema überarbeitet. Inwieweit eine aktivere Ausübung der Aktionärsrechte damit verbunden ist, bleibt noch offen. Angesichts der geringen Anzahl der Generalversammlungen, die besucht werden, sowie der eher begrenzten Bedeutung von Informationsdiensten wird kein grosser Aufwand getrieben. Zwar wurde von vielen Interviewpartnern eine positive Wechselwirkung zwischen der Ausübung der Stimmrechte und einer nachhaltigen Anlagepolitik artikuliert, doch scheint eine Verknüpfung nur bei den Pensionskassen gegeben, die sich aktiv mit beiden Themen auseinandersetzen. Die Einführung einer Deklarationspflicht wie in UK oder Deutschland könnte immerhin

[894] Während nur 12% der privatrechtlichen Vorsorgeeinrichtungen über keine explizite Umweltstrategie verfügen, trifft dies auf 66,7% der öffentlichen Pensionskassen zu.

bei knapp der Hälfte der Pensionskassen eine Veränderung auslösen. Bei eher skeptischen Pensionskassen würden weiterhin Zweifel zum Anlagestil überwiegen. Von den Experten wird dagegen eine stärkere Dynamik erwartet, wie durch ein steigendes Interesse der Versicherten oder einen höheren öffentlichen Druck und ein mögliches Imagerisiko für die Arbeitgeber.

Im **Lenkungssystem Gesellschaft** können insbesondere Medien und NGOs das Thema SRI bei Pensionskassen durch die Mobilisierung der Öffentlichkeit und der Versicherten oder durch eine bessere Informationsgrundlage für die PK-Manager in der Prioritätenliste nach oben bringen. Sowohl von den Interviewpartnern aus den Pensionskassen wie den Experten werden beide Gruppen mit einem eher positiven Einfluss eingeschätzt, sie erhalten von beiden Gruppen in fast allen Fällen die positivste Bewertung. Trotz dieser Einschätzung erfolgen relativ wenige konkrete Massnahmen. Nur eine Pensionskasse wurde von einer NGO zu SRI angesprochen. Die Medien scheinen auch eher wellenweise Interesse am Thema zu haben. Skandale im Bereich Corporate Governance haben auch SRI wieder in die Schlagzeilen gebracht. Für einen stärkeren Druck auf die Pensionskassen müsste allerdings mehr Dynamik entfacht werden, beispielsweise durch die Veröffentlichung der konkreten Initiativen einzelner Pensionskassen. Seitens der Gewerkschaften besteht ein noch grösseres Defizit, sie wurden in den Diskussionen um SRI nur einmal erwähnt.

6.2.1.3 Welche Zusammenhänge bestehen zwischen den anderen Parametern des Anlageverhaltens der Pensionskasse und ihrer Entscheidung hinsichtlich SRI?

Während bei der Einschätzung der Anspruchsgruppen bereits häufig eine neutrale Einschätzung abgegeben wurde, verstärkt sich dieser Tenor umso mehr in bezug auf Parameter der Anlagestrategie. Diese Faktoren scheinen eine untergeordnete Entscheidung bei der Frage für oder gegen SRI zu spielen. Allerdings ist es interessant, dass sich die Pensionskassenvertreter und Experten bei der Bewertung in diesem Fragekomplex nicht einig sind. Während die Interviewpartner aus den Pensionskassen vor allem die Indexierung von Mandaten als problematisch bezeichnen, stufen die Experten vor allem die Risikostruktur als Problem ein.

(1) Anteil indexierter Anlagen

Bei der Beschreibung des Untersuchungsmodells wurde die Frage aufgeworfen, ob es hinsichtlich des Investmentstils eine Korrelation zu SRI gib. Mittels SPSS wurde daher untersucht, ob nachhaltige Anlagen (als aktiver Anlagestil) primär von aktiven Managern ausgewählt werden. Dazu wurden zwei Kategorien gebildet, eine Gruppe aus Pensionskassen mit überdurchschnittlich hohem Anteil an indexierten Mandaten, die andere Gruppe mit eher passiven Managern. Während durchschnittlich 40 Prozent aller Pensionskassen in SRI investieren, investieren 36 Prozent der eher aktiver Manager und 46 Prozent der eher passiven Manager. Angesichts des kleinen Samples und der geringen Differenzen lassen sich daher keine eindeutigen Aussagen zu der oben aufgeführten Frage treffen.[895]

Die Einstufung von SRI-Anlagen als Core- oder Satelite-Investment kommt zu keinem eindeutigen Schluss: Einige Vertreter halten v.a. indexierte SRI-Mandate für möglich, für andere passt es aufgrund der anderen Benchmark nicht in die bestehenden Kategorien. Als Satelite-Anlage sind SRI-Portfolios mit einem Grossteil an Blue Chips dagegen auch nicht geeignet.

Die Implementierung einer SRI-Strategie erfolgt in zwei Drittel der Fällen durch eine **externe Verwaltung**. Trotz dieser eindeutigen Aussage wird der Einfluss von externer Mandatsvergabe sowohl positiv wie auch negativ beurteilt: Anscheinend sind heute genügend externe Spezialisten vorhanden, allerdings wird ein kosteneffizientes und pensionskassenspezifisches Angebot moniert. Problematisch wird es, wenn der Anbieter mit der besten finanziellen Perfomance SRI nicht anbieten kann. Ausserdem wird bei der Übergabe der Verantwortung zu externen Managern anscheinend die Wahrnehmung der Aktionärsrechte in bezug auf Corporate Governance oder SRI schwieriger als bei eigenem Management. Leider liess sich auch bei dem Parameter „externe Verwaltung" keine eindeutige Korrelation erkennen, ob Pensionskassen mit einem primär externen Management ihrer Anlagen eher eine SRI-Strategie ergreifen als Pensionskassen mit vorherrschender interner Vermögensverwaltung. Bei einem Anteil von knapp 44 Prozent der investierenden Pensionskassen mit einem unterdurchschnittlichen Anteil externer Verwaltung lässt sich kein signifikanter Unterschied zu dem Durchschnitt aller Pensionskassen erkennen. Der Anteil von SRI-investierten Pensionskassen mit eher externer Verwaltung ist mit 39 Prozent ebenfalls sehr eng am Mittelwert.

(2) Stimmrechte

Angesichts der Aussagen in der Literatur, dass Pensionskassen, die ihre Stimmrechte wahrnehmen, auch sensibler sind bei der Berücksichtigung von ethischen und sozialen Kriterien, wurde dieser Punkt auch analysiert. Da mit dem hohen Anteil von Pensionskassen, die ihre Stimmrechte wahrnehmen, nicht unbedingt eine aktive Auseinandersetzung mit dem Thema verbunden ist, wurde als Parameter die Nutzung von Informationsdiensten ausgewählt. Investoren, die zusätzliche Informationen zur Vorbereitung der GVs einbeziehen, investieren Zeit und Ressourcen. Die Auswertung bestätigt eine Korrelation dieser Aktivitäten zu einem ethisch-ökologischen Anlageverhalten. Von den Pensionskas-

[895] Auch durch einen Chi-Quadrat-Test lassen sich keine signifikanten Abweichungen gegenüber den erwarteten Werten nachweisen.

sen, die externe Informationsdienste einbeziehen, wenden 83 Prozent auch ethisch-ökologische Kriterien bei der Verwaltung ihrer Anlagen an. Dagegen investieren nur 32 Prozent der Kassen, die keine Informationsdienste nutzen, in SRI.

Vor allem die Experten äussern Zuversicht, dass eine aktive Ausübung von Stimmrechten auch mit einem Engagement in bezug auf Nachhaltigkeit einhergeht. Bei der Einschätzung, dass die Ausübung der Stimmrechte als Indikator für eine offene, fortschrittliche Haltung der Pensionskasse gesehen wird, ist eine politische Aussage nicht ganz von der Hand zu weisen.

(3) Risikofähigkeit

Wie bei der Auswertung bereits erläutert, wird die Annahme, dass sich nur Pensionskassen in SRI engagieren können, die einen sehr hohen Deckungsgrad aufweisen, nicht bestätigt. Bei dem untersuchten Sample sind als SRI-Investoren auch Pensionskassen mit einem eher niedrigen Deckungsgrad vertreten. Dies liegt jedoch am hohen Anteil von öffentlichen Pensionskassen in dieser Gruppe. Angesichts dieser Verzerrung lässt sich keine Aussage zur Risikofähigkeit der SRI-Investoren treffen. Von den Interviewpartnern werden sowohl Aussagen von einem erhöhten Risiko von SRI-Anlagen getroffen wie auch Argumente für tiefere Risiken von SRI eingebracht. Das möglicherweise höhere Risiko von SRI wird nicht explizit als Argument gegen die Wahl von SRI genannt. Dagegen wird mehrmals Kritik am eingeschränkten Spektrum der Anlageklassen geäussert. Die vorherrschenden Angebote im Aktienbereich bereiten Probleme. Allerdings werden Wünsche sowohl in Richtung riskanterer Anlagen wie im Bereich Private Equity wie auch im Segment Obligationen mit einem tieferen Risikoprofil geäussert.

6.2.1.4 Abschliessende Beurteilung

Die Beantwortung der ersten Forschungsfrage wurde durch die Bearbeitung der Teilfragen aus dem Untersuchungsmodell systematisch gegliedert und facettenreich gestaltet. Müsste eine Antwort auf die Frage der treibenden Faktoren gegeben werden, wäre kein dominanter Faktor zu identifizieren. Die verschiedenen Anspruchsgruppen sowie die Parameter der Anlagestrategie konnten zwar theoretisch gut abgeleitet werden und von den Pensionskassenvertretern auch eingestuft werden, doch als nüchternes Urteil lässt sich folgendes fällen: Sowohl interne wie auch externe Gruppen sind nicht in der Lage, Pensionskassen in ihrer Entscheidung für oder gegen SRI in nennenswertem Masse zu beeinflussen. Es gibt keinen Druck bzw. grosses Interesse, das systematisch zu erfassen wäre. Während dieses Ergebnis eindeutig ist, besteht weiterhin Unklarheit über die internen Entscheidungsprozesse innerhalb der Pensionskassen. Im Fragebogen waren zwar einige Fragen dazu enthalten, jedoch konnten sie die Interviewpartner nicht zu einer offenen Schilderung motivieren, um Details herauszuarbeiten. Damit konnte die Arbeit das Defizit der Literatur, Entscheidungsprozesse und Parameter des Anlageverhaltens von Pensionskassen zu erfassen, nicht kompensieren. Als Ergebnis mag überraschen, dass in den untersuchten Fällen nicht unbedingt die Arbeitnehmerseite für die Entscheidung zu SRI verantwortlich war.

Bei der Erforschung des Einflusses der Anlagestrategie-Parameter wurde bereits bei den Interviews deutlich, dass einige Gesprächspartner in keiner Weise eine Wechselwirkung wahrnehmen können bzw. Mühe hatten, die Frage ohne Kommentierung zu verstehen. Die abgegebenen Aussagen sind interessant, allerdings nicht unbedingt neu. Leider war es mit dem vorliegenden Sample nicht möglich, Korrelationen zu bilden, inwieweit in der Realität z. B. eine Indexierung der Anlagen SRI eher verhindert oder fördert. Daher waren die Fragen in dem Abschnitt zu offensiv angesetzt.

Angesichts der schwachen Wirkung von Anspruchsgruppen und der geringen Wechselwirkung zur Anlagestrategie scheint die bereits erwähnte Initiative einzelner Personen eine starke Rolle zu spielen. Im Rahmen des vorliegenden Untersuchungsdesigns war es nur in Ansätzen möglich, deren genaue Motive sowie die Überzeugungsprozesse zu erfassen. Für eine weitergehende Analyse hätten mehrere Interviews pro Pensionskasse geführt werden bzw. anstelle der halbstandardisierten Interviews mehr offene Fragen integriert werden müssen, um mit narrativen Interviews auch qualitative Aspekte und Hintergründe zu erfassen. Damit hätte auch der Eindruck, dass kaum Konflikte zwischen Arbeitnehmer- und Arbeitgebervertretern bestehen, nochmals verifiziert werden können. Dieser Aspekt kann bei einer zukünftigen Bearbeitung des Themas stärker berücksichtigt werden.

Die erste Forschungsfrage beinhaltet neben den motivierenden auch die blockierenden Faktoren in bezug auf ein SRI-Engagement. Der zweite Aspekt wird im nächsten Abschnitt integriert, um daraufhin Empfehlungen für eine Weiterentwicklung des Marktes geben zu können.

6.2.2 Gestaltungshinweise abgeleitet aus den Interviews und der Antwort der Forschungsfragen

Zum Abschluss der Arbeit werden Vorschläge erarbeitet, wie das Engagement institutioneller Investoren gestärkt werden kann. Die Hinweise wenden sich an die verschiedenen Akteure, sowohl staatliche wie auch private. Dabei werden sowohl die Pensionskassen wie auch die Anspruchsgruppen betrachtet, die einen möglichen Einfluss auf ihre Entscheidungsprozesse ausüben können. Zur Vorbereitung dieser Gestaltungshinweise werden nochmals die von den Pensionskassen erwähnten Defizite aufgeführt. Die Aussagen der Interviewpartner lassen sich in drei Kategorien von Problemen einordnen: operative Probleme, eine Unsicherheit bezüglich des Konzeptes sowie Defizite im Bereich Performance.

6.2.2.1 Operative Probleme

Mehrfach wird moniert, dass die zur *Verfügung stehenden Anlagekategorien* von SRI nicht alle relevanten Anlagesegmente einer Pensionskasse abdecken. Neben den umfangreichen Angeboten im Bereich Aktien und Obligationen fehlen Möglichkeiten, SRI-Kriterien auch bei Immobilien und Private Equity einzusetzen. Kritisiert wird, dass es ein unzureichendes pensionskassenspezifisches Angebot gibt, das u.a. ausreichende Liquidität bietet. Die *Integration in bestehende Anlagekategorien* erweist sich als zusätzliches Problem. Auch die SRI-Indices zeigen grössere Abweichungen zu den bestehenden Benchmarks auf. Zur Definition als Satelite-Investments bieten die vorherrschenden SRI-Fonds aus Blue Chips keine ausreichende Diversifikation. Nur wenige Pensionskassen machen sich die Mühe, SRI als eigenständige Kategorie auszuschreiben. Die *Beschaffung von Informationen* zur ökologischen und sozialen Leistung der Unternehmen wird als mühsam wahrgenommen, da die Informationen bisher nur in Ansätzen über die klassische Finanzberichterstattung bzw. von Brokern erhältlich sind. Auch wenn Informationen vorhanden sind, stellt deren Sammlung, Aufbereitung und Bewertung einen *Zusatzaufwand* für die Portfoliomanager oder die Pensionskasse dar. Dieser resultiert in zusätzlichen Kosten, die in Zeiten knapper Finanzmittel nur ungern getragen werden. Auch die Definition der Kriterien bzw. die Auswahl eines geeigneten Produktansatzes durch die Pensionskasse benötigt Zeit. So lässt sich der Kommentar eines Consultants begründen, der SRI aufgrund mangelnder Incentives nicht empfiehlt, da SRI bei jedem Akteur mehr Arbeit und Zeit verursache.

6.2.2.2 Unsicherheit bezüglich des Konzeptes

Relativ komplex sind die erwähnten Defizite in bezug auf die Werthaltigkeit von SRI. Trotz objektivierter Kriterien- und Ratingsysteme stellen die Aggregation der Informationen sowie speziell auch die Anwendung von Negativkriterien *subjektive Werturteile* dar. Dabei ergibt sich das Problem, wie innerhalb der Entscheidungsgremien eine Auswahl der entsprechenden Ansätze getroffen werden kann. Gleichzeitig wird in Frage gestellt, wie weit die Manager der Pensionskasse überhaupt legitimiert sind, über solch ethische Kriterien zu entscheiden. Diese Frage wird umso schwieriger zu beantworten, je mehr politische Aspekte wie die Beurteilung der Atomkraft oder Gentechnik involviert sind. Da bereits deutlich wurde, dass die Pensionskassen nicht unbedingt *begeistert* die Versicherten konsultieren (wobei ein noch grösseres Entscheidungsgremium den Prozess nicht unbedingt einfacher gestalten würde), um ein demokratisches Urteil zu erhalten, wird das Dilemma deutlich. Daher erfolgt häufig der Ruf nach einheitlichen Standards. Diese könnten die Informationsbeschaffung und die Bewertung der Unternehmen effizienter gestalten. Gleichzeitig könnte der Entscheidungsprozess innerhalb der Pensionskasse vereinfacht werden, wenn nicht mehr geklärt werden müsste, ob ein Screening- oder

Engagement-Verfahren ausgewählt werden soll und welche Positiv- und Negativkriterien zur Anwendung kommen. Die bestehenden Ansätze wie beispielsweise die Global Reporting Initiative oder die Gründung einer Ratingagentur mit einheitlichen Standards werden von den Interviewpartnern jedoch nicht als attraktive Lösung gesehen. Bei der Interpretation der Kommentare lassen sich jedoch weitere Inkonsistenzen identifizieren: Zwar wird die Entwicklung des Best-in-class Ansatzes aufgrund der geringeren Risiken begrüsst, welcher die Integration in bestehende Anlagekategorien erleichtert. Gleichzeitig wird kritisiert, dass in den entsprechenden Portfolios auch Unternehmen enthalten sind, in die auch in konventionelle Portfolios investieren. Die unterschiedlichen Präferenzen machen deutlich, dass es relativ schwierig, wenn nicht gar unmöglich sein wird, auf dieser Grundlage einen einheitlichen Standard für SRI zu definieren.

6.2.2.3 Defizite im Bereich Performance

Angesichts der hohen Bedeutung der Performance[896] ist die Forderung an eine attraktive Wertentwicklung von SRI nachvollziehbar. Zwar wird in verschiedenen Studien eine mindestens marktgerechte Rendite von SRI empirisch nachgewiesen, in der Wahrnehmung der Pensionskassenvertreter sowie bei ihren konkreten Erfahrungen sieht die Realität anders aus. Es bestehen Bedenken, dass die Anwendung von Negativkriterien die Diversifikation zu stark einschränke sowie die Investition in die Innovatoren aufgrund ihrer kleinen Börsenkapitalisierung zu hohe Risiken hervorrufe. Für die Pensionskassen ist es zudem schwierig, wenn für SRI höhere Gebühren als für klassische Investments verlangt werden. Die negative Einschätzung der Interviewpartner in bezug auf die Performance beruht zusätzlich auf konkreten negativen Erfahrungen. Ausserdem wurden die hohen Risiken, die mit Branchenfonds in „small&mid cap Fonds“ wie im Energiesektor verbunden sind, bei der Investition nicht genügend beachtet. Weiterhin haben sich bestimmte Investment-Tilts wie ein höheres Gewicht von Technologieaktien sowie Verschiebungen in der Länderallokation gegenüber klassischen Benchmarks als nicht vorteilhaft erwiesen. Nicht nur Investoren Schweizer Aktienmandate, sondern auch die von globalen Mandaten haben in den letzten Jahren eine eher unterdurchschnittliche Wertentwicklung verzeichnen müssen. Diese Erfahrungen prägen die aktuell eher negative Meinung zu SRI. Angesichts der finanziell angespannten Lage der Pensionskassen aufgrund der vielfach vorhandenen Unterdeckung wird damit eine Erweiterung des bestehenden Engagements nicht erwogen. In einigen Fällen wurden SRI-Mandate mit einer unterdurchschnittlichen Performance bereits gekündigt und wieder konventionell angelegt.

---

[896] Bei der Robeco-Studie 2000 bezeichnen knapp 80 Prozent der Befragten die Maximierung der Performance als wichtigen Aspekt zur Bestimmung ihrer Anlagestrategie.

6.2.2.4 Massnahmen und Gestaltungshinweise

Im Hinblick auf das Forschungsdesign werden im ersten Abschnitt Massnahmen vorgeschlagen, welche die Akteure innerhalb und ausserhalb der Pensionskasse betreffen.

Da die empirische Analyse ergeben hat, dass keiner der Akteure einen nennenswerten Einfluss auf die Entscheidung von Pensionskassen ausübt, in SRI zu investieren, sollte das allgemeine Interesse und Aktivitätsniveau aller Beteiligten erhöht werden.

Dabei können innerhalb aller drei skizzierten Lenkungssysteme Massnahmen ergriffen werden.

(1) LENKUNGSSYSTEM GESELLSCHAFT

Die ***Medien*** könnten dazu beitragen, wenn sie eine kontinuierlichere Berichterstattung zum Thema bieten würden. Mehrfach wurde kommentiert, dass ihr Interesse bisher eher wellenförmig verlaufen sei. Es geht nicht nur darum, einzelne Fonds zu kommentieren, sondern kontinuierlich über die Entwicklung des Marktes zu berichten. Corporate Governance soll nicht nur im Fall von Skandalen thematisiert werden, sondern auch in Form von guten Beispielen. Da Shareholder Aktivismus v.a. durch den öffentlichen Druck auf die Unternehmen verschärft wird, könnte eine Medienberichterstattung von Kampagnen bzw. Diskussionen an Generalversammlungen zusätzliche Anreize für das Management bieten, diese Punkte ernst zu nehmen. Im Fall einer Deklarationspflicht wie in UK könnten die Medien eine stärkere Rolle spielen, Transparenz über die verschiedenen Reaktionen zu schaffen. Damit könnte das Interesse der Versicherten an der Anlagepolitik erhöht werden und gleichzeitig erhielten diese eine bessere Grundlage, bei ihren Pensionskassen direkt zu intervenieren.

Solche Sensibilisierungsprozesse könnten zusätzlich von ***NGOs*** gefördert werden. In UK haben Organisationen wie Friends of the Earth versucht, durch die Veröffentlichung von Studien Druck auf die Pensionskassen auszuüben. "...our aim is to get pension fund holders to pressure the fund trustees and their employers to adopt SRI in the pension fund."[897] In der Schweiz haben NGOs sich bisher nicht dem Thema SRI in der Altersvorsorge gewidmet. Bisher wurden nur allgemeine Veranstaltungen zu SRI abgehalten. NGOs mit ökologischen und sozialen Zielen könnten die Chance nutzen, den Finanzmarkt stärker für ihre Anliegen zu instrumentalisieren. Dabei kann sowohl direkt Druck auf die Pensionskassen ausgeübt werden, z.B. durch die Schaffung von Transparenz über bestehende Engagements bei SRI. Andererseits können NGOs auch über ihre Mitglieder Pensionskassen dazu auffordern, SRI-Kriterien stärker zu berücksichtigen. Gleichzeitig können NGOs sich selbst engagieren: Die Kooperation des WWF Schweiz mit der

---

[897] Meredith Alexander of Fair Share and People and Planet, Siehe: Mc Callin (2003). S. 2.

Zürcher Kantonalbank illustriert, dass das Know How sehr gut bei der Konzeption und dem Management von SRI-Fonds genutzt werden kann. Da NGOs über nicht unerhebliche Finanzmittel verfügen, sollte auch diese dazu eingesetzt werden, durch die Anwendung von ökologischen und sozialen Kriterien einen Beitrag zum Strukturwandel zu leisten.

Gewerkschaften und gewerkschaftsnahe Organisationen könnten ebenfalls eine engere Verknüpfung sehen, die langfristig investierten Gelder ihrer Mitglieder so zu investieren, dass Mitarbeiterrechte bei den investierten Unternehmen auch von der Anlegerseite unterstützt werden. In den USA haben sich gewerkschaftlich mitbestimmte Pensionsfonds an „Economically Targeted Investments“ sowie Shareholder Resolutions beteiligt. Mit Hilfe einer internationalen Vernetzung könnte dieses Machtpotenzial ausgebaut werden. Gewerkschaften könnten zusätzlich zu einer wertvollen Quelle für SRI-Portfoliomanager werden, da sie einen guten Informationsstand über Missstände in bezug auf Arbeitnehmerrechte bei Unternehmen haben. In Ländern mit einer starken Vertretung der Arbeitnehmer im Management bzw. Aufsichtsrat der Unternehmen könnten diese dazu beitragen, dass nicht nur die Interessen der eigenen Mitarbeiter im Auge behalten werden, sondern dass diese auch bei Investitionen der Unternehmen bzw. der Anlage der Vorsorgegelder berücksichtigt werden. In Deutschland haben die Gewerkschaften bei den im Rahmen der Rentenreform neugegründeten Pensionsfonds bisher nur marginal ihren Einfluss wahrgenommen. Zwar bedeuten die neuen Regeln Aufwand, den es intern zu verarbeiten und den Mitarbeitern zu erklären gilt, gleichzeitig könnten die grossen Finanzströme zu einem wertvollen Werkzeug gewerkschaftlicher Werte werden.

Angesichts des Drucks auf die Pensionskassen, in der treuhänderischen Verwaltung eine angemessene Rendite zu erwirtschaften, kommt der ***Wissenschaft*** eine grosse Bedeutung zu. Sie kann eine gewisse Legitimation für eine Entscheidung in bezug auf SRI liefern. Die Flut empirischer Analysen, die Performance von SRI zu beurteilen, zeugt von einem gewissen Interesse der Forschung, das Thema zu bearbeiten. Allerdings stellt sich die Frage, ob die bisherigen Analysen den Bedürfnisse der Pensionskassen entsprechen. In der vorliegenden empirischen Untersuchung nannten die Pensionskassenvertreter die Performance von SRI-Portfolios. Dabei wurden sowohl eine negative Wahrnehmung wie auch konkrete schlechte Erfahrungen deutlich. Demnach müssten mehr Studien im Kontext institutioneller Anleger erstellt werden. Diese sollten nicht nur die Charakteristika von SRI-Mandaten als solche betrachten, sondern auch die Einbettung im Portfoliokontext analysieren. Damit könnte auch die Einbettung in bestehende Anlagekategorien optimiert werden. Wissenschaftler könnten auch einen Beitrag zur genaueren Definition des Konzeptes und der Kriterien liefern. Angesichts ihrer neutralen Rolle und einer wissenschaftlichen Fundierung ihrer Vorschläge wäre eine Akzeptanz durch Pensionskassen zu erwarten.

Darüber hinaus könnte die Wissenschaft eine Mediationsrolle im Prozess spielen. Im Rahmen einer Arbeitsgruppe des ETH Projektes Novatlantis wurde eine Initiative gestartet, durch einen Roundtable mit Pensionskassen und Anbietern im Markt das Thema SRI bei Pensionskassen zu diskutieren. Durch die Gespräche der beteiligten Akteure wurde versucht, anhand der identifizierten Defizite Massnahmen abzuleiten und umzusetzen. Von den Pensionskassenvertretern wurde unter anderem eine Clearingstelle gefordert, die unabhängig von den bestehenden Anbietern Beratung durchführt. Die Pläne zur Realisierung liefen zwar an, konnten aber nicht umgesetzt werden. Aus einem Forschungsprojekt der Fachhochschule Aarau mit zwei Pensionskassen entstanden Pläne zur Gründung einer Swiss Corporate Governance Agentur[898], die Pensionskassen bei der Ausübung ihrer Aktionärsrechte beraten will. Auch diese Initiative stellt die Unabhängigkeit von Produktanbietern als wichtigen Bestandteil ihrer Philosophie dar.

(2) LENKUNGSSYSTEM POLITIK

Der Gesetzgeber hat in verschiedenen Ländern wie UK oder Deutschland die Initiative ergriffen, eine stärkere Transparenz zum Anlageverhalten von Pensionskassen einzufordern. Die eingeführte Deklarationspflicht hat in UK über verschiedene Aktionen von NGOs oder SRI-Agenturen eine öffentliche Diskussion in Gang gebracht. Trotzdem kommen Studien mehrheitlich zu dem Schluss, dass die Umsetzung der Deklarationspflicht defizitär ist. Vor allem bei der gewählten Strategie des Engagements legen nur wenige Pensionskassen offen dar, mit welcher Konsequenz sie diese in der Praxis verfolgen. Daher wird in Regierungskreisen sowie bei Lobby-Organisationen wie dem UKSIF oder Just Pensions diskutiert, welche Massnahmen für eine intensivere Stosskraft der Gesetzesvorgabe erforderlich sind.

Die Umfrage von Just Pensions bei 14 Pensionskassenvertreter Anfang 2003 brachte hervor, dass „... viele Fondsmanager zustimmten, dass eine klare Vorgabe seitens der Regierung, sowohl in bezug auf die Legitimität, die SRI-Prinzipien des Unternehmens auf die Pensionskasse zu übertragen und auf die treuhänderische Verantwortung der Verwalter – dass Manager nicht ihre treuhänderischen Verpflichtungen brechen, wenn SRI die gleichen Gewinne bringt – eine wichtige Unterstützung bieten würde.“ [899]

---

[898] Siehe Kapitel IV unter Abschnitt 1.2.3.2.

[899] Mc Callin (2003), S. 2. "...fund managers agreed that clear guidance from the government, both on the legality of linking and company's SRI principles to its pension fund and the fiduciary responsibilities of trustees – SRI investors say trustees are not breaching their fiduciary responsibilities if the SRI investment provides and equally good return-would help immensely."

Diese Tendenz wurde in einer aktuelleren und grösseren Studie von Just Pensions bestätigt, die sich an Treuhänder wendete.[900] Die Umfrage bestätigt die Überzeugung vieler Treuhänder, dass der Gesetzgeber eine wichtige Rolle zu spielen habe, die Implementierung von sozialen, ethischen und ökologischen Aspekten in die Anlagepraxis zu fördern. Eine Mehrheit der Befragten glaubte, dass:[901]

- Zusätzliche Regulierung oder Gesetze notwendig sind, die Pensionskassen zu verpflichten, über die Implementierung ihrer „Statement of Investment Principles" in ihrem Jahresbericht zu berichten.
- Die britische Regierung einen formellen Code of Best Practice fördern sollte, wie Pensionskassen mit sozialen, ethischen und ökologischen Aspekten umgehen sollten.
- Pensionsangebote nach dem Kapitaldeckungsverfahren verpflichtet werden sollten, eine ethische Wahlmöglichkeit anzubieten.
- Zusätzliche Regulierungen oder Gesetze notwendig sind, um alle Verwalter der Pensionskassen aufzufordern, zusätzliche Ausbildung in bezug auf die Implementierung sozialer, ethischer und ökologischer Anlagekriterien wahrzunehmen.
- Bedarf nach Regulierung besteht, um eine längere Perspektive bei Aktieninvestments einzunehmen.

Mit diesen Massnahmen könnte die Transparenz über die Verwendung von SRI-Kriterien in der Öffentlichkeit gesteigert werden sowie ein Wettbewerb zwischen den Pensionskassen etabliert werden. Pensionskassen, die Wahloptionen anbieten, müssten SRI in ihr Portfolio anbieten. Die Ausbildung der Pensionskassenverwalter könnte Unkenntnis und Vorurteile gegenüber SRI abbauen und Beispiele bereits aktiver Pensionskasse zur Nachahmung empfehlen. Die Forderung nach der Langfristigkeit betrifft nicht nur den Gesetzgeber und die Kontrollbehörden der Pensionskassen, sondern auch die Anbieter im Markt und die Consultants.

Diese Vorschläge basieren allerdings auf einer bestehenden SRI-Berichtspflicht für Pensionskassen. In der Schweiz gibt es bisher keine entsprechende Regelung. Angesichts der Tatsache, dass Nachhaltigkeit in der Verfassung verankert ist, sollte diskutiert werden, inwieweit der Finanzmarkt als Wirkungsgefüge eingebunden werden soll. In diesem Kontext stellen Pensionskassen eine Akteursgruppe unter anderen institutionellen Investoren dar. Neben der Einführung einer Berichtspflicht bieten sich weitere Optionen für den Gesetzgeber an.

---

[900] Von den im September 2003 2300 angeschriebenen Treuhändern nahmen 130 an der Befragung teil. Just Pensions (2004), S. 5.

[901] Just Pensions (2004), S. 3.

(3) LENKUNGSSYSTEM MARKT

Analysten

Städeli stellt das Dilemma treffend dar: „Nachhaltigkeit ist ein sehr langfristiger Trend. Der Aktienmarkt wird in der Regel von kurzfristigen Faktoren getrieben.[902] Diesem Konflikt laufen nicht nur Pensionskassen auf, sondern alle Investoren. Bei der Argumentation einer überdurchschnittlichen Performance von SRI wird wiederholt betont, dass sich die Berücksichtigung von SRI vor allem langfristig auszahlt, da beispielsweise Ressourcenknappheit ein zunehmendes Problem darstellt, welches momentan noch nicht vollständig internalisiert ist. Werden Aktienkurse nach den aktuellen Quartalsergebnissen gebildet, kommen solche künftigen Chancen nicht zum Tragen. Deswegen sind Analysten und Portfoliomanager aufgefordert, stärker auf die künftigen Chancen und Risiken der Unternehmen einzugehen. Die Diskussion um den Shareholder Value illustrieren das Dilemma treffend: Während der Begriff nach Rappaport die abdiskontierten Zahlungsströme der Unternehmen in der Zukunft impliziert, wird er in der Öffentlichkeit als Inbegriff der Kurzfristigkeit interpretiert. Im ursprünglichen Konzept lassen sich dagegen ökologische und soziale Faktoren optimal als Wertetreiber integrieren. Diese Integration findet in der Praxis bereits ansatzweise statt, wenn sich auch Sellside-Broker wie Dresdner, HSBC oder WestLB dem Thema SRI widmen. Diese Perspektive müsste nicht nur als Service für die SRI-Portfoliomanager etabliert werden, sondern auch den traditionellen Fondsmanagern.

Lusenti sieht bereits diesen Trend. Als Interpretation, warum die Bedeutung ökologischer und sozialer Faktoren bei der letzten Untersuchung als explizite Nennung zurückgegangen sind, kommentiert er: „... andererseits ist im Asset Management zu beobachten, dass auch die klassischen Investitionsansätze immer häufiger Kriterien im Bereich der Nachhaltigkeit berücksichtigen, so dass das Erfordernis nach einer expliziten Berücksichtigung sozialer, ökologischer und/ oder ethischer Ziele ohnehin an Bedeutung verlieren dürfte.[903] Problematisch dürfte sein, dass die Integration der SRI-Kriterien in die klassische Finanzanalyse schwer zu überprüfen ist und damit nicht unkritisch als Erfolgsparameter gewertet werden kann.

Die befragten Pensionskassenvertreter haben den **Banken und Finanzdienstleistern** ein relativ gutes Urteil zu SRI zuteil werden lassen. Zwei Drittel der Befragten haben bereits Angebote zu SRI erhalten. Die Einschätzung und das Know-How der Banken wird überwiegend positiv bewertet. Dabei wird jedoch eindeutig zwischen Spezialanbietern und

---

[902] Städeli (2003).

[903] Lusenti Partners (2003), S. 63.

den Grossbanken und klassischen Asset Managern unterschieden. Von diesen wird der SRI-Markt bisher nicht als Potenzial erkannt. Dabei kann sich die Marktentwicklung durchaus sehen lassen. In der Schweiz hat sich die Summe der Sustainability-Anlagen in den vergangenen fünf Jahren von rund CHF 500 Mio. auf fünf Milliarden Franken verzehnfacht.[904] Angesichts des zunehmend kompetitiven Marktes im Bereich institutioneller Anlageverwaltung stellen SRI eine Möglichkeit dar, sich zu differenzieren und durch den Zusatzservice höhere Margen zu erzielen. Diese Chance sollte ergriffen werden. Dabei sollten nicht nur Angebote im Aktiensegment konzipiert, sondern auch andere Kategorien wie Immobilien oder Private-Equity um SRI-Optionen ergänzt werden.

Die **Anbieter von SRI-Produkten** sollten die Signale in bezug auf die Performance ihrer Produkte ernst nehmen. Noch immer herrschen Vorurteile, dass nachhaltige Anlagen einen immanenten Renditenachteil aufweisen. Diese Vorurteile werden durch konkrete schlechte Erfahrungen der letzten Jahre geschürt, sei es durch schwarze Schafe oder durch risikobehaftete Investments im small & mid cap-Segment des Energiesektors. Die Zeiten, in denen auch institutionelle Investoren wie z.B. Pensionskassen bereit waren, zum Experimentieren oder aus Good-Will auf Rendite zu verzichten, sind angesichts der tiefen Deckungsgrade definitiv vorbei. Das Portfoliomanagement muss sich an den gleichen professionellen Massstäben orientieren wie im Standardgeschäft, etwaige höhere Risiken durch Länder- bzw. Branchenwetten müssen den Kunden transparent dargelegt werden und von ihm explizit akzeptiert werden. Die Anbieter von SRI-Produkten sind darüber hinaus gefordert, die Glaubwürdigkeit, Transparenz und Verständlichkeit ihres Angebotes zu verbessern, um die Akzeptanz bei den institutionellen Zielgruppen zu erhöhen. Dabei sind bereits Ansätze erkennbar, deren Wirkung im Markt noch zu stärken ist. Erste Schritte in diese Richtung erfolgen beispielsweise durch die Einführung eines Qualitätsstandards für Nachhaltigkeitsresearch. 15 europäische Research-Organisationen haben in enger Zusammenarbeit einen Qualitätsstandard für Nachhaltigkeits-Ratings erarbeitet. Der Standard CSRR-QS 1.0. soll unter anderem für mehr Transparenz sorgen und Überprüfungsprozesse erleichtern.[905] Eine weitere Massname zur Erhöhung der Glaubwürdigkeit stellt die Erarbeitung von Transparency-Guidelines durch EUROSIF dar. Im Juli 2003 hat der europäische Dachverband der Foren für nachhaltige Geldanlagen eine Pilotversion für europäische Transparenzleitlinien für Nachhaltigkeitsfonds veröffentlicht.[906] Damit soll die Übersichtlichkeit des wachsenden Marktes nachhaltiger Kapitalanlagen bewahrt und verhindert werden, dass Zweifel an der Integrität einzelner Fonds aufkom-

---

[904] Strohm/ Rehsche (2003).
[905] Informationen unter: www.csrr-qs.org
[906] http://www.eurosif.org/pub/lib/2003/07/transpgl/press.shtml (Zugriff vom 15. 11. 2003).

men. Anleger sollen durch die Leitlinien zu einem besseren Verständnis der Methoden und Vorgehensweisen der Fonds gelangen.

Neben diesen Massnahmen, die aus den Kritikpunkten der Interviewpartner abgeleitet werden, können weitere Vorschläge aus der Literatur aufgegriffen werden. Ein Forschungsprojekt vom imug zu institutionellen Investoren und ethisch-ökologischen Geldanlagen in Deutschland empfiehlt unter anderem, die Qualität der Beratung zu verbessern. Anscheinend fehlt eine ausreichende Schulung der Berater, um Kunden beim Kauf von ethisch-ökologischen Geldprodukten kompetent beraten zu können.[907] Um die Angebotstransparenz zu verbessern, sind die Finanzdienstleister darüber hinaus gefordert, für ihre Produkte sichtbar zu werben.[908]

Unternehmen

Wenn im vorgehenden Abschnitt Analysten und Anbieter von SRI-Produkten als Akteure im Markt angesprochen wurden, ist hervorzuheben, dass ihre Rolle primär diejenige einer Mittlerfunktion ist. Sie bewerten Unternehmen und stellen sie in Form von Portfolios für ihre Kunden als Anlageobjekt zusammen. Dabei sind sie auf die Informationen der Unternehmen angewiesen. Wenn diese daran interessiert sind, ihre nachhaltigen Aktivitäten dem Finanzmarkt nahezubringen, sollten sie stärker den Zusammenhang zwischen Nachhaltigkeit und ihrer Business Performance darstellen. Damit können sie nicht nur ethisch motivierte Investoren erreichen, sondern auch diejenigen institutionellen Investoren, denen an einer langfristigen Wertentwicklung gelegen ist. Wenn deutlich wird, dass die Beachtung ökologischer und sozialer Faktoren die Risiken des Unternehmens verringert und es einen Beitrag zu einem langfristig orientierten Valuemanagement liefert, wird das Thema automatisch eine höhere Beachtung finden.

(4) SPONSORING-INSTITUTION

Die Befragung hat aufgezeigt, dass es nicht möglich ist, einen empirischen Zusammenhang zwischen einem ökologischen und sozialen Umweltleitbild der tragenden Institution und einer entsprechenden Anlagestrategie der Pensionskasse nachzuweisen. Die Pensionskassenvertreter betonen die rechtliche Unabhängigkeit zu ihrer Sponsoring-Institution. Die Pensionskasse wird daher von den ökologischen und sozialen Vorreitern nicht als weiterer Handlungsraum ihrer Strategie wahrgenommen. Sie wird nicht dazu genutzt, ein

---

907 Als ein wichtiger Grund für die eher zögerliche Entwicklung im Bereich dieser Anlageprodukte sowohl bei privaten wie bei institutionellen Anlegern wurde von den Befragten das Thema selbst genannt. Es sei beratungsintensiv und häufig den Kunden kaum zu vermitteln. Nicht zuletzt wird der Vertrieb der Produkte auch dadurch erschwert, dass den Beratern das Know-how fehlt und sie oft nicht in der Lage sind, die Fragen der Kunden zu den sozialen oder ökologischen Aspekten der Geldanlage zu beantworten. Siehe Imug (2002, S. 12.

908 Imug (2002), S. 24.

strategisches und operatives Engagement zu unterstreichen, eine Glaubwürdigkeit in der Öffentlichkeit durch einen ganzheitlichen Ansatz zu erhöhen. Dieses Defizit könnte behoben und eine klarere Verknüpfung zwischen nachhaltiger Unternehmensstrategie und nachhaltiger Anlagestrategie der Pensionskasse demonstriert werden. Die Unabhängigkeit zwischen der Pensionskasse und der Sponsoring-Institution ist durch die Vertretung des Arbeitgebers im Stiftungsrat sowieso nicht vollständig vollzogen. Ohne den Handlungsspielraum der Pensionskasse zu stark zu beschränken, könnten Leitlinien im Anlagereglement integriert werden, deren Implementierung der Pensionskasse in eigener Regie überlassen werden könnte.

(5) PENSIONSKASSEN

Die Arbeit betrachtet Pensionskassen im Rahmen ihrer Anspruchsgruppen, die als Objekt auf die Entwicklungen ihrer Anspruchsgruppen reagieren. Dabei wird das Selbstverständnis der Pensionskassen nicht thematisiert. Auch wird nicht diskutiert, ob die Pensionskassen neben ihrer Rolle zur Gewährung der Altersbezüge ihrer Versicherten eine weitere Rolle in der Gesellschaft spielen sollten. Müller postuliert, dass Pensionskassen als gesellschaftliche Instanz auch eine Verantwortung besitzen: „Verantwortungsbewussten Investoren ist klar, dass ihr Handeln enorme Wirkungen auf verschiedene Anspruchsgruppen haben kann. Entscheidend ist nämlich nicht nur die Verteilung der finanziellen Wertschöpfung, sondern auch, wie die finanzielle Wertschöpfung entsteht. Verantwortungsbewusste Investoren analysieren solche Zusammenhänge nicht nur, sondern wirken auch aktiv auf eine Verbesserung hin, wo dies geboten scheint. Corporate Governance durchdringt somit das wirtschaftliche Wirken der Unternehmer und Investoren überall und sprengt bei weitem den engen betriebswirtschaftlichen Rahmen, auf den es gewisse Kreise reduzieren wollen."[909] Müller sieht damit Pensionskassen in der Verantwortung, auf eine Verbesserung der identifizierten Defizite bei Unternehmen hinzuwirken. Diese Verantwortung wird mit einer aktiven Wahrnehmung der Stimmrechte oder einem SRI-Engagement-Ansatz erfüllt. Diese Verantwortung ergibt sich auch aus der Rolle als Eigentümer, die nicht nur Rechte, sondern auch Pflichten beinhaltet: „Den „neutralen" Investor gibt es nicht. Investoren sind immer auch Eigentümer und stehen als solche mit in der Verantwortung. Es führt kein Weg an der aktiven Ausübung der Stimmrechte sowie dem Einbringen von sozial- und umweltrelevanten Anträgen vorbei."[910]

Sind Pensionskassen bereit, sich an diesem Selbstverständnis zu orientieren? Die Interviews lassen Zweifel aufkommen. Demnach müsste eine stärkere Motivation in diese

[909] Müller (2002), S. 10.
[910] Müller (2002), S. 11.

Richtung forciert werden. Neben Druck spielt natürlich auch das Eigeninteresse eine wichtige Rolle. Die Kosten eines zusätzlichen Engagements müssen sich für die Betroffenen auszahlen, wie auch Minow postuliert: „Es gibt keinen unschuldigen Anleger. Viele haben ihren gesunden Menschenverstand in den Neunzigerjahren zu Hause gelassen oder, wenn sie irregeführt wurden, einfach aus Faulheit keine Untersuchung veranlasst. Wenn eine Untersuchung weniger kostet, als die Aktien abzustossen, hat der Anleger die Verpflichtung einzugreifen.“[911]

Pensionskassen können allerdings auch Initiative ergreifen, ihre Rahmenbedingungen zu beeinflussen und selbst zum Bewusstseinswandel in der Industrie beizutragen. Die Pensionskasse der britischen Universitäten USS hat im März 2003 in Kooperation mit dem Consultingunternehmen Hewitt Bacon & Woodrow einen Wettbewerb ausgerichtet. Unter dem Motto: „Pensionsfondsvermögen so verwalten, dass es wirklich um die langfristige Entwicklung geht“ wurde Teilnehmer aufgefordert, Alternativen zum Management eines fiktiven EUR 30 Mrd. Pensionsfondsmandates vorzuschlagen. Die Ziele des Wettbewerbs, die Branche zum kreativen Denken zu reizen, wurde nach Aussagen der Beteiligten erreicht.[912] Etwa 88 Einzelpersonen und Firmen nahmen teil. Der CIO von USS, Peter Moon betont, dass Pensionskassen zumindest einen Teil ihrer Vermögen langfristig investieren sollten.[913] „Niemand kann einen Marathon gewinnen, indem er hintereinander mehrere Sprints läuft.“ Die grosse Medienaufmerksamkeit und das Interesse der beteiligten Finanzdienstleister zeigt, dass die Pensionskasse durchaus in der Lage ist, Überzeugungsarbeit zu leisten.[914]

Auf einer übergeordneten Ebene könnten die Pensionskassenverbände die Initiative ergreifen, den Informationsstand und die Akzeptanz unter den Mitgliedern zum Thema SRI zu erhöhen. Dies könnte nicht nur durch Medien erfolgen, sondern auch durch die Organisation eines Expertenaustausches. Speziell ausländische Pioniere könnten Beispiele bieten, wie mögliche Widerstände überwunden werden. Was wäre notwendig, damit Pensionskassen ihre Rolle als aktive Akteure im ökologischen Strukturwandel besser wahrnehmen könnten? Auf der Basis der obigen Ausführungen wurde dafür im Folgenden ein Zehn-Punkte-Plan aufgestellt, der als Leitplanke auf diesem Weg dienen mag.

---

911 Minow zitiert von Heins (2003).

912 Kennedy (2004).

913 Peter Moon führt weiterhin aus: „Viele grosse Investoren sind der kurzen Anlagesicht überdrüssig, weil sie zu teuer ist und nicht zu einer lebenswerten Welt beiträgt. Doch die aktuellen Mechanismen der Investitionsentscheidungen messen der kurzfristigen Performance grosses Gewicht bei. Üblicherweise wird die Performance der Fondsmanager aufgrund der Entwicklung der Indizes vierteljährlich, jährlich oder alle drei Jahre gemessen.“

914 „You can tell if an idea in the pension fund world holds any water by the number of asset management chiefs who are around to lend their time and support.” Wheelan (2003).

6.2.3 Zehn-Punkte-Plan zur stärkeren Berücksichtigung von SRI durch Pensionskassen

Solange SRI von Pensionskassen als Luxusthema wahrgenommen werden, ist kein intensiveres Engagement von ihrer Seite im Thema zu erwarten. Aufbauend auf den Erkenntnissen dieser Arbeit wird daher abschliessend ein Zehn-Punkte-Plan mit Massnahmen entwickelt, die dazu beitragen sollen, dass Pensionskassen bei ihren Anlageentscheiden SRI-Kriterien stärker berücksichtigen.

Dieser Plan umfasst Empfehlungen für die verschiedenen Akteure, die in der Arbeit analysiert wurden. Bezüglich der vier zentralen Akteure im Lenkungssystem Markt ist zu konstatieren:

1. Unternehmen sollten soziale und ökologische Aktivitäten nicht als PR-Übung ansehen, um sich mit guten Taten zu brüsten. Sie sollten vielmehr darstellen, welchen Beitrag ihr Umwelt- und Sozialmanagement leistet, um ihre Risiken zu reduzieren bzw. ihre Business Performance zu verbessern.
2. Finanzanalysten stehen als Mittler zwischen Unternehmen und Pensionskassen. Das Auftreten verschiedener Sellside-Broker im SRI-Kontext stellt einen Anfang dar, die Bewertung sozialer und ökologischer Leistungen der Unternehmen im Finanzmarkt zu etablieren. Die Berücksichtigung dieser eher weichen Faktoren sollte gleichzeitig eine Chance darstellen, die Unternehmen nicht aufgrund der Quartalsergebnisse zu bewerten, sondern aufgrund ihrer langfristigen Gewinnperspektive. SRI kann damit als Option für eine bessere zukünftige Positionierung am Markt interpretiert und in das Pricing integriert werden.
3. Die Anbieter von SRI sind aufgefordert, bei der Konzeption ihrer Produkte und Dienstleistungen die gleiche Professionalität in bezug auf Risiko-Renditeparameter zu wahren wie bei Standardprodukten. Ein Renditeverzicht ist im institutionellen Segment nicht realistisch. Auch wenn der Ruf nach einer Standardisierung schwierig umzusetzen bzw. nicht sinnvoll ist (auch bei Standard-Portfolios gibt es eine Vielzahl von Ansätzen), ist dem erhöhten Informationsbedürfnis der Anleger mit höchstmöglicher Transparenz über den Ansatz zu begegnen.
4. Unternehmen in ihrer Rolle als Träger einer Pensionskasse, die an den Erfolg ihrer Nachhaltigkeitsstrategie glauben, sollten ihre Pensionskasse dazu motivieren, diese Aspekte selber zu berücksichtigen. Dies hat nicht nur eine positive Imagewirkung, sondern auch langfristige Wertsteigerung zur Folge.

Die obligatorische Anbindung an Pensionskassen hat bei vielen Versicherten fast jegliches Interesse ausgelöscht, wie ihr dort angehäuftes Vermögen verwaltet wird. Forderungen nach einer freien Wahl der Pensionskasse zielen darauf ab, die Effizienz des Systems zu erhöhen und den Versicherten wieder Wahloptionen zu bieten. Auch innerhalb des Systems bestehen für die unmittelbar am Entscheidungsprozess Beteiligten bzw. Betroffenen verschiedene Möglichkeiten zur aktiven Einflussnahme:

5. Die paritätische Verwaltung sollte genutzt werden, einen stärkeren Dialog über die Art, wie investiert wird, zu etablieren. Nicht nur die Höhe der Aktienquote kann von Interesse sein, sondern auch die Frage, in welche Aktien investiert wird und wie die Aktionärsrechte wahrgenommen werden. Wenn im überobligatorischen Rahmen Wahlangebote bestehen, sollte eine SRI-Option eingefordert werden.

6. Die Versicherten könnten auch die Frage aufgreifen, wie ihre Aktionärsrechte wahrgenommen werden. Solange ausschliesslich mit dem Verwaltungsrat gestimmt wird, gibt es keine Einflussmöglichkeit. Bei kontroversen Themen könnte eine elektronische Abstimmung eingefordert oder zumindest eine Entscheidungsfindung in einem dafür delegierten Gremium bestimmt werden.

Pensionskassen sind zwar einem engen regulatorischen Rahmen unterworfen, jedoch nicht komplett fremdbestimmt. Sie verfügen über vielfältige Möglichkeiten, wie bereits einige Pioniere bewiesen haben.

7. Trotz vielfältiger Interessenkonflikte und möglicher höherer Kosten ist eine aktivere Auseinandersetzung mit der Aktionärsrolle erforderlich. Diskussionen über das Selbstverständnis der Pensionskassen sollten geführt werden. Sind neben der Rentensicherung noch andere volkswirtschaftliche Ziele zu erfüllen? Das Beispiel USS zeigt, dass es Möglichkeiten gibt, eine Steuerungsfunktion im Markt auszuüben, um Finanzanalysten und Asset Managern auch Anreize für eine langfristige Vermögensverwaltung zu geben.

8. Durch einen Austausch mit Pionierinstituten können die Erfahrungen aus dem Ausland genutzt werden. Niederländische und britische Pensionskassen wurden mehrmals als Vorbilder für die Integration einer SRI-Strategie genannt.

Das Thema Corporate Governance hat durch die vielen Unternehmensskandale in den letzten Jahren einen signifikanten Aufschwung erlebt. Von den Interviewpartnern wurde die Frage geäussert, ob nach dem Abflauen der Kontroversen mögliche Aktivitäten seitens des Finanzmarktes wieder verebben.

9. Die Medien sind daher aufgefordert, nicht nur über Skandale zu berichten, sondern auch den langfristigen Nutzen einer guten Corporate Governance oder Corporate Social Responsibility darzustellen. Die Berichterstattung über Aktionärsresolutionen oder die Umsetzung einer Deklarationspflicht kann helfen, eine öffentliche

Debatte zu entfachen und damit positiven Druck auf Unternehmen und Pensionskassen auszuüben.

10. NGOs könnten die Chance ergreifen, den Finanzmarkt als Instrument wahrzunehmen. Die Möglichkeiten hierzu sind vielfältig. Sie reichen über die Mobilisierung öffentlichen Drucks im Fall einer Deklarationspflicht hin zur Mobilisierung ihrer Mitglieder, in SRI zu investieren oder der Möglichkeit, die eigenen Gelder in SRI zu investieren und dadurch als aktiver Aktionär aufzutreten.

Wie diese kurze Auflistung zeigt, gibt es offensichtlich für zahlreiche Akteure die Möglichkeit, aktiv dazu beizutragen, dass Pensionskassen verstärkt in SRI investieren. Die aufgeführten Aktivitäten sind keine abschliessende Auflistung. So wurde z.B. der Gesetzgeber nicht angesprochen, da in der Schweiz bisher keine Regelung zu Pensionskassen und SRI eingeführt wurde und sich die Pensionskassen einer solchen Regelung gegenüber skeptisch geäussert haben. Gleichzeitig sollte der regulatorische Rahmen nicht vernachlässigt werden, da er vor allem langfristige Impulse aussenden kann, wie z.B. durch eine Internalisierung externer Kosten.

Bei aller Einflussnahme seitens Dritter dürfen jedoch nie die stets vorhandenen Kräfte des freien Marktes unterschätzt werden. Diesen vertraut z.B. der Generalsekretär der Vereinten Nationen, Kofi Annan, wenn er schreibt:

> *Let us choose to unite the power of markets with the authority of universal ideals. Let us choose to reconcile the creative forces of private entrepreneurship with the needs of the disadvantaged and the requirements of future generations.*
>
> Kofi Annan, Secretary-General of the United Nations

Abschliessend kann gesagt werden, dass Pensionskassen Anreize und das nötige Know-How erhalten müssen, um aus eigener Überzeugung und in Übereinstimmung mit ihren Anspruchsgruppen eine nachhaltige SRI-Strategie entwickeln zu können.

6.3 Abschliessende Anmerkungen

Die vorliegende Arbeit hat die Argumentation verfolgt, dass Pensionskassen durch eine aktive Wahrnehmung ihrer Aktionärsrechte in bezug auf Corporate Governance und SRI eigene Vorteile erzielen können. Zahlreiche Studien geben Hinweise, dass die Auswahl von Unternehmen mit guten Führungs- und Kontrollstrukturen sowie hoher ökologischer und sozialer Verantwortung sich am Markt durchsetzen und damit den Aktionären höhere Gewinne bringen. Diese Kausalkette lässt sich zwar aus der Literatur ableiten, die Praxis bei Schweizer Pensionskassen hat jedoch ein nüchternes Bild gebracht. Die Bedeutung beider Themen wurde durch verschiedene Skandale oder gesetzliche Vorgaben gesteigert, allerdings ist weiterhin kein wirkliches Interesse zu verspüren. Die Stimmrechte werden zwar zunehmend wahrgenommen, jedoch nur selten aufgrund einer gezielten Auseinandersetzung und inhaltlichen Vorbereitung. Das untersuchte Sample Schweizer Pensionskassen bot zwar einen überdurchschnittlich hohen Anteil von SRI-Investments. Allerdings wird häufig nur ein kleiner Teil des Portfolios nach SRI-Kriterien angelegt, mehrmals wurde der Begriff Alibi erwähnt, um einem – eigentlich nicht vorhandenen – internen bzw. öffentlichen Druck vorzubeugen. Momentan dominieren existenzielle Überlebensfragen wie der häufig sehr tiefe Deckungsgrad und erforderliche Sanierungsmassnahmen. Der Zeitpunkt der Befragung, Mai bis Juli 2003, war bestimmt ein sehr ungünstiger Moment für das Thema. Nach drei Jahren Börsenbaisse waren gerade erste Anzeichen einer Erholung an den Aktienmärkten erkennbar, die bei den Interviewpartnern jedoch noch keine Entspannung in bezug auf die realisierten Verluste bringen konnte. Auch fiel der Zeitraum in eine Phase, als die bestehenden SRI-Investments eine schlechtere Performance als die verwendeten Benchmarks aufwiesen, während sie in anderen Phasen eine überdurchschnittliche Wertentwicklung zeigten. Eine Wertung, welche der vorgebrachten Argumente gegen SRI nur vorgeschoben sind, um sich nicht mit dem Thema auseinandersetzen zu müssen, bleibt dahingestellt. Klar ist, dass die Anreizstrukturen momentan nicht ausreichen. Der öffentliche Druck müsste sich verändern bzw. das Interesse der Versicherten müsste steigen. Dies kann aufgrund eines kontinuierlichen Bewusstseinprozesses in der Bevölkerung erfolgen oder – wie bereits häufig im Kontext Umwelt und Corporate Governance – durch Skandale, die ein Umdenken und Handeln deutlich machen: "Corporate irresponsibility did for social investing what Watergate did for politics."[915] Bis dahin ist Erfolgsausweisen in bezug auf SRI durch Pensionskassen zwar Beachtung zu schenken, doch weiterhin mit Vorsicht zu geniessen. Die Stellungnahmen sind häufig eine Mischung aus Wünschen und Tatsachen, abgegeben von Lobbyverbänden und Betroffenen wie dem Eurosif: „A key driver pointed out by the study will be the role pension funds play in continuing to develop the SRI market in the years to come. Due to the focus on long-term results, limited potential for conflicts of interest, and the rising importance trade unions attach to their workers' capital, pension funds occupy a unique position within the financial services sector. These funds are increasingly involved in corporate governance issues. SRI will be a logical next step for pension fund managers as they continue to refine their criteria in order to best manage the risks of their investments."[916] Die Kausalkette mag stimmen, für eine breite Implementierung sind jedoch weitere Schritte erforderlich.

---

915 Blumenthal, Robin Goldwyn (2003), zitiert Cliff Feigenbaum.

916 Eurosif (2003a), S. 1

Der oben aufgestellte 10-Punkte-Plan soll in normativer Form aufzeigen, welche Massnahmen erforderlich sind. Wenn nach der Status-Quo-Analyse im Rahmen der vorliegenden Erhebung die nächsten -realistischen bzw. prioritär zu behandelnden- Schritte definiert werden sollten, bieten sich zwei Ansatzpunkte an:

Erstens die *Schaffung von Bewusstsein bei den Investoren* über mögliche finanzielle Vorteile von SRI: Bei den Interviewpartnern bestand häufig eine negative Einschätzung über die relative Performance von SRI, sei es aufgrund von Vorurteilen oder von konkreten persönlichen Erfahrungen. Vorhandene empirisch abgestützte Erkenntnisse, dass SRI eine gleichwertige bzw. leicht bessere Wertentwicklung wie Standard-Investments aufweisen, wurden selten wahrgenommen. Diese subjektiven Einschätzungen führen momentan eher zu einer Rücknahme von bestehenden SRI-Investments als zu einem Ausbau. Die Debatte um SRI wird oft mehr durch ideologische bzw. politische Argumente geprägt. Finanzielle Vorteile, die aus einer Risikominimierung oder aus einer umfassenderen Unternehmensbewertung durch die zusätzliche Berücksichtigung von weichen Faktoren entstehen können, werden hingegen selten thematisiert.

Zum heutigen Zeitpunkt ist zu vermerken, dass verschiedene Akteure dieses Defizit bereits erkannt haben. So kann z.B. die von verschiedenen Institutionen begonnene Diskussion um „Materiality“[917] - die finanzielle Relevanz von sozialen und ökologischen Faktoren - eine inhaltliche Brücke schlagen, damit SRI-Aspekte bei Investoren als relevanter und positiver wahrgenommen werden: In diesem Kontext haben z. B. in einer Initiative der UNEP elf renommierte Broker-Häuser Berichte zur Relevanz von sozialen, ökologischen und Corporate Governance-Themen auf die Aktienkurse herausgegeben.[918] Des weiteren hat im Juni 2004 das World Economic Forum eine Veranstaltung zu "Mainstreaming Responsible Investment" organisiert und Ende Juni 2004 wurde in New York der Bericht "Who cares wins" der UN Global Compact Initiative vorgestellt. In letzterem findet sich folgende Aussage: "Traditionelle Investment-Häuser kommen immer mehr zu dem Schluss, dass die Analyse von Unternehmensaktivitäten in bezug auf soziale und ökologische Themen einen zentralen Stellenwert in ihrer Arbeit einnehmen müssen, da sie einen wichtigen Beitrag zum Risk-Management darstellen".[919] Zudem sind erste Ansätze bei Asset Managern zu beobachten, dass SRI-Kriterien nicht nur in spezielle Portfolios für besonders interessierte Kunden eingesetzt werden, sondern in die gesamte Analyse einfliessen. Offen ist jedoch, ob diese Integration als kontinuierlicher Lernprozess erfolgen wird oder ob es weiterer Katalysatoren wie Skandale im Fall von Enron bedarf.

---

[917] Sustainability, Mistra Foundation (2004)
[918] UNEP Financial Initiative (2004)
[919] Global Compact (2004)

Zweitens ist eine *Veränderung der gesetzlichen Rahmenbedingungen* anzustreben, um die bestehende Diskrepanz zwischen der eigentlich langfristigen Anlageperspektive der Pensionskassen sowie dem ihnen auferlegten kurzfristigen Performancezwang zu überwinden. In der gegenwärtigen gesetzlichen Situation fällt vielen Pensionskassen eine Berücksichtigung von SRI in ihrer Anlagestrategie schwer. Einen wesentlicher Grund dafür stellen die oben erwähnten Investment-Tilts dar, die zu kurzfristigen Abweichungen der Performance im Vergleich zu klassischen Vergleichsindices führen können. Viele Investitionen in sozial- und ökologisches Wirtschaften machen sich erst längerfristig bezahlt. Die Steigerung der Öko-Effizienz lohnt sich z.B. vielfach erst bei höheren Ressourcenpreisen und/ oder im Falle einer gesetzlich erzwungenen Internalisierung externer Kosten. Das Thema Climate Change wird sich erst dann verstärkt auf den Unternehmenswert niederschlagen, wenn Treibhausgase besteuert werden bzw. durch Emissionshandel einen Preis erhalten.

Die gesetzlichen Rahmenbedingungen müssen folglich so verändert werden, dass Pensionskassen von diesen eher längerfristig wirksamen Entwicklungen besser profitieren können. Dies ist nur möglich, wenn sie nicht durch Consultants oder Regulierungen gezwungen werden, sich primär an den Quartals-Performancezahlen zu orientieren. Wie schwierig eine Veränderung des regulatorischen Rahmens ist, zeigt das gegenwärtig bestehende Dilemma: Auf der einen Seite sollen die Versicherten durch die Festlegung einer Mindestverzinsung oder die Einhaltung eines minimalen Deckungsgrads vor Fehlentwicklungen geschützt werden. Auf der anderen Seite reduzieren gerade diese Regelungen den Handlungsspielraum von Pensionskassen, indem sie ihren Anlagehorizont auf eine kurzfristige Perspektive reduzieren und dadurch Ansätze hemmen, die im Vergleich langfristig erfolgreicher sein können.

7 Literaturverzeichnis

ABI- Association of British Insurers (2001):Socially responsible investment (SR): ABI leads the way with new guidelines. London, 23 October 2001.

ABI- Association of British Insurers (2003): FTSE 100 companies respond positively to the ABI SRI guidelines. London, 03 February 2003.

Achleitner, Paul (1985): Sozio-politische Strategien multinationaler Unternehmungen. Haupt Verlag, Bern, Stuttgart 1985.

Ackermann, Josef (2003): Corporate Governance- nun sind Taten gefragt. In: Neue Zürcher Zeitung vom 18./19. Januar 2003.

Adkins, Sue (2002): The business case for business ethics. In: Ethical Corporation magazine, January 2002, p. 22-23.

Aeberli, Urs (1999): Pensionskassen verschenken 1,5% Jahresperformance. In: Wie manage ich eine Pensionskasse? Schweizerische Handelszeitung, Zürich, S. 4.

Ammann, Dominique S (1990): Anlagestrategien für Pensionskassen. Schriftenreihe des Instituts für Betriebswirtschaft, Wirtschaftswissenschaftliches Zentrum der Universität Basel; Haupt Verlag, Bern – Stuttgart 1990.

Ammann, Dominique; Strebel, Werner (1999): Gut organisiert ist halb finanziert. In: Wie manage ich eine Pensionskasse? Schweizerische Handelszeitung, Zürich, S. 5-7.

Anand, Paul; Cowton, Christopher J. (1992): The ethical investor: Exploring dimensions of investment behaviour. Templeton College, Management Research Papers 9/92.

Anderson, Martin; Hertig, Thierry (1993): Institutional Investors in Switzerland. In: Baums/ Buxbaum, Hopt (1993): Institutional investors and corporate governance. Berlin 1993, S. 489-529.

Andrew, Richard (1999): Guide to ethical investment. In: The Independent. Vol. 53 No 4, p.137. Institute of Directors. London, November 1999.

Armbruster, Christian (2000): Entwicklung ökologieorientierter Fonds: Eine Untersuchung im deutschsprachigen Raum und in Grossbritannien. Dissertation an der Universität Augsburg, Lohmar, 2000.

Arnold, Corinna (1998).: Corporate Governance in the United States and Great Britain. In: Schweizer Personalvorsorge 9/98, S. 679-689.

Asian Social Investment Forum (ASRIA) (2002): SRI and Pensions in Asia. November 2002.

Association for Sustainable & Responsible Investment in Asia (ASRIA) (2003): Ethical Funds do not underperform. Zugriff unter: http://asria.org/news/press/1047268353 vom 4. 4. 2003

Association of British Insurers (2001) Investing in social responsibility – Risks and opportunities. ABI Research Report Series, London 2001.

Atteslander, Peter (2000): Methoden der empirischen Sozialforschung. 9. Auflage, Berlin, New York 2000.

Auckenthaler, Christoph; Roth, Edgar (1999): Konstruktive Kritik. In: Wie manage ich eine Pensionskasse? Schweizerische Handelszeitung, Zürich, S. 35-37.

Balz, Bernd-Christian (1999): Ethisch-ökologische Geldanlage, eine kapitalmarktorientierte Analyse; Verlag für interkulturelle Kommunikation, Frankfurt 1999.

Banco (2001): Ethisch Anlegen, Banco Special Nr. 2. Lausanne, Oktober 2001.

Bärtsch, Manuela (2000): Personaleinrichtungen und Corporate Governance – Handlungsbedarf und –möglichkeiten in der Schweiz? Diplomarbeit an der Universität St. Gallen. August 2000.

Baue, William (2003): Report connects the dots between Corporate Governance and Climate Change Risk. Zugriff unter: www.socialfunds.com/news/printcgi?sfArticleID=1168 vom 10.9.2003

Bauer, Rob; Koedijk, Kees (2002): International evidence on ethical mutual fund performance and investment style. Limburg Institute of Financial Economics at Maastricht University, January 2002.

Baums, Theodor; Buxbaum, Richard M; Hopt, Klaus (Hrsg.)(1993): Institutional investors and corporate governance. Walter de Gruyter & Co, Berlin 1993.

Beiner, Stefan; Schmid, Markus; Zimmermann, Heinz (2003): Corporate Governance und Firmenbewertung. In: Neue Zürcher Zeitung vom 29. September 2003.

Bell, Stuart (2001): Stockowner Engagement with Transnational Corporations. Presentation to SIRI Conference, Frankfurt January 17, 2001.

Belz, Dr. Franz-Martin (2000): Integratives Öko-Marketing. Erfolgreiche Vermarktung von ökologischen Produkten und Leistungen im Konsumbereich. Unveröffentlichtes Manuskript einer Habilitationsschrift an der Universität St. Gallen.

Berger,-Max-W; Coffey,-John-P; Silk,-Gerald-H (2001): Institutional investors as lead plaintiffs: is there a new and changing landscape? In: St John's Law Review Vol. 75 No1 Winter 2001. p. 31-47.

Bernasconi Michele, Käuferle Dominik (2000): Grün ist kein Reizwort mehr, in: Spezial Anlagefonds, Handelszeitung, Zürich, Nr. 5 vom 2.2.2000, S. 51.

Bertelsmann Stiftung: Sozialmonitor 1-3; Gütersloh, 2000.
(Zugriff unter www.reformmonitor.org)

Betson, Fennell (2001): Searching for optimal solutions. In: Investment & Pension Europe, September 2001, p. 32.

Biedermann, Dominique (1998): L'analyse environnementale et sociale comme contribution à la performance. In: Schweizer Personalvorsorge 9/98, S. 695-700.

Biedermann, Dominique (2001): Die Aktionäre als Akteure in Sachen "Corporate Governance". In: Ethisch Anlegen. Banco Spezial Nr. 2, Oktober 2001, S. 18-19.

Biedermann, Dominique (2002): Überbetriebliche Pensionsfonds – Zum Mehrwert des Engagementansatzes. Vortrag an der Jahrestagung des Öko-Institutes in Freiburg am 26. April 2002.

Biersach, Jeffrey W. (1990): Voting by Institutional Investors on Corporate Governance issues in the 1990 proxy session. IRRC, New York October 1990.

Birch, Simon (2003): Dirty money. Many charities have been slow to adopt socially responsible investment, but pressure is growing. In: The Guardian, Wednesday May 14, 2003.

Blacconiere, W. G.;Patten, D.M. (1994): Environmental Disclosures, Regulatory Costs, and Changes in the Firm Value. In: Journal of Accounting and Economics Vol. 8, S. 357-377.

Black, Bernard S. (1992): Agents watching agents: The promise of institutional investor voice. In: UCLA Law Review Vol. 39, p. 811-893.

Black, Bernard S. (1992): Next steps in proxy reform. In: The Journal of Corporation Law Vol. 18, p. 1-55.

Black, Bernard S. (1992): The value of institutional investor monitoring. The empirical evidence. In: UCLA Law Review Vol. 39, p. 895-939.

Blumenthal, Robin Goldwyn (2003): Good Vibes, Socially responsible investing is gaining fans...and clout. Zugriff unter: http://online.wsj.com/barrons/article/0,,SB105728295394461100,00.html vom 14. 7. 2003

BMU – Bundesministerium für Umwelt, Naturschutz und Reaktorsicherheit (2000): Mehr Wert: Ökologische Geldanlagen, Referat Öffentlichkeitsarbeit, 3. Auflage. Bonn, September 2000.

Böckli, Peter (2000): Corporate Governance auf Schnellstrassen und Holzwegen. In: Der Schweizer Treuhänder, 3/00, S. 133-152.

Börsch-Supan, (2001), Blaupause für eine nachhaltige Rentenreform in Deutschland. Beiträge zur angewandten Wirtschaftsforschung der Universität Mannheim, Nr. 599-01.

Börsch-Supan, A., (2000), Rentabilitätsvergleiche im Umlage- und Kapitaldeckungsverfahren: Konzepte, empirische Ergebnisse, sozialpolitische Konsequenzen. Beiträge zur angewandten Wirtschaftsforschung der Universität Mannheim.

Bouma, Jan Jaap; Jeucken, Marcel; Klinkers, Leon (2001): Sustainable Banking. Greenleaf Publishing, Sheffield 2001.

Brancanto, Carolyn Kay (1997): Institutional Investors and Corporate Governance: best practices for increasing value. Irwin Professional Publishing, Chicago 1997.

Brandenberger, Dr. Benjamin; van der Meulen, Jelmer, Hofstetter, Daniel (2002): Auswertung des Risiko-Check Up 2001. Complementa Investment-Controlling AG, St. Gallen 2002.

Brechbühl, Jürg (2000): Zukunft der Pensionskassen. In: Neue Entwicklungen in der beruflichen Vorsorge. Referate der Tagung des Schweizerischen Institutes vom 4. Mai 2000 in Luzern.

Brill, H, Brill, J.A. & Feigenbaum, C. (1999): Investing with your Values: Making Money and Making a Difference Princeton. Bloomberg Press 2000.

Brown, Lawrence D; Caylor, Marcus L. (2004): Corporate Governance Study: The Correlation between Corporate Governance and Company Performance. Institutional Shareholder Services 2004.

Bundesamt für Sozialversicherung (2003): Schweizerische Sozialversicherungsstatistik 2003. Bundesamt für Sozialverischerung, Bern 2003.

Bundesamt für Statistik (1999): Die berufliche Vorsorge in der Schweiz: Ein Überblick über die wichtigsten Fragen zur Pensionskassenstatistik. Bearb.: Paul Hess; Neuchatel.

Bundesamt für –Statistik (2001): Pensionskassenstatistik 2000. Die berufliche Vorsorge in der Schweiz. Neuchatel, 2001.

Bundesamt für Statistik (2002): Berufliche Vorsorgeeinrichtungen 2000. Pressemitteilung des Bundesamtes für Statistik. Neuchatel, 30. April 2002.

Bundesumweltministerium (BMU) (Hrsg) (2002): Mehr Wert: Ökologische Geldanlagen. Berlin, Dezember 2002.

Burgess, Chris (2002): Socially Responsible Investment Survey 2002. Deloitte & Touche, D&T Environment and Sustainability Services, London 2002.

Burgess, Chris; Osborn-Barker, Tony (2000): Socially Responsible Investment – Response of investment fund managers. Deloitte & Touche, London 2000.

Business in the Environment: 6th Business in the Environment Index of Corporate Environmental Engagement. Press Release. London, February 26, 2002.

Butler, Rick (2002): Going for the proxy vote. In: Financial Times, July 5, 2002.

Butz Christoph, Plattner Andreas (1999): Nachhaltige Aktienanlagen: Eine Analyse der Rendite in Abhängigkeit von Umwelt- und Sozialkriterien. Sarasin Studie, Basel, 1999.

Butz, Chr.; Plattner, A. (1999): Nachhaltige Aktienanlage: Eine Analyse der Rendite in Abhängigkeit von Umwelt- und Sozialkriterien. Bank Sarasin & Cie., Basel.

Butz, Christoph (2003): Performance nachhaltiger Anlagen. Wertschöpfung durch Faktorzerlegung. Pictet & Cie Genf, September 2003.

Buxbaum, Richard M. (1991): Tensions between institutional owners and corporate managers. A comparative perspective. In: Brooklyn Law Review, Vol. 57, p. 1-53.

Buxbaum, Richard M. (1993): Comparative Aspects of Institutional Investment and Corporate Governance. In: Baums/ Buxbaum, Hopt (1993): Institutional investors and corporate governance. Berlin 1993, S. 1-21.

Carbon Disclosure Project (Hrsg.) (2003): Carbon Finance and the Global Equity Markets. London, 2003.

Cerulli (2002): Socially Responsible Investment Issue. The Cerulli Edge Global Edition, September 2002.

Cerulli Associates (2001): Investing for the Future. Socially Responsible Investing Issue. The Cerulli Global Edition, September 2001.

Chan, Larry (2001): Sustainability Investment. UBS Warburg Global Equity Research. London, August 2001.

Christensen, Matt; Guyoton, Sylvain (2003): Can SRI help Corporate Governance? In: Funds Europe, April 2003, S. 32-33.

Clark, Gordon (2000): Pension Fund Capitalism. Oxford University Press, Oxford 2000.

Cleis, Andreas (2003): Bei US-Pensionskassen tickt eine Zeitbombe. In: NZZ vom 16. Januar 2003.

Clow, Robert (1999): Money that grows on trees. In: Institutional Investor Vol. 33 No 10 Oct 1999, p.212-215.

Cohen, Mark (1995): Environmental and Financial Performance: Are they related? In: Environmental Information Service des Investor Responsibility Research Center, Washington D.C, 1995.

Coles, David; Green, Duncan (2002): Do UK Pension Funds invest responsible? JustPensions, July 2002

Commission of the European Communities (1999): Towards a single market for supplementary pensions, result of the consultations on the Green Paper on supplementary pensions in the single market. Brussels 1999.

Commission of the European Communities (2000): Proposal for a Directive of the European Parliament and of the Council. Brussels 2000.

Conradi, Stefan (2002): Nachhaltiges Wachstum. In: Cash Value, S. 40-47.

Cooperative Insurance: Sustainability pays. London 2002

Cortese, Amy (2002): The new accountability: tracking the social costs. Corporate reports on social responsibility have increased dramatically over the past ten years. In: The New York Times, March 24, 2002.

Council on Economic Priorities (1980): Pension funds & ethical investment. A Study of investment practices and opportunities State of California Retirement Systems. CEP, New York 1980.

Cowe, Roger (2000): Start of quiet revolution in pension funds. Companies to face ethical question from managers of mainstream funds. In: Guardian Newspaper, 30. Juni 2000.

Cowton, Christopher J. (1999): Playing by the rules: Ethical criteria at an ethical investment fund. In: Business Ethics Vol. 8 No1, January 1999, p.60-69.

Crone, Hans Casper (2001): Corporate Governance und Reputation. In: Neue Zürcher Zeitung vom 27./ 28. Januar 2001.

Cubbert, Fiona (2002): The pressure from above. In: Ethical Corporation magazine, January 2002, p. 14-21.

Cummins, J. David, John Percival, Randolph Westerfield (1993): The impact of ERISA on the investment policies of private pension funds and capital market efficiency / principal investigators, Philadelphia. University of Pennsylvania, Wharton School 1993.

David, Fred (2002): Es braucht Manager, die sagen: Shame on me, genug ist genug. Cash Nr. 13, 28. März 2002, S. 29.

Davies, Adrian (1999): A strategic approach to corporate governance; Gower Publishing, Hampshire 1999.

Davies, Paul L. (1993): Institutional Investors in the United Kingdom. In: Baums/ Buxbaum, Hopt (1993): Institutional investors and corporate governance. Berlin 1993, S. 257-285.

Deml, Max; May, Hanne (2002): Grünes Geld Jahrbuch für ethisch-ökologische Geldanlagen 2002/ 2003. Schäffer-Poeschel Verlag, Stuttgart 2002.

Deml, Max; Weber, Jörg (2000): Gruenes Geld, ALTOP-Verlag, Muenchen, 2000.

Dimtcheva, Ludmila; Morrison, Gordon; Marsland, John (2002): Green with Envy. SRI investors face additional, more complex risks than their conventional counterparts. Commerzbank Global Portfolio & Risk Advisory, March 2002.

Dimtcheva, Ludmila; Morrison, Gordon; Marsland, John (2002b): Boxing against Green Shadows. Commerzbank Global Portfolio & Risk Advisory, July 2002

Dohmen, Arnold (2002): Nachhaltigkeit – eine neue Marketingstory oder der Beginn eines Umdenkens in der Fondsindustrie? In: Kreditwesen 8/2002, S. 33-37.

Domini, Amy L. (2001): Socially responsible investing, making a difference and making money. Dearbon Trade, Chicago 2001.

Döring, Diether (2002): Die Zukunft der Alterssicherung. Suhrkamp Verlag, Frankfurt 2002.

Döring, Prof. Dr. Diether (2002): Pensions reform in the new economy: the German case. In: Policy Network (Hrsg.): Leading change for pension reform, comparing progressive strategies, London 2002, p. 103-116.

DresdnerKleinwortWasserstein (2003): UK Treasury to focus on investor activism and trustee training. In: SRI News 26 February 2003, p. 2.

Drucker, Peter Ferdinand (1976): The unseen revolution: How pension fund socialism came to America. Harper & Row, New York, 1976.

Drucker, Peter Ferdinand (1991): Reckoning with the pension fund revolution. In: Harvard Business Review, March-April 1991, p. 106-113.

Dyllick, Thomas (1989a): Politische Legitimität, moralische Autorität und wirtschaftliche Effizienz als externe Lenkungssysteme der Unternehmung: Grundvorstellungen einer gesellschaftsbezogenen Managementlehre. In: Sandner, K. (Hrsg., 1989): Politische Prozesse in Unternehmen, Berlin (1989), S. 205 – 230.

Dyllick, Thomas (1994): Umweltverträgliches Wachstum durch Innovation, In: Politische Studien 45 (1994), Sonderheft 3, S. 60 – 69.

Dyllick, Thomas (2001): Forschungsmethodik. Doktorandenseminar vom 9. April 2002

Dyllick, Thomas et al. (1995): Werte schaffen, Werte erhalten – Wirtschaft und Umwelt in der Schweiz. Die Orientierung, Zürich 1995.

Earle, Julie (2002): When public and private worlds collide. In: Financial Times, July 8, 2002.

Earle, Julie (2002): When public and private worlds collide. In: Financial Times, 8 July 2000.

Ecologic (2001): Ökologische Aspekte der privaten Altersvorsorge. Auswertung der Ergebnisse einer repräsentativen Meinungsumfrage von EMNID im Auftrag des Bundesumweltministeriums. Berlin, Januar 2001.

Ecoreporter.de (2001): Doppelte Dividende. Marktstudie zu Aktien, Fonds und Anlegern des ethisch-ökologischen Investments. Begleitforschung zur Messe Grünes Geld 25.-27.1.

in Berlin. Erarbeitet im Auftrag des Öko-Zentrums NRW, Hamm, herausgegeben von der Messe Berlin GmbH, Berlin, Januar 2001.

Ecoreporter.de (2002): Rückenwind trotz Flaute. Grünes Geld, dritte Marktstudie zum ethisch-ökologischen Investment. Erarbeitet im Auftrag des Öko-Zentrums NRW, Hamm, herausgegeben von der Deutschen Messe AG in Hannover.

Egger, Michel; Ridoré, Charles (2001): Schwacher Glaube an ethische Anlagen. In: Ethisch Anlegen. Banco Spezial Nr. 2, Oktober 2001, S. 68-70.

EIRIS (Hrsg) (1999): Deciding Aims. In: The Ethical Investor, Spring 2001, p. 4.

EIRIS (Hrsg) (2000): Where's your pension invested? In: The Ethical Investor, Spring 2001, p. 1.

EIRIS (Hrsg) (2001): Pension funds begin to develop ethics policies. In: The Ethical Investor, Spring 2001, p. 2.

EIRIS (Hrsg) (2003): How Responsible is your Pension? Ethical Investment Research Service, London, 2003.

Engberding, Antonius (2001): Pensionsfonds in den USA, Betriebsrente durch Shareholder Value? IG Metall, Abteilung Wirtschaft, Technologie, Umwelt, Mai 2001.

Engberding, Dr. Antonius (2001): Pensionsfonds in den USA, Betriebsrente durch Shareholder Value? IG Metall Abteilung Wirtschaft-Technologie-Umwelt. Frankfurt, Mai 2001.

Engberging, Antonius (2002): Rendite und/ oder Ethik? Integration sozialer und ökologischer Aspekte bei überbetrieblichen Pensionsfonds. Vortrag an der Jahrestagung des Öko-Institutes in Freiburg am 26. April 2002.

ENS (2002): Climate related perils could bancrupt insurers.
Zugriff am 10.10.2002 unter: www.ens-news.com

Entegra Corp. (2000): Leading Investors urge CEO's to adopt new reporting guidelines; http://www.entracorp.com/sri/press_release/111700.html , Zugriff am 15. 12. 2000.

EPA – U.S. Environmental Protection Agency (2000): Green Dividends: The relationship between firms environmental performance and financial performance. Washington 2000.

Erklärung von Bern, WWF Schweiz (2000): Ethisch-ökologische Geldanlagen in der Schweiz. Einführung, Handlungsvorschläge und Marktübersicht. Dokumentation 6/2000 der Erklärung von Bern. Zürich, November 2000.

ERM Group: ERM Survey of UK Pension Funds. Zugriff am 31.10. 01 unter: http://www.erm.com

European Business School (2001): Umwelt- und Nachhaltigkeitstransparenz für Finanzmärkte. Zwischenbericht Stand 12. Juni 2001. Oestrich-Winkel, 2001.

European Commission (1999): Rebuilding Pensions, Recommendations for a European Code of Best Practice for Second Pillar Pension Funds. Bruxelles.

Eurosif (2003a): European Institutional Socially Responsible Investment (SRI) reaches EUR 336 Billion. Press Release from 17 October 2003.

Eurosif (2003b): Socially Responsible Investment among European Institutional Investors, 2003 Report. Paris, 2003.

Fassbind, Marianne; Schaffner, Andreas (2003): PK-Löcher: Eine Zeitbombe für die Bilanzen. In: Cash vom 12. September 2003, S. 8-9.

Featherstone, James (2001): Where's the profit in windmills? In: Financial Times, June 19, 2001.

Feldman, S.J. (1997): Does improving a firm's environmental management system and environmental performance result in a higher stock price? In: Journal of Investing Vol. 6 No 4, Winter 1997, S. 87-97.

Figge Frank / Schaltegger Stefan (1999): Öko-Investment – Spagat zwischen Shareholder Value und Sustainable Development? In: UmweltWirtschafts Forum,7. Jg., H. 3. September 1999.

Figge, Frank (2000): Öko-Rating: ökologieorientierte Bewertung von Unternehmen. Springer Verlag, Berlin 2000.

Figge, Frank (2001): Wertschaffendes Umweltmanagement. PriceWaterhouseCoopers, Frankfurt November 2001.

Fischer, Dr. Thomas (2004): Fondsmanager als aktive Aktionäre. In: Neue Zürcher Zeitung vom 3. 2. 2004.

Fischer, Dr. Thomas; Nussbaum, Dr. Werner (2003b): Swiss Corporate Governance Agency (SCGA). Eine Unternehmung im Dienste der institutionellen Investoren. In: 4th Directory of Swiss Pension Funds – 2003, S. 44-52.

Fischer, Prof. Thomas; Nussbaum, Dr. Werner (2003): Swiss Corporate Governance Agency SCGA, Zusammenfassung.

Fitze, Christian (2003): Leistungen privatwirtschaftlicher Personalvorsorgeeinrichtungen. Dissertation an der Universität Zürich. Zürich 2003.

Fitze, Christian et al. (2000): Aktive Grossaktionäre bei Schweizer Publikumsgesellschaften. Seminararbeit an der Wirtschaftswissenschaftlichen Fakultät der Universität Zürich. Zürich, Mai 2000.

Fitze, Christian; Holdener, Ivo; Jucker, Kurt; Kalbermatter, André; Kappler, Andreas (2000): Aktive Grossaktionäre bei Schweizer Publikumsgesellschaften. Seminararbeit an der Wirtschaftswissenschaftlichen Fakultät der Universität Zürich, Mai 2000.

Franck, K. u.a.(1999): Marktanalyse Grünes Geld. Schriftenreihe des Öko-Zentrums NRW, Hamm, 1999.

Frauenloeb, Thomas (1998): Anlagephilosophien von Schweizer Pensionskassen. Verlag Paul Haupt, Bern, Stuttgart und Wien 1998.

Friedli, Marc-Henri: (1998) L'exercise des droits sociaux d'actionnaire. In: Schweizer Personalvorsorge 9/98, S. 691-694.

Friends Ivory & Sime (Hrsg.) (2001): Responsible engagement overlay, introduction. London, April 2001.

Friends of the Earth (2001): Top 100 UK pension funds – how ethical are they? Zugriff am 31.1. 2002 unter: http://foe.co.uk/pubsinfo/briefings/html/20010828104434.html

Friesenbichler, R. (1996): Ethische Investmentfonds- Grundlagen, Marketing und empirische Erhebung. Diplomarbeit an der Karl-Franzens Universität Graz.

Fritz, Wolfgang (1995): Marketing-Management und Unternehmenserfolg. Grundlagen und Ergebnisse einer empirischen Untersuchung. 2. überarb. und erg. Auflage, Schäffer-Poeschel Verlag, Stuttgart 1995.

Früh, Hans G. (1999): Die Rolle der Banken in der Corporate Governance. Ein Erklärungsansatz der Neuen Institutionellen Ökonomie, Bank- und finanzwirtschaftliche Forschungen. Haupt Verlag, Bern 1999.

Galbas, Frank; Ruenzi, Stefan (2003): Anlagestrategien von Ethikfonds und ihre ethische Fundierung. Unveröffentlichtes Dokument vom Seminar für Finanzierungslehre der Universität Köln. März 2003.

Ganzi, John & De Vries, Anne (1997): Corporate Environmental Performance as a factor in Financial industry Decisions. USA EPA, Office of Cooperative Management,1997

Garlant, Carlo (2000): Kapitalanlagen unter Berücksichtigung von ökologischen und ethischen Grundsätzen. Diplomarbeit an der Verwaltungsfachschule für Personalvorsorge. St. Gallen, Juli 2000.

Garz, Dr. Hendrik; Volk, Claudia; Gilles, Martin (2002): Lust auf mehr? SRI: Performance mit gutem Gewissen. WestLB Panmure Pan European Equity, November 2002.

Geier, Alexandre (2001): Welche Einflussfaktoren bestimmen die Anlagestrategie einer halbautonomen Pensionskasse im Beitragsprimat? Diplomarbeit an der Universität St. Gallen. März 2001.

Gerber, Rosemarie (2000): Mit gutem Gewissen Geld anlegen. In: Credit Suisse Bulletin 5, Zürich 2000.

Germanwatch (2002): Zeitung für zukunftsfähige Nord-Süd-Politik, 4. Ausgabe 2002.

Germanwatch (2003): Kapital ins Wasser gesetzt? Investoren befragen Konzerne. Pressemitteilung vom 17. 2. 2003

Gesang, Bernward (2003): Öko-Fonds als neue Geldquelle. In: Süddeutsche Zeitung vom 5. 9. 2003.

Gilding, Paul; Hogarth, Murray; Reed, Don (2002): Single Bottom line Sutainability. Ecos Corporation, Sydney 2002.

Gilson, Ronald J.; Gordon, Lilli A.; Pound, John (1991): How the proxy rules discourage constructive engagement. Regulatory barriers to electing a minority of directors. In: The Journal of Corporate Law Vol. 17, p. 29-47.

Global Compact (2004): Who cares wins, connecting financial markets to a changing world. New York 2004.

Global Consulting Group (2001): Do socially responsible equity portfolios perform differently from conventional portfolios? If so: how and why. ABN Amro Asset Management, September 2001.

Grant, Noel (2002): Is SRI for real? In: July 2002.

Green, Duncan (2001): Just Pensions, Socially Responsible Investment and International Development. London, May 2001.

Green, Paul E.; Tull, Donald (1982): Methoden und Techniken der Marketing-Forschung. 4. Aufl. Schäffer-Poeschel Verlag Stuttgart 1982.

Grieg-Gran (2000): Show me the data and I'll show you the dollars. In: Tomorrow Magazine November/December 2000, p. 48-50.

Grubben, Jacques (2001): Sustainable investment: The responsible face of business. In: Investment and Pensions Europe, November 2001, p. 40.

Guadamillas-Cortes; Povel, Andreas (2003): Ethik und Anlage-Erfolg passen durchaus zusammen. In: Financial Times Deutschland vom 25. 2. 2003.

Guptara, Prabhu (2001): The Impact, to April 2001, of the UK government‘s Summer2000 legislation on SRI. Presentation at the National Association of Pension Funds. May 2001.

H.P. (2000): Kommt die EU Pensionskasse?, In: Schweizer Personalvorsorge 11/00, S. 855.

Hadden, Tom (1993): Corporate governance by institutional investors? Some problems from an international perspective. In: Baums/ Buxbaum, Hopt (1993): Institutional investors and corporate governance. Berlin 1993, S. 89-104.

Hamburger Umweltinstitut (1999): Top50-Projekt, Hamburg.

Hans-Böckler-Stiftung (Hrsg.) (2003): Das Rentensystem zukunftsfähig gestalten. Düsseldorf, Mai 2003.

Harrison, Debbie (1999): State provision: the ideological divide. In: Financial Times Survey European Pension Provision, London 1999.

Harvard Business Review on Corporate Governance. Harvard Business School Press, Boston 2000.

Hassler Robert, Deml Max(1998): Öko-Rating: Unternehmen im Umwelt-Check. Ergebnisse, Erfahrungen, Perspektiven. Schriftenreihe zur ökologischen Kommunikation Band 6, München, 1998.

Hassler, Robert (2001): Nachhaltigkeits-Investment. Ein innovatives Konzept zur Förderung der Nachhaltigen Entwicklung bei Unternehmen und auf den Finanzmärkten-Eine Chance für Stiftungen. In: Maecenata Actuell Nr. 30, S. 11-19.

Hauser, Robert (2002): Aktionärsrechte – ein ungenutztes Potenzial. Diplomarbeit an der Zürcher Hochschule Winterthur. Zürich, November 2002.

Hawley, James P.; Williams, Andrew T; Miller, John U (1994): Getting the Herd to Run: Shareholder Activism at the California Public Employees' Retirement System (Calpers). In: Business and the contemporaty world, 4/1994.

Heins, Cornelia (2003): Es gibt keinen unschuldigen Anleger. In: Cash Nummer 20 vom 16. 5. 2003, S. 57.

Helbling, Carl (2000): Personalvorsorge und BVG: Gesamtdarstellung der rechtlichen, betriebswirtschaftlichen und technischen Grundlagen der beruflichen Vorsorge in der Schweiz. Mit Beiträgen von Peter Conrad ...(et al.) sowie der Gesetzgebung im Anhang; Haupt Verlag, Bern.

Henningsen, Carsten (2002): Investing as if the world really mattered. In: Corporate Environmental Strategy, Vol. 9 No 1 (2002)

Hepp, Stephan (1990): The occupational pension schemes in Switzerland-an emerging institutional investment force; Dissertation an der Hochschule St. Gallen. Verlag Paul Haupt Bern und Stuttgart, 1990.

Hertig, Gerard (2000): Western Europe's corporate governance dilemma. In: Baums, Hopt, Horn: Corporations, Capital Markets and Business in the Law. Liber Amoricum Richard M. Buxbaum. Kluwer Law International, The Hague 2000, S. 265-282.

Hesse, Martin (2003): Fehlstart bei der Riester-Rente. In: Ecoreporter.de magazin Nr. 02/03, S. 9-10.

Hild, Paul (2003): Nachhaltigkeitsorientierte institutionelle Investoren. Impulsgeber für eine Sustainable Corporate Governance? Unveröffentlichtes Manuskript.

Hill, Andrew; Earle, Julie (2002): Investors calling. In: Financial Times, July 8, 2002.

Hill, Andrew; Earle, Julie (2002): Investors calling. In: Financial Times, 8 July 2002.

Hirschmann, Albert O. (1970): Exit, Voice and Loyality: Responses to Decline in Firms, Organisations, and States. Cambridge 1970.

Hoffmann, Johannes; Ott, Konrad; Scherhorn, Gerhard (1996): Ethische Kriterien für die Bewertung von Unternehmen, Frankfurt-Hohenheimer Leitfaden, Frankfurt am Main 1996.

Hoffmann, Johannes; Scherhorn, Gerhard (2002): Saubere Gewinne- So legen Sie Ihr Geld ethisch-ökologisch an. Herder-Verlag, Freiburg 2002

Hoffmann, Johannes; Scherhorn, Gerhard (2002): Saubere Gewinne: So legen Sie Ihr Geld ethisch-ökologisch an. Herder Verlag, Freiburg 2002.

Hoffmann, W. Michael; Moore, Jennifer Mills; Fedo, David A. (1984): Corporate governance and institutionalizing ethics. Proceedings of the Fifth National Conference on Business Ethics. Lexington Books, Lexington, Massachusetts Toronto1984.

Homolka, W.: Ethisch-ökologisch orientiertes Fondsinvestment als Strategie der sozialverantwortlichen Neuorientierung von Geldflüssen im europäischen Markt, Diss. (1990)

Hornung, Rene (2002): Nachhaltigkeit schafft Vertrauen. In: Sonntagszeitung vom 28.7.2002.

Hudson, Nicola (2000): Green Grows the City-O. In: Tomorrow November/ December 2000, p. 52.

Hug, Werner c. (1999): Noch kein Flugwetter für Start-ups. In: Wie manage ich eine Pensionskasse? Schweizerische Handelszeitung, Zürich, S.71-72.

Hugenschmidt/ Janssen/ Kermode/ Schumacher (2001): Sustainable banking at UBS. In: Bouma/Jeucken/Klinkers (2001): Sustainable Banking. Greenleaf Publishing, Sheffield 2001.

Hummels, Dr. Harry; Timmer, Diederik (2003): Money and Morals. The development of Socially Responsible Investing among Dutch Pension Funds. Universiteit Nyenrode, 2003.

Humphries, Naomi (2002): The risk of doing good. In: www.risk.net , June 2002 Risk.

Hutton, Will; Mac Gougall, Alan; Zadek, Simon: Session 3 -- Topics in business ethics -- corporate stakeholding, ethical investment, social accounting. In: Journal of Business Ethics, Vol. 32 No 2 July 2001, p.107-117.

imug (2002): Institutionelle Investoren und ethisch-ökologische Geldanlagen in Deutschland. imug Arbeitspapier 11/ 2002. Hannover, Oktober 2002.

Imug, muk (Hrsg) (2001): Der Markt für sozial-ökologsche Geldanlagen in Deutschland. Ergebnisse einer repräsentativen Privatanlegerbefragung. Imug-muk Arbeitspapier 13/2001, Hannover.

Investment & Pension Europe (Hrsg.)(2002): SRSI Socially Responsible & Sustainable Investment. London 2002.

IÖW – Institut für ökologische Wirtschaftsforschung, Ökozentrum Hamm (1999): Marktstudie Grünes Geld, Hamm 1999.

IPE International Publishers (Hrsg.): SRSI Socially Responsible & Sustainable Investment. London 2002.

Isenring, Thomas (2003): Sustainable Funds. Publikation der Swiss Banking School Zürich Nr. 266. Zürich. Verlag Paul Haupt, Bern 2003.

ISIS Asset Management (2003): Responsible Engagement Overlay, Quarterly reo Report. London, April 2003.

Iten, Rolf; Pulli, Raffael (2000): Datengrundlagen zu den Anlagen in der Schweiz und zu den Schweizerischen Anlagen im In- und Ausland. Schlussbericht der Tagung „Die Schweiz und ihre Geldanlagen" vom August 2000.

Jennie, James (2002): The Burden of Youth. In: Time May 20, 2002, p. 93-95.

Just Pensions (2002): Do UK Pension Funds invest responsibly? A survey of current practice on socially responsible investment by David Coles and Duncan Green. July 2002.

Just Pensions (2003): Will UK Pension Funds become more responsible? A survey of member nominated trustees. London, 2003.

Just Pensions (2004): Will UK Pension Funds become more responsible? A survey of trustees. London, January 2004.

Kaczor, Piotr (2003): La Suisse a encore du chemin à faire en matière de gouvernement d'entreprise. In: Le Temps, 8 Octobre 2003.

Kahlenborn, Walter (1999): Transparency and the green investment market. In: Greener Management International, Jg. 1999 H. 27, S.65-78.

Kahlenborn, Walter (2001): Nützen nachhaltige Geldanlagen? In: Ökologisches Wirtschaften 3-4/ 2001, S. 5.

Kahlenborn, Walter; Klumb, Jan (2003): Deutschland auf dem Weg zu einer nachhaltigen Altersvorsorge? Studie im Auftrag des Umweltbundesamtes. Berlin, Juni 2003.

Kahlenborn, Walter; Kraemer, Andreas (1998): International Workshop: Green Investment - Market Transparency and Consumer Information. Ecologic - Centre for International and European Enviroment Reseach, Berlin 1998.

Kaiser, Christian (2001): Ökofonds, Rosige Zeiten für grüne Anleger. In: Der Beobachter vom 23.11.2001.

Kasemir, Bernd; Suess, Andrea; Zehnder, Alexander J.B. (2001): The Next Unseen Revolution. Pension Fund and Sustainability. In: Environment, November 2001, Vol.43 No 9, S. 8-19.

Kennedy, Liam (2004): Kreatives Denken zum Investmentmanagement im Wettbewerb. In: Deutsche Pensions & Investmentment Nachrichten. Zugriff unter: www.dpn-online.com vom 3.3. 2004.

Kinetz, Erika (2002): Where Greenpeace meets Greenspan.
Zugriff vom 30. 9. 2002 unter: www.iht.com.

Kirchhofer, Thomas (1995): Wohnungsmarkt und Anlagepolitik der Schweizer Pensionskassen, insbesondere nach Erreichen des Kapitalstockmaximums. Zürich 1995.

Kleining, Gerhard. (1982): Umriss zu einer Methodologie qualitativer Sozialforschung. In: Kölner Zeitschrift für Soziologie und Sozialpsychologie. Jg. 33 (1981), S. 224-253.

Knörzer Andreas (1996): Ökologische Aspekte im Investment Research: Bedeutung und Anwendung, Publikation der Swiss Banking School Zürich, Bern, 1996.

Knörzer, Andreas; Bilecin, Erol (2002): Sustainability – Ökologie, Soziales aber auch Ökonomie. In: Manager Bilanz, Juli 2000, S. 27-29.

Kolers, Avery (2001): Ethical investing: The permissibility of participation. In: The Journal of Political Philosophy Vol. 9 No 4 (2001), p 435-452.

Koppes, Richard H; Jones, Day, Reavis & Pogue (1997): Pension Funds and Corporate Governance, a look at current trends and future directions. Diskussionsbeitrag zur Tagung der Innovation Zweite Säule, Gezeasee, Schweiz am 18. März 1997.

Krutzke, Linde (2003): Erfolgreiche Asiaten. Scoris Sustainable Investment-Länder Report Japan 2003. Hannover 2003.

Kunz, Rudolf (2002): Institutioneller Investor-Deus ex Machina? In: Neue Zürcher Zeitung vom 29. 10. 2002.

Landolt, Jürg (2002): Wahrnehmung der Aktionärsrechte von Personalvorsorgeeinrichtungen. ZKB Asset Management – Fokus. Zürich, März 2002.

Langbein, John H., Wolk, Bruce A. (1995): Pension and Employee Benefit Law, 2nd Edition. The Foundation Press Westbury, New York, 1995.

Leibig, Michael T. (1980): Social investments and the law : The case for alternative investments. Conference on Alternative State and Local Policies, Washington D.C 1980.

Leinert, Johannes (2000); Esche, Andreas: Advance Funding of Pensions. International Reform Monitor, Special Issue October 2000; Bertelsmann Foundation Publishers, Gütersloh 2000.

Leutwiler, Oskar (2003): Die berufliche Vorsorge ist besser als ihr Ruf: In: Finanz und Wirtschaft vom 28. 6. 2003.

Lewis, Alan; Mackenzie, Craig (2000): Support for investor activism among U.K. ethical investors. In: Journal of Business Ethics Vol. 24 No 3 April 2000, p. 215-222.

Loew, Thomas (2000): Der Grüne Dagobert auf dem Vormarsch. In: Aktie Grün (2000), S. 30.

Loew, Thomas; Riemer, Bianca (2002): Hintergründe, Entwicklung und Auswirkung der Offenlegungspflicht hinsichtlich der Berücksichtigung von SRI- Kriterien bei der Anlagepolitik britischer Pensionsfonds. Draft Paper des IÖW in Berlin, 2002.

Lowenstein, Louis (1989): Shareholder voting rights: A response to SEC Rule 19c-4 and to Professor Gilson. In: Columbia Law Review Vol. 89, p. 979-1014.

Lusenti Partners (2003): Anlagen Schweizer Institutioneller Investoren, Umfrageergebnisse 2002-2003. Nyon, Dezember 2003.

Luzenti, Graziano (2000): Pensionskassenanlagen 1998-2000. Umfrageergebnisse; Robeco Institutional Asset Management, Genf 2000.

MacDougall, Alan (2002): Shareholder activism needs support of a public body. In: Financial Times, 6 May 2002.

Mächtel, Tomas W.(1996): Erfolgsfaktoren ökologisch ausgerichteter Anlagefonds im deutschsprachigen Raum, Dissertation Nr. 1900, Difo-Druck GmbH, Bamberg 1996.

Mackenzie, Craig (1993): The Shareholder Action Handbook: Using Shares To Make Companies More Accountable, Newcastle upon Tyne 1993.

Mackenzie, Craig (1998): The Choice of Criteria in Ethical Investment. In: Business Ethics Vol. 7 No 2, April 1998, p. 81-85.

Maier, Stephanie (2003): Summary of student dissertation about engagement. Zugriff unter: www.uksif.org vom 24. 4. 2003.

Malik, Fredmund (1999): Wirksame Unternehmensaufsicht. Corporate Governance in Umbruchzeiten. NZZ Verlag, Zürich 1999.

Mansley, Mark; Dlugolecki, Andrew (2001): Climate Change – A risk management challenge for institutional investors. Universities Superannuation Scheme Discussion Paper No. 1, London 2001.

Mathiasen, Karen; Rosenbaum, Virginia (1986): Corporate Governance and shareholder rights voting by institutional investors and 1986 annual meeting results. IRRC, New York October 1986.

Mathieu, Eugenie (2000): Response of UK Pension Funds to the SRI Disclosure Regulation. UK Social Investment Forum, October 2000.

Mayring, P. (2002): Einführung in die qualitative Sozialforschung: eine Anleitung zu qualitativem Denken. 5. Auflage, Weinheim 2002

McCallin, Jessica (2003): Analysis: Just how ethical is the average UK pension? Zugriff unter: http://www.ethicalcorp.com/content_print.asp?ContentID=589 vom 19. 5. 2003.

McKinsey (2002): Global Investor Opinion Survey: Corporate Governance wird zum entscheidenden Kriterium für Investoren. Pressemitteilung vom 8.7.2002. Zugriff am 12.7.2002 unter: www.mckinsey.de.

Meyer, Falk (2002): Die ökologisch-ethische Berichtspflicht für Altersvorsorgeprodukte in der Rentengesetzgebung – eine Herausforderung für Finanzdienstleister. Diplomarbeit an der Universität Hannover, Februar 2002.

Meyer-Bisch, Patrice (2001): Die Verantwortung der Anleger. In: Ethisch Anlegen. Banco Spezial Nr. 2, Oktober 2001, S. 21-22.

Milke, Klaus (2001): Nachhaltige Vermögensanlage für Stiftungen. In: Deutsche Stiftungen 2/2001, S. 23-25.

Millow, Nell (1991): Proxy Reform: The case for increased shareholder communication. In: The Journal of Corporate Law Vol. 17, p. 149-162.

Monks, Bob (2001b): The New Global Investors: How Shareholders Can unlock sustainable prosperity worldwide. Capstone, May 2001.

Monks, Robert A.G. (2002): Why Socially Responsible Investing Outperforms. Speech at UK Social Investment Forum. London 2002.

Monks, Robert A.G.; Minow, Nell (2001a): Corporate Governance – 2nd Edition. Blackwell Publishing, 2001.

Moon, Peter; Thamotheram, Raj (2000): Corporations become ‚socially responsible'. In: Independent, 12 December 2000.

Morard, Christian (2003): Einbezug von nachhaltigen Entwicklungskriterien. In: Schweizer Personalvorsorge 01/ 03, S. 48-49.

Müller Kaspar (1998): Darum müssen Pensionskassen aktive Aktionäre sein! Basel, 1998.

Müller, Karin (2002): Sustainability: Ökologisch und ethisch wirtschaftende Firmen liegen im Trend. Zugriff vom 18. 6. 2002 unter: www.moneycab.com.

Müller, Kaspar (1999): Allein der Name Nachhaltigkeitsfonds macht noch keinen Frühling aus. Ellipson debate_winter99, Basel 1999.

Müller, Kaspar (2001): Grün ist die Schale – und der Kern? Kritische Anmerkungen zu grünen Finanzanlagen. Ellipson debate_winter01, Basel 2001.

Müller, Kaspar (2002): Corporate Govenance und Globalisierung. Die Rolle und Verantwortung der Investoren. Ellipson debate_sommer.02, Basel 2002.

Murrmann,-Kent-F; Schaffer,-Jeffrey-D; Wokutch,-Richard-E (1984): Social investing by state public employee pension funds. In: Labor Law Journal Vol. 35 June 1984. p. 360-7.

n.n. (1999): Survey European Pension Provision. Annual review; Financial Times (European Edition).

n.n. (2000): Fesseln sich die Pensionskassen freiwillig? Ein neuer Verhaltenskodex für die berufliche Vorsorge. In: Neue Zürcher Zeitung vom 15. Dezember 2000.

N.n. (2001): Den Apfel essen, das Holz nicht verheizen. In: Swiss Fund Guide Februar 2001, S. 42-46.

N.n. (2001): Main pension funds give the nod to SRI principles. In: Ethical Performance, September 2001, p. 6.

n.n. (2001a): Unausgegorene Rentenreform in Deutschland. Hoffnungen auf Änderungen im Bundesrat. In: Neue Zürcher Zeitung vom 27./28. Januar 2001.

n.n. (2001b): Nachholbedarf in Deutschland. Rentenreform stiftet Verwirrung. In: Neue Zürcher Zeitung vom 30. Januar 2001.

n.n. (2001c): Privatisierung der britischen Altersvorsorge. In: Neue Zürcher Zeitung vom 30. Januar 2001.

n.n. (2001d): Institutional investors in Britain. The Economist, 10. März 2001, S. 78.

N.N. (2002): A Crisis in Corporate Governance. In: The Wall Street Journal Europe, July 3, 2002.

N.N. (2002): Die neue Ära der Corporate Governance. Die Schweiz mit eigenen Best-Practice Regeln. In: Neue Zürcher Zeitung, 1. 7. 2002.

N.n. (2002): Nicht besser, aber auch nicht schlechter. In: Neue Zürcher Zeitung vom 2.9.2002

N.n. (2002): Verbraucherzentrale NRW: Mehr Transparenz bei "grüner Riester-Rente" erforderlich. Zugriff unter: www.ecoreporter.de am 17. 9. 2002.

N.n. (2003): Der Einfluss der Baisse auf institutionelle Investoren. In: NZZ vom 27. November2003.

National Association of Pension Funds (2000): Towards better corporate governance. NAPF, London 2000.

National Association of Pension Funds (2000a): Voting policy on general meeting resolutions; NAPF, London 2000.

Nicolodi, Rene; Döbeli, Sabine (2002): Der Wert guter Corporate Governance. In: Ecoreporter.de magazin Nr. 21/ 02, S. 4.

Nieschlag, R.; Dichtl, E.; Hörschgen, H. (1991): Marketing. 16. Auflage, Berlin 1991.

Nöthiger, Markus; Schilli, Alain; Scheiwiller, Thomas (2001): Die Kapitalanleger als neue Aktivisten? Finanz und Wirtschaft, 8. August 2001.

Nussbaum, Werner (1997): Corporate Governance durch Pensionskassen. Referat am 2. Internationalen Seminar am 18. März 1997 des Studienzentrums Gerzensee zum Thema Pension Funds and Corporate Governance.

Nussbaum, Werner (1998): Corporate Governance durch Pensionskassen, die Mitwirkung der Pensionskassen als Aktionäre in den Unternehmungen. Diskussionsbeitrag zur Tagung der Innovation Zweite Säule, Gezeasee, Schweiz am 18. März 1997.

Nussbaum, Werner (1999): Das System der beruflichen Vorsorge in den USA: im Vergleich zum schweizerischen Recht. Haupt Verlag, Bern 1999.

O'Sullivan, M. (1999): Corporate Governance and Globalization; INSEAD Working Paper 99/71/SM, Fontainbleau 1999.

OECD (1998): Corporate Governance. Verbesserung der Wettbewerbsfähigkeit und der Kapitalbeschaffung auf globalen Märkten. Ein Bericht der Beratergruppe für die Wirtschaft in Corporate Governance-Fragen; OECD, Paris 1998.

OECD (1999): Institutional Investors 1998, Statistical Yearbook; Paris 1999.

OECD (1999): OECD Principles of Corporate Governance; OECD, Paris 1999.

OECD (2000): Private pension systems and policy issues. Organisation for Economic Co-operation and Development, Paris 2000.

OECD (2001): Institutional Investors 1992-2001, Statistical Yearbook, Paris 2001. Zugriff vom 25. 2. 2004. unter: http://www.oecd.org

OECD (2002): Ageing and Income: Financial Resources and Retirement in 9 OECD Countries. Paris 2002.

Oesch, Daniel (2000): Angst vor der eigenen Courage? Anlagestrategien Schweizer Pensionskassen. In: Politische Ökologie 67-68/ 2000. Ökom-Verlag, München 2000.

Oesch, Daniel (2000): L'intégration des critères sociaux et écologiques dans la politique d'investissement des caisses de pension en Suisse. Une étude mandatée par le Réseau pour la responsabilité sociale dans l'économie (NSW/ RSE)

Öko-Institut e.V. (2000): Umweltfonds im Vergleich – Der Blick aufs grüne Parkett, Studie (Juni 2000)

ÖKO-INVEST Verlagsgesellschaft mbh (2002) US-Ethik und Umweltfonds. 260/02. Wien, Österreich. 2002.

Ökom-Verlag (2000): Aktie Grün. Politische Ökologie, Nr. 67-68. München, Dezember 2000.

Orlitzky, Marc; Schmidt, Frank L; Rynes, Sara L. (2003): Corporate Social and Financial Performance: A Meta-analysis. Sage Publications, London 2003.

Ostermann, Stefanie (2001): Ethisch-ökologisches Rating und Innovationen in Unternehmen. Zusammenfassung einer Diplomarbeit an der Universität Innsbruck.

P.H. (2000): Blauäugig über grüne Anlagen gestolpert? In: Schweizer Personalvorsorge 08/00, S. 625.

p.S. (2000): Performance-Potential wurde gut genützt. In: Schweizer Personalvorsorge 03/00, S. 189-191.

Paape, Dirk (2000): Vermarktungsstrategien ethischer Fonds. Diplomarbeit an der Universität Hannover, August 2000.

Pauli, Nicole (1997): Einbezug sozialer Verantwortung in der Revision als Ausfluss der Corporate Governance Thematik. Diplomarbeit an der Universität St. Gallen, April 1997.

Payne, Beatrix (2001): Engagement' picked over screens. In: Pensions & Investments. Vol. 29 No 9 April 2001, p.14,18

Pearce, Brian (2002): Sustainable development. A principled approach. In: Environmental Finance, July-August 2002, p. 22-23.

Pellet, Thierry (2001). Nachhaltiges Anlegen und NGOs: eine lange Geschichte. In: Ethisch Anlegen. Banco Spezial Nr. 2, Oktober 2001, S. 71-73.

Pesel Andreas (1995): Kapitalanlagen zur Förderung ökologisch ausgerichteter Investitionen, Dissertation Universität St. Gallen Nr. 1673, Göttingen, 1995.

Peters, Volker (2002): Shareholder Engagement und Corporate Governance – Hebel für nachhaltiges Wirtschaften. Scoris Diskussionspapier I-2002. Hannover, 2002.

Pfeiffer, Hermannus (2002): Bonn boykottiert Berlin. Das Bundesaufsichtsamt verhindert ökologische Kriterien für die Riester-Rente. In: TAZ vom 30. 8. 2002

Pfiffner, Fritz (2002): Mühlemann im GV-Focus. NZZ am Sonntag, 5. Mai 2002.

Platinga, Auke; Scholtens, Bert (2001): Socially responsible investing and management style of mutual funds in the EU. Department of Finance of the University of Groningen, May 2001.

Plinke, Dr, Eckhard (2002): Aktienperformance und Nachhaltigkeit. Hat die Umwelt- und Sozialperformance einen Einfluss auf die Aktienperformance? Sarasin Sustainable Investment in Zusammenarbeit mit ZEW und EBS. Basel, September 2002.

Popper, Karl (1971): Logik der Forschung, 4. Auflage, Tübingen

Pound, John (1993): The Rise of the political model of corporate governance and corporate control. In: New York University Law Review Vol. 68, p.1003-1071.

PriceWaterhouseCoopers (2002): Unternehmen leiten-Verantwortung wahrnehmen, Fragen zur Corporate Governance. Zürich 2002.

Raffee, Hans (1993): Gegenstand, Methoden und Konzepte der Betriebswirtschaftslehre. In: Bitz, M. et al. Vahlens Kompendium der Betriebswirtschaftslehre. Band 1, 3. Auflage, München, S. 1 – 46

Ramisberger, Andrea; Pfeifer, Felix (2003): Vom Anlegen in den eigenen Reihen zur Kooperation. In: Schweizer Personalvorsorge 01/03, S. 39-40.

Rätzer, Ernst (2000): Was bringt eine Asset/ Liability-Studie? In: Schweizer Personalvorsorge 7/00, S. 555-556.

Rauschenberger, Reto (2002): Nachhaltiger Shareholder Value. Verlag Paul Haupt, Bern 2002.

Reed, Donald J. (2001): Stalking the elusive business case for corporate sustainability. World Resources Institute, December 2001.

Rehfeld, Barry (1998): Why can't 401 (K)s be responsible? In: Institutional Investor Vol. 32 No 7 July 1998, p.213-214.

Rehsche, Guntram (2000): Grün bringt Geld. In: Bilanz Dezember 2000, S. 262-265.

Rehsche, Guntram (2002): Schonendes Anlegen. In: Cash Value vom 27. 9. 2002.

Reinholz Stefan (1997): Aktive Beteiligungsgesellschaften – Investmentvehikel zur Reduktion der Corporate Governance Problematik. Dissertation Universität St. Gallen Nr. 2033, Bamberg, 1997.

Richardson, Benjamin J. (2002): Environmental regulation through financial institutions: new pathways for disseminating environmental policy. In: Environmental and Planning Law Journal Vol. 19 No.1 Feb 2002. p. 58-77.

Riley, Barry (2000): Ageing upsets calculations. In: Financial Times Survey, Pension Fund Investment. London, May 2000.

Riley, Darrell (2001): Exploiting the correlation. In: Investment & Pension Europe, November 2001, p. 42.

Ringger, Reto; Karius, Oliver (2002): Nachhaltig heisst langfristig profitabel. In: New Management Nr. 11/2002, S. 16-21.

Robins, Nick (2002): Reforming foreign capital flows – The role of socially responsible investment. In: Ethical Corporation Magazine.
Zugriff am 1.3. 2002 unter: http://www.ethicalcorp.com .

Romano, Roberta (1993a): Public pension fund activism in corporate governance reconsidered. In: Columbia Law Review Vol. 93 May 1993, p. 795-853.

Romano, Roberta (1993b): Public pension fund activism in corporate governance reconsidered. In: Baums/ Buxbaum, Hopt (1993): Institutional investors and corporate governance. Berlin 1993, S. 105-159.

Romano, Roberta (1998): Empowering investors: a market approach to securities regulation. In: The Yale Law Journal Vol. 107 No 8 June 1998, p. 2359-2430.

Romano, Roberta (2001): Less is more: making institutional investor activism a valuable mechanism of corporate governance. In: Yale Journal on Regulation Vol. 18 No 2 Summer 2001. p. 174-251.

Rotthaus, Stephan (2001): Auf dem Weg aus der Nische? In: Bankspiegel 1/01 Heft 177, S. 8-9.

Saaty, Thomas L.; Vargas, Luis G. (1994): Decision Making in Economic, Political, Social and Technological Environments: The Analytical Hierarchy Process – Vol VII. RWS Publications, Pittsburgh 1994.

Sandor, Richard (2000): Sustainable Investing in the U.S.: Trends and Developments. Environmental Financial Products 2000.

Schäfer, Dirk (1997): Systeme der betrieblichen Altersversorgung im Vergleich: Inhalte, Stärken/ Schwächen, Perspektiven. Dissertation an der HSG; Difo-Druck GmbH, Bamberg 1997.

Schäfer, Henry (2000): Ethische Finanzdienstleistungen – Ein Forschungsaufriss zu Marktstrukturen, kapitalmarkttheoretischen Besonderheiten und absatzwirtschaftlichen Konsequenzen, Berichte aus dem Forschungsprojekt Ethische Finanzdienstleistungen, Universität Siegen Bericht 2/2000

Schäfer, Henry; Gülle, Andreas (2000): Ethische Finanzdienstleistungen – Struktur des Angebots an ethischen Finanzdienstleistungen im deutschsprachigen Raum. Universität Siegen 2002.

Schäfer, Henry; Gülle, Andreas; Schwarzer, Christoph (2001): Das Anlageverhalten von Nonprofit-Organisationen im Umfeld ethisch-ökologischer Determinanten – eine explorative empirische Untersuchung, Universität Siegen, Berichte aus dem Forschungsprojekt Ethische Finanzdienstleistungen, Bericht 04/2001

Schäfer, Henry; Stederoth, R. (2001): Portfolioselektion und Anlagepolitik mittels Ethik-Filtern – ein Überblick zum Stand der empirischen Kapitalmarktforschung. Forschungsprojekt ethische Kapitalanlagen an der Universität Siegen, April 2001.

Schaffhauser, René; Stauffer, Hans-Ulrich (Hrsg.) (2000): Neue Entwicklungen in der beruflichen Vorsorge. Referate der Tagung des Schweizerischen Institutes vom 4. Mai

2000 in Luzern. Mit Beiträgen von Jürg Brechbühl … (et al.) Schweizerisches Institut für Verwaltungskurse, St. Gallen.

Schalteger, Stefan; Petersen, Holger (2000): Ecopreneurship – Konzept und Typologie. R.I.O. Impuls, Luzern 2000.

Schaltegger, Stefan (1998): Bildung und Durchsetzung von Interessen zwischen Stakeholdern der Unternehmung. WWZ Sonderdruck, Wirtschaftswissenschaftliches Zentrum der Universität Basel Nr. 23. Basel 1998.

Schaltegger, Stefan; Figge, Frank (1999): Öko-Investment - Spagat zwischen Shareholder Value und Sustainable Development. In: UmweltWirtschaftForum, 7. Jahrgang, Heft 3/1999, S. 4-8.

Schmidheiny, S & Zorraquin, F.J.L. with the WBCSD (1996): Financing Change: The Financial Community, Eco-Efficiency and Sustainable Development. Cambridge, Massachusetts: MIT Press 1996.

Schmidheiny, S./Zorraquin,F.(1996): Finanzierung des Kurswechses- Die Finanzmärkte als Schrittmacher der Ökoeffizienz, Zürich 1996.

Schmidt, J.S. (1988): Der Radikale Konstruktivismus: Ein neues Paradigma im interdisziplinären Diskurs. In: Schmidt, J.S. (Hrsg.) Der Diskurs des Radikalen Konstruktivismus. Frankfurt/Main 2. Aufl., S. 11 – 88

Schmitt, Beate (2002): Nachhaltige Pensionsfonds im Überblick: Formen und Vorteile. Vortrag an der Jahrestagung des Öko-Institutes in Freiburg am 26. April 2002.

Schneider, Jaques-André (1998): Corporate Governance “à la Suisse”. In: Schweizer Personalvorsorge 9/98, S. 673.

Schneidewind, Uwe: (1998): Die Unternehmung als strukturpolitischer Akteur. Metropolis-Verlag, Marburg 1998.

Schnider, Peter (1998): Es ist eine Pflicht, Mitwirkungsrechte wahrzunehmen.
In: Schweizer Personalvorsorge 9/98, S. 706-716.

Schoenheit, Ingo; Hansen, Ursula (2001): Tranzparenz an den Finanzmärkten unter dem Gesichtspunkt des nachhaltigen Wirtschaftens. In: Umweltwirtschaftsforum Jg.9 Heft 4, 2001, S. 23-28.

Scholz, Roland W.; Tietje, Olaf (2002): Embedded Case Study Methods. Integrating Quantitative and Qualitative Knowledge. Sage Publications, Thousand Oaks 2002.

Schumacher, Inge; Gamboni, Gianreto; Knecht, Franz u.a. (1997): Das Ergrünen des Shareholder Value. In: Politische Ökologie, 15. Jahrgang, Heft 53 (Sept./Okt.), S. 53-57.

Schumacher, Ingeborg (2000): Das Marktpotential von Umweltfonds und ihre Rückwirkung auf die Gütermärkte. In: Fichter, Schneidewind (Hrsg): Umweltschutz im globalen Wettbewerb: Springer Verlag, Berlin 2000.

Schumacher, Ingeborg (2001): Zahlen und Marktentwicklung. In: Ethisch Anlegen by Banco – der Anlagefondsführer. Oktober 2001, S. 23-25.

Schwaninger, Markus (1989) Integrale Unternehmensplanung. Frankfurt/Main. ??

Schwaninger, Markus (1994): Stand der Entwicklung und Tendenzen der Managementforschung: Ein Beitrag aus systemorientierter Sicht. Diskussionsbeitrag Nr. 10 des Instituts für Betriebswirtschaft an der Universität St. Gallen, St. Gallen 1994

Schweizer Versicherung (1999): Wie manage ich eine Pensionskasse? Schweizerische Handelszeitung, Zürich 1999.

Seiler-Hausmann, Jan-Dirk; Liedtke, Christa; von Weizsäcker, Ernst Ulrich (Hrsg.) (2004): Eco efficiency and beyond. Greenleaf Publishing, Sheffield 2004.

Shapiro, Joan (1992): Social Investing: Origins, The Movement since 1970. In: Kinder/ Peter et al. Social Investment Almanach. Holt & Co, New York, 1992, S. 8ff.

Shleifer, A.; Vishny, R. (1997): A survey of corporate governance. The Journal of Finance 52, p. 737-783. BS WWZ/ SWA, Magazin SWA, Sign. Zo 921: 5554.

Short, Helen; Keasey, Kevin (1997): Institutional shareholders and corporate governance. In: Keasey, Kevin; Wright, Mike (1997): Corporate Governance: Responsibilities, Risks and Remuneration. John Wiley and Sons Ltd, p. 23-58.

SIRI Group – Sustainable Investment Research International Group (2003): Green, social and ethical funds in Europe 2003.

SIRI-Group – Sustainable Investment Research International Group (2001): Green, social and ethical funds in Europe 2001. Report as of June 30, 2001.

Smith, Michael P. (1996): Shareholder activism by institutional investors: evidence from Calpers. In: The Journal of Finance Vol. 51 No.1 March 1996, p.227-252.

Social Investment Forum (1999): 1999 Report on Socially Responsible Investing Trends in the United States. SIF Industry Research Program, November 1999. http://www.socialinvest.org/areas/research/trends/1999-Trends.htm

Social Investment Forum (2001): 2001 Report on Socially Responsible Investing Trends in the United States. SIF Industry Research Program, November 2001. http://www.socialinvest.org/areas/research/trends/2001-Trends.htm

Solenthalter, Erich (2003): Machen Sie den Check-Up. In: Cash Value 4/03, S. 15-19.

Sparkes, Russell (2000): Social Responsible Investment comes of age. In: Professional Investor, June 2000.

Sparkes, Russell (2001): Ethical investment: whose ethics, which investment? In: Business Ethics: A European Review Vol. 10 No 3 July 2001, p. 194-205.

Spielberger, Karl (1998): Grosse strukturelle Unterschiede zwischen Europa und den USA. In: Schweizer Personalvorsorge 9/98, S. 675-678.

Spiller, Rodger (2000): Ethical business and investment: A model for business and society. In: Journal of Business Ethics Vol. 27 Sept. 2000, p149-160.

SRI World Group, Inc. (2002): Leading Social Investment Indicators Report 2001. Brattleboro, 2002.

St. Goar, Jinny (2002): Responsible retirements. In: Institutional Investor Vol. 36 No 2 Feb. 2002, p.93-94.

Städeli, Markus (2003a): Ethische Fonds: Versprechen nicht gehalten. In: Handelszeitung Geld vom 6. 5. 2003.

Städeli, Markus (2003b): Öko-Bonds bringens nicht. In: Handelszeitung vom 7. 5. 2003.

Stapledon, G.P. (1996): Institutional shareholders and Corporate Governance. Clarendon Press, Oxford 1996.

Statman, M. (2000): Socially Responsible Mutual Funds. In: Financial Analysts Journal Vol. 56, No 3, S. 30-39.

Steiger, Max (2000): Institutionelle Investoren im Spannungsfeld zwischen Aktienmarktliquidität und Coporate Governance; Nomos Verlag, Baden-Baden 2000.

Steiner, Walter (2001): Mehr Werte als Worte? Corporate Social Responsibility in der Schweiz. In: Neue Zürcher Zeitung vom 19. Oktober 2001.

Strohm, David; Rehsche, Guntram (2003): Natürlich mit Gewinn. In: Cash Value 6/03, S. 16-23.

Sturm, Dr. Anreas; Badde, Michael (2001): Socially Responsible Investment by Pension Funds. A State-of the Knowledge Report. Ellipson AG, Basel 2/2001.

Sustainability, Mistra Foundation (2004): Values for Money: Reviewing the Quality of SRI Research. London, February 2004.

Sustainable Performance Group AG (1997): Publikumsöffnung/ Börseneinführung 1997, Feusisberg.

Suto, Megumi (2000): New developments in the Japanese corporate governance in the 1990s: the role of corporate pension funds. Hamburgisches Welt-Wirtschafts-Archiv, Hamburg 2000.

Süttinger, Robert (2002): Pensionskassen im Dilemma? Anlagepolitische Alternativen im aktuellen Marktumfeld. UBS Global Asset Management, Oktober 2002.

Swissca Portfolio Management (2003): Die Schweizerischen Vorsorgeeinrichtungen. Leistung, Finanzierung, aktuelle Herausforderungen. Swissca Portfolio Management AG, 8. April 2003.

Tassell, Tony (2002): Report jolts industry into self analysis. In: Financial Times, June 5, 2002.

Tassell, Tony (2002): The Myners Report. Report jolts industry into self analysis. In: Financial Times, June 5, 2002)

Taylor, Robert (2000): How new is socially responsible investment? In: Business Ethics: A European Review Vol. 9 No 3 July 2000, p. 174-179.

Taylor, Robert (2001): Putting ethics into investment. In: Business Ethics: A European Review Vol. 10 No 1 January 2001, p. 53-60.

Taylor, Robert (2002): Science and ethical investment. In: Business Ethics: A European Review Vol. 11 No 1 January 2002, p.77-85.

Terasa, Oliver (2003): Pensionskassen und Nachhaltiges Investment. Scoris-Arbeitspapier. Hannover, September 2003.

The Center for Business Performance (2000): Internal Control: Guidance for Directors on the combined Code; http://icaew.co.uk/internalcontrol. Zugriff am: 15. 12. 2000.

The Promise of the Governed Corporation, in: Harvard Business Review on Corporate Governance, Boston, 2000. S. 79-104

The Working Group on Corporate Governance (1991): A new compact for owners and directors. In: Harvard Business Review, July-August 1991, p. 141-143.

Trades Union Congress (TUC) (2003): Working Capital, institutional investment strategy. London, February 2003.

Treitler, Betsy (1997): Blacklisted institutional investor. In: Institutional Investor Vol. 31 No 2 Feb. 1997, p.121.

Tschudin, Markus (2003): Aktionärsrechte aktiv wahrnehmen und ausüben. In: 4th Directory of Swiss Pension Funds – 2003, S. 36-42.

UKSIF –UK Social Investment Forum (2002): UKSIF Submission - Response to consultation on Myners Proposals. Zugriff unter http://www.uksif.org/publications/subm-2001-05/content.shtml. vom 3.6. 2002.

Ulrich, Hans (1981): Die Betriebswirtschaftslehre als angewandte Sozialwissenschaft. In: Geist, M.; Köhler, R. (Hrsg.): Die Führung des Betriebs, Stuttgart, S. 1 – 26.

Ulrich, Hans (1984a): Ist alles machbar? Überlegungen zum Selbstverständnis einer praxisorientierten Betriebswirtschaftslehre. In: Ulrich, H. (1984): Management. Hrsg. von Thomas Dyllick und Gilbert Probst. Bern, S. 143 – 155, Ursprünglich veröffentlicht in:

Hemmer, A., Ulrich, H. (Hrsg.): Wirtschaft und Gesellschaft im Zeichen der Ungewissheit, Bern.

Ulrich, Hans (1984b): Anwendungsorientierte Wissenschaft. In: Ulrich, H. (1984): Management. Hrsg. von Thomas Dyllick und Gilbert Probst. Bern, S. 200 - 209, Ursprünglich veröffentlicht in: Die Unternehmung (36), 1982, Nr. 1

Ulrich, Hans/ Krieg, Walter (1974): St. Galler Management Modell. 3. Auflage, Bern 1974.

Ulrich, Peter (1977): Die Grossunternehmung als quasi-öffentliche Institution: Eine politische Theorie der Unternehmung. Stuttgart 1977.

Ulrich, Peter (1988): Lassen sich Ökonomie und Ökologie wirtschaftsethisch versöhnen?, Beiträge und Berichte des Instituts für Wirtschaftsethik IWE an der Universität St. Gallen für Wirtschafts- und Sozialwissenschaften Nr. 20. St. Gallen, 1988.

Ulrich, Peter/ Jäger, Urs, Waxenberger Bernhard (1998): Prinzipiengeleitetes Investment I, Kritische Analyse der gegenwärtigen Praxis bei "ethisch-ökologischen" Geldanlagen. Institut für Wirtschaftsethik der Universität St. Gallen, November 1998.

Umweltbundesamt (2001): Mehr Wert: Ökologische Geldanlagen, Hintergrundinformationen. Berlin, Januar 2001.

UNEP Financial Initiative (2004): "The Materiality of Social, Environmental and Corporate Governance Issues to Equity Pricing." Geneva 2004.

Universität Stuttgart (2003): Ethische und ökologische Kriterien wenig gefragt. Pressemitteilung Nr. 6/2003. Stuttgart 2003.

Valda, Andreas; Zimmermann, Heinz (2003): Ein Loch von 66 Milliarden Franken, Schätzungen zum Defizit der öffentlichen Pensionskassen. In: NZZ vom 19. August 2003.

Vieira, Edwin (1983): "Social investing" : its character, causes, consequences, and legality under the Employee Retirement Income Security Act of 1974. U.S. Dept. of Labor, Labor-Management Services Administration, Washington, D.C 1983.

Von Einem, Nikolaus (2002): Der Einfluss von Umweltfonds auf die Umweltleistung von Unternehmen. Semesterarbeit Umweltsozialwissenschaften an der ETH Zürich, Juli 2002.

Von Flotow, Dr. Paschen; Hässler, Rolf-D. (2003): Nachhaltigkeit und Shareholder Value aus Sicht börsennotierter Unternehmen. Studien des Deutschen Aktieninstitutes, Heft 22. Frankfurt, Mai 2003.

Waddock, S. A.; Graves, S. B. (1997a): The Corporate Social Performance – Financial Performance Link. In: Strategic Management Journal Vol. 18 No 4, S. 303-319.

Walker, Steven F.; Marr, Jeffrey W. (2001): Stakeholder Power. A Winning Strategy for Buiiding Stakeholder Commitment and Driving Corporate Growth. Perseus Publishing, Cambridge 2001.

Weber, J. (2000a): Der Nische entwachsen? Trends im ethisch-ökologischen Investment. In: Zeitschrift für politische Ökologie 67-68, Ausgabe Dezember 2000, S. 12-15

Weber, J. (2000b): Der Domino-Effekt - Umweltauswirkungen von Grünen Kapitalanlagen. In: Zeitschrift für politische Ökologie 67-68, Ausgabe Dezember 2000, S. 106 - 108.

Weber, Jörg (2001): Zukunftssicher anlegen. Ein Ratgeber für Nachhaltigkeits- und Umweltfonds. Ökom-Verlag, München 2001.

Weber, Max (1992): Wissenschaft als Beruf. 9. Aufl., Berlin

Weber, Olaf; Köllner, Thomas; Scholz, Roland (2003): Nachhaltigkeit im Finanzgeschäft. In: Schweizer Personalvorsorge Nr. 01/03, S. 21-23.

Wechsler, Martin (1999): Von der Fürsorge zur Vorsorge auf drei Säulen. In: UBS Investment Zürich 11/99.

Weiterbildungszentum HSG (1996): Zukunft der Pensionskassen zwischen Sicherheit und Rendement. Tagungsband zum Seminar vom 6. März 1996.

Wels, Thomas; Scholz, Frank (2002): Corporate Governance wird zum Schlüsselkriterium für Investoren. In: Frankfurter Allgemeine Zeitung, 8. Juli 2002.

Westerheide, Peter (2000): Kosten der privaten Altersvorsorge, Private Rentenversicherungen und Fondssparpläne im Vergleich. Bertelsmann Stiftung, Gütersloh 12/ 2000.

WestLB Panmure (2003): Inside SRI, Screening and Evaluating SRI Themes and News. 26. Februar 2003.

Wettlaufer, Frank (2001): Zahlt sich „öko" aus? Zusammenhang bei Kapitalanlagen und deren Performance. Vortrag und Handout der Bank Sarasin & Cie. anlässlich der Konferenz „Meine Rente – Unsere Zukunft: Konferenz für Nachhaltigkeit von Kapitalanlagen und Verbraucherschutz", Düsseldorf am 22.11.2001.

Wharton, Clifton R.; Lorsch, Jay W.; Lord Hanson (1991): Advice and Dissent: Rating the Corporate Governance Compact. In: Harvard Business Review, November-December 1991, p.136-142.

Wheelan, Hugh (2002): Is this the business of pensions? In: Coles/ Green (2002): Do UK Pension Funds invest responsible? Just Pensions, July 2002, p. 2-3.

Wheelan, Hugh (2003): At heart of long-term investing. In: Investment & Pensions Europe, December 2003, p. 44.

Wiebe, Frank (2002): Durchblick gefragt. In: Handelsblatt vom 22./23.2.2002.

Wiebe, Frank (2002): Zahlenspiel mit Riester. In: Handelsblatt vom 22./23.2.2002.

Williams, Cynthia A. (2002): Symposium corporations theory and corporate governance law: Corporate social responsibility in an era of economic globalisation. IN: U.C. Davis Law Review, February 2002, p. 705-777.

Williams, Stephen (1999): U.K. ethical investment: A coming of age. In: Journal of Investing Vol. 8 No 2 Summer 1999, p.58-75.

Wine, Elisabeth: Enron crash pushes US funds into activity. In: Financial Times, 6 May 2002.

Wine, Elizabeth (2002): Enron crash pushes US funds into activity. In: Financial Times, May 2, 2002.

Wolff, H. (1995): Das Management von Umweltfonds. Europäische Hochschulschriften, Reihe 5, Band 1800. Frankfurt am Main, 1995.

Woodward, Dr. Thérèse (2000): The profile of individual ethical investors and their choice of investment criteria. Bournemouth University 2000.

World Wildlife Fund for Nature (WWF) (2000):Shareholders put pressure on BP Amoco to abandon Arctic drilling plan. Zugriff unter: www.wwf.org.uk/News/n-0000000150.asp vom 9. 2. 2004.

Wüstenhagen, Rolf (2000): Ökostrom-von der Nische zum Massenmarkt. Entwicklungsperspektiven und Marketingstrategien für eine zukunftsfähige Elektrizitätsbranche. Dissertation an der Universität St. Gallen. Hochschulverlag an der ETH Zürich, Juni 2000.

www.aba-online.de/seiten/pensfmitte.html. Zugriff vom 24. 4. 2003

www.ecoreporter.de: Keine Nebensache- Gute Corporate Governance erhöht die Rendite. Zugriff vom 14. 3. 2003.

www.enn.com : Global climate change threatens the insurance industry. Zugriff vom 2.9.2002

Yin, Robert K. (1994): Case study research: design and methods. Sage, Thousand Oaks, Calif. 1994

Zimmermann, Heinz; Bubb, Andrea (2002): Das Risiko der Vorsorge. Die zweite Säule unter dem Druck der alternden Gesellschaft, Kurzfassung. Avenir Suisse, Juni 2002.

Zürcher Kantonalbank (2003): Corporate Governance in der Schweiz. Die SMI-Unternehmen im Vergleich. Zürich, September 2003.

Anhang

- Glossar
- Liste der Gesprächsteilnehmer
- Fragebogen und Interviewleitfaden

Glossar

Anlagepolitik	Die Anlagepolitik definiert die Rahmenbedingungen bzw. die Schwerpunkte für das Investment eines Fonds. Das Anlageuniversum wird eingegrenzt, indem beispielsweise Länder oder Regionen (Euroland, Emerging Markets etc.), Marktsegmente (Standardwerte, Neuer Markt, etc.) und Wertpapierarten (Aktien- oder Rentenfonds) verbindlich festgelegt werden. Ist diese Rahmenbedingung geschaffen, wird sie durch das Fondsmanagement im Detail umgesetzt (siehe Asset Allocation). Angaben über die Anlagepolitik eines Fonds findet man im jeweiligen Verkaufsprospekt.
Asset Allocation	Asset Allocation bezeichnet die Verteilung der Werte eines Portfolios auf verschiedene Anlagemöglichkeiten. Die Investition kann z.B. auf verschiedene Asset-Klassen (Aktien oder Renten), Länder oder Branchen aufgeteilt werden. Die Asset Allocation verfolgt das Ziel, die Rendite eines Portfolios zu optimieren und die Risiken zu minimieren.
Baisse	Unter Baisse versteht man mittlere bis längere Zeit anhaltende, starke Kursrückgänge an der Börse. Dieser Rückgang kann alle Märkte oder nur Teilmärkte betreffen. Das Gegenteil wird als Hausse bezeichnet.
Blue Chips (= Standardwerte)	Als Blue Chip bezeichnet man die Aktien von internationalen Unternehmen, deren Ertragsstärke und Marktkapitalisierung sich auch in ihrer Bedeutung für die Börse widerspiegeln. Blue Chips haben einen wesentlichen Anteil am gesamten Börsenumsatz. Ihre Kurse gehen in die Berechnung der gebräuchlichen Indizes ein. Im Deutschen Aktienindex (DAX ®) sind beispielsweise die 30 grössten deutschen börsennotierten Unternehmen enthalten. Siehe auch: Nebenwerte.
Deckungsgrad	Der Deckungsgrad entspricht dem Verhältnis der vorhandenen Vermögen (gemäss kaufmännischer Bilanz) zu notwendigem Deckungskapital (gemäss versicherungstechnischer Bilanz).
Indexfonds	Ein Indexfonds bildet die Zusammensetzung eines bestimmten, meist repräsentativen Index wie etwa DAX, SMAX oder Euro-Stoxx vollständig oder in hoher Übereinstimmung nach.

	Das Anlageergebnis sollte im Wesentlichen die Entwicklung des Index widerspiegeln. Bei dieser Widerspiegelung einer Benchmark spricht man auch von passivem Management.
Passives Fondsmanagement (Gegenteil: Aktives Fondsmanagement)	Dem passiven Fondsmanagement liegt die Annahme zugrunde, dass es langfristig sehr schwierig ist, in einem bestimmten Markt den entsprechenden Index (Dax, Euro Stoxx, S&P 500) durch ein aktives Fondsmanagement zu schlagen. Deshalb gibt es Indexfonds, die versuchen, diese einzelnen Indizes möglichst getreu nachzubilden.
Performance	Mit der Performance bezeichnet man den Ertrag einer Kapitalanlage, also den gesamten Wertzuwachs in Prozent innerhalb eines bestimmten Zeitraums. Er setzt sich zusammen aus dem Kursgewinn und den erfolgten Ausschüttungen. Bei Kursverlusten mindert sich der Verlust um die ausgeschütteteten Beträge.
Small Caps	Small Caps sind Aktien mit geringer Marktkapitalisierung (Small Capitalisation). Sie weisen aufgrund ihrer Besonderheiten (Marktenge, oftmals stärker auf Marktnischen spezialisiert, wenig Nachfrage durch ausländische Aktienkäufer) im Normalfall größere Schwankungen bei den langfristigen Anlageergebnissen auf, als sie für Blue Chips beobachtet werden können.
Value-Ansatz	Value-Fonds werden nach dem wertorientierten Investmentansatz gemanagt, d.h. es werden Unternehmen gesucht, die der Markt vernachlässigt hat, weil ihr wahrer Wert noch nicht erkannt wird. Kontinuierliches Wachstum zu einem möglichst günstigen Preis einkaufen und keine optisch günstigen Unternehmen ins Portfolio nehmen, ist die Maxime des Fondsmanagements.

Liste der Gesprächsteilnehmer

Name	**Stadt**	**Kontakt**	**Datum**	**Form**
Aargau, Kanton, PK	Aargau	Robert Scholz	04.06.2003	Telefon
Alcan	Zürich	Herr Ryter	17.06.2003	Besuch
Allgemeine Pensionskasse der S-AIR Group	Zürich-Flughafen	Reto Kuhn	01.07.2003	Besuch
ASCOOP, Pensionskasse	Bern	Martin Oester	17.06.2003	Besuch
Avadis Vorsorgestiftung (ABB)	Baden	Daniel Dubach	01.07.2003	Besuch
Basel Land	Liestal	Roland Weiss	18.06.2003	Besuch
Basel Stadt, PK der	Basel	Prof. Dr. U. Müller	10.07.2003	Besuch
Bern, Stadt, Personalvorsorgekasse der	Bern	Peter Stettler	14.07.2003	Telefon
Bernische Lehrerversicherungskasse	Ostermundigen	Christian Leibundgut	02.07.2003	Besuch
Cern	Genf		11.06.2003	Telefon
CIA-Caisse de Préyovance	Genf	Christian Morard	17.06.2003	Telefon
Ciba Spezialitätenchemie, PK der	Basel	Wilhelm Inderbitzin	03.06.2003	Telefon
Clariant	Muttenz	Herbert Wetter	03.06.2003	Telefon
Complan (Swisscom)	Bern	Hansjörg Gurtner	17.06.2003	Besuch
Converium		Serge Cadelli	03.06.2003	Telefon
Coop, PK der	Basel	Fausto Ciapponi	09.07.2003	Besuch
Credit Suisse Group	Zürich	Urs Bracher	13.06.2003	Besuch
Dätwyler AG, PK	Altdorf	Martin Zimmermann	27.07.2003	Telefon
Electrolux-Gruppe Schweiz	Zürich	Herr Urs Maurer	02. Jul 03	Besuch
GEMINI Sammelstiftung	Zürich	Herr Daniel Müller	05.06.2003	Besuch

HUBER+SUHNER AG	Pfäffikon ZH	Dieter Zogg	20.06.2003	Besuch
Kuoni Reisen Holding AG	Zürich	Alex Tüscher	16.06.2003	Besuch
Migros-Genossenschafts-Bund	Zürich	Adrian Ryser	28.05.2003	Besuch
Novartis	Basel	Gino Pfister	10.06.2003	Besuch
PK Energie	Zürich	Herrman Gerber	11.06.2003	Besuch
Publica, PK des Bundes	Bern	Felix Senn	02.07.2003	Besuch
Rockwell Automation AG	Aarau	Carmen Fux	10.06.2003	Besuch
Röm. Kath. Kirche Aargau	Aarau	Franz Eberle	18.06.2003	Besuch
Ruag	Bern	Peter Kobel	17.06.2003	Besuch
Schweizerische Bundesbahnen SBB, PK	Bern	Luc Meier	27.05.2003	Telefon
Siegfried AG, PK der	Zofingen	Paul Zimmermann	27.07.2003	Telefon
Swiss Re	Zürich	Benno Flury	04.06.2003	Besuch
Syngenta AG, PK der	Basel	Monika Schneider	10.06.2003	Besuch
UBS	Zürich	Ueli Niederer	07.07.2003	Besuch
Versicherungskasse der Stadt Zürich	Zürich	Monika Löpfe	15.06.2003	Besuch
V-ZUG AG, PK der	Zug	Jörg Wiederkehr	24.06.2003	Telefon

Persönliche Gespräche mit Experten: (Juli-August 2003)

Experten		
Werner Nussbaum	Bern	Innovation Zweite Säule
Ivo Knöpfel	Zürich	OnValues
Holliger	Zürich	Prevista Anlagestiftung
Kaspar Müller	Basel	Ellipson AG
Consultants		
Dominique Ammann	Zürich	PPC Metrics
Andreas Reichlin	Zürich	Ecofin
Beat Zaugg	Zürich	Watson Wyatt

Fragebogen und Interviewleitfaden zum Thema Pensionskassen und SRI

Die angekündigte Befragung findet im Rahmen einer Dissertation an der Universität St. Gallen statt, die Einflussfaktoren zu einer Investition durch Pensionskassen in sozial-ökologische Anlagen analysiert. Dabei wird der Begriff „sozial-ökologische Anlagen" gleichbedeutend mit nachhaltigen Anlagen sowie dem englischen Ausdruck „Socially Responsible Investments" verwendet.

Der Anteil von SRI in den Portfolios nimmt ständig zu, nach Aussage der jüngsten Umfrage durch ASIP und Swissca/ Prevista haben in der Schweiz 24% der Pensionskassen in SRI investiert. Angesichts der gesellschaftlichen Bedeutung von sozial-ökologischen Anlagen soll erfasst werden, welche Faktoren ein solches Engagement positiv beeinflussen bzw. welche Bedenken gegenüber einem solchen Schritt bestehen.

Geplant sind Interviews mit den grössten Pensionskassen in der Schweiz sowie Experten im Umfeld von Pensionskassen.

Aufgrund der vorausgegangenen Literaturrecherche wird davon ausgegangen, dass eine Entscheidung sowohl von internen und externen Akteuren sowie von der gewählten Anlagestrategie beeinflusst wird. Daher werden beide Bereiche angesprochen.

Für die Erfassung von Details der Anlagestrategie wird auf Teile des ASIP-Fragebogens zurückgegriffen, um Ihren Arbeitsaufwand zu verringern. Der Einfluss interner und externer Gruppen wird mit einem Interviewleitfaden abgefragt, der zur Vereinfachung der Befragung und Auswertung bereits standardisierte Antworten enthält. Zusätzlich sind detaillierte Hintergründe und Kommentare zu den einzelnen Fragen herzlich willkommen. (Inhaltlich: Einschätzung zu Einfluss der einzelnen Akteursgruppen und Faktoren der Anlagestrategie, Einschätzung zu gesetzlichen Massnahmen, konkrete Erfahrungen mit Versicherten, Consultants, NGOs)

Je nach Wunsch und Verfügbarkeit der Teilnehmer werden die Interviews telefonisch oder persönlich durchgeführt. Allen Interviewpartnern wird im Anschluss eine Zusammenfassung der Ergebnisse zur Verfügung gestellt. Bei der Auswertung der Ergebnisse wird Vertraulichkeit zugesichert, es werden keine konkreten Namen, sondern nur Kategorien Aussagen zugeordnet.

Herzlichen Dank für Ihre Bereitschaft, an der Befragung teilzunehmen!

Fragebogen

1 Allgemeine Angaben:

1. Arbeitgeber
   - ❑ Bund, Kanton, Gemeinde
   - ❑ Privater Arbeitgeber Branche: ______________________________
   - ❑ Anderer ______________________________

2. Rechtsform
   - ❑ Privatrechtliche Vorsorgeeinrichtung
   - ❑ Öffentliche Vorsorgeeinrichtung

3. Statistische Angaben:
   - ❑ Anzahl aktiv Versicherte______________________________
   - ❑ Anzahl Rentner ______________________________
   - ❑ Gesamtvermögen nach Marktwert (incl. Reserven)________________
   - ❑ Gründungsjahr ______________________________
   - ❑ Aktueller Deckungsgrad (Ende 2002)______________________

2 Kapitalanlagen

4. Wie sieht die Asset Allocation per Ende 2002 aus?
   - ❑ Liquide Mittel ______ %
   - ❑ Forderungen/ Abgrenzungsposten ______ %
   - ❑ Obligationen Schweiz ______ %
   - ❑ Obligationen Ausland CHF/ FW ______ %
   - ❑ Aktien Schweiz ______ %
   - ❑ Aktien Ausland ______ %
   - ❑ Alternative Anlagen ______ %
   - ❑ Hypotheken ______ %
   - ❑ Immobilien ______ %

5. Anteil extern verwalteter Vermögensanteile an den Gesamtanlagen
   - ❑ Ansprüche bei Anlagestiftungen ______ %
   - ❑ Fondsanteile ______ %
   - ❑ Mandate in Einzelkategorien ______ %
   - ❑ Gemischte Mandate ______ %
   - ❑ Beteiligungsgesellschaften ______ %
   - ❑ **Gesamter** **Anteil**
     der extern verwalteten Anlagen ______ %

6. Indexierte Anlagen (Anteil der indexierten Anlagen am jeweiligen Segment)
   - ❑ Aktien ______ %
   - ❑ Obligationen ______ %

7. Anlageentscheide (Titelauswahl) werden getroffen durch:
   - ❑ Geschäfsführer der VE
   - ❑ Fachverantwortlichen in der VE
   - ❑ Anlagekommission in der VE
   - ❑ Finanzabteilung in der VE
   - ❑ Exekutive (Regierung, bei öffentlich-rechtlichen VE)
   - ❑ Beauftragte Drittstelle, welche? ________

8. Wird für den Anlagebereich externe Beratung beansprucht?
   ❑ Ja ❑ Nein

Falls ja:

❑ Für Anlagekonzept und Anlagestrategie

❑ Für die Umsetzung ❑ Für die Managerselektion

Durch welche Stellen:

❑ Bank ❑ Unabhängige Berater

❑ Andere, welche? ______________________

3 Corporate Governance

9. Wahrnehmung der Aktionärsrechte bei inländischen Aktienanlagen
   ❑ Ja ❑ Nein
   Falls ja, grundsätzliche Abstimmung mit dem Verwaltungsrat?
   ❑ Ja ❑ Nein, in ___ Fällen gegen den Verwaltungsrat
   Falls ja, Teilnahme an durchschnittlich GVs pro Jahr: ________
   Delegation des Stimmrechtes an GVs pro Jahr ____

10. Wahrnehmung der Aktionärsrechte bei ausländischen Aktienalagen
   ❑ Ja ❑ Nein
   Falls ja, grundsätzliche Abstimmung mit dem Verwaltungsrat?
   ❑ Ja ❑ Nein, in ___ Fällen gegen den Verwaltungsrat
   Falls ja, Teilnahme an durchschnittlich GVs pro Jahr: ________
   Delegation des Stimmrechtes an GVs pro Jahr ____

11. Wer legt das Abstimmungsverhalten fest?
- ❑ Paritätisches Organ
- ❑ Anlageausschuss
- ❑ Exekutive (Regierung)
- ❑ Anderes Organ, welches? ____________

12. Werden externe Informationsdienste zur Vorbereitung auf die GVs in Anspruch genommen?
- ❑ Ja ❑ Nein
- ❑ Falls ja, welche?

4 Ethisch/ ökologische Anlagen

13. Erfolgen Anlagen nach ethisch/ ökologischen Kriterien?
- ❑ Ja ❑ Nein

14. Wenn ja, wie hoch ist der Anteil pro Anlagekategorien? (bitte in % an Gesamt-Assets angeben)
- ❑ Aktien CH ______ %
- ❑ Aktien international ______ %
- ❑ Obligationen CH ______ %
- ❑ Obligationen Ausland/ FW ______ %
- ❑ Andere: ____________ ______ %

15. Ist eine Veränderung der Anteile geplant?
- ❑ ______ ______ %
- ❑ ______ ______ %

16. Welche SRI-Strategie wurde gewählt?
- ❑ Aktives Screening durch ❑ Positivkriterien ❑ Negativkriterien
- ❑ Indexiertes SRI-Portfolio Verwendeter Index: ____________
- ❑ Engagement ❑ inhouse ❑ durch Externe

Interviewleitfaden

A Einflussfaktoren/ Einschätzung zu SRI allgemein

1. Welcher der folgenden Gruppen übt eine positive bzw. negative Wirkung auf die Entscheidung Ihrer Pensionskasse in Bezug auf nachhaltigen Anlagen aus?

	sehr negativ	eher negativ	neutral	eher positiv	sehr positiv	Verände-rung
Arbeitgebervertreter						
Arbeitnehmervertre-ter						
Versicherte						
Unternehmen/ Körperschaft						
Consultants						
Vermögensverwal-ter/ Banken						
Politik						
NGO's						
Wissenschaft						
Medien						
Andere						

Sehen Sie Veränderungen bei der Bedeutung einzelner Faktoren?

Bitte tragen Sie in die letzte Spalte ein, ob Sie für die einzelnen Gruppen eine positive, negative oder keine Veränderung wahrnehmen. (⊕ stärkerer Einfluss; (-) schwächer; o konstant)

2. Gab es bereits konkrete Initiativen einzelner Beteiligten hinsichtlich nachhaltiger Anlagen? Haben bestimmte Ereignisse eine Rolle dabei gespielt?

- ❑ Ja, welche Anspruchsgruppe ______________________
- ❑ Folgendes Ereignis war der Auslöser: ______________________

3. Welche Wirkung haben die folgenden internen Faktoren auf die Berücksichtigung von SRI in Ihrer Pensionskasse?

Wirkung	sehr negativ	eher negativ	neutral	eher positiv	sehr positiv	Verände-rung
Investition in indexierte Anlagen						
Externe Vergabe von Mandaten						
Ausübung von Stimmrechten						
Risikostruktur						

Sehen Sie Veränderungen bei der Bedeutung einzelner Faktoren?

Bitte tragen Sie in die letzte Spalte ein, ob Sie für die einzelnen Faktoren eine positive, negative oder keine Veränderung wahrnehmen. (⊕ zunehmende Bedeutung (-) abnehmend o konstant)

4. Sehen Sie spezifische Vorteile bzw. Probleme nachhaltiger Anlagen?

	sehr negativ	eher negativ	neutral	eher positiv	sehr positiv	Verände -rung
Performance						
Erhältliche Anlagekategorien						
Informations-beschaffung						
Vielzahl der vorhandenen Konzepte						
Ethische Komponente						
Andere__________						

Bitte erläutern Sie die für sie wichtigsten Vorteile und Probleme.

Sehen Sie Veränderungen hinsichtlich der Vor- und Nachteile?

Bitte tragen Sie in die letzte Spalte ein, ob Sie für die einzelnen Faktoren eine positive, negative oder keine Veränderung wahrnehmen.

B Konkretes SRI-Investment

5. Haben Sie bereits in SRI investiert?

❑ Ja ❑ Nein

Wenn Sie bereits in SRI investiert haben:

- ❑ Wurde eine strategische Aussage im Anlagereglement integriert?
  ❑ Ja ❑ Nein
  Welche Aussage?____________________
- ❑ Wer war für die Einführung der SRI-Strategie verantwortlich?
  ____
- ❑ Erfolgte die Entscheidung relativ einstimmig oder gab es kontroverse Standpunkte?
  ____
- ❑ Gab es Differenzen zwischen den Standpunkten der Arbeitnehmer- und Arbeitgebervertretern? ____________________
- ❑ Wird das Management der SRI inhouse oder extern durchgeführt?
  ❑ intern ❑ extern
- ❑ Stellt das SRI-Investment für Sie eher eine Standard-Anlage (core-investment) dar oder wird es primär zu Diversifikationszwecken (satelite) eingesetzt?
  ❑ core-investment ❑ satelite-investment

Welche Erfahrungen haben Sie mit SRI erzielt:

In Bezug auf	**eher positiv**	**neutral**	**eher negativ**
Performance			
Umsetzung Ihrer Kriterien/ ethischer Präferenzen			
Reaktion interner und externer Gruppen			

Bitte erläutern Sie die wichtigsten Gründe für Ihre Antwort.

Welche Konsequenzen ziehen Sie für die künftige SRI-Strategie?

Wenn Sie bisher nicht in SRI investiert haben:

- ❑ Welche Faktoren sprechen für Sie primär dagegen:

  ____

- ❑ Erwägen Sie zukünftig in SRI zu investieren? ❑ Ja ❑ Nein

  Kommentar: ____

C Einfluss von Corporate Governance/ Gesetzesmassnahmen auf SRI

6. Welche Auswirkungen hat die gesetzliche Regelung zur Wahrnehmung der Aktionärsrechte auf Ihre Pensionskasse? (Art. 49a, Abs. 2 BVV2)

- ❑ Stärkere Auseinandersetzung der Pensionskasse mit der Ausübung der Stimmrechte
- ❑ Keine Veränderung, Beibehaltung des Status Quo

Besteht eine Wechselwirkung zu SRI?

- ❑ Positive Auswirkung zu Berücksichtigung sozialer-/ ökologischer Anlagekriterien
- ❑ Keine Veränderung auf Anlagestrategie hinsichtlich SRI
- ❑ Negative Veränderung

7. Würde sich Ihre Position zu SRI verändern, wenn in der Schweiz (ähnlich wie in UK oder Deutschland) eine Pflicht zur Veröffentlichung eingeführt wird, ob und wie sie ethische, soziale oder ökologische Kriterien berücksichtigen?

- ❑ Stärkere Berücksichtigung von SRI-Kriterien

  Kommentar: ____

- ❑ Keine Veränderung hinsichtlich SRI-Kriterien

  Kommentar: ____

8. Würde sich Ihr Anlageverhalten verändern, wenn eine unabhängige Agentur für Sie Anlageempfehlungen bzgl. SRI erarbeiten würde?

- ❑ Stärkere Berücksichtigung von SRI-Kriterien

  Kommentar: ____

- ❑ Keine Veränderung hinsichtlich SRI-Kriterien

  Kommentar: ____

D Einfluss interner und externer Gruppen

9. Wurde seitens der Versicherten ein Interesse an Ihrer Anlagepolitik geäussert?

- ❑ In der Vergangenheit haben die Versicherten Interesse geäussert/ Initiativen gestartet

Thema: ______________________________

- ❑ Bisher wurde kein Interesse der Versicherten deutlich

Wurden Umfragen bei den Versicherten (allgemein/ zu SRI) durchgeführt?

- ❑ Die Pensionskasse hat bereits Umfragen bei den Versicherten durchgeführt

Thema: ______________________________

- ❑ Die Pensionskasse hat bereits Umfragen in Bezug auf SRI durchgeführt
  Bitte erläutern Sie die wichtigsten Ergebnisse und ihre Umsetzung
- ❑ Die Pensionskasse hat bisher keine Umfragen bei den Versicherten durchgeführt

10. Welche Erfahrungen haben Sie mit Consultants in Bezug auf nachhaltige Anlagen gemacht?

- ❑ Consultants haben die Initiative zu SRI ergriffen
- ❑ Consultants haben eine bestehende Initiative zu SRI umgesetzt
- ❑ Bisher wurden keine Erfahrungen mit Consultants zu SRI gemacht

Die Consultants zeichnen sich aus durch

- ❑ Einstellung zu SRI: ❑ positiv ❑ negativ
- ❑ Know How zu SRI ❑ gut ❑ ausreichend ❑ ungenügend

Kommentar: ______________________________

11. Welche Erfahrungen haben Sie mit Vermögensverwaltern bzw. Banken in bezug auf nachhaltige Anlagen gemacht?

- ❑ Vermögensverwalter haben aus eigener Initiative Angebote zu SRI unterbreitet
- ❑ Vermögensverwalter haben eine Anfrage der Pensionskasse zu SRI bearbeitet
- ❑ Bisher wurden keine Erfahrungen mit Vermögensverwaltern zu SRI gemacht

Die Vermögensverwalter zeichnen sich aus durch

- ❑ Einstellung zu SRI: ❑ positiv ❑ negativ
- ❑ Know How zu SRI ❑ gut ❑ ausreichend ❑ ungenügend

Kommentar: ______________________________

12 Verfolgt die Unternehmung bzw. Institution, die durch Ihre Pensionskasse die berufliche Vorsorge durchführen lässt, ein Umwelt- oder Sozialleitbild bzw. eine entsprechende Strategie?

- ❑ Umweltpolitik
- ❑ Sozialpolitik/ Corporate Social Responsibility Strategie
- ❑ Zertifizierung des Umweltmanagementsystems nach ISO 14001 ect.
- ❑ Mitgliedschaft in ökologischer Unternehmensvereinigung
- ❑ Andere
- ❑ Nein

Wenn ja, wurde aufgrund dieses Bezuges das Thema SRI in Ihrer PK bereits thematisiert?

❑ Ja ❑ Nein

Kommentar: ______________________________

13 Wurden Sie bereits von Umwelt- und Verbraucherorganisationen in bezug auf ihre ethischen bzw. ökologischen Anlagekriterien kontaktiert?

- ❑ Ja (bitte erläutern, durch wen und mit welchem Inhalt)

  ____

- ❑ Nein

Haben Sie weitere Anmerkungen zum Thema? Aussagen, die Ihnen relevant erscheinen?

Möchten Sie Kommentare zur Befragung abgeben?